트럼프 위치 헌트

트럼프 위치 헌트

1판 1쇄 인쇄 | 2020. 10. 6
1판 1쇄 발행 | 2020. 10. 12

지은이 | 그레그 재럿
옮긴이 | 홍지수
발행인 | 남경범
발행처 | 실레북스

등록 | 2016년 12월 15일(제490호)
주소 | 경기도 용인시 수지구 성복2로 86 115-801
대표전화 | 070-8624-8351
팩스 | 031-308-0067

ISBN 979-11-966546-4-1 03340

블로그 | blog.naver.com/sillebooks
페이스북 | facebook.com/sillebooks   이메일 | sillebooks@gmail.com

값은 뒤표지에 있습니다.
잘못된 책은 구매하신 서점에서 바꾸어 드립니다.

이 책의 한국어판 저작권은 EYA (Eric Yang Agency)를 통해
HarperCollins Publishers와 독점 계약한 '실레북스'에 있습니다.
저작권법에 의하여 한국 내에서 보호를 받는 저작물이므로 무단전재 및 복제를 금합니다.

이 도서의 국립중앙도서관 출판예정도서목록(CIP)은 서지정보유통지원시스템 홈페이지
(http://seoji.nl.go.kr)와 국가자료종합목록 구축시스템(http://kolis-net.nl.go.kr)에서
이용하실 수 있습니다. (CIP제어번호 : CIP2020041248)

진리가 너희를 자유케 하리라 VERITAS VOS LIBERABIT

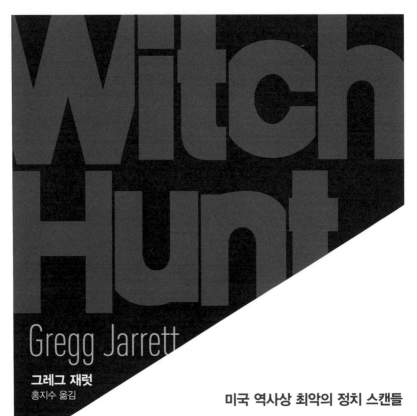

Gregg Jarrett

그레그 재럿

홍지수 옮김

미국 역사상 최악의 정치 스캔들

트럼프
위치 헌트

실레북스
SiLLybookS

이는 우리나라 역사상 최악의 날조 사건이었다.
그리고 역대 최악의 마녀사냥이었다.

—

2019년 6월 25일 백악관 대통령 집무실에서
도널드 J. 트럼프 대통령과 저자와의 인터뷰

홍지수 작가는 진실을 말한다.

종로에 위치한 스타벅스 커피숍에서 홍 작가를 처음 만났을 때 받았던 인상이다. 만날수록 그 인상은 더 강렬해진다. 이 시대에 꼭 필요한 분이다. 현재 한국에서 미국 정치에 대해 진실을 말하거나 보도하는 이는 극히 드물다.

홍 작가는 미국 정치와 미국 언론의 현주소, 주류언론의 교활함을 모두 정확히 꿰뚫고 있다. 진실을 말하는 리더라 '가짜뉴스' 안개를 뚫는 힘이 대단하다.

남경범 대표로부터 홍 작가가《Witch Hunt: The Story of the Greatest Mass Delusion in American Political History》를 번역할 것이라는 소식을 접했을 때 반갑다기보다는 당연하다고 생각했다.

저자 그레그 재럿 역시 진실을 파헤치는 법조인이다. 도널드 트럼프 대통령에 대한 언론과 기득권의 마녀사냥을 그 누구보다 잘 아는 논객이다. 다른 점이 있다면 홍 작가는 강한 반면 재럿은 다소 유연한 이미지다.

공통점은 두 분 모두 논리정연하다.

홍 작가는 재럿이 말하고자 하는 내용을 빠짐없이 깊이 있게 전달하고 뉘앙스까지 캐치해서 독자들이 이해하기 쉽게 쏙쏙 전달한다.

여러분께서 아시는 〈뉴욕타임스〉, 〈워싱턴포스트〉, CNN, 〈LA타임스〉 등 미국 정치 뉴스 대다수가 가짜뉴스라는 것도 깨닫게 될 것이다.

이 책을 통해 민주당과 주류언론이 트럼프의 대통령 당선을 막기 위해, 그리고 그를 대통령직에서 끌어내리기 위해 어떤 악랄한 수법들을 써왔는지 가감 없이 알게 될 것이다.

대다수 한국 언론이 수년 동안 미국의 가짜뉴스를 여과없이 그대로 번역·보도해 왔다는 사실도 깨닫게 될 것이다.

유튜브 〈원용석의 옵에드〉 진행자

원용석

○

오클라호마 주립대 졸업

미주중앙일보 전 디지털 팀장

미주중앙일보 전 전략기획 팀장

미주중앙일보 정치부장

2016년 초 트럼프를 맹비난하는 책의 번역을 의뢰받은 나는 그 책을 번역하는 데 필요한 여러 가지 자료조사를 하다가 지난 수십 년 동안 미국에서 어떤 일이 벌어지고 있었고 왜 평범한 미국 국민들이 트럼프를 지지하는지 알게 되었다. 그리고 미국에 대해 잘못 알고 있는 한국인들에게 미국의 실상을 알리기 위해 《트럼프를 당선시킨 PC의 정체》라는 책도 썼다.

2016년 미국 주류언론은 트럼프가 공화당 대통령 후보지명을 받지 못하고, 대선에서 힐러리 클린턴에게 참패하고, 대통령 취임 후 초기에는 국정운영에 실패한다고 예측했다. 모두 빗나갔다. 최근 미국의 한 설문조사에 따르면 주류언론이 "가짜뉴스"를 보도한다고 응답한 사람이 77퍼센트에 달한다.

한국의 주류언론과 사회지도층은 대중기만무기Weapons of Mass Deception로 전락해 미국 국민도 불신하는 〈뉴욕타임스〉와 〈워싱턴포스트〉, CBS/ABC/NBC 지상파 3사와 CNN 등 주류언론을 인용하면서 자신이 미국에 대해 대단한 식견을 지녔다고 착각하고 미국에 대한 그들의 시각은 그들로부터 정보를 얻는 대부분의 한국인에게도 그대로 주입된다. 그들은 트럼프가 취임한 지 4년이 다 돼가는 지금도 여전히 트럼프를 "충동적이고, 무식하고, 예측불가능하고, 말본새가 천박한 양아치 장사꾼"이라고 빈정거리면서 "민주당 대선후보 조 바이든이 대통령이 되어야 한국에 유리하다"는 어처구니없는 헛소리를 해대고 있다.

한국의 무늬만 우익인(국민의 힘 전신) 미래통합당 초선의원들은 "훈련받은 마르크스주의자"가 이끄는 미국의 극좌 폭력단체 '흑인의 생명은 소중하다Black Lives Matter'를 지지하는 미국 좌익정당 민주당 의원들이 의사당에서 벌인 한쪽 무릎 꿇기 퍼포먼스를 국회의사당에서 그대로 따라하는 기가 막히게 멍청한 짓도 했다. 한국의 한 대학교수 페이스북 포스팅에 누군가가 미국에서 쓰레기 취급받는 〈뉴욕타임스〉를 아직도 신뢰하는 한국 지식인이 많아서 안타깝다는 댓글을 달자 그는 그 댓글에 "트빠 선언"이라고 대꾸했다. 한국의 사회지도층이 미국에 대해 얼마나 무지한지 보여주는 단면이다.

'헤리티지 재단'은 트럼프 취임 후 1년 시점에서 334개 공약 가운데 3분의 2를 실행했다고 발표했다. 취임 후 같은 시점에 미국 공화당 지지자들이 우러러보는 로널드 레이건의 공약이행률이 겨우 49퍼센트였다는 비교분석도 내놓았다. 반 트럼프 성향의 공화당 기득권 세력을 대표하는 싱크탱크가 내놓은 대단한 찬사다. 그리고 현재까지 트럼프는 바위처럼 단단한 지지층을 조금도 잃지 않았고 극도로 좌경화된 민주당을 이

탈해 공화당에 합류하는 국민도 늘고 있다. 트럼프는 곧 다가올 대선에서 승리할 가능성이 대단히 높다.

이 책에 등장하는 퓨전GPS, 크리스토퍼 스틸, 피터 스트로크, 리사 페이지, 앤드루 매케이브, 앤드루 와이스먼, 브루스 오, 지니 리 같은 명칭과 이름이 금시초문이라면, 그리고 버락 오바마, 힐러리 클린턴, 일부 공화당 기득권 세력이 공모해 트럼프 선거운동본부를 도청하고, 트럼프에게 러시아 첩보요원이라는 누명을 씌워 그를 대선에서 떨어뜨리고, 취임 후에도 그를 탄핵해 대통령직에서 끌어내리려 했다는 사실을 모른다면, 그리고 이 모든 음모의 중심에 있는 "스틸 도시에Steele Dossier"라는 문건의 속성을 모른다면, 감히 미국을 안다고 말할 자격이 눈곱만큼도 없다는 사실을 명심하기 바란다.

이 책을 번역하는 내내 나는 태평양을 사이에 두고 비슷한 시기에 이 나라에서 발생한 또 다른 마녀사냥인 대통령 탄핵 과정을 떠올리지 않을 수가 없었다. 가짜뉴스를 폭포처럼 쏟아낸 주류언론, 날조된 증거, 대통령에게 적대적인 인사들로 구성되었고 증인들을 협박해 원하는 대답을 얻어내려 한 특검, 적법절차와 무죄추정의 원칙을 무시한 사법당국의 행태, 자기 당의 후보/대통령에 대한 음모에 가담한 일부 당 기득권 세력 등, 국민이 선택한 대통령을 끌어내리려고 음모를 꾸민 세력과 그 수법이 너무나도 유사했다.

대선 전후로 거의 5년 내내 24시간 주류언론이 쏟아낸 가짜뉴스에 흔들리지 않고 트럼프를 대통령으로 뽑고 지지해온 미국 국민들에게 경의를 표한다. 한국의 주류언론과 사회지도층이 계속해서 미국 주류언론에 의존해 미국을 판단하는 한 미국이라는 사회와 미국 국민들이 트럼프를 선택한 이유를 절대로 이해하지 못한다. 그리고 미국에 대한 몰이해는 한국을 벼랑 끝으로 내몬다는 사실을 깨닫기 바란다. 한국인 누구나가 아는 척하지만 아무도 모르는 나라 미국의 대선이 코앞으로 다가왔다. 이 책을 읽고 많은 한국인들이 미국에 대한 망상에서 깨어나기를 바란다. 바이든이 당선돼야 한국에 유리하다는 한국인의 희망사항은 미국 대선결과에 아무런 영향을 미치지 못한다. 한국의 사회지도층이라면 거의 기정사실인 향후 4년 트럼프 시대를 어떻게 헤쳐 나갈지 진지하게 고민하라.

번역 의뢰를 받으면 이 책은 꼭 내가 했어야 한다는 생각이 드는, 시쳇말로 나와 만날 운명이었다는 생각이 드는 책이 아주 가끔, 가뭄에 콩 나듯 있다. 이 책이 그런 책이다. 한국 출판계가 "익명의 소식통"과 전문傳聞을 인용해 트럼프의 백악관 내부사정에 대한 검증되지 않은 비화로 도배한 폭로성 서적들만 서둘러 번역하고 찍어내고 있는 분위기에서 실레북스는 사실이 빼곡한 이 책을 선택했다. 거짓이 만연한 탈진실 시대에는 진실은 고사하고 사실만 말해도 혁명이다. 내게 혁명의 동지가 되어달라고 손을 내민 출판사 실레북스의 남경범 대표에게 깊은 감사를 드린다. 이 작은 혁명의 날갯짓이 묵직한 진실의 회오리를 몰고 올 단초가 되기를 욕심내본다.

2020년 10월
홍지수

목차

WITCH HUNT

A MALIGNANT FORCE | **악의적인 세력**

WITCH
HUNT

당신이 무고하게 누명을 쓰면
수사를 마녀사냥으로 간주하게 된다.

_ 윌리엄 바William Barr 법무장관, 2019년 4월 10일 상원청문회에서의 증언

거짓을 꾸며내기는 쉽다. 거짓을 퍼뜨리기는 훨씬 더 쉽다. 진실을 규명하기는 어렵다. 진실은 늘 적이 있다. 거짓은 타락한 인간에게 내재된 악이다. 권력을 찬탈하기 위해 꾸며낸 거짓보다 공공선을 위협하는 것은 없다.

《트럼프 위치 헌트》는 도널드 트럼프의 대통령 당선을 막기 위해 악성 거짓을 날조하고 확산시킨 음모에 대한 이야기다. 음모가 수포로 돌아가자 목적이 바뀌었다. 새로운 공격적인 전술을 이용해 트럼프의 대통령 지위를 훼손하고 선거를 무효화하고 그를 대통령직에서 몰아내려 했다. 트럼프가 러시아 요원이라는 그 어떤 믿을 만한 증거도 없었다. 트럼프는 크렘린 궁과 공모해 국익을 위협한 그 어떤 행위도 하지 않았다. 가장 더러운 정치적 속임수로 엮은 새빨간 허구였다.

진실이 드러난 지금, 가장 놀라운 점은 이 거짓말을 정말 많은 사람들이 믿었다는 사실이다. 고작 몇 명의 정부관료가 어떻게 미국 정치 역사상 최악의 망상으로 대중을 속였을까?

"마녀사냥Witch Hunt" 하면 사람들이 잊고 있는 게 있다. 진짜 마녀는 없다는 사실이다. 그러나 사냥은 계속된다. 마녀가 있다고 믿고 싶은, 주체할 수 없는 비이성적인 욕망 때문이다. 불가능에 대한 절대적이고 흔들리지 않는 믿음이 마녀사냥을 가능케 한다.

트럼프의 적들은 편견과 증오에 눈이 먼 악질적인 패거리가 선거를 강탈하지 않았다면 트럼프가 2016년 대통령 선거에서 이겼을 리가 없다고 주장했다. 그들이 보기에 그 외에 다른 어떤 설명도 설득력이 없었다. 그들은 유권자들이 합법적으로 그를 백악관에 입성시켰을 리가 없다고 생각했다. 빗자루를 타고 하늘을 날아다니는 마녀가 있음에 틀림없었다. 그들은 거짓으로 자신의 육감을 정당화했다.

이 책의 각 장에서 독자는 법을 왜곡하거나 어기는 사람들을 만나게 된다. 그들은 결국 하늘에서 마녀가 떨어져 그들의 주장을 증명하리라고 내심 믿었다. 분명히 명백한 증거가 있었다. 유령이 나타날 때까지 기다리기만 하면 됐다. 이론상으로는 똑똑한 수많은 사람들이 아무 근거 없이 트럼프가 미국 역사상 가장 끔찍한 범죄를 저질렀다고 확신했다. 러시아와 공모해 반역을 저질렀다고 믿었다. 이 마녀사냥에서는 트럼프를 저지하겠다는 결의에 찬 사악한 정부관료들이 핵심적인 역할을 했다. 그들은 집요하고 끈질겼다.

오늘날 미국의 민주주의를 위험에 빠뜨리는 주체는 외세가 아니라 내부의 비선출직 관료들과 같은 사악한 세력이다. 엄청난 권력으로 무장하고 막후에 숨어서 암약하는 그들은 스스로 엄청난 부정부패를 저지를 역량이 있음을 입증했다. 그들이 충성서약을 하는 대상은 헌법과 법치가 아니라 그들 자신이다. 사적인 원한과 권위에 대한 탐욕이 그들을 열정적으로 만든다. 그들의 권력을 위협할지 모르는 트럼프 같은 사람이라면 누구든 수단과 방법을 가리지 않고 어떤 대가를 치르는 한이 있어도 무력화시켜야 한다. 이러한 위협을 제거하고 그들이 욕망하는 야심을 달성하기 위해서 그들은 자기가 속한 부서를 정치화하고 사법권을 무기화하고, 법이나 적법절차를 존중하지도 않고 사람들을 기소했다.

오바마 행정부하에서 연방수사국, 중앙정보국, 법무부를 비롯해 여러 연방정부기관들에 소속된 관료들이 정치적 목적을 추구하기 위해 자신이 지닌 권력을 남용했다. 제임스 코미James Comey, 앤드루 매케이브Andrew McCabe, 피터 스트로크Peter Strzok, 리사 페이지Lisa Page, 브루스 오Bruce Ohr, 제임스 클래퍼James Clapper, 존 브레넌John Brennan 이들은 하나같이 자신이 법위에 군림한다고 생각했다. 그 누구에게도 보고를 하거나 책임을 질 필요가 없는 존재라고 믿었다. 지나치게 자신만만한 데다 극도로 오만한 그들은 대통령을 선택할 권리를 지닌 미국 국민보다 자신들이 더 똑똑하다고 여겼고, 보다 숭고한 도덕적 목적을 추구한다고 자부했다. 적어도 스스로는 그렇게 생각했다. 대담한 그들은 무고한 트럼프에게 범죄를 저질렀다고 누명을 씌우려 했다. 이 책은 이러한 진실의 적들이 꾸며낸 음모와 허접한 기만과 그들이 사악한 행동을 은폐하기 위해 취한 어처구니없는 행동들을 낱낱이 폭로한다.

편견에 사로잡혀 쉽게 이용당하는 주류언론이 이러한 날조를 가능케했고 이 마녀사냥을 기꺼이 돕는 종범이 되었다. 그들이 트럼프라는 인간과 그가 추진하는 정책에 대해 지닌 경멸은 날마다 그들이 쏟아내는 적대적인 보도에서 묻어났다. 그들은 자신들의 잘못을 조사하지 않고 트럼프의 잘못을 찾느라 반전이 거듭될 때마다 은폐했다. 트럼프가 취한 입장이나 행동에 대해 리버럴 지식인들은 반사적으로 반대했고, 그들은 거의 모든 언론을 장악하고 있었다. 트럼프는 그들의 숙적이었다. 공정보도를 추구하는, 손에 꼽을 정도의 언론인들조차 가장 편파적인 기사를 트위터에 올려 영향력 있는 팔로어들에게 퍼뜨렸다. TV 정치평론가들은 온갖 날조를 일삼으며 허풍의 기준을 새롭게 설정했다. 그들은 독극물을 섞은 달달한 쿨에이드Kool-Aid를 마시고 집단 자살한 사교집단처럼 앞다퉈 날조의 독극물을 마시며 갈증을 해소했다. 그들의 보도로 많은 미국인들이 이 엄청난 거짓을 믿게 되었다.

물론 이 나라는 지난 2년을 분명히 인식하고 있다. 이 불법적인 음모는 2016년 대선 기간 동안 꾸며졌다. 힐러리 클린턴의 선거운동본부와 민주당이 은밀하게 자금을 지원한 과거가 미심쩍은 전직 첩보원이 음모를 꾸몄다. 그리고 이 꾸며낸 음모는 연방수사국, 법무부, 그리고 정부 내의 다른 여러 부서에 소속된 부역자들에게 전달되었다.[1] 이 계략의 전제는 계략을 추진한 이들의 행동 못지않게 황당했다. 트럼프가 러시아 비밀 요원으로 오랜 세월 동안 크렘린 궁과 "공모"한 끝에 백악관에 입성했다는 주장이었다. 이성과 상식에 완전히 배치되는 전혀 터무니없는 주장이었다.

으레 그러하듯이 이 비방을 뒷받침하는 그 어떤 증거도 없었다. 트럼프가 러시아와 협력이나 공모를 했다는 근거도 합리적인 의심을 할 만한 이유도 없었다. 정황적 증거도 없었다. 트럼프가 러시아에 호텔을 짓기로 하면서 유리한 계약을 따냈고, 러시아인을 고용해 민주당전국위원회Democratic National Committee(이하 DNC로 표기)를 해킹했으며, 그 후로 러시아가 은밀히 미국의 외교정책을 좌지우지해왔다는 MSNBC와 CNN의 주장은 전혀 설득력이 없었다. 트럼프는 러시아와 음모를 꾸미거나 "공모"해서 선거에 영향을 미치지 않았다. 오히려 다른 이들이 공모해 트럼프에게 누명을 씌우려 했다.

허위보도의 첫 씨앗은 트럼프를 혐오한 편향적인 성향의 존 브레넌 국장 휘하의 중앙정보국이었다.[2] 그리고 힐러리 클린턴이 선거유세 때 트럼프가 러시아 대통령 푸틴에게 충성한다는 식으로 그의 애국심을 부정적으로 언급하면서 이 씨앗은 서서히 싹텄다. 물론 쓰레기 같은 주장이었지만 선거 기간 동안 의심을 자아내기에 충분했다. 클린턴은 한술 더 떠서 이 음해에 비료를 주고 무럭무럭 키워 수확했다. 클린턴 선거운동본부와 DNC는 외국의 전직 첩보원과 직접 거래를 했다는 사실을 은폐하기 위해 여러 단계를 거쳐 영국인 전직 첩보원 크리스토퍼 스틸Christopher Steele을 고용했다. 스틸은 "도시에dossier(프랑스어로 문서라는 뜻-옮긴이)"라고 알려진 트럼프 음해 문서를 조작했다. 2016년 여섯 달에 걸쳐 17회에 걸쳐 작성된 보고서는 트럼프가 측근들과 선거를 조작하려는 치밀한 음모를 꾸미고 사악한 크렘린 궁 관료들과 내통했다는 황당한 이야기를 날조했다.[3]

스틸이 이 날조된 문서를 배포하는 과정에서 트럼프를 경멸하고 어떻게든 대통령이 되는 걸 막고 싶어 했던 법무부 고위관리인 브루스 오에게 비밀을 털어놓았다.[4] 목적은 수단을 정당화했다. 자기가 혐오하는 후보에 대한 증거를 조작하거나 날조하는 한이 있어도 말이다. 기가 찰 정도로 은밀하게 몇 달에 걸쳐 브루스 오는 스틸에게 들은 비밀을 연방수사국에 퍼뜨렸다. 연방수사국은 이미 은밀하게 스틸과 내통하고 있었고, 스틸은 2016년 초부터 연방수사국으로부터 수고비를 받고 일하고 있었다.

스틸의 "도시에"는 익명의 러시아 소식통이라는 이들이 여러 단계를 거쳐 들었다는 전문傳聞에 지나지 않았다. 이러한 미확인 소식통은 애초에 존재하지도 않았든가, 크렘린 궁이 장난삼아 흘리는 역정보를 습득한 전직 첩보원일 가능성이 농후했다. 연방수사국 중견관리들은 "도시에"의 출처가 미심쩍고 작성자도 신뢰할 만한 인물이 아님을 익히 알고 있었다.[5] 그들은 과거에도 조심하라는 경고를 받았다. 그래도 그들은 개의치 않았다. 그들은 또한 그 문서에 담긴 혐의는 미심쩍고 확인되지도 않았기 때문에 법정에서 증거로 사용될 수도 없고 표적에 대한 공식적인 조사에 착수할 명분도 되지 않는다는 사실도 알고 있었다.

그런데도 연방수사국은 법의 제약은 아랑곳하지 않고 이 문서를 이용했다. 고위관료들은 "도시에"를 핑계 삼아 그러한 조사에 착수할 때 충족해야 하는 요건을 담은 규정들을 정면으로 위배하고 트럼프에 대한 조사에 착수했다.[6] 트럼프의 정적들과 무법천지인 연방수사국이 날조해낸 황당한 소문은 희대의 정치사기극을 연출했다. 트럼프를 자기들 마음대로 휘두르고 대통령직을 제대로 수행하지 못하게 하려는 치밀한 음모였다.

연방수사국은 2016년 7월 5일 처음으로 "도시에"를 입수했다. 코미 국장이 TV 카메라 앞에 서서 클린턴이 국무장관 재직 시 기밀문서를 잘못 다룬 범죄들과 관련해 그녀에게 면죄부를 발행한 날이었다. 그가 카메라 앞에 서서 사실과 법을 왜곡하는 동안 그의 부하 요원 한 명이 런던에서 은밀하게 스틸을 만나고 있었다. 그 요원은 스틸이 내민 문서를 읽고 경악했고 "본부에 알려야 한다"라고 말했다.[7] 그렇게 같은 날 코미는 클린턴의 죄를 씻어주었고, "마녀사냥"이 본격적으로 시작됐다.

공식적인 수사는 3주 후인 2016년 7월 31일에 시작되었다. 그날 불량한 연방수사국 요원 피터 스트로크는 자기 정부情婦 리사 페이지에게 문자메시지를 보내 클린턴 사건은 전혀 중요하지 않으며 트럼프 사건이야말로 "중차대하고" 대단히 중요하다고 말했다.[8] 2019년 6월 백악관에서 나는 트럼프 대통령을 인터뷰하며 스트로크의 문자메시지를 보여주었다. 그는 역겹다는 듯이 고개를 절레절레 흔들면서 다음과 같이 말했다.

"그 문자메시지가 애초부터 이 모든 게 다 조작되었다는 사실을 보여준다. 연방수사국이 연루된 최악의 추문이다."[9]

스틸이 혼자 꾸며낸 일은 아니었다. 그가 심혈을 기울여서 날조해낸 허구의 트럼프-러시아 공모는 클린턴 선거운동본부와 민주당이 궂은일을 시키려고 고용한 퓨전 GPS Fusion GPS의 창립자 글렌 심슨 Glenn Simpson이 지원했다. 정적의 뒤를 캐는 서비스를 해주는 회사였다. 심슨은 "비트코인을 산더미처럼 쌓아둔 사람이라면 누구든 고용하는 용병"이라고 주요 간행물에 적확하게 소개된 인물이다.[10] 심슨과 스틸은 치밀한 전략을 짜내 그들이 조작한 "도시에"를 언론매체와 정부 고위급에 포진한 클린턴의 동맹세력에게 팔아넘겼고, 이 모든 날조된 정보를 결국 연방수사국이 받아들였다.[11] 심슨은 훗날 의회에 증인으로 소환되자 묵비권을 행사하고 입을 굳게 다물었다.

연방수사국이나 오바마 대통령의 법무부는 이에 굴하지 않았다. 대통령 선거를 몇 주 앞두고 그들은 확인되지도 않은 "도시에"를 토대로 법원에 도청 영장을 청구했고, 한때 트럼프의 선거자문 역할을 한 인물을 대담하게도 러시아 첩보원으로 지목해 도청했다.[12] 그는 첩보원이 아니었다. 그가 첩보원이 아니라는 결정적인 증거는 은폐되었고, 판사는 속아 넘어갔으며, 법원은 사기를 당했다.

트럼프가 대통령이 되지 못하게 하려는 음모는 트럼프가《만추리안 캔디에이트Manchurian Candidate》(공산주의에 세뇌당해 적을 위해 일하는 인물을 그린 소설)의 현대판 주인공이자 "푸틴의 꼭두각시"라는 선정적이고 날조된 이야기를 확산시키는 데 의존했다.[13] 그런데 기대했던 결과를 얻지 못하게 되고 공화당 후보인 트럼프가 대통령에 당선되자 그의 적들은 한술 더 떠서 트럼프가 대통령집무실에 발을 들여놓는 순간부터 나라를 배반할 러시아 첩자로 묘사하기 시작했다. 언론매체도 이에 가담해 그들이 날마다 쏟아내는 보도의 정보원이 믿을 만한지, 보도의 객관성은 살펴보지도 않고 끊임없이 중상비방을 함으로써 여론의 법정에서 트럼프를 심판했다. 예상을 뒤엎고 트럼프가 당선되자 수많은 언론매체 종사자들은 경악했다.

버락 오바마 행정부의 정보기관들도 아연실색했다. 그들은 오바마 정부 외교관들의 도움을 받아 비밀정보 보고서에 담긴, 익명으로 처리해야 할 미국인 수백 명의 이름을 노출시켰고 이 가운데는 트럼프에게 자문을 한 3명의 이름도 포함되어 있었다.[14] 이렇게 신분이 노출되는 피해를 입은 이 중에는 새로 취임하는 대통령의 국가안보보좌관도 있었다. 대통령 인수위원회 활동 기간 동안 그가 러시아 외교관과 나눈 대화가 은밀히 녹음되었고 불법으로 언론매체에 유출되어 "공모"한 듯한 인상을 만들어내 새로 당선된 트럼프에게 피해를 입혔다.[15] 오바마 행정부의 말기 정보기관 수장들은 정보공유를 완화하는 새로운 규정을 허겁지겁 만들어서 트럼프를 파멸시킬 선정적인 정보의 확산을 용이하게 했다.

대통령 취임일 직전, 중앙정보국과 연방수사국, 그리고 미국의 모든 정보기관들을 통솔하는 국가정보실장은 연방수사국장 코미로 하여금 "도시에"에 담긴 선정적인 부분만 선별하여 트럼프에게 보고하도록 하는 한편 러시아 "공모" 혐의와 누가 문서작성에 돈을 댔는지는 일부러 숨겼다.[16] 트럼프와 코미 사이에서 오간 대화는 즉시 언론인들에게 유출되었다. 기자들이 "도시에" 내용을 보도할 평계를 만들어주기 위해서였다. 신임 대통령은 이 문서의 전모를 알 권리가 있었다. 클린턴 선거운동본부가 돈을 대고 날조해 연방수사국과 정보기관들이 퍼뜨린 거짓된 주장으로 언론에서 비방을 당해서는 안 되는 일이었다.

거의 하룻밤 사이에 트럼프-러시아 공모 소설은 여론에 불을 지폈다. 대통령이 푸틴과 결탁했다는 근거 없는 주장을 바탕으로 의회와 음모 확산에 협조적인 언론은 끊임없이 이야기를 꾸며내고 논평을 내고 대통령을 깎아내렸다. 거짓을 꾸며낸 자들이 처음부터 내내 원했던 결과였다. 석 달이 채 지나지 않아 트럼프는 코미 국장의 표리부동하고 거짓된 언행에 넌더리가 났다. 코미는 대통령과 단둘이 대화할 때는 수사대상이 아니라며 트럼프를 안심시켰다. 그러나 의회에서 공개증언을 할 때는 정반대의 주장을 했다. 코미는 클린턴이 외무장관 재직 시 기밀유지를 철저히 하지 못한 이메일 사건을 수사하면서 연방수사국 규정을 어기기도

했다. 트럼프가 연방수사국 국장을 해임하자 점점 타오르던 "마녀사냥"의 불길은 정치적 폭풍으로 번졌다. 자신의 정신적 스승인 코미가 해고당한 데 앙심을 품은 연방수사국 국장 "대행" 앤드루 매케이브는 트럼프에 대한 은밀한 수사에 다시금 착수했다.[17] 이 수사는 그 어떤 법적인 정당성도 없었다. 그래도 그는 재량껏 조사했다.

법무부에서는 감정적으로 격앙된 로드 로젠스타인Rod Rosenstein 차관이 코미 국장의 오랜 친구이자 동지인 로버트 멀러 ⅢRobert Mueller Ⅲ를 특별검사로 임명했다.[18] 로젠스타인이 코미를 해임하라고 대통령에게 권고한 후 뜻밖에 여론의 비판 화살이 자신에게로 쏟아지자 이를 대통령 탓이라고 여기고 순전히 억하심정에서 멀러를 특별검사에 지명한 것이다. 멀러는 절대로 그 특별검사직을 받아들이지 말았어야 한다. 그는 이 사건의 핵심적 증인인 코미의 절친한 친구라는 사실 외에도 이해충돌 사항이 여러 가지라서 특별검사를 맡기에는 부적격이었다.[19] 설상가상으로 멀러는 트럼프를 조사하는 특별검사직을 수락하기 전날 대통령 집무실에서 대통령을 만났다. 멀러의 특검 임명은 단순히 신의를 배반한 행위였을 뿐만 아니라 연방규정에 위배되었고, 로젠스타인은 이를 알았음에 틀림 없다. 누군가 멀러 특검 임명에 대해 대놓고 이의를 제기하자 그는 자기 집무실 책상 뒤에 웅크리고 숨어 울먹이면서 "나 해고당할까?"라고 했다고 전해진다.[20]

멀러가 임명된 과정에는 코미의 더러운 손길이 곳곳에 묻어 있었다. 그는 해고당하자 정부 소유물인 대통령과 나눈 대화를 기록한 보고서를 몰래 갖고 나왔다. 그는 법과 연방수사국 규정을 어기고 승인도 받지 않고 이 내용을 자기 친구에게 전달했다. 기밀사항인 메모 내용을 언론에 유출시켜 자기 친구이자 전직 동료인 멀러를 특별검사에 지명하는 절차를 촉발시키기 위해서였다.[21] 그는 절대로 기밀정보를 유출시키지 않겠다고 맹세했지만 스스로 깼다. 이 음험한 계획은 제대로 먹혀들었고 특별 검사가 임명되었다.

일 년 이상이 지나 의회에서 비공개로 한 증언에서 코미는 2016년 7월 연방수사국이 조사에 착수했을 당시 "공모"의 증거는 없었고, 멀러가 특검에 임명될 무렵 "우리는 여전히 그 의문에 대한 해답을 얻지 못했다"라고 인정했다.[22] 애초에 수사에 착수하지 말았어야 하고 그로부터 아홉 달이 지나 임명된 특검은 관련 규정에 따르면 승인되지 말았어야 한다는 뜻이다. 특검이 임명되려면 우선 범죄가 발생했음을 보여주는 사실이나 증거가 있어야 하는데 없었다.[23] 그러나 트럼프에 맞서는 작전은 이제 시작에 불과했다.

매케이브와 로젠스타인이 은밀히 만나 트럼프를 대통령직에서 끌어내릴 모의를 했다는 사실에 모든 미국인은 경악해야 한다. 도대체 어떻게 트럼프를 대통령직에서 축출할 수 있단 말인가? 로젠스타인 법무차관은 "도청"장치를 착용하고 몰래 트럼프가 하는 말을 녹음한 뒤 헌법 수정안 제25조를 왜곡 해석해 각료들로 하여금 트럼프를 직위해제하게 만들자고 제안했다.[24] 훗날 트럼프가 로젠스타인에게 이를 들이대자 그는 적법 절차에 따라 당선된 미국 대통령을 상대로 쿠데타를 시도했다가 불발로 끝났다는 사실을 부인했다.

대통령이 내게 말했다. "(로젠스타인이) 그런 일 없었다고 딱 잡아뗐다. 자기는 그런 말 한 적이 없다고 했다. 다른 사람들에게는 농담 삼아 한 말이라고 했다. 그런데 내게는 그런 말 한 적이 없다고 했다."[25] 매케이브와 또 다른 증인은 그가 농담으로 한 말이 아니라고 확언했다.[26] 로젠스타인이 사실대로 말하고 있지 않은 듯하다.

멀러는 이해충돌이라는 비난을 무릅쓰고 편파적인 검사들로 특검팀을 꾸리면서 특검의 정직성과 수사의 신뢰성을 훼손했다. 공무집행방해 사건에서 핵심적인 증인임이 분명한 로젠스타인은 사건에서 손을 떼지 않은 채 계속 수사를 감독했다. 트럼프의 변호사에 따르면, 멀러는 조사가 시작되고 한두 달이 채 안 되어 공모는 없었다는 사실을 알았고 2018년 3월 5일 회의에서 그렇게 실토했다.[27] 그러나 그는 일 년 넘게 입을 다물고 수사를 계속했고, 이는 중간선거에 영향을 미쳤을 가능성이 높다.

2019년 3월 22일, 멀러 특검은 마침내 보고서를 법무부에 제출했다. 예상대로 "공모" 범죄의 증거는 없었다. 특검이 확인한 바와 같이, "조사를 통해 트럼프 선거운동본부 구성원들은 러시아 정부의 선거개입 활동에 공모하거나 가담했다는 증거를 찾지 못했다."[28] 22개월 동안 수백 명의 증인을 면담하고 수천 건의 소환장을 발부하고 100만 건이 넘는 자료를 살펴본 끝에 러시아 공모 날조는 적나라하게 그 실체가 드러났다. 거짓이었다. 단 한 사람도 "공모"를 한 반역죄로 기소되지 않았다.

멀러는 "공모"에 대해서는 기꺼이 법적인 판단을 내렸지만, 사법 방해에 관해서는 "검사로서의 통상적인 판단을 내리지 않기로 했다"라고 발표했다.[29] 그 이유는 도저히 이해가 불가했다. 설상가상으로 그는 다음과 같이 말했다. "이 보고서는 대통령이 범죄를 저질렀다고 결론을 내리지 않았지만, 그렇다고 해서 그를 면책한다는 뜻도 아니다."[30] 뭐라고? 변호사라면 누구든 알겠지만, 면책은 검사의 소관이 아니다. 이러한 단 한 가지 행동으로써 멀러는 입증의 책임을 져야 할 주체를 특검에서 수사대상으로 뒤바꾸고 미국 법치에서 성역인 무죄추정의 원칙을 뒤엎었다. 그는 보고서에서 장장 183쪽에 걸쳐 트럼프를 비방했다. 실제로 존재하지도 않은 특정한 여건을 거론하면서, 공무집행방해에 해당할 수도 있다면서 말이다.

윌리엄 바 법무장관은 상원에 출석해 멀러의 논리에 어리둥절하다며 그의 논리를 "이상하고" "해괴하다"고 묘사했다.[31] 그를 비롯해 법무부의 고위급 변호사들은 멀러 보고서를 검토하고 법과 사실을 분석한 다음 "대통령이 공무집행방해 범죄를 저질렀다고 보기에 충분한" 증거가 없다는 결론을 내렸다.[32] 바 법무장관은 멀러를 겨냥해 특검의 법적 분석은 "법무부의 견해를 반영하지 않으며" "특정 변호사, 또는 변호사들의 사적인 견해의 산물"일 뿐이라고 일축했다.[33] 법무장관은 멀러가 공무집행방해에 대한 판단을 내릴 수도 있었으며 법무부 규정에는 그를 규제할 아무런 조항이 없다고 주장했다.[34]

'마녀사냥'은 《러시아 사기극The Russian Hoax》에서 정확히 내가 예측한 대로 마무리되었다. 트럼프는 러시아와 "공모"하지 않았지만, 이 주장을 날조하는 데 재정적으로 지원하고 이를 용인한 정적인 힐러리는 러시아와 공모했다. 클린턴 선거운동본부는 날조된 가짜 "도시에"에 담긴 러시아의 역정보를 돈을 주고 샀다. 클린턴의 대리인들은 정교하게 날조된 거짓을 연방수사국에 흘려 트럼프에 대한 광범위한 수사에 착수하도록 했으며, 그들은 이 날조된 거짓을 언론에 흘려 2016년 대통령 선거에 영향을 미쳤다. 클린턴 본인도 집요하게 날조된 음모론을 제기하면서 미국과 대통령을 2년 이상 볼모로 잡았다.

지어낸 "공모"라는 낭설이 끈질기게 유포되면서 언론매체는 클린턴이 한 짓은 제쳐두고 트럼프가 하지도 않은 일을 파헤치느라 온힘을 기울였다. 언론인들은 유출된 정보를 복음처럼 받아들이고 그 정보가 정확한 진실이라고 열렬히 믿었다. 그들이 대통령에 대해 품은 반감 때문에 의문을 제기하거나 호기심을 보이지도 않았다. 그들은 "도시에"를 성서처럼 받아들였고 그 문서가 어떤 식으로든 사실로 드러날지 모른다는 믿음에 애타게 매달렸다. 트럼프 시대에 언론매체는 헤아리기 힘들 정도로 수없이 배임 행위를 저질렀다. 그리고 오늘날까지도 여전히 기자들은 러시아-트럼프 "공모"와 공무집행 방해를 들먹이고 있다. 아무런 증거도 없는데 말이다. 멀러 특검의 수사가 마무리되고 난 후 바 법무장관이 상원법사위원회에 참석해 다음과 같이 증언했듯이 정말 이해하기 힘든 현상이었다.

우리가 어쩌다 이 지경까지 왔을까? 대통령이 러시아와 공모하고 반역을 저지른 러시아 요원이라는 누명을 썼다는 게 밝혀지지 않았나? 전혀 사실무근이라는 게 밝혀지지 않았나?

이 정부 들어 2년 동안 구구한 억측에 시달렸는데 이제 그게 거짓임이 입증되었다. 그리고 여전히 일부에서 하는 소리를 듣고 있으면 멀러 보고서의 결론을 정반대로 해석하고 있는 듯하다.[35]

바 법무장관은 트럼프-러시아 조사가 시작된 이유와 전혀 사실무근인 것으로 드러난 사건을 추적하느라 정부관료들이 취한 행동에 대해 조사를 하고 해답을 얻은 뒤 매우 심난했다. 알려진 사실은 그가 들은 해명과는 달랐다. 그는 놀라울 정도로 솔직하게 다음과 같이 말했다. "트럼프 선거운동본부를 겨냥한 이러한 대응-첩보행위는 정상적인 과정을 밟지 않았고, 정상적인 절차를 통해 진행되지 않았다."[36] 이는 대단히 절제된 발언이었다. 법무장관은 직권 남용과 위법행위가 있는지 자체적인 조사에 착수하기로 했다. 더 많은 거짓과 부정부패가 드러날 가능성이 높다.

내가 이 두 번째 책 《트럼프 위치 헌트》를 쓰기로 한 이유는 2018년 6월 초 앞서 집필한 《러시아 사기극》이 인쇄에 들어간 이후 엄청난 증거가 쏟아져 나왔기 때문이다. 법무부 감찰관Inspector General은 클린턴 이메일 사건이 잘못 다루어졌으며 심지어 조작되었다는 비판적인 보고서를 내놓았다. 스트로크와 페이지 간에 오간 문자메시지가 더 많이 드러나 조사의 정당성에 의문이 제기되었고 뒤이은 트럼프 수사가 편견으로 오염되었음을 입증했다. "공모"한 범인은 트럼프가 아니라 클린턴 선거운동본부와 민주당임을 보여주는 수많은 구체적인 내용들이 드러났다. 해외첩보감시법 Foreign Intelligence Surveillance Act, FISA에 따라 연방수사국이 법원에 요청한 도청영장 청구서와 비밀요원 활용에 대한 보고서가 공개되면서 새빨간 거짓말과 첩보활동은 훨씬 선명하게 드러났다. 지금까지 비공개로 진행된 증언이 공개되었고 늦은 감이 있으나 속기록도 대중에게 공개되었다. 결국 멀러는 미국 대통령이 러시아의 비밀요원이고 대통령 선거를 조작하려 했다는 날조된 주장은 불식시켰지만 트럼프를 비방하는 보고서를 작성했다. 그야말로 최악의 거짓 향연이었다.

바 법무장관은 정확히 의문을 제기했다. 이런 일이 어떻게 일어날 수 있었을까?《트럼프 위치 헌트》는 날조된 거짓과 정치적 이득을 얻기 위해 자기 지위를 이용해 직권을 남용한 고위관료들의 타락한 행위에 대한 진실을 파헤친다. 그들은 법치를 무너뜨리고 민주주의 절차를 훼손하려 했다. 그들은 타락한 행위로써 미국 정부의 기관들을 훼손했다. 그리고 그들은 국가에 대한 신뢰도 훼손했다.

1장

A TALE OF TWO CASES | **두 사건 이야기**

WITCH
HUNT

야, 이거 대단하다. 이 건은 정말 중요해. 다른 건도 중요했지만,

그건 우리가 일을 망치지 않아야 하니 중요한 거였을 뿐.

근데 이 사건 정말 중요해. 이거야말로 중요한 사건이라고.

_ 2016. 7. 31 클린턴 사건을 트럼프 사건 착수에 비유하면서,
  피터 스트로크가 자신의 정부 리사 페이지에게 보낸 문자메시지

이 문자메시지는 처음부터 모든 것이 조작되었음을 말해준다.

그리고 연방수사국을 강타할 최악의 추문임을 말해준다.

_ 2019. 6. 25. 대통령집무실에서 도널드 J. 트럼프와 저자의 인터뷰

러시아에 대한 미국의 정책은 오래전부터 민감한 문제였고 특히 선거철에는 뜨거운 논쟁을 불러일으킨다. 그러나 오바마 행정부에서 트럼프 행정부에 이르기까지 놀라울 정도로 정책에 일관성이 유지되었다.[1] 두 행정부 모두 집권 초기부터 공개적으로 화해의 손길을 내밀다가 현실을 직시하고 나서야 비로소 적대적인 입장으로 후퇴했다. 굳이 구분하자면, 트럼프 대통령이 전임자보다 러시아에 대해 훨씬 강경한 입장을 표명했는데, 전임자는 2012년 대통령 후보 토론회에서 러시아를 "가장 중대한 지정학적 위협"이라고 규정했다.[2]

취임 후 첫 2년 동안 트럼프는 러시아 정부 관료들과 올리가르히들을 대상으로 일련의 새로운 경제제재 조치들을 취했고, 러시아의 국방과 에너지 부문을 겨냥한 징벌적인 조치들을 승인했으며, 외교관 수십 명을 추방했고, 몇몇 관공서를 폐쇄했다. 또한 치명적인 무기를 우크라이나에 보내 러시아의 공격을 방어하게 하고, 시리아에서 러시아군에 맞설 군대 파병을 승인하고, 러시아가 1987년에 체결된 중거리핵전력폐기협정 Intermediate-Range Nuclear Forces Treaty의 조항들을 반복해서 어겨왔다는 증거를 바탕으로 이 협정에서 탈퇴했다.[3] 또한 러시아에 대해 강경한 입장인 인물들을 행정부 최고위직에 임명했다.[4] 러시아 비밀요원은커녕 러시아에 동조하는 미국 대통령이라 해도 이런 행동들은 취할 리가 없다.

그렇다면 트럼프가 크렘린과 한통속이라는 주장이 어떻게 음모론을 넘어 수천만 미국인들의 상식이 되었을까?

트럼프를 해하거나 파멸시킬 이유가 있는 연방수사국과 정보기관 그리고 법무부 고위관료들이 시작했다는 사실을 우리는 안다. 끼리끼리 정서가 만연한 워싱턴 정가에서 낯선 외부인 트럼프는 그들이 지닌 권력에 대한 실존적인 위협이었다. 대통령 후보로서 트럼프는 워싱턴이라는 "늪의 썩은 물을 빼겠다"라는 공약을 내걸었다. 그 어떤 책임도 지지 않으면서 정부 내에서 자기 지위 이상으로 영향력을 행사하는 이들을 겨냥한 공약이었다. 그러나 "늪"은 썩은 물이 빠지기를 바라지 않았다. 트럼프가 대통령이 되면 자기들이 누리는 권력이 치욕적인 종말을 맞게 되리라고 생각했다.

미국 수도에서 권력은 중독성이 매우 강한 크랙 코카인crack cocaine에 비유된다. 권력을 휘두르는 이들은 권력에 의존하게 되고 계속해서 권력을 갈구한다. 그들은 절대로 순순히 권력을 포기하지 않는다. 중앙정보국장 존 브레넌, 국가정보실장 제임스 클래퍼, 법무장관 로레타 린치Loretta Lynch, 법무부 고위관리 브루스 오, 연방수사국장 제임스 코미와 그를 따르는 부하직원들인 앤드루 매케이브, 제임스 베이커James Baker, 피터 스트로크, 리사 페이지 등은 정부를 장악해야 할 사람이 따로 있다고 생각했고 트럼프야말로 위협적인 존재였다. 반대로 클린턴은 그들이 좋아하는 후보였으며 현재의 권력을 대표했다. 버락 오바마의 세 번째 임기, 잘 하면 네 번째 임기에 상응하는 인물이었다. 민주당 대선후보는 그들이 지닌 권위와 추구하는 목적이 지속되는 여건을 상징했다. "딥스테이트deep state" 구성원들은 자기 자리를 유지할 가능성이 높았다. 철통같은 한통속인 이들의 권력은 클린턴이 대통령이 되면 무자비하게 확장될 게 뻔했다. 그녀의 적수인 트럼프가 이기면 그들의 권력은 심각한 위험에 처하게 된다.

트럼프를 저지할 모종의 조치를 취해야 했다. 놀랍게도 그 음모는 거의 성공할 뻔했다.

클린턴에게 면죄부를 발행하다

워싱턴이 위증, 공무집행방해, 기밀유출, 그밖에 다양한 행정적인 범죄를 보통 어떻게 다루는지 이해하려면 힐러리 클린턴이 국무장관으로 재직한 4년 동안 기밀문서를 잘못 다루어 숱한 범죄를 저질렀음을 보여주는 산더미 같은 증거부터 살펴봐야 한다. 그녀의 운명은 오바마 정부의 연방수사국장 코미와 법무장관 로레타 린치의 손에 달려 있었다. 그들은 클린턴이 국가안보를 심각하게 훼손했고, 그 과정에서 간첩행위금지법을 비롯해 여타 형법상의 중범죄를 숱하게 저질렀다는 사실을 알고 있었다.[5]

그들은 사실을 교묘히 회피하고 그녀에게 면죄부를 줄 방법을 강구해야 하는 골치아픈 문제에 직면했다.

클린턴은 미국 최고위 외교관으로 취임하기 전 뉴욕 주 차파쿠아의 자택 지하실에 사설 이메일 서버를 설치했다. 그녀는 단순히 개인 이메일 계정만 사용한 게 아니다. 별도로 등록한 이메일 계정으로 개인 서버를 통해 이메일을 주고받음으로써 공적인 시야에서 벗어나 있었다.[6] 그녀는 국무장관직 수행과 관련한 모든 전자 통신을 그 비밀 사설 서버를 통해 주고받았고, 그 문서들 가운데는 기밀로 분류된 문서와 극비 문서 수천 건도 포함되었다.[7]

국무성의 규정은 이런 행위를 금지하고 있다. 외국 정부들과 사이버 테러리스트들이 미국 정부가 승인하지도 보호하지도 않는 서버를 대상으로 아주 기초적인 해킹 기법을 이용해 그런 자료들에 쉽게 접근할 수 있기 때문이다. 그러면 국가기밀이 유출될 위험에 처하게 된다. 클린턴은 이 사실을 알고 있었다. 8년 동안 상원의원을 지냈으니 말이다. 그녀는 군사위원회 소속 상원의원으로서 기밀문서를 다루는 법과 기밀문서를 판독하는 법에 대한 자문을 받았다. 기밀을 유지하기 위해서 정부가 구축한 안전장치들을 어떻게 이용하는지도 익히 알고 있었다. 그녀는 국무장관으로서 이보다 한층 포괄적이고 심층적으로 기밀을 어떻게 다루어야 하는지 숙지했다. 기밀자료는 절대로 집으로 가져가거나 집에 두면 안 된다는 사실도 알고 있었다.[8]

그녀는 사설 서버에 이메일이 저장되면 첨부된 수많은 기밀자료들도 함께 저장된다는 사실을 분명히 알고 있었다. 미국의 최고위 외교관이 업무를 수행하며 기밀 정보를 주고받지 않을리가 없다. 그럼에도 그녀는 실수가 아니라 의도적으로 정부의 손길이 닿지 않는 사설 서버를 구축하고 자신의 직책과 관련된 모든 업무를 이 서버를 이용해 수행했다. 다시 말해 기밀문서들을 의도적으로 이 서버에 저장해두고 정부의 승인을 받지 않은 취약한 서버를 통해 다른 사람들에게 전달했다. 이러한 행위는 간첩행위금지법인 18 U.S.C. § 793(d)와 (e)[9]의 위반일 뿐만 아니라, 기밀문서를 잘못 다룬 행위를 범죄로 규정한 보다 근본적인 법인 18 U.S.C. § 1924를 위반했다. 후자는 다음과 같이 규정하고 있다.

> 미국 관리는 누구든 미국의 기밀정보가 포함된 문서나 자료를 소지할 경우 승인받지 않고 또 그러한 문서나 자료를 정부의 승인을 받지 않은 장소에 보관할 목적으로 일부러 다른 곳으로 옮기면 이 조항에 따라 벌금이나 5년 이하의 징역 또는 벌금과 5년 이하의 징역에 처한다.[10]

위의 문구는 분명하다. 클린턴은 알면서도 범죄를 저질렀다. 스스로 인정했듯이 그녀는 자기가 주고받은 기밀로 분류되는 이메일을 읽었고 정부의 승인을 받지 않은 장소에 의도적으로 저장했다. 얼마나 많은 범죄를 저질렀을까? 클린턴이 자택의 서버로 주고받은 이메일 가운데 기밀로 분류된 건수만 110건이니 110건의 범죄를 저지른 셈이다. 2016년 7월 5일 코미 국장은 수사결과를 발표하면서 다음과 같이 분명히 밝혔다.

> "(클린턴이) 국무성에 반환한 3만 건의 이메일 가운데 클린턴이 상대와 주고받은 이메일은 52건이며 기밀정보는 그 메일에 110개가 포함되어 있었다." 이메일의 소유권을 보유한 국무성이 다음과 같이 밝혔다.[11]

코미는 또한 "기밀로 상향조정된 이메일이 추가로 2,000개가 더 있다"라고 밝혔다. 해당 이메일이 전달될 당시에는 기밀로 분류되지 않았다는 뜻이다. 해당 법을 엄격하게 해석하면 클린턴은 문서를 잘못 다룬 데 대해서도 기소되었어야 한다. 이 점은 코미 국장도 다음과 같이 강조했다. "이메일 상으로 '기밀'이라는 표시가 되어 있지 않은 정보라고 해도, 이메일 내용의 주제가 기밀임을 알거나 알아야 마땅한 관련자들은 여전히 기밀을 보호할 의무가 있다."

극비와 관련해 주고받은 이메일 몇 건을 언급하면서 코미는 다음과 같이 덧붙였다. "클린턴 장관과 같은 지위에 있는 사람이라면 누구든 상식적으로 기밀을 보호되지 않는 서버를 통해 이메일을 주고받으면 안 된다. 이를 뒷받침할 증거가 있다."[12] 클린턴은 여러 가지 역모 죄로 기소가 되었어야 한다. 공개된 자료에 따르면, 그녀가 사설 이메일 계정으로 기밀문서를 주고받는다는 사실을 알고 행동에 가담한 이들과 그녀는 한통속이었기 때문이다.[13]

(논리를 무시하고) 클린턴이 의도적으로 혹은 알면서도 그런 행동을 한 게 아니라고 상상하기는 힘들지만 뜻하지 않게 직권을 남용하거나 무능

해서 한 행동이라고 치자. 그래도 그녀는 기밀문서를 보호해야 할 의무를 무시하고 무모한 행동을 했음은 분명하다. 관련법에서는 이를 "중과실gross negligence"이라 한다. "극단적으로 부주의한extremely careless 행동"과 같은 의미로 쓰이는 용어다.[14] 클린턴이 기밀문서를 잘못 다룬 행위는 최소한 간첩행위금지법인 18 U.S.C. § 793(f) 조항은 어겼다. 이 조항은 다음과 같이 명시하고 있다.

> 국방과 관련된⋯ 그 어떤 문서도 합법적으로 소지하거나 소지하도록 위임받은 사람은 누구든 (1)해당 문서를 본래 보관 장소에서 옮기도록 허락하는 중과실을 범하거나 (2)해당 문서가 본래 보관 장소에서 불법적으로 옮겨졌다는 사실을 알고도 보고하지 않으면⋯ 이 조항에 따라 벌금이나 10년 이하의 징역, 또는 벌금과 10년 이하의 징역에 처한다.[15]

클린턴이 기밀 자료를 다룬 방식은 의문의 여지가 없이 최소한 중과실에 해당된다. 그녀의 행동은 무모하거나 극도로 부주의한 행위의 전형이었다. 코미는 그녀가 국가안보를 위험에 빠뜨렸을지도 모른다고 마지못해 인정하면서 다음과 같이 말했다. "적대적인 행위자들이 클린턴 장관의 개인 이메일 계정에 접근했을 가능성이 있다고 판단된다."[16] 이는 전혀 정확하지 않은 발언이다. 가능성에 그치지 않았다. 연방수사국은 분명히 알고 있었지만 대중에게 감추려 했다. 코미는 심지어 조사결과 자료에서 적대적인 행위자들이 국무장관의 사설 서버에 침투했을지 모른다는 내용을 서술하며 "개연성이 높음"이라는 표현을 지우고 "가능함"이라는 표현으로 대체해 결과를 물타기했다.[17]

아니나 다를까, 클린턴의 서버에 저장되어 있던 정보가 범죄자들과 불량국가들이 암약하는 암호화된 웹사이트들이 모여 있는 "다크 웹dark web"

에 출현했다. 국무장관은 보안이 되지 않는 서버를 이용했다. 그 결과 클린턴과 이메일을 주고받는 정보원을 통해 간접적으로 서버에 쉽게 접근할 수 있었다.[18] 바로 그런 일이 벌어졌다. 증거를 보면 "구시퍼Guccifer"라고 알려진 루마니아 해커가 러시아에 있는 서버를 이용해 클린턴의 이메일에 침투했다.[19] 법과 규정을 무시한 클린턴으로 인하여 불법 침투가 가능했으며 그 결과 러시아 정보 당국이 미국의 기밀정보를 취득했다. 해킹당한 자료들 가운데 극비 정보에 해당하는 "표적 자료targeting data"를 수록한 엑셀 스프레드시트도 있었다. 클린턴이 연방수사국으로부터 면죄부를 받고 3년 후 공개된 연방수사국 자료에 포함된 검토 문건에 따르면, "안보가 훼손되고 기본적인 서버안보 규정 위반이 발생했다는 것은 피할 수 없는 사실이다"[20]라고 나와 있다. 그런데도 코미는 국무장관에게 면죄부를 주면서 국가안보 훼손의 중요성을 최소화하려고 했다. 클린턴의 행동을 범죄로 규정하기 위해서 그 법이 통과되었는데 말이다.

연방수사국 국장은 전국으로 중계된 기자회견에서 클린턴이 100건 이상의 범죄를 저질렀음을 명명백백히 보여주는 사건의 자초지종을 설명했다. 그러면서도 그녀를 기소하지 않기로 했다며 다음과 같이 해괴망측하고 도저히 이해 불가능한 이유를 댔다.

기밀정보 취급과 관련해 법 규정을 위반했을 가능성을 보여주는 증거가 있지만, 상식적인 검사라면 기소하지 않으리라는 게 우리의 판단이다.[21]

코미의 사실 왜곡

클린턴이 법을 어겼음을 보여주는 여러 증거를 발견한 그는 조사결과를 발표하며 그 가능성을 분명하게 밝혔다. 코미는 클린턴을 기소해야 한다고 법무부에 권고할 의무가 있었다. 관련법과 더불어 명명백백한 사실에 따르면 말이다. 대배심grand jury을 소집하고도 남을 증거가 존재했고, 대배심은 틀림없이 포괄적인 기소 판단을 내렸을 것이다.

그러나 코미가 덧붙인 "상식적인 검사라면 기소하지 않으리라"라는 단서조항은 순전히 그의 추측에 불과했다. 이런 단서조항이 기소하지 않을 타당한 법적인 근거가 된 사례는 과거에도 없었고 지금도 없다. 코미는 있지도 않은 법적인 기준을 꾸며냈다. 그는 검사가 아니다. 그의 업무는 자료와 증인들을 통해 증거를 수집하는 일이다. 그는 스스로에게 법적으로 기소할지 여부를 결정할 유일한 권위를 부여함으로써 법무장관의 권한을 자기 멋대로 남용하는 월권행위를 했고 그 과정에서 연방수사국과 법무부 규정을 위반했다.

코미가 한 "상식적인 검사라면 기소하지 않으리라"라는 발언 자체가 틀렸다. 실제로 검찰은 클린턴과 비슷한 방식으로 기밀정보를 잘못 다룬 정부 관료들을 군사법정에 회부하는 등 여러 차례 기소한 사례가 있다. 전 국가안보보좌관 새뮤얼 "샌디" 버거Samuel "Sandy" Berger, 전 중앙정보국 국장인 데이비드 페트레어스David Petraeus와 존 도이치John Deutch, 전 국가안보 업무 관련 민간하청업자 해롤드 T. 마틴 IIIHarold T. Martin III, 해군 엔지니어 브라이언 니시무라Bryan Nishimura, 해군 선원 크리스천 소시어Kristian Saucier 등이 기소되었다.[22] "이러한 사실을 바탕으로 기소 결정을 뒷받침할 만한 사례를 발견하지 못했다"라는 코미의 주장은 보다시피 전혀 사실이 아니다.[23]

코미의 판단을 법무부 감찰관 마이클 호로위츠Michael Horowitz가 검토했고 그 결과를 2018년 6월에 발표했다. 그는 코미 국장이 일방적으로 클린턴에게 면죄부를 준 결정은 "이례적인 동시에 하극상"이라면서 코미가 "법무장관의 권위를 찬탈했고 법무부 검사의 법적인 입장을 부적절하고 불완전하게 묘사했다"고 결론을 내렸다. 다시 말하면, 코미는 검사

행세를 하면서 클린턴에 대한 사건을 종료할 자격이 없다는 뜻이다. 호로위츠에 따르면, "그런 결정을 정당화한 그의 발언은 합당하지도 않고 설득력도 없었다."[24]

이러한 이유로 법무부는 그로부터 열 달 후인 2017년 5월 9일 코미의 해고를 권고했다. 그는 상부의 승인 없이 행동했고 기존의 정책과 규정을 따라야 할 의무에 태만했다. 이는 정치적 진영을 초월해서 서로 다른 시기에 법무장관과 차관을 지낸 인사들의 공통된 견해였다.[25] 코미가 잘못을 인정하지 않고 고집을 피웠기 때문에 그를 해고해야 할 명분만 더욱 강화되었다. 그는 자기가 맡은 기관의 업무를 폄훼했고, 국가 최고 사법기관의 고결함을 훼손했으며 공공의 신뢰를 저버렸다.

코미는 허세와 편견으로 사실과 법을 비틀고 왜곡해 클린턴에게 면죄부를 주었다. 그는 다른 사람의 권한을 자의적으로 도용했다. 법무부 감찰관이 말했듯이 "주관적이고 자의적으로 의사결정을 내렸다."[26] 코미의 행동은 너무나도 졸렬했다. TV 카메라 앞에 서서 클린턴에게 면죄부를 주는 발언을 한 당일에 해고당했어야 했지만 오바마는 그런 조치를 취하지 않았다. 오바마가 자신의 뒤를 이어 백악관을 차지하도록 응원할 후보인 클린턴을 위해 길을 터준 코미의 결정을 암묵적으로 승인했다는 명명백백한 근거다.

어떻게 아느냐고? 2016년 4월, 오바마 대통령은 〈폭스뉴스 선데이Fox News Sunday〉의 진행자 크리스 월리스Chris Wallace와 인터뷰를 했다. 전국으로 방송되는 프로그램에서 오바마는 클린턴이 국가안보를 위험에 빠뜨리지 않았고 단지 기밀문서를 "부주의careless"하게 다뤘을 뿐이라고 주장했다.[27] 미국 대통령이 전직 국무장관의 범죄를 입증하는 증거가 있음에도 불구하고 기소가 불필요하다는 언질을 코미와 연방수사국에 준 셈이었다. 오바마는 또 다른 두 차례의 TV 인터뷰에서도 똑같은 발언을 했다.

코미는 대통령의 의중을 분명히 알아챘다. 전 연방수사국 국장 코미가 감찰관으로부터 심문을 받는 과정에서 다음과 같이 고백했다.

> **코미:** (오바마 대통령의) 발언도 분명히 내게 비중 있게 느껴졌다. 이미 기소할 이유가 없다고 말한 대통령이 있지 않나…. 그러니 제도를 심각하게 훼손하지 않고 여기서 빠져나갈 방법을 모색할 상황이 조성되었다.[28]

이 고백에서 눈에 띄는 구절은 "여기서 빠져나갈 방법"이다. 즉 클린턴의 범죄를 입증하는 증거를 무시하고 통상적으로 적용하면 기소를 면치 못할 규정을 우회하는 한편 자랑스러운 평판에 흠집을 내지 않고 신뢰성을 유지하는 구색이라도 갖추려면 코미는 어떤 법적인 구실을 대야할까? 오바마로부터 명령을 하달받은 코미 국장은 사실을 왜곡하고 해당 형법조문을 변형시키기로 했다. 그는 연방법을 다시 썼고, 그 과정에서 클린턴이 "중과실"을 저질렀다고 기록한 조사 결과를 말 그대로 고쳐 썼다.

트럼프-러시아 사건 수사에 임한 자세와 클린턴 이메일 사건 수사에 임한 자세가 극명하게 차이가 났다는 점은 코미가 감찰관에게 심문을 받는 과정에서도 인정했다. 코미는 자신의 판단에 오바마의 의중이 영향을 미쳤다고 했다. 그러나 코미는 오바마가 연방수사국의 수사를 방해하거나 영향을 미치려는 시도를 했다고 결코 비난하지 않았다. 하지만 트럼프가 해고당한 국가안보보좌관 마이클 플린Michael Flynn의 혐의를 연방수사국이 벗겨주기를 "희망"한다는 말을 했다고 전해지자, 코미는 이를 트럼프가 연방수사국의 조사를 방해하거나 영향을 미치려는 시도로 해석했다.[29] 코미가 보기에는 오바마가 수사 중인 사건에 대해 언급하면 하등의 문제될 게 없지만 트럼프가 똑같은 행동을 하면 이는 중범죄였다. 코미 국장의 편파성이 두 대통령에 대한 그의 견해와 행동에 영향을 미쳤을 뿐만 아니라, 그는 법을 왜곡해 트럼프를 오바마보다 차별대우했다.

코미와 그의 부서원들이 세운 기준에 따르면, 정치인은 재앙을 초래할 수준으로 반역을 저지르지 않는 한 무슨 짓을 해도 용서가 되어야 한다. 사악한 의도가 있었고 심각하게 부정적인 결과를 초래했다는 반박 불가능한 증거가 없이는 거물급 정치인이나 참모들을 조사하거나 기소하는 것이 잘못이다.

클린턴은 법을 어겼다. 코미와 연방수사국과 법무부 관리들은 이 사실을 알고 있었다. 2019년 6월 25일, 트럼프 대통령은 나와의 인터뷰에서 주저 없이 내뱉었다. "코미 덕분에 클린턴이 교도소 행을 면했다."[30]

코미의 물타기

법무부 감찰관 조사를 통해 드러난 가장 놀라운 사실은 코미가 클린턴이 범죄를 저질렀다고 판단하고 기록한 순간을 기억하지 못한다고 주장했다는 점이다.

2016년 5월 2일이나 그 즈음, 코미는 클린턴이 기밀문서남용위반 사건을 요약하는 발표문을 작성하고 "중과실"로 결론을 내렸다.[31] 앞서 지적한 바와 같이, 이러한 결정적인 용어는 분명한 법적인 의미가 있다. 간첩행위금지법에서 직접 인용하는 용어이기 때문이다. 클린턴의 행동을 묘사하면서 코미는 정확히 이 용어를 썼다. 그것도 세 번씩이나(감찰관 보고서에 첨부된 증거 C) 말이다. 그는 감찰관 심문을 받는 과정에서 5월 2일 발표문을 본인이 직접 작성했고 문구 하나하나를 자신이 썼다고 호로위츠 감찰관에게 순순히 인정했다. 그러더니 "본래 초안에서 '중과실'이라는 용어를 썼는지 기억이 나지 않고 그 문제에 관해 논의한 기억도 나지 않는다"라는 어처구니없는 주장을 했다.[32]

코미의 이런 단기기억 상실증은 어불성설이다. 그는 연방수사국 고위 관리들과 함께 클린턴의 "중과실"과 그 용어를 바꿔 기소를 면하게 할 창의적인 방법을 강구했다. 이 곤란한 문제를 해결하기 위해 이메일 토론과 회의가 열렸다. 감찰관이 습득한 당시 기록과 전자문서 증거를 보면 코미는 이러한 회의와 토론에 깊이 관여한 것으로 드러났다.[33] 이 기록들을 보면, 코미는 클린턴이 법을 어기고 "중과실"을 범했다고 판단했지만 그럼에도 그녀를 기소하지 않기로 결심했다. 불가능에 가까운 이러한 곡예를 성공적으로 완수하고 곧 민주당 대선후보가 될 인물에게 면죄부를 주기 위해서 법적으로 치명적인 용어는 발언에서 삭제해야 했다.

메타데이터metadata를 보면 6월 6일 이 사건을 관장한 연방수사국의 수석 조사관인 대응 첩보국 부국장 피터 스트로크가 사무실 컴퓨터로 상관이 쓴 "중과실"이라는 당혹스러운 용어를 삭제했다. 그는 자신의 정부이자 연방수사국 변호사인 리사 페이지의 도움을 받아 "극도로 부주의한extremely careless"이라는 용어로 바꿔 클린턴의 죄가 실제보다 가벼워 보이게 만들었다.[34] 페이지는 법무부 감찰관에게 "법적으로 정의된 용어를 사용하면 혼란스러울 것 같아서 그랬다"라고 증언했다.

틀림없이 그랬을 것이다. 클린턴의 행동을 바로 그 구절로 묘사하면 간첩행위금지법의 "중과실" 조항에 해당되는데 이 용어를 쓰면 어떻게 클린턴에게 면죄부를 줄 수 있겠는가? 이 두 구절은 법적으로는 구분이 불가능한 동의어지만, 둘 중 한 구절만 법조문에 명시되어 있다. 교묘한 눈속임이었다. 클린턴이 가까스로 법망을 피한 듯한 인상을 주기 위해서였다. 사실은 법을 짓밟았는데 말이다.

스트로크와 페이지는 또한 클린턴이 명백히 위반한 또 다른 법조문을 코미가 인용해 발언한 부분도 삭제했다. 코미가 작성한 발표문 원본에 의하면 (앞서 언급한) 18 U.S.C. § 1924를 "위반했을 가능성을 보여주는 증거"가 있다고 판단했는데, 이 조항은 기밀정보를 허가받지 않은 장소에 보관하는 행위는 범죄로 규정하고 있다.[35] 클린턴의 자택은 기밀문서를 보관하도록 정부로부터 허가받지 않은 장소였고 그녀의 사설 서버는 보안이 되지 않았다. 그녀는 이를 알고 있었다. 국무장관에 취임하면서 포괄적인 안보 브리핑으로 그런 지침을 받았기 때문이다. 그녀는 관련 법규와 처벌 조항들을 이해했음을 확인하는 두 개의 문서에 서명했다.[36] 그러나 코미가 범죄라고 판단한 부분도 그가 공개석상에서 발표한 자료에서 완전히 삭제되었다. 범죄를 입증하는 다른 판단을 코미의 발표문에서 삭제한 이들이 이 부분도 삭제했을 가능성이 높다. 연방수사국이 국장의 발표문을 두 차례 수정했지만 물타기 작전은 아직 마무리되지 않았다.

코미가 발표문 초안에서 내린 가장 치명적인 판단으로 손꼽히는 문장은 다음과 같았다. "이메일을 주고받을 당시에 기밀로 분류된 정보의 양만 보아도 이메일 송수신에 참여한 사람들이 해당 정보를 취급하는 데 있어서 중과실을 범했다는 추론을 뒷받침한다."[37] 이 한 문장만으로 클린턴의 기소는 확정적이었다. 그녀가 너무나도 많은 기밀과 보안을 요하는 문서들을 소홀히 다룬 점으로 미루어볼 때 자신이 법을 어기고도 처벌받지 않으리라는 점을 알았음에 틀림이 없다. 그러나 국장은 클린턴에게 면죄부를 줄 때 발표문에서 이 결론을 완전히 삭제했다.

먼 과거의 얘기처럼 들리는 사람들도 있을지 모르지만 연방수사국이 대통령 후보를 조사할 때 적용되는 기준을 파악할 필요가 있다.

연방수사국의 대응첩보 부국장 E. W. "빌" 프리스탭E. W. "Bill" Priestap은 연방수사국 동료 직원들과 기밀로 주고받은 이메일에서 그들이 처한 난처한 입장을 단도직입적으로 언급한다. 그는 "연방수사국 국장이 (법조문에 명시된 대로의) 범죄를 저지른 사람을 기소하지 말라고 법무부에 선의로 권고할 때는 그 이유를 보다 상세히 설명하는 게 중요하다"며 주의할 것을 요청하고 있다.[38] 법을 어긴 사람이 처벌을 면하게 해줄 방법을 설명할 "선의"의 방법은 없다. 연방수사국이 생각해낸 방법은 악의로 포장되어 있었다. 부당하지만 정치적 편의에 합당한 결과를 얻기 위해 법조문을 뜯어 고쳤다.

코미를 비롯해 이메일 수사 연루자들은 어디서 "극도로 부주의한"이라는 용어를 가져다가 클린턴의 중범죄를 희석시켰을까? 오바마 대통령에게서 얻었다. 오바마가 한 달 앞서 두 차례 TV에 출연해 치밀하게 계산해 엄선한 용어로 쓴 발언을 공개적으로 하면서 "부주의"라는 단어를 사용했다. 여기다가 국장이 대통령의 "발언이 비중 있게 느껴졌다"라고 인정한 사실까지 더해지면 필연적으로 다음과 같은 결론이 나올 수밖에 없다. 코미와 그 부하직원들은 오바마가 바라는 대로 했다. 그들은 100여 건 이상의 중범죄에 달하는 세 종류의 범죄로부터 클린턴을 면죄시켜주었다.

연방수사국 국장은 클린턴의 기소여부를 판단할 당시 그 단어들을 자신이 쓴 기억이 없다고 주장하면서도, 간첩행위금지법의 역사는 잘 알려지지 않은 시시콜콜한 내용까지 놀라울 정도로 상세히 기억했다. 그는 법무부 감찰관에게 말하기를 "의회가 이 법을 만들 때 '중과실' 조항 위반을 입증하려면 어느 정도 고의성이 있어야 한다는 취지를 담았다"라고 생각한다고 했다.[39] 다시 말해서, 그는 "의도"가 있어야 범죄가 입증된다고 주장했다. 그러나 코미의 왜곡된 해석은 명백히 틀렸다.

코미가 정말로 이 법의 내력을 살펴보았다면, 1948년에 의회가 1917년의 간첩행위금지법을 수정하면서 새로운 의도나 고의성이 요구되지 않는 "중과실" 조항을 첨가했다는 사실을 알았어야 한다.[40] 의원들은 일부러 그 단어를 누락시켰다. "고의성"이라는 필수적인 요소를 제거해 그 법조문 적용 범위를 수정하고 확대하는 게 목적이었다. 제2차 세계대전 중 의회는 정부와 군 관리들의 기강이 점점 해이해지는 사례들이 늘어나고 있다는 사실을 깨달았다. 그들은 기밀자료를 허술하게 다루어 국가안보에 해를 끼치는 경우가 다반사였다. 의회는 이 문제를 해결하기 위해 새로운 범주의 범죄를 마련했다. 고의성은 더 이상 범죄를 증명하기 위해 충족해야 하는 법적 요건이 아니었다. 간첩행위금지법하에서 범죄를 구성하는 데 있어서 중과실 행위는 고의적인 행위를 대체하는 더 포괄적인 대안이었다. 따라서 코미는 존재하지도 않는 법적 기준을 클린턴 사례에 적용했다. 그가 그냥 지어냈다. 그는 의회가 삭제한 "의도"를 도로 법조문에 집어넣은 셈이다.

연방수사국에는 단기기억상실증이 유행병처럼 번졌던 게 틀림없다. 2018년 7월 의회에 출석한 스트로크는 자신의 컴퓨터로 클린턴을 면책시키기 위해 결정적인 문구를 수정한 기억이 없다고 주장했다. 그러나 "결국 그(코미)가 그 문구를 바꾸는 결정을 했다"라고 주장함으로써 연방수사국 국장을 직접 연루시켰다.[41] 흥미롭게도 스트로크는 상사가 문구를 바꾸라고 명령한 사실을 기억하면서 자신이 문구를 바꿨는지는 기억하지 못했다. 그러나 결정적인 문구의 수정으로 힐러리가 책임을 면했다는 사실은 분명하다.

연방수사국의 노골적인 편파

법무부 감찰관은 코미의 오판, 편견, 하극상, 그리고 전문 의식 결여 등을 언급하면서 클린턴을 면책해준 코미의 행동을 가차 없이 비판했다. 그러나 코미 휘하의 고위관리들도 똑같은 책임이 있다. 연방수사국의 기록과 이메일을 보면 코미 국장의 클린턴 사건 관련 발표문 초안을 희석하려는 집단적인 움직임이 포착된다. 연방수사국 부국장 앤드루 매케이브는 클린턴을 "HQ 스페셜HQ Special"로 지칭하면서 우대했다. 이는 연방수사국 본부에서 특별한 지위를 누린다는 뜻이다.[42] 코미와 그의 부하들은 워싱턴 D.C.에 있는 연방수사국 지부 소속 요원들을 대신해 이 사건을 수사했다. 정상적인 절차를 벗어난 행동을 통해 그들은 자신들이 원하는 결과가 도출될 수 있도록 사건을 주물렀다. 지부에서 이 사건을 조사하고 관리했다면 클린턴은 범죄행위로 틀림없이 기소되었을 것이다.

코미는 법무장관 로레타 린치의 주장에 따라 공개적으로는 클린턴 "사안matter"이라고 칭하면서[43] 정치를 배제하고 철저히 전문가답게 관리했다고 주장했지만, 피터 스트로크와 리사 페이지가 사적으로 주고받은 문자메시지를 보면 전혀 그렇지 않다. 이 두 사람은 클린턴을 면책시키는 데 핵심적인 역할을 했다. 그들은 공정하지도 불편부당하지도 않았다. 법무부 감찰관이 찾아낸 이들의 문자메시지는 조사대상에 대한 찬사로 점철되어 있다. 그들은 클린턴이 민주당 대선후보로 지명되자 기뻐하면서 다음과 같이 말했다. "세상에, 정말 끝내주는 여성이야." "이제 이기기만 하면 돼."[44]

그러나 클린턴의 후보지명이 확실해지기 수개월 전부터 조작에 들어갔다. 클린턴이 여전히 조사를 받고 있으며 연방수사국이 클린턴을 심문하기 넉 달 전, 페이지는 이미 클린턴이 대통령이 된다고 예상했다. 물론 연방수사국이 범죄혐의로 기소를 권고했다면 불가능했을 것이다. 그러나 연방수사국 고위관리들은 그럴 생각이 전혀 없었다. 2016년 2월 24일 스트로크에게 보낸 문자메시지에서 페이지는 그들이 힐러리를 적극적으로 조사했다가 면책되어 대통령이 되고 나면 연방수사국에 역풍이 불지 모른다며 다음과 같이 말했다.

페이지: 그녀는 차기 대통령이 될지 몰라. 절대로 맞서서는 안 돼. 그녀가 대통령이 되고 나면 자기를 그렇게 파헤친 게 연방수사국이 아니라 법무부라는 걸 기억이나 할 것 같아?

스트로크: 인정.[45]

이 대화에서 두 사람이 아주 노골적으로 걱정을 하고 있다는 점에 주목해야 한다. 클린턴이 특별대우를 받은 까닭은 수사국 요원들이 보복을 두려워해서라는 사실이 쉽게 드러나지만, 그걸 글로 표현했다는 사실이 놀랍다.

동시에 비슷한 메시지가 매케이브와 또 다른 연방수사국 관리에게 전달되었다. 페이지, 스트로크, 그리고 수사국의 다른 여러 요원들은 클린턴이 절대로 기소되지 않는다는 전제하에, 아니면 미리 알고 조사를 진행하고 있었다. 이러한 가능성을 뒷받침해주는 또 다른 문자메시지를 2016년 3월 3일 스트로크가 보냈다. 그는 "세상에, 힐러리가 100,000,000 대 0으로 이길 거야."[46] 잠시 이 메시지가 무슨 뜻인지 생각해보자. 연방수사국 핵심 요원 두 명이 클린턴이 범죄로 기소되지만 않으면 대통령이 된다고 예언하고 있다.

의회의 대다수 의원들은 감찰관이 찾아내 공개한 스트로크와 페이지의 문자메시지를 보고 격분했다. 그들은 연방수사국에 해명을 요구했지만, 연방수사국은 둘의 증언을 방해했다. 의회의 강한 압박과 지속적인 요구 끝에 두 사람은 2018년 여름 비공개 증언에 응했다. 그러나 속기록은 2019년 3월에 가서야 공개되었다. 속기록을 보면 트레이 가우디Trey Gowdy 하원의원(공화당-사우스캐롤라이나 주)이 스트로크에게 다음과 같이 증거를 들이댔다.

가우디: 당신은 조사를 끝내기도 전에 클린턴이 출마해서 이긴다고 했다. 당신이 그녀를 심문하기도 전에. 여기 그렇게 씌어 있다.[47]

스트로크는 이에 대해 제대로 해명하지 못했고 다만 자신의 개인적인 신념이 조사에 영향을 미치지 않았다고만 주장했다. 이는 어불성설이다. 코미와 그의 동조자들이 범죄를 입증하는 사실들을 외면하고 형법 법조문의 의미를 고쳐 써서 황당무계한 결론에 도달했음을 보여주는 다른 모든 증거들을 고려해볼 때 말이다. 클린턴 이메일 수사에 가담한 당사자가 솔직히 인정하거나 자백한 내용을 담은 문서가 없으므로, 감찰관은 편파적인 연방수사국이 클린턴을 면책해주려 했다고 단정적으로 결론을 내릴 수는 없었다. 호로위츠는 "그랬을 가능성은 있다"라고 기록하기는 했다.[48]

스트로크와 페이지의 비공개 증언은 더그 콜린스Doug Collins 하원의원(공화당-조지아 주)이 팔을 걷어붙이고 나서지 않았다면 공개되지 않을 뻔했다. 하원 법사위원회 소속인 콜린스 의원은 2019년 3월 이를 국민에게 공개해야 한다고 생각했다. 놀랍게도 속기록을 통해 오바마 정부의 법무부가 장관 로레타 린치의 진두지휘로 클린턴을 보호하는 데 적극적으로 개입했다는 자세한 내용이 새로 드러났다.

스트로크가 증언에서 밝힌 바에 따르면, 연방수사국이 클린턴 재단과 관련된 이메일을 포함해서 클린턴의 사설 서버에 접근하려 했지만 조사가 진행되는 동안 법무부가 이를 제약했다. 그는 다음과 같이 말했다. "우리는 접근하지 못했다. 내 기억으로는 그런 이메일에 접근하려면 법무부 변호사들과 클린턴 변호사 간에 합의가 있어야 했다."[49] 연방수사국의 수사는 법무부에서 클린턴의 편인 관리들이 상당 부분 통제했고 아마도 백악관도 개입한 듯하다. 클린턴의 변호사들과의 합의를 통해 그녀의 컴퓨터 서버는 건드리지 못하게 되었고, 클린턴의 측근들을 면책해주기로 순순히 합의했다.

로레타 린치 법무장관과 오바마 대통령은 둘 다 연방수사국의 조사에 전혀 개입하지 않았다고 주장했다. 그러나 스트로크의 증언을 통해 그런 주장은 신빙성을 잃었다. 스트로크는 코미가 클린턴을 면책시켜주는 발표문에 담긴 문구가 "중과실"에서 "극도로 부주의한"으로 바뀐 문제에 대해 질문을 받고 다음과 같이 대답했다. "내가 기억하기로는 변호사들이 그 문제를 제기했고, 물론 이 변호사들은 법무부 변호사들이었다." 존 래트클리프John Ratcliffe 하원의원(공화당-텍사스 주)으로부터 질문을 받은 페이지도 법무부가 개입했다며 다음과 같이 대답했다.

> **래트클리프:** 법무부가 당신에게 중과실로 기소하지 말라고 말했다는 소리로 들린다. 검사인 자신들이 당신에게 명령을 하는 입장이기 때문에, 안 할 예정….
>
> **페이지:** 맞다.
>
> **레트클리프:** …기소하지 않을 예정이라고.[50]

법무부 수장인 로레타 린치가 클린턴이 기소되지 않도록 보호한다는 의심은 오래전부터 있었다. 2016년 7월 1일, 페이지는 스트로크에게 보낸 문자메시지에서 "그녀(린치)는 기소하지 않으리라는 사실을 알고 있다"라고 했다.[51] 당시 클린턴은 아직 연방수사국의 심문을 받지 않은 상태였지만, 면책은 이미 기정사실화되어 있었다. 연방수사국의 클린턴 심문은 쓸데없는 헛수고였다. 조사는 가짜였다.

코미가 클린턴을 면책시켜준 날 그는 굳이 다음과 같은 발언을 했다. "나는 법무부나 그 어떤 정부 부서와도 이 발표문 내용을 조율하거나 검토하지 않았다."[52] 그러나 스트로크와 페이지에 따르면, 법무부는 코미가 무슨 말을 할지 정확히 알고 있었다. 법무부가 코미의 연방수사국에 명령해 가장 가능성이 높은 법적 조치인 간첩행위금지법의 "중과실" 규정하에서 클린턴의 기소를 추진하지 말라고 했기 때문이다.

페이지의 비공개 증언을 보면 연방수사국이 기밀문서 사건과 관련된 핵심증인들 대부분과 클린턴을 심문하기 훨씬 전에 이미 면책시키기로 마음먹었다는 데 의심의 여지가 없다. 페이지는 다음과 같이 자백했다. "연방수사국이든 법무부든 수사팀에 가담한 사람은 한 명도 빠짐없이 기소하기에 충분한 증거를 확보하지 못하게 되리라는 사실을 7월보다 훨씬 이전에 알고 있었다."[53] 그녀는 그러한 결정이 일찍이 2016년 3월에 내려졌다는 뜻을 내비쳤다. 수사 과정이 얼마나 엉망이었는지를 보여주는 놀라운 자백이다. 증거를 제대로 살펴보기도 전에 결론을 내렸다. 사건에 연루된 10여 명뿐만 아니라 클린턴 본인을 심문하지 않고는 아무도 그녀의 의도가 무엇이었으며 무엇을 알고 있었는지 파악할 수가 없다. 클린턴의 심문은 그저 요식행위에 불과했다. 수사는 코미디였다.

연방수사국은 정치적 편파성이 수사 결론에 영향을 미쳤음을 완강히 부인했지만, 관련 증거를 보면 연방수사국이 2016년 7월 25일로 예정된 민주당전당대회가 열리기 전에 클린턴을 면책해야 할 정치적 필요성을 잘 알고 있었다는 사실이 드러난다. 이는 의사결정 과정에 절대로 고려되어서는 안 되는 요인이었다. 그럼에도 불구하고 조사 진행 과정의 방향을 결정하는 지침이 된 듯하다. 연방수사국에서는 코미를 비롯한 관리들이 후보 지명 예정자를 둘러싼 범죄 혐의를 말끔히 해소하기 위해 서둘렀다. 이는 연방수사국이 정치적으로 초연한 척하지만, 가면일 뿐임을 보여주는 문자메시지에 잘 나타나 있다. 트럼프가 공화당 후보로 지명되자, 다음과 같은 문자메시지가 오갔다.

스트로크: 트럼프가 이겼네. 조금 짐작은 했지만.

스트로크: 중간고사를 마무리하라는 압력이 거세지겠군.

페이지: 정말이야. 내일 하던 얘기 마저 하자. 아직 못했잖아.[54]

"중간고사"는 연방수사국이 클린턴 수사에 붙인 평범한 명칭이지만, 문자메시지의 내용을 보면 연방수사국은 클린턴이 당의 후보지명을 수락하기 전에 조사를 종결하려고 안달이 나 있었음이 분명하다. 이 메시지는 클린턴이 연방수사국의 심문을 받기에 앞서, 그리고 핵심 증인들 10여 명을 심문하기에 앞서 적어도 두 달 전에 주고받았다.

아니나 다를까. 몇 주 안에 코미의 발표문에서 바꿀 필요가 있는 문구가 바뀌고 클린턴은 면책되었다. 증인 선서도 하지 않은 상태에서 심문을 받았던 클린턴에 대한 짧은 심문은 2016년 7월 2일로 예정되었고 코미는 그로부터 3일 후에 클린턴을 면책한다고 발표했다.

그 사이 민주당 대선후보의 남편인 빌 클린턴 전 대통령은 2016년 6월 27일 애리조나 주 피닉스에 있는 스카이 하버 국제공항의 활주로에서 린치와 만났다.[55] 법무장관의 전용기 안에서의 은밀한 만남이었다. 전직 국무장관 클린턴이 연방수사국의 심문을 받고 면책을 받기 겨우 닷새 전이었다. 이 은밀한 만남에서 두 사람 사이에 어떤 대화가 오갔는지 기록된 문서는 없다. 린치는 자세한 내용을 밝히기 거부했고, 양측은 "주로 일상적인" 대화를 나눴을 뿐이라고 일축했다.[56]

법무부가 여기서 적용하려는 기준이 무엇인지 보라. 미심쩍어 보이는 만남이라도 당사자가 아무 일도 없었다고 말하면 그냥 넘어가야 한다. 이 기준을 러시아 공모 날조 사건에 적용하면 아무것도 조사할 게 없다.

보다 폭넓은 맥락에서 이 만남을 생각해보자. 범죄수사대상의 남편이 자기 아내가 기소되지 않도록 할 권한이 있는 인물을 은밀히 만난다. 전직 대통령인 남편은 이 만남에서 자기 배우자가 대통령이 되려는 여정에서 법적인 걸림돌에 직면하지 않으리라는 다짐을 받았을까? "면죄부"에 해당하는 다짐을 받기 위해 어떤 식으로든 압력을 넣었을까?

린치가 법무장관 자리에 오르기까지 빌 클린턴에게 빚을 졌다는 사실을 간과해서는 안 된다. 그녀는 연방정부 규정에 따라서 정부의 수사에서 손을 떼야 했다. 수사대상의 배우자와 개인적으로도 직업적으로도 친분이 있기 때문이다.[57] 그녀는 스스로 수사를 기피하지 않았고, 다만 연방수사국의 권고를 수용하겠다고만 밝혔다. 그 과정에서 그녀는 법무부의 법적 책임을 코미가 이끄는 연방수사국에 일임하는 부적절한 결정을 내리고 책임을 방기했다. 린치도 코미도 클린턴을 기소할 생각이 없었다. 린치가 조사 대상을 보호하려 한 이유는 분명하다. 클린턴이 면책되어 대통령 선거에서 이기면 법무장관인 자신은 법무부 수장으로서 권력을 유지할 수 있었을 테니까.

형식적인 조사가 진행되는 동안 클린턴은 터무니없는 거짓을 연달아 쏟아내면서 자기가 저지른 행위를 은폐하느라 혈안이 되었다. 처음에는 "나는 내 이메일로 그 누구에게도 그 어떤 기밀자료를 보내지 않았다. 기밀자료는 없었다"라고 주장했다.[58] 그러나 이를 반박하는 증거가 나타나자 그녀는 말을 바꿔서 다음과 같이 말했다. "나는 내가 이메일을 '주고받을 당시에' 기밀이었던 정보를 보내거나 받은 적이 없다."[59] 이 어처구니없는 주장에 정면으로 반하는 사실들이 더 등장하자 클린턴은 세 번째로 말을 바꿔, "나는 '기밀이라고 표시가 된' 그 어떤 이메일도 주고받은 적이 없다"라고 주장했다.[60] 이마저도 사실이 아닌 것으로 드러났다. 기밀이라고 표시된 이메일이 허다했다. 코미조차도 클린턴의 그 발언은 사실이 아니라고 했다.[61]

그러더니 클린턴은 또다시 말을 바꿔 문서상에 표시된 괄호 안의 "C"

가 보안을 유지해야 할 수준의 기밀로 분류된Classified 자료라는 뜻인지 몰랐다고 주장했다.[62] 그녀의 이 황당한 주장은 사실상 자신이 무능하다고 주장하는 셈이다. 게다가 표시가 되어 있었는지 여부는 관련법하에서 범죄를 구성하는 요인이 아니다. 표시가 아니라 내용이 기밀을 결정하기 때문이다. 관련법하에서 특정한 사안들이 기밀로 분류되었는지 몰랐다는 클린턴의 주장은 변명이 되지 않는다. 마지막으로 그녀는 이 모든 변명을 포기하고 "내가 한 행동은 모두 법과 규정에 따라 허용된다"라고 주장했다.[63] 그렇지 않다.

클린턴은 정부가 허가하지 않은 사설 통신 체계를 구축하고 여기에 정부 기밀자료 수천 건을 저장했으며, 해킹으로 갈취당하기 쉽게 방치해 국가 안보를 위험에 빠뜨렸다. 관련법은 바로 이런 행위를 금지하고 있다. 그녀가 다른 법들을 위반했다는 증거도 있다. 의회가 승인하고 발행한 적법한 소환장에 따라 제출해야 하는 3만 건 이상의 문서를 파괴하고 문서를 보존하라는 명령을 어김으로써 공무집행 방해죄를 저질렀다.[64] 다른 사람이 했다면 틀림없이 기소되었을 행동들이다.

연방수사국의 트럼프 차별

일단 클린턴에게 면죄부를 발행하고 나자 연방수사국은 즉시 그녀의 백악관 행을 가로막는 유일한 장애물인 정적에게로 관심을 돌렸다. 바로 그때 연방수사국은 '트럼프-러시아' 관계를 본격적으로 수사하기 시작했다. 수사를 위해 내세운 핑계는 트럼프가 대통령 선거에서 이기기 위해 러시아와 "공모"했다는 근거 없는 주장이었다. 그렇게 해서 한 사건이 종결되고 다른 사건 조사가 시작되었다. 곧 민주당의 대선후보로 지명될 사람이 죄가 없는 자유로운 몸이라는 놀라 자빠질 만한 발표를 연방수사국이 한 바로 그날 시작되었다.

코미가 2016년 7월 5일 TV 카메라 앞에 서서 클린턴 수사 결과를 발표하고 있을 때, 연방수사국 관리들은 런던에서 은밀히 크리스토퍼 스틸을 만나고 있었다. 스틸은 클린턴 선거운동본부와 민주당으로부터 자금을 지원받아 트럼프를 음해하는 허구로 가득한 "도시에"를 날조한 장본인이다. 수많은 사실무근의 주장들이 담긴 이 문건은 트럼프에게 누명을 씌우려는 사악한 이들에게 이용되었다.

이 새로운 조사의 출발점은 다음 장에서 보다 자세히 설명하겠지만, 2주가 채 안 되어 스트로크는 런던으로 가는 비행기에 올랐고 그곳에서 비밀 정보원들을 비롯해 여러 정보원을 만나 정보를 취합했다. 스트로크는 자기가 문자메시지에서 대놓고 혐오한다고 밝힌 바로 그 사람을 해하거나 파멸시킬지 모르는 새 정보로 무장하고, 앞으로 벌어질 일에 신바람이 났다. 그는 연방수사국이 트럼프에 대한 수사에 공식적으로 착수한다는 서류를 승인한 2016년 7월 31일 자신의 정부 페이지에게 보낸 메시지에서 불기소로 종료된 클린턴 사건을 이제 막 시작된 트럼프 사건에 비유하면서 다음과 같이 말했다.

> 야, 이거 대단하다. 이 건은 정말 중요해. 다른 건도 중요했지만, 그건 우리가 일을 망치지 않아야 하니 중요한 거였지. 근데 이건 정말 중요해. 이거야말로 중요한 사건이라고.[65]

이 문자메시지야말로 연방수사국 요원이 개인적으로 트럼프에 대해 지닌 정치적 견해가 그를 수사하려는 욕망의 원동력이 되었음을 여실히 보여준다. 그가 잘못을 저질렀다는 그 어떤 그럴듯한 증거도 없는데 말이다. 페이지는 연방수사국은 그 어떤 단서도 가지고 있지 않았다고 시인했다.[66] 그녀의 정부情夫 스트로크는 개의치 않았다. 그는 연방수사국이 지닌 권한을 십분 활용해 트럼프를 수사하기로 마음먹었다. 수단과 방법을 가려서는 안 되었다. 아홉 달이 지나, 특별검사가 임명된 당시에도 페이지는 러시아와 "공모"한 증거는 여전히 없었다고 자백했다. "우리는 아직 그 질문에 답할 수 없었다"라고 그녀는 말했다.[67] 코미도 그녀의 놀라운 자백을 확인해주었다. 의회를 대상으로 한 비공개 질의에서 그는 조사가 시작된 당시 "공모"의 증거는 거의 없었고 그가 연방수사국 국장직에서 해고되고 멀러가 특별검사에 임명되었을 무렵에도 거의 달라진 게 없었다고 증언했다.[68]

스트로크를 비롯한 연방수사국의 관리들에게는 오로지 트럼프 사건만이 중요했을 뿐 클린턴 사건은 중요하지 않았다. 정말 이해하기 힘들다. 클린턴이 기밀문서 수천 건을 대놓고 소홀히 다루어서 국가 안보 기밀을 사실상 위험에 빠뜨렸다는 사실만큼이나 이해하기 힘들다. 그녀가 소홀히 다룬 자료에는 군사와 경제 기밀, 테러리즘, 범죄, 에너지안보와 사이버안보와 관련된 기밀도 포함되어 있을지 모른다. 해외의 세력이 소중한 정보를 취득했을 가능성이 있다. 클린턴은 그런 행동을 함으로써 중범죄에 해당하는 법을 위반했다는 증거가 차고 넘쳤다. 그럼에도 스트로크는 클린턴 사건을 다룰 때와는 전혀 다른 방식으로 트럼프가 크렘린과 "공모"했다는 존재하지도 않는 음모에 집착했고 확신했다.

스트로크를 비롯한 관련자들은 클린턴 "사안matter"이 정말로 합법적인 조사라고 결코 간주하지 않았다. 어떻게 합법적 조사라고 간주하겠는가? 클린턴에 대한 기소여부를 결정하기 훨씬 전에 이미 결론이 내려져 있었는데 말이다. 그러나 트럼프 수사는 "정말로 중요한" 사건이었다. 편견과 적개심에 불타오른 그들에게 트럼프를 저지하는 일은 최우선적인 목표였다. 클린턴을 부당하게 면책시켜준 후에 자신들이 저지른 짓을 은폐하는 게 지상과제였다. 법무부 감찰관은 나중에 다음과 같은 결론을 내렸다. "러시아 수사를 우선시한 스트로크의 결정이 편견으로부터 자유로웠다는 확신이 들지 않는다."[69]

의회에 출석한 법무부 감찰관 호로위츠는 증언에서 스트로크의 문자 메시지는 "명백히 편파적인 정신 상태를 드러냈고" 이는 "법무부의 핵심적인 가치에 정면으로 위배되는 극도로 심각한 문제"라고 단언했다. 그는 다음과 같이 덧붙였다. "연방수사국 요원들이 자신에게 주어진 권한을 이용해 공직에 출마하는 후보를 조사한다는 것을 도저히 나로서는 상상할 수가 없다."[70] 그런데 상상할 수 없는 바로 그 일이 일어났다.

스트로크는 자신이 지닌 권한을 트럼프에게 맞서는 데 이용하자고 주장하는데 그치지 않고 실제로 그렇게 하겠다고 다짐했다. 그는 코미의 클린턴 수사 발표문의 문구를 수정함으로써 궁지에 빠진 클린턴을 구해주었고 트럼프 사건을 지휘하는 보상까지 받았다. 트럼프에 대한 수사가 시작되고 일주일 후 내연관계인 이 두 사람은 트럼프를 끌어내리려는 자신들의 의도를 분명히 밝힌 다음과 같은 메시지를 주고받았다. 이 메시지에서 두 사람은 트럼프를 "위협menace"이라 칭했다.

> 페이지: 어쩌면 당신은 그 자리에 있으라는 운명인지도 모르겠어. 그 자리에서 이 나라를 위협menace으로부터 보호하라는 뜻이야.
> 스트로크: 고마워. 물론 나도 그런 식으로 접근하도록 노력할 거야. 때로는 힘들 때도 있겠지. 나는 우리나라를 여러 차원에서 보호할 수 있어. 이해할지 모르겠지만.[71]

새로이 권한을 위임받은 스트로크는 자기가 어떤 일이 있어도 트럼프라는 위험한 인물이 대통령이 되어 해를 끼치지 않도록 이 나라를 "보호"할 사명을 띤 연방수사국의 초특급요원이라고 여겼다. 의회의 비공개

청문회에서 스트로크는 "위협"은 트럼프를 지칭한 게 아니라고 뻔뻔하게 부인했다. 이 단어를 쓴 당사자인 페이지가 훨씬 솔직했다. 그녀는 문자메시지로 나눈 대화의 주제가 트럼프였다고 시인했다. 그들은 트럼프를 위협으로 인식했다.

이틀 후 페이지는 여론조사에서 트럼프의 지지도가 상승세라는 소식을 접하고 짜증을 내며 또 다른 문자메시지를 보내 그들이 좋아하는 후보 클린턴이 대통령 선거에서 질 가능성에 대해 대화를 나누었다.

> **페이지:** 그가 대통령이 되는 건 아니겠지, 그렇지? 그렇지?
> **스트로크:** 절대. 절대 그럴 리가 없어. 우리가 막을 거니까.[72]

스트로크는 착수한 지 1주일 된 트럼프-러시아 "공모" 수사를 이끄는 연방수사국 요원이었다. 의회 청문회에서 의원들이 위의 메시지가 무슨 뜻이었느냐고 묻자 스트로크는 작성한 "기억이 없다"라고 말했다.[73] 그러고는 이런 해명을 내놓았다. "내가 말할 수 있는 건 그 문자메시지는 나나 연방수사국이 대통령후보직에 영향을 미치기 위해 조치를 취한다는 뜻이 절대로 아니라는 점이다." 작성한 기억도 없다는 메시지 내용을 두고 놀랍도록 교묘하게 정당화하는 발언을 내놓았다. 클린턴을 입에 침이 마르게 칭송하고 트럼프를 폄하하는 수십 건의 문자메시지를 들이대자, 스트로크는 뻔뻔하게 "나는 편견이 없다"라고 말했다. 후에 그는 "그 문자메시지들에는 편견이 내포되어 있지 않다"라고 주장했다.[74]

스트로크와 페이지가 주고받은 수많은 선동적인 문자메시지를 읽어보면 그들이 수사하는 대상인 인물에 대한 개인적인 편견과 노골적인 정치적 의도를 인식할 수 있다.

이러한 문자메시지에서 미국 정치 역사상 가장 대대적으로 대중을 기만하는 사건을 야기한 정신상태가 드러난다. 그 어떤 사실적 근거도 없이, 한낱 뒤틀린 희망사항에 불과한 정신승리를 근거로 알 만큼 아는 두 사람은 거대한 국제적인 음모가 아니고서야 트럼프가 당선될 리가 없다는 결론을 내렸다.

스트로크가 공모 수사에 공식적으로 착수하는 문서에 서명하고 2주 후인 8월 15일 페이지에게 보낸 알듯 말듯한 다음 문자메시지를 보라.

> **스트로크:** 앤디 사무실에서 당신이 그 방법을 일고의 가치도 없다고 배제하고 그가 당선될 리가 없다고 한 말을 믿고 싶어. 하지만 그런 위험을 감수할 수 없어. 마흔 살이 되기 전에 죽을 가능성은 낮지만 그래도 보험을 들어놓는 것과 같아.[75]

"앤디"는 연방수사국 부국장 앤드루 매케이브다. 그도 심각한 기억상실증에 시달리고 있었는지 자신의 사무실에서 그런 모임을 한 기억이 없다고 주장했다.[76] 한편 페이지는 훨씬 양심적이고 정직했다. "보험"은 당시에 연방수사국이 은밀하게 트럼프를 수사하는 근거가 된 러시아와의 "공모"를 뜻한다고 그녀는 확인했다.[77] 이 계획에 따라 연방수사국은 은밀히 조사를 계속하되 "만에 하나" 트럼프가 당선되는 사건이 일어나지 않는 한, 그리고 일어날 때까지는 미결 상태로 두기로 했다. 이는 특히 교활한 조치였다. 그녀가 증거의 "결핍"을 인정했기 때문이다. 즉 연방수사국은 아무런 단서도 없이 수사에 착수한다는 뜻이었다.[78]

나중에 자세히 설명하겠지만, 실제로 연방수사국의 지침하에서 조사에 착수하기에 충분한 증거도 없었음이 밝혀졌다.[79] 당시에 수사국 요원들이 증거랍시고 가지고 있었던 것은 날조된 스틸 "도시에"뿐이었다. 아무런 검증도 이루어지지 않았고 얼핏 보기에도 수상쩍은 문서였다. 그래도 개의치 않았다. 연방수사국은 트럼프가 절대로 이기지 못하리라고 넘겨짚었기 때문이다. 그는 모든 예상을 완전히 뒤엎고 선거 당일에 승리를 거두었다. 그러자 수사가 일사천리로 진행되었다. 트럼프가 러시아 자산asset이라는 황당한 혐의를 강력히 밀어붙였다. 수사국 요원들의 머릿속에서는 트럼프는 오로지 위협적인 존재였다. 그러고 나서야 "공모"라는 괴물이 그를 대통령직에서 끌어내리는 데 사용될 수 있었다. 트럼프라는 위협에 대비해 연방수사국이 든 "보험"이었다.

스트로크와 페이지 사이에 오간 수많은 문자메시지를 보면 그들이 수사대상인 인물에 대해 놀라울 정도로 강한 적대감을 지녔음이 드러난다. 그들은 트럼프를 두고 "끔찍하다" "혐오스럽다" "재앙이다" "씨팔 천치" "어마어마한 얼간이" 등을 비롯해 현란한 욕설을 퍼부어댔다. 그들은 잘난 척하면서 공화당 지지자들을 "정신박약" "또라이" 냄새나는 "무식한 촌뜨기"라고 낙인을 찍었다.[80] 트럼프가 취임하고 나자 스트로크는 대통령에 대한 수사를 이용해 그를 탄핵할 수 있다고 기록했다.[81] 스트로크와 페이지는 연방수사국이 발행해준 공무용 휴대전화를 이용해 5만 건 이상의 문자메시지를 주고받았고, 이 가운데 상당수는 근무 중에 주고받았다. 그들이 주고받은 독설은 연방수사국의 조사가 중립적이고 객관적이며 공정하게 이루어질 그 어떤 가능성도 오염시켜버린, 트럼프에 대한 끊임없는 증오를 보여주었다. 윌리엄 바 법무장관도 다음과 같이 이에 동의했다.

그들이 주고받은 문자메시지를 읽어보면 심각한 편견이 작용하고 있다는 인상을 지울 수가 없다. 끔찍하다… 그 메시지들은 경악스럽다. 드러난 그대로만으로도 변명의 여지가 없다. 만약 입장이 바뀌었다면 귀가 따갑게 이 사건에 대해 떠들었을지 모른다.[82]

스트로크와 페이지가 트럼프에 대한 "공모" 사건을 밀어붙이는 데 핵심적인 역할을 했듯이 둘은 또한 클린턴에게 면죄부를 주는 사건에서도 비중 있는 역할을 했다. 둘이 주고받은 문자메시지는 민주당 대통령 후보인 클린턴의 업적을 찬양하고 이런 업적이 그녀가 선거에서 승리하는 데 어떻게 기여할지 예상하는 등 그녀를 입에 침이 마르게 칭송하는 내용으로 가득하다.[83] 연방수사국이 클린턴을 면책한 지 겨우 2주 만에 페이지는 다음과 같은 메시지를 보내면서 클린턴의 후보지명을 축하했다. "주요 정당 대통령 후보로 지명된 여성에게 축하를! 그럴 때가 됐지! 이런 날이 앞으로도 많이많이 와야 해!" 후에 그녀는 다음과 같이 경고했다. "이 선거를 절대로 빼앗기면 안 돼."[84]

이 문자메시지를 보면 연방수사국이 클린턴이 기소당하지 않도록 돕는 데 얼마나 깊이 관여했는지 알 수 있다. 코미, 스트로크, 페이지를 비롯한 요원들은 증거를 은폐하고 클린턴을 법적인 위험으로부터 보호하기 위해 혼신의 노력을 기울였다. 그들은 트럼프 같은 외부인이 그들로부터 선거를 "빼앗아"가서 이 노력이 허사로 돌아가기를 원치 않았다. 그들은 공익보다는 그들이 행사하는 권력에 더 큰 애착을 보였다. 트럼프는 그들에게 위협이었다.

2016년 여름, 두 사건을 모두 관장했던 연방수사국 요원들은 클린턴이 대통령 선거에서 이기리라고 넘겨짚고 행동을 전개했다. 그러나 2016년 9월 26일, 연방수사국 뉴욕지부 요원이 워싱턴 본부에 연락해 그 목표를 무산시키겠다고 협박했다. 전 하원의원 앤서니 위너Anthony Weiner의 노트북 컴퓨터에서 수십만 건의 이메일이 발견되었기 때문이다. 그는 클린턴의 최측근 보좌관 후마 아베딘Huma Abedin의 남편이었다.

뉴욕 지부는 즉시 코미의 부국장 앤드루 매케이브에게 그 이메일 중에는 기밀문서도 많이 포함되어 있다고 알렸다. 클린턴 이메일 사건은 다시 수사해야 했다. 그러나 연방수사국 워싱턴 본부는 새로 발견된 증거를 토대로 수사를 즉각 재개하는 조치를 취하지 않고 완전히 묵살하고 있었다. 매케이브는 자기 정당화로 가득한 책《위협: 연방수사국은 테러와 트럼프 시대에 어떻게 미국을 보호하는가》에서 수사국의 대응첩보부서가 노트북을 압수해 이메일을 검토하리라고 짐작했다고 말했다.[85] 웃기고 있다. 법무부 감찰관은 뒤이은 보고서에서 연방수사국이 왜 즉각적인 조치를 취하지 않았는지 의아해하는 듯했다. 심문을 받은 연방수사국 요원들과 관리들은 서로 모순되는 엉터리 해명을 늘어놓았다. 고위층에서 어떻게든 이 문제가 시들해지겠지 하고 바라면서 문제를 묻어버리려고 했던 것으로 보인다. 한 달 후, 뉴욕 지부가 여러 차례 압력을 가하고 나서야 코미는 뒤늦게 마지못해 클린턴 수사를 재개했다.[86]

법무부 감찰관은 스트로크를 비롯한 연방수사국 관리들이 트럼프 사건을 최우선으로 추진하고 있었기 때문에 그들이 기각한 클린턴 사건에 더 이상 관심이 없었다고 결론을 내렸다.[87] 클린턴의 이메일 수사를 마지못해 재개하게 된 코미는 일사천리로 수사를 종결시켰다. 당연히 스트로크가 중심이 되었다. 그는 연방수사국 뉴욕 지부와의 접촉을 완전히 끊고 사건을 관할했다.

언론인 폴 스페리Paul Sperry의 심층 조사에 따르면, 연방수사국은 위너의 노트북 컴퓨터에서 발견된 이메일 대부분을 실제로 검토하지도 않았다.[88] 그런데도 코미는 의회에 보내는 서면 답변에서 연방수사국이 "모든 통신내용을 검토했다"라고 주장했다.[89] 사실이 아니었다. 스페리는 기밀이거나 범죄단서가 될 만한 정보가 있는지 연방수사국이 직접 검토한 이메일은 694,000건 가운데 겨우 3,077건뿐이었다는 사실을 발견했다.[90] 그 가운데 기밀문서도 발견되었다. 코미와 스트로크는 사건을 재개한 지 9일 만에 다시 한번 클린턴에 대한 수사를 종결시켰다. 코미 국장은 새로운 증거가 전혀 드러나지 않았다고 주장했다. 그러나 실제로는 코미가 그러한 사실을 제대로 파악했을 가능성이 없다. 새로 발견된 자료 가운데 아주 일부만 검토했기 때문이다. 물론 아베딘은 기소되지 않았다.

그처럼 생생하고 명명백백한 증거를 들이미는데도 스트로크는 자기에게 편견이 없다고 강력히 부인하다니 어처구니가 없었다. 법무부 감찰관은 500쪽에 달하는 감찰보고서에서 스트로크와 페이지가 주고받은 통신 내용은 "편파적인 정신 상태를 보여줄 뿐만 아니라 대통령 후보의 선거 절차에 영향을 미치는 공식적인 행동을 취할 의사가 있음을 보여준다"라는 결론을 내렸다.[91] 호로위츠 감찰관은 그들의 심각한 편견이 조사 결정에 영향을 미쳤다는 직접적 증거나 증언을 발견하지 못했다고 말했지만, 이는 책임을 회피하는 결론인 듯하다. "클린턴이 비록 범죄를 저질렀지만, 우리가 추구하는 정치적 명분을 달성하기 위해 그녀를 면책시키자"라거나 "유권자들에게 영향을 미치기 위해서 트럼프가 범죄를 저질렀다고 사건을 조작하자"라고 결정적인 증거가 될 내용을 기록으로 남기는 사람은 세상에 없다. 이 정도면 증거로도 충분했다.

꼬여버린 클린턴 수사

증거를 총체적으로 살펴보고, 클린턴 사건과 트럼프 사건을 서로 차별해 다룬 방식을 보면 코미와 그의 참모들이 지닌 무절제한 편견 때문에 클린턴에게는 극진한 예우를 다하고 트럼프에 대해서는 앙심을 품었음을 알 수 있다. 그들이 두 사건에 각각 붙인 명칭을 보자. 클린턴의 사건은 "중간고사Midyear Exam"라는 무해한 명칭으로 일컬었다. 트럼프 사건은 불길한 느낌을 주는 "십자포화 허리케인Crossfire Hurricane"[92]이라는 명칭을 붙였다. 전자의 결과는 예정되어 있었고, 후자의 결과는 미리 날조되어 있었다.

정상적인 절차에서 눈에 띄게 벗어난 또 다른 선택적인 기소와 차등적인 법집행이 자행되었고 법치를 위협하는 심각한 경고음이 울렸다. 클린턴의 측근 다섯 명은 수사에 가치 있을 만한 아무런 정보도 제공하지 않았는데도 연방수사국은 이들을 면책하는 데 합의했다. 그들 가운데 다는 아니더라도 일부는 분명히 범죄를 저지른 것으로 보이는데도 어떤 법적 곤경에도 처하지 않도록 보장을 해준 듯했다.[93] 그런 선처를 받는 대가로 그들은 누군가의 범죄를 입증해 기소로 이어질 만한 그 어떤 증거도 제공하지 않았다. 보통 면책을 받으면 그런 정보를 제공하는 게 통상적인 관례다.

사실상 이메일 사건의 증인인 클린턴의 비서실장 셰릴 밀즈Cheryl Mills와 수석자문 헤더 새뮤얼슨Heather Samuelson은 면책을 받고 나서 놀랍게도 2016년 7월 2일 클린턴의 연방수사국 심문에 함께 나타났다. 이는 관행에서 벗어났을 뿐만 아니라 매우 부적절하고 비윤리적이며 어쩌면 불법이기까지 한 행동이었다.[94] 클린턴의 심문은 겨우 세 시간 반 동안 진행되었고, 심문이 진행되는 동안 전 국무장관 클린턴은 "그런 기억이 없다"라거나 "기억이 나지 않는다"라는 답변을 서른아홉 차례 했다.[95] 그녀는 증인 선서도 하지 않고 심문을 받았고 사흘 후 코미는 이 사기 수사극에 종지부를 찍었다. 스트로크는 형식상의 심문에 참여했다.

이를 트럼프 측근들에 대한 대우와 비교해보자. 몇 명이 비교적 경미한 "절차적 범죄"로 기소되었다. 그들은 면책 제안을 받기는커녕 트럼프를 기소할 만한 발언을 하지 않으면 구속된다는 협박을 받았다. 연방수사국 요원들은 총을 꺼내들고 그들의 자택에 들이닥쳐 재산을 압류하고 그 자리에서 체포하고 위증했다며 기소했다. 일부는 트럼프나 트럼프 선거운동본부와는 무관한 심각한 범죄로 기소되었다.

위증 혐의가 있는 클린턴 측근들은 호의적인 대우를 받았다. 클린턴의 최측근인 후마 아베딘과 셰릴 밀즈는 연방수사국 요원들에게 상사인 클린턴이 보안이 취약한 사설 서버를 이용한 사실을 그녀가 국무장관에서 물러난 후에야 알았다고 말했다.[96] 이는 사실이 아님을 입증할 수 있다. 이메일을 보면 그들은 분명히 알았고, 사설 서버가 사용되던 당시에 이에 대해 논의한 적도 있다.[97] 클린턴의 비밀 사설 서버를 구축해준 기술전문가 저스틴 쿠퍼Justin Cooper는 후마 아베딘이 서버 설치를 부탁했으며 자신이 서버 구축을 도왔다고 증언했다.[98] 게다가 아베딘은 연방수사국의 심문에서 상사의 서버에 해킹 시도가 있었다는 사실에 대해 전혀 아는 바 없다고 극구 부인했다.[99] 그러나 이메일을 보면 쿠퍼가 그녀에게 해킹 시도가 있었다고 알려주자 "omg"("하나님 맙소사Oh, my God!"의 줄임말—옮긴이)라고 놀라움을 표시하는 답장을 보냈다.[100] 의심의 여지없이 아베딘은 여러 차례 해킹 시도가 있었다는 사실을 알고 있었다. 몰랐다는 그녀의 주장을 정면으로 반박하는 내용의 이메일이 너무나도 많다. 그녀가 연방수사국 심문 과정에서 한 발언은 사실이 아니었다. 그녀는 또한 해킹당한 사실을 알고서도 열두 시간이나 노닥거리고 나서야 비로소 밀즈를 비롯해 다른 직원들에게 민감한 내용을 전달할 때 해킹당한 서버를 사용하지 말라고 알려주었다.[101] 아베딘도 밀즈도 뻔뻔스럽게 위증을 했지만 기소되지 않았다.

클린턴의 서버와 관련한 소송을 맡은 연방법원 판사 로이스 C. 램버스Royce C. Lamberth는 다음과 같이 밀즈를 신랄하게 비판했다.

법무부 감찰관의 보고서에서 셰릴 밀즈가 면책받았다는 내용을 읽고 사실 어의가 없었다. 사법감시단Judicial Watch 사건에서 내가 내놓은 의견에서도 밀즈가 증인 선서한 상태에서 위증했다는 사실이 포함되었다. 그 사건에서 나는 그녀가 전혀 신뢰할 만한 인물이 아니라는 판단을 내렸다.

그런데 그런 사람을 법무부가 면책해줬다니 가히 충격이다.[102]

밀즈가 연루된 또 다른 이메일 사건에서 램버스 판사는 그녀의 행태를 "역겹다"고 표현했다.[103]

범죄를 저지른 것으로 보이는 아베딘, 밀즈, 또 다른 세 명의 클린턴 보좌관들은 왜 기소당하지 않았을까? 의회가 코미에게 이 질문을 던지자 그는 기억을 되살리지 못했을 뿐이니 용서해줘야 한다고 했다.[104] 이렇게 한번 믿어주자거나 용서해주자는 대접은 트럼프 측근 가운데 그 어느 누구도 받지 못했다. 연방수사국은 클린턴 측근들의 노트북 컴퓨터와 기록물을 검토한 후 이 증거물들을 인멸하는 데 동의함으로써 " 힐러리 클린턴 측근들을 돕기까지 했다.[105] 연방수사국이 언제부터 법무부가 검토해야 하고 의회가 조사해야 할 사건과 관련된 증거를 인멸하는 일에 가담했나? 사실상 연방수사국은 사법과 입법 행위를 모두 방해하는 음모에 적극적으로 가담한 셈이다. 이 모두가 제임스 코미가 이끈 타락한 연방수사국에서 일어났다.

클린턴과 트럼프 두 사건을 동일한 극소수 요원과 관리들이 수사했다는 점은 우연이 아니다. 연방수사국 지부에 관할 사건의 수사를 맡기는 통상적인 관행도 무시되었다. 코미의 지휘하에 연방수사국 본부는 무엇이든 조사했다. 연방수사국 요원들이 대부분 부정을 저지르지 않을 사람들이라는 사실을 그가 알아서였을까? 대부분의 요원들이 불편부당하게 사건을 처리해온 선하고 명예로운 이들이라는 사실을 알아서였을까?

지부 요원들이 클린턴 사건과 관련해 증거를 수집하고 증인들을 심문할 기회가 주어졌다면, 클린턴은 엄청난 증거로 미루어볼 때 분명히 형사기소에 회부되었을 게 틀림없다. 반대로, 트럼프나 그 주변의 그 어느 누구도 러시아와 "공모"했다는 믿을 만한 증거가 희박한 사실로 미루어볼 때 지부 요원들이 예비수사를 통해 기소에 상당하는 근거 부족이나 연방수사국 규정에 따라 "수사를 요하는 분명한 사실적 근거" 부족으로 무산되었을 게 틀림없다.[106] 정상적인 요원들이라면 증거도 없는데 범죄를 찾아내려고 공식적인 수사에 착수하고 법적 절차를 뒤집거나 왜곡했을 리가 없다.

클린턴을 면책해주기 위해 연방수사국은 전통적인 수사 관행을 저버리고 법을 곡해했다. 코미와 긴밀하게 업무를 한, 연방수사국 최고위 법률자문인 제임스 베이커James Baker는 하원에 출석해 비공개로 한 증언에서 자신은 처음부터 힐러리 클린턴이 형사기소되었어야 한다고 인정했다. 하지만 그는 자신의 올바른 법적인 신념을 고수하지 않았고, 클린턴이 "법을 위반할 의도"가 없었으므로 형사기소하면 안 된다는 코미 부하들의 틀린 주장을 받아들였다.[107]

베이커는 "의도"는 형사기소를 충족시키는 데 필요한 조건이 아니라는 사실을 알았을 가능성이 높다. 그런데도 그는 "조사 과정에서 막판까지 이 문제를 두고 논쟁을 하다가" 결국 압박을 견디지 못하고 항복했다.[108] 그는 클린턴이 끊임없이 기밀문서를 소홀히 다룸으로써 법을 어겼다고 확신했는데도 불구하고 항복했다. 그는 다음과 같이 당시를 회상했다. "나는 경악스럽고 소름끼치는 일이라고 생각했고 클린턴을 기소하면 안 된다는 이유를 두고 그들과 논쟁했다."[109]

베이커의 법률적인 직관은 옳았다. 그러나 조작이 시작되었다. 코미와 그 일당은 클린턴을 면책해주려고 혈안이 되었다. 워싱턴 D.C. 검사를 지냈고 특별검사도 역임한 조지프 디제노바Joseph diGenova는 클린턴에 대한 이러한 범죄 수사는 엉터리라며 다음과 같이 말했다.

이 사건은 법을 명백히 위반하고 힐러리 클린턴을 면책해준 뻔뻔스러운 음모다. 틀림없이 범죄이고 틀림없이 중범죄다. 연방수사국은 통상적인 규정을 전혀 따르지 않고, 온갖 선처란 선처는 모조리 남발했으며, 온갖 증인들을 면책시켜주고, 증거를 훼손하도록 눈감아주었다. 대배심도 열지 않고 소환장도 발부하지 않고 수색영장도 발부받지 않았다. 이건 수사가 아니다. 형식적인 겉치레이다. 3류 코미디다.[110]

디제노바가 언급한 클린턴의 문서 증거 인멸은 연방수사국이 범죄 행위를 묵인하거나 눈감아주었다는 점을 입증해준다. 이런 행동을 트럼프 측근이 했다면 공무집행방해로 기소됐을 게 틀림없다. 연방기록법과 외교지침에 따라 국무부는 클린턴의 이메일을 모조리 회수해서 보관했어야 한다.[111] 국무장관으로 재직하는 동안 클린턴은 이 규정을 따르지 않았다. 이 기록들은 클린턴 사유물이 아니다. 그녀가 업무와 관련해 주고받은 이메일은 하나도 빠짐없이 연방정부 기록물로서 연방정부 소유물이었다.[112] 본질적으로 클린턴은 정부 소유 문서를 훔친 셈이다. 그러한 문서를 사유물로 전환하는 행위는 미국연방법(18 U.S.C. § 641)하에서 중범죄이다.[113] 절도죄다.

클린턴이 국무장관 직에서 물러나고 1년이 지나서야 의회는 재직 당시의 이메일 계정이 텅텅 비었다는 사실을 알게 되었다. 클린턴은 법적으로 압력을 받고서야 비로소 전부도 아니고 일부 이메일을 자신이 한때 관장했던 부서인 국무부에 반납했다. 그녀는 파일을 삭제하는 소프트웨어를 이용해 서버를 말끔히 청소하는 동안 수만 건의 이메일을 완전히 파괴했다.[114] 클린턴은 사적인 이메일만 삭제했다고 주장했지만, 연방수사국은 그렇지 않다는 사실을 확인했다. 클린턴은 업무관련 수천 건의 문서를 반납하지 않고 파괴했다. 휴대용 단말기들은 망치로 부수거나 두 동강을 냈다. 특수 컴퓨터 프로그램 "블리치비트BleachBit"를 이용해 삭제된 파일의 자취조차 말끔히 제거했다.[115] 이 모두가 의도적으로 정부 문서를 파괴하는 행위를 금지하는 또 다른 법조항 18 U.S.C. § 2071(b)를 위반하는 행위다.[116]

의회는 클린턴에게 모든 문서를 보관하라고 지시했다.[117] 이에 대해 그녀는 기록을 보관하고 제출하라는 요청에 전적으로 협조하겠다고 약속했다. 이에 따른 소환장이 그녀의 변호사들에게 전달되었다. 약속과 달리 그녀는 자신의 이메일을 모두 삭제하라고 지시했다. 그녀의 법률대리인 데이비드 켄덜David Kendall은 의회에 보낸 서신에서 사적인 이메일과 업무 관련 이메일 모두가 자신의 고객 서버와 백업 시스템에서 완전히 제거되었다는 사실을 확인했다.[118]

위와 같은 상황에서 문서를 파기하는 행위는 공무집행방해 범죄를 구성할 가능성이 높고, 의회 조사에서 문서나 기타 정보를 "제출하지 않거나, 은폐하거나, 변경하거나, 파괴하는 "부정한" 행위는 범죄다.[119] 연방수사국이 이러한 행동을 토대로 클린턴을 기소하려고 진지하게 고려했다는 증거는 없다. 매케이브는 자신의 저서에서 클린턴이 의도적으로 파괴한 이메일을 복구하고 재구성하려고 수개월 동안 상당한 인력과 어마어마한 세금을 쏟아 부었다고 묘사하고 있다.[120] 이러한 복구 시도는 이 문서들이 의회와 연방수사국이 조사하는 데 얼마나 중요한지를 말해준다. 그러나 매케이브는 의도적인 증거인멸이 공무집행방해에 해당한다는 사실을 언급할 생각조차 하지 않았다. 트럼프가 이메일과 문서를 파괴했다면 그는 아마 그 즉시 공무집행방해로 기소되었을 게 틀림없다.

연방수사국은 기밀문서를 볼 보안등급에 해당되지도 않는 이들에게 기밀문서를 전달한 행위에 대해서도 기소하지 않았다. 코미는 하원 정부감독위원회 청문회에서 "힐러리 클린턴이 보안등급이 없는 이들에게 기밀 정보에 접근하도록 했나?"라는 질문을 받고 "그렇다, 맞다"라고 대답했다.[121] 코미에 따르면, 클린턴은 "최대 10명까지" 기밀정보에 접근하도록 해주었다.[122] 그 가운데 보안 유지가 필요한 자료에 접근하도록 법적으로 허용된 사람은 한 명도 없었으므로, 이들에게 기밀자료를 전달한 행위는 범죄 행위에 해당한다. 클린턴이 이처럼 대놓고 법을 위반했는데도 기소되지 않았다는 사실은 어처구니가 없고 납득이 안 간다.

클린턴과 그 일당이 코미로부터 면죄부를 받고 3년이 지나 국무부는 클린턴의 사설 이메일 서버에 최소한 30차례 각각 별도의 소스에서 해킹 시도가 있었다는 사실을 밝혔다.[123] 국무부는 찰스 그래슬리Charles Grassley 상원의원에게 보낸 서신에서 "보안 해킹을 한 개인 15명을 적발했고, 이 가운데 일부는 여러 차례 시도했다는 사실을 밝혀냈다. 국무성은 23차례 위반과 7차례 시도를 적발해냈다."[124] 연방수사국이 공개한 또 다른 한 무더기의 문서들을 보면 "클린턴의 참모들이 클린턴의 사설 이메일 서버를 해킹하려는 명백한 시도가 있었다는데 충격을 받았다"라고 되어 있다.[125] 해킹에 성공한 사례도 몇 건 있었다. 중국 정부당국은 기밀문서가 저장된 클린턴의 서버에 접근해 "코드를 심어서 클린턴이 주고받은 이메일을 실시간으로 거의 빠짐없이 전달받았다"라고 전해진다.[126] 이 사실은 2015년에 정보기관 감찰관이 발견하자마자 연방수사국 본부에 알려 주의를 주었다. 감찰관으로부터 주의를 받은 수사국 요원이 바로 피터 스트로크다.[127] 그러나 스트로크는 그 다음 해 클린턴의 모든 잘못을 면죄해주는 수사국 팀의 일원으로 중요한 역할을 했다.

해외에서 서버에 침투했다는 게 어떤 의미를 지니는지 한번 생각해보자. 날마다 베이징에 있는 미국의 적들이 클린턴이 제공한 미국의 국가안보 기밀 자료를 읽고 있었다는 뜻이다. 중국이 클린턴 자택에 설치한 보안이 되지 않는 국무장관의 서버를 그렇게 쉽게 해킹할 수 있다면 러시아를 비롯해 수많은 다른 적성 국가들도 할 수 있다. 앞서 지적했듯이

"구시퍼"라고 알려진 악명 높은 해커가 러시아에 있는 서버를 이용해 클린턴의 서버에 침투했다. 이 해커가 훔친 자료는 러시아의 정보 요원들이 모조리 취득했다는 뜻이다. 클린턴이 국무장관으로 재직하는 동안 미국은 국가안보 기밀이 전혀 없었다고 간주해도 무방하다. 클린턴이 국가안보를 위험에 빠뜨린 적이 없다는 오바마의 주장은 새빨간 거짓말이다. 연방수사국이 클린턴을 기소하지 않으려는 핑계로 이러한 낭설을 퍼뜨리려고 했지만 이를 믿는 사람은 거의 없었다.

반면 연방수사국과 특별검사 로버트 멀러는 트럼프와 옷깃만 스친 사람들까지 포함해 수많은 이들을 악의적으로 샅샅이 파헤쳤다. 클린턴 사건에서는 눈감아 준 틀린 발언까지도 트럼프 수사에서는 가차 없이 기소했다. 선별적으로 기소하고 불공정하게 법을 집행하는 행태가 두 사건을 취급하는 과정에서 드러난 전형적인 특징이다. 사적인 앙심과 정치적 편향성으로 이 두 사건을 오염시킨 장본인은 코미뿐만이 아니었다. 더그 콜린스 하원의원이 공개한 비공개 심문 속기록은 페이지, 매케이브, 스트로크 세 사람을 부패 삼총사라고 일컫고 있다.[128] 그러고는 콜린스 의원은 자신을 연방수사국 내의 초특급 요원이라고 상상하면서, 이런 부정행위들을 부추기고 권한을 사악하게 행사한 장본인은 바로 스트로크였다고 말했다.

> 피터 스트로크는 자신을 무소불위로 여겼다. 그는 자기 머릿속에서 영웅이 되었다. 자신이 사태를 완전히 장악할 수 있다고 생각했고 이따금 자기 정부 리사 페이지에게 이를 과시하기도 했다….
> 피터 스트로크는 클린턴 이메일 수사, 러시아 공모 수사, 멀러 특검수사에서 중심인물이었다.
> 속기록에서 그런 편견이 드러난다.[129]

스트로크와 페이지 사이의 불륜은 연방수사국 고위층이 얼마나 제 기능을 상실했는지 보여주는 하나의 사례다. 그들이 주고받은 친 클린턴 성향과 반 트럼프 성향을 담은 문자메시지들만큼이나 고리타분한 행각을 일삼은 그들은 클린턴 수사와 트럼프 수사가 수사국에 만연한 편견으로 얼마나 심각하게 오염되었는지를 보여준다. 스트로크, 페이지를 비롯한 일당들은 자신들이 법 위에 군림한다고 생각했다. 그들 자체가 법이었기 때문이다. 그들은 마음껏 하고 싶은 대로 했다. 스트로크와 페이지의 관계처럼 사적으로 친밀한 관계는 법규를 위반하는 행위이고 이를 금지하는 규정도 있다. 적국으로부터 협박을 당하거나 "포섭에 취약하게" 만들기 때문이다.[130] 대응첩보부서의 부국장인 빌 프리스텝은 그들에게 두 사람의 관계를 입증하는 증거를 들이대고 이는 보안을 위협하는 여건을 조성함으로써 두 사람과 연방수사국 모두를 곤경에 빠뜨릴 수 있다고 경고한 적도 있다.[131] 놀랍게도 프리스탭은 이를 중단시키는 아무런 조치도 취하지 않았다고 의회에서 증언했다. "나는 도덕성을 심판하는 사람이 아니다."[132] 연방수사국은 그들의 행동이 중요하고 민감한 대응첩보 사건을 위험에 빠뜨릴지 모른다는 점도 개의치 않았다.

그들은 사건에서 배제되거나 강등되기는커녕 오히려 승진했다. 멀러가 특검으로 임명되기 전 열 달 동안 트럼프 "공모" 수사를 지휘한 스트로크는 그 공로를 인정받아 특검이 막 착수한 사건의 수사지휘관 역할을 맡았다. 페이지는 특별검사 팀에 배정받는 보상을 받았다. 스트로크는 하원 법사위원회에서 자신은 연방수사국에 있는 동안 수집한 정보를 모두 갖고 특검에 합류했다고 말했다.[133] 그렇다면 그가 트럼프에 대해 품은 적대적인 편견으로 첫 번째 수사가 오염된 만큼이나, 두 번째 수사도 같은 편견으로 오염되었을 가능성이 높다.

2017년 8월 특별검사 멀러는 스트로크의 지독한 편파성을 보여주는 선동적인 문자메시지를 보고받고 조용히 그를 특별검사팀에서 배제했지만 그 사실은 비밀로 유지했다. 의회가 수사를 지휘하는 수사관을 왜 배제했는지 그 이유를 추궁했지만 멀러는 해명하지 않았다. 어쩌면 그는 자신이 총괄하는 수사의 정직성과 신뢰성이 끔찍하게 훼손될 가능성을 미국 국민들로부터 숨기려고 했는지도 모른다.

그러나 스트로크의 증언에 따르면, 멀러 특별검사가 그를 집무실로 불러 편파적인 내용의 문자메시지에 대해 직접 추궁했지만 트럼프를 혐오하는 자신의 견해가 러시아 조사와 어떤 의사결정에 영향을 미쳤는지 여부는 물어볼 생각도 하지 않았다.[134] 특검팀에 소속된 그 어떤 사람도 이런 추궁을 하지 않았다고 스트로크는 말했다.[135] 어떻게 그런 일이 가능했을까? 어쩌면 특별검사는 개의치 않았는지도 모른다. 어쩌면 진실을 알기가 겁이 났는지도 모른다. 어느 쪽이든 멀러가 그런 중요한 추궁을 하지 않았다는 사실로 미루어볼 때 트럼프에 대한 수사가 스트로크의 행동과 연방수사국의 다른 수많은 이들의 직권 남용으로 이미 수습 불가능할 정도로 오염되었다는 사실을 멀러는 고려조차 하지 않으려 했다. 〈워싱턴포스트〉의 한 칼럼니스트가 지적한 바와 같이, "로버트 멀러에게 피터 스트로크보다 해를 끼친 사람은 없었다."[136]

멀러는 스트로크를 해고하면서 그에게 그 악명 높은 문자메시지를 주고받은 휴대전화를 반납하라고 요구하지도 않았다. 곧 이어질 그의 직권 남용에 대한 연방수사국 수사에서 증거가 될 가능성이 있는 물건을 말이다. 그 휴대전화는 특검이 배급한 물건이지만 멀러는 문자메시지를 보존하기 위해서 그 단말기를 몰수하지도 않았다. 스트로크와 페이지의 아이폰에 저장된 데이터에서 내용물과 문자메시지가 삭제된 사실을 알게 된 법무부 감찰관은 격노했다.[137] 어떻게 멀러같이 경륜 있는 검사가 즉시 증거를 몰수하고 확보할 조치를 취하지 않았는지 이해하기 어렵다. 언론인

바이론 요크Byron York의 말처럼 "해고의 사유로 미루어보건대 멀러가 스트로크와 페이지의 아이폰 내용물을 확인하고 싶었"으리라고 생각하는 게 인지상정이다.[138] 물론 특별검사가 생각하기에 선동적인 문자메시지가 드러나는 경우가 훨씬 더 자기가 진행하는 수사에 악영향을 미칠지 모른다고 우려하지 않았다면 말이다.

멀러의 전방위적인 수사에도 불구하고 트럼프가 선거를 날치기하려고 러시아와 "공모"했다는 주장을 뒷받침할 그럴듯한 증거는 전혀 발견되지 않았다. 다시 말하지만, 클린턴 이메일 추문은 오바마 정부의 연방수사국과 법무부가 수사를 매우 정치적 시각으로 바라봤음을 여실히 보여주는 매우 중요한 선례였다. 클린턴 사건에서 그들은 기록으로 남는데도 뻔뻔하게 허위진술을 하고, 미심쩍은 회합을 하고, 부적절한 공개 발언을 하고, 수사를 방해하는 피의자들의 행위를 기꺼이 눈감아주었다. 유권자들이 판단하도록 내버려두는 게 낫다는 이유로 그들은 분명히 범죄가 발생했다는 사실이 있는데도 불구하고 그렇게 했다.

어떻게 힐러리 이메일 사건을 수사한 바로 그 사람들이 범죄를 구성하는 아무 증거도 없이 트럼프 사건 수사에 착수하고 또 전례가 없는 그런 수사가 반드시 필요하다고 온 나라를 설득했을까?

트럼프 행정부의 바 법무장관이 이를 더할 나위 없이 적확하게 설명했다.

"멀러는 2년 반을 허비했고 음모를 꾸몄다는 증거는 없다는 게 엄연한 사실이다. 따라서 이 사건은 사기였다. 트럼프가 러시아와 한통속이라는 주장은 완전히 날조다."[139]

WITCH
HUNT

러시아 정권은 적어도 5년 동안 트럼프에게 공을 들이고,
지원하고 원조해왔다. 트럼프의 선거운동본부와 크렘린 사이에
지속적으로 공모를 해왔다는 추가적인 증거는 최고위급에서 확인되었다.
몇몇 소식통에 따르면, 모스크바에서 그가 한 행동에는
러시아연방보안국(FSB)이 주선하고 기록으로 남긴
변태적인 성행위도 포함되어 있다.

_ 클린턴 선거운동본부가 의뢰해 작성한 "도시에"에 담긴 익명의 러시아 소식통이 한 말

나는 러시아의 대선개입과 무관하다. 나는 러시아인이라고는 아무도 모른다.
내가 그들과 음모를 꾸몄다는 주장은 어처구니가 없다.
매춘부가 침대에 소변을 봤다고? 웃기지 마라… 증거를 대봐라.

_ 2017년 9월 17일, 뉴저지 주 베드민스터에서 도널드 J. 트럼프 대통령과 저자의 인터뷰

　도널드 트럼프의 선거운동본부가 은밀히 외국첩보원에게 돈을 주고 힐러리 클린턴에 대해 러시아가 꾸며낸 정보를 취득해 언론과 연방수사국 그리고 법무부에 흘려 2016년 대통령 선거에 부당하게 영향을 미치려고 했다고 가정해보자. 트럼프는 즉시 러시아와 공모한 혐의로 기소되었을 게 틀림없다. 그를 기소하고 탄핵하라는 요구가 의회 의사당과 미국 전역의 언론 보도국을 뒤흔들고 소셜미디어 웹사이트를 통해 미국 방방곡곡에 울려 퍼졌을 게 틀림없다.

　트럼프는 클린턴에게 그런 짓을 하지 않았다. 클린턴이 트럼프에게 그런 짓을 했다. 그러나 적반하장 격으로 대통령 선거에서 이기기 위해 모스크바와 "공모"했다고 끊임없이 매도를 당한 사람은 트럼프 대통령이다. 거의 날마다 언론 매체는 그가 유죄라고 떠들어댔다. 트럼프 대통령은 연방수사국, 의회, 특별검사가 진행하는 여러 가지 수사에 발이 묶였다. 클린턴은 그렇지 않았다. 도대체 이해하기 어렵지만, 트럼프를 파멸시키고 선거 결과를 무산시키려는 자들의 행동 뒤에는 악의적인 편파성이 숨어 있다는 사실을 알게 되면 이해가 간다.

　트럼프는 러시아로부터 역정보를 받고 정적의 뒤를 캔 적이 없지만 클린턴 선거운동본부와 DNC는 그렇게 했다. 이는 엄연한 진실이다. 그들은 돈을 주고 러시아가 날조한 정보를 사서 이를 연방수사국과 언론에 흘려 트럼프의 대선가도를 가로막고 선거에 영향을 미치려 했다. 이 시도가 무산되자 바로 날조된 자료를 이용해 트럼프를 파멸시키고 당선을 무효화하려고 총력을 기울였다. 한마디로, 클린턴의 선거운동본부가 러시아와 "공모"해 무고한 트럼프에게 러시아와 "공모"했다는 누명을 씌웠다. 너무 억지스럽고 무모해서 이런 걸 지어냈다는 사실이 믿기지가 않을 정도다. 하지만 그런 일이 일어났다.

2016년 3월, 클린턴은 캘리포니아에서 열린 모임에서 트럼프가 백악관에 입성하면 "크렘린에게는 크리스마스다"라고 말했다.[1] 6월 2일 샌디에이고에서 행한 연설에서 클린턴은 트럼프를 푸틴과 엮는 발언을 네 차례 했다. "도널드가 원하는 대로 되면 그들은 크렘린에서 축하파티를 하게 된다." 그녀는 러시아 대통령의 이름을 거론하면서, 트럼프가 "독재자와 강력한 지도자에 대해 해괴할 정도로 매료되어 있다"라고 매도했다.[2] 이어서 "그가 폭군에게 호감을 갖는 이유가 뭔지 설명하는 일은 정신과 의사들에게 맡겨두겠다"[3]라고 클린턴이 발언하자 우레와 같은 박수가 터졌다. 클린턴은 트럼프가 푸틴의 영향력하에 있고 러시아를 위해 비밀요원으로 일하고 있다고 암시했다. 그렇다고 볼 수 있는 정황이 분명히 있었다. 청중의 반응이 대단히 좋았다. 트럼프를 공격하는 문구로 제격이었다.

클린턴에게 충성을 다하는 패거리들 또한 트럼프-러시아의 부정한 관계를 넌지시 내비쳤다. 클린턴의 선거운동 본부장 존 포데스타John Podesta는 이를 남자끼리 연인관계를 뜻하는 "브로맨스bromance"라고 칭했고, 클린턴의 수석자문 제이크 설리번Jake Sullivan은 이를 "국가안보를 위태롭게 할 사안"이라고 칭했다.[4] 클린턴의 웹사이트는 "트럼프는 왜 크렘린과 연관된 자문들에게 둘러싸여 있을까?"와 같은 의문을 제기하면서, 훨씬 신랄한 비판을 게재했다. 이 웹사이트는 트럼프가 "러시아 올리가르히와 연관되어 있다"라면서 그가 "미국 선거에 개입하려는" 러시아의 음모에 연루되었다는 의심을 불러일으켰다.[5] 점입가경으로 클린턴은 트럼프가 대통령 선거에서 이기면 푸틴의 "꼭두각시"가 될 것이라고 대놓고 장담했다.[6]

이제 클린턴 선거운동본부는 그들의 주장을 뒷받침하는 것으로 보이는 정보를 정보관련 기구들이 연달아 유출시키기를 기다리기만 하면 됐다.

"도시에" 작성을 의뢰한 클린턴 선거운동본부

클린턴 선거운동본부와 DNC는 일련의 문서 작성을 의뢰했는데 이것이 바로 후에 "도시에"라고 알려진 문서이다. 자금은 워싱턴 D.C.에 있는 법률사무소 퍼킨스 코이Perkins Coie, 클린턴 선거운동본부와 민주당의 법률대리인 마크 E. 엘리어스Mark E. Elias를 통해 은밀하게 전달되었다. 이 법률사무소는 920만 달러에서 1,240만 달러 사이의 법률 비용과 자문료를 받았고 이 가운데 102만 달러가 퓨전 GPS와 그 창립자 글렌 심슨에게 전달되었다. 클린턴의 정적인 트럼프의 뒤를 캐서 그에게 불리하게 작용할 어떤 부정적인 정보든 구해주는 대가로 말이다.[7]

"도시에"와 연관된 낭설이 하나 있는데, 〈워싱턴 프리 비컨Washington Free Beacon〉이라는 보수 성향의 웹사이트가 주도하고 자금을 댔다는 주장이다.[8] 퓨전 GPS의 글렌 심슨이 2017년 8월 22일 상원 사법위원회에 출석해 증언한 바에 따르면 이는 사실이 아니다. 이 웹사이트는 공화당에 정치자금을 기부하는 헤지펀드 억만장자 폴 싱어Paul Singer가 상당한 재정을 지원하는 인터넷 매체로 일찍이 퓨전 GPS를 고용해 트럼프에 대한 통상적인 배경을 조사했다. 공공기록물과 기업의 재무관련 데이터, 온라인 자료 등 공개된 자료들을 토대로 정보를 수집하는 행위로서 이는 합법적이다. 트럼프가 공화당 후보로 지명될 가능성이 확실시되자 보수 진영에서는 퓨전 GPS에 의뢰한 작업을 중단시키고 더 이상 자금을 지원하지 않았다. 그러고 나서야 비로소 클린턴 선거운동본부와 DNC는 심슨을 고용했고 심슨은 런던에서 크리스토퍼 스틸이라는 이름의 영국 전직 첩보원과 처음으로 접촉했다.[9] 이러한 일련의 사건 순서를 〈워싱턴 프리 비컨〉도 확인하면서 자사가 의뢰한 조사는 스틸이 "도시에"를 작성하기 전에 종료되었다고 말했다.[10]

퓨전 GPS의 창립자 글렌 심슨은 오랫동안 〈월스트리트저널〉에서 기자 생활을 했다. 그는 러시아 조직범죄와 그 밖에 러시아 관련 주제들에 대해 몇 건의 글을 쓴 적도 있다. 그는 러시아어도 할 줄 모르고 단 한 번도 러시아를 방문한 적이 없지만 자신이 전문가라고 착각했다. 의회에서 증언을 하며 그는 자신의 전문성을 증명이라도 하려는 듯 공인의 평판을 무너뜨릴 만한 정보를 뜻하는 러시아어 '콤프로마트kompromat'와 "도둑정치Kleptocracy" 같은 유행어를 툭툭 던졌다.[11] 심슨은 애초에 트럼프가 러시아와 미심쩍은 관계가 있을지 모른다고 생각한 이유가 무엇이냐는 질문에 대해서는 말을 흐렸다. 그러나 2016년 6월 심슨은 영국 MI6에서 러시아 첩보를 담당했고 이제는 오비스 비즈니스 인텔리전스Orbis Business Intelligence라는 자신의 업체를 운영하고 있는 스틸과 접촉했다. 클린턴이 공개적으로 자신의 정적이 러시아와 관계가 있다고 비난한 데 발맞추듯 심슨은 스틸에게 트럼프가 러시아 기업들이나 러시아 정보와 과거에 맺은 관계가 있는지 조사해달라고 요청했다. 스틸과 그의 회사는 그 일을 하는 대가로 168,000달러를 챙겼다.[12]

이 한물 간 괴짜가 어떻게 미심쩍은 "도시에"에 담을 정보를 수집했는지는 여전히 오리무중이다. 의회에 출석해 답변하기를 거부했기 때문이다. 연방수사국은 그와 수차례 접촉하고 대화도 여러 번 했지만 입을 다물고 있으며, 단지 그가 정보를 언론에 유출하고도 안 했다고 거짓말을 했기 때문에 연방수사국으로부터 해고당했다는 사실만 확인해주었다.[13] 스틸이 러시아에 발을 들여놓지 않은 지 10년이 넘었지만, 그는 놀라울 정도로 짧은 기간인 2주 정도만에 "도시에"에 담긴 17건의 문서 가운데 첫 번째 문서를 작성했다. 이는 거의 불가능하다. 외국에서 이렇게 자세한 첩보를 수집하려면 보통 은밀하게 활동하는 요원들이 수많은 정보를 취합하고 그 정보의 신뢰성을 다방면으로 확인해야 하므로 보통 몇 달이 소요된다. 스틸은 기적처럼 거의 하룻밤 새 이를 달성한 셈이었다. 게다가 영국을 벗어나지도 않고 정보를 다 취합했다. 마치 크렘린에서 근무하는 누군가가 그가 전화를 걸자 민감하고 보안을 철저히 유지해야 하는 범죄를 입증할 정보를 순순히 내준 셈이다. 첩보계를 떠난 지 오래된 사람으로서는 대단한 업적이다.

2016년 6월 20일로 날짜가 적힌 스틸이 작성한 첫 문서에는 '공화당 후보 도널드 트럼프의 러시아에서의 행적과 크렘린과의 미심쩍은 관계'라는 제목이 붙어 있다.[14] 이 문서를 살펴보면 두 가지 특징이 바로 눈에 띈다. 첫째, 얼핏 보기에도 황당하기 그지없다. 둘째, 직접적인 정보원을 밝히지 않았다. "정보원 A, B, C"라고 암호처럼 칭한 익명의 개인들로부터 여러 단계를 거쳐 전달된 풍문이 전부다. "도시에" 보고서는 도입부에서 트럼프에 대한 혐의를 다음과 같이 크게 세 가지로 분류한다.

- "러시아 정권은 적어도 5년 동안 트럼프에게 공을 들이고, 지지하고 지원해왔다."
- "지금까지 트럼프는 러시아가 달콤한 미끼로 제시한 각종 부동산 거래를 거절해왔다. 크렘린이 애가 달아서 더 공을 들이게 하기 위해서였다."
- "모스크바에서 트럼프는 (변태) 행각을 했는데 (오바마 대통령 부부를 증오한) 트럼프는 오바마 대통령 부부가 러시아를 공식 방문했을 때 묵었다는

(사실을 알고) 리츠칼튼 호텔의 프레지덴셜 스위트를 빌렸고, 매춘부를 여러 명 불러들여 침대 위에 '황금 소나기golden shower(소변보기)' 행위를 하도록 했다.[15]

위의 주장을 뒷받침하는 아무런 증거도 제시되지 않았고, 사실이라는 증거도 없었다. 존재한다고 온 언론에서 떠들어댄 동영상도 등장하지 않았다. 이 첫 번째 "도시에"는 완전히 날조되었든가 스틸이 러시아 정보원이 날조한 황당무계한 역정보를 덥석 받아 물었든가 둘 중 하나다. 후자라면 러시아 정보원들은 자기들이 날조한 정보에 속아 넘어가 이를 덥석 받은 사람을 비웃었을 게 틀림없다. 흥미롭게도, "믿을 만한 (러시아) 동포"라는 용어가 이 문서에 쓰였다. 적어도 부분적으로는 이 문서가 거짓말을 날조해 장난을 치기로 마음먹은 러시아인이 작성했다는 의미다.[16]

트럼프-러시아 "공모"라는 허구는 스틸과 그의 회사 오비스의 고객 한 사람과의 관계에서 비롯되었을 가능성이 있다. 러시아 올리가르히인 올레그 데리파스카Oleg Deripaska는 2012년 영국 전직 첩보원인 스틸을 고용해 알루미늄 광산업자인 자신에 대한 소송과 관련한 조사를 맡겼다.[17] 데리파스카의 사업 이권에는 우크라이나에 있는 부동산도 포함되어 있다. 그는 우크라이나에서 폴 매너포트 주니어Paul Manafort Jr.와 알게 되었다. 매너포트는 2016년 여름 잠깐 동안 트럼프 선거운동 본부장을 했었다. "도시에"에 나중에 첨부된 보고서를 보면 매너포트가 트럼프-러시아 음모에서 중개 역할을 했다고 주장하고 있다. 매너포트에 대한 이러한 거짓 정보 또한 연방수사국이 2016년 뉴욕에서 데리파스카를 인터뷰한 까닭을 설명해준다. 그를 비밀정보원으로 포섭하려 한 것으로 보인다.[18] 그는 거절했다.

〈로스앤젤레스 타임스〉가 "비트코인을 산더미처럼 쌓아놓은 사람이라면 누구든 고용할 용병"이라고[19] 정확하게 묘사한 글렌 심슨 또한 매너포트에게 집착했다. 일찍이 2007년 심슨과 그의 부인 메리 저코비Mary Jacoby는 〈월스트리트저널〉에 공동으로 쓴 기고문에서 매너포트를 데리파스카를 비롯해 우크라이나와 러시아의 기업 이익을 대리하는 인물로 규정했다.[20] 9년 묵은 이 기사는 스틸이 작성했고 어쩌면 심슨도 함께 작성했을지 모르는, "도시에"에 담긴 후속 보고서들 몇 건과 놀라울 정도로 묘하게 닮아 있다. 저코비의 이름은 2017년 6월 24일 페이스북 포스팅에 다시 등장했는데, 이 포스팅은 그 후 삭제되었다. 언론인 리 스미스Lee Smith는 그 포스팅의 스크린샷을 봤다면서 저코비가 "공모" 이야기를 날조한게 남편 심슨의 공이라며 다음과 같이 자랑했다고 보도했다. "아직도 푸틴이 도널드 트럼프를 조종한다는 사실을 폭로하는 데 있어서 글렌이 한역할이 무엇인지 깨닫지 못하는 이들이 있다. 분명히 짚고 넘어가자. 글렌이 조사를 지휘했다. 글렌이 크리스 스틸을 고용했다. 크리스 스틸은글렌 밑에서 시키는 일을 했다."[21] 스미스에 따르면, 자기가 저코비에게이에 대한 의견을 여러 번 요청했지만 답변하지 않았다고 한다.

심슨은 상원에서의 증언에서 매너포트가 트럼프 선거운동본부에서 한역할 때문에 공화당 후보인 트럼프가 어떤 식으로든 러시아와 부적절한관계일지 모른다고 의심하게 되었다고 말했다. 그래서 데리파스카의 하청업자인 스틸을 고용했다고 했다.[22] 이 모든 정황이 끼리끼리 서로 돌고도는 듯이 느껴진다면 제대로 봤다. 심슨은 날조된 "도시에"를 유포시키며 트럼프가 크렘린의 요원으로 의심된다고 매도하는 동안 프레베존 홀딩스Prevezon Holdings라는 러시아 부동산 회사를 위해 일을 하고 있었다. 푸틴과 깊은 연관이 있는 올리가르히 집안이 운영하는 회사다.[23] 찰스 그래슬리 상원의원(공화당-아이오와 주)에 따르면, 심슨이 맡은 일은 트럼프를매도하는 데 사용한 수법과 똑같은 중상모략이나 추잡한 외설적 내용을 담은 "뒷조사"를 통해서 러시아 대통령을 비판하는 이에게 망신을 주는 일이었다.

> 연방수사국이 이 도시에를 이용해 러시아 수사에 착수했다는 공식적인 보고서가 있다. 연방수사국은 퓨전 GPS가 트럼프 도시에 같은 더러운 거짓을 유포했듯이 또 다른 고객을 위해 러시아가 선전선동을 대리했다는 사실을 알고 있었나? 이러한 점으로 미루어볼 때 그 정보의 신뢰성은 알 만하지 않은가?[24]

본인이 고용한 중개인인 스틸을 통해 러시아와 "공모"하고 자기가 한 행동을 트럼프가 했다고 모함한 장본인은 심슨이었다는 설득력 있는 증거가 있다. 게다가 심슨은 해외요원 등록법Foreign Agents Registration Act, FARA에 따라 등록한 해외요원도 아니었다.

그게 다가 아니다. 심슨은 러시아 변호사 나탈리아 베셀니츠카야Natalia Veselnitskaya와 트럼프의 장남 도널드 트럼프 주니어가 2016년 6월에 트럼프타워에서 만났다고 해서 논란이 된 그 회동을 성사시키는 데 결정적인 역할을 한 것으로 보인다. 그 회동에는 트럼프 선거운동본부 관계자 몇 명도 배석했다. 이 러시아 변호사는 클린턴에 대한 부정적인 정보를 갖고 있다고 했다. 그러나 이 회동에 배석한 이들은 하나같이 그녀가 그런 정보를 전달하지 않았다고 주장했다. 프레베존 사건과 관련해 베셀니츠카야와 함께 일한 심슨은 트럼프타워에서의 회동이 열리기 직전과 직후에 그녀와 만났다는 사실을 시인했다.[25] 베셀니츠카야는 〈NBC 뉴스〉와의 인터뷰에서 트럼프 선거운동본부에 전달하기로 되어 있었던 클린턴의 "범죄를 입증한다는 정보"를 자신에게 제공해준 사람은 심슨이라고 말했다.[26] 〈폭스뉴스〉와의 인터뷰에서 그녀는 그런 정보를 준 적이 없다고 주장했다.[27] 이러한 발언들로 미루어볼 때 트럼프 선거운동본부가 다름 아닌 심슨과 이 변호사의 덫에 걸릴 뻔했다는 결론을 내려도 무방하다. "그들은 트럼프 선거운동본부에 미끼를 던져서 마치 러시아 관리들과 공모하는 듯한 인상을 주려고 했다"라는 내용의 신문 사설이 이 정황을 잘 설명하고 있다.[28] 심슨은 그 회동에 대해 자신은 아는 바가 전혀 없다고 딱 잡아뗐는데, 그렇다면 둘 중 하나는 사실대로 말하지 않고 있는 셈이다. 바로 이 때문에 심슨은 나중에 묵비권을 행사하고 입을 굳게 다물었는지도 모른다.

스틸이 트럼프를 매도하는 날조된 정보들을 전광석화처럼 수집할 수 있었던 까닭은 또 다른 식으로도 설명이 가능하다. 아마 현금 다발이 역정보를 유포시키는 윤활유 역할을 했을지 모른다. 중앙정보국 국장 대리를 두 차례 역임한 마이클 모렐Michael Morell에 따르면, 스틸은 러시아연방보안국(KGB의 후신)의 전직 요원들로부터 미심쩍은 "도시에" 자료들을 취합한 것으로 보인다. 스틸이 중개인들 호주머니에 돈을 찔러주면, 그들은 정보원에게 그 대가를 지불한다.

> 누군가에게, 특히 전직 러시아연방보안국 요원에게 돈을 주면 그는 당신에게 진실과 낭설과 소문을 들려주고는 전화를 해서 "한 번 더 만나자, 추가로 줄 정보가 더 있다"라고 한다. 돈을 더 뜯어내고 싶기 때문이다.[29]

영국 법정 기록에 따르면, 스틸은 "도시에"는 그 내용이 적힌 종이만큼의 가치도 없다고 적나라하게 실토했다. 그는 트럼프에 대한 모함은 "확인불가능"하고 "제한된 첩보"에서 비롯되었다고 순순히 자백했다.[30] 그는 이를 "날것의 첩보"라고 일컬었다. 사실인지 확인하지 않았다는 뜻이다. 정보원을 알 수 없는 그런 정보는 본질적으로 신뢰하기가 불가능하다. 추가로 그가 인정한 사실을 보면 그 문서에 단 한 가닥의 진실이라도 담겨 있는지 진정으로 의구심을 품지 않을 수 없다.

진술을 녹화한 동영상에서 스틸은 훨씬 더 직설적으로 자기가 작성한 문서의 신빙성을 깎아내렸다. 그는 "도시에"에 CNN 웹사이트에 게재된 이야기가 그냥 아무나 인터넷에 올린 내용인지 모르고 포함시켰다고 했다.[31] 그는 "도시에"에 넣을 정보를 찾느라 인터넷을 돌아다니면서 낚시질을 했다고 고백했다. 그는 이를 확인되거나 신뢰할 만한 정보가 아니라 사설기업의 "조사"라고 폄하했다. 다시 말해서 그가 작성한 트럼프를 매도하는 보고서는 확인되지 않은 쓰레기였다.

MI6에서 스틸의 상사였던 존 스칼렛 경Sir John Scarlett은 한때 자신의 부하였던 요원이 믿을 만한 첩보의 기준을 절대로 충족시키지 못할 미심쩍은 문서를 작성했다는 사실을 알고 있었던 것으로 보인다. 스칼렛은 이를 "확인되지 않았고 과대평가"됐다며 일축했다. 돈을 벌기 위한 "상업적" 활동에 지나지 않는다는 뜻이다.[32] 스틸과 함께 일할 때 어땠냐는 질문을 받은 그는 "언급하지 않겠다"라고 짤막하고 퉁명스러운 답변만 남겼다. 그의 침묵이 많은 것을 말해준다. 스틸과 함께 일한 또 다른 사람들은 그의 전문성과 지적 능력에 대해 신랄한 평가를 했다. MI6의 현재 수장은 스틸이 "전 세계적으로 영국 비밀정보국의 얼굴에 먹칠을 했다"라며 스틸에게 "노발대발했다고 전해진다."[33]

의회 조사 결과 클린턴의 측근들은 스틸이 "도시에"를 작성하는 동안 가짜 정보를 제공한 것으로 드러났다.[34] 보다 외설적인 주장들 가운데 하나에 대해서 스틸은 가능성이 "반-반"이라고 했다. 벨라루시에서 태어난 미국 사업가 세르게이 밀리안Sergei Millian이라는 사람으로부터 얻은 정보인 듯했다. 글렌 심슨은 그를 "허풍쟁이"라고 불렀다.[35]

스틸이 자기가 작성한 보고서의 이면에 당파적인 동기가 있음을 시사하듯이 "그 내용은 정보가 수집된 상황과 목적에 비추어 비판적으로 받아들여야 한다"라고 주의를 주었다.[36] 쉽게 말하면 상대방 후보인 도널드 트럼프를 음해하고 정치적으로 공격하기 위해 꾸며낸 거짓이라는 뜻이다.

심슨은 의회 청문회의 증언에서 "도시에"의 내용 중 그 어떤 부분도 확인하는 절차를 밟지 않았고 내용이 정확한지 스틸에게 물어보지도 않았다고 마지못해 시인했다.[37] 그는 그 정보를 그냥 맹목적으로 수용했다. 러시아 전문가인 스틸의 능력을 믿었다고 그는 설명했다. 트럼프에 대한 주장은 모욕적이고 경악스러우며 심지어 어처구니없기까지 하다는 점을 심슨은 개의치 않았다. 그는 진실이나 정확한 정보보다는 공화당 후보지명자를 상대로 정치적 분란을 일으키는 데 훨씬 관심을 보였다. 심슨은 또 다른 증언에서 스틸의 도시에는 "사람에게서 비롯된 정보"로 작성되었다면서 "인간은 이따금 거짓말을 하지만 그냥 오해하는 경우가 훨씬 빈번하다"라고 덧붙였다.[38] 그러니까 두 사람은 트럼프에 대해 부정적인 내용을 담은 보고서에 틀린 첩보나 더 쉽게 말해서 거짓말이 담겨 있을지 모른다는 사실을 알고 있었다는 뜻이다. 그래도 그들은 전혀 개의치 않았다.

스틸과 심슨은 "도시에"를 이용해 트럼프가 차기 대통령이 되려는 시도를 무산시키기로 마음먹었다. 이는 퓨전 GPS가 새롭게 써먹은 전술이 아니었다. 이 회사와 창립자는 "거짓 정보를 담은 도시에를 작성하고" "비방하는 기사를 용의주도하게 흘려" 중상모략하는 업체로 요주의 대상이라는 평판이 있다는 사실을 상원 조사위원들은 그 피해자들로부터 들었다.[39] 심슨의 그 병이 또 도졌을 뿐이다. 이번에 그는 훨씬 거물급 표적을 겨냥했고 성공한다면 그가 야기할 피해는 어마어마했다.

심슨과 스틸은 그들이 만든 "도시에"를 유포할 포괄적인 전략을 짰다. 우선 연방수사국과 법무부에서 이 문서에 공감하고 트럼프에 대한 수사에 착수할 가능성이 있는 관료들에게 문서를 유포하기로 했다. 두 번째로 이 문서를 트럼프에 대해 반감을 지닌 언론과 공유하기로 했다. 그러면 언론은 간행물과 TV와 소셜 미디어로 공화당 후보의 "공모" 이야기를 유포해 그를 파멸시키는 데 중요한 역할을 담당하리라고 봤다. 심슨과 스틸은 이 외설적인 이야기를 사람들이 믿기만 한다면 실제로 증거가 없어도 사실이든 아니든 개의치 않았다. 그렇게 함으로써 그들은 짭짤한 수익도 올릴 수 있었다.

스틸은 6월 20일 보고서를 작성하자마자 심슨에게 보고하고 그 내용을 알려준 뒤 암호화된 통신채널을 통해 복사본 한 부를 보냈다. 몇 차례 전화통화가 오간 끝에 두 사람은 "도시에"를 유포할 청사진을 마무리했다. 연방수사국에 넘겨주고 게걸스러운 미국 언론매체에 유포시킨다는 계획이었다. 후에 상원 법사위원회에 증인으로 출석한 심슨은 스틸이 2016년 7월에 연방수사국에 이 "도시에"에 대해 알렸다고 주장했다.[40] 이는 완전히 정확한 주장은 아닐지 모른다. 스틸은 문서를 완성하고 며칠 안에 이를 연방수사국에 전달했다는 증거가 있다. 로마에 있는 요원에게 보안 통신 수단을 통해서 전달했든가 아니면 비행기를 타고 이탈리아 수도로 날아가서 직접 전달을 했든가.[41] 어찌됐든 스틸과 연방수사국 요원 간의 공식적인 만남은 런던에서 7월 초로 잡혔다. 두 사람이 만나기로 한 바로 그날 코미는 이메일 추문과 관련해 힐러리 클린턴에게 면죄부를 발행했다.

결정적인 날: 2016년 7월 5일

2016년 7월 5일 화요일 오전 11시, 코미는 TV 카메라와 마이크 앞에 서서 전 국민이 지켜보는 가운데 기자회견을 열었다. 법을 짓뭉개고 사실을 왜곡한 끝에 그는 수천 건의 기밀문서를 소홀히 다룬 클린턴을 면책한다고 발표했다. 코미의 입장에서는 클린턴 사건은 종결되었다.

코미가 발표하던 바로 그때 연방수사국의 막강한 힘과 수사능력이 한 사람의 대통령 후보에서 다른 후보로 옮겨가는 중요한 절차가 진행되고 있었지만 미국인들은 까맣게 몰랐다. 클린턴 사건의 종결은 트럼프 사건의 시작을 뜻했다. 미국인들이 이 사실을 알았다면, 어떻게 그런 마키아벨리 식의 음모가 두 대륙에서 동시에 진행될 수 있었는지 아연실색하고 분노했을 것이다.

워싱턴 D.C.에서 3,660마일 떨어진 장소인 오비스 본부에서 코미의 연방수사국 요원은 스틸을 만났다. 스틸이 2016년 6월 20일로 기록한 첫 번째 "도시에" 보고서를 작성한 이후 처음이었다. 로마 주재 미국 대사관에서 근무하던 마이클 가이타Michael Gaeta로 확인된 이 요원은 스틸을 만나러 런던으로 날아갔다.[42] 오바마 정권의 국무성 고위 관리 빅토리아 눌런드Victoria Nuland가 이 만남을 승인했다. 물론 연방수사국은 이 만남에 대해 분명히 알고 있었다.[43] 가이타와 만난 스틸은 7월 보고서를 추가로 준비하면서 취합한 트럼프를 모함하는 근거 없는 주장들뿐만 아니라 최초로 작성한 "도시에" 내용을 가이타에게 전달했다. 가이타는 이 정보를 눌런드에게 전달했고, 눌런드는 이를 연방수사국에 넘겨주었다.[44] 이 보고서들은 첫 번째 보고서 못지않게 어처구니없고 황당한 주장을 담고 있었다. 가상의 러시아 정보원이나 신뢰할 수 없는 여러 경로를 통해서 전해들은 소문을 취합한 다음과 같은 내용이었다.

- 트럼프 캠프에서 일했던 폴 매너포트와 카터 페이지Carter Page는 미국 대통령 선거에 영향을 미치기 위해 트럼프와 러시아가 꾸민 음모에서 "중개" 역할을 했다.
- 페이지는 크렘린 최고위급 관리들과 "모스크바에서 비밀 회동"을 한 자

리에서 러시아 석유회사 로스네프트Rosneft의 지분 19퍼센트를 넘겨주면 트럼프로 하여금 러시아에 대한 경제제제를 해제하도록 해주겠다고 약속했다(나중에 작성된 "도시에" 보고서에 자세히 나와 있다).

- "트럼프와 그의 선거운동본부 고위 관계자들"은 러시아가 DNC 이메일을 해킹한 일과 이 이메일을 위키리크스WikiLeaks가 공개한 사건에 연루되었다.

- 트럼프의 변호사 마이클 코언Michael Cohen은 프라하에서 "크렘린을 대표하는 이들과 은밀하게 만나 논의했다."

- 러시아에서 부동산 계약을 타결하는 대신 "트럼프는 사업에서의 성공보다 러시아 매춘부들로부터 성 접대를 받는 쪽을 택했다."

- 트럼프 팀과 크렘린 사이에는 "적어도 8년 동안" "정보 교환이 이루어졌다."[45]

이 모든 비방은 하나같이 허구이다. 연방수사국이 즉시 조사했다면 하나하나 사실이 아님을 밝혀낼 수 있었다. 페이지는 모스크바에서 비밀회동을 열지 않았다. 이를 반박하는 그 어떤 증거도 나타나지 않았다. 그는 오바마 대통령도 연설했던 뉴 이코노믹 스쿨New Economic School로 연설을 하러 갔다.[46] 페이지의 주소는 일찌감치 공개되어 있었고, 바로 이 덕분에 스틸과 심슨은 그 정보를 신문이나 인터넷으로 습득했을 가능성이 높다. 마찬가지로 DNC와 클린턴 선거운동본부의 이메일 해킹은 스틸이 이 문제에 대한 "도시에" 보고서를 작성할 무렵 이미 대중에게 잘 알려져 있었고 러시아가 유력한 용의자였다.[47] 트럼프 선거운동본부가 해킹에 연루됐다는 그 어떤 증거도 없었다. 마지막으로 "트럼프 팀"과 크렘린이 8년 동안 정보를 공유하는 관계였다는 스틸의 주장은 상식과 논리에 어긋난다. "도시에"의 신빙성을 완전히 깎아내린 어리석은 주장이었다.

그러나 가장 우스꽝스러운 주장은 페이지가 러시아에 대한 경제제재를 해제해주는 대가로 러시아의 가장 가치 있는 자산으로 손꼽히는 국영석유회사 로스네프트의 지분 19퍼센트를 착복했다는 주장이었다. 이를 달러로 환산하면 대략 110억 달러다.[48] 대선 후보인 트럼프를 만난 적도 없고 선거운동본부와 이렇다 할 인맥도 거의 없는 "하급 무보수 자문" 자원봉사자에게 모스크바가 그렇게 엄청난 뇌물을 준다는 발상 자체가 어처구니가 없다.[49] 그래도 아랑곳하지 않고 하원 정보위원회 소속 하원의원 애덤 시프 Adam Schiff(민주당-캘리포니아 주)는 의회 청문회에서 이 해괴하고 황당한 음모론을 밀어붙였다.[50] 페이지는 그런 음모에 자신이 연루됐다는 주장을 완강히 부인했다. 1년 넘게 연방수사국이 페이지를 도청했지만 혐의를 입증할 만한 그 어떤 증거도 발견되지 않았고, 아무런 혐의도 제기되지 않았다. 심슨과 스틸은 "도시에"로 무고한 사람을 희생양으로 만든 셈이다. 이 장 말미에서 거론하겠지만, 매너포트는 트럼프 선거운동본부에 합류하기에 앞서 수년 전에 저지른 금융관련 범죄로 유죄 선고를 받았다. 그의 혐의는 트럼프-러시아 "공모"와 아무 관련이 없었고, 러시아가 미국 대통령 선거를 망칠 음모를 꾸몄다는 그 어떤 증거도 검찰은 제시하지 않았다. 매너포트는 러시아를 위해 일하는 "중개인"이었던 적이 없다. 후에 "도시에"는 트럼프의 변호사 마이클 코언이 프라하에서 크렘린 관료를 은밀히 만나 현금 거래를 중개하고 은폐 작전을 세웠다고 주장했다.[51] 연방수사국이 기록을 찾아보려는 성의를 조금이라도 보였다면 그가 프라하가 아닌 로스앤젤레스와 뉴욕에 있었다는 사실부터 확인했을 것이다. 그가 프라하에 있었다는 증거는 없었다. 2019년 2월 의회 증언에서 코언은 증인선서를 한 후 자신은 체코공화국을 방문한 적도 없다고 말했다.[52]

스틸과 심슨이 날조한 이른바 첩보 문건에서 첩보라고 할 만한 내용은 전혀 없었다. 클린턴 선거운동본부와 DNC로부터 받은 종잣돈으로 그들은 트럼프와 그와 연관된 이들의 명예를 실추시키고 망신을 주기 위해 허구를 날조했다. 이는 한동안은 먹히는 듯싶었다. 연방수사국은 "도시에"를 열렬히 수용하더니 거기 담긴 주장을 전혀 확인하지도 않고 트럼프에 대한 광범위한 수사에 본격적으로 착수했다. 그것도 코미가 클린턴을 면책시켜준 바로 그날 말이다.

이 문건이 연방수사국 내에서 설득력을 얻자, 피터 스트로크 요원은 7월 말이나 8월 초 비행기에 올라 "도시에"가 비롯된 런던으로 향했다. 그가 자신의 정부 페이지와 주고받은 메시지 가운데 핵심적인 부분은 연방수사국과 법무부가 비공개로 처리했기 때문에 영국에서 그가 만난 사람들의 신분을 확인하기는 어렵다. 그러나 런던 방문을 통해 "공모" 사기를 진전시키는 데 성과를 올린 것으로 보인다. 스트로크 본인이 이 특별한 만남을 생산적이었다고 묘사했기 때문이다.[53] 그가 페이지와 주고받은 문자메시지를 보면 자신의 런던 방문이 알려질 경우 정보자유법Freedom Of Information Act, FOIA에 따라 자료제출을 요청받을 경우에 대비해 정보를 숨길 방법에 대해 의논하고 있다. 이메일에서 언급된 것으로 미루어볼 때 중앙정보국이 연루되었고 "백악관이 이를 총괄하고 있다"라는 메시지가 사실인 것으로 보인다.[54] 그러나 스트로크는 막후에서 움직이고 있었다.

법무부에 주입시킨 "도시에"

스틸과 심슨은 "도시에"를 연방수사국에 주는 데 만족하지 않았다. 대통령 선거가 빠르게 다가오고 있는 만큼 그들은 이 문건을 미국 사법 당국 관계자들에게 널리 유포시켜야 했다. 트럼프에 대해 모종의 조치를 취해야 했다. 그는 여론조사 지지율에서 밀리고 있었지만 만전을 기해야 했다. 그들과 함께 음모를 꾸미는 자들이 대선후보 트럼프에 대한 범죄 수사에 착수하고 정보를 언론에 유출시키면 클린턴의 백악관 행은 따 놓은 당상이었다.

스틸은 워싱턴으로 날아와 오래전부터 알고 지낸 법무부 고위관리 브루스 오를 만났다. 2016년 7월 30일 오전 9시, 전직 영국첩보원 스틸은 메이플라워 호텔에서 법무부 서열 네 번째인 차관보 브루스 오를 만났다.[55] 스틸은 "도시에" 내용을 그에게 전달하면서 연방수사국이 이미 보고서 일부를 소지하고 있다고 덧붙였다.[56]

당연한 일이다. 스틸은 7월 5일 이미 연방수사국 요원에게 문서를 전달했으니 말이다. 이 사실과 그 밖의 다른 증거들을 보면 민주당 하원의원 애덤 시프가 줄기차게 해온 주장이 허물어진다. 스틸의 정보는 2016년 9월 중순에 가서야 연방수사국 본부에서 러시아를 수사하는 대응첩보 팀에 도달했다는 주장 말이다.[57] 실제로는 연방수사국 팀은 이미 7월에 그 문서를 입수했고 어쩌면 일찍이 그 문서가 처음 작성된 6월에 입수했을 가능성도 있다. 시프가 이 사실을 알고 있었든가 잘못된 정보를 입수했든가 둘 중 하나다.

스틸이 메이플라워 호텔에서 브루스 오를 만나는 자리에는 오의 부인도 동석했다. 그녀는 몇 달 앞서 퓨전 GPS의 심슨에 의해 계약직으로 채용되었다. 그녀는 자사의 고객인 클린턴 선거운동본부와 DNC에게 유리하게 이용할 트럼프 뒷조사를 맡아 추진했다. 하원 법사위원회에 출석한 넬리 오Nellie Ohr는 자신이 맡은 일은 구체적으로 트럼프와 그의 가족이 러시아인들과 불법적인 거래에 연루되었음을 입증할 증거를 확보하는 일이라고 증언했다.[58] 그녀는 이방카 트럼프Ivanka Trump와 도널드 트럼프 주니어, 심지어 멜라니아 트럼프Melania Trump까지 조사했다고 하원에서 증언했다.[59] 당연히 "도시에" 작성을 지원하려는 의도였다. 그녀는 자신의 정치적 견해가 트럼프를 표적으로 삼아 조사하겠다는 결정에 영향을 미쳤다고 인정하면서, "왜냐하면 나는 대통령 후보로서 힐러리 클린턴을 선호했기 때문이다"라고 말했다.[60]

넬리 오가 자신이 취합한 트럼프에게 불리한 정보를 얼마나 많이 자기 남편과 공유했는지는 분명치 않다. 배우자끼리 서로 상대방에 대해 불리한 증언을 하지 않게 법적으로 보호하는 배우자 특권spousal privilege을 행사함으로써 수많은 핵심적인 질문들에 대한 답변을 거부했기 때문이다.[61] 브루스 오는 비공개 증언에서 자기 아내가 트럼프에 대해 부정적인 정보를 취합한 조사 내용을 읽은 적이 없다고 말했다. 그는 또한 스틸이 자기에게 준 문서도 전혀 읽지 않았다고 증언했다. 오히려 그는 이 문건을 내용도 살펴보지 않고 연방수사국에 넘겨주었다고 증언했다. 믿기 어렵지만 그렇게 증언했다.

넬리 오가 합동조사를 실시하는 두 개의 하원위원회에 출석해 위증을 했음을 보여주는 상당한 증거가 있다.[62] 조사위원들의 추궁을 받자, 그녀는 자기가 조사한 내용을 퓨전 GPS, 스틸, 그리고 자기 남편과만 공유했다고 주장했다. 사실이 아니다. 339쪽에 달하는 이메일을 보면 그녀는 조사한 자료를 적어도 세 명의 법무부 검사들에게 보냈다.[63] 이 이메일을 보면 그녀가 법무부의 러시아 수사에 대해 잘 알고 있었다는 사실이 증명된다. 의회 증언에서는 이를 부인했지만 말이다. 넬리 오에 대한 형사 기소 의견이 즉시 법무부에 전달되었다.

넬리 오가 막후에서 트럼프를 망신주고 해를 입힐 작업을 진행하는 동안, 그녀의 남편은 스틸/심슨과 연방수사국 사이에서 "도시에"라는 괴문서를 전달하는 통로 역할을 계속했다. 그는 나중에 USB 드라이브 두 개를 연방수사국에 전달했는데 여기에는 자기 아내와 심슨으로부터 각각 받은 "도시에"를 비롯해 트럼프를 깎아내리는 정보가 담겨 있었다.[64] 브루스 오가 이렇게 은밀하게 중개인 역할을 한 사실은 백번 양보해 미심쩍지 않을지 모르지만 최소한 매우 흥미롭다. 스틸은 이미 3주 앞서 런던에서 연방수사국 요원 가이타를 만났고 적어도 2016년 2월부터 비밀 인력으로서 연방수사국으로부터 급여를 받고 있었기 때문이다.[65] 스틸의 고객은 한 사람이 아니었다. 그는 고객이 셋이었다. 그는 연방수사국, DNC, 클린턴 선거운동본부로부터 돈을 받았다. 스틸과 심슨의 퓨전 GPS를 통해서 돈을 지급한 세 고객은 트럼프 파멸이라는 공통 관심사가 있었다.

브루스 오가 알고 있었는지 여부와 상관없이 그를 심슨과 스틸이 확인되지 않은 가짜 정보로 농락하고 있었다. 예상대로 브루스 오는 스틸과 조찬 회동을 한 직후 연방수사국의 고위관리와 접촉했다. 그리고 원했던 결과가 나왔다. 바로 다음날인 2016년 7월 31일, 연방수사국은 트럼프에 대한 수사에 공식적으로 착수한다는 문서 작성을 완료했다. 이 조사의 별칭은 "십자포화 허리케인"이다. 클린턴 수사에 붙인 명칭 "중간고사"처럼 무난하지는 않은 이름이다.[66] 아니나 다를까. 이 문서에 서명한 이는 트럼프를 증오하는 연방수사국 요원 피터 스트로크였다. 그리고 이 문서는 향후 3년 동안 트럼프를 괴롭히고 고문하는 작전으로 변질되었다.[67] 이는 전례 없는 행동이었다. 대통령 행정부 소관의 부서가 야당 후보의 선거운동을 방해하는 대응첩보 작전에 착수하다니 말이다. 브루스 오는 연방수사국에 트럼프의 자료를 넘겨주거나 스틸과 은밀히 만나고 뒤이어 다른 이들과도 접촉하는 등 자신이 한 수많은 행동에 대해 상관에게 전혀 알리지 않았다.[68] 오히려 7월 30일 스틸로부터 "도시에"에 대해 브리핑을 받은 후 바로 연방수사국 부국장 앤드루 매케이브와 그의 직속부하인 리사 페이지를 만났다. 세 사람의 회동은 매케이브의 사무실에서 있었다. 아무도 정확한 날짜를 기억하지 못하는 듯하다. 브루스 오가 촌각을 다투는 시급한 사안이라고 느낀 점으로 미루어볼 때 7월 30일 스틸과 조찬 회동을 한 직후에 만난 것으로 보인다. 브루스 오는 "도시에"에 대해 구체적으로 얘기를 한 후 매케이브와 페이지에게 문건에 담긴 정보는 매우 미심쩍고 트럼프를 경멸하는 편파적인 사람이 작성했다는 점에 대해 분명히 경고했다고 말했다. 브루스 오는 또한 이 문건은 퓨전 GPS가 의뢰해 작성되었고, 자기 부인이 그 회사에서 일하고 있다는 사실을 연방수사국에 알렸다면서 "나는 그 어떤 편견이라도 연방수사국에 알리고 싶었기 때문"이라고 말했다.[69]

> **질문:** 크리스 스틸이 도널드 트럼프가 절대로 이기게 내버려둬서는 안 된다고 말한 상대가 당신이었는지 기억하는가?
>
> **오:** 내가 연방수사국에 그렇게 말한 것으로 기억한다. 그렇다. 정확히 뭐라고 말했는지는 기억나지 않는다. 그가 도널드 트럼프가 선거에서 이기기를 바라지 않는다는 강한 인상을 분명히 받았다.[70]

후에 브루스 오는 증언하며 자신이 연방수사국에 한 경고를 조목조목 들었다. 스틸은 신뢰할 만한 정보원이 아닐수 있으며 그의 "도시에"에 담긴 정보가 날조는 아닐지 몰라도 믿을 만한 내용이 아닐 거라고 말이다.

> **오:** 내가 연방수사국과 접촉했을 때 그들에게 내 아내가 퓨전 GPS에서 일한다고 말해주었다. 나는 그들에게 퓨전 GPS는 도널드 트럼프에 대한 조사를 하고 있다고 말해주었다. 나는 그들에게 스틸로부터 얻은 정보라고 말해주었다. 나는 그들에게 스틸은 도널드 트럼프가 당선되지 않도록 하려고 안달이 났다고 말해주었다. 이게 전부 내가 연방수사국에 전달한 사실이다.[71]

나중에 연방수사국 조사관들이 문의해왔을 때 브루스 오는 스틸의 노골적인 편견을 더욱더 강조했다. 수사국의 공식 문서에서는 스틸이 "도널드 트럼프가 절대로 당선되지 않도록 하려고 혈안이 되어 있고 그가 대통령이 되어서는 안 된다며 열변을 토했다"라고 기록되어 있다.[72] 브루스 오는 자신이 한 차례 이상 연방수사국에 경고를 했다고 주장했다. 그는 트럼프의 정적인 클린턴 선거운동본부가 "도시에" 작성에 자금을 대고 있다고 콕 집어서 알려주었고, 클린턴 선거운동본부는 정적에게 해를 입히려는 의도로 왜곡하거나 날조할 동기가 있으므로 문건의 정확성이 의심된다고 말해주었다. 의회 증언에서 브루스 오는 자신이 연방수사국에 주의를 주면서 "이 사람들은 클린턴 선거운동본부와 관련된 누군가가 고용한 이들이라는 사실을 알고 조심해야…"라고 말했다고 주장했다.[73] 단순히 클린턴 선거운동본부와 "관련된" 정도가 아니라 선거운동본부가 DNC와 함께 자금을 지원한 장본인이었다.

브루스 오의 증언으로 시프 하원의원이 미국 국민을 상대로 계속 해온 또 다른 주장이 거짓으로 드러났다. 즉 브루스 오가 연방수사국에 스틸의 "도시에"에 대해 언급한 시기는 대통령 선거가 끝난 후인 "11월 말"이라는 주장 말이다.[74] 이는 전혀 사실이 아니었고, 시프도 분명히 알고 있었다. 브루스 오, 앤드루 매케이브, 리사 페이지 세 사람 모두 7월 30일 모임에서 "도시에"에 대해 논의했다고 확인했다. 연방수사국의 기록이 이를 증명해준다. 그 기록들은 또한 브루스 오가 연방수사국에 주의하라고 경고했다는 모든 주장도 확인해준다. 시프가 제대로 알아볼 생각도 하지 않았든가, 사실을 호도하려 했든가 둘 중 후자일 가능성이 훨씬 높다. 언론매체는 대부분 시프의 주장을 무비판적으로 수용했고 이를 진실인 양 보도했다.

추가 회의, 추가 경고

스틸은 매우 편파적이고 거짓말하려는 동기를 지니고 있으며, 그의 "도시에"는 얼핏 봐도 황당하고 전혀 검증되지 않았고, 클린턴 선거운동 본부와 민주당에서 자금을 지원했다는 사실로 미루어봤을 때 연방수사국은 "도시에"를 극도의 경계심을 갖고 접근했어야 한다. 러시아 전문가인 정보 당국 관계자들은 이 정보를 확인해 사실일 가능성이 있는지 확인했어야 한다. 결국 미국 정보 당국이 지금까지 접해보지 못한 이 정도 규모의 음모는 정보 당국이 아닌 민간인이 밝혀내기는 불가능하다.

아무도 음모를 밝혀내지 못했기 때문에 대중을 상대로 이 망상이 널리 확산되었다. 어떤 음모론이든 핵심은 대중이 빙산의 일각밖에 보지 못한다는 사실이다. 기자에서부터 평론가, 평범한 유권자에 이르기까지 이 사기극을 믿은 사람은 누구든 연방수사국이 한낱 소문을 갖고 이 사기극을 시작했을 리가 없다고 믿었다. 멀러 특검의 보고서가 나오기 전까지 이 점에 대해서는 양측이 동의했다. 연방수사국이 아무 근거도 없이 2년 동안 수사를 진행했다니 이는 전례도 없고 끔찍하며 거의 제정신이 아니었던 셈이다. 그러나 그런 일이 일어났다. "도시에"로 무장한 연방수사국은 이를 핑계 삼아 트럼프를 집요하게 추적했다. 믿을 만한 확인된 증거도 필요 없었다.

스틸과 심슨이 선정적인 내용이 담긴 "도시에"를 집요하게 밀어붙이자, 브루스 오는 이를 연방수사국과 법무부 내에 다른 이들에게 배포했다. "나는 결국 연방수사국의 리사 페이지, 피터 스트로크, 그리고 조 피엔트카_{Joe Pientka}까지 만났다"라고 브루스 오는 말했다.[75] 브루스 오는 자신이 스틸과 연방수사국 사이에서 정보를 전달하는 역할을 은밀히 하고 있다는 사실을 법무부의 상사들로부터 감추었지만, 또 다른 모임에서 법무부 검사 세 명에게 이 믿기 힘든 첩보를 전달하기로 했다. 이는 연방수사국이 7월 31일 트럼프-러시아 수사에 공식적으로 착수하고 며칠 안에 일어났다. 브루스 오는 의회 청문회에서 놀라운 증언을 했다. 그는 이와는 별도로 "이 정보를 형사부, 구체적으로 브루스 스워츠Bruce Swartz, 자이나브 아흐마드Zainab Ahmad, 앤드루 와이스먼Andrew Weissmann에게도 전달했다"라고 증언했다.[76]

이 가운데 두 사람, 아흐마드와 와이스먼은 나중에 로버트 멀러의 특검 팀에 합류했고 트럼프에 대한 수사는 연방수사국과 법무부를 넘어 확대되었다. 그들은 또한 클린턴 선거운동본부와 민주당이 스틸 "도시에" 작성에 필요한 자금을 퓨전 GPS를 통해 전달했고 그 창립자 글렌 심슨이 브루스 오의 부인을 고용했다는 사실도 전달받았다. 브루스 오는 다음과 같이 증언했다.

> **질문:** 그러니까, 기록에 분명히 나와 있는 바와 같이, 법무부와 연방수사국은 알고 있었다. 당신과 크리스토퍼 스틸과 글렌 심슨의 관계, 당신 부인과 크리스토퍼 스틸과 글렌 심슨의 관계, 스틸 씨가 도널드 트럼프에 대해 지닌 편견, 심슨 씨가 도널드 트럼프에 대해 지닌 편견, 당신 부인이 글렌 심슨과 퓨전 GPS에 고용되어 일을 하고 보상을 받았다는 사실을 알고 있었다. 맞나?
>
> (비공개로 논의)
>
> **오:** 맞다.[77]

그들은 또한 클린턴 선거운동본부와 DNC가 선거에 영향을 미칠 의도로 작성된 가짜 러시아 정보(혹은 역정보)도 돈을 주고 샀다는 사실을 알고 있었다. 그러나 연방수사국은 클린턴과 그 일당들을 외국인과 음모를 꾸미며 미국 정부를 상대로 사기를 친 혐의로 수사하기는커녕 클린턴-러시아가 작당해 작성한 "도시에"를 이용해 트럼프를 수사 표적으로 삼았다. 사실이라는 증거도 없는데 말이다. 따라서 멀러 특검 팀의 와이스먼, 아흐마드, 스트로크, 페이지는 모두 2016년 8월 연방수사국이 트럼프에 대한 조사에 착수했을 때 이미 수사는 편견으로 점철되어 있으며 하자가 있는 문건을 바탕으로 추진되었다는 사실을 알고 있었다. 그들은 의도적으로 스틸이 어디에서 자금을 받았는지 모른 척하고 그가 만든 "도시에"를 이용할 방법을 모색했다.

브루스 오는 사실무근의 스틸 문건을 여기저기 돌리는 동안 놀랍게도 금전적인 이득을 보았다. 그의 부인은 트럼프의 뒤를 캐는 "조사"를 하고 문서를 작성하는 데 관여하며 퓨전 GPS(클린턴 선거운동본부와 민주당의 자금을 받았다)로부터 봉급을 받았다. 이 돈은 브루스 오가 법무부에서 자신의 지위를 이용해 가짜 첩보 문건을 유포시키던 바로 그 시기에 부부의 공동계좌로 입금되었다. 이 때문에 브루스 오는 이해충돌의 상황에 처하게 되므로 수사에 관여할 자격이 없었다. 법무부 규정에 따라서 그는 자기 부인이 연루된 그 어떤 수사에서도 손을 떼야 했다. 그러나 그는 이해충돌을 고지하지도 않고 수사에서 손을 떼지도 않았다. 그는 모든 관련 서식에 그 정보를 기입하지 않고 "소통 통로" 역할을 계속했다.

그는 법무부에 합류하면서 자신이 규정을 어기면 해고당해도 좋다는 합의서에 서명했다. 그런데도 그는 해고되지 않았으니 이해하기가 어렵다. 법무부의 최고위급에서 부적절한 일이 있었고 은폐하는 게 있다는 인상만 더욱 강화할 뿐이다. 브루스 오는 퓨전 GPS가 자신의 부인에게 급여를 주고 있다는 사실을 밝히지 않았을 뿐만 아니라 규정에 따라 의무적으로 제출해야 하는 자신의 재정 상태에 대한 보고서에 자기 부인이 하는 업무의 속성을 제대로 밝히지 않은 것으로 보인다.[78] 의도적으로 정부에 거짓으로 보고서를 작성하는 행위는 연방법에 따라 범죄를 구성한다. 특히 8 U.S.C. § 1001에 위배된다.[79] 또한 공직을 이용해 사적인 금전적 이득을 취하는 행위도 위법이다. 이는 뇌물을 금지하고 이해충돌 고지를 의무화한 법규뿐만 아니라 뇌물과 선물 관련 연방 법규를 정면으로 위반하는 행위다.[80] 그러나 법무부가 브루스 오에 대해 수사했다고 알려진 바가 전혀 없으며, 그는 여전히 법무부에서 일을 하고 있다. "도시에" 참사에 연루된 사실이 공개되자 강등됐는데도 말이다. 법무부 기록에 따르면, 그는 놀랍게도 "러시아 수사가 진행되는 동안 성과급 보너스로 28,000달러를 받았다."[81]

어쩌면 금전적인 동기로 브루스 오가 적극적으로 양쪽을 오가며 윤활유 역할을 했는지 모른다. 그는 2016년 8월 22일 글렌 심슨과 직접 만나기로 했다.[82] 연방수사국의 수사가 시작된 지 채 한 달이 되지 않은 시점이었다. 심슨은 스틸의 문건이 진짜고 믿을 만하다고 확신하는 척했다. 이를 뒷받침할 만한 증거는 하나도 제시하지 않고 말이다. 그는 스틸이 믿을 만한 사람이라고 장담했다. 이 전직 첩보원이 몇 달 앞서 연방수사국으로부터 경고를 받았다는 사실을 모른 채 말이다. 그런데 연방수사국은 그에게 경고를 한 이유를 밝히길 거부해왔다.[83] 연방수사국은 스틸이 언론매체에 정보를 유출하고 거짓말을 한 이유로 해고했고, "비밀 인력"으로 사용하기에 부적합하다는 판단을 내렸다. 연방수사국 내에서 그를 관리하던 사람은 스틸에게 앞으로 "연방수사국을 위해 그 어떤 첩보도 획득하는 일을 하면" 안 된다고 권고했다.[84] 스틸은 연방수사국을 속였기 때문에 접근해서는 안 되는 인물로 판정이 났다. 그런데도 연방수사국은 스틸이 해고된 후에도 계속 접촉했다. (연방수사국에서 "도시에"와 관련한 정보는 줄줄 새나가는데 어찌된 일인지 스틸의 입지에 대한 정보는 전혀 새나가지 않았다.)

8월 22일 회동에서 브루스 오는 폴 매너포트와 카터 페이지가 선거를 조작하려는 불법 음모에 연루된 러시아 요원이 틀림없다는 이야기를 꾸며내는 심슨의 말에 귀를 기울였다. 심슨은 입증할 수는 없지만 모든 정황이 맞아떨어진다고 주장했다. 연방수사국은 그 정황들을 연관시키기만 하면 된다고 했다. 심슨은 브루스 오에게 연방수사국이 트럼프에 대해 조속히 조치를 취하도록 압력을 넣어달라고 애원했다. 적어도 트럼프 대선후보는 그들과 연관되어 있으므로 유죄였다. 정확한 혐의는 거론되지 않았다.

심슨은 2017년 11월 하원 정보위원회에 출석해 증언하는 자리에서 자신은 선거 전에 브루스 오를 만난 적이 없다고 주장했다.

> **질문:** 그 문제("도시에")와 관련해 연방수사국이든 법무부든 미국 정부 소속 그 누구로부터도 전혀 연락을 받지 못했다는 말인가?
> **심슨:** 선거 끝나고 나서 들었다. 내 말은, 선거 중에는 연락을 받지 못했다는 뜻이다.[85]

심슨의 증언은 틀렸고 솔직하지도 않다. 브루스 오의 증언과 두 사람이 만난 8월 22일자 이메일을 포함한 기록을 보면 선거보다 두 달 이상 앞서서 그는 심슨과 만났다. 퓨전 GPS 창립자인 심슨이 자신이 "도시에" 내용에 대해 발설한 그런 중요한 만남에 대해 잊어버렸든지 아니면 거짓말을 했다. 나중에 청문회에 다시 소환된 심슨이 브루스 오와 연락을 주고받은 사실을 제대로 밝히지 않은 이유를 추궁받자 묵비권을 행사한 이유가 바로 이 때문인지도 모른다.[86]

심슨이 위증을 한 것으로 보이는 사례는 이뿐만이 아니다. 상원 법사위원장인 찰스 그래슬리 상원의원이 "뻔뻔한 거짓말이 아니라면 오해할 소지가 다분하다"라고 묘사한 또 다른 발언을 거론했다.[87] 그래슬리 상원의원과 린지 그레이엄 Lindsey Graham (공화당-사우스캐롤라이나 주) 상원의원은

2018년 1월 4일 심슨, 퓨전 GPS, 스틸의 행동을 거론하면서 이들의 행동에 대해 법무부에 범죄수사를 권고, 명명백백한 거짓말에 대한 철저한 조사를 요구했다.[88] (러시아와 관련된 위증을 해도 트럼프 지지자가 하면 범죄이자 추문이고 다른 사람이 하면 그렇지 않다는 기준이 적용되는 듯하다.)

심슨과 만난 한 달 후 브루스 오는 크리스 스틸과 두 번째 만남을 가졌다. 워싱턴 D.C.에 있는 캐피털 힐튼 호텔에서 오전 8시 조찬 회동을 했다. 날짜는 9월 23일이었다.[89] 전직 영국 첩보원은 그를 만나기 전 매우 분주한 나날을 보냈다. 그보다 며칠 앞선 9월 19일, 그는 로마로 날아가서 "도시에"에 담을 더 많은 보고서를 연방수사국의 특별요원 마이클 가이타에게 전달했다. 가이타는 이 자료를 다시 워싱턴에 있는 수사국에 전달했다. (9월이나 10월) 워싱턴에서 로마로 날아간 네 명의 요원이 배석한 가운데 가이타와 만난 자리에서 스틸은 트럼프가 러시아와 "공모해" 선거에 영향을 미치려 한다는 "도시에" 정보를 "철저히 확인"하고 증명할 수만 있다면 5만 달러를 성과급으로 주겠다는 제안을 받았다. 입이 떡 벌어지는 액수였다.[90] 이는 극복하기 불가능한 딜레마였다. 전직 첩보원이 일어나지도 않은 일을 확인할 도리가 없었다. 그가 취합한 정보는 익명의 정보원-그런 정보원이 존재한다고 가정하자-으로부터 취득했고 여러 사람을 거친 소문을 토대로 했다. 결국 스틸은 성과급을 받지 못했다. 연방수사국이 성과급으로 5만 달러를 제시했다는 사실로 미루어볼 때 확인 불가능한 정보를 어떻게든지 증명해 곧 닥칠 대통령 선거에서 트럼프의 후보 지위를 위태롭게 하기 위해 얼마나 절박했는지 알 수 있다. 그러나 정보의 진위를 확인하는데 실패했어도 연방수사국이나 스틸은 전혀 개의치 않았다.

스틸은 "도시에"에 트럼프가 "공모"했다는 혐의를 담은 새로운 보고서를 첨부할 때마다 잊지 않고 연방수사국과 법무부의 브루스 오에게 반드시 전달했다. 9월 말 무렵 그런 보고서가 총 11건에 달했다. 이전에 그 랬듯이 브루스 오는 스틸에게서 전달받은 보고서를 받자마자 즉시 연방 수사요원 조 피엔트카에게 건네주었는데, 그는 이제 브루스 오를 관리하 는 임무를 맡았다. 피엔트카는 브루스 오에게서 받은 자료를 연방수사국 동료이자 트럼프-러시아 수사를 총괄하고 있던 피터 스트로크에게 전달 했다.

스틸은 미국의 수도를 방문 중이었던 9월 23일 미국 정부 소속의 또 다른 누군가를 만났다. 국무성 관리 조너선 와이너Jonathan Winer였다. 나중 에 언론이 이 은밀한 만남을 폭로하자 와이너는 〈워싱턴포스트〉에 해괴 하고 역겨운 과대망상적인 기고문을 실었다. 그는 트럼프의 뒤를 캐는 자료 유포를 촉진하는 역할을 한 데 대해 자부심을 느끼는 듯했다.[91] 그는 문건이 어떻게 전달됐는지 상세히 설명했다. 올림픽 4인 계주처럼, 스틸 이 "도시에" 관련 풍문을 정리해 와이너에게 떨구면 그는 이를 눌런드에 게 넘겨주고, 눌런드는 이를 다시 국무장관 존 케리John Kerry에게 전달했 다. 마지막 주자인 케리는 결승선인 연방수사국에 지체 없이 전달해 계 주를 완결했다.[92] 물론 연방수사국은 이미 심슨, 오, 가이타 덕분에 그 문 건을 입수한 뒤였다.

그러나 와이너는 여기서 한 발 더 나아갔다. 그는 힐러리 클린턴의 오 랜 친구이자 측근인 시드니 블루멘설Sidney Blumenthal과도 만났는데, 블루 멘설은 나중에 "제2의 도시에"로 알려지는 문건에도 손을 댔다.[93] 첫 번 째 "도시에" 못지않게 미심쩍은 이 문건은 트럼프와 러시아의 "공모" 혐 의에 대한 똑같은 주장들을 대부분 담고 있었다. 와이너에 따르면 이 문 건은 클린턴의 측근인 코디 시러Cody Shearer가 작성했다. "제2의 도시에"는 첫 번째 문건이 전달된 경로와 반대 과정을 통해 연방수사국에 전달되기 도 했다. 시러에게서 출발해 블루멘설과 위너를 거친 다음 스틸에게 전달되었다.[94] 시러가 주장한 트럼프의 혐의는 스틸이 작성한 마지막 보고서에 반영되었고 이는 다시 연방수사국에 전달되었을 가능성이 높다.

이런 우스꽝스러운 시나리오를 날조한 멍청한 짓을 소설 속의 탐정 샘 스페이드Sam Spade가 본다면 창피해서 얼굴을 붉힐지 모른다. 어리석기 짝이 없었다. "공모" 내용을 담은 두 번째 문건도 스틸과 심슨이 날조한 원본과 대동소이했다. 트럼프가 마법을 부려 블루멘설의 이메일 계정을 비롯해 민주당의 이메일 계정들을 해킹했다는 데 방점이 찍혔다. 추측이 사실을 대체했다. 트럼프에 대한 그 어떤 혐의도 확인되지 않았다.

여기서 의문이 생긴다. 도대체 코디 시러는 누구인가? 〈위클리 스탠더드Weekly Standard〉의 중견 언론인 마크 헤밍웨이Mark Hemmingway는 시러의 행동을 추적한 결과 다음과 같은 평가를 내놓았다.

> 시러는 워싱턴에서 가장 평판이 나쁜 인물로 손꼽히고, 클린턴 부부의 정치 역정에서 가장 논란이 된 행동과 연루되어 약방의 감초처럼 등장해온 인물이다. 스틸이 시러에게서 받은 정보와 주장을 연방수사국에 전달했고 연방수사국이 이를 단서로 행동을 취했다면, 스틸과 연방수사국의 불편부당성과 판단에 대해 심각한 우려가 제기된다.[95]

스틸은 시러의 "제2의 도시에"를 분명히 연방수사국에 전달했다. 헤밍웨이도 블루멘설에 대해 다음과 같이 서슴지 않고 혹평했다. "블루멘설은 거짓말쟁이이자 소문을 유포하는 자로 알려져 있는데, 너무 평판이 나빠서 오바마 백악관은 클린턴이 블루멘설을 국무부에 고용하겠다고 하자 이를 일언지하에 거절했다."[96]

블루멘설과 시러 외에 날조된 "공모" 소문을 퍼뜨린 클린턴 동맹 세력은 또 있다. DNC와 클린턴 선거운동본부를 대리하는 법률회사 퍼킨스 코이 소속 변호사들은 심슨을 고용해 트럼프의 뒤를 캤고, 이 정보를 연방수사국에 전달하고 있었다. 이 법률회사 소속 파트너인 마이클 서스먼Michael Sussmann은 9월 19일 처음으로 연방수사국 법률자문 제임스 베이커를 만났고, 그 후에도 두 사람은 여러 차례 만났다. 베이커의 증언에 따르면, 그는 모스크바에 있는 알파 은행과 관련된 러시아인들과 트럼프가 은밀하게 소통한 증거가 담겼다는 컴퓨터 "디스크"와 산더미 같은 문서들을 서스먼으로부터 받았다.[97] 베이커는 이 자료들을 코미, 매케이브, 스트로크에게 전달했다. 스틸의 주장이 담긴 다른 문건들과 마찬가지로 이 문건도 거짓으로 밝혀졌지만 그에 앞서 〈뉴욕타임스〉와 〈슬레이트Slate〉를 비롯한 여러 언론에 유출되어 보도되었다.[98]

언론의 "도시에" 공개

심슨과 스틸이 날조한 "도시에"를 연방수사국과 법무부에 배포한다는 계략은 트럼프에게 해를 입히고 그의 정적인 대통령 후보에게 힘을 실어준다는 거창한 계획의 시작에 불과했다. 선거에 영향을 미치려면 선거가 실시되기 전에 트럼프에 대한 반감이 강한 게걸스러운 언론매체에 이 문건을 유포해야 했다. 과거에 기자였던 심슨은 자신이 아는 수많은 언론인들과 연달아 만났다. 스틸은 전직 첩보요원으로서 이러한 숱한 만남에 배석해 두 사람이 유포시키는 이른바 "첩보"에 합법성을 부여했다. 트럼프에 대해 부정적인 이야기를 입수하기 무섭게 보도하는 성향의 기자들은 정부 사법 당국이 이미 동일한 문건을 손에 넣었다는 얘기를 들었기 때문에 트럼프에 관한 혐의에 대해 기사를 쓸 핑계가 생겼다. 그 문건에 수록된 그 어떤 혐의도 사실로 확인된 적이 없는데도 말이다. 트럼프가 대통령 선거에서 이기기 위해 러시아와 "공모"했다는 기사가 등장하기 시작하면서 이러한 치밀한 계산은 먹혀 들어갔다.

스틸은 〈야후! 뉴스Yahoo! News〉의 마이클 이시코프Michael Isikoff와 만났고, 이시코프는 2016년 9월 23일 기사를 게재했다. 카터 페이지가 "러시아 고위관리와 내통했고, 경제 제재를 해제하는 방안에 대해 논의했다"라는 의혹을 되풀이해서 보도했다.[99] 이 기사에 따르면, 트럼프의 외교정책 자문인 페이지는 두 명의 러시아인과 만났다. 이 두 사람은 스틸의 보고서에 언급되었고 이는 페이지가 대통령 선거에 영향을 미치려는 모스크바의 미심쩍은 시도와 연관되어 있음을 보여주는 징표였다.[100] 클린턴 선거운동본부는 이 기사를 "가공할 기사"라면서 널리 확산시켰다. 클린턴 선거운동본부는 이 기사의 토대가 된 문건을 날조하는 데 자기들이 은밀히 재정적으로 지원했다는 사실을 숨긴 채 트럼프-러시아 "공모"에서 경악스러운 내용을 쉽게 풀어서 작성한 자료를 만들어 배포했다. 클린턴 선거운동본부는 수백만 명의 유권자에게 이 자료를 대량으로 살포하면서 클린턴의 정적인 트럼프가 "미국의 국익을 해치는 동시에 트럼프와 페이지 둘 다 금전적으로 이득을 보는 행동"을 했다고 비난했다.[101] "반역"이라는 단어만 쓰지 않았을 뿐, 클린턴은 사실상 트럼프가 반역자라고 비난한 셈이었다. 물론 사실이 아니었다. 그래도 연방수사국과 법무부는 아랑곳하지 않고 이시코프의 기사를 이용해 페이지를 도청할 영장을 청구했다. 그 기사를 쓴 기자의 정보원은 영장 청구서에 인용된 바로 그 정보원 스틸이었다. 판사는 이 사실을 연방수사국으로부터 전달받지 못했고 도청을 정당화할 별도의 정보원이 있다고 믿도록 유도되었다. 이 전모는 다음 장에서 자세히 다루도록 하겠다.

이시코프의 보도는 심슨, 스틸, 언론으로 구성된 부패한 삼각동맹이 트럼프에 대해 선포한 전면전의 시작에 불과했다. 허구의 "도시에"를 날조한 두 사람은 시청률이 높은 CNN, 〈마더 존스Mother Jones〉, 〈버즈피드 뉴스Buzzfeed News〉, 〈ABC 뉴스〉, 〈뉴욕타임스〉, 〈워싱턴포스트〉, 〈뉴요커〉, 〈폴리티코Politico〉, 그외 여러 언론기관들에게 대선후보에 대해 매우 신뢰할 만한 고위층 정보원으로부터 혐의를 전해 들었다고 알렸다. 사실이 아니었지만 이렇게 해야 두 사람은 연방수사국이 이 사안을 수사하고 있다고 말할 수 있었다. 그렇지 않으면 대중이 신뢰할 만한 언론인이라면 아무도 "도시에"가 사실이라고 보도하지 않을 테니까. "도시에"를 언급하는 내용의 기사를 쓸 존경받는 기자들이 필요했다.

트럼프에게 치명적인 해를 입힐 만한 기사 가운데는 〈마더 존스〉의 데이비드 콘David Corn 기자가 쓴 기사도 있다. 그는 스틸의 "도시에"를 받은 사람이었다. 2016년 10월 31일자 콘의 기사는 미국의 유권자들이 투표권을 행사하기 일주일 전에 폭넓은 관심을 끌었다. 그는 다음과 같은 질문을 던졌다. "러시아 첩보당국이 트럼프와 은밀한 관계를 맺거나 그를 요원으로 쓰기 위해 공을 들이려 했는지 여부를 연방수사국이 조사하고 있다는 뜻일까?"[102] 콘은 자신에게 정보를 준 정보원을 "러시아 대응첩보 전문가로서 서방 국가의 중견 첩보요원을 지낸 인물"이라고 밝혔다. 물론 그 인물은 스틸이었다. 콘은 그를 "민감하고 중요한 정보를 미국 정부에게 제공한 이력으로 정평이 나 있는 신뢰할 만한 정보원"이라고 묘사했다.[103]

콘이 쓴 기사는 반트럼프 성향인 이들이 트럼프에 대한 반감이라는 열병을 2년 이상 앓는 토대가 되었다. 사실이 아니라 소문을 다룬 기사였다. 믿지 못할 인물들을 도덕성의 본보기로 묘사했다. 기사의 전모가 사실인지 여부에 관계없이 빠져나갈 안전장치까지 마련했다. 그리고 아니 땐 굴뚝에 연기가 날 리 없다고 암시했다. 콘은 스틸의 "도시에"를 직접 인용해 트럼프를 러시아의 "협박"을 받고 조종당하는 요원으로 표현했고 그를 DNC와 클린턴 선거운동본부 이메일 서버 해킹 사건과 연관시켰다. 콘에 따르면, 연방수사국은 드러난 사실을 보고 "충격과 경악"에 빠졌다. 선거가 "훼손되고" "불법화"되고 있다는 우려가 있다고 했다.[104] 이 기사를 읽고 사실이라고 믿은 미국인이라면 누구라도 트럼프가 아닌 다른 후보에게 투표했을 게 틀림없다. 거의 뒤늦게 생각났다는 듯이 콘은 다소 빈약한 단서조항을 기사 말미에 달았다. "연방수사국이 전직 첩보원의 보고서에 담긴 주장을 사실이라고 확인하거나 사실이 아니라고 부인할 길이 없다."[105] 따라서, 트럼프를 불순한 의도를 지닌 반역자로 매도한 후 콘은 뒤늦게 이 모두가 거짓일지도 모른다는 단서조항을 끼워넣은 셈이었다. 이는 언론이 자행한 전형적인 정치적 암살이었다.

콘은 거기서 그치지 않았다. 그는 또한 스틸의 "도시에" 사본을 연방수사국 법률자문인 제임스 베이커에게 전달했고, 그는 이를 트럼프-러시아 "공모"를 수사하는 요원들과 관리들에게 배포했다.[106] 이 두 사람이 이 문건과 연방수사국의 수사에 대해 얼마나 서로 논의했는지는 제대로 알려지지 않았다. 연방 수사국 규정을 위반했을 가능성을 두고 법무부의 조사를 받고 있는 베이커에게 그의 변호사가 그런 질문에 답변하지 말라고 조언했기 때문이다.[107] 그러나 두 사람이 만날 무렵 연방수사국은 영국의 전직 첩보원이 연속해서 작성한 보고서 사본을 이미 여러 부 입수해놓고 있었다. 이 문건이 배포되는 경로를 보면 과잉대응의 진수를 보는 듯하다. 심슨과 스틸은 절대로 조금도 위험을 감수할 수 없었다. 그들은 연방수사국, 법무부, 언론매체를 대상으로 트럼프가 푸틴과 한통속이 되어 대통령 선거 결과를 조작하려 한다는 날조된 주장을 무차별적으로 살포할 계획을 세웠다.

콘과 이시코프가 훗날 의기투합해 책을 공동 저술했다는 점을 주목해야 한다. 《러시안 룰렛: 미국에 대한 푸틴의 전쟁과 도널드 트럼프 당선의 내막Russian Roulette: The Inside Story of Putin's War on America and the Election of Donald Trump》은 그들이 초창기에 보도한 내용을 바탕으로 한 책이다. 그들은 이 책을 "미국 역사상 전례 없는 정치적 음모 이야기"라고 묘사했다.[108] 콘과 이시코프는 트럼프와 그의 선거운동본부가 선거 결과를 자신에게 유리하게 할 목적으로 러시아와 공모했다며 정황적인 주장을 엮어서 "공모" 추문을 자신들이 밝혀낸 듯이 공치사를 했지만, 이는 결국 근거 없는 낭설로 드러났다. 그래도 상관없었다. 이 책은 〈뉴욕타임스〉 베스트셀러 1위에 올랐다. 〈뉴욕타임스〉도 "공모" 망상에 푹 빠져 있었던 터라 이 책을 "단연 가장 철저하게 파헤친 흥미진진한 내용"이라며 극찬했다.[109] 공교롭게도 이시코프가 과거에 콘과 공동으로 저술한 베스트셀러 《자만: 이라크 전쟁 홍보와 추문의 내막Hubris: The Inside Story of Spin, Scandal, and the Selling of the Iraq War》은 이라크 전쟁으로 이어진 오류투성이인 가짜 첩보를 폭로했다. 이번 책을 쓸 때도 전작에서 보인 회의적인 시각을 적용했다면 하는 아쉬움이 남는다.

《러시안 룰렛》이 출간되고 아홉 달 후 이시코프는 한 인터뷰에서 "스틸은 분명히 뭔가 단서를 잡았다"라고 말했다. 그런 후 뭔가 통쾌한 발언을 해야 할 순간에 마지못해 다음과 같이 인정했다. "스틸 도시에의 세부 사항, 구체적인 주장으로 파고들면 이를 뒷받침할 증거는 아직 보지 못했고, 선정적인 주장 일부는 결코 증명되지도 않을 것이고 거짓일 가능성이 높다."[110] 그의 발언은 신문에 대서특필되었다. 뒤이어 그는 트윗을 날려 트럼프가 "모스크바를 도와 미국 민주주의를 공격했다"라고 선언하며 완전히 태세를 전환했다.[111] 석 달 후 특검 로버트 멀러는 보고서를 발표했고 다음과 같은 결론을 내렸다. "조사 결과 트럼프 선거운동본부 관계자들이 러시아 정부와 공모하거나 협력해 선거에 개입하는 활동을 했다고 입증하지 못했다."[112]

존 브레넌, 날조 사기의 선동가

오바마 대통령의 중앙정보국 국장 존 브레넌은 이 "도시에"를 확산시키는 데 혁혁한 공을 세웠다. 클린턴 선거운동본부와 민주당이 심슨과 스틸에게 자금을 지원해 트럼프를 "공모" 날조로 중상 비방하는 계획을 실현하기 훨씬 전 이 날조 이야기의 씨앗은 다름 아닌 브레넌이 싹을 틔웠다.

오바마 대통령의 측근이자 클린턴 후보를 열렬히 지지한 브레넌은 클린턴의 정적 등에 붙어 있는 과녁을 명중하기 위해 있는 힘을 다하기로 마음먹었다. 정치적 명분도 있었고 사적인 이유도 있었다. 클린턴이 오바마를 이어 대통령이 되면 브레넌은 미국 중앙정보국의 우두머리로 권력을 유지할 가능성이 높아졌다. 그는 빌 클린턴 대통령과도 가까웠고 날마다 첩보 브리핑을 했다. 그는 한때 공산당에 투표한 적도 있는 리버럴이었다. 보수주의 정책을 표방하는 트럼프 같은 인물은 누구든 브레넌이 보기에 악한이었다.

중앙정보국 국장이 행사하는 막강한 권력을 제대로 평가하기는 불가능하다. 그의 행동은 비밀에 가려져 있다. 그는 법적인 보호막 뒤에 숨어서 미국의 국익을 위해 행동해야 하고 속임수를 쓰고 해를 끼치려는 해외의 적들에 맞서 싸워야 하는 비밀요원들을 거느린다. 엄격히 말하면 그는 국가정보실 수장의 휘하에 있다. 브레넌이 중앙정보국장일 때 국가정보실 수장은 제임스 클래퍼였다. 그러나 실제로는 중앙정보국 국장은 상당히 독자적으로 활동하고 자신을 임명한 대통령 외에는 아무에게도 보고를 하지 않는다. 때로는 대통령에게도 보고하지 않고 활동하는 경우도 있다. 이러한 신비에 싸인 직책 뒤에 숨어 활동하면 "공모"를 날조한 브레넌의 음모가 드러나기 어렵다.

브레넌이 트럼프-러시아 공모를 날조하기 시작한 때는 2015년 후반

쯤이었다는 증거가 있다. 클린턴 선거운동본부와 민주당이 스틸의 "도시에"에 자금을 지원하기 훨씬 전이다. 영국 신문 〈가디언The Guardian〉에 따르면, "영국의 첩보 기관들은 워싱턴의 첩보당국에 도널드 트럼프의 선거운동본부와 러시아 첩보요원들 간에 접촉이 있었다고 알려주는 데 중요한 역할을 했다."[113] 불길한 예감을 주는 듯한 발언이지만, 이른바 선거운동본부 관계자들과 러시아와의 "접촉"은 별것 아니었든가 일어나지 않은 것으로 보인다. 러시아인들에 대한 "통상적인 감시"에서도 선거 공모나 협력의 증거는 포착되지 않았다.[114] 외국의 첩보 당국이 그런 정보에 대해 경고했다면 미국에서 그 정보를 받았을 사람은 당연히 브레넌이었을 것이다.

중앙정보국은 자국 국민을 감시하지 못하도록 법으로 금지하고 있다.[115] 브레넌은 누군가로부터 정보를 입수했을 게 틀림없고, 미국의 가장 가까운 유럽 동맹국의 자랑스러운 첩보 당국이 제공했다고 생각하는 게 논리적이다. 중앙정보국 국장은 2017년 5월 하원정보위원회에 출석해 증언을 하면서 연방수사국에 "공모"에 대해 처음 귀띔을 해준 사람이 자신이었다고 자랑스럽게 말했다.

> 나는 러시아 관리들과 미국 국민들 간의 접촉에 대한 첩보와 정보를 알고 있었고, 그 개인들이 알면서 혹은 부지불식간에 러시아인들과 협력하고 있는지 여부에 대해 우려했고 그런 우려가 공모-협력이 일어났는지 판단하기 위한 연방수사국 수사의 토대가 되었다.[116]

브레넌에게 이는 시작에 불과했다. 그는 트럼프에 대한 대응첩보 수사를 하라고 연방수사국에 이례적으로 압력을 행사하면서, 날조된 혐의가 의회와 언론에 확산되도록 돕기로 마음먹었다. 브레넌이 의사당으로 찾아가 노장 의원들에게 "도널드 J. 트럼프가 대통령에 당선되도록 러시아가 돕고 있다는 정보"를 전달하고 있을 때 심슨과 스틸은 이미 "도시에"를 들고 기자들을 찾아다니고 있었다.[117] 브레넌은 트럼프가 이 음모에 연루되어 있다고 주장했다. 그는 가짜 첩보를 정치적으로 이용했고 클린턴의 정적에 대한 날조된 사건 수사를 부추겼다.

브레넌으로부터 자초지종을 보고받은 대상인 상하원 의원들 가운데는 이른바 "8인의 갱Gang of Eight"도 있었다.[118] 브레넌은 이들 한 사람 한 사람과 개별적으로 만나 날조된 "도시에"를 근거로 한 "공모"에 대한 확인되지 않은 정보를 자세히 전달했다. 브레넌은 2017년 5월 의회에서 증언하는 자리에서 자신은 스틸의 문건에 대해 선거가 끝나고 난 다음에야 알게 되었다고 주장했지만 이는 전혀 사실이 아니었다.[119] 브레넌은 또한, 증인 선서를 한 상태에서, "도시에"가 선거에 러시아가 개입했다는 첩보의 일부였다는 사실을 부인했고 따라서 공개된 보고서에 영향을 미쳤을 리가 없다고 했다. 나중에 드러난 문서들이 입증하듯이 이 또한 사실이 아니다.[120] 의회를 상대로 거짓말을 하는 행위는 범죄다.

브레넌의 그 다음 조치는 진정으로 사악했다. "도시에" 혹은 적어도 그 문건에 담긴 주장들로 무장한 그는 8월 25일 상원 다수당 지도자인 해리 리드Harry Reid(민주당-네바다 주)에게 보고했다.[121] 리드로 하여금 제임스 코미 연방수사국장에게 수사를 요구하는 서신을 보내도록 할 계획이었다. 이 서신을 언론에 유출시키면 기자들은 트럼프-러시아 공모에 대한 기사를 쓸 평계가 생긴다. 리드는 이 서신을 작성했다. 거의 트럼프를 기소하는 셈이나 마찬가지인 내용이었다. 이틀 후인 8월 27일, 리드는 이 서신을 코미에게 전달했다. "우리의 자유롭고 공정한 선거를 훼손하려고" 트럼프가 "러시아와 크렘린의 요원" 역할을 하고 있다고 비난하는 내용이었다.[122] 이러한 비난은 스틸의 "도시에"에 담긴 내용 그대로였다. 거의 토씨 하나 틀리지 않았다. 트럼프는 민주당 이메일을 해킹하는 데 가담했고 트럼프에게 자문한 사람은 향후 러시아에 대한 트럼프의 정책에 영향력을 행사하는 대가로 뇌물을 받았다는 내용이었다. 다 터무니없는 주장이었지만 브레넌은 개의치 않았다. 브레넌은 선동적인 내용이 담긴 스틸 문건의 내용을 분명히 리드에게 전달했고 이는 트럼프를 파괴하는 공작에 사용되었다. 당연히 리드는 조사를 요구했다. 두 사람은 이미 조사가 공식적으로 시작되었다는 사실을 분명히 알고 있었지만 말이다. 이 서신에 담긴 주장들은 모두 날조된 내용이었다. 언론이 이를 기사화할 핑계가 필요했을 뿐이다.

조건반사 반응을 보이는 파블로프의 개처럼 언론인들은 침을 흘렸다. 〈뉴욕타임스〉와 〈워싱턴포스트〉는 예측한 대로 반응했고, 트럼프가 러시아 요원이라고 주장하는 기사를 실었다. 다른 언론기관도 이에 편승해 거의 비슷한 기사를 보도했다. 8월 29일 〈뉴욕타임스〉는 트럼프 자문역할을 한 이들을 "러시아 지도부"와 엮었다.[123] 〈워싱턴포스트〉 8월 30일자 칼럼에서 조시 로건Josh Rogan은 첫 문장에서 "공모Collusion"라는 단어를 썼다.[124] 이를 계기로 "공모"라는 단어가 쓰이게 되었다. 범죄의 느낌이 물씬 풍기는 부정적인 이 용어를 계기로 러시아 공모 사기 보도는 봇물처럼 터졌다. 힐러리 클린턴은 리드의 서신을 계기로 공개적으로 트럼프에 대한 조사를 요구했다. 그녀의 지지자들은 가짜 뉴스에 열광했다.

얼마나 많은 미국인들이 이 선전선동에 넘어갔는지 알 수는 없지만, 브레넌과 리드가 원했던 결과를 얻지는 못했다. 공화당 후보인 트럼프의 지지율은 추락하지 않았다. 따라서 두 번째 비밀공작이 진행되었다. 10월 30일 리드는 코미에게 다시 한번 서신을 보내 "도널드 트럼프와 러시아 정부 간의 밀접한 관계와 협력에 대한 폭발적인 정보"를 되풀이해서 강조했다.[125] 첫 번째 서신과 마찬가지로 이 서신도 즉시 언론에 유출되었고, 언론은 이제 며칠 앞으로 다가온 선거에서 트럼프가 이길 가능성을 무산시키려고 총공세를 폈다. "공모"라는 비열한 표현을 처음으로 사용한 〈워싱턴포스트〉는 그 다음날 실린 기사에서 이 단어를 되풀이했다.[126] 리드의 선동적인 서신과 날조된 혐의를 담은 기사로 온 나라를 도배하던 다른 언론들도 마찬가지였다. 이 시점부터 공모라는 단어는 마치 살아 있는 생물체로 변신한 듯했다. 그때부터 2년 넘게 이 단어는 남용되고 오용되면서 트럼프가 저지르지도 않은 범죄를 저질렀다고 누명을 씌우는 시도가 계속되었다. "공모"의 법적인 의미를 살펴보려는 시늉도 하지 않은 언론은 방송과 신문에서 이 단어를 무기 삼아 트럼프를 후려갈겼다.

잡히면 서로를 밀고하고 배반하는 흔한 사기꾼들과 마찬가지로 브레넌과 리드는 나중에 자기가 한 짓에 대해 서로 모순되는 주장을 했다. 브레넌은 리드에게 서신을 보내지 말라고 했다고 주장했고 리드는 브레넌의 지시에 따랐다고 주장했다.[127] 둘 다 신뢰할 구석이라고는 조금도 없으므로 어느 쪽이 거짓말을 하는지는 알 길이 없다. 리드는 공화당 대통령 후보를 깎아내리기 위해 거짓말을 퍼뜨리고도 조금의 반성 기미도 보이지 않았다.[128] 브레넌은 속임수, 표리부동, 발뺌을 하도록 훈련받은 사람이다. 오랜 세월 동안 그가 보여온 정직하지 못한 행적은 잘 알려져 있다.[129] 인터넷 검색창에 "브레넌 거짓말"을 입력하면 컴퓨터가 터질 정도로 정보가 쏟아진다. 기밀이나 극비 정보를 믿고 맡길 수가 없는 인간임을 되풀이해서 입증한 이 전직 정보수장은 혼자서도 국가안보를 위협하는 존재다.

우리는 중앙정보국 국장이 초당적이고 정치적 중립을 지키길 기대한다. 브레넌은 그렇지 않았다. 우리는 중앙정보국 국장이 신중하고 제대로 된 정보를 알고 있고 자기가 이끄는 조직의 평판을 해치지 않으려고 애쓴다고 알고 있다. 브레넌은 그렇지 않았다. 우리는 중앙정보국 국장이 진정으로 국가안보를 위협하는 문제에 집중하고 그런 문제를 끝까지 파헤치리라고 기대한다. 브레넌은 그렇지 않았다. 그는 기밀 정보를 오용하고 거짓 첩보를 유포했다. 미국을 위협으로부터 보호할 첩보를 수집하고 분석하기는커녕 브레넌은 트럼프를 비롯해 미국에 해를 끼치는 데 오용했다. 그는 정치적 명분과 사적인 이득을 달성하기 위해 자기가 행사하는 권력을 무기 삼았다. 2018년 8월, 트럼프는 브레넌이 기밀에 접근하도록 해주는 보안 허가를 철회한다고 발표했지만, 애초에 보안을 지킨 적이 없었다.[130] 때는 이미 늦었다. 중앙정보국 국장이 이미 미국에 어마어마한 해를 끼치고 난 후였다.

"도시에"를 신뢰한 공화당 사람들

존 매케인John McCain(공화당-애리조나 주) 상원의원은 자기 이름 앞에 붙는 "독자적 성향"이라는 수식어를 즐긴다. 영화 〈탑건Top Gun〉에 등장하는 주인공처럼 당의 노선을 따르지 않고 공화당원으로서는 매우 이례적인 입장을 종종 취하는 반항아이자 대세에 순응하지 않는 인물이다. 그는 자신을 독자적 사고를 하는 사람이라고 생각한다. 다른 이들은 그를 파괴적이고 무모하고 무능하다고 생각한다. 2008년 공화당 대선후보가 됐을 때 그는 끊임없이 실수와 오판을 거듭해 선거운동을 처참하게 망쳤다. 〈뉴스위크〉는 그의 선거운동을 두고 "중구난방이고 엉망진창"이라고 표현했고, 기사 제목을 '역대 최악의 선거운동'이라고 붙였다.[131] 그 정도면 후한 평가였다.

매케인이 트럼프를 혐오했다는 사실은 놀랄 일이 아니다. 두 사람은 수년 전부터 서로 모욕적인 발언을 주고받았다. 2015년 7월 아이오와에서 선거운동을 하며 트럼프는 전쟁영웅인 매케인의 지위를 폄하하는 발언을 해 공격의 수위를 높였다.[132] 애리조나 상원의원은 격노했고 트럼프가 그에게 던진 독설을 결코 잊지 않고 마음에 담아두었다. 그로부터 2년 후 매케인은 〈60 미니츠60 Minutes〉에 출연해 진행자에게 대통령이 자신에게 사과하지 않았다고 투덜거렸다.[133] 이 사건은 2016년 11월 대통령 선거 직후 복수할 기회가 찾아오자 옳다구나 하고 매케인 상원의원이 이를 덥석 문 까닭을 설명해준다.

심슨과 스틸은 그들이 작성한 "도시에"를 퍼뜨리는 데 여념이 없었다. 그들은 그 문건을 영국정부뿐만 아니라 언론, 연방수사국, 법무부, 국무부, 중앙정보국, 그리고 다른 정보관련 기관들에게도 전달했다. 주 러시아 영국 대사를 역임했고 스틸의 회사 오비스 비즈니스 인텔리전스와도 관계가 있는 앤드루 우드 경Sir Andrew Wood도 이 문건의 내용에 대해 보고 받았다.[134] 그는 이 사건에서 핵심적인 역할을 한다. 캐나다 노바스코샤 주 핼리팩스에서 열린 안보 회의에 참석하는 동안 매케인의 오랜 측근인 데이비드 크레이머에게 귀띔을 해주기로 마음먹은 인물이 바로 우드였다. 우드의 말을 듣고 너무나도 경악한(신이 난) 크레이머는 즉석에서 매케인과 만날 날짜를 잡았다. 2016년 11월 19일이나 그 즈음 우드, 크레이머, 매케인은 은밀히 만났고, 그 자리에서 전직 대사는 트럼프가 푸틴과 러시아 정부와 한통속이라며 그 전모를 낱낱이 들려주었다. 빼도 박도 못할 증거가 스틸의 보고서에 들어 있다고 했다. 비록 황당한 얘기였다고 해도 매케인은 자신의 정적을 대상으로 이를 십분 활용하고 싶어 몸이 달았다. 그는 크레이머를 런던으로 보내 스틸과 만나게 했고 스틸의 문건을 입수했다.[135]

매케인은 "도시에"를 입수하자 이를 배포하기 시작했다. 매케인 상원의원은 12월 9일 연방수사국장 코미를 만나 이 문건을 전달했다.[136] 매케인은 나중에 자기는 그 문건을 전달해준 적이 없다며 부인했지만 결국 그 주장을 철회했다. 물론 연방수사국은 이미 "도시에"를 확보하고 있었다. 그 이전 다섯 달에 걸쳐 다양한 정보원으로부터 문건을 받았으니 말이다. 이와 동시에 크레이머는 거짓이지만 상당히 논란이 큰 주장을 언론에 무차별적으로 퍼뜨리는 대대적인 작업에 착수했다. 그는 CNN, 〈ABC 뉴스〉, 〈가디언〉, 국영라디오NPR, 〈매클래치McClatchy〉, 〈마더 존스〉, 〈워싱턴포스트〉, 〈월스트리트저널〉의 기자 십여 명과 만나거나 통화를 했다.[137] 그러나 "도시에"가 힐러리 클린턴의 선거운동본부와 민주당이 지원한 자금으로 작성되었다는 사실은 아무도 듣지 못했다. 스틸이 트럼프에 대해 반감을 지닌 편파적인 인물이고 이 문건을 유출하고 거짓말을 해서 나중에 연방수사국으로부터 해고당했다는 사실은 편리하게 감추었다. 이 문건이 얼핏 보기에도 미심쩍고 작성자인 심슨과 스틸이 문건을 작성한 동기도 수상쩍다는 사실은 아무도 개의치 않는 듯했다. 이 모두가 편리하게 간과되었다. 아니면 열심히 은폐했든가.

매케인의 역할은 반드시 필요했고 결정적이었다. 미국의 고참 상원의원인데다가 공화당원이라는 점 덕분에 매케인은 스틸과 심슨이 오랫동안 갈망해온 신뢰와 위상을 이 문건에 부여했다. 민주당 발 "도시에"라는 사실은 트럼프와 같은 당 소속의 존경받는 공인이 기꺼이 인증해준 문건이라는 사실에 묻혀 버린다. 존경받는 존 매케인이 인정한 문건이므로 진지하게 받아들여지게 됐다고 그들은 생각했다. 상원의원이 신임 대통령에 대해 적대감을 품고 있다는 사실은 교묘하게 간과하거나 눈감아주었다.

크레이머가 "문건"을 전달한 언론인들 가운데 〈버즈피드 뉴스〉의 기자인 켄 벤싱어Ken Bensinger가 있었다. 크레이머는 벤싱어 기자의 사무실에 "도시에"를 두고 잠깐 밖으로 나왔고, 그 사이에 벤싱어가 아이폰으로 문서를 찍었다는 사실을 몰랐다는 황당한 이야기를 꾸며냈다.[138] 거짓말이다. 크레이머는 나중에 그 해명은 사실이 아니고 실제로 자기가 기자에게 사본을 전달했다고 실토했다. 크레이머는 자신이 스틸에게 또 다른 거짓말을 했다고 인정했다.[139] 크레이머는 전혀 신뢰할 수 없는 증인이다. 그가 "도시에"를 입수해 이를 언론인들에게 전달했다는 사실 말고는 믿을 만한 주장이 없다. 〈버즈피드〉는 이 문건을 2017년 1월 10일 최초로 보도했다. 트럼프가 대통령에 취임하기 열흘 전이었다. CNN은 트럼프가 대통령에 취임하는 날 이 이야기를 보도했다. 국가정보실 제임스 클래퍼 실장이 방송국에 이 문건을 유출했다. 그러고는 TV에 출연해 문건의 유출을 비난했다.

이 기사는 폭발하기 직전에 이르렀다. 각종 신문과 방송이 트럼프가 클린턴으로부터 당선을 빼앗은 러시아 요원이라고 앞다퉈 보도했다. 마녀사냥이 시작되었다. 그들은 트럼프가 취임하자마자 업무수행을 방해하고 그로부터 2년 동안 그의 통치 역량을 훼손하고 거짓 혐의로 그를 고문했다. 의회는 조사를 하고 괴롭히는 데 동참했다. 코미의 연방수사국은 트럼프의 행동을 철저히 감시했다. 특별검사가 이를 이어받아 부당한 행태로 점철된 조사에 착수했다. 주류언론은 거의 날마다 여론의 법정에서 트럼프에게 유죄선고를 내렸다. 반역이라는 단어가 언급되든 안되든 상관없이 반역은 몽둥이가 되어 대통령의 뒤를 쫓았고 마침내 로버트 멀러는 "공모 음모"를 입증할 증거가 없다고 발표했다.

어떻게 스틸과 심슨 같은 사악한 인간들이 꾸며낸 사기극에 불과한 문건을 두고 2년 이상이나 온 나라와 대통령을 볼모로 삼았는지 이해가 되지 않는다. 물론 그들은 도움도 받았다. 클린턴의 선거운동본부와 민주당이 이 사기꾼에게 자금을 제공했다. 연방수사국과 법무부의 파렴치한 관리들이 직권을 남용하고 법치를 무시하면서 과도하게 이를 밀어붙였다. 언론인들은 이 마녀사냥이 진행되는 동안 기꺼이 열렬한 공모자가 되었다. 그들은 트럼프를 파멸시키고 당선을 무효화하는 데 전심전력을 다했다.

"도시에"는 결코 "대체로 사실"이 아니다

주류언론이 "공모" 이야기에서 가장 가열 차게 내세운 거짓은 "도시에" 내용이 대부분 사실이라는 주장이었다. 2년 넘게 지속적으로 반복한 주장이다. 트럼프가 러시아와 공모해 대통령 선거에 영향을 미쳤다는 이야기에 사활을 걸게 된 언론인들이 쓴 얄팍한 속임수였다. "도시에"에서 유일하게 사실이었던 부분은 트럼프 선거운동본부의 "공모"와 전혀 무관하고 공개된 기사와 기록에서 쉽게 얻을 수 있는 내용뿐이었다. 트럼프와 러시아가 음모를 꾸몄다는 부분은 거짓이었다. 그러나 주류언론매체는 자기들이 속았다는 사실을 절대로 인정할 수 없었다. 그들은 "도시에"가 전부 사실이기를 갈망했기 때문에 신문이고 방송이고 할 것 없이 "도시에" 내용이 "대부분이 사실"이라는 정신승리를 이어갔다. 원하기만 하면 그게 사실이라도 되는 듯이 말이다.

2017년 1월 스틸의 보고서 전체를 보도한 〈버즈피드〉는 특히 자사의 보도를 정당화하는 데 목숨을 걸었다. 〈버즈피드〉에 확인되지도 않은 황당한 주장을 보도한 데 대한 비난이 쏟아졌다. 거의 2년이 지난 2018년 12월, 〈버즈피드〉의 편집장 벤 스미스Ben Smith는 잡지 〈베니티 페어Vanity Fair〉와 인터뷰를 했다. 이 잡지는 스미스가 한 말 가운데 맥락을 무시하고 입맛에 맞는 말만 취사선택해서 다음과 같이 인터뷰 기사의 제목을 뽑았다. '스틸이 작성한 문건의 대체적인 골격은 의문의 여지없이 사실이다.'[140] 그 이상 아무것도 없었다. 그는 뭐가 "의문의 여지없이 사실"인지 아무런 설명도 하지 않았고 자기주장을 뒷받침할 아무런 증거도 제시하지 않았다. 이 기사를 작성한 조 폼페오Joe Pompeo(인터뷰어라고 알려진 인물)는 "정확히 도시에의 어느 부분이 '의문의 여지없이 사실'인가?"라는 당연하고도 반드시 해야 할 질문을 하는 성의도 보이지 않았다. 이 점을 전혀 궁금해하지 않은 사실로 미루어볼 때 폼페오 자신이 이 문건을 돌에 새긴 불변의 복음에 상응하는 문건으로 받아들였다는 뜻이다. 따라서 독자들은 스틸의 문건이 사실임에 틀림없다는 인상을 받았다. 그걸로 끝이었다. 반박도 하지 않았고 비판도 하지 않았다. 그저 믿고 인정하고 받아들였다.

CNN, MSNBC, 그리고 여러 방송국의 앵커와 기자들도 끊임없이 "도시에"는 대부분 사실이라는 주장만 되풀이했다. 그리고 출연자들도 마찬가지였다. 오바마 정권에서 중앙정보국 국장을 지낸 존 브레넌과 국가정보실 실장을 지낸 제임스 클래퍼가 특히 구체적으로 뭐가 사실인지는 언급하지도 않고 날조된 허구를 단순화하는 데 실력을 발휘했다. 그리고 이런 주장은 신문 인터뷰에까지 이어졌다.

〈살론Salon〉과의 질의응답에서 클래퍼는 "도시에에 담긴 내용 일부는 실제로 확인되었고, 이와는 별도로 우리 첩보 당국이 판단하기에 믿을 만한 다른 정보원을 통해서도 확인되었다"라고 주장했다. 그리고 이 내용을 다른 매체들이 인용해 보도했다.[141] 그는 어느 부분이 확인됐는지는 아무 설명도 하지 않았다. 설명은커녕 그는 다음과 같이 주장했다. "도시에를 토대로 첩보 당국이 판단을 내리지 않았다는 게 첫 번째 요점이다."[142] 말미에 다음과 같이 덧붙였다. "시간이 갈수록 점점 더 많은 내용이 확인되었지만 정확히 몇 퍼센트나 확인되었는지는 말할 수 없다."[143]

이는 대중이 망상에 빠진 이 사건에서 가장 중요한 순간일지 모른다. 광분한 언론을 지켜보면서 평범한 국민이 실제로 무슨 일이 있었는지 어떻게 파악하겠는가? 전직 정보 당국 수장이 하는 말을 들어보니 정보요원들이 자초지종을 알아봤더니 대부분 사실이라고 하더라며 믿는 게 가장 쉬운 해답이었을 것이다. 트럼프가 KGB 해커들과 직접 공모해서 투표기에 침입했다고 믿는다면 클래퍼가 위와 같은 답변을 하리라고 생각한다.

"도시에"는 2019년 1월에 발행된 정보 당국의 평가 보고서의 일환으로 사용된 적이 없다는 클래퍼의 주장을 브레넌은 의회에 출석해 증인선서를 한 상태에서도 되풀이했다. 그는 그 문건이 "트럼프에게 유리하도록 모스크바가 선거에 개입했다는 평가를 정보 당국이 내리는 근거로 전혀 사용되지 않았다"고 증언했다.[144] 그러나 브레넌과 클래퍼는 속임수를 쓰고 있었다. 같은 정보기관에 몸담은 유명한 동료 한 명이 그들의 주장을 반박했고, 그들이 사실을 말하고 있지 않다는 증거로 문건을 제시했다. 의회에 제출한 기밀 서신에서 국가안보실 실장 마이클 로저스Michael Rogers는 확인되지 않은 그 문건이 "정보 당국 평가 보고서에 반영되었다"고 밝혔다.[145] 로저스는 하원 정보위원회 의장에게 스틸 문건의 요약본이 정보 당국의 평가 보고서 초안의 최종 분석에 부록으로 첨부되었다고 확인했다.[146] 거짓말이 들통난 클래퍼는 CNN에 출연해 앞서 자기가 한 발언을 부인하고 "도시에"의 내용 "일부"가 정보평가 보고서에 사용되었다고 말했다. 클래퍼는 처음 한 발언에서 거짓말을 했을까, 아니면 두 번째 한 발언에서 거짓말을 했을까? 브레넌은 자기주장을 반박하는 명백한 증거가 있음에도 불구하고 계속해서 이를 부인했다.

그래도 CNN은 아랑곳하지 않았다. CNN은 클래퍼를 "국가안보 분석가"로 채용했다.[147] 그의 친구 브레넌은 MSNBC와 NBC 뉴스에 "정보 분석가"로 유급 채용되었다.[148] 이 거물급 정보계 인사 두 사람은 트럼프에 대한 전면적인 공격에 착수했고 TV에서 새롭게 얻은 발언권을 발판으로 대통령이 푸틴과 "공모"한 러시아 비밀요원이라는 악성 허구를 밀어붙였다. 하원 정보위원회 보고서는 트럼프가 취임하기 전에 가짜 "도시에"

를 언론에 유출시킨 장본인이 클래퍼라는 결론을 내렸지만 CNN은 개의 치 않았다.[149]

처음에 클래퍼는 의원들을 대상으로 한 비공개 증언에서 유출을 "전면 부인"하는 거짓말을 했다. 그는 결국 2016년 1월 초 "도시에"에 대해 CNN 진행자 제이크 태퍼Jake Tapper에게 언급했다고 하원 위원회에서 인정했다.[150] 공교롭게도 클래퍼는 CNN 외에 다른 보도기관에 은밀히 "도시에" 내용을 유출시키면서 공개적으로는 정보 유출을 지속적으로 비난했다.[151] CNN은 자기들이 새로 채용한 인물의 유죄나 그가 내세운 허술한 거짓 문건에 대해 개의치 않았다. CNN은 클래퍼의 주장을 보도해 권위 있는 상까지 받았지만 그 보도에서 다룬 러시아와의 음모는 존재하지도 않는 것으로 드러났다. NBC/MSNBC도 브레넌이 러시아 사기극을 부추기는 데 중요한 역할을 했고 수많은 주제와 관련해 의회에서 솔직하지 않은 증언을 했다는 사실에 아랑곳하지 않았다. 그는 TV 발언대를 이용해 출연할 때마다 트럼프를 매도했고 대통령이 사형 죄에 해당하는 반역을 범했다고 멋대로 비난했다. 트럼프 시대에 언론 매체가 범한 과실의 수준은 창피할 정도이다. 이는 다른 장에서 심층적으로 다루도록 하겠다.

"도시에"는 "대체로 사실"이라는 낭설이 계속 유포되면서 트럼프-러시아가 공모했다는 날조된 추문이 더욱 강화되었다. 민주당뿐만 아니라 언론은 툭하면 스틸의 보고서 가운데 일부를 인용하면서 자기들 주장을 정당화했다. 그 한 사례가 2019년 1월 CNN의 보도다. 특검이 조사를 마무리하기 두 달 전, CNN은 시청자들에게 "첩보기관 평가 보고서의 대부분을 구성하는 혐의는 시간이 흐르면서 사실로 드러나거나 적어도 부분적으로 사실인 것으로 증명되었다"라고 보도했다.[152] 그러더니 CNN은 어느 부분이 사실이거나 "부분적으로 사실"인지 설명했다. 알고 보니 그 경천동지할 사실이라는 부분은 보고서를 작성하기 전에 공개된 자료들을 스틸이 되풀이한 내용에 불과했다. 다시 말해서 영국 전직 첩보원이 이미 공개된 정보를 발굴해 새것으로 팔아넘겼다는 뜻이다. 스틸은 보고서 내용의 일부를 인터넷, 신문, TV 보도에서 취합한 것으로 보인다. CNN 보도는 잘 살펴볼 필요가 있다. 바로 스틸이 공개된 정보를 취합했다는 사실을 입증하고 다른 기자들이 주장한 내용도 잘 보여주기 때문이다. 기자들은 "도시에"에서 네 부분을 사실이라고 주장했다.

첫째, CNN은 "러시아가 2016년 선거에 개입했다"라는 스틸의 주장을 인용했다. 명백한 사실이다. 그러나 첩보기관 평가 보고서에서 지적했듯이 러시아가 선거에 개입하는 행위는 오래전부터 각종 첩보기관들이 기록하고 문서로 남긴 사실이다.[153] 스틸 같은 첩보요원이라면 이 사실을 잘 알고 있었을 게 틀림없다. 미국 정부가 세계 다른 나라들의 선거에 영향을 미치기 위해 거짓 정보를 유포하듯이 러시아도 서구 진영의 선거에서 갈등을 조장하려는 시도를 오래전부터 해왔다.[154] 이는 흔한 관행으로 새로울 게 전혀 없다. 익히 알려진 사실이다. 그러나 언론매체는 마치 놀라운 사실을 깨닫기라도 한 듯 호들갑을 떨었다. 그런데 스틸은 트럼프가 러시아의 개입에 연루되었다고 주장함으로써 여기에 새로운 국면을 더했다. "도시에"가 작성될 당시에도 이를 뒷받침할 증거는 없었고 지금도 마찬가지다.

둘째, CNN은 "선거운동 기간 동안 트럼프의 팀과 러시아인들 사이에 은밀한 접촉"이 있었고 여기에 적어도 "트럼프와 관련 있는 인사 16명"이 연루되었다는 스틸의 주장을 되뇌었다. 이 주장의 발단은 2017년 2월 14일자 〈뉴욕타임스〉가 익명의 관리들의 말을 인용한 기사였다.[155] 매케이브가 "새빨간 거짓말이다. 사실이 아니다"라며 그 기사를 저격했다고 전해진다.[156] 코미는 의회에서 증인 선서를 한 상태에서 그 기사에 대해 "대체로 사실이 아니다"라고 증언했다.[157] 그러나 언론매체는 연방수사국이 사실이 아니라고 했음에도 개의치 않았다. 언론인들은 힐러리 클린턴 선거운동본부와 러시아인들 사이에 접촉이 있었다는 실제로 알려진 사실을 다루는 균형 잡힌 보도를 하는 시늉도 하지 않고 계속해서 날조된 허구만 보도했다.[158] 주류언론매체는 우크라이나 대사관에서 나온 증거도 대체로 묵살했다. 2016년 선거운동 기간 동안 DNC와 계약을 맺은 업자가 도널드 트럼프의 선거본부장의 뒤를 캐고 자기 나라의 대통령까지 동원해 클린턴이 이길 확률을 높이려 했다는 사실 말이다[159].

공화당과 민주당을 막론하고 공히 양 진영 인사들은 선거운동이 시작되기 전과 진행되는 동안 러시아 관리들과 수많은 대화를 나누었다. 그리고 만난 사실은 대부분 공개적으로 알려져 있고 간혹 그렇지 않은 경우도 있다. 그래서 어떻다는 건가? 외교정책은 늘 중요한 선거이슈이고 헌법이 보호하는 표현의 자유를 행사함으로써 위반된 법도 없다. 여기에는 외국인과 외국 정부와의 논의나 소통도 포함된다. 선거를 조작하려는 음모를 입증하는 증거가 없는 한 러시아인과 만나거나 대화를 나누었다고 해서 범죄는 아니다. 다시 말하지만, 스틸의 "도시에"는 합법적으로 허용된 "접촉"을 왜곡해 대통령 선거 결과를 조작하려는 음모였다. 스틸의 주장은 허구에 불과했고 언론매체는 이 허구를 과장하고 생명을 불어넣었다.

셋째, CNN은 "러시아에서 트럼프의 부동산 거래"에 대한 스틸의 주장을 인용했다. 트럼프 브랜드를 확장하려는 노력의 일환으로 모스크바와 상트페테르부르크에서 부동산개발 프로젝트의 타당성을 알아보거나 상표사용 합의의 가능성을 타진하는 시도를 가끔 한 적은 있지만 트럼프가 성사시킨 부동산 거래는 없었다. 1987년으로 거슬러 올라가서 소련이 붕괴되기 전, 트럼프는 호텔, 사무용 건물, 주상복합 건물의 건축을 의논하기 위해 동업자를 물색하고 정부로부터 승인을 받을 방법을 모색하기 시작했다.[160] 그는 몇 차례 러시아를 방문했다. 이처럼 사업 기회를 모색한 활동은 잘 알려져 있다. 스틸이 아마 이러한 공개된 정보를 취득했을 가능성이 높다. 때때로 계획도 세워지고 논의도 이루어졌다. 그러나 결실을 맺은 시도는 아무것도 없다. 대통령 선거가 실시되기 1년 전 트럼프는 모스크바 강변에 트럼프타워를 건축하는 문제를 논의하자는 의도 서한letter of intent에 서명한 적이 있다. 법적 구속력이 있는 계약으로 공식화하려는 두 당사자의 이해를 간략히 설명하는 문서다.[161] 그러나 이전과 마찬가지로 논의는 2016년 중반 합의를 보지 못하고 마무리되었다. 어떤 계약도 체결되지 않았고 타워 건설도 상표 이용 계약도 이루어지지 않았다. 트럼프 기구Trump Organization가 전 세계 도처에서 프로젝트를 진행한다는 사실로 미루어볼 때 러시아에서 부동산 사업 기회를 모색하지 않았다면 오히려 이례적이었을 일이다. 간단히 말해서 부동산 개발업자가 부동산 개발 기회를 모색하는 활동을 하는데 있어서 불법적이거나 사악한 의도는 없었다. 그러나 언론매체는 이를 "공모"의 증거라며 대서특필했다.

마지막으로 CNN은 전역한 육군 중장으로 나중에 트럼프의 자문이 된 마이클 플린이 2015년 12월 모스크바를 방문해 국영보도기관인 〈러시아 투데이Russia Today〉를 대상으로 연설료를 받고 연설했다는 스틸의 주장을 되새김질했다. 분명한 사실이다. 당시에 플린은 밥벌이를 할 권리가 있는 사업가이자 민간인이었지만, 그럼에도 사전에 국방부 관리들에게 예정된 모스크바 방문에 대해 미리 알렸고 돌아와서도 방문 성과를 설명했다.[162] 그가 러시아에 체류하는 동안 그곳에는 다른 미국인들도 있었다. 2016년 녹색당의 대통령 후보가 된 질 스타인Jill Stein도 그 만찬에 참석했다.[163] 둘 다 푸틴과 같은 테이블에 앉았다. 이들은 사진도 찍었고 이 행사는 상당히 대중의 주목을 받았다. 스틸은 공개된 정보를 자기가 작성한

"도시에"에 끼워 넣어 이를 미심쩍은 가증스러운 범죄 활동으로 왜곡했다. 전혀 그렇지 않다.

스틸의 "도시에"에서 사실인 부분은 거의 누구든 쉽게 얻을 수 있는, 중요하지도 않고 공개된 기존의 정보에서 취득한 내용뿐이다. 게다가 이른바 사실인 내용 가운데 트럼프나 그의 선거운동본부가 대통령 선거를 조작해서 이기려고 거대한 음모를 꾸몄다든가 잘못을 했음을 보여주는 내용은 전혀 없었다. 그러나 언론매체는 스틸의 문건을 "대체로 사실"이라고 왜곡하면서 산소 호흡기를 달아주었다. 언론은 공모와 관련 없는 내용이 사실이므로 "공모" 주장도 사실이라는 듯이 보도했다. 스틸은 머리를 잘 썼다. 그는 한 줌의 사실을 수많은 거짓으로 가득한 보고서에 잘 엮어 넣었다.

또 다른 해석도 가능하다. 그는 모스크바의 정보원이 제공한 거짓과 진실이 뒤섞인 정보를 주는 대로 받아먹었을 가능성도 있다. 이는 러시아 첩보요원들이 비밀 작전에서 흔히 써먹는 수법이다. 진실과 거짓을 뒤섞어놓으면 "거짓을 믿게 된다"라고 중앙정보국 지부장을 지낸 대니얼 호프먼Daniel Hoffman이 말했다.[164] 언론인들이 정직하게 있는 그대로 보도했다면 그들은 "스틸 도시에에 담긴 '공모' 주장은 하나도 확인되거나 사실로 증명되지 않았다"라고 보도했어야 한다. 그런데 그렇게 하지 않았다.

스틸의 "도시에"가 믿을 만하다고 장담하는 언론매체의 행태는 법무부 장관 윌리엄 바가 특검 결과에 대해 발언을 하는 날까지 그리고 그 당일에도 계속되었다. 바 장관은 "특검의 수사 결과에 의하면 트럼프 선거운동본부나 그와 연관된 그 누구도 2016년 미국 대통령 선거에 영향을 미치기 위해 러시아와 공모하거나 협력했다는 증거를 찾지 못했다"라고 말했다.[165] 그러자 갑자기 언론인들은 "도시에"가 "대체로 사실"이라는 주장을 중단했다. 그들은 스틸의 문건이 유발한 "공모" 이야기가 전혀 없었던 일이고 수많은 거짓 보도를 하는 데 자신들은 전혀 가담한 적이 없는 척했다.

"도시에"를 앞장서서 옹호해온 미국 첩보 당국 관계자들은 갑자기 그 문건 얘기만 나오면 알레르기 반응을 일으켰다. 기진맥진한 제임스 클래퍼는 따분하고 지루하기 그지없는 자신의 저서에서 이 문건을 "민간 회사가 작성한 17건의 '유사 첩보' 보고서 모음이며 자신은 이 보고서에 대해 존 브레넌으로부터 처음 알게 되었다"라며 일축했다.[166] 흠, 그렇다면 클래퍼는 2017년 1월에 그 문건을 왜 언론매체에 유출시켰을까? 이제 와서 그는 브레넌 탓을 하는 걸까? 그는 국가적인 악몽을 야기한 가짜 문건을 유포하는 데 자신이 한 역할을 지우려는 걸까? 그렇다.

브레넌은 이제 그 "도시에"가 거짓이라는 사실을 처음부터 알았다는 듯이 행동하고 있다. 그러나 2년 넘는 기간 동안 그는 이 문건이 트럼프와 러시아가 "공모"한 증거라고 떠들었고 대통령이 반역을 저질렀다며 비난했다. 그는 "도시에"를 러시아 개입에 관한 첩보기관 보고서(기밀)에 포함시켜야 한다고 주장하기도 했다.[167] 그러더니 특검보고서가 나왔다. 마치 지킬이 하이드로 돌변하듯이 브레넌은 겸연쩍어하면서 다음과 같이 인정했다. "내가 잘못된 정보를 받았는지는 모르겠으나 실제보다 뭔가가 더 있다고 의심했던 것 같다."[168] "도시에"를 열렬히 옹호하고 자기가 "매우 신뢰하는" 중앙정보국 정보원으로부터 들은 바와 "일치"한다고까지 말했다고 알려진 사람치고는 완전한 돌변이었다.[169] 정말? 무슨 정보원을 말하는 건가? 스틸과 심슨 말인가? 아니면 클린턴 말인가?

그리고 제임스 코미도 있다. 그는 주저 없이 "도시에"를 이용해 트럼프-러시아 수사 착수에 불을 붙였다. 그는 나중에 대통령과 의회에게 그 문건이 "확인되지 않았다"고 인정했다. 그럼에도 이 문건을 "확인된" 문건이라며 법원에 제출해 트럼프 선거운동본부를 도청할 영장을 발부받았다. 이는 다음 장에서 자세히 살펴보겠다.

전직 연방검사 앤드루 매카시Andrew McCarthy는 이 모든 사실에도 개의치 않고 트럼프의 적들은 클린턴 선거운동본부와 민주당이 자금을 지원해 만든 이 문건을 트럼프를 모함하는 핵심적 무기로 사용했다며 다음과 같이 지적했다.

> 그 어떤 객관적인 기준으로 봐도 스틸의 도시에는 허접한 문건이다. 내용은 황당하다. "소변 보는 장면을 찍은 테이프," 트럼프-러시아가 공모했다는 거창한 음모, 서로 긴밀하게 공모했다는 트럼프의 밀사들은 서로 알지도 못하는 사이였다는 사실, 결코 일어난 적이 없는 여행과 만남, 실제로 존재하지도 않은 음모 활동이 일어난 중심지.[170]

"공모" 이야기 자체가 음모로서, 정치적 도구로 이용하기 위해 날조되었고 이를 부도덕하고 파렴치한 정부 관료들이 무기 삼아 휘둘렀다. 윌리엄 바 법무장관은 그들의 행동을 고대 로마의 친위대에 비유했다. 로마 황제를 경호하기 위해 설치되었지만 오히려 툭하면 황제를 축출할 음모를 꾸민 소수정예부대 말이다. 바 장관은 다음과 같이 말했다.

> 공화국이 함락된 이유는 친위대의 정신상태 때문이다. 정부 관료들이 매우 교만해지고 그들이 국익을 자신의 정치적 호불호와 일치시키고 자신과 다른 견해를 지닌 사람은 누구든 국가의 적으로 규정하는 정신상태 말이다. 그리고 알다시피 평범한 국민들을 향해 '니들이 뭘 알아'라는 식의 태도도 지니고 있다. 이런 태도는 다수의 의지를 부차적인 문제로 치부하고 정부 관료로서 자기 마음대로 해도 된다는 태도로 변질되기 십상이다.[171]

3장

LYING AND SPYING | **거짓말과 염탐**

WITCH HUNT

염탐 행위가 실제로 일어났다고 생각한다.

_ 2019년 4월 10일, 윌리엄 바 법무장관이 상원에 출석해 한 증언

만족스러운 해답을 얻지 못했다.
그리고 내가 알게 된 사실들 가운데 일부는
공식적인 해명과 맞아떨어지지 않는다. 서로 아귀가 맞지 않는다.

_ 2019년 5월 31일, 윌리엄 바 법무장관의 〈CBS 뉴스〉 인터뷰

　2019년 4월 10일 상원 세출위원회에 참석해 증언하던 윌리엄 바 법무
장관이 다섯 개의 간단한 단어를 언급하자 언론의 광란과 민주당의 망상
은 새로운 차원의 비이성적 광기에 도달했다. 법무장관은 "염탐 행위가
실제로 일어났다고 생각한다"라고 지적했는데 그저 명백한 사실을 언급
했을 뿐이다. "공모" 사기와 뒤이은 마녀사냥의 내막을 관심 있게 지켜
본 합리적인 사람이라면 누구든 연방수사국과 법무부가 트럼프 선거운
동본부 관계자를 도청하고 그의 전자통신내역에 접속했을 뿐만 아니라
한 명 이상의 위장 밀고자를 선거운동본부에 잠입시켜 혐의를 입증할 증
거를 확보하도록 했지만 아무것도 발견하지 못했다는 사실을 잘 알고 있
다. 전형적인 염탐 행위였다. 그러나 트럼프에게 반감을 지닌 이들은 바
법무장관이 용어를 잘못 선정했다면서 펄펄 뛰었다. 그들은 바 법무장관
이 사용한 용어가 실제로 일어난 사건의 실체적 진실을 묘사하기에는 천
박한 용어라고 여겼다.

　법무장관은 노련하고 학식 있는 인물이다. 그는 무모하게 오해의 소
지가 있는 용어를 쓰지 않았다. 그는 단순한 질문을 받았고 언어를 엄선
해 질문보다 훨씬 단순하게 답변했다. 바 법무장관이 연방수사국이 대응
첩보 조사에 착수한 이유와 "트럼프 선거운동본부를 겨냥한 첩보활동이
이루어진 이유를 면밀히 살펴보겠다"면서 그 이유를 "정치 선거운동을

염탐하는 행위는 심각한 문제라고 생각하기 때문이다. 심각한 문제다"
라고 상원의원들에게 말하자 논란이 폭발했다.[1] 맞는 말이다. 법무장관의
말이 믿기지가 않는다는 듯 놀란 표정으로 진 셔힌Jeanne Shaheen(민주당-뉴
햄프셔 주) 의원이 부정문 형식으로 추가 질문을 했고 그녀는 다음과 같이
예상치 못한 답변을 받았다.

> **셔힌:** 그러니까, 그렇지만 염탐 행위가 발생했다는 뜻은 아니겠지?
>
> **바:** 그렇게 볼 수 있다. 나는 염탐 행위가 실제로 일어났다고 생각한다. 그
> 렇다, 염탐 행위는 정말로 일어났다고 생각한다.
>
> **셔힌:** 아, 내 말은….
>
> **바:** 문제는 근거에 입각해서 다시 말해 적절한 근거에 입각해서 이루어졌
> 는지 살펴봐야 한다. 그게 내 의무라고 생각한다. 의회는 보통 첩보기관
> 들과 사법기관들이 직무를 이탈하지 않고 본연의 업무에 충실한지에 대
> 해 매우 우려하는데 그랬는지 확인하고 싶다.[2]

바 법무장관이 쓴 "적절한 근거에 입각"이란 표현은 무슨 뜻이었을까?
염탐이 합법적으로 시행되었는지 여부를 확인하겠다는 뜻이며 그는 그
렇지 않다고 의심하고 있는 듯하다. 증언 도중에 그는 연방수사국 "지도
자급 관리들이 본분을 지키지 않았을지 모른다"라며, "정부의 권력이 남
용되지 않는지 확인할 의무"를 느낀다고 진술했다. 그 어떤 합리적인
기준으로 보아도 바의 발언은 아주 적절했다. 그는 미국의 준법 시민이
라면 누구든 법무장관이 보여주기를 원하는 바로 그런 태도를 보였다.
연방정부의 수석 법조인으로서 그의 역할은 모두가 예외 없이 법을 준
수하게 하고 합당한 이유가 있을 경우 기소하는 일이다. 이는 정부, 심지
어 법을 집행하는 기관에 근무하는 이들이 법을 위반한 경우도 포함된

다. 연방수사국과 법무부 구성원들이 국민이 믿고 맡긴 권력을 남용하고 불법행위를 저지르면 바 법무장관은 그들에게 책임을 물을 의무가 있다. 재판부에 거짓말을 하는 방법 같은 불법적인 수단으로 합법적인 영장을 발부받는 행위는 범죄 행위를 구성한다.

바 법무장관이 모독적인 "염탐"이라는 용어를 쓰자 트럼프를 조롱하고 비방하는 일을 일삼았던 언론매체와 민주당은 일제히 그를 비난했다. 정치적이지 않은 "변호사의 변호사"로서의 평판과 뛰어난 이력을 자랑하는 법무장관은 갑자기 트럼프 대통령의 속임수에 넘어간 법조계의 이단아로 매도당했다.[3] 하원의장 낸시 펠로시Nancy Pelosi(민주당-캘리포니아 주)는 바 법무장관이 "정도를 이탈"했다고 했고, 상원 소수당 지도자 찰스 슈머Charles Schumer(민주당-뉴욕 주)는 법무장관이 "음모론에 매달리고 있다"라고 주장했다.[4] 〈NBC 뉴스〉의 진행자 처크 토드Chuck Todd는 염탐 행위가 일어났다고 말할 "사실적 근거가 전혀 없다"라고 주장하면서 "음모론" 주장을 되풀이했다.[5] 〈미트 더 프레스Meet the Press〉의 진행자는 도청 영장은 놓치고, 연방수사국 비밀요원이 어떻게 트럼프 선거운동본부에 침투했는지에 대한 보도는 꾸벅꾸벅 졸다가 못 본 게 틀림없었다. 〈블룸버그〉의 팀 오브라이언Tim O'Brien은 바 법무장관을 악명 높은 변호사 로이 코언Roy Cohen의 형상을 한 "무자비하고 저열한 전투견"에 비유했다.[6] 〈워싱턴포스트〉의 칼럼니스트 제니퍼 루빈Jennifer Rubin은 의원들은 "트럼프의 아첨꾼"인 법무장관의 사임을 요구해야 한다는 칼럼을 썼다.[7] 이에 질세라 CNN의 수석 법률분석가 제프리 투빈Jeffrey Toobin은 바 법무장관이 사용한 용어를 "우익의 편집증적 광기"라고 묘사했다.[8] 많은 업적을 쌓았고 강직한 법조인이라는 평판이 자자한 법무장관을 편집증적이며 사실을 호도하는 정신 나간 사람이라고 평하다니 어불성설이었다. 그는 "염탐"이라는 단어를 정확하고 상황에 적합한 평이한 언어로 말했다.

그는 무슨 일이 있었는지 설명하며 달갑지 않은 진실을 말하고 있었다. 그의 발언에 이들이 과도한 비이성적인 반응을 보이니 더더욱 그의 말이 옳다는 생각이 들었다.

"염탐하다"라는 동사는 폭넓은 의미를 지니고 있다. 옥스퍼드 사전은 이 단어를 다음과 같이 정의한다. "정부나 그 밖의 다른 기관이 적이나 경쟁자에 대한 정보를 은밀히 수집하는 업무."[9] 이 정의를 적용해보자. 연방수사국과 법무부는 카터 페이지를 도청하기 위한 영장을 신청해 발부받았는데, 그는 트럼프 선거운동본부의 외교정책 자문으로 몇 달 동안 일했다. 연방수사국 국장 제임스 코미는 첫 번째 영장 신청서에 서명하면서 페이지가 러시아 요원이므로 반역행위를 저지른 적이라고 분명히 주장했다. 물론 이는 전혀 사실이 아닌 것으로 드러났다. 그러나 해외첩보감시법원 판사는 코미가 연방수사국 규정과 해외첩보감시법 법규에 따라 진실을 말하고, 그가 제출한 증거는 적법절차에 따라 확인했다고 믿었다.

2016년 10월 21일 영장이 발부되자 연방수사국은 페이지의 통신기기들을 도청해 이메일과 문자메시지를 비롯한 모든 전자 데이터에 접근했다. 1년 가까이 연방수사국 요원들은 페이지가 까맣게 모르는 상태에서 은밀하게 그의 대화를 엿듣고 각종 정보를 수집했다. 페이지는 감시가 시작될 무렵 트럼프 선거운동본부를 떠났지만, 영장을 근거로 연방수사국은 페이지가 무급 자문으로 일한 여섯 달 동안 선거운동본부 관리들과 주고받은 통신까지 소급하여 내용을 읽었다.[10] 페이지의 과거와 현재를 오가며 염탐할 수 있는 방법이었다. 법원의 영장이 없었다면 이러한 극단적인 침해는 정부의 부당한 수색과 압수로부터 보호받아야 한다는 헌법 수정안 제4조에 따라 페이지가 누릴 권리를 위반한 행동이었다. 그러나 법원이 영장을 발부했다고 해서 "염탐"이라는 용어를 적용할 수 없다거나 적합하지 않은 것은 아니다. 합법적인 염탐도 있고 불법적인 염탐도 있다. 둘 다 이 단어의 적절한 용법이다.

언론매체와 민주당이 바의 "염탐"이라는 단어 용법을 두고 그처럼 호들갑을 떠는 행태는 어처구니없고 어리석다. 그들은 단어의 의미로 꼬투리를 잡아서 있지도 않은 구분을 하고 있다. 연방수사국의 행동은 염탐이라는 단어를 정의하는 모든 요소에 들어맞았다. 즉, "정부"가 적극적인 행위자였고 "정보"가 "수집"되었으며, 이러한 행위가 "은밀"하게 이루어졌고, 표적은 국가의 적으로 알려졌다. 따라서 바 법무장관이 "염탐 행위가 발생했다고 생각한다"라고 발언할 때 무슨 일이 있었는지 솔직하게 묘사한 셈이다. 그는 공개적으로 현실을 인정했을 뿐인데 민주당과 리버럴 언론매체들은 경악했다. 이런 솔직함이 낯설기 때문이었다. 사실은 논란의 여지가 없어 보인다. 비공개 부분을 검은색으로 칠해 가린 도청 영장 신청서가 결국 공개되었는데 연방수사국 관리들은 페이지가 감시당했다고 증언했다. 칼럼니스트 바이런 요크가 "도청이 '염탐'인가?"라고 군더더기 없는 질문을 했다. 법원이 승인을 하든 안 하든 상관없이 도청보다 더 염탐과 연관된 관행은 찾기 힘들다.[11]

법무장관의 발언은 이미 정립된 증거가 뒷받침하고 의문의 여지없이 정확하다. 바는 염탐이 일어났다고 "확실히 단정"할지 여부를 살펴보는 게 법무장관으로서 반드시 해야 하는 업무의 일환이라고 설명했다. 영장 청구서가 부정직하고 하자가 있다면 적절한 근거에 입각하지 않았다. 영장 신청서를 작성한 코미와 그 일당이 혐의를 보여주는 사실을 의도적으로 왜곡하고 혐의를 벗겨주는 증거를 은폐했다면, 법원을 상대로 사기를 친 셈이다. 적나라한 진실을 두고 항의가 폭발했다. 국가정보실장 제임스 클래퍼는 "어안이 벙벙하거나 섬뜩하다"고 했지만 전혀 그렇지 않았다. 연방수사국의 불법적인 행동을 일컬었다면 맞는 얘기지만 말이다.[12]

그런데 그게 아니었다. 그는 정부의 위법 행위를 조사하고 밝혀낼까봐 어안이 벙벙하거나 섬뜩한 듯했다. 법무부 변호사를 역임한 한스 본 스패코브스키Hans von Spakovsky가 지적했듯이 "법무장관이 트럼프 선거운동본부에 대한 염탐이 정당한지 여부의 문제를 묵살해버린다면 이는 무책임할 뿐만 아니라 직무태만에 해당한다."[13] 민주주의 국가에서는 한 집권당의 정부가 야당 후보를 겨냥해 첩보를 수집하고 법을 집행할 때 막강한 권력을 남용하도록 절대로 허용해서는 안 된다. 법무장관은 자신의 의구심을 표명하며 바로 이 점을 수사하겠다고 말했다.

바 법무장관은 연방수사국이 트럼프나 그의 고위보좌관들에게 러시아인들이 그의 선거운동본부에 침투할지 모른다고 통지할 생각도 하지 않았다는 사실이 당혹스러웠다. "그것도 내가 지니고 있는 의문들 가운데 하나다. 선거운동본부에 이 사실을 알려주는 게 정상이라고 생각한다"라고 법무장관은 말했다.[14] 뉴저지 주지사를 지낸 크리스 크리스티Chris Christie와 뉴욕 시장을 지낸 루디 줄리아니Rudy Giuliani는 전직 연방 검사로서 국가안보와 관련한 경력이 있는 선거운동본부의 고위급 인사들이었다. 바에 따르면, 그들이 바로 연방수사국이 경고를 했어야 할 사람들이다. 의회 지도자들도 이 대응첩보 사건에 대해 총체적으로 솔직하게 보고를 받지 못했다. 코미의 연방수사국은 의도적으로 의회에 알리지 않음으로써 통상적으로 수사국이 따라야 하는 절차를 밟지 않았다. 〈월스트리트 저널〉의 킴벌리 스트라슬Kimberley Strassel은 연방수사국이 이처럼 은밀하게 일을 처리한 이유를 가장 개연성 있게 설명했다.

코미 씨와 그의 일당은 모두 클린턴 여사가 선거에서 이기리라고 확신했다. 그렇다면 민주당이 대선에서 이겼다면 새로 취임하는 민주당 대통령 말고는 그 어떤 정치인도 연방수사국이 트럼프 선거운동본부를 염탐했다는 사실을 알지 못했으리라는 뜻이다. 미국 국민도 알지 못했을 것이다. 클린턴이 대통령이 되었다면 아무도 책임을 지지 않고 넘어갔을 게 분명하다.[15]

그런데 뜻밖에 트럼프가 대통령에 당선되자, 연방수사국과 클래퍼 같은 첩보당국 관리들, 그리고 중앙정보국 국장 존 브레넌은 전술을 바꾸어 방향을 180도 전환할 수밖에 없었다. 그들은 트럼프를 음해하는 "도시에"를 언론매체에 유출시키는 계획을 짜고 우선 트럼프에게 그 문건에 대해 얘기해주었다. 이는 클래퍼의 아이디어였으며 코미가 이에 동의했다는 증거가 있다. 그들은 2017년 1월 6일 맨해튼에 있는 트럼프타워의 회의실에서 트럼프와 만났다. 미리 짠 각본에 따라 클래퍼는 먼저 자리를 떴고 혼자 남은 코미는 트럼프에게 "도시에"에 담긴 "선정적이고 확인되지 않은" 내용에 대해 선택적으로 보고를 했다.[16] 코미 국장은 후에 트럼프가 충격을 받았다고 말했다. 코미는 또한 트럼프에게 대통령 당선인은 대응첩보 수사의 대상이 아니라고 말했다.[17] 이는 사실이 아니었다. 트럼프는 분명히 주요 수사대상이었다.[18] 그리고 나서 클래퍼를 비롯한 일당들은 트럼프가 "도시에"에 대해 보고를 받았다는 소식을 언론매체에 유출시켰다. 언론인들은 이를 핑계 삼아 회동에 대해 보도했다. 신임 대통령은 "도시에"를 인지하고 있으며, 그 내용이 확인되지 않았고 거짓일지도 모르지만 언론은 자유롭게 보도할 수 있다는 논리였다.

오바마 대통령도 이 음모에 가담했을까? 사건의 순서와 알려진 사실을 살펴보자. 2017년 1월 5일 트럼프가 보고를 받기 하루 전, 오바마는 백악관에서 코미, 클래퍼, 부통령 조 바이든Joe Biden, 법무장관 대리 샐리 예이츠Sally Yates, 국가안보보좌관 수전 라이스Susan Rice와 회의를 했다. 그들은 트럼프가 대응첩보 작전의 주요 감시대상이라는 사실을 트럼프에게 알리지 않을 방안을 궁리했다.[19] 그 다음날 코미는 대통령 당선인에게 거짓을 꾸며 내지는 않았지만 선별적으로 취사선택한 내용만 보고했다. 반면 언론매체는 트럼프에게 해를 입히기 위해 작성된 "도시에"를 전부 전달받았다. 신임 대통령은 퇴임 대통령의 공모자들로부터 뒤통수를 맞았다.

이는 교활하고 약은 속임수였다. 그리고 완벽하게 먹혀들었다. 며칠 안에 CNN과 〈버즈피드〉는 트럼프가 러시아와 "공모"했다는 기사를 대서특필했다. 이 언론사들과 이들의 보도를 되풀이한 다른 언론매체들은 대통령 당선자에 대한 혐의 가운데 아무것도 확인하지 않았다. 연방수사국도 마찬가지였다. 클린턴 선거운동본부와 DNC로부터 자금 지원을 받은 심슨과 스틸은 늦은 감이 있기는 하나 마침내 그들의 음흉한 목표를 달성했다. 그들은 트럼프가 미국의 최고위직에 오르지 못하게 막지는 못했지만, 이제 그를 직위에서 끌어내리고 선거결과를 무효화할 입장에 놓이게 되었다.

코미가 대통령 당선인에게 스틸이 과거 6개월에 걸쳐 수집했고 작성한 서로 다른 17개의 날짜가 찍혀 있는 총 35쪽에 달하는 "도시에"의 나머지 부분에 대해 보고하지 않았다는 점은 시사하는 바가 크다. 트럼프는 이 문건에 그가 선거에 이기기 위해 크렘린과 "공모"했다고 주장하는 내용이 담겨 있다는 보고를 받지 못했다. 또한 클린턴의 선거운동본부와 민주당이 보고서 작성에 필요한 자금을 댔다는 사실도 보고받지 못했다. 코미는 연방수사국이 트럼프의 선거자문역인 카터 페이지를 석 달동안 염탐하고 그의 대화를 도청하고 과거든 현재든 그의 모든 전자 통신 내역에 접근했다는 사실을 트럼프에게 알리지 않았다. 트럼프는 연방수사국이 영장청구서에 페이지를 러시아 첩자로 규정했다는 사실을 보고받지 못했다. 코미 국장이 백악관에서 오바마와 만난 사실로 미루어볼 때 신임 대통령으로부터 이 모든 정보를 의도적으로 숨겼다. 알려야 할 사실을 알리지 않고 누락한 행위는 거짓말이다. 대응첩보 수사의 목적은 외국의 위협과 관련된 첩보를 수집해 대통령에게 전달하는 일이라는 사실을 명심하라. 그런데 오히려 코미는 대응첩보 작전이라는 미명하에 근거 없는 정보를 이용해 트럼프와 그의 선거운동본부를 수사하는 한편 이를 대통령 당선인으로부터 적극적으로 숨겼다.

코미는 나중에 자신이 트럼프에게 "도시에"에 대해 보고하기로 마음먹은 까닭은 오로지 언론인들이 그 안에 담긴 정보를 보도하기 직전이었기 때문이라고 주장했다.[20] 상원 법사위원회에 따르면 이는 사실이 아니다. 상원 법사위원회는 "언론매체들은 도시에의 확인되지 않은 주장들을 보도하기에 부적절하다고 판단했고 CNN이 '도시에'에 대한 기사를 보도한 이유는 오로지 코미가 대통령 당선인에게 이에 대해 보고했기 때문이었다"라고 판단했다.[21] 언론매체들이 기사를 코미-트럼프 회동과 엮어서 보도한 점으로 미루어볼 때 연방수사국 국장의 해명은 진실의 공정한 중개자로서의 평판을 심각하게 훼손하는 기만적인 행위와 놀라울 정도로 유사해 보인다.[22] 솔직히 말해서 정직함은 절대로 코미의 장점이 아니었다. 예컨대, 바 법무장관이 트럼프 선거운동본부에 대한 "염탐" 행위가 실제로 일어났다고 증언하자, 해고당한 연방수사국 국장은 인터뷰에서 어이없다는 표정을 지으며 "도대체 그가 무슨 소리를 하는지 모르겠다"라고 내뱉었다.[23] 코미는 바가 무슨 말을 하는지 알고 있었다. 코미가 바로 그 행위를 한 장본인이었기 때문이다. 그는 카터 페이지를 염탐하기 위한 첫 번째 영장청구서에 서명을 했고 두 차례 갱신할 때도 청구서에 서명했다. 그러나 그는 나중에 "연방수사국과 법무부는 법원이 허가한 전자 감시를 실행했다. 나는 이를 염탐이라고 생각해본 적이 없다"라며 법을 모르는 척했다.[24] 페이지야말로 까맣게 몰랐다. 연방수사국 요원들이 자신의 모든 전자 통신 내역에 접근했고, 전화통화를 도청했다는 사실을 말이다. 그를 인터뷰한 내가 장담하건대 그는 분명히 자신이 정부에게 "염탐"을 당한 피해자로 인식하고 있다. 이를 법원이 승인했든 안 했든 상관없이 말이다.[25] 그렇다면 누군가가 이를 불법적으로 언론매체에 유출시켰고, 언론은 페이지가 첩자로 의심받는 감시 대상이었다고 보도했다.

말의 의미는 제쳐두고, 은밀히 영장을 발부하고 페이지를 감시하도록 허락한 비밀스러운 해외첩보감시법원도 연방수사국과 법무부 최고위 관료들의 은밀한 거짓말에 속은 피해자였다.

"스타 체임버Star Chamber"라는 비밀스러운 해외첩보감시법

"스타 체임버"라는 용어의 기원은 15세기 말 영국으로 거슬러 올라간다. 당시 대법원은 비밀리에 소집해 판결을 내리곤 했다. 대중에 대한 책임을 질 필요 없이 판사들은 공정성을 담보하기 위해 만들어진 통상적인 규율을 어기고 자의적으로 혹독한 판결을 내리곤 했다. 비밀로 진행되었으므로 부패와 직권 남용이 잇따랐다. 스타 체임버는 공개된 법정에서 불편부당하게 재판을 받을 인간의 기본적인 권리에 너무나도 반하는 관행이라서 1640~1641년에 출정영장법Habeas Corpus Act이 통과되면서 폐지되었다.[26]

그로부터 한 세기 후 건국의 아버지들이 미국의 헌법을 제정하며 자신들이 떠나온 나라에서 은밀한 사법 절차가 진행되는 동안 법을 유린하는 온갖 종류의 행위가 일어났다는 사실을 뼈저리게 인식하고 있었고 두려워했다. 헌법 수정안 제6조에 구현된 "불편부당한 배심원에 의한 신속한 공개 재판"을 보장할 방안과 제5조에 구현된 자기부죄自己負罪로부터 자신을 보호할 방안을 마련한 주된 이유가 바로 그 때문이다.[27] 대법원은 공개 재판절차를 통한 개방성과 투명성은 민주주의의 초석이라는 사실을 인지하고 다음과 같이 말했다. "스타 체임버는 수세기 동안 기본적인 개인의 권리를 묵살하는 관행을 상징해왔다." [28]

역사적으로 비밀 법정은 부패와 권력남용의 온상이 되는 경향을 보여왔다는 우려에도 불구하고 1978년 의회는 해외첩보감시법을 통과시켜 비밀법정을 설치했다. [29] 당시에는 냉전 동안 해외 첩보원들이 만연해 있었기 때문에 이에 대응하기 위해 필요하다고 여겼다. 사생활 보호권은 안보를 위해서 희생되어야 한다고 생각되었다. 이렇게 해서 구축된 법정은 수세기전 스타 체임버가 그랬듯이 재판을 관장하지는 않지만 해외첩보감시법원은 해외정보를 수집하기 위한 목적으로 개인에 대한 전자 감시를 실행하겠다는 정부의 요청을 심사하고 승인한다. 총 11명의 판사는 모두 미국 대법원장이 임명한다. 그러나 전원합의체는 아니다. 한 사람의 판사가 보통 연방 사법체제에서 한 지방법원을 관할하고, 번갈아가면서 한 번에 한 주 동안 워싱턴 D.C.에서 근무하면서 컨스티튜션 애비뉴에 있는 미국 지방법원 내의 한 법정을 관할한다.

해외첩보감시법원의 절차는 비밀일 뿐만 아니라 보통 "일방적으로ex parte" 진행된다. 오로지 정부 측만 재판에 참석한다는 뜻이다. 한쪽으로 기운 절차다. [30] 다시 말해서 연방수사국과 법무부가 법원에 제출한 서류의 진실성에 대해 다툴 적대적인 상대가 없다는 뜻이다. 판사는 정부 행위자가 헌법 수정안 제4조의 침해를 허용할 "상당한 근거"를 준수하면서 증거를 제시하는 데 있어서 정직하고 솔직하며 공정하다면 상당히 "믿어야" 한다. 통계수치를 보면 법원이 정부를 지나치게 존중한다는 사실이 드러난다. 이는 해외첩보감시법원에 내재된 결함이다.

판사가 진실한 정보가 온전히 전달되는지 여부를 식별하기란 대단히 어렵다. 증거는 편향될 수도 있고 심지어 날조될 수도 있다. 근거 없는 주장을 해도 아무도 반대하는 사람이 없다. 혐의를 벗겨줄 자료는 은폐될 수가 있는데, 알 도리가 없다. 본질적으로 이 체제는 기만에 취약하다. 제출된 자료가 진짜이고 사실인지 반박할 적대적인 상대가 없기 때문이다. 양심적인 판사는 진실을 밝히려고 애쓰겠지만 얼마나 자주 이런 일이 일어나는지 아무도 모른다. 판사와 연방검사가 주고받는 여러 가지 논쟁은 기밀로 분류된 국가안보 관련 정보를 보호한다는 이유로 대중의 시야에서 완전히 벗어나 있다. 해외첩보감시법원은 감시 청구서의 약 99퍼센트를 승인한다고 알려져 있다.[31] 이 법정이 설치된 이후 첫 33년 동안 33,900건 이상의 청구서를 접수했고 이 가운데 11건을 제외하고 모두 승인되었다.[32] 기각률이 겨우 0.3퍼센트라는 뜻이다.[33] 이 놀라운 수치만 봐도 남용을 의심할 수 있다.

여기서 해외첩보감시법원의 판사는 그저 정부가 제출하는 문서는 무엇이든 승인하는 고무도장이라고 결론 내리고 싶은 유혹에 빠질 수 있다. 2018년 9월 법무부가 작성한 문서를 보면 카터 페이지를 염탐하기 위해 연달아 네 번 신청한 감시영장을 승인하는 과정에서 단 한 번도 공식적인 법정이 열리지 않았다는 사실이 드러난 것만 봐도 이러한 인상은 더 강해졌다.[34] 연방수사국과 법무부가 법원에서 한 구두 진술이나 판사가 한 질문들을 기록한 속기록이 존재하지 않는다. 그러나 그렇다고 해서 해외첩보감시법원에 제출된 문서 외에 어떤 내용을 주고받았는지에 대한 정보가 전혀 없다는 뜻은 아니다. 공식적인 청문회는 의무사항이 아니다. 이따금 판사나 법원 소속원이 비공식적으로 대화에서 질문을 하거나 보안이 유지되는 전화선을 통해 추가 정보를 요청하기도 한다.[35] 그 어떤 소통 기록도 존재하지 않지만 영장청구서가 승인되기도 한다. 판사가 감시 청구서에 서명하기를 주저한다는 신호를 보내면 정부는 공식적인 청문회를 요청한다.[36]

페이지 영장의 경우 그런 청문회는 열리지 않았다. 다른 방식의 소통이 발생했을지도 모르지만 공개되지 않았고 앞으로도 공개되지 않을 가능성이 높다. 따라서 판사가 어느 정도나 철저하게 신청서를 검토했는지 아니면 전혀 철저하게 검토하지 않았는지 파악하기가 어렵다. 해외첩보감시법원이 과도한 업무에 시달렸을 가능성도 있다. 2016년 이 법원은 매주 평균 26건 이상의 청구서를 처리해야 했다.[37] 단 한 사람의 판사가 그렇게 짧은 기간 동안 많은 영장을 심사하고 각 건마다 면밀히 검토하고 심사숙고해서 판단을 내린다고 상상하기는 어렵다. 그러나 페이지의 영장은 해외첩보감시법원에 날이면 날마다 제출되는 통상적인 영장이 아니었다. 이 영장은 대통령 후보의 자문을 염탐하고 그가 선거운동본부와 주고받은 통신 내역에 접근하겠다는 영장이었다. 정치적인 연금술이 번뜩인다. 민주당 행정부는 공화당의 대통령 후보를 감시하도록 허락해 달라고 요청한 셈이었다.[38] 전자 도청을 완전히 새롭고 휘발성이 큰 수준으로 격상시킨 이 영장은 법적으로 정당한지 철저하고도 엄격한 심사가 필요했다. 첫 번째 영장과 세 차례 갱신 영장을 심사한 해외첩보감시법원 판사들 가운데 한 명이라도 스스로에게 아니면 직원들에게 '세상에. 대통령 선거운동본부를 염탐할 권리를 부여하는 이 이례적인 문서에 내가 서명을 하기 전에 공식적이고 철저한 청문회를 열어 기록으로 남겨야겠다'라고 생각한 사람이 있는가?

그런 청문회가 열렸다면 분명히 판사들 하나하나가 정부를 대표하는 변호사들에게 염탐 신청서의 유일한 근거로 제시된 그 문건("도시에")을 어디서 입수했는지 물어봤을 게 틀림없다. 누가 작성했는가? 이 사람(스틸)은 신뢰할 수 있는 인물인가? 그는 강한 정치적 편향성을 보이지 않았는가? 이는 정적에 대한 뒷조사였나? 누가 비용을 댔나? 이 문건에 인용된 정보원은 정확히 누구인가? 그들의 주장은 확인되었나? 우리가 알아야 할, 페이지의 혐의를 벗겨줄 정보가 있나? 후보에게 러시아인들이 선거운동본부에 침투하거나 영향을 미치려고 했을지 모른다고 통보했나? 더 나아가 해외첩보감시법원 판사들 가운데 감시 영장 신청서의 토대가 된 "도시에" 자체를 살펴보겠다고 요청한 사람이 있는지 궁금하다. 그렇게 했다면 분명히 그 문건은 "상당한 근거"가 없다는 이유로 영장과 더불어 가장 가까이 있는 쓰레기통에 처박혔을 게 틀림없다. 이는 이례적인 상황에서 당연히 드는 정당한 의문이다. 더군다나 페이지가 연방수사국이 러시아요원들을 기소하는 데 도움을 준 이력이 있다는 사실로 미루어볼 때 더욱더 그러하다. 이 중요한 사실은 법원에 제출된 서류에서 편리하게 누락되었다.

카터 페이지 기소

카터 페이지는 아마 2016년 트럼프 선거운동에 관여한 사람들 가운데 가장 중요하지 않은 인물일지 모른다. 그는 후보와 만난 적도, 대화를 나눈 적도 없다.[39] 트럼프와 페이지 두 사람 사이에 오간 전자 통신도 없다. 솔직히 말해서 페이지는 정치적 장식품이었다. 그는 선거운동본부에서 거의 눈에 띄지 않은 인물로 트럼프를 포함해 대부분의 사람들이 그를 기억하지 못했다. 그도 서둘러 기용되어 트럼프 외교정책 자문 위원회에 무보수 자원봉사자로 일하게 되었다. 심사숙고하거나 과거 이력을 철저히 조사해서 사람을 뽑고 말고 할 상황이 아니었다. 당시에 유력한 공화당 대선후보가 국제 관계에서 경험이 일천하고 미국 외교정책 경험이 부족하다는 비판을 무마하는 용도로 뽑은, 하는 일이 없는 자리였다. 구색만 갖춘 자리였다. 말 그대로 어느 시점에 가서는 홍보 사진 찍기용으로 전락했는데, 그나마도 사진 찍는 날 페이지는 나타나지도 않았다.

어떤 선거운동이든 이러한 속임수를 쓴다. 경제위원회든 의료위원회든 감세위원회든 구색을 갖춘다. 후보가 어느 시점에 가서 관심을 끌 화제를 만들거나 첨예한 문제에 대해 반박을 해야 할 때 때때로 이런 위원회에 자문을 구하기도 한다. 이따금 위원회 구성원들이 모여 의논을 하기도 한다. 후보가 참석하는 경우는 거의 없다. 일부 "자문"은 정책방침 보고서를 작성하기도 하나 아무도 읽지 않는다. 그들이 작성한 보고서는 저 뒷방에 있는 문서캐비닛 뒤쪽 깊숙한 곳에 처박힌다. 이따금 위원회 구성원들은 그들의 전문분야에 초점을 둔 연설문을 수정하는 데 도움을 주기도 한다. 후보가 선거에서 이기면 바로 이런 위원회 구성원들은 신임 행정부에서 자리를 두고 경쟁한다. 임명되는 이들도 있고 그렇지 않은 이들은 그동안 고마웠다는 인사를 받고 "계속 연락합시다"라는 거짓된 약속과 함께 배웅을 받는다. 이는 정치의 정수 精髓 다. 본질보다 겉치레가 중요하다.

트럼프는 이러한 관행적인 겉치레를 꺼렸지만 결국 포기하고 받아들였다. 2016년 3월, 그는 자신의 외교정책 경력에 광을 내기로 하고 대여섯 명을 위원회에 임명했다. 그중 한 명이 카터 페이지였다. 또 다른 사람은 조지 파파도폴로스George Papadopoulos로 석유와 가스 분야의 젊은 정책자문이었다. 페이지와 마찬가지로 그도 트럼프를 만난 적이 없었다. 의회 증언에서 페이지는 자신을 "하급 무보수 자문역"이라고 소개했다.[40] 그가 조언을 하거나 그가 한 조언이 채택된 기록은 거의 없다.

돌이켜보건대 페이지가 비난을 받을 만한 실수를 한 게 있다면, 모스크바에 있는 뉴이코노믹 스쿨 New Economic School로부터 2016년 7월 8일 졸업식 연사로 참석해 달라는 초청을 받아들이는, 자신의 운명을 가르는 결정을 했다는 사실뿐이다. 뉴이코노믹 스쿨은 수년 전 미국과 서방 진영의 지원을 받아 설립되었다. 페이지는 초청받은 게 자랑스러웠고 자기가 초청을 수락해도 문제가 되리라고 생각하지 않았다. 그렇게 생각할 이유가 뭐가 있겠는가? 그는 버락 오바마 대통령이 취임하고 여섯 달 후인 2009년 7월 7일에 이 학교 졸업식에서 연설을 했다는 사실을 알고 있었다. 당시에 아무도 오바마가 러시아 첩자라고 비난하거나 의심의 눈초리를 보내지 않았다. 〈뉴욕타임스〉는 미국의 독자들에게 보란 듯이 오바마의 연설문 전문을 게재했다.[41] 오바마 대통령은 "새로운 러시아"에 찬사를 쏟아냈고 선의와 협력으로 두 나라 관계를 새롭게 다지자고 역설했다. 그는 "미국과 러시아 관계를 '재설정'"하고 싶다는 의지를 재차 강조했다.[42] 오바마가 제안한 화해의 몸짓은 그로부터 7년 후 트럼프가 선거유세 기간 중 오바마의 의지를 계승하겠다고 하면서 한 말과 놀라울 정도로 비슷하다. 오바마의 발언은 미래에 대한 혜안이 담겼다며 극찬을 받았다. 트럼프가 한 말에는 러시아에 동조한다는 비난이 쏟아졌다.

페이지는 뉴이코노믹 스쿨이 2016년 대통령 선거에 발이라도 담근 사람을 초청하고 싶어 했다고 증언했다.[43] 그는 트럼프 선거팀에게 자신이 연설하기로 한 사실을 알렸고, 그가 러시아를 방문하는 동안 어떤 식으로든 트럼프 선거운동본부를 대표하지 않는 한 참석해도 좋다는 허락을 받았다고 말했다.[44] 페이지도 이에 동의하고 초청을 수락했으며, 그런 별것 아닌 출장으로 자신이 논란에 휩싸이고, 사업이 파탄 나고, 소득을 박탈당하게 되고 연방수사국이 1년 동안 펼친 감시 작전의 표적(그리고 피해자)이 되리라고는 꿈에도 생각하지 못했다. 훗날 페이지는 다음과 같이 통탄했다. "너무 화가 치밀고 어이가 없다. 어디서부터 얘기를 해야 할지 모르겠다."[45] 아무 증거도 없이 그를 반역자라고 낙인 찍은 연방수사국, 법무부, 그 밖의 다른 정부 관계자들이 총력을 기울여 공격하는 데 그가 무슨 수로 자신을 방어하겠는가? 결백하다는 그의 항변에 누가 귀를 기울였는가?

페이지가 뉴이코노믹 스쿨에서 한 연설 내용은 모스크바에 아부하는 오바마의 연설 근처에도 가지 않았다. 무보수 자문역의 연설에는 논쟁거리가 되거나 사죄하는 듯한 논조의 내용은 전혀 없었다. 상당히 평범했다. 그리고 그가 연설자로 나선 게 무슨 은밀하게 진행된 일도 아니었다. 그의 연설은 학교가 위치한 지역에서 TV로 중계되었고 여전히 유튜브에서도 볼 수 있다.[46] 뉴이코노믹 스쿨은 크렘린이 지원하므로 수많은 러시아 지도자들이 참석했다. 오바마가 연설할 때는 전직 대통령 미하일 고르바초프가 당시 대통령인 드미트리 메드베데프와 함께 청중석에 앉아 있었다. 페이지가 연설할 때도 다른 러시아 지도자들이 참석했다. 최고 위층 인사는 없었지만 말이다. 페이지는 나중에 자신은 그 자리에 참석한 러시아 관료들 가운데 그 누구도 사석에서 만난 적이 없다고 증언한다. 이를 반박하는 증거는 전혀 나오지 않았다. 몇 사람과 악수를 하고 인사말을 건넨 사실 말고는 그가 그 학교 행사에 참석해 찍힌 동영상이 크렘린 관료들과 접촉한 전부다.

미국에 돌아온 페이지는 자신의 러시아 방문을 요약한 보고서를 선거운동본부에 제출했다.[47] 그의 분석으로 미루어보건대 그가 러시아인들로부터 어쩌면 사적인 대화를 나누는 동안 직접 정보를 취합한 것으로 비춰질지도 모른다. 이 점에 대해 페이지는 한 작가가 묘사한 바와 같이 "자기 자신을 실제보다 부풀리는 안 좋은 버릇"을 보였을지도 모른다.[48] 그러나 그의 보고서에 담긴 내용은 대부분 다른 사람들이 한 연설과 러시아 신문과 방송에 나온 내용에서 취합한 것이었다. 그가 작성한 요약본은 더 할 나위 없이 따분하고, 거기 담긴 그의 식견도 크게 중요하지 않았다. 나중에 페이지가 증언한 바와 같이 그 내용은 2016년 선거운동에 영향을 미치려는 러시아 지도자들과 은밀한 회동을 하는 동안 습득한 정보가 아니었다.

크리스토퍼 스틸의 주장은 달랐다. "도시에"에서 그는 페이지의 모스크바 방문을 꼬투리 삼아 그가 러시아 관리들과 공모해 선거가 트럼프에게 유리하도록 영향을 미치려 했다고 주장했다. 페이지는 이 문건에서 여러 차례 등장한다. 9쪽(2016년 7월 19일자 보고서)에서 페이지가 러시아 에너지 거대기업 로스네프트의 최고경영자 이고르 세친Igor Sechin과 크렘린 내무부 고위관리인 이고르 디베이킨Igor Diveykin과 "비밀 회동"을 했다고 주장한다. "도시에"는 "서구 진영의 제재를 해제"하는 방안이 논의되었고 러시아 관리들은 트럼프에게 "불리한 정보"를 갖고 있으니 "훗날 자신들을 상대할 때 이 점을 유념해야 한다"라고 주장하고 있다.[49] 이 문건은 "페이지가 이에 대해 확답을 하지는 않았다"라고 주장하고 있다.

페이지는 러시아에 가서 다소 평이한 연설을 한 죄밖에 없다.

스틸과 그를 고용한 퓨전 GPS의 글렌 심슨은 페이지가 러시아인들과 비밀 회동을 했다는 있지도 않은 주장을 언론매체에 유출시키고 이를 연방수사국에 전달했다. 〈월스트리트저널〉은 2016년 7월 26일 페이지를 접촉해 "도시에"에 언급된 크렘린 관리들과의 비밀 회동에 대해 물었다. 페이지는 "어처구니가 없다"라며 그런 일은 절대로 없었다고 했다.[50] 다른 언론인들도 그를 못살게 굴기 시작했다. 그들은 심슨과 스틸로부터 "도시에"를 받았다. 아무도 기사에서 페이지의 이름을 구체적으로 언급하지 않는데 〈야후! 뉴스〉의 마이클 이시코프가 이 사기극에 속아 넘어갔다. 그는 2016년 9월 23일자 기사에서 미국 첩보 관리들이 러시아인들과 비밀리에 회동한 페이지를 감시하고 조사하고 있다고 주장했다.[51] 이 기사를 읽은 페이지는 아연실색했다. 이 기사는 다이앤 파인스타인Dianne Feinstein(민주당-캘리포니아 주) 상원의원과 애덤 시프 하원의원이 한 발언을 인용하면서 "선거 결과에 영향을 미치려는" 러시아의 계략에 그가 연루된 듯하다고 보도했다.[52]

이시코프의 기사는 세친과 디베이킨과의 회동이라는 스틸이 꾸며낸 내용과 거의 판박이였다. 이시코프가 "도시에"를 읽었든가 아니면 2016년 9월 심슨이 미리 예약한 워싱턴 식당의 밀실 공간에서 스틸과 만났을 때 그 내용을 이시코프가 그대로 전달받았든가 둘 중 하나다.[53] 이시코프가 독자들에게 밝히지 않은 사실은 그의 "정보원"이 그 문건 작성에 자금을 댄 민주당을 위해 일하고 있다는 점이었다. 그는 바로 이 정보원이 앞서 똑같은 정보를 연방수사국에 전달했고 연방수사국이 이시코프가 보도한 내용에 대한 수사에 착수했다는 사실도 밝히지 않았다.[54] 그는 기사에서 자신의 정보원을 "믿을 만한 서방 정보원"이라고 일컬었다.[55] 사실 스틸은 더 이상 첩보 요원이 아니라 돈 주고 고용하는 하청업자에 가까웠다. 이러한 분명하고 중요한 차이가 있는데도 비중 있는 정보원인 것 같은 착각을 불러일으켰다. 독자들은 현혹되거나 속았다. 정확하게 따지고 들었다면 이 보도에 대한 신뢰성에 의문이 제기되었을 게 뻔하다. 그러나 무엇보다도 이시코프는 페이지가 러시아인들과 비밀리에 만났다고 한 "도시에"의 주장을 확인하지 않았거나 할 수가 없었다. 2년 이상 지난 뒤 "공모"가 날조로 드러나자, 이시코프는 자신을 비롯한 언론인들이 "돌이켜보니 이 문제에 대해 의구심을 갖고 접근했어야 한다"라고 인정했다.[56] 그걸 말이라고 하나. 돌이켜보면 이 사건은 속임수와 어리석음으로 점철되어 있다. 빈틈없고 신중한 보도도 아니고 특히 익명의 정보원을 인용하면서 사실인지 철저히 확인하지 않은 데는 변명의 여지가 없다.

이시코프의 기사는 공개되자 급속히 확산되었다. 페이지가 받은 충격은 분노로 변했다. 그는 기사에서 그가 무모하게 저질렀다고 주장한 그 어떤 행동도 하지 않았다. 그는 러시아인들을 포함해서 그 누구와도 음모를 꾸미지 않았다. 기사가 나오고 채 이틀이 되지 않아 페이지는 연방수사국 제임스 코미 국장에게 서신을 보내 자신에 대한 혐의는 "완전히 틀렸다"라고 전했다.[57] 그는 "러시아에 대한 전문성을 갖춘 미국 컨설턴트"라는 업무의 성격상 오랫동안 연방수사국과 중앙정보국을 도왔다고 코미 국장에게 설명했다.[58] 실제로 그는 과거에 여러 정보기관의 소중한 정보원으로 활동했다. 코미는 페이지에게 답변을 하거나 연방수사국 요원을 시켜 그를 면담하게 하지 않고 되려 영장청구서를 작성해 그를 도청하고 은밀하게 그의 전자 통신 내역에 접속했다. 법무부 차관 샐리 예이츠도 이를 승인했다. 당시에 페이지는 연방수사국이 자신을 염탐하고 있는지 까맣게 몰랐다. 연방수사국 요원들은 거의 1년 동안 염탐을 계속했다. 그 후 2년 동안 언론매체가 그를 악당 취급하면서 그의 삶은 생지옥이 되었다. 연방수사국은 그를 염탐하고 민주당은 그에게 지독한 비난을 퍼부었다.

2017년 11월 2일 하원 정보위원회 청문회에 출석한 페이지에게 마침내 자신을 방어할 기회가 주어졌다. 7월에 모스크바를 방문하는 동안 자신이 러시아 관리들과 접촉한 경우는 그가 연설을 한 바로 그 장소에서 잠시 마주친 게 다라고 설명했다. 그는 그 마주침을 "인사와 짤막한 대화"라고 묘사했다.[59] 모두 무해하고 중요하지 않은 만남이었다. 페이지는 연설이 끝난 후 러시아 부총리 아르카디 디보르코비치Arkady Dvorkovich와 악수를 했다고 말했다. 두 사람의 만남은 10초도 이어지지 않았다.[60] 그러나 시프 하원의원은 그 만남에 대해 집요하게 페이지를 추궁하면서 어떻게든 그 불법적인 "만남"이 클린턴으로부터 선거를 도둑질하려는 시도임을 입증하려고 했다.[61] 시프는 의회 청문회를 부조리극으로 변질시키는 행태를 보였다.

페이지는 스틸의 확인되지 않은 "도시에"를 "완전히 황당무계"하다며 비판했다. 그 문건에서 자세하게 언급한 비밀 회동은 열린 적이 없다고 시프에게 말했다. 그는 스틸의 주장처럼 러시아인들과 트럼프 선거에 대해 논의하지도 않았고 그들과 "공모"한 적도 없으며 민주당 이메일 해킹에 연루되지도 않았다고 주장했다.

그래도 시프는 아랑곳하지 않고 거대한 음모를 꾸민 이 요괴를 궁지에 몰아넣었다고 확신했다. "도시에"의 2016년 10월 18일자 보고서(30쪽)를 인용하면서 그는 페이지가 "러시아에 대한 제재를 해제해주는 대가로 러시아 에너지 회사 로스네프트의 지분 19퍼센트"를 받기로 했다고 비난했다. 얼마나 멍청한 주장인지 잠시 생각해보자. 러시아가 대통령 후보를 만난 적도 없는 자원봉사자인 "무보수 하급 자문역"에게 서구 진영의 제재를 해제해준다는 대가로 110억 달러에 상응하는 제안을 했다고? 그것도 여론 조사 상으로는 진다고 나오는 후보가 선거에서 이길 경우에만 성사될 가능성이 있는 제안을 말이다. 물론 그렇다고 해서 장광설을 늘어놓으며 자기 논리를 펼치는 행태를 멈출 시프가 아니었다. 페이지는 그런 멍청한 주장을 그것도 미국 하원의원이 할 수 있다는 사실에 입이 떡 벌어졌다.

물론 이 황당한 로스네프트 뇌물 사건은 일어나지 않았다. 스틸이 날조한 "도시에"에 담긴 수많은 거짓 주장 중 하나에 불과했다. 러시아가 흘린 역정보를 그가 덥석 받아 문 것으로 보인다. 스틸이 단 한순간이라도 이 주장이 사실이라고 생각한다면 그는 MI6 역사상 가장 쉽게 속아 넘어가고 무능한 전직 영국 첩보원으로 기록되어야 한다. 그러나 그가 사실이 아닌 줄 알고도 자신이 "혐오"한다고 인정한 도널드 트럼프를 비방하는 데 기꺼이 이를 이용했을 가능성이 훨씬 높다. 일부는 그가 꾸며 냈을지도 모른다. 그는 트럼프를 비방하는 정보를 조작한 대가로 클린턴 패거리로부터 두둑한 보상을 받았다. 보상을 받기 위해 그는 고객의 입맛에 맞는 정보를 조작해냈다. 클린턴에게 도움이 되는 소문을 더 파낼수록 금전적인 보상을 더 많이 받았다. 페이지는 이 스파이 게임에서 처분 가능한 졸卒이자 스틸의 음모에서 무고한 희생자에 불과했다.

트럼프를 상대로 한 연방수사국의 거짓말

판사에게 거짓말하는 행위는 범죄다. 사건과 상황에 따라 이는 위증, 거짓과 호도하는 발언, 사법 방해, 사기, 사기음모, 법적 권위를 내세운 권리 박탈, 법적 권위를 내세운 전자감시, 법정모독 등 수많은 중범죄를 구성할 가능성이 있다.[62] 그러한 범죄들에 대해서는 《러시아 사기극The Russia Hoax》7장(정부의 감시 남용)에서 연방수사국과 법무부의 고위관료들이 카터 페이지를 염탐함으로써 그런 범죄를 저질렀다는 맥락에서 자세히 설명했다.[63] 네 명의 판사가 감시를 승인하는 영장 네 장에 연달아 서명했다. 법에 따르면 정부가 판사를 속였으며, 합법적인 영장을 불법적인 방법으로 확보했다는 뜻이다. 간단히 말하면 판사는 아무 범죄도 저지르지 않았지만 판사에게 거짓말을 한 사람은 누구든 범죄를 저질렀다는 뜻이다. 바로 이런 일이 일어났다는 설득력 있는 증거가 있다.

해외첩보감시법원은 다음과 같이 여섯 가지 구체적인 방식으로 기만당했다.

- 판사들은 클린턴 선거운동본부와 DNC가 영장 신청에 이용된 정보 작성에 자금을 댔다는 사실을 보고받지 못했다.
- 판사들은 연방정부의 정보원인 스틸이 거짓말을 했다는 사실을 보고받지 못했다.
- 판사들은 스틸이 트럼프에 대한 편견이 있다고 알려져 있다는 사실을 보고받지 못했다.
- 판사들은 연방수사국이 제시한 증거가 검증되지 않았다는 사실을 보고받지 못했다.
- 판사들은 페이지의 결백을 보여주는 증거에 대해 보고받지 못했다.
- 판사들은 법무부 고위관리의 부인이 연방수사국이 이용하고 클린턴이

자금을 댄 뒷조사 자료의 일부를 작성했다는 사실을 보고받지 못했다.

이러한 기만은 대체로 숨겨진 채로 있다가 2018년 7월 21일 2016년 대선 전후로 페이지를 염탐할 영장을 확보하기 위해 연방수사국과 압력에 못 이긴 법무부가 이용한 412쪽에 달하는 문서를 공개하고 나서야 드러났다.[64] 이 문서는 비공개로 가린 부분이 한두 군데가 아니었다. 첫 번째 영장 신청서는 연방수사국 국장 제임스 코미와 법무부 차관 샐리 예이츠가 서명했다. 그들은 자기들이 법원에 한 설명이 진실성이 있고 인용한 문건은 확실하며 정보원은 믿을 만하다고 장담했다. 코미와 예이츠는 위증하면 처벌받는다는 선서를 한 상태에서 자신들이 제출한 정보가 "사실이고 정확"하며 해외첩보감시법의 요구사항을 엄격히 준수한다고 맹세했다.[65] 연방수사국 국장과 법무부 차관이 정직하고 솔직하다고 믿은 해외첩보감시법원 판사는 2016년 10월 21일 페이지를 도청하고 그의 전자 통신에 접근하도록 허락하는 첫 번째 영장을 발부했다. 접근 대상에는 선거운동 기간 동안 그리고 그 후에 트럼프 선거운동 본부 구성원들과 주고받은 문자메시지와 이메일도 포함되었다. 코미가 영상을 청구할 때 코미와 연방수사국은 여전히 스틸의 "도시에"에 담긴 주장들을 확인하려고 안간힘을 쓰던 중이었다. 그러나 해외첩보감시법과 연방수사국 규정에 따르면 문건이 사실인지 여부를 확인하는 작업은 영장을 청구한 후가 아니라 청구하기 전에 했어야 한다. 따라서 연방수사국의 영장 신청서는 하자가 있고 그들이 한 행동은 범죄가 아니라고 해도 명백히 불법이다.

2003년에 연방수사국은 "우즈 절차Woods Procedures"라는 새로운 규정을 만들었다. 이 규정을 만든 연방수사국 고위관리의 이름을 따 만든 규정이다.[66] 감시 영장을 확보하기 위해서 가짜 증거를 사용하지 못하도록 하려고 만들어졌다. 사실 확인은 필수 사항이었다. 정보원이 신뢰할 만해야 하고 연방수사국이 자체적으로 그 정보원이 제공한 정보를 확인하지 못하면 영장 청구는 하지 못하도록 되어 있다. 이처럼 빈틈없고 철저한 절차는 다름 아닌 로버트 멀러가 만들었다. 당시에 멀러는 연방수사국 국장이었다. 그는 2002년 해외첩보감시법원에 출석해야 했다. 연방수사국이 거짓 정보를 이용해 감시를 하다가 적발되는 경우가 빈번했기 때문이다.[67] 정확하지 않은 영장청구서가 해외첩보감시법원에 제출된 사례가 75건이 넘었다고 알려졌는데, 이는 경악할 수준의 부패와 직권 남용이다. 한마디로 연방수사국은 판사들에게 거짓말을 하고 규정을 어겨왔다는 소리다. 멀러는 새로운 절차를 만들어 엄격히 준수하는 포괄적인 개혁을 하겠다고 약속했다. 그들은 그 약속을 지키지 않았다. 적어도 카터 페이지의 사건에서는 말이다.

"우즈 절차"는 국내조사와 작전 지침Domestic Investigations and Operations Guide, DIOG이라고 불리는 연방수사국의 엄격한 내부규정에 수록되어 있고, 이 내부규정은 연방수사국 요원과 관리라면 누구나 엄격히 따라야 한다. 관련 규정은 다음과 같다.

> 해외첩보감시법 신청서에 담긴 정보의 정확성이 무엇보다도 중요하다. 오로지 문서화되고 확인된 정보만이 연방수사국이 법원에 제출하는 신청서를 뒷받침하는 데 사용될 수 있다.[68]

핵심은 "오로지 문서화되고 '확인된' 정보만 사용될 수 있다"라는 구절이다. 이게 무슨 뜻일까? 국내조사와 작전 지침은 법원에 제출되는 모든 신청서는 "철저히 검증하고 확인되어야 한다"는 포괄적인 지침을 제시하고 있다.[69] 정보를 전달해주는 "정보원"에게만 의존하는 것만으로는 충분치 않다. 정보 자체가 검증되어야 한다.[70] 바로 여기서 연방수사국과 법무부는 규정을 이탈했다. 영장을 청구하기 전에 그들은 스틸이 미심 쩍은 정보원으로서 정치적으로 트럼프와 그의 선거운동본부에 대해 편 견을 지니고 있다는 사실을 경고받았다. 스틸은 실제로 정보를 유출하 고 거짓말을 한 이유로 연방수사국이 해고했다.[71] 따라서 그는 신뢰할 수 없는 인물이므로 그가 주는 정보는 본질적으로 미심쩍다. 게다가 스틸 은 진정한 의미에서 "정보원"도 아니었다. 그는 직접 목격한 게 아무것 도 없었다. 그는 익명의 소식통들로부터 전해들은 정보를 "전달"했을 뿐 이다.[72] 그는 정보를 전달하는 통로에 지나지 않았다. 컴퓨터 과학 용어 에 비유하자면 "쓰레기를 입력하면 쓰레기가 출력된다garbage in garbage out" 라는 개념이 여기에 딱 해당된다. "정보원"이 쓰레기 정보를 연방수사국 에 전달하면 수사국은 단순히 그 쓰레기를 해외첩보감시법원에서 그대 로 되풀이하고 누군가를 감시할 영장을 확보해서는 안 된다. 그렇게 하 면 불법적으로 확보한 "쓰레기" 영장이 나오게 된다. 연방수사국은 정보 를 조사하고 검증해서 판사에게 제출하기 전에 "쓰레기"가 아닌지 확인 해야 할 의무가 있다.

페이지를 감시하기 위해 연방수사국이 증거로 삼고 DNC와 클린턴 선거운동본부가 자금을 대 정치적인 동기로 추진된 뒷조사 자료는 검 증되지 않았다. 그러나 코미와 예이츠는 검증되었다고 주장하면서 영장 청구서에 서명했다. 영장청구 자료 어디에도 연방수사국이 검증하거나 확인했다는 내용은 없었다.[73] 코미는 2017년 6월 공개적으로 증언하며 결국 이를 시인했다.[74] 그는 비공개로 증언하는 자리에서는 그보다 훨씬 솔직하게 다음과 같이 털어놓았다. "연방수사국은 법원에 스틸 도시에 를 증거로 제출하기 전에 대부분 검증하지 못했다."[75] 여섯 달 후 트럼프 가 코미를 해임했을 때도, 그는 여전히 그 내용이 검증되지 않았다고 시

인했다. 그의 부하 앤드루 매케이브도 의회에서 심문을 받고 똑같이 시인했다.[76]

증언 속기록에서 많은 부분이 비공개로 처리되었지만 첫 번째 영장 신청서의 근거가 "도시에"였다는 점은 분명하다. 스틸의 문건이 없었다면 염탐을 허락해 달라는 영장을 정당화할 아무런 증거가 없었다. 이는 매케이브가 "스틸 도시에가 없었다면 해외첩보감시법원에 감시 영장을 청구하지 않았을 것이다"라고 증언함으로써 확인되었다.[77] 앞서 해외첩보감시법 영장을 검토한 상원 법사위원회도 "도시에"가 연방수사국의 영장 청구 이유의 "대부분"을 차지한다는 결론을 내렸다.[78] 애덤 시프 하원의원 같은 민주당원들은 전혀 그렇지 않다고 우겼다. 시프만 그런 게 아니었다. 코미는 비행을 저지르고도 이를 통해 수익을 올리려고 책을 썼고 전국을 돌며 출판기념회를 하는 자리에서 영장 청구에 사용된 "도시에" 말고도 "포괄적인 사실들의 묶음"이 있었다고 주장했다.[79] 이는 전혀 사실이 아닌 것으로 드러났다. 일단 해외첩보감시 영장청구서가 공개되자 사실이 분명해졌다.

영장청구서를 한 장 한 장 넘길 때마다 트럼프 선거운동본부와 카터 페이지에 대한 스틸의 주장을 되풀이하고 있었다. 전직 첩보원이 미심쩍은 문건에서 쓴 내용과 거의 동일했다. 즉, 페이지가 모스크바에 연설하러 갔을 때 세친과 디베이킨과 은밀히 만나 제재를 해제해주는 대가로 트럼프가 당선되도록 돕기로 했다는 내용이다. 연방수사국은 페이지가 이러한 만남은 없었다고 부인한 사실을 알고 있었고 수사국은 이를 반박하는 어떤 증거도 발견하지 못했다. 그러나 연방수사국 지도부는 개의치 않았다.

설상가상으로 코미는 이시코프가 쓴 기사가 "도시에"를 독자적으로 확인한 기사라는 듯 대했다. 그가 서명한 영장청구서는 〈야후! 뉴스〉 기사를 스틸과 별도의 정보원으로부터 얻은 신뢰할 만한 정보로 인용하고 있다. 그렇지 않다. 이시코프는 스틸이 자신의 정보원임을 시인했고 전직 첩보원인 스틸도 똑같은 사실을 확인했다. 따라서 해외첩보감시법원에 제출한 영장청구서는 정보원이 두 개가 아니라 한 개뿐이었다. 연방수사국은 이 사실을 알고 있었다. 이시코프가 기사에서 인용한 근거를 보면 그가 어디서 정보를 입수했는지 뻔히 드러났기 때문이다. 바로 스틸이었다. 이 못지않게 경악스러운 점은 연방수사국이 익명의 소식통을 인용한 보도기사를 미국의 헌법 수정안 제4조가 보호하는 권리를 침해하는 행위를 정당화하는 데 기꺼이 사용했다는 사실이다.

페이지를 염탐하기 위해서 해외첩보감시법원에 제출한 네 건의 청구서 모두에서 연방수사국과 법무부는 이시코프의 기사가 스틸의 "도시에"에서 비롯된 증거를 자동적으로 검증해주는 제2의 정보이고 전직 첩보원이 이시코프 기자의 직접적인 정보원이 아니라고 법원에 제시했다. 연방수사국이 법원에 뭐라고 했는지 면밀히 살펴보자.

> 연방수사국은 정보원 #1(스틸)이 9월 23일자 보도기사를 게재한 보도기관에 이 정보를 직접 제공하지 않은 것으로 안다.[80]

연방수사국이 2016년 10월 해외첩보감시법원에서 이러한 거짓 주장을 처음으로 하던 때와 거의 동시에, 수사국 요원들은 스틸이 사실상 언론매체와 접촉해 "도시에"를 넘겨주면서 수사국이 그와 한 합의와 수사국 규정을 정면으로 위반했다는 사실을 파악했다. 그리고 나서 스틸은 연방수사국에 거짓말을 했다. 수사국은 엄격한 규정에 따라 그를 해고할 수밖에 없었다. 은폐할 수가 없었다. 너무 많은 사람들, 특히 언론인들은 스틸이 이 문건을 언론에 뿌리는 데 공을 들이고 있다는 사실을 알고 있었다. 보도되는 내용을 보면 명백했다. 그러나 코미와 예이츠는 해외첩보감시법원에 이시코프의 기사는 스틸의 문건을 독자적으로 검증한 것으로 더 이상 간주할 수 없다는 사실을 알리지 않았다. 나머지 세 건의 영장을 신청하는 과정 전반에 걸쳐 연방수사국은 판사들을 계속 속였다. 코미, 예이츠를 비롯해 영장 작성에 연루된 이들은 기록을 정정할 법적인 의무가 있었지만 의무를 다하지 않았다. 오히려 그들은 계속 페이지를 감시하기 위해서 거짓말을 했다.

연방수사국의 직권 남용은 점점 심해졌다. 스틸이 거짓말을 해왔다는 사실을 알게 되자 그는 더 이상 신뢰할 만한 정보원으로 여기지 못하게 되었다. 그래도 연방수사국과 법무부는 아랑곳하지 않았다. 아랑곳했어야 하는데 말이다. 연방수사국은 해외첩보감시법원에 스틸이 정보를 유출하고 거짓말했다는 사실의 전모를 밝히기는커녕 계속 이를 은폐하면서 법원에는 더 이상 신뢰할 만한 정보원이 아닌 스틸을 여전히 신뢰할 만한 정보원으로 제시했다. 최초의 영장청구서에서 연방수사국은 "스틸과 관련해 그 어떤 부정적인 정보"도 알지 못한다고 해외첩보감시법원에 다짐했다.[81] 이는 사실이 아니다. 나중에 신청한 영장청구서에서 연방수사국은 전직 첩보원 스틸이 정보를 언론에 유출시켰다고 인정했지만, 여전히 그가 "믿을 만한" 정보원이라고 우겼다.[82] 그 어느 시점에서도 해외첩보감시법원은 연방수사국의 주요, 그리고 유일한 정보원이 대놓고 거짓말했다는 사실을 전달받지 못했다. 스틸의 신뢰성이 핵심은 아니었어야 한다. 그는 익명의 정보원으로부터 들은 여러 가지 소문을 토대로 "도시에"에 담긴 정보를 '취합'했을 뿐이다. 따라서 연방수사국은 스틸의 신뢰성이 아니라 '연방수사국의 신뢰성'을 담보했어야 한다.[83]

코미 휘하의 연방수사국은 페이지가 한때 연방수사국과 중앙정보국을 도왔다는 사실을 법원에 알려주지 않았다. 트럼프 선거운동본부에 합류하기 수년 전인 2015년, 페이지는 자신을 포섭하려 했던 러시아인 기소 사건에서 미국 정부를 도왔다. 영장청구서는 이 중요한 정보와 페이지가 기소되지 않았다는 사실을 누락했다. 페이지는 오히려 첩보조직을 일망타진해 기소에 성공하도록 정부를 돕는 데 공을 세우고 정부 측의 증인으로도 나섰다.[84]

이 모두가 페이지의 혐의를 벗겨주는 중요한 정보였다. 연방수사국과 법무부는 이를 해외첩보감시법원 판사들에게 밝혀야 할 법적인 의무가 있었다. 그들은 법원에 고지할 의무가 있었다. 해외첩보감시법원에 영장을 청구하기 전에 모든 "통상적인 조사 기법들"을 동원해야 할 의무가 있었다.[85] 코미에게 면담을 요청한 페이지를 만나 자초지종을 들어보는 일도 여기에 포함된다. 돌이켜보면 코미는 헌법이 보장하는 권리를 지닌 미국 시민인 페이지에 대해 전혀 신경을 쓰지 않았다는 사실이 명백해 보인다. 페이지는 그저 쓸모 있는 도구였고 결국 부수적인 피해로 전락했다.

철저하게 숨긴 "도시에"와 클린턴 선거운동본부와의 연관성

코미-예이츠의 해외첩보감시법 영창청구서에서 가장 터무니없는 결함이 바로 연방수사국과 법무부가 증거의 기원을 의도적으로 법원에 숨겼다는 사실이다. 알다시피 클린턴 선거운동본부와 DNC가 증거가 된 문건을 작성하는 데 자금을 댔다. 연방수사국은 이를 알고 있었지만 판사들은 알지 못했다. 코미와 예이츠는 의심스러운 문건인 "도시에"와 이 문건 작성을 의뢰하고 자금을 댄 사악한 세력을 감추었다. 영장청구서 두 건의 각주에 의도적으로 구체적인 이름과 신분을 위장한 암호화된 출처가 눈에 띄지도 않게 파묻혀 있었다.[86] 스틸이 클린턴과 DNC의 자금을 받았다는 당파성은 일부러라도 법원의 눈에 띄게 강조했어야 한다. 판사들이 각주 8번에 넣은 암호화한 구체사항을 읽는다고 해도 클린턴이 자기 정적의 선거운동본부를 공격하는 자료 작성에 자금을 댔고 이 모두가 트럼프와 페이지를 깎아내리는 자료를 날조하거나 러시아인에게서 들은 소문 혹은 역정보이거나 아니면 이 모든 것을 영국 첩보원이 꾸며냈다는 사실을 파악하려면 텔레파시 능력이라도 있어야 할 판이다.[87] 법원은 한마디로 "속았다."

이 중요한 정보를 감춰야 할 타당한 이유가 없었다. 해외첩보감시법원은 비밀리에 운영되고 정부의 주장을 반박할 상대편이 없다. 그런데 왜 이름을 밝히지 않는가? 신분을 가릴 이유가 뭔가? 법원이 도청을 승인할 가능성이 줄어들기 때문이 아니라면 가릴 이유가 있을까? 정치적 동기와 자금지원은 매우 중요하고 빠뜨려서는 안 되는 사실이었다. 판사들은 증거가 어떻게 확보됐는지에 대한 분명하고 정직한 해명을 들어야 한다. 판사들이 가감 없는 진실을 들었다면 즉시 이는 정적의 "저격"에 불과하고 연방수사국/법무부가 그러한 시도를 돕고 부추기고 있다는 사실을 인식했을 게 틀림없다. 도청 영장은 기각되었을 게 틀림없다.

이러한 계략은 코미 같은 정부 관리들이 법정에서 얼마나 비열하게 사실을 호도하는지 보여준다. 코미와 예이츠는 자기들이 사실을 감추고도 처벌받지 않고 빠져나갈 수 있다고 생각했다. 해외첩보감시법원이 그들이 제출하는 서류를 순순히 승인해주는 비율이 얼마나 높은지 알고 있었기 때문이다. 분명히 클린턴 선거운동본부와 민주당은 코미의 연방수사국이 클린턴의 정적을 염탐하고 트럼프 선거운동본부를 수사하기 위해서 증거로 이용한 "도시에"의 막후 세력이었다. 그러나 코미 국장은 연방수사국이 스틸과 소통했다는 사실을 은폐한 것으로 보인다. 상원 법사위원회는 이 문제를 조사한 후에 코미가 "해외첩보감시법 영장청구서에 담긴 정보와 어긋나는 해명"을 했다고 비판했다.[88] 놀랄 일도 아니다. 코

미가 답변을 회피하고 얼버무리는 화려한 이력은 이미 잘 알려져 있다.[89]

연방수사국이 저지른 가장 비양심적이고 스스로 범죄를 저질렀음을 입증하는 행위는 스틸에게 뇌물을 주고 그가 날조한 "도시에"의 증거를 가져오라고 시킨 사실이다. 10월 초 스틸을 담당하는 연방수사국 요원은 로마에서 스틸을 만나 이 전직 첩보원에게 그가 수집한 풍문을 검증할 증거를 어떻게든 마련해오면 5만 달러를 주겠다고 제안했다.[90] 이는 두 가지 차원에서 매우 놀라운 일이다. 첫째, 연방수사국은 이 허접한 문건에 담긴 내용에 대해 자신이 없었고 말도 안 되는 음모론을 밀어붙이기 위해서 이 문건에 의존할 수 없다는 사실을 알고 있었다. 둘째, 연방수사국은 트럼프 선거운동본부를 러시아와의 "공모"에 연루시키려는 절박한 심정에서 이를 입증하는 증거를 기꺼이 매수할 생각까지 했다. 정부가 정보원에게 금전적 보상을 하는 것은 사실이지만, 스틸은 이미 수개월 동안 연방수사국으로부터 봉급을 받고 있었다. 그는 또한 똑같은 일을 하고 클린턴 선거운동본부와 DNC로부터도 자금을 받았다. 구미가 당기는 5만 달러 "상여금"은 스틸로 하여금 더 많은 현금을 벌기 위해 추가로 날조를 할 위험을 감수하도록 하는 유인책일 수밖에 없었다. 이 돈은 지불되지 않은 것으로 알려졌다. 스틸이 자신이 날조한 내용과 러시아의 역정보를 검증할 방법이 없었기 때문이다.

그 시점에 연방수사국은 "도시에"를 즉시 파쇄기에 넣었어야 했다. 하지만 그러지 않았다. 이유가 뭘까? 국방부 차관보를 역임하고 국가안보위원회 고위급 국장을 역임한 마이클 도런Michael Doran은 〈내셔널 리뷰National Review〉에 기고한 장문의 글에서 다음과 같이 설명했다.

스틸 도시에 등장한 카터 페이지가 아니었다면 즉, 마블 코믹스Marvel Comics에 등장하는 악당이 아니었다면, 트럼프와 푸틴 간에 음모를 꾸몄다는 범죄를 지목할 신뢰할 만한 첩보가 없었다. 조사의 반경을 넓혀 광범위하게 수사해서 트럼프에 대한 약점을 들춰내려면 페이지에 대한 황당한 혐의를 포함시켜야 했다. 그러나 이런 혐의들은 꾸며낸 것이기 때문에 검증하기가 불가능하다.[91]

연방수사국과 법무부가 염탐을 위한 감시 영장을 청구하기 겨우 9일 전에 〈폭스뉴스〉가 내부에서 오간 문자메시지를 입수했는데, 이 두 기관들은 "청구서에 적시할 핵심적인 정보원의 잠재적인 편견"을 두고 설전을 벌였다. 이 정보원은 스틸일 가능성이 높다.[92] 이 문자메시지를 보면 존 브레넌의 중앙정보국도 연루되어 있음을 알 수 있다. 법무부 변호사는 영장에 대해 말을 아끼지만, 연방수사국의 리사 페이지와 앤드루 매케이브는 법원으로부터 염탐 영장을 발부받겠다는 결의에 차 있다. 그럴만한 상당한 근거가 있든 말든 말이다. 〈폭스뉴스〉의 캐서린 헤리지 Catherine Herridge와 그레그 레 Gregg Re의 보도에 따르면, 매케이브와 페이지는 반 트럼프 성향의 블로그 포스팅들을 배포하고 있었는데, 이 가운데는 코미의 친구가 쓴 블로그도 포함되어 있었다. 이 블로그에는 공화당 대통령 후보가 "미국의 안보를 위협하는 주요 요인"이라고 주장하고 있다.[93] 그들이 지닌 편견은 걸출한 공화당 의원을 폄하하는 다른 문자메시지에서도 적나라하게 드러난다. 그는 바로 연방수사국이 클린턴의 이메일 사건에서 기밀문서를 소홀히 다룬 클린턴에게 면죄부를 준 이해하기 어려운 결정을 파고든 트레이 가우디 Trey Gowdy (공화당-사우스캐롤라이나 주) 하원의원이다.[94]

개연성 있는 증거가 희박한데도 연방수사국은 스틸이 창작한 소설을 확보해 계획대로 추진했다. 증거는 은폐되었고 해외첩보감시법원 판사들은 속았다. 해외첩보감시법 영장은 확보되었다. 카터 페이지에 대한 염탐이 시작되었고 트럼프 선거운동본부의 전자 통신과 문서에 접근할 뒷문이 열렸다. 이렇다 할 아무런 증거도 발견되지 않았다. 염탐을 허락해 달라는 영장 청구서에서 연방수사국은 "카터 페이지는 러시아 요원이다"라고 확신에 차 장담했다.[95] 그는 그런 사람이 아니었다. 연방수사국은 이를 잘 알고 있었다. 코미가 대응첩보 작전에서 겨냥한 진짜 표적은 페이지가 아니라 트럼프였다.

코미와 예이츠는 각각 2016년 10월과 2017년 1월에 신청한 첫 번째와 두 번째 감시 영장 청구서에 서명했다. 코미와 법무장관 대리 데이너 보엔테Dana Boente는 4월에 세 번째 영장에 서명했다. 연방수사국 부국장(그리고 연방수사국 국장 대리) 엔드루 매케이브와 법무차관 로드 로젠스타인Rod Rosentein이 2017년 6월 마지막으로 갱신하는 영장청구서에 서명했다. 로젠스타인이 해외첩보감시 영장청구서에 서명한 결정은 확인되지 않은 정보를 근거로 한 판단이었다. 이는 특히나 우려스러운데 그 이유는 그가 나중에 워싱턴에서 열린 포럼에서 다음과 같이 말했기 때문이다.

> 해외첩보감시법에 따른 영장청구서는 수색 영장과 마찬가지로 사실상 영장이다. 해외첩보감시법 영장을 발부받으려면 청구서에 담긴 정보가 사실이라고 선서할 사법기관 직업 관료가 서명한 진술서가 필요하다. 그리고 잘못되면 이 사람은 그 결과에 책임을 져야 한다. 징계를 받고 때로는 기소를 당할 수도 있다.[96]

로젠스타인의 발언은 코미, 예이츠, 매케이브, 보엔테의 잘못된 행동뿐만 아니라 자기 자신의 잘못된 행동도 기소당하리라고 예언이라도 한 듯하다. 그들은 모두 제출하는 정보가 사실이고 정확하다고 선서했다. 그들은 실제로는 정반대라는 사실도 알고 있었다. 그들은 연방수사국이 확인했다고 선언한 증거를 수개월 동안 검증하려고 했지만 실패했다는 사실을 잘 알고 있었다. 그들이 서명한 각 청구서의 표지에는 '검증된 청구서'라는 제목이 적혀 있다. 해외첩보감시법원에 제출한 정보가 "검증되었다"라고 확인하는 문구였다.[97] 사실은 검증되지 않았다.

로젠스타인이 공개석상에서 해외첩보감시법 영장청구서에서 정직성과 성실성이 요구된다는 발언을 한 한 달 후 그는 이에 대해 하원 법사위원회에서 질문을 받았다. 로젠스타인은 자기가 서명한 해외첩보감시법 영장 청구서를 읽어보지도 않은 듯한 인상을 주었다. 그는 자기가 서명하는 서류를 읽어보지 않을 때도 있다고 마지못해 시인했다.[98] 게다가 그는 카터 페이지에 대한 영장청구서를 읽어봤냐는 위원회 의원의 질문에 답변을 거부했다. 그러더니 "법무부 소속 변호사 팀"으로부터 그 서류에 대해 "보고"를 받았다고 답변했다.[99] 포럼에 참석한 청중들에게 검사라면 염탐 영장에 사실인 정보만 담겼는지 확인하는 일이 얼마나 위중한지 알아야 한다고 근엄하게 훈계한 사람이, 정작 카터 페이지에 대한 영장 청구서를 읽어보지도 않고 서명을 했다니 이런 모순이 없다.

연방수사국과 법무부가 이런 뻔뻔한 속임수에 연루되었다는 데 대해 여전히 의구심이 든다면 코미의 일관성 없는 발언과 기억상실증을 살펴보면 된다. 2018년 봄, 코미는 자신의 저서를 홍보하는 자리에서 누가 스틸의 "도시에"에 자금을 댔는지 여전히 모른다고 주장했다. 그러나 의회에서는 딴소리를 했다. 하원 합동위원회의 비공개 회의에서 코미가 한 증언이 나중에 공개되었는데, 여기서 그는 첫 번째 해외첩보감시법 영장을 청구하기 전에 이미 민주당이 "도시에"에 자금을 댔다는 사실을 알고 있었다고 시인했다.[100] 그러더니 모든 상식과 믿음에 반하는 발언을 했다. 그는 카터 페이지를 염탐하겠다는 영장을 청구하는 데 "도시에"가 이용됐는지 몰랐다고 주장했다. 자신이 서명한 청구서를 읽어봤다고 시인하고서도 그 문서에 담긴 정보가 어디서 비롯됐는지 몰랐다는 게 이해가 되는 가? 도대체 이해불가다. 그게 다가 아니다. 다음과 같은 발언도 했다.

> **존 래트클리프 하원의원:** 당신이 서명한 청구서에 연방수사국이 청구서가 정확한지 검토하고 검증했다는 문구가 들어 있다는 사실을 알고 있나?
>
> **코미:** 구체적으로 기억이 나지 않는다. 통상적으로 그런 문서에 포함되어 있는 종류의 문구로 들리는데 기억나지 않는다.
>
> **래트클리프:** 스틸 도시에는 거의 검증되지 않았거나 검증의 초기 단계였는 데 카터 페이지를 감시하는 영장 청구서에 검증이라고 쓰인 것을 보고도 또 문서에 서명하면서 아무 걱정도 되지 않았나?
>
> **코미:** 2년이나 지난 일이라 그 질문에 대해 답변을 할 만큼 알지도 못하고 기억나지도 않는다. 그들이 어떤 증언을 했는지 알지 못한다. 살펴보지 않았다.[101]

이 대화에서 드러나듯이 코미는 얼버무리고 발뺌하는 데는 달인이다. 다음 장에서 더 자세히 설명하겠지만, 그는 자기 목적에 부합하거나 사실이 드러나 죄가 입증될 상황에 처하면 기억이 나지 않는 척한다. 그는 2017년 5월 트럼프가 그를 해임했을 당시에도 연방수사국이 아직 "도시에"를 검증하려 하고 있다고 시인했다. 그가 해외첩보감시법원에 "도시에"를 토대로 한 감시 영장청구서가 "검증된 정보"라고 선서하고 족히 7개월이 지난 때였다. 연방수사국이 확인한 사실이라고는 페이지가 모스크바로 가서 연설을 했다는 사실뿐이었다. 이 자체는 무의미한 정보였다.

페이지를 염탐하는 해외첩보감시법 영장에 서명한 연방수사국과 법무부 소속 고위관리 다섯 명은 놀랍게도 자기 부하직원들을 탓하고 있다.

전직 연방수사국 고위급 대응·첩보 전문 변호사의 증언에 따르면 여러 명이 하자가 있는 영장들을 "한 줄 한 줄" 검토했다. 트리셔 앤더슨Trisha Anderson은 제임스 베이커에게 직접 보고했다. 베이커는 영장이 청구되던 당시에 연방수사국의 수석 법률고문이었다. 2018년 8월 31일 하원 법사위원회와 정부감시위원회에 출석한 앤더슨이 한 증언 가운데 이와 관련된 부분은 다음과 같다.

> 이 특별한 해외첩보감시법 영장은 매우 민감한 사안이어서 연방수사국과 법무부 내에서 대단한 관심의 대상이 되었다. 예컨대, 수석법률고문(베이커)은 직접 이 서류를 검토하고 수정도 했다. 부국장(매케이브)은 이 서류를 한 줄 한 줄 검토하는 데 관여했다. 길 건너편에 집무실이 있는 법무차관(예이츠)도 영장 청구서를 한 줄 한 줄 검토하는 데 관여했다고 알고 있다.[102]

앤더슨은 그 고위관리들이 해외첩보감시법 영장 청구서를 "각각 독자적으로 검토"했고 "신중하게" 철저히 살펴보았다고 말했다.[103] 예이츠, 매케이브, 베이커를 비롯한 고위관리들이 서로에게 "우리가 법원을 솔직하게 대하고 있는 걸까?"라는 근본적인 질문을 절대로 하지 않은 게 어떻게 가능한가? 진실에 충실하려면 그들은 문건에 담긴 주장을 검증하기는커녕 스틸의 정보원도 확인하지 못했다고 법원에 통보했어야 한다. 그들은 클린턴의 선거운동본부가 "도시에"에 자금을 댔고 스틸이 강한 편견을 지녔다고 시인했고 후에 정보를 유출하고 거짓말했다는 사실을 털어놓았어야 한다. 그들은 피의자의 혐의를 벗겨줄 증거를 판사들에게 알려주었어야 한다. 그러나 연방수사국과 법무부는 증명되지도 않은 날조된 "도시에"를 트럼프 선거운동 관련자를 염탐할 구실로 삼았고 법원을 상대로 사기를 쳤다.

코미의 연방수사국이 첫 번째 해외첩보감시법 영장을 청구하기 전에 이미 스틸의 "도시에"가 신뢰성이 없다는 사실을 알고 있었다는 증거가 등장했다. 연방수사국은 이 문건이 가짜이고 작성자가 트럼프에 대해 심각한 정치적 편견을 지닌 인물이라는 사실을 경고받았기 때문이다. 2019년 5월, 투명성 관련 소송에서 숨겨진 문서들이 발굴되었다. 코미가 카터 페이지를 감시하기 위한 영장 청구서에 서명하기 열흘 전인 2016년 10월 11일 국무성 차관보 캐슬린 캐벌렉Kathleen Kavalac이 스틸과 만났음을 보여주는 문서였다. 〈더 힐The Hill〉의 존 솔로몬John Solomon이 최초로 보도한 바와 같이 전직 영국 첩보원은 "자신의 조사가 정치적 의도가 있었고 선거일이라는 마감일에 직면해 있었다고 시인했다."[104] 자신에게 자금을 지원한 게 힐러리 클린턴 선거운동본부라고 언급했다고도 전해졌다. 유권자들이 투표하러 가기 전에 트럼프의 후보직을 무산시키려고 안달이 난 인상을 스틸이 주었고 자신의 "도시에" 자료를 캐벌렉에게 전달했다. 수사기법에 대한 훈련을 정식으로 받은 적이 없는 캐벌렉도 스틸이 가짜 정보를 돌리고 있다고 바로 판단했다. 예컨대, 러시아인들이 마이애미에 있는 러시아 영사관에서 비밀 작전을 수행하고 있다는 그의 주장을 그녀는 쉽게 반박했다. "마이애미에는 러시아 영사관이 없다는 사실을 주목할 필요가 있다."[105]

국무성 직원이 단 하루 만에 그 정도 파악할 수 있다면 연방수사국도 페이지 감시 영장의 주요 근거로 "도시에"를 이용하기 전에 이 문건이 가짜임을 파악할 수 있어야 했다. 캐벌렉은 또한 스틸이 이 정보를 언론 매체에 유포해왔다고 기록했다. 이는 찰스 그래슬리 상원의원(공화당-아이오와 주)이 지적한 바와 같이, "스틸은 2016년 10월 이전에 승인받지 않고 언론과 접촉한 적이 없다"라고 해외첩보감시법원에서 연방수사국과 법무부가 한 주장과 정면으로 배치된다.[106] 스틸이 한 다른 황당한 주장들

도 쉽게 무너졌다.[107]

기록을 보면, 캐벌렉을 비롯한 국무부 관리들은 이러한 정보를 연방수사국에 전달하라는 지시를 받았다.[108] 그녀는 해외첩보감시법원 영장이 검토되고 발부되기 8일 전인 10월 13일에 그러한 정보를 전달했다. 이메일에 담긴 그녀의 기록은 연방수사국 대응첩보 고위관리에게 전달되었고, 이 관리는 정보를 "당시에 동료직원인 특별요원 피터 스트로크가 지휘하던 트럼프-러시아 조사를 이끄는 연방수사국 팀에게 전달했다."[109] 법무부도 경고를 받았다. 진실을 파헤치기 위해 2년 동안 고군분투한 마크 메도우스Mark Meadows 하원의원(공화당-노스캐롤라이나 주)은 성명서에서 다음과 같이 불신과 역겨운 심정을 토로했다.

> 이는 연방수사국과 법무부 관리들이 도시에가 거짓이었다는 사실을 잘 알고 있었음을 다시 한번 증명해준다. 애초부터 이 문건을 해외첩보감시법원 영장청구서에 포함시키겠다고 의식적으로 결정을 내릴 때까지 줄곧 크리스토퍼 스틸과 그가 작성한 정치적으로 편향적인 조사 문건을 첩보 당국 지도자들이 진짜로 취급했다는 사실은 배임에 해당한다.[110]

해외첩보감시법원 영장 청구서가 거짓 정보를 토대로 했다는 사실을 두 정부기관이 미리 경고받았다는 명명백백한 증거가 있다면 바로 이것이다. 그러나 코미와 법무차관 샐리 예이츠는 아랑곳하지 않고 전혀 검증되지 않았다고 본인들도 알고 있는 "검증된" 청구서에 서명을 하고 법원에 제출했다. 사실은 정반대였다. 그들은 그 문건이 심각한 하자가 있고 정치적 동기에 의해 작성되었다는 사실을 알고 있었다. 그들은 또한 스틸이 정보원으로서 부적합하다는 사실도 알고 있었지만 페이지를 염탐하기 위해 법원에서는 스틸의 "신뢰성"을 보증한다고 했다. 캐벌렉의 보고서는 의회가 여러 차례 증거로 제출하라고 요구했지만 제출되지 않았다. 심지어 1년 동안 해외첩보감시법의 남용을 조사한 법무부 감찰관도 이 문건이 존재한다는 사실을 알지 못했을지도 모른다.[111]

이것 못지않게 심각한 문제는 현재 연방수사국 국장인 크리스토퍼 레이Christopher Wray 밑에서 연방수사국이 캐벌렉 보고서를 은폐하려 했다는 사실이다. 이 문건은 대부분이 늦게나마 비공개 부분을 가린 채 공개되었고, 이 보고서가 작성된 지 2년 반이 지난 2019년 4월 25일 소급해서 기밀로 분류되었고, 문건의 상단에는 "기밀. 2041년 12월 31일에 기밀해제"라는 표시가 첨부되었다.[112] 그렇다. 윌리엄 바 법무장관이나 마이클 폼페오 국무장관 혹은 둘 다 개입하지 않는 한 향후 22년 동안 캐벌렉의 보고서 전문을 볼 수가 없다. 레이 국장은 도대체 뭐가 두려운 걸까? 진실이 드러나면 전직 현직 연방수사국 관리들이 책임을 추궁당할까봐서? 연방수사국의 평판이 더욱더 훼손될까봐? 레이 국장은 그의 전임자 코미가 거의 예술의 형태로 완성한 은밀함과 얼버무리기의 치욕스러운 전통을 고수하고 있는 듯이 보인다.

정부 내의 막강한 세력이 국민들이 믿고 맡긴 직위를 남용해서 법적 절차를 무시하고 개인적 혹은 정치적 이유로 국민을 공격대상으로 삼거나 처벌하게 되면 민주주의는 위협받는다. 법치가 실종된다. 부패가 만연한다.

조지 파파도풀로스에 대한 은밀한 염탐

연방수사국의 거짓말과 염탐은 감시와 전자통신 내역에만 국한되지 않았다. 연방수사국은 몇몇 비밀 정보원을 동원해 트럼프 선거운동본부에 침투시켜 범죄를 입증할 만한 증거를 수집하게 했다. 2019년 4월 의회에 출석한 윌리엄 바 법무장관이 언급하며 논란이 된 용어가 바로 '비밀요원의 염탐'이다. 법무장관은 이 작전에 대해 이미 알고 있었다.

가장 유명한 연방수사국/중앙정보국 정보제공자는 스테판 할퍼Stefan Halper였다. 영국 케임브리지대학 교수인 그는 미국과 해외 정보기관들과 오래전부터 관계를 맺어왔는데, 그는 1970년대 말부터 1980년대에 접어들 때까지 중앙정보국과 일했다. 2016년 그는 다른 첩보 기관들에게 "자문"을 해주는 독립 첩보 관련 업체의 수장이었는데, 특히 스틸이 첩보원으로 일했던 MI6으로 알려진 영국 비밀첩보기관과 주로 일했다.[113] 이러한 관계를 간과하면 안 된다. 존 브레넌의 중앙정보국, 크리스토퍼 스틸과 MI6과의 관계, 그리고 할퍼가 중앙정보국과 연방수사국 두 기관과 오랫동안 일해왔다는 사실 말이다. 앞의 장에서 지적한 바와 같이 영국 첩보계가 트럼프 선거운동본부에 대한 정보를 브레넌, 중앙정보국, 그리고 결국 연방수사국에 제공하고 있었다는 설득력 있는 증거가 있다. 할퍼는 MI6 전직 수장인 리처드 디얼러브 경Sir Richard Dearlove과 아주 가까운 사이다. 또 다른 첩보 수장인 로버트 해니건Robert Hannigan은 "공모" 사기극이 형태를 잡아가고 있던 2016년 여름 워싱턴 D.C.까지 날아가서 브레넌을 만났다.[114] 할퍼와 스틸의 작업은 나중에 드러났지만 영국 기관들로부터 비롯된 첩보는 여전히 비밀에 싸여 있다.

할퍼는 자유계약직으로 돈을 받고 첩보 활동을 해주는 그런 사람이라는 게 중론이다. 교수 같은 풍모와 잘 훈련된 언행이 위장활동에 안성맞춤이다. 그는 첩보원처럼 보이지 않는다. 풍채 좋고 차림새가 후줄근한 학자에 더 가깝다. 외교정책 학자라는 그의 지위도 신분을 위장하는 데 제격이다. 스탠포드대학을 졸업하고 옥스퍼드와 케임브리지 두 대학에서 두 개의 박사학위를 받은 인물이다. 그러나 그가 지닌 실제 기술은 침투가 불가능한 첩보의 어두운 세계에서 연마한 듯하다.

2016년 7월부터 할퍼는 정체를 파악하기가 어려운 한 국방부 싱크탱크로부터 "조사" 명목으로 40만 달러 이상을 받았다. 그가 이 소득을 올린 시기는 트럼프 선거운동본부를 겨냥한 정보제공자로서 투입된 때와 일치한다. 우연이고 무관할 수도 있지만, 첩보 기관들은 하는 일의 실제 목적을 은폐하고 자금 추적을 어렵게 만들기 위해서 중개자들을 통해서 돈세탁을 한다는 사실을 고려하면 얘기는 달라진다. 이는 국방부 감찰관이 할퍼에게 지출된 경비를 회계 감사하다가 국방부에 그의 업무에 대한 기록이 거의 없으며 411,000달러라는 경비를 정당화할 만한 자료도 없다는 사실을 발견하면서 알려졌다.[115] 여기서 논리적으로 제기되는 의문이 있다. 할퍼는 첩보원으로서 한 활동에 대해 보상받은 걸까, 아니면 국방부와 계약한 합법적이고 통상적인 하청업자로서 보상받은 걸까? 둘 다일지도 모른다.

할퍼가 돈을 받고 한 "조사"란 정확히 무엇이었을까? 이는 추적해 밝혀내기가 어렵다. 그도 연방수사국도 그가 한 일이 정확히 어떤 속성의 업무였는지 밝히지 않고 있기 때문이다. 그러나 트럼프 선거운동본부 관계자들은 할퍼가 합법적인 것으로 보이는 이유를 들며 그들을 접촉하더니 미심쩍은 행동을 시작했고 러시아에 대해 이상한 질문을 했다고 주장했다. 페이지, 클로비스, 파파도풀로스 모두 할퍼가 뜬금없이 그들에게 연락을 해왔다고 확인했다. 그는 또한 트럼프 선거운동본부의 외교정책 자문이었던 마이클 플린Michael Flynn으로부터 은밀하게 정보를 수집하려 했다.[116] 페이지는 2016년 10월 연방수사국이 자신의 전화선을 도청하고 전자 통신 내역에 접근할 감시 영장을 청구하기 직전에 할퍼가 자신과의 소통을 "강화"했다고 말했다.[117] 그때까지도 검증되지 않은 "도시에"를 검증하려는 활동이 미친 듯이 활발해졌다.

2016년 9월 초 파파도풀로스는 자신이 만난 적도 이름을 들어본 적도 없는 할퍼로부터 이메일을 받았다. 파파도풀로스는 자신의 저서 《딥 스

테이트의 목표물: 나는 어떻게 트럼프 대통령을 끌어내리려는 음모의 표적이 되었나Deep State: How I Got Caought in the Crosshairs of the Plot to Bring Down President Trump》에서, 할퍼가 자신을 런던으로 초청해 지중해 석유와 가스 유전을 논의하는 대가로 3,000달러를 주겠다고 제안했다고 밝혔다. 파파도폴로스가 잘 아는 주제였다.[118] 미국 첩보 기관들은 해외에서 미국 시민을 염탐하는 경우 법적 제약이 덜 하기 때문에 그를 해외로 유인하면 법적으로 유리해진다. 파파도폴로스가 할퍼를 만나기 전 할퍼의 비서를 가장한 한 여성이 술집에서 파파도폴로스와 만나기로 약속을 잡았다. 그녀는 자신을 아즈라 터크Azra Turk라고 밝혔는데, 이는 가명으로 드러났다. 파파도폴로스는 당시 상황을 다음과 같이 설명한다.

> 아즈라 터크는 첩보영화에서 튀어나온 주인공 같았다. 나이는 30대에 콜라병처럼 굴곡 있는 섹시한 몸매를 지닌 금발인데 몸매가 드러나는 과감한 옷을 입고 있었다. 마치 누구나 보란 듯이. 환상 속에 등장하는 여인이었다.[119]

몇 분이 지나지 않아 터크는 그에게 질문을 퍼붓기 시작했다. 파파도폴로스는 대부분 러시아에 대한 질문이었는데 "섬뜩"한 느낌이 들었고 트럼프 선거운동본부가 모스크바와 협조하고 있는지 여부를 캐물었다고 설명했다. 파파도폴로스는 그녀에게 무슨 소리를 하는지 모르겠다고 답했다. 그는 선거운동본부와 크렘린 간에 어떤 협력도 없다고 부인했다. 그녀가 밀어붙일수록 그는 점점 그녀가 의심스러워졌다. 그녀는 원하는 답변을 얻어내지 못하자 전술을 바꿔서 성적으로 유혹하기 시작했다고 파파도폴로스는 말했다. 그녀는 계속 있지도 않은 일을 거론했고 이는 나중에 트럼프-러시아 "공모"라고 알려지게 된다. 그는 그런 황당한 주장을 일축하고 "미인계 작전"을 뿌리친 다음 술집을 나와 호텔방으로 돌아가 자신의 여자 친구에게 바로 직전에 무슨 일이 있었는지 얘기했다. 나중에 기사를 통해 터크는 연방수사국 수사관으로 확인된다.[120] 파파도풀로스는 그녀가 "터키의 요원이든가 중앙정보국과 협력"하고 있었다고 생각한다.[121]

자신을 아즈라 터크라고 칭한 그 여성이 중앙정보국이나 연방수사국, 또는 두 기관을 위해 비밀 첩보원으로 작전을 수행하고 있었는지 여부와 상관없이 그녀는 분명히 크리스토퍼 스틸과 글렌 심슨이 조작하고, 클린턴 선거운동본부, DNC, 코미의 연방수사국, 브레넌의 중앙정보국이 유포한 러시아 "공모" 사기극을 검증할 단서를 찾고 있었던 게 분명하다. 미국 첩보 기관들은 트럼프를 직접 겨냥한 엄청난 거짓인 마녀사냥에 "올인" 했다. 그들은 무차별적으로 화살을 마구 쏘아대면서 공화당 후보의 등에 하나라도 명중하기를 바랐다. 파파도풀로스가 선거운동본부에서 게임을 약간 할 줄 아는 사람이라는 점도 그들은 아랑곳하지 않는 듯했다.

터크는 연방수사국이 또 다른 비밀 정보제공자인 할퍼를 감시하라고 보낸 사람으로 알려져 있다. 할퍼도 파파도풀로스가 갖고 있지도 않은, 범죄를 입증하는 정보를 그로부터 얻어내려고 했기 때문이다. 터크와의 "괴상한" 만남이 있은 이틀 후 파파도풀로스는 런던에 있는 소피텔에서 할퍼를 만났다. 그 자리에서 정보제공자인 할퍼는 마치 두 사람의 대화를 녹음하려는 듯 파파도플로스 옆에 있는 탁자에 자기 스마트폰을 올려놓았다. 그러더니 즉시 트럼프-러시아 "공모"에 대해 몇 가지 유도하는 질문을 했다.

"러시아가 당신과 선거운동본부를 돕는다니 잘됐다. 그렇지 조지?"

"조지, 당신과 당신 선거운동본부가 해킹에 관여했고 러시아와 협력하고 있지, 그렇지?"

"당신이 트럼프와 러시아 사이에서 중개인 역할을 하는 듯하다, 그렇지?"

"당신이 이메일에 대해 알고 있다는 사실을 나는 알고 있다."[122]

파파도풀로스는 충격을 받은 동시에 너무나도 화가 나서 두어 차례 저속한 표현을 섞어 부인하면서 다음과 같이 말했다.

"당신이 도대체 무슨 소리를 하는지 전혀 모르겠다. 당신이 하는 얘기는 반역이다. 나는 러시아와 아무 관계없으니까 귀찮게 하지 마라."[123]

그 순간 할퍼는 스마트폰을 집어서 주머니에 넣었다. 이 케임브리지 교수가 연방수사국과 중앙정보국 첩보원으로 활약하면서 파파도풀로스로부터 가치 있는 첩보를 수집해오라는 임무를 맡은 게 사실이라면 처참하게 실패한 셈이다. 그의 노골적이고 어설픈 시도를 능가하는 명백한 사실은 그의 표적 파파도풀로스가 범죄를 자인할 아무 이유도 없다는 사실이었다. 트럼프의 젊은 외교정책 자문 자원봉사자는 2016년 대선을 낚아채기 위해 트럼프 후보와 푸틴이 꾸민 거창한 음모를 뒷받침하는 인물이 아니었다. 어처구니없는 억측이었다. 그러나 이는 미국 첩보요원들이 불법적인 모의에 트럼프가 연루되었다고 주장하려고 얼마나 안달이 나 있었고 클린턴의 경쟁자가 백악관에 입성하지 못하도록 해를 끼치려는 결의가 얼마나 굳건했는지를 잘 보여준다. 바 법무장관은 "비밀 정보 제공자를 보내 트럼프 선거운동본부에서 그리 중요하지 않은 인물을 덫에 걸려들게 하려 했다는 사실"에 특히 동요되었다.[124] 막강한 권력을 남용한 불량한 기관의 악취가 진동했다.

파파도풀로스를 염탐한 것으로 보이는 이는 할퍼와 터크뿐만이 아니었다. 그는 자신의 저서에서 그를 "예의주시한" 이들이 더 있다고 말한다. 그중에는 런던 주재 미국대사관에 근무하는 두 명의 사무관, 테렌스 더들리 Terrence Dudley와 그레고리 베이커 Gregory Baker도 있다. 그는 이들이 "중앙정보국과 관련된 첩보원이든가 군 정보부 관계자"라고 추측했다.[125] 두 사무관은 심지어 트럼프 선거운동본부에서 일자리를 달라고 부탁까지 하면서 트럼프가 대통령에 "취임하는 날까지" 파파도풀로스에게 메시지를 보냈다. 한편 영국 정부도 이에 가담하고 있었다. 젊은 외무장관이자 그의 동료가 갑자기 나타나 트럼프와 러시아에 대해 물었다.[126] 세르게이 밀리안 Sergei Millian도 마찬가지였다. 벨라루스 이름을 지닌 미국 시민인 그도 연방수사국과 관련이 있다. 미국계 이스라엘 사업가인 찰스 타윌 Charles Tawil은 자기소개를 하자마자 러시아와 트럼프에 대한 똑같은 질문을 하기 시작했다. 선거운동본부에서 일하는 대단치 않은 인물과 트럼프-러시아 관계에 대해 그가 무엇을 알고 있는지에 대해 뜬금없이 왜 관심이 집중되었을까?

파파도풀로스는 자신이 함정에 빠졌다고 확신한다. 미국 첩보요원들과 서구 진영 내 연합세력들이 그에게 의도적으로 가짜 정보를 주입시키고 이를 핑계 삼아 추문을 조작하고 이를 이용해 트럼프와 그의 선거운동본부에 대한 수사를 정당화하려 했다고 생각한다.[127] 거짓 정보는 조지프 미프수드 Joseph Mifsud라는 정말 악질적인 인물을 통해서 파파도풀로스에게 전달되었다. 한 남자가 몰타에 있는 한 대학의 교수인 그를 파파도풀로스에게 소개시켜주었는데, 그가 "연방수사국 전직 직원"이라는 사실을 나중에 알게 된다.[128] 할퍼와 마찬가지로 미프수드도 학자로서 아일랜드 벨파스트에 있는 퀸즈 벨파스트 대학에서 박사학위를 딴 사람이다. 할퍼와 마찬가지로 미프수드도 연방수사국의 첩자든가 수사국이 심어놓은 덫이었을까? 이를 알아내기는 힘들다. 자취를 거의 남기지 않았기 때문이다. 그러나 2016년 3월 초 파파도풀로스는 자기가 생각하기에 아무 특별할 게 없는 3일 일정의 학회에 참석했다. 로마에 있는 링크 캠퍼스 대학이라는 장소에서 열렸다. 나중에 가서야 그는 이 학교가 "중앙정보국, 연방수사국, 그리고 MI6을 비롯해 서방 동맹국들의 첩보원들을 훈련시키는 학교"로서 유령 양성 대학교Spook University(유령은 비밀공작원을 뜻한다-옮긴이)으로 불린다는 사실을 알게 되었다. 미프수드도 그 회의에 참석했다.

미프수드는 파파도폴로스와 통성명을 하고 난 후 몇 주에 걸쳐 이메일로 계속 연락을 했다. 2016년 4월 26일 런던에 있는 안다즈 런던 리버풀 스트리트 호텔에서 함께 조찬을 하며 미프수드는 다음과 같은 이상한 짓을 했다고 파파도폴로스는 말한다.

> 그는 음모라도 꾸미듯 식탁 맞은편에서 내가 앉은 쪽으로 상체를 기울였다. 그러더니 러시아인들이 힐러리 클린턴의 "약점"을 알고 있다고 내게 말했다. "클린턴의 이메일이다. 수천 건의 이메일을 러시아인들이 갖고 있다"라고 그는 말했다.[129]

파파도폴로스는 자신은 그 말을 미심쩍어했을 뿐만 아니라 "관여하고 싶지 않다"고 말했다.[130] 그는 해킹이나 보안을 어기는 행위에는 절대 엮이지 않기로 했다. 위험하다는 신호였다. 그는 미프수드가 자기에게 전달한 소문을 트럼프 선거운동본부에 있는 그 누구에게도 전달하지 않았다고 주장한다. 이를 반박하는 증거는 하나도 없다. 트럼프 선거운동본부에 있는 그 누구도 이에 대해 들은 바가 없고 이 소문이 유포됐음을 보여주는 이메일도 없다. 파파도폴로스는 클린턴 이메일 자체에 대해서도 전혀 아는 바가 없었다. 따라서 그는 그런 소문을 혼자만 알고 있었다. 어쩌면 단 한 번 발설했을지도 모른다. 그러나 그럴 가능성은 매우 낮다.

2주 후인 5월 6일, 파파도풀로스는 자신이 알렉산더 다우너Alexander Downer의 "고위 자문역"이라고 주장하는 여성의 초대를 받았다. 그녀의 상사인 다우너는 오스트레일리아의 대사급 고등판무관인데 이 여성이 자기 상사와 술 한잔하자며 파파도풀로스를 초청한 것이다. 그들은 런던에 있는 켄싱턴 와인 룸에서 만났다. 할퍼가 쓴 수법과 동일한 수법으로 다우너는 마치 곧 이어질 대화를 녹음하려는 듯 자기 휴대전화를 꺼냈다. 그는 "매우 공격적이고 매우 적대적이었다. 사실상 약간 협박 조였다"라고 파파도풀로스는 자신의 저서에 다음과 같이 기록했다.[131]

> 그러고 나서 무슨 일이 터진다. 더 정확히 말하자면, 다우너가 나중에 무슨 일이 있었다고 주장한다. 그의 주장에 따르면, 그가 내게 러시아와 트럼프에 대해 질문을 한다. 내가 그에게 러시아인들이 힐러리 클린턴과 관련된 놀랄 만하거나 불리한 자료를 갖고 있다고 말한다. 나는 전혀 그런 말을 한 기억이 없다. 전혀. 조금도.
>
> 내 기억으로는, 다우너가 나와 에리카(톰슨, 그의 중견비서)를 남겨둔 채 서둘러 자리를 뜨고 난 뒤 우리도 곧 헤어졌다. 나는 이 만남에 대단히 실망했고 무례한 대접을 받아서 열받았던 기억이 난다. 그러나 중요한 건 다우너의 주장이다.[132]

파파도풀로스는 다우너가 그를 염탐하고 있었다고 확신한 듯하다. 오스트레일리아 외교관은 연방수사국의 대응-첩보팀이 트럼프 후보의 선거운동본부 수사를 정당화하기 위해 트럼프 자문역을 상대로 가짜 증거를 심는 음모에서 핵심적인 역할을 했다.

첩보계의 마당발인 이 남성은 조지프 미프수드—로마에 있는 링크 캠퍼스라는 첩보원 훈련소에서 학생을 가르치는 남성-가 내게 한 말을 이미 알고 있었을까? 그는 내가 뭔가를 말하도록 덫을 놓으려 했을까? 수사의 단초가 될 뭔가를? 나는 그렇다고 생각한다.[133]

그로부터 1년 반 후 〈뉴욕타임스〉가 최초로 이 만남을 보도했는데, 1면의 표제기사는 다우너가 연방수사국에 귀띔을 했고, 이로 인해 "공모" 수사가 시작되었다고 적혀 있었다.[134] 우연찮게 이 기사가 게재된 시기는 연방수사국이 트럼프 수사에 착수한 원초적인 이유가 정확히 뭔지 밝히라는 강한 압박을 받고 있을 때였다. 이 조사가 클린턴 선거운동본부와 민주당이 자금을 댄, 트럼프에 대한 확인되지 않은 "도시에"를 근거로 시작되었다면 수사는 위법은 아닐지 몰라도 대단히 미심쩍은 수사였다. 그렇다면 연방수사국은 심각하게 궁지에 몰리게 된다. 따라서 연방수사국이 꾸며내거나 어마어마하게 부풀린 이야기를 일부러 〈뉴욕타임스〉에 전해주고 트럼프에 대한 수사를 촉진하는 역할을 한, 날조된 "도시에"에 주로 의존해 수사를 시작했다는 사실로부터 관심을 딴 데로 돌리려고 했을 가능성이 크다. 이 기사는 트럼프를 증오하는 언론매체 관계자들과 독자들의 관심을 빨아들일 만한 호기심을 자극하는 데 정보를 보탰다. 파파도풀로스가 술집에서 만취해 무모하게 이른바 스스로 범죄를 입증하는 정보를 발설했다는 뜻을 기사에서 내비쳤다. 파파도풀로스는 자신의 저서에서 이를 다음과 같이 강력히 부인했다.

"기록의 신문"이라고 일컬어지는 〈뉴욕타임스〉가 어디서 이런 정보를 입수했는지 모르겠지만 완전히 틀렸다. 나는 딱 한 잔밖에 마시지 않았다. 진토닉 한 잔. 이런 거짓 정보를 유출한 사람이 누구든 그 사람은 다우너와 내가 인기 있는 한 술집에서 우연히 만났다는 이야기도 꾸며냈다. 하지만 이것도 거짓말이다. 그리고 다우너는 분명히 첩보 요원들과의 인맥이 넓은 마당발이다. 따라서 이 만남은 결코 우연이 아니었다. 첩보 요원들이 공작해서 이루어진 만남이다.[135]

파파도풀로스는 다우너가 대화하는 내내 힐러리 클린턴을 "극찬"하고 "트럼프를 매도"했다고 말한다. 다우너는 클린턴 부부와 과거에 인연이 있다. 오스트레일리아에서 2,500만 달러 기부금을 조성해 그들의 재단에 기부했다.[136] 따라서 전직 대사 다우너는 연방수사국이 트럼프를 조사할 핑계를 만들어 클린턴이 대통령에 당선되도록 도우려는 동기가 있었다. 다우너는 파파도풀로스와 만나고 두 달 후 클린턴의 이메일이 해킹당했다는 보도를 접하고 런던 주재 미국 대사관을 접촉했다. 그는 파파도풀로스가 한 얘기가 바로 그 얘기였다고 "지레짐작했다." 적어도 주장은 그렇다.

그러나 다우너가 연방수사국에 한 말이 사실이라고 치자. 파파도풀로스가 러시아가 클린턴에게 불리한 정보를 갖고 있을지 모른다고 발언을 했다고 치자. 그래서 뭐가 어떻다는 건가? 그렇다고 해도 트럼프 선거운동본부에 대해 공식적으로 대응첩보 수사에 착수할 충분한 근거의 근처에도 가지 못한다. 연방수사국 규정에 따르면 확인되지 않은 전해 들은 소문이 아니라 "구체적이고 뚜렷한 사실"이 있어야 수사에 착수할 수 있다.[137] 또한 수사의 표적(트럼프와 그의 선거운동본부, 혹은 둘 중 하나)과 잠재적인 범죄 사이에 연관성이 있어야 한다. 여기서 범죄가 어디 있나? 앞에 언급한 어떤 조건도 충족되지 않았다.

멀러 보고서는 일어나지도 않은 대화를 날조해냄으로써 잠재적인 범죄가 있다는 논리를 펴려고 했다. 특검보고서는 제1권 말미에 연방수사국이 2017년 1월 면담을 하려고 파파도풀로스에게 접근했다고 기록하고 있다. 그가 다우너에게 "러시아가 클린턴 후보에게 불리한 정보를 익명으로 공개해 트럼프 선거운동본부를 도울 수 있다는 뜻을 내비쳤다"라고 주장했기 때문이라는 것이다.[138] 잠깐. 이건 도대체 어디서 나왔나? 미프수드든 파파도폴로스든 다우너의 기록 어디에도 선거운동을 돕겠다고 제안한 증거는 없다. 멀러는 아무도 눈치 채지 않을 줄 알고 그냥 이 말을 끼워 넣었다. 그는 이를 뒷받침할 털끝만 한 증거도 제시하지 않았고 이 말을 한 사람이 누구인지, 어느 문서에 나와 있는지도 언급하지 않았다. 특검이 온갖 상상력을 동원해 만들어낸 내용으로 보인다. 5장에서 자세히 다루겠지만, 이 보고서에는 날조한 내용들이 여기저기 발견된다.

미프수드는 수수께끼 같은 존재다. 멀러 보고서는 연방수사국이 2017년 2월 10일 그를 면담했고 그는 "러시아가 클린턴 후보에게 불리한 이메일을 가지고 있다는 점을 미리 알고 있었다는 점을 부인했다"고 기록하고 있다.[139] 그는 파파도폴로스가 자기와의 대화를 오해한 게 틀림없다고 주장했다. 이는 물론 러시아인들이 선거운동을 돕겠다고 제안했다는 멀러 자신의 근거 없는 주장과 모순된다. 몇 달 후 미프수드는 영국 신문 〈텔레그래프〉에 "클린턴 여사의 '약점'을 담은 이메일 같은 건 알지도 못한다"라고 말했다.[140] 그가 진실을 말하는지는 알 수 없다. 연방수사국이 위증으로 그를 기소한 적은 없지만 말이다.

이 모두가 미심쩍지는 않다고 하더라도 흥미롭다. 멀러 보고서는 미프수드가 연방수사국 조사관들에게 여러 차례 거짓말을 했다고 판단했다.[141] 이는 명백한 범죄다. 그러나 그는 기소되지 않았다. 그러면서도 특검은 파파도폴로스를 비롯해 트럼프 관계자들이 거짓말을 했다는 이유로 형사기소를 수차례 했다. 멀러가 미프수드에게는 면죄부를 준 이유는 그가 트럼프 대통령과 관련된 인사가 아니라 트럼프를 음해할 "공모" 사기의 "촉매제"였기 때문일까?[142] 아니면 러시아와 음모를 꾸몄다는 날조

184

된 주장으로 트럼프에게 누명을 씌우려는 계획의 일환으로 미국 첩보요원들을 대신해 파파도풀로스에게 거짓 정보를 주입했기 때문에 보호받은 것일까? 2019년 7월 24일 의회에 출석해 증언하는 자리에서 멀러는 미궁의 미프수드라는 인물에 대한 그 어떤 질문에도 답변하기를 철저히 거부했다. 당연히 민주당과 언론매체는 〈뉴욕타임스〉가 연방수사국이 트럼프를 수사하는 단초가 되었다고 보도한 사람에 대한 진실을 밝히는 데 관심을 보이지 않았다.

어쨌든 파파도풀로스가 퍼뜨렸다고 알려진 소문을 살펴보자. 모스크바에서 신분이 확인되지 않은 어떤 사람이 한 교수에게 미국 대선 후보의 "약점"과 그녀의 이메일을 갖고 있다고 말한 것으로 알려졌다. 그 교수는 이 말을 파파도풀로스에게 전달했고, 파파도풀로스는 이를 오스트레일리아 외교관에게 전달했고 이 외교관은 이를 연방수사국에 전달했다. 이 주장이 연방수사국까지 도달하는 데 관여된 사람들을 보면 대화 내용에 대해 거짓말을 했든가, 과장했든가, 오해했을 수도 있다. 들었다는 정보가 여러 번 반복되고 결국 연방수사국에 도달하게 되면, 이는 변호사들이 일컫는 "네 배로 부풀려진 소문quadruple hearsay"이 된다. 신뢰할 만한 부분은 전혀 없고 법정에서 증거로 받아들여지지도 않는다. 미국의 그 어떤 법정에서도 증거로 채택되기가 불가능하다. 따라서 연방수사국은 대통령 후보는 고사하고 그 어떤 미국 시민에 대한 대응첩보나 범죄 수사 착수를 정당화할 근거로는 절대로 사용하지 말았어야 한다. 소문, 암시, 추측, 뒷공론은 수사의 법적 근거가 되지 않는다. 명백한 사실이 필요하다. 주장을 담은 정보는 검증되어야 한다. 〈뉴욕타임스〉 기사 어디에서도 기자는 연방수사국이 법적으로 불충분하고 증거도 미미한데 수사에 착수한 이유가 무엇인지에 대한 본질적인 질문을 제기하지 않았다.

사건 조사에 착수하기 전에 연방수사국은 일어났을 가능성이 있는 범죄를 인지해야 했다. 러시아가 클린턴에 대한 "약점"을 잡고 있다는 누군가의 주장에 귀 기울이는 게 범죄인가? 그런 소문을 누군가에게 되풀이한다는 게 범죄인가? 트럼프 선거운동본부에서 일하는 누군가가 그 정보를 바탕으로 행동에 나섰어도 여전히 범죄는 아니다. 음모를 구성하려면 뭔가 불법적인 행위를 하기로 합의했어야 한다. 앞서 언급한 일련의 사건에서 합의가 된 사항은 아무것도 없다. 트럼프 선거운동본부가 클린턴 이메일을 해킹하는 데 연루됐다는 증거도 전혀 없었고 이는 멀러 보고서가 나중에 확인했다.

파파도풀로스는 음모나 "공모"와 관련된 그 어떤 범죄로도 기소되지 않았다. 러시아와 관련된 대화나 러시아인들과의 접촉에서 아무런 불법적인 점도 없었기 때문이다. 2016년 7월 연방수사국의 수사를 정당화할 아무런 사실적 근거나 합리적인 근거가 전혀 없었다. 게다가 대응첩보 수사를 정당화할 신뢰할 만한 첩보 정보도 없었고, 이는 그저 범죄 수사라는 사실을 감추기 위한 포장에 불과했던 것으로 보인다. "대응첩보 수사는 기소 가능한 사건을 구성하려는 목적으로 실행되지 않는다"라고 전직 연방검사 엔드루 C. 매카시는 말한다.[143] 그런데 연방수사국은 바로 그런 행동을 하고 있었다.

〈뉴욕타임스〉의 기자들은 알고도 그랬든 모르고 그랬든 미심쩍은 "도시에"에 집중된 관심을 트럼프 수사를 정당화하는 추가적인 정보로 옮기는 데 이용당했을지도 모른다. 다시 말해서 파파도풀로스가 런던의 술집에서 한 대화의 전모는 연방수사국이 트럼프 수사에 착수하기 위해서 근거로 삼은 게 스틸의 "도시에"라는 사실을 은폐하기 위해 설계된 위장막으로 보인다는 뜻이다. 그게 목적이었다면 사실을 호도하려는 어설프고 믿기 어려운 시도였다. 그 어떤 경우에도 여러 단계를 거쳐 전해진 소문이 대응첩보 수사에 착수할 법적인 이유가 되지 않는다. 특히 본래 정보원의 신분이 확인되지도 않았고 그 어떤 소문도 증명되지 않은 경우라면 말이다. 그러나 〈뉴욕타임스〉와 어쩌면 그 독자들도 이를 믿었다. 이 기사는 오랫동안 유포되고 반복되어 마침내 복음처럼 진실로 받아들여졌다.

검증되지 않은 "도시에"와 파파도풀로스가 "술집에서 나눈 대화" 둘 다 트럼프-러시아 수사에 착수할 근거가 된다고 해도 연방수사국 규정에 따르면 결함이 있기는 마찬가지다. 그럼에도 불구하고 연방수사국은 국내 수사와 작전 지침DIOG을 무시하기로 했다. 연방수사국이 수사에 착수할 이유가 하나였든 둘이였든 무의미하다. 수사 전체가 신빙성 있는 사실이나 그 존재를 정당화할 검증된 증거가 결여되었다. 수사의 근거는 두 가지 면에서 잘못됐다.

사건의 발생 순서를 보면 트럼프 선거운동본부에 대해 연방수사국이 미심쩍은 조치를 취하게 된 계기는 스틸의 수상쩍은 보고서였다. 파파도풀로스의 "술집 대화"가 아니었다. 연방수사국은 "도시에"의 존재에 대해 2016년 7월 5일 처음으로 알았다. 마이클 가이타가 이 문건의 내용을 읽고는 경악해서 (아마도 날조라는 의심은 하지 않은 채) 스틸에게 "본부에 이를 알려야 한다"라고 말했다고 전해진다.[144] 워싱턴 본부는 경고를 받았고 사전 조사에 착수했다. 그로부터 2주가 지난 7월 23일에 가서야 연방수사국은 다우너가 파파도풀로스와 나누었다는 대화에 대해 전해 들었다. 그러나 연방수사국이 파파도풀로스에 대해 보인 관심은 2016년 7월 31일 수사가 공식적으로 시작되자 사그라졌다.[145] 할퍼의 염탐을 통해 파파도풀로스는 클린턴 이메일 해킹이나 러시아 "공모"에 대해서 전혀 아는 바가 없었다는, 혐의를 벗겨주는 증거가 나왔다. 대신 클린턴 선거운동본부와 민주당이 자금을 지원한 스틸의 "도시에"는 연방수사국이 페이지에 대한 해외첩보감시법 영장을 청구하는 과정에서 중심적인 역할을 했다. 코미의 연방수사국은 이 문건을 검증하고 트럼프가 혐의가 있음을 입증할 증거를 찾는 데 시간과 관심과 인력을 총동원했다. 증거는 존재한 적이 없었다. 연방수사국도 이를 알고 있었다. 연방수사국은 "도시에"가 아무 쓸모없는 쓰레기라는 사실을 알고 있었다.

연방수사국은 거의 한 해 동안 스틸이 작성한 "검증 불가능한" 보고서를 검증하는 데 소비했다. "연방수사국 요원들은 트럼프가 러시아와 공모했다고 한 스틸의 주장을 샅샅이 조사했고 조사 결과를 모아 스프레드시트 같은 문서로 작성했다고 〈더 힐The Hill〉의 존 솔로몬John Solomon 기자가 보도했다.[146] 이 스프레드시트는 "도시에에 담긴 주장의 90퍼센트까지가 틀리든가, 검증불가능하든가, 구글 검색으로 누구나 찾아낼 수 있는 정보로 가득한" 거의 증거가 없는 문건이었다.[147] 우리 모두가 알고 있는 바와 멀러 보고서의 결론으로 미루어볼 때 이는 정확한 것으로 보인다. 그렇다면 연방수사국이 2016년 7월 31일 수사에 착수했을 당시에 그 수사를 정당화할 신빙성 있는 증거가 없었다는 뜻이다. 연방수사국과 법무부가 2016년 10월 페이지를 염탐할 영장을 발부받을 때 해외첩보감시법원에 제시한 "검증된" 정보는 하자가 있었을 뿐만 아니라 틀린 정보였다. 그렇다면 로버트 멀러가 2017년 5월 특검에 임명되었을 때 연방규정 하에서 특검을 정당화할 만한 근거가 충분치 않았다는 뜻이다. 이에 대해서는 5장에서 더 자세히 다루겠다.

법은 공직에 출마하는 정치 후보자들을 비롯해 미국 국민들을 공명심이 과도한 연방수사국 관리들로부터 보호한다. 법률이 승인한 연방수사국의 자체 작전 지침에 따르면, 수사요원들은 다음과 같은 엄중한 경고를 받는다.

이 지침은 헌법 수정안 제1조가 보호하는 활동이나 헌법 또는 미국 법이 보장하는 다른 권리를 합법적으로 행사하는 활동을 감시하려는 목적만으로 미국 국민을 수사하거나 그에 대한 정보를 수집하거나 수집한 정보를 저장하고 관리하지 못하도록 금지한다.[148]

공화당 대통령 후보지명자로서 트럼프는 헌법 제2조가 보장하는 기본권을 합법적으로 행사하고 있었다. 바로 피선거권이다. 그가 행한 선거운동의 거의 모든 측면 또한 헌법 수정안 제1조의 표현의 자유 조항에 따라 보호받는다. 연방수사국은 법을 어기고 이러한 권리들을 침해했다는 설득력 있는 증거가 있다.

파파도풀로스가 트럼프와 관련이 있다는 이유만으로 부당하고 불법적으로 표적이 되었다는 사실을 보여주는 설득력 있는 증거도 있다. 정부 요원이 직권을 남용해 사적인 혹은 정치적 이유로 누군가를 수사하는 행위는 불법이다. 바로 그런 일이 일어난 걸까? 파파도풀로스가 자신이 체포되던 날인 2017년 7월 27일에 어떤 일이 있었는지 다음과 같이 설명했는데 섬뜩하다.

> 그들은 내게 수갑을 채우고 발목에도 쇠고랑을 채웠다. 시카고에서 몇 달 전 나를 인터뷰했던 요원 두 명이 눈에 띄었다. 내가 그들에게 무슨 일이냐고 물었지만, 그들은 대답하지 않았다. 내가 재차 묻자 또 다른 요원이 으르렁대며 이렇게 말했다. "트럼프 밑에서 일하면 이렇게 된다."[149]

정말 이런 일이 일어났다면 미국인은 누구든 정부가 행사하는 무소불위의 사악한 권력에 경악해야 한다.

파파도풀로스가 연방수사국에 위증을 하고 유죄를 인정한 사기성 있는 인물이라고 결론을 내리고 싶은 유혹을 느낀다면 연방수사국의 수사관과 멀러 특검팀의 변호사들이 그를 어떻게 대우했는지에 대해 그가 서술한 글을 읽어보아야 한다. 한 조사에서 그는 7시간 동안 위협과 괴롭힘과 협박을 당했다. 검사들이 그에게 계속 거짓말을 하도록 압박했기 때문이다. 그는 그들에게 다음과 같이 말했다. "이해가 가지 않는다. 당신들은 일어나지도 않은 일을 내 기억 속에 심으려 하는 것 같다."[150] 실제로 그랬다. 검사들이 얼마나 무원칙적이고 파렴치한지 여실히 보여주었다. 이는 범죄다. 조지 파파도풀로스에 대한 부당한 대우는 다음 장에서 자세히 다루겠다.

파파도풀로스는 누명을 쓰도록 선택받은 전형적인 '봉'이었다. 트럼프 주변의 누구든 이 처지가 될 수도 있었지만, 그가 선택된 이유는 본인 스스로 인정하듯이 젊고 경험이 일천하고 속이기 쉬웠기 때문인 것으로 보인다. 그는 조종하고 누명 씌우기가 쉬웠다. 순진했다. 속이기에 안성맞춤이었다. 연방수사국이 날조된 "도시에"를 이용해 트럼프에게 누명을 씌우려 했다는 사실을 은폐하기에 더할 나위 없는 '봉'이었다.

할퍼를 비롯한 일당은 이러한 염탐에도 불구하고 혐의를 입증할 증거를 확보하지 못했다. 할퍼는 파파도풀로스, 페이지, 클로비스와 만났다. 그는 자기 고용주인 연방수사국에게 가치가 있을 만한 뭔가를 확보하려고 최선을 다했다. 하지만 결백하다는 증거밖에 얻지 못했다. 그러나 연방수사국은 전혀 개의치 않았다. 코미, 매케이브, 스트로크, 페이지, 그리고 법무부의 브루스 오는 한층 더 집요해졌다. 그들은 트럼프를 음해하려는 노력을 배가했다.

바 법무장관의 해명 요구

윌리엄 바 법무장관이 옳았다. 트럼프 선거운동본부에 대한 염탐은 거의 확실히 일어났다. 연방수사국의 비밀 정보원 할퍼는 2016년 7월 말 트럼프에 대한 수사가 시작되기 훨씬 전에 일을 시작했다. 그전에 그는 카터 페이지와 만나 클린턴의 적수에게 불리하게 이용할 뭔가가 있나 하고 염탐했다. 언론인 글렌 그린월드Glen Greenwald는 "정보 수집에 착수했다고 알려진 시기보다 훨씬 일찍이 중앙정보국 요원들이 연방수사국 내의 일부 파벌과 손을 잡고 트럼프 선거운동본부에 대한 정보를 수집하려고 애쓰고 있었다"는 뜻이라고 말했다.[151] 코미의 연방수사국뿐만 아니라 존 브레넌의 중앙정보국도 트럼프를 표적 수사하는 데 가담했을 가능성이 높다. 할퍼가 수십 년 동안 중앙정보국에서 일했다는 사실로 미루어볼 때 이는 설득력 있는 이론이다. 그린월드가 설명했듯이, "할퍼는 이제는 잊힌 지 오래된, 1980년 선거와 관련한 염탐 추문에 책임이 있는 인물이다. 당시에 중앙정보국은 지미 카터 행정부를 염탐하고 기밀 정보를 레이건 선거운동본부에 넘겼다.[152] 그로부터 36년 후 할퍼는 옛날 버릇이 또 도졌다. 첩보원으로 몸에 익힌 습관은 고치기 힘들다. 아니 절대로 고치지 못한다.

〈CBS 뉴스〉와의 인터뷰에서 바 법무장관은 자신이 법무부의 수장이 되기 전에 일어난 모든 거짓말과 염탐 행위에 대해 우려스럽다는 점을 다음과 같이 분명히 밝혔다.

> 트럼프 선거운동본부를 겨냥한 이러한 대응첩보 활동은 적어도 내가 보기에는 통상적인 수순을 밟지도 않았고 정상적인 절차를 통해 진행되지도 않았다.
>
> …미국의 정치 선거운동을 겨냥해 해외첩보 역량과 대응첩보 역량을 동원했다는 사실은 전례가 없으므로 주의 깊게 살펴보아야 한다. 넘지 말아야 할 선을 넘었다.[153]

2019년 5월 13일, 바 법무장관은 코네티컷 주 검찰총장인 존 듀럼John Durham을 임명해 전모를 밝히도록 지시했다.[154] 멀러 보고서는 트럼프 선거운동본부와 러시아 사이에 범죄 음모가 없었다고 판단했다. 그러면서 특검은 "도시에"는 허구이고 "공모"는 날조임을 밝혔다. 도대체 이런 "마녀사냥"이 어떻게 시작될 수 있었을까?

법무장관은 듀럼의 수사가 연방수사국이나 법무부 전체가 아니라 "최상층부의 소집단"에 초점을 둔다고 설명했다. 코미, 매케이브, 스트로크 같은 사람들이 한 행동은 당연히 면밀하게 살펴보게 된다. 법무부는 하원 법사위원회 의장에게 보낸 서한에서 듀럼의 수사 범위를 설명했고 "비정부단체와 개인들뿐만 아니라 미국과 해외 첩보기관들"도 포함된다고 밝혔다.[155] 그렇다면 클래퍼와 브레넌도 면밀히 조사를 받고 영국과 오스트레일리아 첩보기관들도 살펴보게 된다는 뜻이다. 심슨, 스틸, 클린턴 선거운동본부, DNC, 퓨전 GPS를 비롯한 여러 대상들이 한 행동도 틀림없이 면밀한 조사 대상이 된다.

바 법무장관은 보도를 통해 정부에게 책임을 물어야 할 언론매체가 성실히 제 할 일을 하지 않으리라는 사실을 잘 인식하고 있다. 그는 "정치 선거운동본부를 대상으로 이러한 행동을 해도 괜찮다고 일축하는 사람들을 보면 경악스럽다. 언론매체가 이를 파헤칠 가치가 있다고 생각하지 않는다는 사실이 특히 놀랍다"라며 다음과 같이 말을 이었다. "언론매체는 국민인 우리의 자유를 지켜주는 감시자 역할을 해야 하는데 말이다."[156] 유감스럽게도 언론은 그 역할을 하지 않고 있다.

오만하고 야심만만한 언론매체는 승자와 패자를 스스로 간택하려는 집요한 욕망을 불태우며 사실을 은폐하고 진실을 왜곡하려는 불굴의 의지를 한층 더 다지고 있다. 승자와 패자를 간택하는 일은 절대로 미천한 미국 국민들에게 맡겨두어서는 안 된다고 그들은 생각한다.

4장

THE ATTEMPTED COUP   I   **불발 쿠데타**

WITCH
HUNT

질문: 당신은 아직도 대통령이 러시아 요원이라고 믿는가?
매케이브: 가능성이 있다고 생각한다.
_ 2019년 2월 19일 〈CNN〉과의 인터뷰에서 전직 연방수사국 국장 대리 앤드루 매케이브

불명예스럽게 물러난 연방수사국 국장 대리 앤드루 매케이브는
너무 많은 거짓말을 했다. 그는 거짓말을 해서 해임되었고,
지금 그가 꾸며내는 이야기는 점입가경이다.
그와 로드 로젠스타인은 매우 불법적인 행위를
실행할 계획을 세우고 있었고 그러다가 적발되었다.
_ 2019년 2월 18일, 도널드 J. 트럼프 대통령

앤드루 매케이브와 로드 로젠스타인은 "피터 원칙Peter Principle"을 보여주는 산 증거다. 위계질서가 엄격한 조직에서의 승진은 직책이 요구하는 능력보다는 현재의 직무수행 능력을 바탕으로 이루어지므로 업무 수행 능력이 없는 사람이 승진하였을 경우 결국 능력의 한계를 드러낸다는 뜻이다.[1] 두 사람 모두 자기 능력을 초과하는 수준까지 승승장구했다. 설상가상으로 그들은 무능함을 무색케 할 정도로 사악하기까지 했다. 미국에게 정말 위험천만한 자질의 조합이었다.

매케이브는 연방수사국 서열 두 번째까지 올랐다. 그가 우러러보는 수호성인 제임스 코미를 2017년 5월 트럼프가 해임하자, 매케이브는 수사국의 국장 대리가 되었다. 그는 이미 오래전부터 조직 내에서 명령체계의 상층부에 군림하면서 연방수사국에게 씻을 수 없는 피해를 입히고 대통령의 국정 수행을 한층 더 방해해왔다. 제프 세션스Jeff Sessions 법무장관이 러시아와 관련된 그 어떤 문제에서도 손을 떼겠다는 잘못된 판단을 내린 후로 로젠스타인은 장관 대리로 격상되어 2016년 대통령 선거에 대한 연방수사국의 대응첩보 수사를 관장했다.

매케이브와 로젠스타인은 따로 또는 함께 직권을 남용했다. 그들은 코미가 해임된 후 은밀히 만나서 신임 대통령을 파멸시킬 모의를 했다. 그들은 복수심에 불타 무모하게 행동했다. 매케이브는 자기 상사가 해고당한 데 분개해 아무런 근거도 이유도 없이 트럼프에 대한 새로운 수사에 착수했다. 로젠스타인은 홧김에 그리고 비난을 무마하기 위해 특검을 임명해 부당하게 트럼프를 뒤쫓게 했다. 이 두 사람은 헌법 수정안 제25조 하에서 대통령을 소환해 진술을 받고 대통령 몰래 녹음할 방법을 은밀히 논의했다. 두 사람은 자기들이 짠 계획이 먹혀들지 않을 것 같자 결국 포기했지만 중요한 건 그게 아니다. 설사 불법이 아니라고 해도 윤리적으로 비난받을 만한 행동을 기꺼이 하겠다는 태도는 그들이 자신의 책무를 증오와 오만으로 얼마나 오염시켰는지를 보여준다.

악의적인 매케이브

앤드루 매케이브 같은 자가 연방수사국 최고위직까지 올라갔다는 사실에 대해 미국인이라면 모두가 심각하게 우려해야 한다.

그는 결국 거짓말을 해서 연방수사국으로부터 해고당했다. 그러나 이는 이 야비한 내막의 빙산의 일각에 불과하다. 매케이브는 쫓겨나기 전에 미국 대통령을 처벌할 방법을 모색했다. 트럼프의 외교 정책 발언이 마음에 들지 않았고 대통령이 본인은 아무 잘못도 하지 않았다고 감히 공개적으로 선언했다는 데에 분개했기 때문이다. 게다가 대통령은 헌법이 보장하는 권한을 행사해 매케이브의 정신적 스승인 코미를 해임하는 배짱까지 보였다. 매케이브에게 이는 용서받지 못할 죄였다. 그들은 트럼프를 반역자로 몰았고 대통령이 러시아인들과 한통속이고 이를 은폐하려고 공무집행을 방해했다는 국장 대리의 확신을 확인했을 뿐이었다. 오판을 하는 데 도가 튼 매케이브는 자신이 대단한 인물인 양 과대망상에 빠져 법과 행정 권한을 완전히 무시하는 성향이기 때문에 절대로 미국의 최고 법집행 기관에 고용돼서는 안 될 인물이었다. 유감스럽게도 그는 미국 연방 기구를 이끌면서 담론을 통제한 전형적인 엘리트주의 관료였다.

매케이브가 2019년 2월 대통령이 여전히 "러시아 자산"일지도 모른다는 견해를 피력하던 당시 그는 자기 책 《위협: 연방수사국은 테러와 트럼프의 시대에 어떻게 미국을 보호하는가》를 홍보하고 있었다. 노골적으로 트럼프를 겨냥한 제목이었다. 헌법에 따라 선출된 대통령이 민주주의를 위협한다는 뜻이었다. 선출직도 아닌 일개 정부 관리가 그런 주장을 했다. 트럼프가 러시아와 협력했다고 믿는 이유를 묻자 그는 다음과 같이 답했다.

> 처음부터 대통령은 연방수사국의 수사와 우리가 하는 일을 마녀사냥으로, 사기로 규정했다.
> 게다가 그는 코미 국장에게 접근해 마이클 플린에 대한 수사를 중지하라고 요청했다. 그리고 코미 국장이 수사를 중지하지 않자 해고했다.[2]

이 발언에서 우리는 매케이브에 대해 세 가지 중요한 점을 파악할 수 있다. 첫째, 그는 대통령이 결백을 주장하고 연방수사국의 근거 없는 수사에 대해 비판하자, 이를 유죄를 인정하는 발언으로 받아들이며 반역의 증거라고 여겼다.

둘째, 그는 대통령이 플린에 대해 코미와 나눈 대화에 대해 알려진 사실들을 거리낌 없이 왜곡했다. 대통령이 한 발언이라고 알려진 내용을 기록한 보고서 어디에도 연방수사국의 수사를 중단하라는 요구를 대통령이 했다고 코미가 주장하는 내용은 없었다. 그러나 설사 해임된 국가안보보좌관 플린이 결백하기를 "희망"한다고 한 발언이 연방수사국 수사를 중단하라는 요구로 간주된다고 해도 대통령은 그런 말을 할 권한이 있다.

셋째, 그는 코미가 해고된 이유가 플린 사건 수사를 중단하지 않으려 했기 때문이라고 생각했다. 그러나 코미가 플린 때문에 해임됐다는 증거는 전혀 없다. 코미 자신조차도 그렇게 주장했다. 그는 클린턴 이메일 사건 수사에서 지시에 불복했고, 자신이 대통령과 단둘이 만난 자리에서 트럼프에게 러시아 "공모" 사건과 관련해 수사를 받고 있지 않다고 한 말을 공개석상에서 그대로 되풀이하지 않으려 했기 때문에 해고되었다.

매케이브가 한 행동은 입수 가능한 사실이 아니라 좌익 진영의 담론에 따라 결정되었음이 분명하다. 그는 자기 마음에 들지 않으면 이를 왜곡해 새빨간 거짓으로 날조하고, 자기주장을 뒷받침할 근거로 삼았다.

매케이브는 자신의 저서와 TV 인터뷰에서 트럼프가 틀림없이 러시아 "요원"인 또 다른 이유를 제시했다. 대통령이 북한의 탄도미사일 역량에 대한 미국 첩보를 보고받은 후 푸틴 대통령이 이와 상반되는 정보를 제공했다는 이유로 의구심을 보였다.[3] 매케이브는 이를 반역 행위를 뜻하는 적신호로 간주했다.

매케이브의 넘겨짚는 행태는 어처구니가 없고 매우 심란하다. 연방수사국이 언제부터 대통령의 외교정책보다 자기 기관의 판단을 우선시할 권한을 누렸나? 헌법은 명시적으로 외교정책에 대해 대통령에게 우선적인 권한을 부여한다. 외교정책에 대한 다른 권한들은 의회에 위임되었다. 미국인과 정당들은 대통령이 내린 결정이나 대통령이 표명한 견해에 대해 동의하지 않을 자유가 있지만 행정기관을 통해서 대통령의 권한을 빼앗을 권리는 없다. 변화는 4년마다 한 번씩 투표를 통해 실행된다. 그러나 매케이브는 자신이 트럼프보다 낫다고 생각하고 연방수사국에서 자신이 지닌 직권을 남용해 트럼프를 겨냥함으로써 대통령의 국정수행을 훼방하려고 했다. 대통령이 첩보 정보를 거부한 게 옳은지 그른지는 전혀 무관한 사안이다. 노골적으로 말해서 연방수사국이 주제넘은 짓을 했다. 조지 W. 부시 같은 일부 대통령들은 잘못된 첩보에 의존했다가 국가에 해를 입혔고 첩보기관들을 지나치게 신뢰했다고 털어놓았다.[4] 버락 오바마 같은 일부 대통령들은 이란 핵 협정과 같은 외교정책의 목적을 달성하기 위해서 협정 체결을 부정적으로 보는 첩보를 묵살했다.[5]

매케이브는 법률과 헌법을 근본적으로 잘못 이해하고 있다. 전문직 훈련을 받은 변호사로서 연방수사국 부국장을 지낸 사람치고는 매우 독특하다. 하지만 그가 한 다른 모든 오판을 고려해보면 특징이 나타난다. 타락한 코미 휘하에 있던 연방수사국 고위관리들과 마찬가지로 매케이브도 자신이 하는 수사 작전은 성역으로서 누구도 침범할 수 없는 영역이고 이에 대해서는 그 누구로부터도 추궁을 받지 않아도 된다는 듯이 행세했다. 사법 기관에서 이러한 성향을 보이는 사람은 매우 위험하다. 결국 필시 직권 남용으로 이어지기 때문이다. 그리고 실제로도 그렇게 되었다.

매케이브는 자신의 저서에서 헌법에 대한 무지를 여실히 드러낸다. 그는 아무런 근거도 없이 "대통령이 연방 수사와 기소에 대해 자기 견해를 밝히는 행동은 부적절하다"라고 주장했다.[6] 그는 이를 "적부propriety와 역사적 규범을 위반"하는 행동이라고 일컬었다.[7] 전혀 그렇지 않다. 대통령은 자기 견해를 밝힐 수 있고, 2세기 전부터 실제로 그래왔다. 매케이브는 틀려도 한참 틀렸다. 역대 대통령들은 때로는 직접적으로 연방 사건에 관여했다. 헌법에 명시된 조항에 따라서 "법률이 충실하게 집행"되는지 여부를 "보살필" 의무가 있기 때문이다.[8] 이에 대해서는 5장에서 보다 자세히 다루겠다.

요점은 이렇다. 매케이브가 대통령의 권한을 잘못 해석하는 바람에 트럼프-러시아 수사와 관련해 연방수사국이 잘못된 판단을 여러 차례 내렸다. 예컨대, 매케이브는 대통령이 연방수사국 국장 제임스 코미를 해임하자 대통령이 공무집행을 방해했다고 확신했다.[9] 물론 법률로도 뒷받침되지 않는 주장이다. 대통령은 그 어떤 이유로도, 혹은 아무 이유가 없어도 행정기관의 수장을 해임할 권한이 있다. 이는 코미도 자기 부하들에게 보낸 서신에서 인정한 바다.[10] 게다가 코미 국장이 해고당한 이유는 연방수사국의 형사사건이 아니라 대응첩보 사안과 관련이 있었다. 트럼프가 대응첩보 수사를 방해했을 리가 없었다. 수집된 정보가 그에게 유리했기 때문이다. 자기 자신에게 유리한 수사를 방해할 이유가 없다.

매케이브는 또한 자신의 저서에서 "적어도 두 차례 대통령이 국장에게 마이클 플린 관련 수사를 중단하라고 요청했다"라고 말하며, 이는 공무집행방해를 뒷받침하는 또 다른 증거라고 주장했다.[11] 그러나 실제로 일어난 일은 이와 다르다. 매케이브 본인도 확인했듯이 말이다. 코미가 해고되고 이틀 후 매케이브는 상원 정보위원회에 출석해 "지금까지 우리의 수사를 방해하려는 어떠한 시도도 없었다"라고 말했다.[12] 그의 증언은 내막을 잘 알지 못하는 독자들이 그의 책에서 접한 주장과 정면으로 배치된다. 어느 쪽이 사실일까? 코미는 부지불식간에 해답을 제시했다. 코미가 해고당하기 엿새 전 그는 상원 법사위원회에서 아무도 정치적 이유로 무엇을 중단하라고 자신에게 말한 적이 없다며 "내 경험으로는 그런 일은 없었다"라고 말했다.[13] 코미가 해임되고 며칠 후 로젠스타인도 의회에 출석해 다음과 같이 말했다. "내 감독하에서 미국 법무부에서는 그 어떤 문제에 대해서 그 어떤 정치적 개입도 없었고 앞으로도 없을 것이다."[14]

러시아 사건에 관여한 핵심적인 인물들은 대통령이 수사에 개입하거나 수사를 방해한 적이 없다는 사실을 확인했을 뿐만 아니라 연방수사국이 새롭게 수사에 착수한 결정을 정당화할 만한, 트럼프가 러시아인들과 공모하고 있다는 그 어떤 다른 증거도 없었다. 코미와 연방수사국 변호사 리사 페이지는 하원 조사에 출석해 국장이 해고되고 로버트 멀러가 특검에 임명될 무렵 "공모"의 명백한 증거는 없었다고 증언했다. 그런데 이미 10개월 전부터 수사가 진행되어 왔다. 코미는 다음과 같이 시인했다. "사실 내가 국장에서 해고될 당시에도 나는 그 사건에 근거가 있는지 여부를 여전히 알지 못했다."[15] 연방수사국 요원 피터 스트로크는 그 10개월 동안 연방수사국의 수사를 지휘해왔는데, 그는 페이지에게 문자메시지를 보내 "공모"의 증거가 없으므로 새로운 특검하에서 이 사건을 추진하기 꺼려진다고 말했다. 2017년 5월 18일, 그는 "너나 나나 둘 다 아무 증거도 안 나오리라는 걸 안다"라는 메시지를 보내고 "직감적으로 또 대단한 증거가 없기 때문에 걱정스럽고 주저된다"라고 덧붙였다.[16] 그런데도 스트로크는 수석 조사관으로서 멀러의 특검팀에 합류했다.

스트로크, 페이지, 매케이브, 그리고 코미는 트럼프에 대한 혐의는 그 어떤 증거도 없고 근거도 없음을 알고 있었다. 그럼에도 불구하고 매케이브는 2017년 5월 충분한 증거도 없이 그리고 연방수사국과 법무부의 규정을 정면으로 위반하면서 트럼프에 대한 새로운 수사에 착수 또는 수사를 재개했다. 뒷받침할 만한 사실이나 신빙성 있는 증거가 아니라 정치적 편견과 개인적인 원한 때문에 이러한 결정을 내렸다.

법률에 대한 매케이브의 일그러진 시각은 매우 근시안적이었다. 그는 국가안보 문제를 제외하고는 "대통령과 연방수사국 국장 사이에 직접적인 접촉이 절대로 있어서는 안 된다"라고 믿었다.[17] 이는 얼토당토않지만 매케이브가 트럼프의 수많은 행동들을 대통령의 권한에 대한 자신의 왜곡된 시각을 통해 바라보았음을 여실히 보여준다.

그러나 매케이브의 행동은 헌법에 대한 무지가 아니라 대통령에 대한 개인적인 증오에서 비롯되었고 이는 그가 자신의 저서에서도 분명히 밝히고 있다. 매케이브가 트럼프의 권위를 무시하려는 행동은 트럼프에 대해 그가 개인적으로 지닌 경멸감 때문에 한층 강화되었다. 그는 저서 전체를 통틀어 트럼프가 연방수사국에 영향을 미치는 결정을 내릴 때마다 당시에 자신이 느낀 감정을 되새겼다. 그는 트럼프가 워싱턴에 "불확실성과 불안의 습하고 음침하고 암울한 그림자를 드리우고 있다"라고 비난했다.[18] 설상가상으로 그는 대통령이 미국의 사법제도를 "파괴하려 한다"라고 비난했다.[19] 과장법은 차치하고 매케이브가 트럼프의 행동을 비난하는 내용을 읽고 있으면 그런 그의 감정이 틀림없이 트럼프를 표적 수사하겠다는 결정에 크게 영향을 미쳤음을 인식할 수밖에 없다. 그의 저서에는 트럼프 대통령에 대한 경멸이 묻어난다. 트럼프가 "러시아 수사를 마녀사냥이라고 일컬음으로써" 감히 표현의 자유를 누릴 권리를 행사하자 그는 부글부글 끓어올랐다.[20] 사법 기관이 절대적 우위라고 생각하는 매케이브의 편협한 세계에서는 무고하게 누명을 쓴 사람들은 절대로 자신의 결백을 주장해서는 안 된다. 매케이브에 따르면, 공개석상에서 그런 발언을 하면 위증교사이자 공무집행방해다.[21] 절대 그렇지 않다. 대통령조차도 표현의 자유를 보장한 헌법 수정안 제1조를 누릴 권리가 있다.

매케이브는 2016년 선거운동 과정에서 트럼프가 공개적으로 한 발언을 두고 대통령에 대해 깊은 앙심을 품고 있었다. 〈월스트리트저널〉은 매케이브의 부인이 버지니아 주 의회 상원에 출마했을 때 힐러리 클린턴의 최측근이 엄청난 액수의 선거자금을 기부했다고 보도했다.[22] 매케이브는 클린턴 이메일 수사를 감독했고 범죄혐의에 대해 클린턴에게 면죄부를 주는 데 깊이 관여했다. 이 보도가 나오자 즉시 675,000달러에 달하는 선거기부금-지방 선거치고는 천문학적인 액수였다-과 클린턴이 이메일 수사에서 특별대우를 받은 것과 뭔가 관련이 있지 않냐는 의혹이 당연히 제기되었다. 특히나 코미가 클린턴을 기소하지 않겠다며 내놓은 해명이 어불성설이었기 때문이다. 매케이브는 자신의 저서에서 트럼프가 선거유세에서 그 문제를 끄집어냈다는 데 대해 분노하면서 다음과 같이 기록했다. "그의 증오심이 느껴졌다. 청중의 분노에 찬 반응에 소름이 끼쳤다."[23] 이 기사가 보도되고 나서야 비로소 매케이브는 클린턴 조사가 잠시 재개되었다가 종결되었을 때 클린턴 수사에서 손을 뗐다. 그러나 때는 이미 늦었다. 클린턴에 대해서는 몇 달 전인 2016년 7월 5일 코미가 이미 면죄부를 발행했기 때문이다. 매케이브는 그 결정을 지지했고 클린턴을 면죄하는 데 적극적인 역할을 했다.

부인을 둘러싼 사건으로 망신당한 매케이브는 분노했고 이는 그의 저서에 잘 드러나 있다. 그는 자기 부인이 선거에서 졌어도 여전히 이해충돌 상황은 존재한다는 사실을 보지 못했다. 오히려 정치적 편견을 지녔다는 비판이 자신을 집요하게 따라다니자 불쾌해했다. 그는 애초에 클린턴 수사를 기피하지 않은 자신이 아니라 그 문제를 제기한 트럼프에게 잘못이 있다며 비난했다. 대통령 취임식 이후 각종 논쟁이 이어지고 러시아 수사가 진행됨에 따라 코미와 밀접하게 연대하면서 대통령에 대한 매케이브의 반감은 점점 심해졌다. 대통령이 코미를 해고하자 매케이브는 격앙되었다. 그는 트럼프가 연방수사국에 "눈에 보이지 않는 해"를 끼쳤다고 통탄했다. 그 어떤 대통령보다도 오히려 자신과 코미, 스트로크, 페이지, 그리고 연방수사국의 다른 고위관리들이 연방수사국의 신뢰성을 무너뜨리는 데 큰 역할을 했다는 사실은 인식하지 못했다.[24]

격분한 매케이브는 코미로부터 연방수사국의 운전대를 넘겨받자마자 트럼프를 겨냥했다. 러시아의 개입과 트럼프 선거운동본부와의 연루설에 대해 이전에 실시된 대응첩보 수사와는 달리 매케이브가 새로 착수한 두 갈래 수사는 트럼프 본인을 직접 표적으로 삼았다.

한 갈래의 수사는 트럼프가 코미를 해고하면서 공무집행을 방해했다는 혐의였다. 다른 한 갈래 수사는 트럼프가 러시아의 비밀요원이라는 증거를 다시 수집하는 것이었다.

　얼핏 봐도 그런 혐의는 어처구니가 없었다. 게다가 법률적인 관점에서 보면 매케이브가 새로 착수한 조사는 심각한 직권 남용에 해당되었다. 상당한 근거도 없고 신빙성 있는 증거도 없고 합리적인 의심도 없었다. 그가 새로 착수한 수사는 법을 무시하고 사실을 묵살하거나 왜곡했으며 지금까지 존경을 받아온 사법 기관의 권위를 실추시켰다. 그가 트럼프를 수사한 이유는 그냥 자신에게 그럴 권한이 있기 때문이었다. 그는 이제 연방수사국을 책임지고 있었다. 자기가 하고 싶은 대로 해도 된다고 생각했다. 그는 대통령이 헌법에 따라 주어진 권한이 있다는 사실을 망각하고 공격하기로 마음먹었다. 그는 새로 얻은 권한을 이용해 법무부 차관 로드 로젠스타인을 압박해 트럼프를 겨냥할 특검을 임명하도록 했다. 그게 다가 아니다. 그와 로젠스타인은 헌법 수정안 제25조에 의거해 트럼프를 대통령직에서 축출할 힘을 결집하고 물러나게 만들 계획을 모의하는 기함할 짓도 했다. 이 시도가 성공했다면 총성 없는 쿠데타에 상응한다.

처음부터 표적은 트럼프

　연방수사국 국장으로서 코미는 2016년 7월에 시작된 러시아 대응첩보 수사에서 트럼프는 용의자가 아니라고 트럼프에게 되풀이해서 다짐했다. 그 말은 거짓말이었다. 세 가지 증거로 볼 때 트럼프는 처음부터 용의자였다. 첫째, 코미는 자신이 대통령과 독대하면서 대통령에게 보고한 사실을 대중에게 공개하길 거부했다. 국장이 트럼프에게 사실대로 말했다면 미국 국민들에게도 똑같은 사실을 알리지 않을 이유가 없다(사실이라면 말이다). 둘째, 2017년 3월 의회 증언에서 코미는 트럼프가 용의자일지 모른다는 뜻을 내비쳤다. 셋째, 멀러 보고서는 연방수사국이 사건을 특검에 이관하기 전에 트럼프를 용의자로 취급한 수많은 사례들을 인용했다. 따라서 코미는 수차례 대통령을 독대한 자리에서 대통령을 속였다. 매케이브는 부국장으로서 이 전모를 알고 있었다. 왜 이렇게 속였을까? 전직 연방검사 앤드루 C. 매카시는 그 이유를 다음과 같이 추측했다. "그들은 그(트럼프)를 감시하다가 우연히 뭔가가 걸리면 그것으로 그를 기소하려고 했다."[25]

매케이브는 코미가 대통령에게 거짓말을 했다고 사실상 시인한 셈이다. 연방수사국은 분명히 트럼프 선거운동본부가 선거 전에 러시아인들과 협력하고 있었는지 여부를 수사하고 있었다. 선거운동본부의 수장으로서 트럼프는 분명히 이 조사의 범위 안에 들어 있었다. 그러나 연방수사국은 그렇지 않은 척했다. 매케이브와 만난 자리에서 연방수사국 법률자문 제임스 베이커는 코미가 "대통령이 수사대상이 아니다"라는 말을 빨리 하지 않는다고 보챘다.[26] 이는 매우 정선精選된 표현이다. 연방수사국이 트럼프에게 거짓말을 했다는 게 더 정확한 표현이다. 코미는 거짓말을 전한 장본인이고, 매케이브는 그 거짓말에 가담했다.

'수사대상이 아니다'는 사실을 국민에게 알리라고 트럼프가 코미에게 끊임없이 요청했지만 코미가 이를 거절하자, 트럼프는 더 이상 참을 수가 없었다. 코미는 항명했고 클린턴 이메일 사건에서 법무장관의 권한을 침해했으므로 해고당할 이유가 충분했다. 대통령이 마침내 2017년 5월 9일 연방수사국 국장을 해고하자 매케이브는 자동적으로 그의 지위를 승계했다. 신임 국장 대리는 공정함을 유지하는 시늉도 하지 않았다. 그는 즉시 연방수사국 본부에 근무하는 자기 팀을 소집했다.[27] 그들은 법을 비비꼬인 꽈배기처럼 왜곡해서 클린턴의 모든 범죄에 면죄부를 부여한 바로 그 팀이었다.

코미가 해고되고 두 시간이 채 안 되어 연방수사국 요원 피터 스트로크는 자기 정부 리사 페이지에게 다음과 같은 문자메시지를 보냈다. "앤디가 국장 대리를 하는 동안 당장 우리가 준비해온 사건 수사에 착수해야 해." 페이지는 다음과 같이 답했다. "(비공개로 가려짐)을 옴짝달싹 못하게 해야 해. 공식적으로 기소 가능하게. 곧."[28] 관련자 모두가 매케이브가 보다 포괄적으로 트럼프를 수사한다는 데 적극적으로 동의한 듯하다. 그들이 추구한 진짜 목적은 자기들이 수집한 증거로 대통령이 해외의 위협에 대처하도록 돕는 게 아니었다. 본래 모든 대응첩보 사건들은 대통령을 도와 해외 위협에 대처하도록 하는 게 목적인데 말이다. 반대로 그들은 트럼프에게 불리한 증거를 수집하려 했다. 분명히 짚고 넘어가자. 트럼프는 암묵적인 표적이었다. 그러나 2018년 7월 페이지가 하원 법사위원회와 정부감시위원회에 출석해 한 증언에 따르면, 연방수사국은 코미가 해고당한 당시에 러시아 "공모"의 실제 증거가 없었다.[29] 연방수사국 규정에 따르면 그런 수사에 착수하기 전에 "수사에 착수할 실체적 근거"가 있어야 하지만 그런 근거는 없었다.[30] 따라서 이 규정을 따랐다면 그들은 수사에 착수하지 말았어야 했다. 그러나 그러지 않았다. 청문회에서 존 래트클리프 하원의원(공화당-텍사스 주)이 지적한 바와 같이 그들은 트럼프가 적법절차를 누릴 권리를 침해했다.[31]

정당한 근거도 없이 범죄 수사에 착수하다

매케이브는 저서에서 자신이 트럼프에 대한 새로운 수사에 착수한 까닭은 트럼프가 코미를 해고했듯이 자신을 해고할까봐 두려웠기 때문이라며 다음과 같이 해명했다.

내가 해고되더라도 러시아 수사의 토대는 확실히 마련해놓고 싶었다. 나는 그 토대의 가장자리에 지워지지 않는 선을 그어서 내 후임으로 누가 오든 그걸 묵살하고 없던 일로 하지 못하게 보호하고 싶었다.[32]

그는 나중에 〈CBS 뉴스〉에 출연해 이 사건이 "하룻밤 새 사라질까봐" 두려웠으며, 특히 자신이 해고되면 그렇게 될까봐 두려웠다고 말했다.[33]

경륜이 있는 연방수사국 관리가 제시하는 수사 이유로서는 이해하기가 어렵다. 연방수사국이 어떻게 구성되어 있고 어떻게 작동하는지에 대해 심각하게 오해하고 있다는 사실을 보여준다. 국장, 국장 대리, 또는 그 어떤 한 요원이 연방수사국을 떠나게 된다고 해서 진행 중이던 수사가 갑자기 사라지지는 않는다. 일단 사건 수사에 착수하면 35,000명에 달하는 요원들과 연방수사국에 고용되어 이들을 지원하는 전문가들이 중단 없이 수사를 계속한다. 게다가 요원이나 국장이 미래에 무슨 일이 생길지 몰라 두려워서 수사에 착수하는 행위는 심각한 규정 위반이다. 연방수사국 지침에 따르면, 해고같이 장차 일어날지 여부를 알 길이 없는 미래의 사건에 대한 억측은 추측수사에 착수할 근거로 제시되어 있지도 않다. 매케이브는 분명히 자신이 직권을 남용하고 있다는 사실을 알고 있었기에 그럴듯한 핑계를 만들어내야 했다.

매케이브는 트럼프에 대한 새로운 수사에 착수하는 동시에 그 후 8일에 걸쳐 로젠스타인 법무차관과 수시로 만났다. 법무차관은 자신이 대통령에게 코미의 해임을 권고했다는 이유로 비판이 쏟아지자 움찔했다. 매케이브는 그가 "눈이 흐리멍덩하고, 감정적이고, 분통을 터뜨리고, 충격을 받았다"라고 기록했다.[34] 첫 회동에서 로젠스타인은 러시아와 트럼프 둘 다 수사할 특별검사를 임명할까 생각 중이라고 털어놓았다. 매케이브에게는 듣던 중 반가운 소리였다. 네 번 연속해서 만난 자리에서 그는 로젠스타인에게 특검을 임명하라고 끊임없이 닦달했고 결국 성공했다. 두 사람은 그런 조치로 트럼프에게 심각한 해를 입히게 되리라고 생각했다. 특검수사는, 그럴만한 이유가 있든 없든 관계없이, 의혹을 불러일으켜 대통령의 국정수행을 불가능하게 만드는 경향이 있기 때문이다.

그 시점에서는 보복이 그들이 가장 우선 추구하는 목표였다. 매케이브는 자신의 친구이자 동료인 코미를 해고한 트럼프에게 분노했다. 로젠스타인의 경우 자신이 무고한 희생양이 되었다고 생각했고 이를 트럼프 탓으로 돌렸다. 법무차관으로서 자신이 코미의 해고를 권고하는 보고서를 자발적으로 작성하고 이를 어떻게 실행할지 상사인 제프 세션스와 몇 주 심지어 몇 달 전에 미리 상의했다는 사실은 편리하게 간과했다.[35] 로젠스타인은 역사를 다시 써서 스스로에게 면죄부를 발행하려고 했다. 특검을 임명하는 계획은 매케이브와 로젠스타인에게는 흠잡을 데 없는 해결책이었다. 트럼프에게 보복을 하고 자신들이 받은 상처를 아물게 하는 데도 안성맞춤인 해결책이었다. 치졸한 복수심 때문에 직권을 남용한 정부 관료들에게 어떤 품성이 결여됐는지 보여주는 슬픈 단면이다.

매케이브와 로젠스타인이 모의한 쿠데타

트럼프에 대한 연방수사국 수사를 재개하고 로젠스타인을 설득해 특검을 임명하는 데 성공한 매케이브는 미국 정치 역사상 가장 사악한 음모에 관여했다. 적법절차에 따라 선출된 미국 대통령을 축출하고 2016년 대통령 선거 결과를 무효로 만드는 일에 대해 논의했다. 그렇다면 매케이브의 폭로성 저서에서 이러한 일련의 사건들을 장황하게 설명하는 내용이 핵심적인 부분을 차지하든가 적어도 한쪽은 족히 할애했으리라고 기대하겠지만, 놀랍게도 매케이브는 일언반구하지 않았다. 헌법 수정안 제25조에 따라 대통령을 면직시킬 음모에 대해 단 한 마디도 하지 않았다. 그러나 매케이브는 전국을 돌며 출판기념회를 하는 자리에서는 판매부수를 늘리기 위해 사람들의 홍미를 불러일으킬 그 얘기만 줄곧 해 댔다.

시작은 CBS의 〈60 미니츠〉를 진행하는 스콧 펠리Scott Pelley와의 인터뷰 였다. 매케이브는 로젠스타인이 대통령에게 불리한 증거를 수집하기 위 해 몰래 대통령이 하는 말을 녹음하려고 했다며 다음과 같이 자세한 내 막을 들려주었다.

> 법무차관은 도청용 마이크를 차고 백악관에 들어가겠다고 했다. "나는 백 악관에 들어갈 때 절대로 몸수색을 당하지 않는다. 내가 도청기를 차고 있어도 그들은 모를 게 틀림없다." 농담이 아니었다. 그는 아주 진지했고, 그 다음에 만났을 때도 그 문제를 거론했다. 나는 실제로 그가 한 제안을 받아들여야겠다고 생각한 적이 없다. 그가 처음 그 방법을 거론했을 때 연방수사국 법률자문과 내 팀하고 논의하긴 했다. 그 말을 들은 법률고문 은 놀라 자빠지려고 했던 것 같다.[36]

매케이브는 여기서 멈추지 않았다. 그는 로젠스타인이 헌법 수정안 제 25조 대통령 직무수행 불능에 따라 트럼프를 면직시키라고 각료들을 설 득할 근거로 쓰기 위해 닥치는 대로 은밀하게 증거수집모의를 했다며 다 음과 같이 자세히 설명하기 시작했다.

> 헌법 수정안 제25조에 대한 논의는 간단히 말하면, 로드가 이 문제를 제 기했고 각료들이 얼마나 이러한 취지에 동조할지에 대해 생각해보는 맥 락에서 이를 나와 상의했다. 솔직히 말하면 그 대화에서 나는 별로 도움 이 될 만한 제안을 할 게 없었다. 나는 그저 그가 하는 말을 경청했다.
> 내 말은, 그가 다른 각료들이 그런 제안에 동조할지, 각료들이 대통령이

우려스럽다는, 정말 우려스럽다는 그의 믿음에, 당시에 로드가 우려하고 있다는 데 공감할지에 대해 논의했다.[37]

펠리는 대통령을 면직하는 데 동의할 각료 다수를 확보했는지에 대해 로젠스타인이 구체적으로 얘기했는지 물었다. 매케이브는 "맞다. 표결에 붙였을 때 확보 가능한 찬성표에 대해서 말했다."

매케이브와 로젠스타인이 몰래 도청장치를 부착해 대통령의 발언을 녹음하고 각료들로 하여금 트럼프를 면직하게 만드는 문제를 논의한 이 경악스러운 대화가 실행에 옮겨졌다면 불법적인 직권 남용을 구성했을 것이다. 대통령의 의사 결정이 마음에 들지 않는다고 해서, 설사 그 결정이 부당하거나 비합리적이라고 해도, 그를 면직할 근거가 되지는 않는다. 매케이브와 로젠스타인은 둘 다 변호사이므로 이를 알았을 게 틀림없다. 이게 전적으로 로젠스타인의 생각이었다면 매케이브는 즉시 법무부의 감찰관이나 의회, 혹은 둘 다에게 고지할 의무가 있었다. 연방수사국 첩보 부국장을 지냈고 25년 동안 특별 요원으로 활동했던 케빈 R. 브록Kevin R. Brock은 매케이브를 다음과 같이 신랄하게 비판했다.

연방수사국 국장 대리가 그런 대화에 적극적으로 참여하기는커녕 단순히 참석만 해도 이는 직권 남용이고 미국 국민의 신뢰를 저버린 행위이며 연방수사국의 헌신적인 요원들에게 모욕적이고 치욕적인 어마어마한 직권 남용이다.[38]

매케이브는 로젠스타인과의 대화 전모를 기록했고 이 기록을 특검에 넘겨주었다. 멀러 보고서는 이에 대해 한 마디도 언급하지 않았다. 멀러가 연방수사국 국장으로 오랫동안 근무했고 조직의 평판을 보호하기 위해서 이를 은폐할 이유가 충분하므로 놀랄 일은 아니다. 의회는 소환장을 보내 이 문건을 제출하라고 요구했지만, 연방수사국과 법무부는 제출을 거부했다. 멀러 특검을 감독하는 로젠스타인 법무차관의 역할도 혐의를 입증하는 기록의 제출을 막는 데 도움이 되었다. 법무차관은 대통령이 공무집행방해를 했는지 여부에 대한 수사를 감독하는 과정에서 입법방해를 했다. 그의 비열한 위선을 간과할 사람은 없었다.

로젠스타인이 "연성 쿠데타soft coup"에 상응하는 음모를 꾸미려고 했다는 충격적인 폭로를 무마하기 위해서, 그의 동료 한 명은 이를 그저 "농담 삼아" 혹은 "냉소적으로" 한 말이라고 했다.[39] 웃기는 소리다. 로젠스타인은 자기가 한 말이 곡해되었다고 주장한 이력이 있다.[40] 그런 소리를 하는 걸 보니 그는 워싱턴에서 가장 오해를 많이 받는 인물임에 틀림이 없다. 그게 아니라면 교묘하게 속임수를 써 변명을 늘어놓았을 가능성이 높다. 그런데 이런 해명이 납득이 되는가? 대통령이 하는 말을 몰래 녹음하고 각료들을 동원해 미국 최고의 공직에서 그를 끌어내리겠다는 말은 농담으로 할 말이 아니다. 법무차관이 농담을 하고 싶다거나 유쾌한 기분이었는지도 의문이다. 매케이브는 코미의 해고에 로젠스타인 본인이 중추적인 역할을 했다는 사실과 그 때문에 자신이 겪은 후폭풍을 두고 좌불안석에 심난해했다고 묘사했다. 대통령에게 보복하려 했다는 게 훨씬 "좌절한" 로젠스타인의 행동에 대한 개연성 있는 설명인 듯하다. 다른 이들이 그를 "마음의 갈등이 심하고, 불만스러워 하고, 감정적이었다"라고 묘사한 점으로 미루어볼 때 말이다.[41]

로젠스타인, 전면 부인하다

매케이브가 방송에서 한 설명을 접한 로젠스타인은 그의 주장을 "부정확하고 사실관계도 틀렸다"라고 일축하면서 다음과 같이 정제된 어휘로 성명을 발표했다.

> 법무차관은 매케이브 씨가 언급한 그 어떤 녹음도 승인한 적이 없다. 법
> 무차관으로서 앞서도 언급했듯이, 대통령과의 독대를 근거로 헌법 수정
> 안 제25조를 발동할 근거가 되지 않을 뿐만 아니라 법무차관은 헌법 수
> 정안 제25조의 발동을 고려할 지위에 있지도 않다.[42]

이 발표문을 꼼꼼히 읽어보면 부인이 아닌 부인이 두 가지 눈에 띈다. 첫째, 로젠스타인은 도청장치 부착을 "승인"하지 않았다고 주장했다. 이는 도청장치를 부착하거나 그렇게 할 조치를 취할지 여부를 의논하는 행위와 동일하지 않다. 게다가 그 어떤 승인도 없이 이 아이디어를 실행에 옮겼을 수도 있다. 따라서 이 발언은 치밀하게 계산된 물 타기 수법이다. 둘째, 헌법 수정안 25조를 발동할 "근거"가 있는지 여부가 논점이 아니다. 적절한 근거나 법적인 근거와 상관없이 로젠스타인이 대통령을 상대로 그런 조치를 취할지 고려하고 적극적으로 방법을 모색했는지 여부가 논점이다. 게다가 그는 트럼프를 제거하기 위해 불법적인 근거를 모색했다는 사실을 부인하지 않았다. 이 또한 교활하게 논점을 이탈하는 수법이다. 이 모두를 종합해보면 로젠스타인은 트럼프를 대통령직에서 축출할 음모를 추진했다는 뜻이 된다. 내각에서 다수표를 확보할 가능성이 거의 없었지만, 음모의 실행을 포기한 이유는 따로 있었다. 이 계획이 "너무 위험"했기 때문이다. 이 음모를 알게 된 제임스 베이커 연방수사국 법률고문이 비공개 증언에서 그렇게 말했다.[43]

매케이브는 결국 거짓말을 했다는 이유로 연방수사국에서 해고되고 형사범죄 혐의로 연방검찰에 회부됐다는 사실에서 그의 신뢰성은 본질적으로 의문시된다.[44] 매케이브와 로젠스타인의 음모를 인지한 증인이 적

어도 한 명은 있다는 사실을 고려하면 얘기가 달라진다. 연방수사국 변호사 리사 페이지는 매케이브를 동반해 이 주제를 논의하는 자리에 한 번 이상 참석했다. 그러고 나서 페이지와 매케이브는 즉시 베이커에게 로젠스타인이 트럼프를 자리에서 축출하고 싶어 한다고 전달했다. 의회에서 한 비공개 증언에서 베이커는 매케이브와 페이지 둘 다 로젠스타인이 대통령을 면직하는 방법에 대해 "진지하게" 논의한 것으로 생각했다고 말했다.

게다가 베이커는 "법무차관이 이를 대통령 각료 두 명과 함께 이미 의논했고 그들이 이 아이디어에 이미 동참하겠다고 했다"라는 사실을 파악했다.[45] 구체적으로 말하면, 그는 이 두 각료들이 "헌법 수정안 제25조에 의거해 취할 행동을 지원할 의향이 있다"라고 이해했다.[46] 그 각료들은 누구였을까? 이 이야기를 처음 보도한 〈뉴욕타임스〉는 제프 세션스 법무장관과 존 켈리John Kelly 국토안보부 장관이라고 밝혔다.[47] "참여 의사를 밝힌 한 사람은 로젠스타인 씨가 진심으로 한 말인지 물었고, 로젠스타인은 신바람이 나서 그렇다고 대답했다"라고 〈뉴욕타임스〉는 보도했다.[48] 다른 관계자들도 이를 확인했다. 〈뉴욕타임스〉는 어디서 이 정보를 입수했을까? 매케이브의 손길이 물씬 느껴지는 이야기로 결론짓기가 쉽다.[49] 그에게는 로젠스타인의 음모를 폭로하려는 동기가 있었기 때문이다. 여섯 달 앞서 로젠스타인 법무차관은 매케이브가 언론에 이 정보를 유출했다는 이유로 그를 해고하는 결정을 승인했기 때문이다. 이를 다시 한번 언론에 유출시키는 방법만큼 로젠스타인을 골탕 먹일 좋은 방법이 있겠는가? 매케이브가 아니라면 베이커가 정보를 유출했을 가능성이 있다. 그 또한 연방수사국에서 법무부의 로젠스타인에게 책임을 전가하려는 동기가 있었다. 쥐 여러 마리를 우리에 가두면 서로 물어뜯기 시작한다.

매케이브도 로젠스타인도 이 헌법 조항하에서 각료급에서 내릴 판단을 그것도 부통령의 동의가 필요한 사안을 고려조차 할 권한이 없었다. 연방수사국 국장대리와 법무차관은 헌법 수정안 제25조 조항하에서 취할 조치에 관여할 아무런 자격이 없다. 막후에서 현직 대통령을 축출할 여건을 조성하고 음모를 획책한 이 두 사람은 간이 배 밖으로 나온 자들이었다. 그들은 자신들이 관여할 자격도 없는 결정에 몰래 끼어든 것으로 보인다. 무엇보다도 대통령이 행정적으로 실수를 했다고 누군가가 생각한다는 이유만으로 이 수정안을 발동할 근거가 되지는 않는다.

헌법 수정안 제25조는 대통령이 "권한을 행사하지 못하고 직무를 수행하지 못하는" 경우에 대통령을 면직하고 대체한다고 규정한다.[50] 직무수행불능이 정확히 정의되어 있지는 않지만 의회조사실이 요약한 법률역사를 보면 이 수정안을 작성한 이들은 국가원수가 치명적인 뇌졸중, 심장발작, 신체적인 상해를 입었거나 불발로 끝난 암살 시도의 피해자로서 그 직접적인 결과로 신체적 혹은 정신적으로 장애자가 되었을 경우라고 명시하고 있다. 이를 작성한 이들은 이 수정안이 "국민의 지지가 낮거나 실패한 대통령의 면직을 촉진하기 위해서라든가 그 밖의 정치적 목적을 달성하는 데 이용되라는 취지로 제정되지 않았다"라고 분명히 밝혔다.[51] 이 수정안을 제정한 버치 베이Birch Bayh 상원의원(민주당-인디애나 주)은 "불능unable"이라는 용어는 "대통령의 능력과 기능이 손상되어 결정을 내리거나 내린 결정을 다른 사람들에게 전달해 권한을 행사하고 직무를 다할 수 없는 상태"를 뜻한다고 말했다.[52] 하원에서 이 수정안 제정을 주도한 리처드 포프Richard Poff 하원의원(공화당-버지니아 주)은 "신체적 발병이나 갑작스러운 사고로 대통령이 의식불명이 되거나 마비되어서 자신이 결정을 내리거나 자신이 내린 결정을 다른 사람에게 전달하지 못해 대통령직의 권한을 포기해야 하는 경우"라고 열거했다.[53] 로젠스타인이 이러한 음모를 획책한 이유가 무엇이든, 헌법 수정안 제25조는 당시 상황에 적용되지 않았다.

로젠스타인은 코미의 해임을 권고한 보고서가 몰고 올 정치적 후폭풍을 오판했다. 그는 민주당과 공화당 모두 자리에서 벌떡 일어나 기립박수를 치리라고 생각했다. 양당 모두 끊임없이 코미의 해고를 요구해왔기 때문이다. 그런데 정반대의 반응이 나오자 그는 무척 상심했고 "분노했다."[54] 그러자 그는 트럼프를 향해 독을 품었다. 그가 자신이 한 짓을 후회했다고 알려져 있지만, 대통령의 면직을 모의한 행동은 그 어떤 기준으로 봐도 보복하려는 기가 막힌 행위였다.

매케이브와 로젠스타인은 법의 테두리를 벗어나 대통령을 제거할 음모를 꾸밀 이유가 충분했다. 연방수사국은 클린턴 선거운동본부와 민주당이 자금을 지원해 작성한 날조된 "도시에"를 이용해 2016년 7월 트럼프에 대한 첫 번째 조사에 착수했다. 코미, 매케이브, 그리고 법무부의 일당은 해외첩보감시법원에 검증되지도 않은 바로 이 러시아 역정보를 근거로 트럼프 선거운동본부 관계자를 염탐할 영장을 청구하면서 판사에게는 검증된 증거라고 거짓말했다. 앞의 장에서 지적한 바와 같이, 그들은 중요한 증거를 은폐했고 법원을 속였다. "공모" 주장을 언론매체에 유출해 선거에 영향을 미치려 했다. 〈페더럴리스트The Federalist〉의 한 칼럼니스트가 지적한 바와 같이, "그들은 어마어마하게 직권을 남용했다. 결국 클린턴이 선거에서 이기면 그들이 지은 죄를 모두 은폐해주리라고 넘겨짚고 말이다."[55] 유권자들이 정반대의 결정을 내리자 그들에게 남은 선택지는 법의 테두리를 벗어나 트럼프를 축출함으로써 선거 결과를 무효화하는 방법밖에 없었다.

〈60 미니츠〉와의 인터뷰에서 매케이브는 온화한 품성의 클라크 켄트Clark Kent에서 수퍼맨으로 변신한 연방수사국 요원 행세를 했다. 오로지 진실, 정의, 미국적인 방식에만 몰두하는 사람 말이다. 매케이브를 인터 뷰한 켈리는 클라크 켄트의 상대역인 사랑스러운 로이스 레인Lois Lane 역 할을 하면서 쉬운 질문을 연달아 던졌고 인터뷰 대상이 특검 임명을 자 신이 한 양 공치사하고 로젠스타인이 트럼프를 백악관에서 축출하려고 막후에서 음모를 꾸미는 동안 아무것도 몰랐다는 듯 결백한 척하는데도 그에게 난감한 질문을 던지지 않았다. 켈리는 또한 핵심적인 사실을 왜 곡하거나 누락했다.[56] 이 인터뷰는 몸짓으로 단어를 알아맞히는 놀이와 행위예술을 뒤섞은 짜고 치는 고스톱이었다. 매케이브의 처참한 오판과 트럼프를 겨냥한 사악한 행동은 자화자찬으로 가득한 저서와 출판기념 회 행사와 언론 출연과 더불어 이미 궁지에 몰린 연방수사국을 더욱 창 피하게 만들고 모욕을 주는 데 기여했다.

법무부는 매케이브가 언론매체에 정보를 유출하고 이에 대해 거짓말 을 했다는 점에 대해 신랄하게 비판하면서 연방수사국 직원에게 요구 되는 "최고 수준의 정직, 고결, 책임"을 저버린 행위라며 질책했다.[57] 버 락 오바마 대통령이 임명했던 감찰관 마이클 호로위츠는 매케이브가 솔 직하지 못했고 연방수사국과 연방 수사관들을 네 차례 속였으며, 이 가 운데 세 차례는 증인 선서를 한 상태에서 했다는 사실을 알아냈다. 감찰 관은 매케이브의 정보 유출은 전적으로 사적인 이익을 위해서였다면서 "법무부 지도부가 입을 피해를 무릅쓰고 사적인 이익을 추구하려는 의 도"였다고 결론을 내렸다.[58] 감찰관의 조사 결과 보고서는 위증으로 형사 기소할지 여부를 검토하기 위해 워싱턴의 연방검찰에게 전달되었다.[59]

매케이브와 그의 정신적 스승 코미는 공통점이 많았다. 두 사람 모두 비행으로 해고당했고, 두 사람 다 그만두면서 정부 문서를 훔쳤다.[60] 그 들은 정직하지도 않고 양심도 없었다. 그들은 거의 틀림없이 사적이고 정치적인 이유로 직권을 남용했다. 그들은 해고당하고 나서도 저서와 트위터에서의 공개적인 비난을 통해 사사건건 트럼프를 깎아내리려는 시도를 이어갔다. 그들이 연방수사국을 떠난 후로 보여준 편향성으로 볼 때 공직에 있을 때도 똑같은 편향성을 지니고 직무를 수행했음이 입증된다.

트럼프에게 용서를 구걸한 로젠스타인

로젠스타인은 트럼프를 축출할 모의를 꾸미는 동시에 트럼프에 대한 특검을 관리하고 감독하는 이중적인 역할을 했다. 대통령에 대해 극도로 편파적인 견해를 품고 있는 그가 어떻게 멀러의 조사를 객관적으로 감독할 수 있었겠는가? 법무차관은 어마어마하게 이해가 충돌하는 입장에 놓여 있었고 여러 차례 수사를 기피하라는 요구를 받았지만 끈질기게 버텼다. 그리고 그가 이러한 편견을 이용하기로 마음먹었음을 보여주는 증거도 있다. 법무부에서는 그 누구도 그가 주도한 마녀사냥식의 수사에서 손을 떼게 할 권한을 가지고 있지 않았다. 멀러는 자신의 직속 감독관인 법무차관이 뒤가 구린 아첨꾼이라는 사실에 상당히 흡족해한 듯하다. 그 덕분에 자기 마음대로 수사를 진행할 수 있었다. 로젠스타인은 대통령을 축출하려 한 음모와 관련해 의회로부터 증언하라는 요구를 받았지만 완강히 거부했다. 로젠스타인은 도달할 수도 범접할 수도 없는 섬과 같은 존재였다. 오로지 대통령만이 그를 제거할 수 있었지만 이는 정치적으로 지지를 받지 못할 행동이었다. 특검과 관련된 사람을 해고하려는 그 어떤 시도도, 설사 정당한 이유라고 해도, 민주당과 좌익 언론매체들의 광적인 반발에 부딪혔을 게 틀림없다. 트럼프가 조사를 방해한 것처럼 즉, 공무집행을 방해한 것처럼 비춰져 난도질을 당했을 게 뻔하다.

2018년 가을, 로젠스타인의 은밀한 계획을 자세하게 보도한 〈뉴욕타임스〉 기사에 뒤이어 하원 공화당원들은 그에게 법사위원회와 정부감시위원회에 출석하라고 요구했다. 법무차관은 공개 증언을 완강히 거부했다. 그러더니 비공개로 질문에 답하기로 하고 증언 조건을 협상하면서 계속 증언을 지연시켰다.[61] 로젠스타인은 잠정적 합의에 도달할 때마다 막판에 새로운 조건을 내걸었다. 그는 자신의 언행에 책임을 져야 한다는 사실을 회피하고 있었다. 그는 자료를 제출하라는 합법적인 소환장을 무시했듯이 입법부의 업무수행 또한 방해하고 있었다.[62] 그는 알뜰하게 시간을 벌고 있었다.

로젠스타인은 분명히 11월 8일로 예정된 2018년 중간선거까지 시간을 끌려고 했다. 공화당이 하원을 장악하는 데 실패하리라는 여론조사에 기대하고 있었다. 일단 민주당이 하원을 장악하면 로젠스타인의 불발 쿠데타 시도에 대한 관심은 정치적으로 은폐되어 쓰레기더미가 될 게 분명했다. 바로 그런 상황이 발생했다. 결국 공화당이 장악하고 있던 하원은 민주당으로 넘어갔고, 민주당은 이 사안을 완전히 파묻었다. 마술사 후디니Houdini 못지않게 로젠스타인은 사라지게 하는 마술을 하는 데 재능이 있음을 입증했다.

9월 말 잘못을 뉘우친 로젠스타인이 "감정에 복받쳐" 백악관에 사직서를 제출하자 의회는 법무차관을 상대로 쓸 지렛대가 사라져버렸다.[63] 그는 대통령 보좌진에게 자신은 트럼프를 대통령직에서 축출할 방법을 모색한 적이 결코 없다고 호소했다. 정반대임을 보여주는 그 모든 증거에도 불구하고 말이다. 그의 이런 수는 먹혔다. 멀러 수사가 마무리 단계에 접어들면서, 대통령과의 "화해" 분위기가 조성되었다.[64] 다른 건 몰라도 특검수사가 마무리되면 본분에 충실하겠다는 확답을 로젠스타인으로부터 받아낸 듯하다. 물론 애초부터 그랬어야 한다.

로젠스타인은 증인 선서를 한 상태에서 증언하기를 왜 그토록 완강히 거부했을까? 증언을 녹음하거나 기록하지 않으면, 법적인 위험에 처하지 않고 거짓 답변을 마음껏 할 수 있기 때문이다. 거짓이나 왜곡된 발언을 하면 나중에 부인하면 그만이었다. 기록이 남지 않으므로 그런 발언을 한 적이 없다고 주장하기만 하면 되었다. 증언을 거부한 또 다른 이유는 자신이 한 수많은 행동을 해명하거나 정당화하기가 어려웠기 때문이다. 대체로 감출 게 없는 사람들은 감추지 않는다. 그런 사람들은 진실을 말하고 싶어서 안달한다. 그러나 로젠스타인은 자신이 대통령을 제거할 불법적인 모의를 했음을 증언할 증인들이 여러 명 있다는 사실을 알고 있었다. 증인 선서상태에서 이를 부인하면 위증을 범하게 된다. 익명으로 유출하는 정보를 통해 언론매체에게 거짓말하기는 쉽다. 그러나 의회에서 직접 심문을 받는 상태에서 진실을 말하지 않으면 범죄에 해당한다.

로젠스타인이 음모를 꾸몄다는 소식이 알려지자 그는 해고당하리라고 생각하고 백악관으로 달려갔다.[65] 그러나 대통령과의 면담은 지연되었다. 2018년 10월 8일, 로젠스타인은 대통령 전용기로 소환되어 이 문제를 트럼프와 직접 논의했다.[66] 트럼프 대통령은 그 만남에 대해 나에게 다음과 같이 말했다.

재럿: 코미가 해고되고 며칠 후 로젠스타인의 사무실에 있었던 두 명의 증인이 그가 몰래 도청장치를 부착하고 대통령이 하는 말을 녹음하고 각료들을 동원해 대통령직에서 물러나게 하는 방법을 진지하게 논의했다고 확인했다. 대통령께서는 플로리다로 가는 길에 전용기에서 그와 얘기를 나누었다. 뭐라고 하던가?

트럼프 대통령: 그런 일 없었다고 했다. 그런 말 한 적이 없다더라. 다른 사람들에게는 그냥 농담했을 뿐이라고 했다. 하지만 내게는 그런 말 한 적이 없다고 했다.

재럿: 그 사람 말을 믿었나?

트럼프 대통령: 뭘 믿어야 할지 모르겠더라.

재럿: 왜 그가 계속 법무차관 직무를 수행하도록 내버려뒀나?

트럼프 대통령: 수사가 진행되는 중에 사람들을 해고하는 건 바람직하지 않다고 생각했기 때문이다. 그리고 내 결정이 옳은 것으로 드러났다.[67]

자, 어느 쪽이 사실일까? 농담이었을까 아니면 그런 말 한 적이 없을 까? 논리적으로는 둘 다일 수 없다. 로젠스타인의 두 가지 주장 가운데 어느 쪽이 진실일까? 둘 중 하나는 거짓말이다. 대통령에게 거짓말을 한 다고 해서 기소 가능한 범죄는 아니지만 조사청문회에서 의회에 거짓말 을 하면 기소 가능한 범죄에 해당한다.

매케이브는 자신의 저서에서 로젠스타인이 특검을 임명해 대통령을 수사하겠다는 무모한 결정을 내렸을 당시에 감정이 복받쳐 심난했으며 트럼프에게 화가 나 있었다고 분명히 밝혔다. 로젠스타인은 자신이 하는 짓이 근본적으로 잘못이라는 사실도 알고 있었다. 세션스가 특검에서 손 을 떼기로 한 이상 법무차관은 이제 러시아와 관련된 모든 사안에 대해 장관을 대리했다. 그는 백악관에 고지하지도 않고 보복을 결심했다.

멀러는 5월 16일 트럼프와 만나 연방수사국 국장 코미를 멀러로 교 체하는 방안을 논의했는데, 이 만남은 로젠스타인이 주선했다. 대통령 은 과거에 연방수사국 국장을 역임한 멀러를 똑같은 자리에 다시 앉히는 데 관심이 없었다. 따라서 그 제안을 즉각 일축했다. 트럼프는 멀러가 심 각한 이해충돌 상황에 놓였다고 여러 차례 말했다. 멀러가 트럼프 소유 의 골프클럽에서 탈퇴하면서 회원권 회비를 둘러싸고 분쟁에 연루되었 던 적이 있었기 때문이었다. "그가 공정하게 임무를 수행하지 않으리라 고 생각했다. 그래서 나는 그를 임명하지 않기로 했다"라고 트럼프는 말 했다.[68]

로젠스타인은 멀러의 특검 임명 가능성에 대해 멀러와 은밀히 논의하고 있었는데 대통령은 이 사실을 까맣게 모르고 있었다. 이러한 로젠스타인의 이중성은 경악스럽다.

그 다음 날, 세션스 법무장관은 트럼프 집무실에서 코미를 대신할 후보들에 대한 면접을 진행했다. 그때 그는 로젠스타인으로부터 멀러를 특검으로 임명하라고 권고하는 전화를 받았다. 멀러 보고서에 적시된 바와 같이, 대통령은 당연히 충격을 받았고 분노했다. "하나같이 내게 특검 조사에 들어가면 대통령 직무 수행을 도저히 하지 못한다. 수년을 허비하고 아무 일도 하지 못하게 된다고 했다"라고 그는 말했다.[69]

트럼프의 판단은 옳았고, 법무장관 대리인 로젠스타인도 멀러를 임명할 때 바로 그 점을 노린 게 틀림없다. 간교한 로젠스타인이 트럼프를 상대로 한 처절한 복수였다. 당혹한 세션스는 사직서를 내겠다고 했다. 대통령은 이를 받아들이지 않았지만 말이다.

이 사건들이 벌어진 현장에 있었던 이는 세션스의 비서실장 조지프 "조디" 헌트 Joseph "Jody" Hunt인데, 그는 이를 꼼꼼하게 기록해두었다. 그는 법무부로 귀환해 로젠스타인의 사무실로 직행했다. 트럼프의 법률대리인 존 다우드 John Dowd는 헌트의 기록을 특검에 넘기기 전에 자기가 검토했는데 다음과 같이 모순되는 내용이 담겨 있었다고 나에게 말했다.

> 로젠스타인은 말 그대로 책상 뒤에 숨어서 몸을 웅크리고 "나 해고되는 거냐?"라고 울먹이며 물었다. 헌터는 다음과 같이 답했다. "당신이 한 짓은 야비하고 직책이 요구하는 본분을 잃은 행동이야!" 그리고 나서 헌트는 로젠스타인의 사무실을 박차고 나왔다.[70]

다우드의 설명은 매케이브가 자신의 저서에서 묘사한 로젠스타인의

불안정하고 비이성적인 행동과 일치한다. 보복성이 엿보이는 로젠스타인의 다른 행동들과도 일맥상통한다.[71]

2018년 1월 그는 하원 정보위원회가 러시아 수사를 내사한 데 대한 "보복"이라면서 하원정보위원회 소속 의원들과 보좌관들의 이메일, 통화 기록, 그 밖의 다른 문건들을 제출하라는 소환장을 발부하겠다고 협박한 것으로 알려졌다.[72] 비슷한 일이 5월에도 일어났다. 로젠스타인은 하원 정보위원회 보좌관들과 의장 데빈 누네스Devin Nunes(공화당-캘리포니아 주) 하원의원에 대해 "아주 사사로운 감정에서 비롯된 매우 적대적인 공격"에 착수했다고 비판했다. 회의를 기록한 의회 이메일을 통해 그의 협박은 드러났고 추가로 두 개의 정보원에 의해 확인되었다.[73] 두 가지 경우 모두에 대해 법무부 대변인은 로젠스타인의 발언이 와전됐다고 주장했다.

로젠스타인은 툭하면 오해를 받든가 그의 발언은 늘 곡해되든가, 아니면 툭하면 협박하는 성마른 품성이든가 셋 중 하나다. 그는 끊임없이 속이고 거짓 변명을 하고 있다. 답은 분명하다. 로젠스타인이 직권을 남용한 이력은 화려하다. 적발되면 다른 사람들이 헷갈려서 잘못 알았다고 우긴다. 그가 대통령과의 대화를 몰래 녹음하고 헌법 수정안 제25조에 의거해 대통령을 면직시키려는 음모를 꾸몄다는 보도가 나왔을 때도 그런 변명을 했다. 트럼프를 조사할 특검을 임명하겠다는 보복성 결정을 내린 이면에도 이러한 행동 유형이 나타난다.

이해충돌과 불필요한 특별 검사

로젠스타인의 직권 남용과 배임행위는 법무장관 제프 세션스가 연방수사국의 러시아 사건에서 손을 떼는 오류를 범하면서 발동이 걸렸다. 《러시아 사기극》에서 설명한 바와 같이 세션스가 수사에서 손을 뗄 근거가 될 만한 사실도 법적 근거도 없었다.[74] 윤리규정에 따르면 형사사건과 기소에서 이해충돌이 있을 때에 사건을 기피하도록 하고 있다.[75] 그러나 연방수사국의 러시아 수사는 대응첩보 사안이지 형사사건이 아니었다. 이는 연방수사국 국장 제임스 코미가 의회에 출석해 증언할 때 확인한 바다.[76] 연방 규정에 의거해 사건을 기피하는 결정은 대응첩보 수사에는 적용되지 않는다. 세션스가 러시아 사건을 기피하기로 한 결정은 비논리적인 오판이었다. 합법적인 근거가 없었다. 우선 기피할 대상인 범죄가 규명되어야 한다. 세션스가 2017년 3월 2일 사건을 기피하겠다고 발표할 당시에 연방수사국은 그 어떤 범죄의 증거도 갖고 있지 않았다.

설상가상으로 세션스는 취임 당시 대통령에게 사건을 기피하겠다는 의사를 밝히지 않았다. 법무장관은 취임하고 공식적인 업무를 시작하는 첫날 사건에서 손을 뗄 예비절차를 밟았다고 의회에 전달했다.[77] 그는 이 사실을 숨김으로써 자기의 상사를 속였다. 그런 문제를 밝히지 않는 행위는 심각한 배신이다. 대통령은 사실을 알 권리가 있지만 세션스는 적극적으로 이를 숨겼다. 트럼프는 당연히 이런 그의 행동이 역겹고 화가 났다. 세션스의 기만행위로 대통령은 그에 대한 믿음과 신뢰를 잃었는데, 대통령의 믿음과 신뢰는 법무장관의 업무를 수행하는 데 반드시 필요하다. 이러한 윤리적으로 부적절한 행위를 함으로써 세션스는 법무장관 직무를 수행하는 데 부적격한 인물이 되었다. 그가 대통령을 속이고 사건을 기피하는 잘못된 결정을 내리지 않았다면 특검이 임명되었을 리가 없다.

세션스의 이해할 수 없는 행동으로 로젠스타인은 법무장관 대리로 러시아 수사를 지휘하게 되었다. 그가 장관 대리 업무를 맡은 지 2주 만에 코미가 해고되었다. 일주일 후 그는 로버트 멀러를 특검에 임명했다. 따라서 연방수사국이 거의 10개월 동안 진행해온 러시아에 대한 대응첩보 수사에 대해 로젠스타인은 기껏해야 피상적으로 알고 있었을 게 틀림없다. 그는 특별검사 규정을 곡해하고 남용해 멀러를 임명했다. 멀러를 특검에 임명한 결정은 한 가지도 아니고 무려 네 가지 면에서 잘못이다.

첫째, 연방규정집(28 C.F.R. § 600.1)은 수사나 기소에서 "법무부의 이해충돌이 있는" 사건에서 특검을 임명하라고 구체적으로 명시하고 있다.[78] 규명된 이해충돌이 없으면 특검을 임명할 수 없다. 도대체 이해충돌이 어디 있었다는 건가? 누가 이해충돌이 있었나? 법무장관 제프 세션스는 이미 러시아와 관련한 모든 사건에서 손을 뗐다. 오판이긴 하지만 말이다. 법무부 소속 검사들이 이 사건을 다루지 말아야 할 이해충돌은 로젠스타인을 비롯해 법무부 그 누구에게도 존재하지 않았다. 로젠스타인이 결제한 특검 승인명령서를 보면 이해충돌이 명시되어 있지 않다. 존재하지 않았기 때문이다.[79] 로젠스타인은 특검을 임명하는 데 있어서 이러한 근본적인 하자에 대해 해명한 적이 없다.

이해충돌이 존재하지 않았다는 사실은 멀러가 특검의 주요 구성원들을 법무부에서 차출한 최고위 검사들로 꾸렸다는 사실이 증명해준다. 이해충돌이 있었다면 특검을 구성하는 변호사들은 모조리 민간 법률사무소나 다른 곳에서 차출했어야 한다. 게다가 특검은 적어도 14개 사안에 대해 수사하고 기소하거나 수사 또는 고발했고 이를 법무부에 회부해 처벌하거나 진술을 받도록 했다.[80] 이해충돌이 존재하는 부서로 사건을 이관했다면 이는 매우 부적절한 행위다. 이 모두가 이해충돌이라는 필요조건은 애초에 존재하지 않았다는 증거다. 따라서 처음부터 멀러 특검 임명은 불법이었다.

위에서 언급한 규정은 "다른 특별한 상황"에서 특검 임명을 대안으로 선택하도록 하고 있다. 그러나 당시에 그런 상황은 존재하지 않았고 특검 임명 명령서에 인용되지도 않았다. 코미가 해고되었다고 해도 연방수사국의 대응첩보 수사가 바뀌거나 종결되지 않았고, "공모" 주장을 뒷받침할 그 어떤 증거도 아직 발견되지 않은 상태였다.

둘째, 유효 규정은 법무장관이나 법무장관 대리는 "특정 인물이나 사안의 범죄 수사가 정당한지 판단해야 한다"라고 적시하고 있다.[81] "분명한 범죄 행위"가 적시되어야 한다.[82] 이 또한 특검 임명에 필요한 전제조건이다. 특검을 임명하려면 우선 범죄 수사를 뒷받침할 증거가 존재해야 한다. 특검을 임명한 후에 증거를 찾아내는 게 아니라는 말이다.[83] 이는 앞서 지적한 바와 같이 코미와 연방수사국 변호사 리사 페이지의 증언에서 확인되었다. 로젠스타인의 특검 임명 승인 명령서 어디에도 의심되는 범죄가 명시되지 않았다. 연방수사국은 아무런 증거도 없었기 때문이다. 러시아인과 대화를 하거나 관계가 있다고 해서 범죄는 아니다. 불법적인 행위를 저지를 음모를 꾸미거나 첩보활동을 한 증거가 있어야 한다. 연방수사국은 그런 증거가 전혀 없었다. 범죄를 구성하는 전제조건인 증거가 존재하지 않는다는 사실이 두드러졌다. 따라서 멀러는 이 규정에 따른 법적 절차를 뒤집어서 범죄 증거를 찾는 수사에 착수했다.

전직 법무장관이자 뉴욕 연방지방법원 수석판사를 지낸 마이클 뮤케이지Michael Mukasey는 과거의 특검수사는 "구체적인 범죄를 적시했고 대중은 무슨 수사가 진행되고 있는지 알고 있었다"라고 지적했다.[84] 특검 규정이 존재하는 목적 자체가 아무 책임도 지지 않는 검사들이 무한정 수사하지 못하도록 하고 대중에게 잠재적인 범죄를 수사하고 있다는 사실을 알리는 일이었다. 대중은 규명되지도 않은 범죄를 마냥 찾는 데 세금이 이용되거나 오용되는지 알 권리가 있다. 그러나 멀러가 특검에 임명될 때 미국인들은 특검이 무슨 수사를 하는지 전혀 알지 못했다. 로젠스타인의 특검 임명 승인 명령서는 수사대상인 구체적인 범죄를 적시하도록 한 규정을 위반했기 때문이다.

멀러 보고서는 마지못해 다음과 같이 시인했다. "공모는 구체적인 범죄가 아니다. (…) 연방 형법에서 쓰이는 전문용어도 아니다."[85] 그러나 언론인과 정치평론가들이 대통령을 러시아 요원이라고 끊임없이 매도할 때 툭툭 던지기에는 더할 나위 없이 효과적인 단어였다. 뮤케이지가 지적한 바와 같이, "(공모라는 단어는) 사악한 의미가 담긴 듯이 들릴지 모르겠지만 범죄를 규정하지도 않고 범죄가 존재한다는 뜻도 아니다."[86]

셋째, 특검 임명은 오로지 범죄 수사에만 적용된다. 대응첩보 수사에는 적용되지 않는다.[87] 코미의 증언에 따르면 연방수사국 사건은 대응첩보 사안이었다. 이 구분은 매우 중요하다. 대응첩보 수사는 해외의 위협에 대한 정보를 수집해 대통령에게 보고하고 이를 토대로 대통령이 미국 국가안보를 지킬 책임을 다하도록 하는 게 목적이다. 범죄의 혐의나 증거는 필요하지 않다. 이와는 대조적으로 범죄 수사에서는 기소의 가능성을 염두에 두고 증거를 수집한다. 범죄가 전제되어야 한다. 범죄를 뒷받침하는 그 어떤 명백한 사실도 없다면 연방수사국은 대응첩보 수사를 은밀히 계속했어야 한다. 그 과정에서 범죄 가능성이 발견되면 이를 법무부에 회부해 기소여부를 결정하도록 해야 한다. 특검이 필요한 하등의 이유가 없었다.

마지막으로, 멀러 특검을 임명하려면 먼저 의심되는 범죄를 구체적으로 적시해야 했다는 주장은 연방규정집(28 C.F.R. § 600.4)에 의해 뒷받침된다. 이 규정에 따르면, "특검은 수사대상인 사안에 대해 구체적으로 사실을 적시함에 따라 마련된다."[88] 특검의 업무를 적시된 사안에 국한하기 위해서 수사의 범위는 엄격히 제한된다. 그러나 로젠스타인은 이러한 규정을 지키지 않았다. 특검 명령서는 수사 범위를 제대로 규정하지도 않은 포괄적인 명령이었다. 멀러는 전혀 범죄가 아닌 사안들을 수사할 무소불위의 포괄적인 권한을 부여받았다.

연방규정집(28 C.F.R. § 600.4)은 특검이 공무집행방해를 조사하고 고발하도록 허용하지만, "특검의 수사를 방해할 의도"를 지닌 방해로 분명히 제한하고 있다.[89] 그러나 트럼프가 코미에게 플린에 대해 언급했다고 알려진 내용이나 뒤이어 코미 국장을 해고한 행위 등과 같이 공무집행방해에 해당할 가능성이 있는 행위는 멀러 특검 임명보다 먼저 일어났으므로 여기 적시된 특검 관할 범위에서 벗어난다. 달리 말하면, 멀러는 자신이 임명되기 전에 일어났을지도 모르는 그 어떤 공무집행방해도 특검하에서 수사할 권한이 없었다. 그는 오로지 특검에 임명된 후에 수사를 방해한 행위만을 조사할 권한이 있었다.

로젠스타인은 여기서 또다시 법을 지키지 않았다. 그는 특검이 수사할 권한이 없는 사안을 수사할 권한을 부여했다. 로젠스타인과 멀러는 자신들이 특검 규정을 온통 짓밟고 있다는 사실을 알고 있었다. 나중에 공개된 법정 자료에서 멀러는 특검 명령서가 의도적으로 모호하게 작성되었는데 그 이유는 구체적인 사항은 무엇이든 기밀이고 특검의 수사를 위험에 빠뜨렸을지 모르기 때문이었다고 시인했다.[90] 이는 법률에서 파생된 연방규정을 선의로 어길 만한 핑계가 된 적도 없고 되지도 않는다. 법무장관 대리가 특검 임명 승인명령서를 의도적으로 모호하게 작성함으로써 특정한 사실의 적시를 의무화한 규정을 의도적으로 어겼다는 경악스러운 자백이다.

멀러 보고서가 확인한 바와 같이, 특검은 대통령이 코미를 해고한 행위가 트럼프-러시아 "공모" 수사를 방해하려는 "부정한" 행위인지 여부를 철저히 조사했다. 대통령이 코미를 해임한 까닭은 2017년 5월 9일 법무차관 로젠스타인이 보고서에 자세히 그 이유를 적시하고 해임을 권고했기 때문이기도 하다.[91] 로젠스타인은 대통령과 당시 법무장관인 제프 세션스와도 정당한 이유로 코미를 해임하는 사안에 대해 심층적인 대화를 나누었다.[92] 그렇다면 로젠스타인은 그 어떤 공무집행방해 사건에서도 핵심적인 증인이 된다.

그러한 상황에서 로젠스타인은 특검 임명 여부를 결정할 자격이 없는 인물이었고, 해당 사건의 핵심증인인 그의 지위로 볼 때 특검 임명을 밀어붙인 행위는 변명의 여지가 없는 실책이었다. 법무차관은 코미를 해고하는 과정에서 한 역할이 있으므로 심각한 이해충돌의 입장에 놓이게 되었다. 세션스가 사건을 기피한 이유는 이해충돌로 '인식되어' 부적절해 '보이기' 때문이었다. 이와 비교하면 로젠스타인은 '진정으로 부인할 수 없는' 명백한 이해충돌이 있으므로 특검 임명을 기피했어야 한다.[93] 그가 이런 명백한 사실을 인식하지 못했다니 이해되지 않는다. 그럼에도 불구하고 그가 특검을 임명하려는 강한 의지를 관철시켰다는 사실은 그에게 숨은 의도가 있었다는 강력한 증거다.

앞서 지적한 바와 같이, 로젠스타인은 코미가 해고되고 역풍이 불자 감정을 다스리지 못하고 격앙되었다. 〈뉴욕타임스〉가 보도한 바에 따르면, 동료와 친구들은 그가 분노하고 결정을 후회했으며 불안정하고 감정을 주체하지 못하고 어찌할 바를 몰랐다고 말했다.[94] 로젠스타인과 몇 차례 만난 매케이브도 이를 확인했다.[95] "그는 자신이 코미의 해고에 관여한 데 대해 변명도 하고, 그로 인해 촉발된 역풍에 후회도 하고, 백악관이 자신을 농락했다고 말하기도 하고, 뉴스매체가 이 사건을 보도하는 방식에 화도 내다가 전모가 밝혀지면 자신이 옳다는 게 증명될 거라고 했다"라고 〈뉴욕타임스〉는 보도했다.[96] 로젠스타인과 가까운 이들의 이러한 설명은 코미 해고에 그가 사적으로 공적으로 얼마나 연루되었는지를 여실히 보여준다. 로젠스타인은 법무부에서 특검 임명 여부를 결정해서는 안되는 인물이었다. 법무차관은 손을 떼고 다른 누군가가 이 문제를 맡아야 했다.

로젠스타인은 이 사건을 기피할 의무가 있었다. 연방규정집(28 C.F.R. §

45.2)은 특정인이 "수사대상인 행위에 상당히 연루된" 경우 자격이 없다고 적시하고 있다.[97] 로젠스타인은 코미의 해고 이유와 관련해 핵심적인 증인으로 특검이 수사할 사건에 상당히 연루되어 있었다. 이는 대통령이 공무집행방해를 했는지 여부와 직접 연결된다. 로젠스타인은 특검의 결과에 "사적으로도 공적으로도" 이해관계가 얽혀 있었다. 연방규정에 적시된 자격을 상실하게 되는 또 다른 조건이다. 스스로 기피하지 않기로 한 결정은 변호사들의 직업윤리규정도 위반한 셈이다.[98]

멀러는 특검에 임명되자 트럼프가 공무집행방해를 했는지 여부에 대한 수사에 착수했다. 대통령의 의도에 대해 증언할 수 있는 가장 중요한 인물인 로젠스타인이 트럼프의 의도를 수사하는 사건을 감독하게 되었다. 연방규정집 규정(28 C.F.R. § 600.7)에 따라 로젠스타인이 멀러의 직속 상관으로서 사건을 감독하게 되었다.[99] 법무장관 대리로 이 사건을 감독하면서 로젠스타인은 사건의 모든 측면을 감독하고 그 범위와 의사결정에 대해 지시를 내렸다. 그는 기소 여부를 결정할 최종적인 권한을 행사하는 동시에 그 결정에 영향을 미칠 가장 중요한 증인이기도 했다.

로젠스타인은 멀러나 특검의 다른 수사관들로부터 심문을 받았을까? 틀림없이 받았을 것이다. 〈월스트리트저널〉은 특검팀이 일차적으로 심문한 증인들 가운데 법무차관도 속해 있었다고 보도했다.[100] 멀러 보고서의 눈에 잘 띄지도 않는 각주가 이를 확인해준다.[101] 멀러는 로젠스타인에게 보고하는 입장이었지만 특검의 심문에 응해야 하는 사람은 로젠스타인이었다. 이 사건이 더할 나위 없이 왜곡되고 부적절했음을 보여준다. 상사가 부하 직원에게 심문을 받고, 상사는 본인이 한 증언을 토대로 전체적으로 혹은 부분적으로 기소 여부를 결정하는 데 핵심적인 역할을 했다. 이 각본이 근본적으로 잘못되었고 비윤리적이라는 사실은 삼척동자도 알 수 있다. 수사의 핵심증인인 로젠스타인이 기소 여부를 판단하도록 내버려두지 말았어야 한다. 이는 검사가 본인이 담당한 사건에서 자신이나 자기 상사를 증인석에 세워 증언하도록 하는 셈이다. 변호사는 불편부당한 수사관이자 증인이자 검사이자 판사 역할을 한꺼번에 할 수는 없다. 로젠스타인이 기피를 거부한 행위는 대단한 실책이다. 특검 조사 전체를 의혹에 휩싸이게 만들었고 사익과 정치적 편향성과 객관성 결여에 대한 의문이 끊임없이 제기되게 만들었다.

멀러 보고서는 로젠스타인이 특검의 심문을 받았다는 점에 대해 의문의 여지를 남겨놓지 않았다. 법무차관과 트럼프가 독대한 자리에서 나눈 대화는 공무집행방해 부분에서 거의 그대로 인용되어 있다.[102] 트럼프가 현명하게도 특검의 심문을 받지 않기로 결정했기 때문에, 그러한 대화는 로젠스타인이 특검에게 알렸을 가능성이 높다.[103] 멀러는 자기 상사가 털어놓은 사건에 대한 자초지종을 복음처럼 무비판적으로 받아들인 듯하다. 로젠스타인이 자신에게 유리하고 대통령에게는 불리하게 진실을 호도할 의도가 있는지 여부에 대해 의문을 품지도 않고 말이다. 정신 나간 짓이었다. 법무차관은 트럼프에게 코미를 제거하라고 권고하고 나서 멀러를 고용해 그 결정이 대통령의 공무집행방해 행위인지 조사하라고 했다. 로젠스타인이 이 사건을 기피하지 않고 감독까지 한 행태는 어처구니가 없다. 책임감 있는 윤리적인 변호사라면 절대 그런 짓을 하지 않는다.

수사가 진행되는 내내 로젠스타인은 자신의 이해충돌에 대해 답변을 회피하고 몸을 사렸다. 그는 법무부의 윤리자문에게 자문을 구하고 "그 사람의 조언을 따랐다."[104] 그렇다면 그 사람은 무능으로 해고당해야 한다. 어느 시점에 가서는 로젠스타인이 본인의 기피 여부를 멀러의 판단에 맡겼다.[105] 어처구니가 없다. 윤리규정과 연방규정은 이해충돌 당사자의 부하가 아니라 당사자가 사건을 기피할지 결정할 의무가 있다고 명시하고 있다.[106] 그리고 멀러처럼 부하도 사건에 관여한다면 기피 여부에 대한 그 어떤 조언도 필연적으로 멀러 본인의 이해가 출동하는 여건을 구성하게 된다. 핵심 증인인 자기 상사를 보호하는 데 이해관계가 걸려 있거나 편향될 염려가 있기 때문이다.

이와 관련해 또 한 가지 중요한 본질적 측면이 있다. 로젠스타인이 특검의 심문에서 사실대로 말하지 않았다면? 다른 증인이나 문서를 통해 그가 거짓말했다는 게 증명되면? 최종적으로 기소 여부를 결정할 사건 감독관으로서 그는 이를 무시하든 은폐하든 마음대로 할 수 있다. 그가 자기 자신을 위증으로 기소하는 결정을 정말로 할 수 있을까? 천만의 말씀이다. 바로 이 때문에 검사는 자신이 담당한 사건에서는 증인이라는 또 다른 역할을 할 수 없다. 부정직해도 처벌을 받지 않기 때문이다. 거짓말 면허증인 셈이다.

로젠스타인은 사건을 기피해야 한다는 사실을 알고 있었다. 〈워싱턴 포스트〉에 따르면, 멀러가 보는 앞에서 매케이브와 로젠스타인이 서로 고성을 주고받으면서 다퉜고 매케이브가 로젠스타인에게 그렇게 말했기 때문이다.[107] 이는 특검이 임명되고 불과 며칠 후 일어났다. 멀러가 있는 자리에서 두 사람은 고성을 주고받았다. 두 사람은 서로 상대방에게 이해충돌로 점철된 행동을 했다며 기피하라고 요구했다. 로젠스타인은 매케이브의 부인과 클린턴 측근과의 관계를 두고 매케이브를 다그쳤다. "공적 사적으로 코미의 해고에 대해 매우 불편한 심경을 표함으로써 코미에 대한 깊은 충성심을 담은 발언을 했다"며 비난했다.[108] 이에 질세라 매케이브는 로젠스타인이 코미를 해임하라고 부추기더니 이제는 본인이 감독하는 사건에서 사실관계를 증언할 증인이 되었다고 객관성은 어디 갔냐며 맹공을 퍼부었다. 두 사람 주장 모두 옳다.[109] 둘 다 사건에서 손을 떼고 가능한 한 자신의 직분과 특검 조사 사이에 거리를 두어야 했다. 그런데 그러지 않았다. 멀러도 잘못했다. 멀러는 이러한 "팽팽한 대결" 장면을 보고 두 사람이 서로 상대방에 대해 주장하는 바가 모두 타당함에도 불구하고 사건에서 손을 떼라고 요구하지 않았다.[110]

로젠스타인은 한 가지도 아니고 두 가지나 이해충돌에 놓여 있었다. 자신이 직접 증인으로 연루되어 있는 공무집행방해 사건을 감독한 데다가 "공모" 사건에도 얽혀 있었다. 그는 트럼프 선거운동본부 관계자 카터 페이지를 감시하는 해외첩보감시법 영장에 서명했다.[111] 법원에 제출한 문건이 연방법과 규정에 따라 검증되지 않았는데도 그는 영장 내용이 사실이라고 보증했다. 그는 실제로 자신이 서명하고 사실이라고 "보증한" 문건을 읽기라도 했을까? 2018년 6월 하원 청문회에서 루이 고머트Louie Gohmert(공화당-텍사스 주) 하원의원이 질문하자 로젠스타인은 답변을 회피했다.[112] 그는 페이지에 대한 도청을 세 번째로 갱신하는 영장에 서명했다고 시인했지만, 자신이 서명한 해외첩보감시법 영장 청구서를 모조리 읽을 필요는 없다고 말했다. 그는 영장 청구서들을 "파악"하는 것만으로도 충분하다고 말했다.[113] 읽었다면 읽었다고 말했을 게 틀림없다. 이런 식으로 즉답을 회피하는 게 바로 읽지 않았다는 증거다. 이러한 공방은 로젠스타인이 해외첩보감시법원을 속인 알리바이로 이용할 가능성이 높다는 뜻이다. 자신이 서명한 문건을 실제로는 읽지 않았으므로 판사를 속였을 리 없다는 알리바이의 말이다. 교활한 검사들이 책임을 전가하는 데 쓰는 전형적인 수법이다.

로젠스타인이 트럼프와의 대화를 몰래 녹음하고 이를 증거로 헌법 수정안 제 25조에 의거해 트럼프를 끌어내리는 음모를 꾸몄다는 사실 또한 특검수사에 관여하지 말고 기피했어야 하는 이유다. 대통령에 대해 눈에 띄게 적대적인 사람이 수사를 불편부당하고 중립적으로 감독하기는 불가능하다. 트럼프를 대통령에서 면직시키자는 얘기는 모두 농담이었다는 로젠스타인의 미심쩍은 해명을 수용한다고 해도 이해충돌로 보이기만 해도 기피 요건이 되고도 남는다. 로젠스타인은 세션스의 기피 결정이 적절했다는 데 동의했다.[114] 이와 동일한 기준을 적용하면 법무차관도 기피해야 하지 않는가? 어처구니가 없다.

로젠스타인이 내린 수많은 결정들은 악취가 진동한다. 법무부 서열 2위인 그는 대통령에게 연방수사국 국장을 해고하라고 권고할 당시에 차관이 된 지 얼마 되지 않았었다. 정치적 역풍이 불고 비난이 자신에게 쏟아지자 그는 점점 분노하고 감정적으로 격앙되었다. 이 때문에 그는 서둘러 특검을 임명했다. 연방 규정하에서 특검을 구성해야 할 아무런 근거도 없는데 말이다. 그 결과 대통령직은 엄청난 의혹에 휩싸였고 나라 전체가 추문에 휘말려 3년 이상 공공 담론을 지배했다.

그러나 이는 로드 로젠스타인이 홀로 저지른 짓이 아니다. 그가 해고시키는 데 기여한 인물 또한 특검 임명이라는 잘못된 판단을 내리는 데 큰 역할을 했다.

코미의 사악한 기만과 술수

제임스 코미는 자신이 해고당한 데 대한 모욕을 앙갚음하지 않고 그냥 지나칠 사람이 아니었다. 6피트 8인치의 거구인 그는 어디서든 자신이 군림해야 직성이 풀리는 사람이다. 그의 이런 오만한 속성은 체구와 일치한다. 숨 막힐 정도로 자신이 옳다고 여긴다. 연방수사국과 법무부에서 그는 충성스러운 부하직원들을 주변에 거느렸지만, 그가 독선적이고 자기중심적이고 성품도 양심도 미심쩍은 점이 많다며 그를 혐오하는 사람들도 있었다. 변호사로, 특별검사로, 하원 특별 법률자문으로 수십 년을 일한 조지프 디제노바Joseph DiGenova는 코미에 대해 다음과 같이 평가했다.

미국 사법기관에 적을 두었던 사람들 가운데 제임스 "추기경" 코미만큼 타락한 사람은 없다. "추기경"은 연방수사국 요원들이 상사인 코미를 비하하는 의미로 부른 별명이다. 법무차관으로 재직할 때는 야단법석 호들갑을 떠는 인물로 유명했다. 거만하고 자기애가 충만한 코미는 이 두 뛰어난 정부기관의 역사에서 유래를 찾아보기 어려운 오만한 인물로 알려져 있다. 그는 개인숭배 대상이었다. 그의 주변 인물들은 승진에 몰두하는 아첨꾼이었다. 그런 이들 때문에 연방수사국과 대중은 피해를 입었다.[115]

코미 국장과 연방수사국 내에서 그를 추종하는 자들은 트럼프를 혐오했다. 그들은 트럼프의 정치 성향보다 사람 자체를 더욱 경멸했다. 그 증거는 피터 스트로크와 그의 정부 리사 페이지가 주고받은 증오와 욕설로 가득한 문자메시지에 적나라하게 드러나 있다. 매케이브의 악의적인 저서와 《숭고한 충성심: 진실, 거짓, 그리고 지도력 A Higher Loyalty: Truth, Lies, and Leadership》이라는 역겨운 제목으로 포장한 코미의 저서에도 잘 나타나 있다.[116] 자신이 한 거짓말과 부실한 지도력을 강직과 청렴으로 포장하는 구역질날 정도로 훈계조의 책이다. 진실과 코미의 관계는 군악과 음악의 관계와 비슷하다. 훌륭한 군악을 작곡한 존 필립 수자 Joh Philip Sousa에게는 미안한 얘기지만 독자들은 무슨 뜻인지 알리라.

코미는 합법이든 불법이든 수단을 가리지 않고 트럼프를 대통령직에서 축출해 나라를 구할 구세주 행세를 했다. 이 위풍당당한 국장은 자신보다 지능 수준이 열등하고 지혜롭지 않은 통탄스러운 유권자들보다 자신이 훨씬 잘났다고 생각했다. 그래서 2016년 여름 코미와 그의 일당은 법적으로 수사를 정당화할 믿을 만한 증거가 전혀 없는데도 트럼프에 대한 수사에 착수했다. 코미는 이를 대응첩보 수사라고 포장했지만, 트럼프를 겨냥해 그가 저지르지도 않은 반역 행위를 저질렀다고 결론을 내리는 게 목적이었다. 코미가 법을 있는 대로 뒤틀고 왜곡해 힐러리 클린턴이 저지른 모든 범죄를 사해주던 바로 그날, 연방수사국 요원들은 은밀히 영국 전직 첩보원 크리스토퍼 스틸과 만나고 있었고, 그를 통해 트럼프가 러시아 비밀요원이라는 날조된 증거를 제공받았다. 물론 어불성설이었지만 개의치 않았다. 트럼프를 반역이라는 망령으로 오명을 씌울 수만 있다면 그것으로 족했다.

클린턴 선거운동본부와 민주당이 자금을 댄, 검증되지 않은 스틸 "도시에"로 무장한 코미는 러시아 "공모"라는 가상의 혐의를 입증하는 증거를 확보하리라는 희망에서 트럼프 선거운동본부 관계자를 염탐할 첫 번째 영장청구서에 서명했다.[117] 그런데 뜻밖에 트럼프가 선거에서 이기자 코미는 이러한 노력을 배가했다. 그는 대통령 당선인을 독대한 자리에서 "선정적인" 문건에 대해 보고하고 이를 언론매체에 유출해 트럼프가 대통령에 취임하기도 전에 그에게 해를 입혔다. 이 계략은 먹혀들었고 "공모" 주장은 이 음모에 기꺼이 가담한 언론이 대서특필하면서 날개를 달았다. 계산적인 코미 국장은 신임 대통령을 독대한 자리에서 대통령은 용의자가 아니라고 안심을 시키는 한편 의회에는 대통령이 용의자라고 주장했다.[118] 코미는 미국 대통령을 대상으로 비밀 대응첩보 작전을 수행하고 있었다. 트럼프가 이를 감지했을 가능성도 있다. 2017년 5월, 코미 연방수사국 국장의 조작 행위의 덜미가 잡혔고 그는 즉시 해고되었다. 그러나 코미는 거기서 포기하지 않았다.

코미는 구약성서 신명기의 한 구절을 인용한 듯, "복수는 나의 것"이라고 자신의 저서 제목을 바꿨다.[119] 연방수사국 국장에서 해임되자 속이 부글부글 끓던 그는 J. 에드거 후버 연방수사국 건물에서 쫓겨나고 불과 며칠 만에 한밤중에 불현듯 트럼프에게 복수할 방법이 떠올랐다고 주장한다.[120] 코미는 대통령과 나눈 대화 내용을 기록한 보고서 몇 건의 사본을 해고당하기 전에 몰래 반출했다.《러시아 사기극》에서 자세히 설명한 바와 같이, 이러한 보고서는 미국 정부 소유물이지 코미의 사유재산이 아니다.[121] 정부 관리로 재직하는 동안 직무와 관련해서 쓴 보고서였기 때문이다. 연방수사국 규정에 따르면, 그는 연방수사국을 떠날 때 모든 자료들을 반납해야 했다.[122] 코미는 이 규정을 지키지 않았다. 그는 집에 이 보고서 사본을 숨겨두었다.

사실상 코미는 정부 기록물을 훔쳐 사적인 용도로 이용한 셈이다. 그는 그 보고서가 "일기와 비슷"하며 자기 소유물이라고 주장함으로써 절도행위를 정당화하려고 했다.[123] 이는 어처구니없고 정직하지 못한 주장이다. 그는 이 보고서를 작성할 당시 현직에 있었고, 국민이 낸 세금으로 충당하는 정부 재원을 이용해 보고서를 작성했으며, 미국 대통령과의 공식적인 면담에서 주고받은 대화를 거의 그대로 기록했다. 코미는 민간인 신분이 아니라 연방수사국 국장의 자격으로 트럼프와 대화를 나누었다. 대통령과 나눈 그런 대화는 제3자에게 발설해서는 안 되는 기밀이다. 코미는 공직자로서 기능을 수행하는 차원에서 대통령 집무실에 있었다. 실제로도 그는 그 문건들을 연방수사국 고위관리들과 공유하고 내용에 대해 논의했으므로 분명히 업무와 관련된 문건들이다. 그 보고서는 그 어떤 상황에서도 사적인 "일기"라고 볼 수 없다. 철저하게 직무 관련 문건으로서 자기 마음대로 훔쳐서는 안 되었다. 원본은 연방수사국 건물 내의 안전한 곳에 보관되어 있었다. 그는 문건의 기밀여부를 판단하는 의식적인 결정을 내렸다고 시인했으므로, 이는 업무와 관련된 중요한 문서임을 입증하는 셈이다. 코미의 자기 합리화 변명은 사실과도 어긋나고 법에도 저촉된다.

코미는 저서에서 이제 자신은 "민간인"이므로 훔친 정부소유물을 이용해 트럼프에게 해를 입히는 데 마음껏 사용해도 된다고 주장했다.[124] 코미는 밤을 꼬박 새우면서 그 보고서를 언론매체에 유출시키면 분명히 특검이 임명되고 필연적으로 자신을 해고해 모욕을 준 대통령이 몰락하게 되리라는 아이디어를 짜냈다. 코미는 자신이 유출에 관여했다는 자취를 남기고 싶지 않았다. 5월 16일, 그는 자신의 "절친한 친구"인 컬럼비아 대학교 법학대학원 교수 대니얼 리치먼Daniel Richman을 접촉해 해당 보고서 한두 건을 전달하기로 했고, 리치먼은 그 내용을 〈뉴욕타임스〉에 전달해 기사화하도록 했다.[125] 코미가 이 작전을 지휘했고, 〈뉴욕타임스〉는 5월 18일 이 이야기를 기사화하는 의무를 다했다.[126] 다음 날 코미의 오랜 친구이자 동료인 멀러가 특검에 임명되었다. 이 계략은 흠잡을 데 없이 먹혀들었다.

코미는 독자들에게 자신은 친구에게 보고서 한 건만 주었을 뿐이라고 말했지만, 이는 사실이 아니었다.[127] 후에 리치먼은 코미가 작성하고 간직하고 있던 일곱 건의 보고서 가운데 네 건을 받았다고 확인했다.[128] 다른 두 사람도 이 보고서를 받았는데, 코미는 자신의 저서에서 이 사실을 편리하게 누락했다. 한때 트럼프에게 "나는 뒤에서 몰래 나쁜 짓하지 않는다. 나는 정보를 유출하지 않는다. 나는 교활한 수법을 쓰지 않는다"라고 호언장담했던 사람이 전형적인 교활한 수법으로 한 전형적인 정보 유출 행위였다.[129] 코미는 친구에게 준 단 한 건의 보고서도 "기밀이 아니었다"고 주장했다. 그러나 〈월스트리트저널〉은 리치먼의 수중에 들어간 네 건의 보고서 가운데 두 건은 몰라도 적어도 한 건은 기밀로 분류된 보고서였다고 보도했다.[130] 법무부 감찰관은 코미에 대한 수사에 착수했다.[131]

코미는 자신의 저서와 출판기념회의 인터뷰를 통해 자신의 행위를 "정보 유출"이 아니라고 고집을 피우며 우겼다.[132] 제정신인 사람이라면 아무도 그런 말을 믿지 않는다. 헌법 수정안 제1조 표현의 자유를 수호하는 데 주력하는 프리덤 포럼 연구소Freedom Forum Institute는 정보 유출 행위를 언론매체에 정보를 유출해도 된다는 허락을 받지 않고 "(전직 피고용인을 포함해) 정부 내부자가 정부에 대한 비밀 정보를 언론인과 공유하는 행위"라고 정의한다.[133] 코미의 행동은 이 정의에 딱 맞아떨어진다. 자신의 행위가 "유출"이 아니라는 그의 주장은 어처구니가 없다. 그러나 이는 그가 비양심적이고 인내해주기 힘든 인간임을 보여준다.

미국 헌법(18 U.S.C. § 641)에 따르면, 정부 기록을 사적인 용도로 "전환"하거나 허락받지 않고 다른 이에게 "전달"하는 사람은 10년 이하의 징역에 처해질 수 있는 중범죄다.[134] 코미가 바로 이런 짓을 했다. 그는 분명히 정보 유출을 금지하는, 연방수사국의 통상적인 기밀유지 서약을 위반했다.[135] 이는 법적 구속력이 있고 집행가능하고 기소 가능한 계약으로서 그가 해고당한 후에도 유효하다. 연방수사국 국장으로서 그는 이러한 조건을 준수할 법적인 의무가 있고, 이 조건에 따르면 그는 합의 위반으로 기소당하고 형사처벌을 받을 수도 있다. 게다가 코미가 리치먼과 그 밖의 다른 이들에게 전달한 보고서 가운데 어느 하나라도 기밀 정보가 포함되어 있으면 코미는 미국연방헌법(18 U.S.C. § 793)하에서 힐러리 클린턴이 저지른 범죄와 똑같은 범죄로 처벌받을 수 있다.[136]

코미는 왜 대통령 관련 보고서를 유출했을까? 답은 뻔하다. 복수하기 위해서였다. 그는 자신이 곧 해고당할지 모른다고 생각하고 그 문건들을 일종의 "보험"으로 생각하고 작성한 듯하다. 그는 자신이 연방수사국 자료를 확보하기 전에 해고당할 경우에 대비해 자택에 사본을 보관해두었다. 2018년 2월 13일 자 보고서가 바로 코미가 대통령의 부당한 행정 행위의 "결정적 증거"라고 주장하는 데 써먹으려 한 보고서다. 실제로는 결정적인 증거는커녕 증거 자체가 되지 않는 문건이었다. 코미 연방수사국 국장은 그 보고서와 2017년 6월 8일 상원 정보특별소위원회에서 한 증언에서 국가안보보좌관 마이클 플린이 사임한 직후 대통령 집무실에서 나눈 짧은 대화를 인용했다. 코미의 주장에 따르면, 대통령은 플린에 대해 다음과 같이 말했다. "그는 좋은 사람이고 고통을 겪을 만큼 겪었다. 이 문제에서 손을 떼기를, 플린을 깨끗하게 놔주기 희망한다."[137] 코미는 상원 위원회에서 대통령의 이 말을 "플린이 12월에 러시아 대사와 대화를 했고 이에 대해 거짓 진술을 한 문제와 관련해 플린에 대한 수사를 일체 중단"하라는 요구로 "해석"했다고 증언했다.[138]

나는 코미가 대통령 집무실에서 나누었다고 주장하는 대화 내용과 관련해서 트럼프에게 다음과 같이 물어보았다.

> **재럿:** 그런 말을 했나?
>
> **트럼프 대통령:** 안 했다. 완전히 지어냈다. 지어낸 말이다. 내 생각에 코미가 작성한 보고서는 그냥 지어낸 이야기다. 그는 우리나라에 해로운 자다. 그는 정신 나간 사악한 인간이다.[139]

코미에 대한 트럼프의 판단이 옳았으리라고 본다. 하지만 대통령이 코미와 연방수사국 둘 중 하나, 혹은 둘 다 "그 문제를 종결하기 바란다"는 "희망"이나 바람을 정말로 표명했다고 치자. 그래서 뭐가 어떻다는 말인가? 그 발언은 공무집행방해 범죄에 해당하지 않는다. 멀러도 특검보고서에서 "대통령은 범죄 수사에 대해 폭넓은 재량권을 행사한다"라고 시인했다.[140] 그런데 가만있자. 무슨 수사 말인가? 코미와 매케이브는 수사국 요원 두 명을 보내 플린에게 러시아 대사 세르게이 키슬리악Sergei Kislyak과 나눈 대화에 대해 물어보았다. 로건 법Logan Act(미국 시민이 미국 정부의 승인 없이 미국과 분쟁 관계인 외국 정부를 대상으로 협상하는 행위를 금지한 연방법-옮긴이)에 따른 조사라는 핑계를 댔다.[141] 이는 교활한 계략에 불과했다. 연방수사국이 백악관에 찾아와서 플린을 심문할 법적인 근거가 없었다. 로건 법은 미국과 외국 정부 간의 외교적 분쟁에 민간인이 개입하지 못하도록 하고 있다. 1799년에 이 법이 통과된 이후로 200년 이상 지나는 동안 이 법에 따라 처벌은커녕 기소당한 사람조차 단 한 명도 없다. 이 법안은 헌법에 위배된다는 인식이 보편적이기 때문이다.[142] 게다가 플린-키슬리악의 대화는 로건 법의 법조문에 해당하는 사례도 아니다. 플린은 신임대통령의 취임 준비 기간 동안 신임 정부에서 지명한 대표자 자격으로 러시아 대사를 만났지 이 법안이 적용되는 대상인 민간인 자격으로 만난 게 아니다. 플린은 애초에 연방수사국에 속아 넘어가 심문을 받아서는 안 되었다.

놀랍게도 코미는 나중에 정해진 절차를 의도적으로 위반하고 플린 심문을 요청했다고 시인했다. 그는 MSNBC 공개방송에서 시청자들에게 이에 대해 다음과 같이 자랑스럽게 떠벌리기까지 했다. "잘 조직된 행정부였다면 아마 나는 이런 일을 하지 않았거나 했어도 처벌을 면하지 못했을지 모른다."[143] 연방수사국 국장은 백악관 법률자문을 따돌림으로써 기존의 기준을 무시했다는 사실을 알고 있었다. 그는 다음과 같이 말했다. "아직 취임 전이니 요원 두어 명을 보내보자고 생각했다."[144] 설상가상으로 매케이브는 플린에게 전화를 걸어 변호사가 배석할 필요가 없다고 꼬드겼다. 그저 격의 없는 대화를 하자는 것이지 별 일 아니라고 생각하게 만들려는 수작이었다.[145] 별 일 아닌 게 아니라 매우 큰일이었다. 1년 후 멀러가 먼지가 뽀얗게 쌓인 연방수사국 문서보관소에서 이 인터뷰 문건을 들춰내 플린이 거짓증언을 했다며 그를 기소하는 데 이용했기 때문이다. 플린에게 압박을 가해 특검의 "공모" 수사에서 트럼프 대통령에 대해 불리한 증언을 하도록 하려는 교활한 술수였다. 코미가 상원 법사위원회에서 플린을 면담한 두 요원이 "플린이 거짓말을 한다고 믿을 만한 이유가 없다"고 증언했다는 점으로 미루어볼 때 더욱더 어처구니가 없다. 잘못이라는 점은 말할 필요도 없고.[146] 이러한 평가는 두 요원이 문서로 작성해 보관했고 결국 특검이 공개한 연방수사국 보고서(이러한 문건은 "302"라고 불린다)에 의해 확인되었다.[147]

그러나 2017년 2월 코미가 주장한 대로 트럼프가 코미에게 그 사건을 종결하기를 "희망한다"라고 했을 당시 플린에 대한 실제 수사는 없었다. 국가안보보좌관 플린을 면담한 두 요원은 플린이 거짓 발언을 했다고 생각하지 않았다. 연방수사국은 플린이 로건 법을 어기지 않았다는 사실을 알고 있었고, 더 나아가서 수사국 요원들은 플린이 자신들에게 거짓말을 하지 않았다고 생각했다. 당시 법무장관 대리 셀리 예이츠는 코미와 매케이브가 플린과 신임 행정부를 상대로 사기를 치지 않았다는 게 "불만이었다." 그렇다면 연방수사국 국장은 백악관 대통령 집무실에서 대통령을 독대했을 때 왜 사실대로 말하지 않았을까? 그가 트럼프를 정직하게 대했다면 "대통령 각하, '종결'이라고 말할 거리가 없습니다. 그 어떤 비리 조사도 없기 때문입니다"라고 조언했어야 한다. 코미는 수사국 요원들을 보내 가짜 수사로 플린을 속인 데 대해 사과했어야 한다. 물론 코미는 그러지 않았다. 대신 그는 나중에 트럼프를 협박하거나 자신이 해고당할 경우 보복하는 데 이용할 보고서를 작성한다.

코미의 보고서가 공무집행방해의 증거가 아닌 다른 이유들이 또 있다. 코미 국장이 플린 문제와 관련해 트럼프가 정말로 공무집행을 방해한다고 생각했다면, 왜 보고서에서는 언급하지 않았는가? 보고서에서 언급하지 않은 이유는 코미가 대통령이 한 말이 공무집행방해에 해당하지 않는다는 사실을 알고 있었기 때문이다. 코미가 트럼프와 대화를 나누고 석 달 후, 그리고 해고당하기 며칠 전에 상원 법사위원회에 출석해 증언한 자리에서 코미는 누군가가 수사를 중단하라고 권했느냐는 질문을 받자 다음과 같이 대답했다. "그런 일이 있었다면 아주 대단한 사건일 텐데, 내 경험으로는 그런 일은 없었다." 코미는 해고당하고 나서야 비로소 말을 바꿔서 6월 8일 대통령이 자신에게 플린 사건 수사를 중단하라고 지시한 것으로 "이해했다"고 증언했다. 도대체 어느 쪽이 진실이고 어느 쪽이 거짓말인가? 코미가 아직 국장일 때 처음 내놓은 설명이 정확할 가능성이 더 높다. 해고당하고 불만을 품은 사람은 진실을 호도하고 입장을 번복해 해고당한 데 대한 보복을 하는 경향이 있다. 그래도 의혹이 남아 있었다면 이는 코미의 가장 서열 높은 부하직원인 앤드루 매케이브가 말끔히 해소했다. 코미가 해고되고 이틀 후 그는 "지금까지 우리 수사를 방해하려는 시도는 전혀 없었다"라고 증언했다.[148]

코미가 정말로 트럼프가 공무집행방해를 한다고 생각했으면 즉시 법무장관, 법무차관, 혹은 의회에 이를 알리는 의무를 다 했어야 한다. 사법기관에 근무하는 사람들은 중범죄를 인지하게 되면 상관에게 보고할 특별한 의무가 있다. 보고서를 작성해 어디 문서보관소에 묻어두거나 집으로 가져가서 차후에 협박하거나 보복할 때 꺼내 써먹을 게 아니라. 코미는 대통령이 플린 문제에 개입하려 했을 가능성에 대해 법무부 소속 그 누구에게도 알리지 않았다고 시인했다.[149] 2017년 5월에 의회에 출석했을 때는 수사에 개입하려 한 사람이 아무도 없었다고 그가 증언했음을 강조할 필요가 있다.

코미는 해고당한 후 대통령이 플린 수사를 그만두기를 바란 것으로 "이해했다"고 증언했다.[150] 그러나 코미가 대통령의 말을 어떻게 해석했는지는 크게 관련이 없다. 공무집행방해 관련 법규가 명시하듯이 방해를 입증하는 증거는 듣는 사람의 해석이 아니라 말을 하는 사람의 구체적인 의도다. 법률을 공부한 코미는 트럼프가 한 말이 수사를 방해하는 게 아니라는 사실을 알고 있었다. 2017년 6월 상원 정보위원회에서 제임스 리시James Risch(공화당-아이다호 주) 상원의원은 다음과 같이 핵심적인 질문을 던졌다.

> **리시 상원의원:** 뭔가를 "희망"한다는 이유로 기소당한 사람은 없는 걸로 당신이 알고 있다고 한다면 타당한 발언이라고 하겠는가?
>
> **코미:** 없는 걸로 안다.[151]

당연히 없는 걸로 알았겠지. 희망사항과 희망적 관측은 명령과 같지 않다. 코미는 또한 대통령은 법을 준수하고 모든 법을 집행해야 하지만 대통령에게 부여된 권한에 따라 법을 해석하고 집행할 방식을 결정하는 데 어느 정도 재량권이 있다는 사실을 잘 알고 있었다. 즉 트럼프가 헌법이 부여한 권한을 행사할 자격이 있다는 사실을 알고 있었다. 이 또한 코미가 상원정보위원회에서 한 증언에서 다음과 같이 시인했다.

> 법적으로 보면, 대통령은 행정부 수반이고 이론상으로는 그 누구든 수사하라 마라 지시할 수 있다. 대통령에게 그런 법적 권한이 있다고 생각한다. 우리 모두가 궁극적으로는 행정부 수반인 대통령에게 보고한다.[152]

해고당한 연방수사국 국장은 헌법이 부여한 권한에 따라 행한 합법적인 행위는 그 정의상 공무집행을 방해하는 행위가 될 수 없다는 사실을 알고 있었다. 불순한 의도가 있었다고 해도 헌법에 보장된 행위가 마법처럼 범죄로 전환되지는 않는다.[153] 이에 대해서는 멀러 보고서를 다룬 장에서 더 자세히 설명하겠다. 트럼프가 공무집행방해 혐의를 받은 이유는 오로지 코미, 민주당, 그리고 리버럴 성향의 언론매체들이 반 트럼프 논조를 만들어냈기 때문이다.

코미가 대통령 관련 보고서를 유출한 사건을 조사한 법무부 감찰관 마이클 호로위츠는 이 사건을 기소 가능성이 있다며 법무부에 회부했다. 〈더 힐The Hill〉이 보도한 바와 같이 법무부 감찰관은 코미가 "솔직하지 않았다"고 판단하고 정부 문건을 소홀히 다룬 혐의로 기소할 만한 충분한 증거가 있다는 결론을 내렸다.[154] 그런데 연방 검찰이 이 사건을 검토해보고 기소하지 않기로 결정했다고 알려졌다.[155] 코미는 왜 기소되지 않았을까? 부당한 행위라고 해서 모두 법정에서 합리적 의심의 여지없이 증명 가능한 범죄는 아니다. 이 글을 쓰는 현재, 코미가 한 다른 행동들은 기소 대상으로 검토 중이다.

거울 속의 코미

코미는 자신의 안위를 돌보지 않는 공복公僕으로서 흠잡을 데 없는 고결한 인물이라는 이미지를 철저하게 관리해왔다. 그가 품고 있는 수많은 망상과 마찬가지로 진실은 그가 작성한 문서에서 발견된다. 2005년, 당시 연방수사국 국장 로버트 멀러와 긴밀하게 협력하면서 일한 법무부를 떠난 후, 코미는 민간부문에 진입해 세계최대의 방위산업체 록히드 마틴Lockheed Martin에서 수석부사장과 법률고문으로 근무했다.《권위의 손상: 돈과 정치가 연방수사국의 부패를 조장한다Compromised: How Money and Politics Drive FBI Corruption》에 따르면, 코미의 순자산은 이 기간 동안 "4,000퍼센트 이상 급증했다."[156] 한 해에만 610만 달러의 소득을 올렸는데, 고수익 스톡옵션은 포함되지 않았다. 어떻게 이런 일이 일어났을까? 이 책의 저자인 정부책임연구소Government Accountability Institute의 셰이머스 브루너Seamus Bruner는 다음과 같이 설명한다.

코미가 록히드 마틴에 근무하는 동안, 멀러가 국장으로 있던 연방수사국

은 10억 달러가 넘는 각종 IT와 감시 프로그램 구축 계약을 록히드 마틴과 맺었다.[157]

록히드는 코미에게 이에 상응하는 금전적 보상으로 보답했다. 금전적으로 볼 때 코미의 이직은 엄청난 횡재였다. 그는 공직에 있을 때는 정부 감시 강화를 열렬히 옹호했다. 그러더니 감시 프로그램 구축 계약업체인 록히드에서 가장 큰 수혜자 대열에 합류했다. 코미도 자신의 공직을 현금화했다는 비난에서 자유롭지 못하다. 그의 친구 멀러는 코미가 열렬히 주장해온 바로 그 감시 프로그램을 통해 수백만 달러를 벌게 해주는 데 결정적인 역할을 했다.

코미의 재산공개 기록을 살펴보면 조작에 능한 교활한 인간임을 알 수 있다. 조작하다가 적발되면 둘러대는 데 선수다. 그는 사악한 만큼이나 기만술과 뻔뻔한 변명에도 능하다. 그는 대통령에게는 "나는 뒤로 딴 짓하지 않는다. 유출 안 한다. 비열한 짓은 하지 않는다"라고 안심시키고 의회에서는 "트럼프 수사와 관련한 보도에서 나는 익명의 정보원이었던 적"이 "결코" 없다고 증언했다.[158] 그리고 나서 그는 대통령과의 대화를 기록한 보고서를 언론에 유출하고는 "유출"이 아니라고 우겼다. 그는 의회 비공개 질의에서 의원들에게 연방수사국 요원들은 플린이 면담에서 사실대로 말한 것으로 생각한다고 답했다. 그러더니 TV 인터뷰에서는 그런 말 한 적이 없다고 부인했다.[159]

그는 클린턴의 보좌관 소유의 노트북컴퓨터에서 발견된 이메일의 숫자에 대해 거짓 증언을 했다. 연방수사국은 이 기록을 정정해야 했다. 문서 증거를 보면 코미가 말한 숫자는 실제 정확한 숫자의 근처에도 가지 않았기 때문이다.[160] 또 다른 청문회에서 그는 제프 세션스 법무장관으로부터 러시아와 관련된 사건의 기피를 명시한 그 어떤 보고서도 받은 적이 없다고 증언했다.[161] 거짓말이다. 법무부가 제공한 자료들을 보면 그는 세션스의 "기피와 그 범위"에 대해 구체적으로 적시한 이메일을 받았다.[162] 마지막으로 그는 클린턴을 심문한 후에야 클린턴을 기소하지 않기로 결정했다고 증언했다.[163] 그러나 그는 클린턴을 심문하기 몇 달 전에 이미 면죄부를 주는 발표문을 작성해두었다.[164] 코미가 거짓 발언을 한 횟수와 진실을 호도하는 발언을 한 횟수는 일일이 따지기가 힘들 정도다.

코미는 또한 모르고 한 일이라고 변명하기 일쑤다. 하원 정부감시 및 정부개혁 위원회에 출석해 한 증언에서 그는 크리스토퍼 스틸이 퓨전 GPS를 위해 일하는지 몰랐고, 스틸이 연방수사국의 정보원으로 일하다 해고당한 사실도 몰랐고, 심지어 법무부의 브루스 오가 스틸과 연방수사국 사이에서 정보를 유통시키는 역할을 했다는 사실도 모른다고 주장했다.[165] 이런 변명만 해도 더할 나위 없이 뻔뻔하다고 생각하겠지만 그게 다가 아니다. 설상가상으로 코미는 〈폭스뉴스〉 진행자 브렛 베어Bret Baier와의 인터뷰에서 스틸의 "도시에"를 작성하는 데 클린턴 선거운동본부와 DNC가 자금을 댔다는 사실을 몰랐다고 했다.[166] 그러더니 그는 이 문건에 자금을 댄 주체가 공화당이라고 주장했다. 보통 사람이 들으면 머리가 터질 만한 거짓 발언들이다.

"도시에"는 결코 공화당이 자금을 대지 않았다. 이는 퓨전 GPS의 창립자 글렌 심슨이 오래전부터 써먹은 헛소리였다. 한 공화당 단체가 초기에 자금을 대 시작한 뒷조사는 스틸이 "도시에"를 작성하기 훨씬 전에 종결되었다고 그는 의회에서 증언했다.[167] 이는 그 단체가 직접 공개적으로도 확인해주었다.[168] 코미가 이를 어떻게 모를 수가 있는가? 클린턴 선거운동본부와 DNC가 트럼프에게 해를 입히려는 "도시에"에 자금을 지원했다는 사실을 코미가 어떻게 모를 수가 있는가? 코미가 어떻게 스틸, 브루스 오, 퓨전 GPS에 대해서 아무것도 모를 수가 있는가? 그는 전적으로 스틸이 날조한 "도시에"를 토대로 카터 페이지를 감시하려고 해외 첩보감시 영장청구서에 한 번도 아니고 세 차례씩이나 서명을 했다. 연방수사국 국장이, 그것도 빈틈없고 성실하다고 스스로 자부하는 사람이, 미국 대통령 후보 선거운동 관계자를 감시하도록 허락해 달라는 영장을 해외첩보감시법원에 제시하면서 제출 증거와 기본적인 사실을 확인할 생각도 하지 않았다는 말인가? "이 증거는 어디서 비롯됐을까, 누가 자금을 댔을까?"라는 핵심적인 질문을 한 번도 하지 않았다는 말인가?

코미는 본인의 잘못된 행동을 드러내주는 달갑지 않은 진실에 직면할 때마다 무능한 척, 기억이 나지 않는 척했다. 그가 역대 가장 무능한 연방수사국 국장이 아니라면 이 중요한 사실들을 몰랐다는 것은 상상하기가 어렵다. 그러나 그는 아무것도 모르는 척했다. 해명하기 힘든 자신의 행동에 대해 변명할 거리가 마땅치 않았기 때문이다. 그는 "도시에"가 어디서 비롯되었고 누가 자금을 댔는지 잘 알고 있었다. 그는 이 문건을 영장을 청구하는 주요 근거로 이용했고 비공개 정보기관 평가 보고서의 일부로도 이용했고, 대통령 당선자 트럼프에게 업무보고를 할 때도 이 문건을 언급해 2017년 1월에 언론매체에 유출될 수 있도록 했다. 그렇지 않다는 주장은 어린이 동화를 사실이라고 믿는다는 소리나 마찬가지다.

코미는 "도시에"의 기원을 알고 있었고 이 문건을 연방수사국이 어떻게 남용했는지도 알고 있었음에 틀림없다. 시간이 흐르면서 이 사기극은 그 실체를 드러내기 시작했다. 그는 저서를 홍보하고 TV 유명인사로 받는 각광을 만끽했지만, 이 새빨간 거짓말을 퍼뜨리는 데 중심적인 역할을 한 자신에게 쏟아지는 정곡을 찌르는 질문에는 솔직한 답변을 회피했다. 그는 철저한 계산에 따라 혼란을 야기하고 얼버무렸다. 송곳 같은 질문이 쏟아지는 인터뷰에서는 투우사처럼 요리조리 공격을 피했다.

그는 트럼프를 매도하는 사설을 써서 명성을 얻기도 했다. 그는 대통령이 망상에 빠져 있고 비도덕적이고, 심각하게 비윤리적인 거짓말쟁이라고 낙인을 찍었다.[169] 그는 거목 사이에 우뚝 서 있는 자신의 사진에 "수많은 의문들"이라는 형이상학적인 문구를 넣어 트위터를 날리는 유치한 짓도 했다.[170] 사색에 잠겨 바다를 응시하는 모습을 담아 트위터에 올린 또 다른 사진에는 "상전벽해의 긴 시간이 흐르면 유익한 관점을 터득하게 된다"라는 문구를 붙였다.[171] 너무나도 진부한 내용이라 트위터에서는 그를 조롱하느라고 신이 났고 칼럼니스트들도 마찬가지로 그를 조롱했다. 연방수사국 첩보 부국장을 지냈고 〈더 힐〉에 글을 기고하는 케빈 브록Kevin Brock은 코미를 "묵주를 돌리는 포토맥 강의 교황"이라고 조롱했다.[172] 〈월스트리트저널〉의 윌리엄 맥건William McGurn은 다음과 같이 일갈했다. "미덕의 화신인 성직자 코미의 사진은 눈부신 자화상이다."[173]

오로지 뻔뻔하고 오만한 사람만이 자신이 거짓말을 해놓고 다른 사람들이 거짓말을 한다고 비난한다. 2018년 12월 비공개 증언을 마친 코미는 청문회장에서 빠져나와 카메라 앞에 서서 트럼프 대통령이 "연방수사국에 대해 거짓말을 하고, 연방수사국을 공격하고, 이 나라의 법치를 유린"했다고 비난했다.[174] 연방수사국에 재직할 당시 직권을 남용하고 그 악명 높은 클린턴 이메일 추문에서 법무장관의 권한을 행사하는 월권행위를 해 해고당한 사람이 할 말은 아니다. 자신이 한 일을 전혀 인식하지 못하다니 놀라울 따름이다. 코미는 정직하지도 않고 연방수사국의 규정과 법 원칙을 무시했기 때문에 몰락했다. 공중의 관심을 한 몸에 받으려는 무절제한 야망과 욕망 때문에 오판과 비행은 더욱더 악화일로를 걸었다. 법치를 뒤엎고 연방수사국의 명성과 평판을 깔아뭉갠 사람은 트럼프가 아니라 코미다.

아직까지도 코미는 자기 잘못에 대한 책임을 지지 않으려 한다. 오히려 그는 순수한 척하면서 다른 사람들에게 책임을 전가하거나 잘못을 은폐하려고 애쓰고 있다. 12월에 의회에 출석해 증언했을 때 200회 이상 그랬듯이 자신의 주장을 반박하는 증거에 직면하면 "모르겠다" 혹은 "기억나지 않는다"로 일관한다. 그의 기억상실증은 정말 믿기지가 않는다. 그는 2016년 7월 트럼프-러시아 공모 수사의 단초가 된 문건을 누가 작성했는지 기억나지 않는다고 했다. 그는 클린턴, 퓨전 GPS, DNC 모두 반 트럼프 "도시에"에 책임이 있다는 사실을 전혀 몰랐다고 주장했다. 그가 하는 그런 주장을 듣고 있으면 스틸과 그가 날조한 "도시에"가 어떤 연관이 있는지에 대해 아무것도 모르는 것처럼 들린다. 그러나 그는 "도시에"를 기꺼이 트럼프 선거운동본부 관계자를 염탐할 구실로 삼았다. 연방수사국 국장으로서 그는 "검증"됐다고 주장하는 내용을 담은 영장 청구서에 서명날인을 했다. 그와 연방수사국 요원들은 그 내용을 검증한 적이 없는데도 말이다.

코미는 거짓말과 거짓말쟁이에 대해서 훈계하기를 좋아한다. 다른 사람도 아니고 현대 미국 역사상 가장 악명 높은 사기극에 책임이 있는 사람이 이런 행동을 보인다니 참으로 어처구니가 없는 모순이다. 코미가 트럼프-러시아 수사에 착수한 2016년 7월 당시에 이 수사를 정당화할 아무런 법적 근거도 신빙성 있는 증거도 없었다. 러시아 사건을 이끈 연방수사국 변호사 리사 페이지는 범죄의 증거를 전혀 발견하지 못했다. 특검을 발동하려면 범죄의 증거가 있어야 한다는 게 법적인 전제조건이다.[175] 그래도 코미는 아랑곳하지 않고 대통령과의 대화를 담은 보고서를 훔치고 이를 친구에게 전달했다. 이후 그 친구는 이를 언론매체에 유출해 특검을 꾸릴 사악한 계략을 실행했다.

코미는 본인이 생각하는 것처럼 그렇게 영웅적이거나 숭고한 인물이 아니다. 그는 사실을 비틀고 법을 곡해해서 클린턴에게 면죄부를 주었다. 그는 법적으로 충분한 증거도 없이 트럼프에 대한 수사에 착수했다.

그는 위장한 정보원을 트럼프 선거운동본부에 잠입시켜 염탐하게 했다. 그는 염탐한 대상의 혐의를 벗겨주는 증거를 은폐함으로서 해외첩보감시법원을 속였다. 그는 정부 문서를 훔쳐서 언론에 몰래 유출시키고 불법적인 특검수사를 촉발시켰다. 그리고 의회, 언론매체, 미국 국민을 상대로 끊임없이 거짓말을 하고 사실을 호도하는 발언을 했다. 연방수사국 국장으로서 코미는 암적인 존재였다. 그는 공중의 신뢰를 저버렸다. 민간인으로서 그는 여전히 물레로 거짓의 실을 잣는 동시에 순교자 행세를 하고 있다. 그는 허영의 상징이다.

토머스 제퍼슨이 이런 말을 한 적이 있다. "스스로에게 거짓말을 한번 하고나면 두 번째 세 번째 거짓말을 하기는 훨씬 쉬워지고 결국 거짓말이 습관이 된다. 거리낌 없이 거짓말을 하게 되면 진실을 얘기해도 세상은 그를 믿지 않게 된다."

제임스 코미는 자기가 퍼뜨리는 이야기가 사실이라고 믿는 단 한 사람일지도 모른다.

5장

THE FOLLY OF MUELLER'S MAGNUM OPUS | **멀러의 역작,
엉터리 특검보고서**

WITCH HUNT

로젠스타인이 로버트 멀러를 선택했다.

그는 누구든 선택할 수 있었지만 킬러를 선택했다.

그는 노련한 암살자를 특검에 임명했다.

_ 2019년 1월 31일 〈폭스뉴스〉에서 전 뉴저지 주지사 크리스 크리스티Chris Christie

멀러 보고서는 표지에 경고문을 부착했어야 한다. "한꺼번에 꿀꺽 삼키지 말 것. 혼란, 짜증, 현기증, 속 쓰림, 구토를 비롯해 여러 가지 부작용 발생 보장." 한 쪽씩 넘길 때마다 이런 증상들은 점점 심각해진다. 448쪽을 모두 소화하고 나면 프로포폴을 맞지 않은 채 장내시경을 할 때와 같은 고통이 느껴진다. 이 보고서를 읽으려면 엄청난 고통을 감내해야 한다. 너무 뒤죽박죽이고 자기 모순적이고 중복적이고 툭하면 이해하기 불가능한 부분이 등장한다. 어떤 부분은 너무 혼란스럽고 정신분열적이어서 머리를 한 대 얻어맞은 기분이 든다. 읽으면 읽을수록 사고능력을 감퇴시킨다. 불가해한 내용을 이해하려는 건 어리석은 짓이다. 너무 허술하고 사건과 무관하거나 뻔한 사실들이 뒤얽혀 있다. 다른 부분, 특히 법적 분석인 양 흉내 내는 부분은 머리가 멍해질 정도로 장광설이어서 그 의미를 파악하기가 불가능하다. 문건 전체를 편집자가 빨간 펜으로 수정했으면 훨씬 나았을 걸 그랬다. 아니면 편견으로 눈이 멀지 않은 제정신인 변호사들이 검토를 하든가.

단단한 암석 같은 이 문건을 어찌어찌 뚫고 들어가면 부서진 덩어리들 속에서 한 가지 진실이 드러난다. 로버트 멀러 특검은 자신에게 부여된 임무를 완수하지 못했다. 검사로서 그는 맡은 임무를 해내는 데 실패했다. 그가 학생이라면 이 허접한 과제물에 낙제점수를 받든가 재수강하라는 요구를 받을 게 틀림없다. 그가 민간 기업의 피고용인이라면 당장 해고당했을 게 틀림없다.

오직 정부에서만이 그 엄청난 시간과 자금을 허비하고 주어진 임무를 완수하는 데 처참하게 실패한 사람이 여전히 일말의 존중을 받을 수 있다.

멀러는 샅샅이 조사하느라 거의 2년을 소비했다. 그는 변호사 19명과 연방수사국요원, 범죄수사 회계사, 정보 분석가 40명을 고용했다. 그의 특검팀은 2,800건 이상의 소환장을 발부하고 대략 500여 건의 수색영장을 집행했다. 대략 230건의 통신내역 제출 명령서를 확보했고 펜 등록기 Pen register(특정 전화선에서 전화한 모든 번호를 기록하는 전자 장치-옮긴이) 50개를 확보해 전화를 비롯해 전자 정보에 접근해 사생활까지 파헤쳤다. 무려 500명의 증인이 심문을 받았고 13개 외국 정부가 관여했다. 수백만 쪽에 달하는 문서들을 검토했다. 수사하는 내내 특검은 어마어마한 권력과 무한한 재원으로 무장하고 3,000만 달러 이상을 소비했다. 멀러가 임무를 마무리하고 두 가지 중요한 결정을 내리기를 기다리는 동안 온 나라가 긴장했고 대통령직의 미래는 불확실해졌다.

그런데 멀러는 맡은 임무를 겨우 절반만 수행했다. 그는 "공모"에 대한 판단은 내렸지만 공무집행방해에 대해서는 판단을 내리지 않았다. 그는 실패했다. 그는 자신에게 부여된 의무와 신뢰를 저버리는 치욕스러운 짓을 했다. 그가 해야 할 임무와 그 범위는 그의 임명을 승인한 바로 그 규정이 정의한다. "기소 또는 불기소" 양단간에 결정을 내려야 한다.[1] 쉽게 말하면 그는 결정을 내리라고 고용되었다. 그는 "트럼프 선거운동본부에서 러시아 정부와 음모를 꾸미거나 협력해 선거에 개입하는 활동에 가담한 관계자"는 한 명도 없었다는 결론을 내리긴 했다.[2] 그런 일은 일어나지 않았다. 대통령도 대통령을 대신해 그 어느 누구도 러시아와 공모해 범죄행위를 하지 않았다. 언론과 민주당이 정반대의 주장을 하면서 2년 동안 주야장천 비난을 퍼부었지만 말이다. 러시아와의 공모로 멀러 특검이 기소한 이는 아무도 없었다. 특검수사의 절반인 이른바 러시아 "공모"는 사기였다.

그러나 트럼프 대통령이 연방수사국이나 멀러의 수사에 개입하려 했다는 공무집행방해의 문제에 대해서 특검은 "통상적인 기소 판단을 내리지 않기로 결정했다"라고 말했다. 그는 구체적으로 두 가지 문제를 해결하라고 고용되었는데 그 가운데 한 가지는 해결하지 않기로 결정했다. 서로 합의한 목적지까지 짐을 실어 나르기로 하고 목적지의 절반까지만 짐을 운반한 트럭운전사인 셈이다. 아니면 거금을 들여 주문한 음식을 반만 제공한 요리사다. 미국인이라면 누구든 뭔가 속은 느낌이 들어야 한다.

멀러는 "어떤 범죄행위도 발생하지 않았다고 단정적으로 결론을 내리기에는 어려운 문제들을 증거가 제시하고 있다"라고 변명조로 한탄했다.[3] 뭐라고? 내가 제대로 읽은 걸까? 그는 자신이 맡은 임무가 너무 어려워서 완수할 수 없었다고 자백하는 듯했다. 마치 학생이 교사에게 "시험문제가 너무 어려워서 답을 모르겠어요"라고 하듯이 말이다. 이런 학생과 멀러 둘 다 낙제점수를 받아야 마땅하다. 윌리엄 바 법무장관은 상원에 출석한 자리에서 검사의 핵심적인 역할은 기소여부를 판단하는 일이라고 질책하듯이 말했다.[4] 그게 특검이 할 일이었단 말이다. 특검은 책임을 저버렸다. 멀러가 타당한 이유를 제시하지 않았기 때문에 더더욱 바 법무장관을 어리둥절케 했다. 멀러 특검이 한(하지 않은) 일에 대해 어떻게 생각하느냐는 질문을 받은 바 법무장관은 다음과 같이 답했다. "그의 논리가 뭔지 잘 이해가 가지 않는다. (…) 그 논리를 분명히 이해하지 못했다."[5] 바 법무장관은 임명된 검사가 22달 동안 수사를 하고 "결국 결정을 내리지 않기로 한" 이유가 뭔지 모르겠다고 했다.[6] 정말 그 이유를 모르겠다. 황당하기가 이를 데 없다.

한 가지 가설은 이렇다. 멀러가 그렇게 한 까닭은 보고서 제2권의 "도입"부에서 장황하게 설명한 이유가 아니라 악의적인 의도가 있다는 주장이다.[7] 어쩌면 특검이 그토록 중요한 결정을 회피한 진짜 이유는 법규상 트럼프가 공무집행방해를 하지 않았다는 사실을 멀러는 알고 있었기 때문일 확률이 높다. 그의 분석을 꼼꼼히 살펴보면, 헌법 원칙과 법률을 모두 고려해볼 때 후자 쪽 이유가 확실해 보인다. 공무집행방해를 정당화할 증거가 태부족이라는 사실을 차마 공개적으로 인정할 수가 없었던 것이다. 그는 대통령이 자신을 향한 비난은 불순한 의도를 품은 "마녀사냥"에 불과하다는 끊임없는 반박이 정당했다고 인정해줄 수 없었든가 인정하기 싫었던 것이다. 멀러가 공정하기 위해 용기를 낼 엄두를 내지 못했을 가능성이 있지 않을까? 특검이 트럼프에 대해 공무집행방해 범죄를 적시하기에 충분한 증거가 있었다면 그렇게 판단을 내리고 구체적인 증거를 제시했을 것이다.

멀러와 특검팀 검사들은 트럼프에 대한 사적인 그리고 정치적인 원한을 동력삼아 조사한 게 점점 분명해지고 있다. 편파적인 특검 변호사들이 서로 의견이 갈려 일부는 기꺼이 법을 왜곡해 트럼프가 공무집행방해를 범했다고 주장하고 일부는 그렇게 하길 꺼렸을 가능성도 있다. 아무튼 멀러가 공무집행방해 사안에 대한 판단 내리기를 거부하자 대통령에게 적대적인 이들은 즉각 "멀러가 제시한 공무집행방해 증거 정도면 충분히 혐의가 입증된다"라고 선언했다.[8] 멀러가 수집한 증거는 공무집행방해를 뒷받침해주지 않는다는 사실을 깨닫고 나서 바로 이러한 반응을 유도하는 게 특검의 의도였을 가능성이 높다. 보고서 발표에 뒤이은 단독 기자회견에서 멀러는 연단에 "탄핵" 현수막을 내건 셈이었다.

멀러는 (실제로 존재하지도 않은) 특정한 상황하에서는, 자신이 수집한 사실들이 법을 창의적으로 운용하기만 한다면 공무집행방해에 해당할지도 모른다고 암시하면서 트럼프를 비방하는 데 183쪽을 할애했다. 그는 공무집행방해라는 가짜 단서를 여기저기 뿌려서 법률가 훈련을 받지 않은 이들이 이를 덥석 물고 트럼프를 비판하며 그가 저지르지도 않은 범죄를 저질렀다고 손가락질하도록 의도적으로 유도했다. 한편 탄핵을 갈망하는 또 한 무리들은 헌법상 "중범죄와 경범죄 high crimes and misdemeanors " 규정에 따라 대통령을 괴롭힐 수 있다고 생각했다.[9]

멀러의 유죄추정

멀러가 대통령이 공무집행방해를 했다고 암시한 대목은 창의적 글쓰기의 놀라운 성과다. 그는 세부사항을 아낌없이 제시했는데, 법무장관은 이를 "이 문제와 관련해 서로 상반된 양쪽의 입장을 모두 뒷받침하는 증거"라고 묘사했다.[10] 그러나 이는 검사가 할 일이 아니다. 멀러는 마르셀 프루스트 Marcel Proust 의 걸작에 버금가는 명작소설을 쓰라고 기용된 게 아니다. 그는 대통령 선거에 러시아가 개입한 데서 비롯된 범죄가 있는지 수사하고 기소할 이유가 있는지를 합리적으로 판단하라고 고용되었다. 그런데 그는 공무집행방해에 대한 법적 공방에서 맞붙은 양쪽의 입장을 모두 제시하고 그 어떤 판단도 내리지 않은 "역작"을 만들어냈다.[11] 그는 어리석고 교활했다.

멀러의 직무유기에 대해 리버럴 성향의 전 하버드 법학대학원 교수 앨런 더쇼위츠 Alan Dershowitz 가 다음과 같이 설명했다.

검사가 할 일은 결정을 내리는 일이다. 기소할지 말지를 결정하는 일 말이다. "한쪽은 이렇고 다른 한쪽은 이렇다"라는 양쪽 주장을 제시하는 법학술지 논문을 쓰는 게 임무가 아니다. 인생에서와 마찬가지로 법에서도 누가 옳은지 판단하기 힘든 치열한 다툼이 있는 사례들이 있다. 합리적인 사고를 하는 사람들이 서로 이견을 보일 그런 사안들 말이다. 그러나 검사가 할 일은 판단하기 힘든 사건들에 대해 판단을 내리는 일이다. 멀러는 공무집행방해에 관해 명백한 결정을 내리지 못했다. 그 결정을 내리는 게 그의 임무고 그는 그 임무를 완수했어야 한다.[12]

그러나 결정을 회피하고 책임을 법무장관에게 떠넘김으로써 멀러는 양손에 떡을 쥐었다. 바 법무장관은 특검이 맡았던 임무를 대신할 수밖에 없다. 공무집행방해는 증거로도 법으로도 뒷받침되지 않는다는 최종적인 결정을 내리는 데 따르는 온갖 비난을 감수해야 한다. 한편 특검의 역작인 보고서는 트럼프를 탄핵시키지 못해 안달이 난 적들에게 트럼프를 대통령직에서 축출하는 데 쓸 무기를 제공해준다. 특검의 결론은 매우 교활한 술책이었다.

법무장관이 멀러의 보고서와 그 안에 담긴 허접한 증거들을 꼼꼼히 검토했다. 군말의 성찬, 서로 모순되는 결론, 그리고 장광설에도 불구하고 법무장관은 곧 대통령의 언행은 공무집행방해 범죄를 정당화하는 법적인 근거가 성립되지 않는다는 결론을 내릴 수 있었다. 주장 하나 하나마다 빠짐없이 반론을 제기할 수 있었다. 혐의를 입증한다고 멀러가 인용한 증거마다 이에 상응하는 혐의를 벗겨주는 설명이 존재했다. 특검은 법무부 바깥에 존재하는 트럼프의 적들이 오로지 혐의를 입증하는 요소들에 집중하고 혐의를 벗겨주는 요소들은 묵살하리라는 사실을 잘 알고 있었다. 그러나 노련하고 빈틈 없는 바 법무장관은 양쪽을 모두 살펴보았다.

법무장관이 아무 근거 없이 공무집행방해라고 볼 근거가 없다는 결론을 내린 게 아니다. 법무차관과 높은 평가를 받는 법률자문실 소속 변호사들을 비롯해 법무부의 고위급 변호사들도 그의 의견에 동의했다.[13] 그들은 증거와 법을 검토했다. 그들은 특검수사가 진행되는 긴 시간 내내 공무집행방해 문제와 관련해 멀러에게 길잡이 역할을 한 바로 그 법무부 변호사들의 의견을 구했다. 그들은 확고한 합의에 도달했다. 법률하에서 트럼프 대통령의 행동은 헌법적으로 승인되고 "진행 중이거나 진행이 고려되고 있는 절차"를 방해할 "불순한 의도"를 품고 행동하지 않았다는 합의에 도달했다.[14]

법적인 문제로 보자면, 트럼프 대통령은 정부를 기만하려는 음모 같은 "공모" 관련 범죄는 모두 면죄되었다. 그는 또한 공무집행방해 혐의도 말끔히 벗었다. 바 장관이 "특검수사가 진행되는 동안 수집된 증거는 트럼프 대통령이 공무집행방해 범죄를 저질렀다고 볼 충분한 근거가 되지 않는다"라고 밝혔기 때문이다.[15] "마녀사냥"은 이로써 종결되었어야 한다. 그런데 그것으로 끝이 아니었다. 멀러가 보고서를 쓸 때 바로 이 점을 노렸을 게 틀림없다. 2020년 선거에서 트럼프를 축출하려고 출마한 민주당 대선후보들은 대부분 예상대로 멀러의 보고서를 인용하면서 트럼프 대통령을 즉각 탄핵해야 한다고 주장했다.[16] 그들의 의도는 뻔했고 그들의 주장은 노골적인 기회주의나 선거에서 여론을 시험해보는 "리트머스 테스트"로 치부할 수도 있다.[17] 그러나 의회 내의 다른 민주당의원들 또한 대통령의 즉각적인 탄핵을 요구했다.[18]

그게 멀러의 계획이었다면 흠잡을 데 없이 먹혀들었다. 특검 규정에 적시되어 있듯이 그의 보고서는 절대로 "비공개 보고서"가 될 운명이 아니었다. 그 길이와 구성을 보면 자명하다. 대중과 의회를 대상으로 설계된 보고서로 보인다. 이 문건은 선동하고 부추기는 용도로 안성맞춤이다. 트럼프를 법으로 끌어내리지 못한다면 꾸며낸 이야기가 그 역할을 대신할지 모른다. 멀러는 검사가 따라야 할 원칙과 "검사는 공개적으로 기소하겠다고 밝히거나 비공개로 불기소 처분한다는 보고서를 작성하라"고 명시한 특검 규정의 명백한 조문을 무시했다.[19] 그는 헌법을 무시하고 애매한 견해만 밝혔다. 민주당과 언론매체를 비롯해 트럼프 대통령을 가장 신랄하게 비판하는 이들을 격앙시켜서 트럼프에 맞서는 행동을 취하도록 유도하기 위한 교활한 수법으로 보인다.

멀러의 행동은 역겨울 뿐만 아니라 트럼프에게도 매우 부당하다. 특검은 범죄수준에 해당하는 증거를 논하지 않고 의심스러운 행동을 했다며 대통령을 공개적으로 욕보였다. 검사는 절대로 이런 행동을 해서는 안 된다. 법무부 규정에 따르면 변호사들은 기소하는 경우가 아니라면 그 어떤 사람에 대해서도 부정적인 이야기를 적시하는 행위는 금지되어 있다. 부정적으로 언급된 사람이 재판 없이 어떻게 자신을 방어하겠는가? 바로 이 때문에 멀러 같은 검사들이 여론의 법정에서 사건들을 다루지 못하게 금지해 놓았다. 검사가 기소할 상당한 이유가 있으면 기소하면 된다. 그렇지 않으면 검사는 미국의 사법체계의 무죄추정의 원칙을 준수하고 누군가를 공개적으로 모욕하는 행위는 삼가야 한다.

그런 점에서 멀러는 교활하고 부적절하게 법을 어겼다. 그가 대통령에게 투척한 가장 선동적인 발언을 살펴보자. 탄핵의 불에 기름을 부을 게 틀림없는 발언이었다.

> 이 보고서는 대통령이 범죄를 저질렀다고 결론을 내리지는 않지만, 그렇다고 해서 면죄한다는 뜻은 아니다.[20]

이를 강조하기 위해서 그는 이 문장을 보고서에서 세 차례 언급했다.[21] 과거에도 그랬고 지금도 검사의 임무는 사람들을 면죄하는 게 아니다. 그 일은 그들 소관이 아니다. 노련한 연방검사 멀러는 틀림없이 이 사실을 알고 있었다. 그는 트럼프를 공평하게 대우하거나 미국의 형사제도에 부합하도록 법을 적용할 의도가 전혀 없었던 것으로 보인다. 단 한 문장으로 그는 수세기 동안 미국에서 검사들이 엄격히 준수해온 법적인 의무를 뒤집어엎었다. 검사의 법적인 의무는 누군가를 면죄해주거나 한 개인의 결백을 증명하는 일이 아니다. 누구에게든 무죄추정의 원칙이 적용된다. 무죄추정의 원칙은 사법 체계의 반석이다. 검사는 합리적인 의심의 여지가 없도록 유죄를 증명해야 한다. 기소하려면 최소한 범죄가 자행되었다는 상당한 근거가 있어야 한다.

특별검사는 절대로 깨서는 안 되는 이 원칙을 교활하게 뒤집어엎었다.[22] 그는 대통령이 범죄를 저지르지 않았다고 증명할 수 없다고 주장했다. 미국 사법제도 역사상 생전 처음 보는 주장이다. 이게 무슨 뜻인지 잘 생각해보라. 이중부정이다. 멀러는 어떤 일이 발생하지 않았음을 증명할 수 없다고 주장하고 있다. 모든 범죄 조사에서 이 주장이 기준이 된다면 어떻게 될까? 이 원칙을 당신에게 적용해보라. 당신이 월요일에 월급을 은행에 입금했는데 같은 날 이 돈을 도둑맞았다고 치자. 검사는 당신이 은행 절도를 저지르지 않았다고 증명할 수 없으므로 당신은 기소되지도 않지만 "면죄"되지도 않는다고 발표한다. 입증의 책임은 당신에게로 넘어오게 되고 당신은 하지 않았음을 증명해야 한다. 기분이 어떻겠는가? 당신은 범죄를 저질렀다는 누명을 쓰고 무죄추정 원칙의 적용을 더 이상 받지 못하게 된다.

바로 멀러가 트럼프에게 이런 짓을 한 셈이다. 특검은 트럼프가 잘못했을지 모른다는 인상을 주었다. 트럼프가 그렇지 않다고 증명하지 못했기 때문에(아니면 증명하지 않으려 했거나). 입증의 책임을 져야 할 당사자를 뒤바꾸고 민주주의에서 기본적인 권리로 소중히 여기는 무죄추정의 원칙을 저버리면 필연적으로 부당함과 해악이 야기된다. 그런데 바로 멀러가 이런 짓을 자행했다. 그는 트럼프에게만 적용되는 새로운 초법적 기준을 만들어냈다. 바로 유죄추정의 원칙이다. "결백이 증명되기 전까지는 유죄"라는 새로운 원칙하에서는 피고가 혐의의 진위를 증명해야 한다. 2019년 7월 24일, 멀러는 의회의 2개 위원회에 출석해 이 전례 없는 기준이 어디서 왔으며, 과거에 적용된 사례가 있느냐는 질문을 받았다. 특검은 말을 더듬더니 "없다. 하지만 이 사건은 매우 독특한 경우다"라고 대답했다.[23] 이는 답변 회피다. 트럼프도 여느 미국인과 마찬가지로 무죄추정의 원칙을 적용받을 권리가 있다. 과거에 유죄추정의 원칙이 적용된 사례가 없다.

바 법무장관은 멀러가 법 절차를 엉망으로 망가뜨렸다는 사실을 인식하고 그의 발언을 "사실상 매우 이상한 발언"이라고 묘사했다.[24] 바 법무장관은 멀러가 저지른 용납할 수 없는 실수를 바로잡아야 했다고 의회에서 증언했다. 바 장관은 다음과 같이 말했다. "나는 타당한 기준을 사용했다. 우리의 의무는 누군가가 법을 위반하지 않았음을 증명하는 게 아니다. 나는 이 구절 전체가 아주 해괴하다고 생각했다."[25] 법무장관은 아주 점잖게 말한 셈이다. 해괴한 게 아니라 법적인 발악이었다.

멀러가 특검 규정을 준수했다면 특검보고서는 448쪽이 아니라 아주 짤막했어야 한다. "공모"에 관해서 불기소 결정을 내린 이유를 설명하기는 매우 쉬웠을 것이다. 음모를 꾸민 증거가 발견되지 않았다고만 하면 된다. 어쩌면 주요 사실만 일목요연하게 언급하는 게 옳았다. 공무집행방해의 문제와 관련해서 멀러는 판단을 내리지 않기로 결정했다. 따라서 그는 왜 자신의 책임을 방기하기로 마음먹었는지 그 이유를 법무장관에게 간략하게 설명하고 증거자료들을 법무장관에게 넘겨주고 검토해보도록 했어야 한다. 그 이상은 적절하지 않다. 더군다나 거의 200쪽에 달하는 공무집행방해 괴물을 만들어낸 보고서는 필요 없었다.

검사는 대중을 위해 보고서를 작성하는 게 아니다. 검사는 두 가지 선택지가 있다. 누군가를 기소하든가, 아무 언급 없이 불기소하든가. 그 중간지대는 없다. 그 이유는 기소처분을 받지 않은 개인의 명예를 더럽히는 행위는 본질적으로 부당하기 때문이다. 또 자신을 폄훼하는 정보가 자기 이름과 평판에 미치는 부정적인 영향을 당사자가 상쇄할 기회가 없기 때문이다. 법정에서 증거에 반박할 수도 없다. 기소되지 않았기 때문이다. 범죄를 구성하지 않는 잘못에 대한 검사의 일방적인 시각만 여론이라는 법정에서 이의 없이 제시된다. 증거 부족으로 기소된 적이 없는 당사자에게 반박할 기회도 주어지지 않은 채 말이다. 결백한 사람은 미심쩍은 행위를 했다는 오명을 쓰고 영원히 낙인이 찍힌다. 일단 낙인이 찍히면 떨쳐버리기가 힘들다.

그래도 멀러는 전혀 아랑곳하지 않았다. 그는 트럼프가 자행했을지도 모르는 있는 죄 없는 죄를 다 끌어모아서 기발하게 해석한 보고서를 작성했다. 가늘게 실눈을 뜨고 알맞은 각도에서 바라보면 죄가 보일지도 모르겠다. 대통령의 법률대리인 에밋 플러드Emmet Flood가 지적한 바와 같이, 멀러는 "검사로서의 호기심을 발휘했다. 한편으로는 '진상규명 위원회' 보고서 같기도 하고 한편으로는 법학대학원 시험답안 같기도 하다."[26] 후한 평가가 이 정도다.

미국의 사법체계는 결백한 사람을 보호하도록 설계되었다. 대배심 증언의 공개를 금지하는 법이 존재하고 검사들이 불기소처분 받은 개인들에 대한 부정적인 정보를 공개하지 못하도록 금지한 훨씬 포괄적인 규정이 법무부에 존재하는 이유도 바로 이 때문이다. 멀러는 이를 잘 알고 있었다. 그는 보고서의 공무집행방해와 관련해 제2권의 도입부에서 검사는 언급을 삼감으로써 공정을 기할 의무가 있다고 인용했다. 재직 중인 대통령의 경우 "낙인이 찍히고 오명을 쓰게 되면 대통령의 통치 역량을

해칠 수 있다"고 멀러는 기록했다.[27]

공교롭게도 특검은 스스로 한 경고를 무시해버렸다. 멀러는 온갖 잘못을 했다는 의혹으로 가득한 트럼프 "도시에"를 자체적으로 작성했다. 그는 법정에서 대통령을 기소하라고 권고하지 않았지만 여론의 법정에서 기꺼이 그를 기소했다. 그의 보고서는 말만 불기소한다고 했지 사실상 기소장이었다. 보고서로 위장한 중상비방이었다. 특검은 규정에 명시된 대로 법무장관에게 "비공개" 보고서를 제출한다는 명목하에 이러한 목적을 교묘하게 달성했다. 그러나 멀러는 보고서를 공개하라는 정치적 압박이 높아지면 결국 자신이 작성한 보고서가 공개되리라는 사실을 알고 있었다. 바 장관은 이미 장관 인사청문회에서 투명성을 유지하겠다고 선언함으로써 이 압박에 굴복한 셈이었다.

검사의 직업윤리와 책임 규정에 따르면, 검사는 "피고가 공개적으로 비난을 받을 가능성이 높은 법 외적인 언급"을 금지하고 있다.[28] 멀러 보고서는 단죄하는 내용의 문건이었다. 기소는 하지 않았지만 법 외적인 언급으로 점철되어 있었다. 게다가 트럼프가 공무집행방해로 수사받고 있다는 주장이 언론매체에 유출되었는데 이 정보는 조사관인 특검팀 외에는 유출시킬 수 있는 사람이 없었다.

멀러는 다른 윤리 규정도 어겼다. 그는 변호사와 의뢰인 간의 비밀유지 규정을 위반하는 무모한 짓을 저지르고 법적으로 보호받는 문서들을 압수한 다음 변호사를 심문하겠다고 우김으로써 통신의 비밀도 위반했다.[29] 설상가상으로 그는 이미 몇 달 전부터 증거로 뒷받침되지 않는다는 사실을 알면서도 "공모" 수사를 집요하게 추진했다. 아무 잘못 없는 수백 명이 기소된다는 협박을 받았고 많은 사람들이 그들을 대리할 변호사를 고용하느라 빚더미에 앉았다. 이러한 수법에 학을 뗀 한 변호사는 멀러가 한 짓에 대해 〈페더럴리스트〉에 다음과 같이 설명했다.

수사가 진행되는 동안 연방요원들에게 심문당한 미국인이 500명이다. 주말 빼고 하루에 한 명이다. 연방요원이 당신의 사적인 이메일, 사진, 그리고 다른 전자데이터를 샅샅이 살펴본다고 생각해보라. 연방수사국 요원이 총을 빼들고 당신 집에 쳐들어온다고 생각해보라. 멀러는 우리 같은 미국인들을 상대로 약 500건의 수색영장을 남발했다.[30]

멀러의 노골적인 편파성

멀러의 보고서는 공무집행방해 사안에 대한 판단을 내리지 않았다는 점이 두드러지지만 또 한 가지 이에 못지않게 눈에 띄는 패착을 두었다. 그는 클린턴 선거운동본부와 DNC가 다른 이들과 공모해서, 특히 러시아와 "공모"해서 2016년 대통령 선거에 어떻게 개입했는지를 수사하지 않았다.

멀러의 특검 임명을 승인하는 명령서에는 특검에게 "러시아 정부가 2016년 대통령 선거에 개입하려 한 정황"뿐만 아니라 "그 수사에서 직접 비롯되는 사안이라면 무엇이든" 특검이 수사하라는 지시 사항이 적혀 있다.[31] 멀러가 러시아의 개입을 수사하면서 연방수사국의 러시아-트럼프 "공모" 수사는 클린턴 선거운동본부와 민주당이 금전적 지원을 하고 은밀한 작전을 통해서 추진한 데서 비롯되었다는 사실을 파악하지 못했을 리가 없다. 그러나 448쪽 그 어디에도 클린턴 선거운동본부와 DNC가 러시아의 역정보를 확보하는 데 돈을 댔고 이 역정보가 크리스토퍼 스틸에게 들어갔으며, 그가 이 정보를 연방수사국과 10여 개 언론매체에 전달했다는 사실에 대해서는 일언반구도 없다.

반 트럼프 "도시에"와 러시아 정보원이 정보를 제공했다는 주장, 그리고 이 문건은 연방수사국이 트럼프 선거운동본부 수사에 착수하는 구실로 이용되었다는 사실, 연방수사국이 해외첩보감시법원에 검증되지 않은 증거를 제시하고 영장을 발부받았다는 사실, 트럼프의 자문역을 혐의자로 지목하고 부당하게 감시한 일, 2년 넘게 공공담론에 스며든 "공모"설에 기름을 부은 정보를 유출한 정부기관 소속 정보원에 대해서는 보고서에 한마디도 언급되지 않는다. 그 악명 높은 "도시에"에 대해 지나가는 말로 슬쩍 언급했을 뿐이다. 퓨전 GPS, 글렌 심슨, 넬리 오를 비롯한 일당들이 한 역할은? 투명잉크로 썼는지 보이지가 않는다. 의회 증언에서 왜 이런 사안들이 누락되었느냐는 질문을 받은 멀러는 답변을 회피하거나 "소관 사항"이 아니라고 답했다.[32] 소관 사항이었어야 한다. 놀랍게도 멀러 특별검사는 퓨전 GPS가 무엇인지도 모르는 듯했다.[33]

멀러의 친구 제임스 코미를 비롯해 연방수사국 고위관리들의 어처구니없는 직권 남용과 편파적인 의사결정도 멀러 보고서에서 누락되었다. 공화당 대통령 후보와 그 관계자들에 대한 정보를 수집한 것으로 보이는 정보기관들의 미심쩍은 행동도 누락되었다. 찰스 그래슬리 상원의원이 의회 연설에서 공개적으로 발언한 바와 같이 "정적을 무력화시키고 폄하하려는 의도"에서 상대편에게 유리하도록 사법기관이 무기로 쓰였을까?[34] 제임스 클래퍼와 존 브레넌의 감독하에 있던 정보기관들과 긴밀하게 전략적으로 연루되어 있을까? 멀러가 포괄적인 수사를 진행하면서 이런 종류의 증거를 발견하지 못했다니 상상하기가 어렵다. 뻔히 보이는데 말이다. 멀러는 보고도 못 본 척했든가 자신이 한때 감독했던 기관뿐만 아니라 제임스 코미도 보호하기 위해 침묵을 고수하기로 했을 게 틀림없다. 어느 쪽이 사실이건 잘못이다.

멀러의 트럼프에 대해 지닌 적대적인 편견이 그의 보고서에 역력하다. 주관적 의견이 증거로 제시되어 있다. 수많은 "사실"은 단정할 수 없다든가 검증되지 않았다고 주장한다. 예컨대, 콘스탄틴 킬림닉 Konstantin Kilimnik은 러시아 정보기관 소속이라고 확인되었다. 그는 "우크라이나와 러시아 관련 사안에 대해" 국무부에 정보를 제공해주는 중요한 정보원임을 보여주는 문서들도 있다.[35] 조지프 미프수드는 러시아와 관련되었거나 러시아 요원으로 그려지고 있다. 사실 그는 둘 다 아니지만 멀러의 보고서를 읽는 사람은 깨알 같은 글씨들을 샅샅이 뒤져야 이 내용을 찾을 수 있다.[36]

그런 사례는 더 있다. 대통령의 변호사 존 다우드가 전 국가안보보좌관 마이클 플린의 변호사와 나눈 한 전화 내용 기록을 특검이 악마의 편집으로 전문全文과는 달리 음험하고 사악한 내용으로 만들었다.[37] 사실과 증거도 트럼프에게 최대한 불리하게 마사지한 듯하다. 공정성이나 객관성을 유지하려는 노력조차 하지 않았다.

놀랄 일도 아니다. 멀러는 여러 가지 이해충돌로 특검에 임명될 자격이 없었고 특검팀도 당파성이 짙은 이들로 꾸렸다는 점을 생각한다면 말이다. 《러시아 사기극》에서 자세히 설명한 바와 같이 멀러는 특검으로 선정되지 말았어야 한다. 멀러는 특검 제안을 받았을 때 이를 고사했어야 한다.

애초 특검 후보에서 탈락했어야 할 멀러

특검 관련된 규정을 따랐다면 멀러는 특검으로 임명되지 말았어야 한다. "수사의 결과에 직접적으로 영향을 받을 구체적이고 상당한 이해관계를 지닌 그 어떤 인물이나 조직 또는 수사대상인 행위에 연루된 그 어떤 인물이나 조직과 사적인 혹은 정치적 관계가 있는 이"는 특검으로 임명되지 못하도록 금지하고 있다.[38] 이 규정은 사적인 관계에는 "친구" 관계가 포함되고 친구 관계가 "통상적으로 편파성을 야기할 가능성이 있는 유형의 친밀하고 상당한 관계"일 경우 자격상실의 이유가 된다고 명시하고 있다.[39]

첫 번째 이해충돌은 멀러가 해고된 연방수사국 국장 제임스 코미와 사적으로도 직업적으로도 가까운 관계라는 점이었다. 두 사람은 친구이자 동맹이자 협력자로서 오랫동안 관계를 유지해왔다는 사실은 잘 알려져 있고 논란의 여지가 없다.[40] 두 사람의 끈끈한 관계를 정신적 스승과 제자의 관계로 규정한 자료들이 많이 있고, 따라서 호의적인 태도와 편파성이 개입될 가능성은 자명하다. 이는 극심한 이해충돌이다. 이해충돌로 보이기만 해도 관련법에 따라 그리고 변호사 직업윤리규정에 따라 기피해야 한다.[41]

코미는 트럼프에 대한 그 어떤 공무집행방해 수사에도 "상당히 연루되어" 있었다. 실제로 그는 국가안보보좌관 마이클 플린의 해임에 대해 대통령 집무실에서 나눴다는 대화의 유일한 증인이었고 본인의 해임으로 이어진 대통령과의 대화에도 연루되어 있었다. 이는 트럼프에 대한 멀러의 공무집행방해 수사에도 포함되어 있었다. 또 다른 부분은 코미 본인의 해고와 관련 있고 트럼프가 한 발언이 러시아와의 "공모"에 대한 연방수사국 대응첩보 수사를 방해하는 공무집행방해 행위에 해당하는지 여부였다. 멀러 수사의 이 두 부분 모두에서 코미는 결정적인 증인이었다.

코미 본인도 인정한 바와 같이 그는 자기 친구가 특검으로 임명되도록 일을 꾸민 사람이다. 그가 연방수사국 국장에서 해임되자 연방수사국 건물에서 대통령 관련 보고서를 빼내와 이를 사적인 용도로 전환했고 이를 의도적으로 친구에게 전달해 언론매체에 유출하도록 했다. 2017년 6월 상원 정보위원회에 출두한 그는 자신의 행동을 자랑스럽게 다음과 같이 떠벌였다. "그렇게 하면 특검이 임명되는 단초가 되리라고 생각했다."[42] 전형적인 코미의 교활하고 효과적인 술수였다.

분명히 그는 멀러의 수사 결과와 자신을 해고한 사람인 트럼프의 기소 가능성에 큰 이해관계가 걸려 있었다. 코미는 결백하거나 무관한 방관자가 절대로 아니었다. 무엇보다도 멀러는 중립적인 인사로 간주될 수 없었다. 멀러와 핵심증인 간의 친밀한 관계를 토대로 편견이나 호의적인 대우의 가능성이 제기되었어야 한다. 특검이 수사대상에 대해 불리한 증언을 할 증인에 대해 호의적인 편견을 지니고 있다면 멀러의 수사 결과를 미국인들이 어떻게 신뢰하겠는가? 특검이 둘 중 누구 말을 믿겠는가? 특검의 친한 친구를 믿겠는가 아니면 그 친한 친구를 해고한 대통령을 믿겠는가? 멀러가 코미가 한 말의 신빙성과 트럼프가 한 말의 신빙성을 어떻게 공정하고 불편부당하게 평가할 수 있겠는가?

두 번째 이해충돌은 그가 12년 동안 연방수사국 국장을 지낸 전력이 있다는 사실이다. 그는 "조사 대상인 행위에 상당히 연루된 '조직'"과 관계가 있었다.[43] 그렇다면 앞서 인용한 규정에 따라 그는 특검에 부적격자이다. 멀러가 자신이 한때 이끌었던 기관에 강한 충성심을 느꼈다는 데는 의심의 여지가 없다. 그 기관의 평판과 구성원들을 보호하려는 의도도 작용할 수 있다. 당연히 그는 특검 임무에 착수할 무렵 연방수사국이 이미 트럼프에 대해 수집한 불리한 증거들을 믿도록 되어 있었다. 그는 또한 같은 사건을 두고 트럼프가 한 말보다 연방수사국 관리와 요원들이 한 말을 믿을 가능성이 높았고, 연방수사국의 이익을 보호하기 위해서 자신이 한때 감독했던 바로 그 기관에게 유리한 방향으로 사실을 왜곡하는 편향성을 보였을 가능성이 높다.[44] 오로지 멀러가 내릴 판단 결과에 연방수사국과 멀러의 "구체적이고 상당한 이익"이 걸려 있다는 뜻이었다. 둘 다 수사 결과에 걸려 있는 이해가 있었다. 이는 용납되어서는 안 된다.

멀러는 특검 임명을 기피하는 방법밖에 선택의 여지가 없었다. 구속력 있는 규정들은 그에게 기피할지 말지 결정할 재량권을 전혀 부여하지 않았다. 규정의 조문에 분명히 기피는 의무라고 명시되어 있기 때문이다. 기피"할 수도 있다"거나 기피"할 경우도 있다"라고 되어 있지 않다. 해석의 여지 없이 분명하게 특검은 그러한 경우 기피"해야 한다"고 적시하고 있다. 멀러는 이 규정을 묵살했다. 법무부 관리들은 멀러가 "특검 직을 수행하도록 윤리규정 적용을 포기"했다고 알려져 있다.[45] 그들이 그렇게 한 짓은 잘못되었고 마찬가지로 그들이 그런 결정에 도달하게 된 세세한 과정을 은폐한 짓도 잘못되었다.

특검 규정은 법무부 "외부"에서 누군가를 선정하게 되어 있다. 법무부에는 그 관할 기관인 연방수사국도 포함된다. 특검 임명과 관련한 규정에 구체적으로 그런 용어를 적시하고 있다.[46] 멀러는 연방수사국으로부터 은퇴했지만 영원히 궁극적인 "내부자"로 남았다. 그는 법무부 수장으로 몇 년을 근무했고 13년 동안 연방수사국 국장으로 재직했다. 그는 이 사건에 관계된 사람을 거의 알고 있었다. 바로 이 때문에 개인적인 영향력과 기관에 대한 편견에 휘둘리지 않을 누군가를 선택해야 한다는 특검의 취지가 훼손되었다. 멀러는 관련 규정이 기피하라고 한 바로 그런 인물이었다. 미국에서 특검의 자격을 갖춘 수많은 다른 변호사들이 그 역할에 훨씬 적합했을 테고, 수사 전체에 불편부당함과 정당성을 부여했을 것이다.

멀러가 스스로 특검 임명을 기피했어야 하는 세 번째 이유가 있다. 그는 특검에 임명되기 하루 전에 코미를 대체할 연방수사국 국장 후보로서 트럼프를 만나 면접을 보았고, 바로 다음날 태도를 180도 바꿔 대통령을 수사할 특검 직을 수락했다.[47] 이는 매우 이례적이고 윤리적으로 문제가 되는 행동이었다. 2017년 5월 16일 트럼프와 멀러가 대통령집무실에서 만났을 때 코미의 일탈 행위와 해고 경위 등 코미에 대한 논의가 오가지 않았을 가능성이 있을까? 오갔을 가능성이 훨씬 높다. 특히 트럼프가 코미의 직권 남용에 대해 공개적으로 거론했다는 사실로 미루어볼 때 더더욱 그렇다. "공무집행방해가 수사의 초점이므로 멀러는 자기가 지휘하는 수사의 증인이 될 가능성이 생겼다"라고 법학대학원 교수 조너선 털리Jonathan Turley는 말했다.[48] 변호사는 동일한 사건에서 검사인 동시에 증인으로 참여하지 못하게 엄격히 금지되어 있다.[49] 멀러가 설사 향후 맡게 될 공무집행방해 수사를 위해 대통령이 증거를 내놓도록 유도하거나 확보하지 않았다고 해도 그가 대통령과 소통했다는 사실만으로도 이해충돌의 여건이 된다. 이는 부적격 요건으로 충분하다.

놀랍게도 멀러 보고서는 이러한 이해충돌을 일축했다. 대통령집무실에서 있었던 만남은 면접이 아니라 멀러가 대통령에게 "연방수사국이라는 기관에 대한 견해"를 제공한 자리였다고 주장했다.[50] 전 백악관 수석전략가 스티브 배넌Steve Bannon이 이런 발언을 한 사람으로 지목되었다. 이 주장에는 여러 가지 문제가 있다. 첫째, 배넌은 그 만남에 배석하지 않았다. 둘째, 대통령을 인터뷰할 때 대통령은 내게 연방수사국에 대한 견해를 구하는 데 전혀 관심이 없었고 다만 코미를 대신할 적임자를 찾는 데 관심이 있었으며 멀러가 국장을 맡고 싶다고 말했다고 했다.[51] 셋째, 멀러와 트럼프가 만날 약속을 정했고 그 만남의 취지와 내용에 대해 알고 있는 트럼프의 개인비서 매들린 웨스터라웃Madeleine Westerhout도 내게 멀러는 국장 직책을 두고 면접을 보러 왔지 다른 이유는 없었다고 확인해주었다.[52] 보고서에 담긴 해명은 틀렸을 뿐만 아니라 자기 이익에 부합하는 주장이다. 그런데 이 모두가 상관없는 얘기다. 대통령과 멀러의 만남은 멀러가 트럼프를 수사하는 직책을 받아들이기 하루 전에 일어났다는 사실만은 분명하다. 설사 두 사람이 연방수사국이라는 기관과 코미의 해고 후 수사국의 앞날에 대해 폭넓은 논의를 했다고 해도 코미 국장의 직권 남용과 그를 해고한 이유가 논의되었을 가능성이 높다. 멀러는 의회에 출석해 증언하는 자리에서 대통령이 코미의 해고와 관련해 논의했는지에 대해 단도직입적인 질문을 받았다. 멀러 특검은 "기억나지 않는다"

라고 답변했다.[53] 뒤이어 다음과 같은 질의와 답변이 이어졌다.

질문: 기억나지 않는다고? 만약 당신이 그 문제를 논의했다면 당신은 제임스의 해고와 관련해 대통령이 한 발언과 당시 그의 정신 상태에 대한 정보를 제공할 증인이 될 수도 있었다.
멀러: 그럴 가능성이 있다고 생각한다.[54]

멀러가 자신이 특검을 기피해야 하는 이유가 되었을지도 모르는, 대통령집무실에서 대통령과 나눈 중요한 대화를 기억하지 못한다니 이해하기가 어렵다. 오히려 멀러 특검은 자신을 특검 결격사유로 만드는 이해충돌이 드러나자 이를 전혀 기억 못한다고 발뺌함으로서 무마하려고 했을 가능성이 훨씬 높다.

특검 임명은 즉흥적으로 일어나지 않았다. 멀러는 트럼프와 만났을 당시 자신이 특검 고려 대상이라는 사실을 분명이 알고 있었다. 매케이브의 저서를 보면 로젠스타인이 멀러와 트럼프가 만나기 일주일 전부터 멀러 특검 임명을 추진해왔다는 사실이 나와 있다. 로젠스타인은 특검 수락과 관련해 멀러와 의견을 교환해온 게 틀림없다. 대통령집무실에서 멀러와 트럼프가 만난 목적이 무엇이었든 상관없이 멀러는 트럼프와 마주앉아 대화를 하면서 대통령에게 자기가 대통령을 수사하게 될지 모른다는 사실을 알려주지 않았다. 이러한 속임수만 해도 멀러가 특검을 맡기에 부적격인 충분한 근거가 된다. 멀러가 바로 하루 전에 자신이 만난 바로 그 사람을 수사하는 직책을 수락할 만큼 무모한 자라니 믿기지가 않는다. 어쩌면 처음부터 그게 계획이었는지도 모른다. 어쩌면 멀러는 연방수사국 국장 면접을 보거나 수사국이라는 기관에 대한 자신의 "견해"를 제공한다는 미명하에 트럼프를 만나 증거를 몰래 수집해 이를 대통령에게 불리한 증거로 써먹으려 했는지도 모른다. 멀러의 행동은 기만적이고 정직하지 못하다.

그리고 특검 임명의 핵심적인 인물 세 사람 간의 친밀한 관계는 어찌 해석해야 하나? 코미는 대통령과의 대화를 기록한 보고서를 유출해 특검 임명의 계기를 마련했다고 시인했다. 로젠스타인이 하고많은 사람들 중에 하필 멀러를 선택한 게 그저 우연이었을까? 아니면 이 모두가 짜고 치는 고스톱이었을까? 트럼프를 끌어내리기 위해서 멀러가 연방수사국 신임 국장이 되든가 특검에 임명되도록 계획이 짜였던 것일까? 어느 쪽이 되든지 멀러는 대통령을 수사할 수 있었으니 말이다. 멀러는 이미 12년 동안이나 한 일을 왜 또 맡으려고 했을까? 그것도 이미 공직에서 은퇴했는데 말이다. 왜 갑자기 동기유발이 되었을까? 트럼프에 따르면 코미 후임자로 멀러를 천거한 사람은 로젠스타인이었으며, 5월 16일 대통령이 멀러를 면접 볼 때 그 자리에 배석했다. 대통령이 멀러를 낙마시키자 로젠스타인은 바로 다음날 멀러를 특검에 임명했다. 코미와 멀러는 매우 가까운 사이였고 로젠스타인은 두 사람과 함께 일한 적이 있다. 그들이 행동한 타이밍을 보면 의구심이 든다. 의회는 해명을 요구해야 하고 법무부도 마찬가지로 해명을 요구해야 한다.

2019년 6월, 나는 백악관에서 트럼프 대통령을 인터뷰하며 그와 멀러가 대통령집무실에서 대화를 나누면서 코미가 해고된 이유를 논의했는지 단도직입적으로 물어보았다.

재럿: 대통령께서 코미를 해고한 건에 대해 어떤 얘기든 오갔는가? 멀러에게 "이래서 내가 코미를 해고했다"라고 얘기했나?

대통령: (한참 동안 생각하더니) 언급하지 않겠다.[55]

그러고 나서 트럼프는 그날 나눈 대화를 생생히 기억하기 때문이라며 그 질문에는 쉽게 답할 수 있다고 말했다. 그러나 그는 다시 그 문제를 거론하기 주저했다.

"이제 이 어리석은 짓은 그만 하고 싶다"라는 답변으로 그는 해명을 대신했다.

독자 여러분도 나름대로 결론을 내릴 수 있다. 그러나 내가 보기에, 대통령집무실에 마주 앉아서 그가 보인 반응과 표정으로 판단하건대, 그의 대답은 "그렇다"였다. 당연히 두 사람은 코미가 해고된 이유에 대해 대화를 나누었다. 거론되는 게 당연하고 또 거론되어야 할 주제였다. 그 주제가 거론되지 않았다면 더 이상하다. 다시 말하지만, 이 모든 정황으로 미루어볼 때 멀러는 자신이 수사하는 사건에서 자신이 증인이 될 가능성이 높았고, 이는 엄격히 금지되어 있다는 점을 절대 잊지 말아야 한다. 대통령은 자초지종을 이해할 맥락을 다음과 같이 좀 더 제시했다.

> **대통령:** 멀러는 연방수사국 국장을 맡아서 연방수사국으로 귀환하기를 간절히 바랐다. 하지만 나는 멀러를 임명하고 싶지 않았다. 그래서 거절했다. 그런데 어떤 사람이 구직한다고 면접을 보러 왔는데 내가 퇴짜를 놓고 그 다음날 그가 특검이 되는 경우 얼마나 이해충돌이 발생하는 건가? 정말 어처구니가 없다.[56]

그러더니 트럼프는 자신이 이해충돌이라고 생각하는 또 다른 문제를 거론했다. 멀러는 버지니아 주 스털링에 있는 트럼프 골프클럽에서 탈퇴하면서 회비를 환불해달라고 요청했다.

> **대통령:** 우리는 거래로 갈등을 겪기도 했다. 우리는 그의 골프 회비를 두

고 논쟁을 벌였다. 그는 회비 환불을 원했다. 나는 거절했다. 나쁜 선례를 남기기 때문이다. 내가 그에게 환불을 해주면 회원들이 어느 시점에 가서는 너도나도 환불을 해달라고 하게 된다. 나는 환불해주지 않을 작정이었고 그는 이를 못마땅해했다. 나는 그에게 약 15,000달러를 환불해주지 않았는데, 아마 그는 이 때문에 화가 난 듯하다.[57]

이 "논쟁"과 그 저변에 깔린 악의나 분노가 특검에 부적격하며 이해충돌에 해당하는지에 대해서는 갑론을박할 수 있다. 멀러는 특검보고서 제2권 각주 529에서 이러한 다툼이 중요하지 않다고 치부하고 있는 듯하지만, 이 또한 자기에게 유리한 해석일지도 모른다.[58]

그러나 다른 모든 이해충돌 사례들을 개별적으로 혹은 총체적으로 고려해보면 멀러는 특검 수락은커녕 면접도 보지 말았어야 한다. 그가 이를 인식하지 못했다니 그의 분별력과 상황인식 능력이 대단히 의심스럽다. "로버트 멀러는 이 사건을 절대로 맡아서는 안 되는 인물이었다"라고 트럼프는 말했다.[59]

미국 대통령을 수사하는 일은 심각한 문제이다. 따라서 행동거지와 외양 모두 나무랄 데 없는 특검이 필요했다. 연방 규정과 윤리 규정에 따라 이 일을 맡아서는 안 되는 멀러가 특검 직을 수락하기로 결정했다니 그의 판단력이 의심스럽다.

그는 결국 사태를 악화시켰다. 그가 민주당원들을 중심으로 특검팀을 꾸리면서 트럼프-러시아 수사에 불편부당하게 접근할 역량이 그에게 있을지 모른다는 일말의 기대마저도 모두 사라졌다.

멀러의 편파적인 특검팀

자신의 이해충돌을 무시한 멀러는 편파적인 인물들을 검사로 선정했다. 불편부당함이 결여된 그들의 성향이 특검보고서를 오염시켰다. 그들은 "공모"와 관련된 범죄를 적발하지 못했다고 보고서에 적시했지만, 공무집행방해와 관련한 부분은 트럼프를 표적으로 삼은 정치적 문건이 분명했다. 물론 특검팀이 당파적인 사람들로 구성되었으니 그런 결과가 나오는 게 당연했다. 그런 보고서를 작성한 그들의 동기가 의문시되고 그들이 내놓은 결과의 정당성이 훼손되었다. 그런 점에서 멀러는 자기가 맡은 수사를 망쳐놓았다.

〈폭스뉴스〉와 〈데일리 콜러Daily Caller〉에 따르면 멀러가 고용한 19명의 변호사들 가운데 단 한 사람도 공화당원으로 등록한 이가 없었다. 이는 매우 중요하다.[60] 공공 기록물을 보면 이 가운데 압도적 다수가 민주당 당원이었고 대부분이 민주당에게 기부했다. 오바마와 클린턴 대선 선거운동본부에 선거자금을 기부한 이들도 많았다. 멀러 본인은 한때 공화당원이었지만, "현재 어느 당에 등록되어 있는지는 분명치 않다."[61] 빌 클린턴 대통령은 그를 검사에 임명했고 버락 오바마 대통령은 전임 부시 정권에서 연방수사국 국장을 지낸 멀러에게 국장직을 계속 맡아달라고 요청했다.[62]

특검팀에서 단연 당파성이 강한 이는 앤드루 와이스먼Andrew Weissmann 이었다. 억지 기소로 법조계에서 악명이 높은 그는 2016년 11월 8일 대통령 선거 당일 밤 열릴 예정이었던 클린턴의 대선 승리 축하 파티에 참석했다. 결국 장례식처럼 침울한 행사가 되기는 했지만 말이다.[63] 오바마 정권에서 넘어온 법무장관 대리 샐리 예이츠를 트럼프가 취임 직후 해고하자, 와이스먼은 예이츠에게 갖은 아양을 떠는 이메일을 보내 대통령에 대한 경멸을 표했다.[64]

와이스먼 검사는 법을 무기 삼아 원칙을 무시하고 수단과 방법을 가리지 않고 기소하는 무자비한 수법을 쓰는 것으로 알려진 인물이다. 그는 증거를 은폐하고 증인을 협박해서 비판을 받았다.[65] 그의 이런 수법으로 결백한 사람들이 희생되었다. 그가 담당한 대형 사건들 가운데 항소법원에서 판결이 뒤집힌 사례들이 상당히 있다. 전직 연방검사 시드니 파월 Sidney Powell은 다음과 같이 지적했다. "와이스먼의 표적이 되면 진실은 아무런 역할을 하지 못한다. 법치의 존중, 인간으로서 지켜야 할 최소한의 예의, 사실을 좇는 태도는 그의 사전에는 존재하지 않는다."[66] 와이스먼이 쓰는 수법은 그게 다가 아니다. 법무부 자료를 보면 그는 2017년 4월 은밀히 기자들과 만나 "보도하지 않는다는 전제하에" 폴 매너포트에 대해 논의했다.[67] 그 다음날 트럼프의 전 선거운동 본부장 폴 매너포트가 금융범죄 혐의로 수사를 받고 있다는 기사가 보도되었다. 와이스먼은 특검팀에 합류해 결국 매너포트를 기소했지만, 그가 기소된 범죄혐의 가운데 "공모"와 관련된 범죄는 하나도 없었다.

멀러는 와이스먼이 특검에 합류하면 그가 어떤 짓을 할지 잘 알고 있었다. 두 사람은 과거에 연방수사국에서 함께 근무하면서 긴밀히 협력해왔다. 트럼프의 법률대리인 존 다우드가 말하기를, 자신이 대통령을 대리해 특검팀과 만날 때마다 와이스먼을 배석시키지 말라고 요구했다고 한다. 다우드는 "그는 너무 비윤리적이고 미심쩍은 인물이다. 나는 그가 합석하면 얘기하지 않겠다고 했다"라고 회상했다.[68] 다우드에 따르면, 와이스먼은 이러한 회의에서 추방되었다. 그의 악명 높은 평판에도 멀러는 아랑곳하지 않았다. 오히려 정반대였다. 그는 와이스먼에게 특검팀의 구성원을 고용할 전권을 부여했는데, 이는 정보자유법 소송을 통해 확보된 자료들이 입증해준다.[69] 처음부터 트럼프에게 불리하게 판이 짜인 상태에서 시작된 수사였다는 사실이 놀랍지도 않다.

대통령을 대리한 또 다른 변호사인 루디 줄리아니 Rudy Giuliani도 인터뷰에서 와이스먼을 다음과 같이 무자비하게 평가했다.

와이스먼은 그냥 길 가는 사람에게서도 범죄를 포착한다. 그는 통제불능이었으며 악랄하고 비윤리적이었다. 대통령이 "공모"했다고 암시하는 수법도 전부 와이스먼의 계획이었다. 그가 특검이 나아갈 방향을 조종하고 있었다. 멀러는 그냥 와이스먼이 하는 대로 따라갔다. 멀러는 자기 권한을 다른 사람들에게 일임해 알아서 하게 내버려둔 다음 생색은 자기가 낸다.[70]

멀러는 자기 부하직원인 지니 리Jeannie Rhee도 특검에 합류시켰다. 두 사람은 법률사무소의 파트너였다. 지니 리를 특검에 합류시키다니 얼마나 뻔뻔스러운가. 그녀는 갈취혐의의 민사소송에서 클린턴 재단을 변호했고 클린턴의 대통령 선거운동본부에 5,400달러를 기부했다. 클린턴이 사설 서버를 통해 기밀문서를 주고받아 국가안보를 위험에 빠뜨렸을 때 클린턴에게 은폐한 이메일을 제출하도록 명령한 재판에서 클린턴 전 국무장관을 대리한 변호사가 지니 리였다.[71] 이제 지니 리는 자신이 지지하고 변호한 대선 후보를 패배시킨 인물을 기소할 입장에 놓였다.

이러한 명백한 이해충돌이 존재하는데도 그녀를 특검에 고용할 생각을 했다니 창피한 일이다. 그러나 그게 전부가 아니었다. 지니 리는 과거에 연방수사국 부국장 앤드루 매케이브 밑에서 일했다. 매케이브는 트럼프 수사에서 중요한 증인이자 정보원이었다. 그녀는 또한 리비아 벵가지에 있는 미국공관이 테러공격을 받은 사건에 대한 의회 조사에서 오바마의 전 보좌관 벤 로즈Ben Rhodes의 법률대리인을 맡았다. 주로 클린턴 전 국무장관의 직권 남용에 초점을 둔 조사였다.[72] 지니 리는 여러 가지 이해충돌로 특검에 합류하기에 부적격이었다. 놀랍게도 멀러는 전혀 이에 대해 개의치 않은 듯하다. 트럼프에 대해 반감과 편견을 지닌 사람들을 이용해 트럼프에게 해를 끼치려는 동기가 저변에 깔려 있는 수사였음을 여실히 보여준다. 놀랍게도 멀러는 의회 청문회에서 지니 리를 특검에 고용할 당시 그녀가 클린턴과 관련이 있는지 전혀 몰랐다고 겸연쩍어하며 증언했다.[73] 멀러는 이해충돌이 존재해도 개의치 않았든가 스스로도 이해충돌에 휘말려 있는 와이스먼에게 검사 선임을 모두 일임한 듯하다.

특검팀에서 클린턴과 연관된 이들은 더 있었다. 애런 제블리Aaron Zebley 는 클린턴 밑에서 일했다. 제블리는 클린턴의 사설 이메일 서버를 구축하고 도메인을 자기 이름으로 등록한 저스틴 쿠퍼Justin Cooper의 법률대리인을 했다. 쿠퍼는 클린턴이 쓰던 블랙베리 단말기 여러 대를 "두 동강 내거나 망치로 내려쳐" 파괴했다고 시인했다.[74] 그는 클린턴의 서버에 저장된 기밀문서를 다룰 보안등급도 통과하지 않았지만, 서버에 접근했다. 제블리가 클린턴 관련 사건들에 관여했다는 사실도 명백한 이해충돌이고 멀러 특검 조사에 합류한 것은 최소한 모양새가 좋지 않다. 멀러는 이 모든 사실을 틀림없이 알았다. 그와 제블리와 지니 리는 모두 클린턴 이메일 추문이 터지고 나서 클린턴의 법률대리에 적극적으로 관여한 법률회사 윌머 헤일Wilmer Hale에서 함께 일했기 때문이다.[75]

멀러 특검의 또 다른 구성원 카일 프리니Kyle Freeny는 오바마와 클린턴 양쪽 선거운동본부에 모두 기부했다.[76] 그녀는 2014년 한 사건에서 오바마 행정부의 법률대리인을 하면서 "의도적이고 심각하고 중대한" 직권남용으로 연방판사에게 통렬한 질책을 받았다.[77] 판사는 법무부가 사과한 후 그녀를 대리인으로 선정해 본의 아니게 실수를 했다는 법무부의 주장을 받아들였다. 그런데 이런 이력의 변호사가 미국 대통령 수사에 관여해야 할까? 다른 건 몰라도 그녀를 특검에 선정하면 멀러의 판단력이 의심을 받게 되어 모양새가 좋지 않을 텐데 말이다. 어쩌면 직권 남용을 할 만한 사람이기 때문에 그가 특검팀에 합류시켰는지도 모른다.

멀러가 선정한 변호사 둘은 일찍이 2016년 여름 트럼프와 그의 선거운동본부의 "공모"에 대한 연방수사국의 수사가 편파적이고 "도시에"는 날조된 문건일 가능성이 높다는 사실을 알고 있었다. 이는 법무부 관리 브루스 오의 증언에서 드러났다.[78] 2016년 7월 말 "도시에"를 작성한 크리스토퍼 스틸을 만난 후 브루스 오는 즉시 이 황당한 첩보를 앤드루 와이스먼과 자이나브 아흐마드Zainab Ahmad에게 전달하면서 스틸은 트럼프에 대해 부정적인 편견을 지녔고 클린턴 선거운동본부가 이 문건 작성에 자금을 댔으며 이 문건에 담긴 주장들은 신빙성이 없다고 두 사람에게 경고했다고 말했다.[79] 그런데 놀랍게도 이 두 변호사는 하자 투성이인 "도시에"와 이 문건이 촉발한 연방수사국의 수사에 일찍이 관여했는데도 불구하고 멀러가 특검에 고용했다.

연방수사국 요원 피터 스트로크와 그의 정부인 연방수사국 변호사 리사 페이지 또한 멀러가 직접 선정해 수사에 합류시켰다는 사실도 잊어서는 안 된다. 그들이 트럼프에 대해 품은 반감과 클린턴을 우러러보는 성향은 둘이 주고받은 수많은 문자메시지에 잘 드러나 있다. 법무부 감찰관이 이 충격적인 문자메시지를 발견하고 나서 페이지는 수사팀을 떠났고 스트로크는 멀러와 매케이브가 특검팀에서 쫓아냈다.[80] 그러나 스트로크가 특검팀에서 배제된 이유가 뭔지 밝히라고 의회가 멀러에게 요구하자 멀러는 스트로크를 해고한 이유와 편파적인 문자메시지를 은폐하고 입을 열지 않았다.[81] 멀러는 스트로크-페이지가 주고받은 문자메시지를 보고 특검수사가 트럼프에 대한 편파적인 마녀사냥이라는 심각한 우려를 불러일으키리라는 사실을 분명히 알고 있었다. 하원 법사위원회와 정부감시 및 정부개혁 위원회의 심문에서 스트로크는 자신이 해고당하던 날 멀러와 만났고 멀러 특검이 자신이 지닌 편견이 특검수사에 부당하게 영향을 미치지 않겠냐고 물어보지도 않았다고 시인했다.[82] 멀러가 전혀 신경 쓰지 않았다는 뜻일까? 그 시점까지 진행된 수사가 수석수사관이 트럼프에 대해 지닌 악의로 인해 얼마나 오염된 것일까? 멀러를 특검에 임명한 법무차관 로드 로젠스타인은 이러한 논란을 무마하기 위해서 특검 관련자들의 수많은 이해충돌이나 대통령에 대한 노골적인 반감이 부적절한 모양새조차 주지 않는다고 주장했다.[83] 이는 어처구니없는 주장이다.

짜고 치는 고스톱처럼 이 수사도 처음부터 트럼프에게 불리하게 짜여졌다. 특검은 더할 나위 없이 "트럼프에게 구제불능일 정도로 적대적이거나 최소한 힐러리에게 친화적이라고 장담할 만한" 민주당원들로 특검을 꾸렸다.[84] 특검팀에는 멀러 외에는 공화당원도 없었고 비정치적이라고 할 만한 검사도 없었다. 특검팀은 극도로 편파적인 검사들로 구성되었는데 이는 우연일 리가 없다. 일부러 그렇게 꾸린 게 틀림없다. 멀러가 엄선한 변호사들은 "민주당이 자금을 대 작성한 가짜 문건과 거짓 구실을 토대로" 수사를 진행해 트럼프에게 해를 입히려는 강한 동기가 부여되어 있었다.[85] 특검은 무한한 재원과 무소불위의 권한으로 무장했다. 정치적으로 편향된 19명의 검사들은 수사라는 조준경을 통해 트럼프를 직접 겨냥했다. 멀러가 꾸린 법률전문가 저격수들의 표적이 된 트럼프는 독 안에 든 쥐였다.

좌익의 광란

진실에는 늘 적이 있다. 하원의원 애덤 시프는 2년 넘게 있지도 않은 증거를 갖고 있는 척했다. 이러한 그의 망상 덕분에 트럼프에 대해 노골적으로 반감을 드러내는 TV, 특히 CNN과 MSNBC에 단골로 등장했다. 민주당과 언론매체가 손발을 맞춰 트럼프가 크렘린과 공모했다는 망상을 사실이라고 우기면 우길수록 시프는 더욱 대담하게 공개적으로 트럼프를 비하했다. 그는 툭하면 자신이 아무나 함부로 확보하지 못하는 결정적인 정보에 접근할 수 있다고 내비쳤다. 하원 정보위원회 소속 의원 다수가 트럼프 선거운동본부와 러시아 간의 공모는 전적으로 날조된 사기였다는 조사보고서를 발표한 후에도 시프는 "나는 트럼프 선거운동본부와 러시아가 공모한 상당한 증거가 있다고 확실하게 말할 수 있다"라고 발표했다.[86] 그는 그런 증거를 내놓지 못했다. 존재하지도 않는 증거를 어떻게 제시하겠는가. 그래도 그는 아랑곳하지 않고 "공모"라는 망상을 버리지 않고 이어갔다. CBS의 〈페이스 더 네이션Face the Nation〉이라는 프로그램에 출연한 그는 트럼프가 "오랜만에 어쩌면 교도소에 수감되어 형을 살게 될 가능성에 사실상 직면한 첫 번째 대통령이 될지 모른다"라고 너스레를 떨었다.[87] 시프는 이 사기극에 자신의 정치적 자산을 집중 투자했고 그 덕에 유명인사가 되었다. 어쩌면 내심 정말로 자기 주장이 사실이라고 믿었거나 어디선가 마법처럼 증거가 나타나서 자기주장이 옳다는 게 증명되기를 바랐는지도 모른다. 위조지폐를 손에 쥔 사람처럼 그는 끊임없이 다른 사람들에게 그게 진짜라고 속이려 했다.

시프 주위에는 지원군이 많았다. 그가 한 거짓 주장을 되풀이하고 호들갑을 떨며 장담하는 민주당 동료의원들(심지어 이례적으로 공화당 의원도 한둘 있었다)이 끊이지 않았다. 가장 어처구니없는 주장은 전직 백악관 윤리 담당 변호사인 노먼 아이젠Norman Eisen에게서 나왔다. 그는 트럼프의 범죄는 "부인하기 어렵고" 트럼프는 "버젓이 대놓고 러시아와 공모해왔다"라고 주장했다.[88] 그게 사실이라면 눈에 불을 켜고 구석구석을 샅샅이 훑고 탈탈 턴 특검을 비롯해 아무도 대통령이 러시아와 협력하거나 공모한 증거를 찾지 못한 까닭은 무엇인가. 아이젠과 시프 같은 사람들은 트럼프가 불법적인 방법으로 당선되었다고 확신했다. 그들은 크렘린의 심장부에서 트럼프가 러시아인들과 공모해 꾸며낸 반역적 음모가 아니고서야 미국 국민들이 트럼프를 백악관에 입성시킬 리가 없다고 생각했다. 멀러 보고서가 나오기 전에 트럼프와 그의 선거운동본부가 "공모"했다고 단정한 의원들 몇 명을 다음과 같이 소개한다.

하원의원 제롤드 내들러 Jerrold Nadler(민주당 - 뉴욕 주): 트럼프 선거운동본부가 공모한 게 분명하다. 증거가 차고 넘친다.

하원의원 에릭 스월웰 Eric Swalwell(민주당-캘리포니아 주): 조사 결과 공모했다는 강력한 증거가 드러났다.

상원의원 리처드 블루멘설 Richard Blumenthal(민주당 - 코네티컷 주): 트럼프 선거운동본부와 러시아인이 공모했다는 분명한 증거가 있다.

상원의원 론 와이든 Ron Wyden(민주당 - 캔자스 주): 공모하려는 의도가 분명히 있었다.

DNC 의장 톰 페레스 Tom Perez: 지난 한 해 동안 모두 목격했듯이 트럼프 선거운동본부와 러시아가 공모해 우리의 민주주의를 위협하려 했다는 증거가 산더미처럼 쌓여 있다.

하원의원 맥신 워터스 Maxine Waters(민주당 - 캘리포니아 주): 장담하건대, 러시아와 공모해 우리 민주주의를 훼손하려 한 대통령이 있다.

전 하원의원 데이비드 졸리 David Jolly(무소속 - 플로리다 주): 도널드 트럼프는 끝났다. 그는 끝났다. 의문의 여지가 없다.[89]

법 지식이라면 내로라하는 변호사와 교수들까지도 아무 해당사항 없는 사실과 증거에 억지로 끼워맞추느라 음모와 관련된 법조문을 왜곡해가면서까지 범죄가 발생했다고 잘못된 예측을 했다. 조지타운 대학교 법학대학원 교수이자 오바마 정권 하에서 법무차관 대리를 역임한 닐 카티알Neal Katyal은 트럼프가 중범죄를 저질렀고 "앞으로 교도소에 수감되리라는 사실을 알고 있을 것"이라고 말했다.[90] 넉 달 후 카티알은 한 술 더 떠서 멀러 보고서가 트럼프의 "종말을 알리는 서막"이라고 했다.[91]

코넬 대학교 법학대학원 교수이자 부학장인 젠스 데이비드 올린Jens David Ohlin은 대통령의 장남 도널드 트럼프 주니어가 이메일을 공개하며 자신이 트럼프타워에서 러시아 변호사와 만났다는 사실을 확인한 점은 범죄 음모를 했다고 시인한 충격적인 내용이라고 말했다.[92] 그렇지 않다. 그리고 대통령의 장남은 음모나 그 어떤 이유로도 기소된 적이 없다. 전직 연방검사로서 MSNBC에서 법률분석가로 활약하는 폴 버틀러Paul Butler는 "도널드 트럼프 주니어가 했다고 알려진 행동은 연방 범죄"로서 그 이유는 그가 미국의 적국과 공모해 우리의 민주주의를 전복하려 했기 때문"이라고 말했다.[93] 물론 그는 법률에서 규정한 "음모"를 꾸미지 않았고 그런 범죄는 발생하지 않았다.

2017년 1월 〈버즈피드〉가 스틸의 "도시에" 내용을 공개하는 순간 언론매체는 검증 없이 "공모"라는 망상을 덥석 받아들였다. 이 문건은 그들이 선호하는 후보 힐러리 클린턴이 차지했어야 마땅한 대통령집무실을 차지한 트럼프가 "가짜"임을 입증하는 결정적인 증거였다. 앵커, 기자. 평론가들이 집단으로 이야기를 지어냈고 그들은 트럼프와 푸틴이 비밀 협약을 맺었기 때문에 클린턴이 선거에서 패했다는 근거 없는 주장을 했다. 날이면 날마다 그들은 대통령이 러시아 요원이라고 비방했고 트럼프가 저지른 범죄들이 곧 드러나게 된다며 다음과 같이 주장했다.

> MSNBC 레이첼 매다우Rachel Maddow: 우리나라의 신임 대통령이 러시아가 원하는 대로 할지 곧 알게 된다.
>
> MSNBC 레이첼 매다우: 사실상 러시아 요원인 대통령이 현재 미국 대통령이라면 또 러시아 정보기관과 미국의 한 후보의 선거운동본부가 공모해서 당선되었다면 경악할 일이다. 정말 심각하다.
>
> MSNBC와 NBC 니콜 월리스 Nicole Wallace: 트럼프가 어디를 가든 러시아와의 공모라는 먹구름이 그를 따라다닌다.
>
> MSNBC 미카 브레진스키Mika Brzezinski: 웃을 일이 아니다. 정말 심각하다. 분

명히 말하는데, 우리 모두가 정말 불안하다.

MSNBC 미카 브레진스키: 올가미가 죄어오자 그들은 충격을 받은 것 같다.

MSNBC 로렌스 오도널 Lawrence O'Donnell**:** 트럼프 대통령직의 종말이 시작됐다.

MSNBC 도니 도이치 Donny Deutsch**:** 벌거벗은 임금님이 입은 척하는 옷의 실 오라기가 풀려서 이제 맨몸이 드러나기 시작한다는 느낌이 든다. 종말이 시작되었다.

MSNBC 도니 도이치: 우리 대통령은 반역자다.

CNN 칼 번스타인 Carl Bernstein**:** 이제 우리는 알게 모르게 약점이 잡힌 미국 대통령을 어떻게 해야 할지 해결책을 마련해야 한다.

CNN 앤더슨 쿠퍼 Anderson Cooper**:** 대통령은 수사망이 점점 좁혀 오니까 발악을 하고 있다.

MSNBC 조이 리드 Joy Reid**:** 트럼프가 백악관 문을 열지 않으려 하면 어쩌지? 연방보안관을 백악관에 들이려는 경호원을 트럼프가 해고하면 어쩌지? 도널드 트럼프가 그냥, 나는 법을 따를 필요가 없다고 하면 어쩌지? 나는 법의 적용을 받기를 거부한다, 연방보안관은 절대 백악관에 발을 들여놓을 수 없다고 하면?[94]

위의 발언들 가운데는 무의미한 발언도 있고 제대로 알지도 못하고 지껄여대는 발언도 있지만 공통점이 하나 있다. 트럼프의 유죄를 기정사실화하고 있다는 점이다. 트럼프가 즉시 백악관에서 축출되는 게 기정사실이다. 주류언론매체가 그렇다고 했으니 틀림없겠지. 사실은 중요하지 않다. 법도 필요 없다. 미국의 압도적인 다수 언론인들은 한목소리로 트럼프를 비난하면서 자신이 지닌 확신을 서로 확인하고 강화했다. "공모"는 그들을 인도할 정치적 약속의 땅이었고, 그곳에서 트럼프 대통령은 집무실에 있는 결단의 책상Resolute desk에 앉아 국정을 수행하는 게 아니라 쇠

창살 뒤에 갇히게 될 운명이었다. 그런데 멀러 보고서는 그들을 구원하고 해방시켜주지 못했다.

2019년 3월 24일 멀러의 특검수사 결과가 공개되자 민주당과 언론매체는 충격에 빠졌다. 트럼프로부터 그들을 구원해줄 구세주는 없었다. 4월 18일 보고서 전문이 공개되자 이는 명백해졌다. 멀러가 "조사 결과 트럼프 선거운동본부가 러시아 정부와 음모를 꾸미거나 협력해 선거 개입 활동을 했다는 증거를 찾지 못했다"라고 말하는 순간 "공모" 사기의 거품은 꺼졌다. 쉽게 말하면 트럼프는 러시아와 "공모"하는 범죄를 저지르지 않았다는 뜻이다.

멀러가 내린 결론은 이 수사를 예의주시한 사람에게는 놀랍지 않다. 트럼프가 러시아와 협력하거나 음모를 꾸미며 클린턴이 이겨야 할 선거를 빼앗았다는 발상은 순전히 궤변이다. 트럼프의 선거운동에 관여한 누구에게든 물어보라. 얼마나 미숙하고 산만한 선거운동이었는지 말해줄 것이다. 창피할 정도로 무질서하고 산만했다. 전혀 조직화되어 있지 않았다.

트럼프 선거운동본부는 외국과 치밀한 음모를 꾸미기는커녕 무료 오찬 행사도 주관하지 못할 정도로 엉망이었다. 트럼프의 후보직은 아이디어와 그의 개성과 국민이 공통으로 느낀 분노가 그 토대였다. 트럼프가 추진력이자 최고의 메신저였다. 그는 분노하고 냉소적인 유권자 수천만 명을 대상으로 트위터에서 워싱턴 엘리트 집단에 대한 맹공격을 퍼부었다. 그는 선거에 핵심적인 모든 주를 일일이 방문해 선거유세를 펼쳐 수만 명의 유권자를 모았다. 그런 행사들은 생중계되었고 전국에서 많은 유권자들이 지켜보았다. 그는 새로운 힘이자 급격한 변화의 상징이었다. 그는 정부의 변화를 상징했다.

이 전략은 오히려 너무나도 기본에 충실했으며 심지어 저속하기까지 했다. 후보의 이름이 지명도가 있었기 때문에 엄청나게 유리했다. 사실이다. 그의 정적인 클린턴의 선거운동은 지리멸렬했고 감동이 없었다는 점도 도움이 되었다. 그러나 트럼프가 보여준 무자비한 솔직함과 워싱턴 정가 기득권세력에 대한 정당한 경멸감이 수많은 유권자들을 트럼프 쪽에 서게 했다. 그는 미국인들이 정치인을 경멸하게 된 시대에 걸맞은, 정치인에 반감을 지닌 외부인이었다. 트럼프의 말처럼 썩어빠진 워싱턴 정가라는 "늪"은 정체되고 사익을 추구하는 직업 관료들로 가득해 만성적으로 역기능을 하는 이들의 온상이었다. 국민에게 봉사해야 할 공복들의 무능함에 국민들은 진절머리가 났다. 유권자들은 툭하면 속았다는 생각이 들었다. 공약은 실현되지 않았다. 유권자들은 소홀한 대접에 깊이 분노했다. 트럼프가 늪에서 썩은 물을 빼겠다고 맹세하자 수천만 명이 열광했다. 우연히 시기도 맞아떨어졌다. 통상적인 선택을 벗어난 선택을 할 순간이 찾아왔다. 도널드 트럼프보다 통상적이지 않은 후보는 아무도 없었다.

트럼프가 어떻게 당선될 수 있었는지 결코 이해하지 못한 언론매체는 기꺼이 "공모"설에 올라탔다. 그러면 그들이 한 실수가 정당화되고 그들의 오판이 합리화되었다. 트럼프는 불법적인 방법으로 대통령이 된 게 틀림없다고 그들은 생각했다. 그들이 보기에 클린턴이 선거에서 패배한 이유는 그렇게 말고는 설명할 도리가 없었다. 그녀와 그들이 이겼어야 할 선거를 빼앗긴 게 틀림없었다. 그들은 사실과 증거와 법을 검토할 생각도 하지 않았다. 그들은 "공모"가 범죄라고 말만 하면 실제로 그렇게 되기라도 하듯이 "공모"를 덥석 받아들였다. 러시아인과 대화를 하거나 접촉을 하면 무조건 "공모"였고 범죄였다. 러시아인과 우연히 마주치거나 가볍게 악수만 해도 매도되었다. 언론인들은 어떤 법조문에 해당하는지 인용할 생각도 하지 않았다. 그들은 비난을 법적인 판단인 양 여기려고 애가 달았고 이에 만족했다. 그들은 범죄라는 뜻을 풍기는 단어를 이용해 범죄를 암시했다.

《러시아 사기극》에서 나는 "독점금지법에서의 공모를 제외하고 '공모'는 범죄가 아니다"라고 주장했다.[95] 나는 법적으로 올바른 발언을 했다는 이유로 비난을 받았다. 그러나 결국 특검보고서는 내 주장이 옳다는 사실을 확인해주었다. 특검보고서에 따르면, "공모는 미국 법에서 구체적인 범죄나 법적으로 책임을 져야 하는 행위라고 명시되어 있지 않고, 연방형사법에 명시된 법률용어도 아니다."[96] 2년 내내 "공모"가 범죄라고 주장한 끝에 〈뉴욕타임스〉는 "독점금지법에서의 가격담합 같은 구체적인 사실적 맥락 외에서 '공모'라는 단어는 법적인 의미나 의의가 없다"고 시인했다.[97] "기록의 신문"이라고 불리는 〈뉴욕타임스〉가 마침내 제대로 보도했다.

"공모"는 본질적으로 뭔가를 하겠다고 합의하는 행위일 뿐이다. 역사적으로 볼 때 이 용어는 범죄의 뉘앙스를 풍기는 용도로 쓰였다. 종종 은밀함과 연관되기도 한다. 그러나 둘 이상의 사람들이 불법 행위를 하기로 합의할 때만이 범죄가 된다. 《러시아 사기극》에서 장장 2장에 걸쳐 나는 음모, 사취, 연방선거자금법같이 트럼프-러시아 수사에 적용될 가능성이 있는 몇 가지 연방 법률을 살펴보았다.[98] 멀러도 그렇게 했다. 언론매체와 민주당에게는 실망스럽겠지만 멀러는 내가 내린 결론과 똑같은 결론에 도달했다. 범죄에 해당하는 "공모"는 없었다.

결론이라는 망상

특검이 트럼프의 혐의를 입증하는 증거를 전혀 발견하지 못한 이유는 최선을 다하지 않았기 때문이 아니다. 멀러는 "제1권"이라 이름 붙인 장장 199쪽의 입증서를 통해 트럼프 선거운동본부 관계자와 러시아인이 옷깃만 스친 우연한 만남까지도 모든 접촉을 지겨울 정도로 세세하게 묘사하고 있다. 하찮은 접촉이나 중요하지 않는 소통도 철저한 분석을 피해가지 못했다. 심지어 워싱턴에서는 흔히 있는, 러시아 외교관과의 대화조차 숨은 불법적인 목적이 있는지 철저히 조사대상이 되었다. 특검보고서는 멀러와 그의 팀이 범죄를 구성하려고 집요하게 매달렸다는 사실을 입증해준다. 그들은 범죄를 찾아내려고 처절하게 애썼다. 〈월스트리트저널〉의 킴벌리 스트라슬Kimberley Strassel은 이에 대해 다음과 같이 지적했다.

> 눈에 띄는 점은 트럼프 주위의 누군가가 러시아와 관련된 뭔가와 관련 있다고 암시하려고 특검의 법적인 사고가 얼마나 성실하고 창의적으로 작동했는가 하는 점이다. 그런데 그 어마어마한 무소불위의 권력과 공격적인 수법을 모조리 동원하고도 여전히 목적을 달성하지 못하고 나가떨어졌다.
>
> 물론 그게 멀러 씨가 의도한 바는 아니지만, 보고서에 담긴 세부사항의 양과 그 진부함은 이러한 접촉이 얼마나 임의로 되는 대로 일어난 별일 아닌 접촉이었는지를 극명하게 보여준다. 제1권 마지막 부분에 다다르면 트럼프 선거운동본부가 러시아와 거창한 음모를 꾸몄다는 주장은 우스갯소리라는 생각이 들게 된다.[99]

그러나 대통령에 취임한 직후부터 온갖 거짓 음해에 시달린 트럼프 대통령에게는 우스갯소리가 아니었다. 사방에서 공격을 해대니 대통령 직무수행을 제대로 하기 어려웠다. 특검이 요구하는 사항을 충족시키느라 백악관이 국사國事와 미국민들을 위해 생산적으로 써야 할 소중한 시간과 재원을 낭비해야 했다. 일어난 적도 없는 "공모" 혐의에 끊임없이 대응하느라 수많은 시간과 노력을 낭비했다. 대통령을 비판하는 이들, 특히 언론매체는 선거운동 기간 중 일어났던 몇몇 사건에 레이저처럼 초점을 맞췄다. 그들은 시청자와 독자들에게 그런 사건들 가운데 어느 것이든 러시아와 "공모"했다는 범죄의 수준으로 격상되리라고 장담했다. 멀러는 그의 보고서에서 여섯 가지 사건을 세세히 다루었다.

첫째, 트럼프 선거운동본부가 클린턴 선거운동본부와 민주당 이메일 계정을 해킹하는 데 연루되었다고 언론이 주야장천 떠들어댔지만, 이를 증명하는 단 하나의 증거도 나오지 않았다. 전혀. 러시아는 사이버첩보에 능하다. 그들이 트럼프 선거운동본부의 도움이 왜 필요했겠는가? 게다가 트럼프 선거운동본부에는 그런 일에 기여할 만한 기술을 지닌 사람이 없었다. 멀러 보고서는 러시아인들이 자체적으로 한 행동이라는 결론을 내렸다. 2016년 러시아는 컴퓨터 통신망을 해킹해 수천 건의 문서를 훔쳤고, 이를 2016년 7월부터 위키리크스가 공개했다. 멀러에 따르면, 트럼프 선거운동본부는 그 문서들이 공개되기 전에 내용을 입수하는 데 "관심을 보였다."[100] 그들로서는 당연한 일이었다. 문건에 호기심을 보인 수백 명의 언론인들도 마찬가지였다. 그들은 위키리크스 등에 접촉해 "오픈 소스"라고 알려진 방법을 통해 분실된 이메일을 찾아내려 했다. 이는 범죄가 아니다. 정상적인 행위다.

7월에 열린 공개 행사에서 트럼프는 농담조로 러시아가 클린턴의 서버에서 "분실된 3만 건의 이메일을 찾아내기를" 바란다고 비꼬았다.[101] 의회가 클린턴에게 주고받은 통신내역을 모조리 빠짐없이 제출하라고 명령했는데도 클린턴이 (업무 관련 문서들을 포함해) 일부러 삭제한 이메일을 뜻했다. 트럼프가 입방정을 떨 무렵에는 이미 클린턴의 사설 이메일 계정이 외부에 노출되어 털렸고 연방수사국은 공개적으로 "적대적인 행위자가 접속했을 가능성이 있다"고 발표한 사실이 이미 잘 알려져 있었다.[102] 예상대로 노먼 아이젠을 비롯해 트럼프를 비판하는 수많은 인사들은 공화당 후보가 그런 말을 함으로써 법을 어겼다고 선언했다.[103] 그는 법을 어기지 않았다. 어겼다는 주장은 어처구니가 없다. 트럼프가 대통령 선거 경쟁자에게 비꼬듯 한 발언은 선거자금법을 위반하지도 않았고 러시아와 음모를 꾸미며 컴퓨터 시스템을 해킹했다는 법적 요건을 충족시키는 근처에도 가지 않는다. 공개적으로 조롱한 행위는 범죄를 저지르겠다고 합의한 행위와는 거리가 멀다. 멀러도 이와 다른 결론을 내리지 않았다.

둘째, 특검은 트럼프의 자문 조지 파파도풀로스가 몰타 출신 교수 조지프 미프수드로부터 전해 들었다고 알려진, "러시아 정부가 힐러리 클린턴의 '약점'을 담은 수천 건의 이메일을 갖고 있다"라는 말이 전달된 경위를 더할 나위 없이 소상하게 설명했다.[104] 그러고 나서 파파도풀로스는 이 소문을 오스트레일리아 외교관 알렉산더 다우너에게 전달했다. 그리고 다우너는 이를 연방수사국에 알렸다." 앞 장에서 설명한 바와 같이 소문을 전달하는 행위는 범죄가 아니다. 설사 러시아와 관련된 소문이라고 해도 말이다. 게다가 파파도풀로스는 자신이 그 소문을 퍼뜨렸다는 주장도 부인했다. 그는 그런 기억이 없다고 했다. 이는 그 소문이 그리 중요하지도 않았다는 점을 보여준다. 미프수드가 거짓말을 했다는 사실 외에 멀러는 파파도풀로스가 트럼프 선거운동본부의 그 누구에게도 그런 소문을 들었다고 얘기한 증거를 찾지 못했다.[105] 선거운동본부에는 그 소문을 아는 이가 한 명도 없었다. 특검은 다음과 같은 결론을 내렸다.

> 문서로 된 증거도 없고, 이메일 계정이나 다른 통신시설도 검토한 결과 파파도풀로스가 이 정보를 선거운동본부와 공유했다는 증거를 발견하지 못했다.[106]

셋째, 멀러는 트럼프의 과거 선거운동본부장인 폴 매너포트가 우크라이나에서 한 사업거래를 이용해 러시아와 모종의 음모를 꾸몄다고 엮으려고 무던히도 애썼다. 특검은 엄청난 압박을 가했다. 대통령의 법률대리인 루디 줄리아니는 멀러의 특검팀이 써먹었다고 알려진 수법들에 대해 다음과 같이 말했다.

> 매너포트의 변호사가 내게 검사들이 어떻게 수작을 부리는지 전해주었다. 그들은 매너포트를 독방에서 끄집어내 시키는 대로 말하라고 하고, 그가 사실이 아닌 말을 어떻게 하느냐, 하지 않겠다고 하면, 그를 다시 독방에 처넣고 일주일 후에 다시 끄집어내 다그쳤다. 그들은 이 짓을 열 번 이상 반복했다. 그들은 매너포트가 대통령에 대해 거짓말을 하기 바랐지만 그는 거부했다. 그는 특검 검사들에게 트럼프가 러시아와 공모했는지에 대해 아무것도 모른다고 끊임없이 얘기했다. 검사들은 아랑곳하지 않았다. 그들은 트럼프만 끌어내릴 수 있다면 새빨간 거짓말이라고 해도 개의치 않았다.[107]

결국 매너포트는 선거운동본부에서 잠깐 봉사하기 훨씬 전에 일어난 일련의 금융범죄로 기소되었다. 이는 다음 장에서 자세히 다루기로 하겠다. 매너포트는 러시아 "공모"와 관련해서는 단 한 차례도 기소당하지 않았다. "공모"와 관련해 기소당한 사람은 한 명도 없었다.

특검은 트럼프가 매너포트를 선거운동본부에 채용하기 전에 했었던 해외 자문 활동에 대해 알고 있었다는 어떤 증거도 찾아내지 못했다. 언론매체가 매너포트는 우크라이나 올리가르히를 위해 로비활동을 했다는 문제를 제기하자, 2016년 8월 매너포트는 선거운동본부에서 퇴출되었다.[108] 멀러는 특검보고서에서 매너포트가 러시아 이름인 듯한 사람과 한 접촉이란 접촉은 아무리 사소한 것이라도 빠짐없이 낱낱이 지겨울 정도로 자세히 기록했다. 지겨울 뿐만 아니라 아무 의미 없는 짓이었다. 보고서의 이 부분에서는 그 어떤 거창한 음모도 드러나지 않았다. 특검은 매너포트가 오랫동안 함께 일한 직원인 콘스탄틴 킬림닉에게 "여론조사 자료"를 주고, 이를 그가 우크라이나에 있는 다른 이들에게 전달하기를 바랐다고 언급하기는 했다.[109] 그러나 이 자료는 대부분 공개된 정보인 것으로 드러났다.[110] 매너포트는 자기 고객들의 환심을 사려고 애썼지만 아무런 보상을 받지 못했다. 당연히 언론매체는 "공모"범죄를 빼도 박도 못 하게 증명할 결정적인 증거라고 주장했다.[111] 여론조사 자료를 누군가와 공유하는 행위는 범죄가 아니다. 선거운동본부에서 늘 하는 일이다.

넷째, 특검은 카터 페이지의 사생활을 깊이 파고들었다. 그러나 그 어떤 범죄행위도 캐내지 못했다. 앞서 지적했듯이, 페이지는 연설하러 모스크바에 갔다. 그가 러시아와 공모하는 활동을 했다면 그게 전부다. 존재하지 않는다. 그는 크렘린 측과 은밀하게 회동하지 않았다. 그는 "잘 짜인 음모"를 전달하는 유통경로가 아니었다.[112] 그는 "서구 진영의 제재를 풀어주는" 대가로 러시아 에너지 기업인 "로스네프트의 지분 19퍼센트"를 받기로 한 적이 없다.[113] 스틸 "도시에"에 담긴 그에 대한 이러한 주장들은 이미 사실이 아닌 것으로 드러났다. 그러나 멀러는 스틸의 문건을 명명백백하게 날조된 문건이라고 구체적으로 적시하지 않았다. 왜 그런 언급을 하지 않았는지 궁금하다. 연방수사국이 트럼프-러시아 "공모" 수사에 착수한 근거가 주로 "도시에"였고 이 문건의 내용을 이용해 1년 동안 페이지를 염탐했으면서 말이다. 멀러는 연방수사국이 검증하지도 않은 날조된 문건에 의존해 수사를 한 불법적 행위를 보호해주려고 그랬을까? 그럴 가능성이 상당히 높다.

다섯째, 특검은 솔직히 관심을 받을 가치가 없는 주제에 너무 많은 관심을 쏟아부었다. 트럼프 기구Trump Organization는 수십 년 동안 전 세계를 돌아다니며 부동산 개발 프로젝트 추진을 모색했고, 상당수가 계약으로 이어졌다. 트럼프는 부동산 거래와 브랜드 사용 계약을 통해서 자기 브랜드를 키워왔다. 그 결과 사세가 확장되어 수익이 늘어나고 트럼프라는 이름이 널리 알려지게 되었다. 모스크바에서 고층건물을 건설하는 아이디어도 그동안 거론된 수많은 프로젝트 가운데 하나였다. 러시아에서 사업 협력을 할 가능성이 있는 상대들과 수년 동안 협상을 하다 말다 반복한 끝에 2015년 가을 의도서한Letter Of Intent, LOI(법적 구속력이 있는 공식적인 계약을 맺기 전에 계약 당사자들의 이해를 간략히 설명하는 문서-옮긴이)에 서명했다.[114] 법적 구속력이 없는 문서였다. "거래"가 성사된 게 아니었다. 단지 멀러의 보고서가 인정한 바와 같이 "추가 논의"를 하는 데 동의한다는 문서였다.[115] 정부의 승인이 필요한 사안이고, 트럼프 관계자들은 정부의 승인을 받으려 했다. 마이클 코언Michael Cohen과 필릭스 세이터Felix Sater같이 트럼프를 대리해 투자를 추진하던 관계자들이 무슨 동기를 지녔든지 관계없이 대선 후보자 본인이 추진 중인 프로젝트를 지렛대 삼아 대통령 선거운동에서 뭔가를 모색해보려 했다는 증거는 전혀 나오지 않았다. 2016년 초 사업 논의는 교착상태에 빠졌다. 뒤이은 몇 달에 걸쳐 트럼프는 러시아를 방문하지 않았고 결국 트럼프 기구가 모스크바에 고층건물을 건설하는 논의는 결렬되었다. 민주당과 언론매체는 "공모"라고 넘겨짚었지만 특검이 수집한 증거는 그들의 주장을 뒷받침하지 않았다.

여섯째, 트럼프타워에서 나탈리아 베셀니츠카야Natalia Veselnitskaya라는 이름의 러시아 변호사와 트럼프의 장남이 만났다는 그 악명 높은 회동도 특검이 샅샅이 검토했다. 내가 《러시아 사기극》에서 상당히 자세히 설명했듯이, 러시아인과 대화하는 게 범죄는 아니다. 선거에 출마한 후보가 외국인이 자신의 정적에 대해 자발적으로 제공한 부정적인 정보를 받아서 선거운동에 유리하게 사용한다고 해도 범죄는 아니다. 2017년 7월 8일자 〈뉴욕타임스〉가 앞에서 언급한 러시아 변호사, 도널드 트럼프 주니어, 그리고 다른 선거운동본부 관계자들이 만났다고 보도하자 민주당과 언론매체는 일제히 이를 "공모"와 온갖 불법 행위를 뒷받침하는 증거라고 호들갑을 떨었다.[116] 클린턴의 러닝메이트였던 버지니아 주 상원의원 팀 케인 Tim Kaine은 이를 "반역일 가능성"이 있다며 낙인을 찍었고 백악관 전직 윤리자문 변호사인 리처드 페인터Richard Painter는 대통령 장남의 신병을 확보해 심문해야 한다"라고 주장했다.[117] 이러한 과장된 주장은 전혀 법으로 뒷받침되지 않는다. 이게 반역이라는 주장은 너무 어처구니가 없어서 설명할 가치도 없다. 두 사람은 법학대학원을 다시 다녀야 한다.

자초지종은 다음과 같다. 멀러가 트럼프타워에서의 만남과 관련해 법적으로 분석한 내용은 특검보고서가 나오기 1년 전에 출간된 내 책에 나온 분석과 거의 일치한다. 특검은 두 가지 범죄를 구성할 가능성이 있는 행위를 검토하고 범죄가 아니라는 결론을 내렸다. 하나는 "미국을 기만하려는 음모"였는데, 정부가 수행하는 합법적인 기능에 개입하거나 방해하기 위해 두 명 이상이 합의하면 중범죄에 해당한다.[118] 선거는 정부가 수행하는 합법적인 기능에 해당한다. 그러나 미국 대법원은 그러한 합의가 "기만, 조작, 속임수에 의해 성사되거나, 적어도 정직하지 못한 방법을 통해 성사되어야 한다"라고 판시했다.[119] 그런데 멀러는 "부정한 행위나 은폐하려는 시도"가 없었다고 지적했다.[120] 무엇보다도 그 러시아 변호사가 트럼프 선거운동본부에 클린턴에 대한 그 어떤 정보도 전달하지 않았다는 사실이 중요하다. 멀러는 트럼프타워에서의 회동에서 그 어떤 합의가 이루어지거나 음모가 꾸며진 증거를 발견하지 못했다고 했다. 더 나아가서 멀러는 "정부가 수행하는 합법적인 기능에 개입하거나 방해하려는 시도"는 없었다는 판단을 내렸다.[121] 특검은 음모라는 용어가 포함

된 다른 법조문들을 적용하려고 시도했지만 비슷한 이유로 모조리 포기했다.[122]

멀러가 적용을 고려했다가 포기한 또 다른 법은 복잡한 선거자금법이다. 트럼프타워에서의 회동이 알려지자 당시 민주당 소속 하원의장 낸시 펠로시Nancy Pelosi는 기자회견에서 대통령의 아들이 선거자금법을 "명백히" 위반했다고 주장했다.[123] 펠로시도 틀렸고, 분명히 자기들이 읽지도 않았을 선거법을 들먹이며 한목소리로 비난하는 데 합류한 다른 이들도 틀렸다. 연방선거위원회는 웹사이트에 외국인이 "선거운동이나 정당에 자원봉사하는 행위"는 합법이라고 명시하고 있다.[124] 자원봉사하는 외국인은 회의에 참석해 아이디어를 내고 정보를 전달해도 된다. 이 가운데 그 어떤 행위도 일각에서 주장하는 것처럼 선거법하에서 "가치 있는 물건"이나 기부로 간주되지 않는다. 연방선거운동법은 외국인이 "기부하거나 돈을 내거나 가치 있는 다른 물건"을 전달하는 행위를 금지하고 있다.[125] 그러나 선거법은 정보를 제공하는 행위가 가치 있는 물건에 해당한다고 해석한 적이 없다. 사실 이 법조문을 면밀하게 살펴보면 "가치 있는 다른 물건"이 무슨 뜻인지 구체적인 사례들을 열거하고 있다. 정보를 제공하는 행위는 금지된 기부에 해당되지 않는다.[126] "가치 있는 봉사는 기부가 아니다"라고 명시한 규정도 있다.[127] 멀러는 다음과 같이 적시했다.

> 보상을 받지 않고 자발적으로 경쟁상대에 대한 조사나 이와 유사한 정보를 제공하는 행위를 선거자금법하에서 기부에 상당하는 가치 있는 물건으로 간주하는 판결이 내려진 적이 없다.[128]

마지막으로, 내가 책에서도 설명했고 멀러도 특검보고서에서 인정했듯이 검사들은 트럼프 주니어를 기소할 수 없었다. 그가 외국인으로부터 정보를 수집하면 법을 어기게 된다고 알고 있었다는 점을 증명할 수 없기 때문이다. 이게 범죄가 될지도 모른다고 알고 있는 사람이 몇 명이나 되겠는가? 장담하건대 거의 없을 것이다. 멀러가 "고도의 고의성"이라 일컬은 법적인 충족요건을 이해하는 변호사는 그리 많지 않다.[129] 이는 선거자금법이 지니고 있는 아주 독특한 면이다. 구체적인 의도라는 증거를 요구한다. 즉, 기부를 받는 사람이 선거자금법을 "알고도 일부러 위반"했어야 범죄가 성립된다.[130] 이 이유로 트럼프타워 회동은 형사기소의 대상이 될 수 없었다. 특검이 범죄를 구성하는 필수 요소가 존재한다고 증명할 수 없다고 공개적으로 시인했기 때문이다.[131] 이 때문에 대부분의 선거자금법 위반행위가 형사기소가 아니라 민사소송의 벌금형으로 끝난다.

트럼프가 미국인들로부터 자유롭고 공정한 대통령 선거를 빼앗으려 한 러시아 비밀요원임을 증명할 사건이라고 민주당과 언론매체가 장담했던 몇 가지 사건도 멀러 보고서는 부정했다.

- 트럼프 선거운동본부는 우크라이나와 관련한 입장에서 러시아에 우호적인 방식으로 공화당전당대회의 당 강령을 변경했나? 거의 2년 내내 민주당과 언론매체는 주야장천 그렇다는 주장을 떠들어댔다.[132] 그들은 이를 트럼프가 푸틴과 한통속이라는 빼도 박도 못할 증거라고 주장했다. 그러나 칼럼니스트 바이런 요크Byron York가 일관적으로 설명했듯이, "강령의 최종안은 초안보다 훨씬 더 러시아와 우크라이나에 대해 강경한 어조였다. 강경한 입장을 '덜어내기'는커녕 더 강화했다."[133] 멀러 보고서도 요크의 설명을 뒷받침했다.[134]
- "도시에"가 주장한 바와 같이 트럼프의 개인 변호사 마이클 코언이 러시아인들과 은밀히 만나기 위해 프라하로 갔나? 멀러 보고서는 아니라고 했다.[135] 이로

써 트럼프가 러시아와 "공모"했다는 언론의 또 다른 주장이 박살 났다.

- **선거운동본부 관계자들과 지지자들이 소셜 미디어에서 러시아가 관장하는 인터넷 리서치 에이전시**Internet Research Agency**의 계정에 포스팅된 트윗을 공유하거나 "좋아요"를 눌렀나?** [136] 그렇다. 그러나 멀러가 확인한 바와 같이, 그들은 그러한 위장 계정들을 러시아 요원들이 조종하고 있는지 전혀 알지 못했다. 속는다고 범죄는 아니다.

- **제프 세션스, 트럼프의 사위 재러드 쿠시너**Jared Kushner**, 그리고 선거운동본부의 다른 관계자들이 주미 러시아대사 세르게이 키슬리악과 만났나?** 물론 만났다. 특검은 그들이 나눈 대화는 "짤막했고 별 내용이 없었다"라고 결론지었다.[137] 격의 없이 가벼운 대화를 주고받거나 예의를 갖추는 게 범죄는 아니다. 설사 상대방이 러시아인이라고 해도.

- **국가안보보좌관에 임명된 마이클 플린이 정권교체 기간 동안 두 가지 외교정책 현안에 대해 러시아 대사와 얘기를 나눴나?** 당연하다. 신임대통령의 인수위원회가 통상적으로 하는 업무다. 그리고 트럼프를 비판하는 수많은 이들이 주장하는 바와는 달리 멀러 특검보고서 어디에도 그런 행위가 "공모"라거나 로건 법을 위반했다고 적시하지 않았다.[138]

멀러 특검팀의 편파성은 보고서의 구석구석에 스며들어 있다. 사실을 왜곡해서 트럼프에게 가장 불리하게 제시하면서도 그를 기소할 근거를 만들지는 않았다. 트럼프 대통령이 정치적 이유로 날조된 증거를 바탕으로 표적이 되었다는 사실은 누락되어 있다.

"도시에"는 연방수사국 수사와 감시에 핵심적인 역할을 했다. 그러나 "공모"사건을 담은 특검보고서 한 권은 저자 크리스토퍼 스틸의 편파성에 대해 일언반구하지 않았다. 러시아가 선거에 개입하기 위해 그에게 역정보를 주입했다는 사실도 다루지 않았다. 스틸이 어느 정도 정보를 날조했는지도 다루지 않았다. 그의 동료 글렌 심슨과 그의 회사 퓨전 GPS가 한 역할을 다룬 부분도 없다. 멀러는 외국인으로부터 경쟁상대 후보에 대한 정보를 받는 대가로 금전적 보상을 하는 행위는 위법이라고 지적했는데, 클린턴 선거운동본부와 DNC가 바로 그런 범법행위를 했다는 사실은 묵살했다.

이러한 사항들은 사소한 결함이 아니라 치명적인 결함이다. 특검은 공정하고 객관적이며 정직한 보고서를 작성할 생각이 없었던 듯하다.

멀러 특검보고서를 검토한 윌리엄 바 법무장관은 트럼프에 대한 특검의 편견을 꿰뚫어보고 보고서의 최종 결론에 대해 다음과 같이 말했다. "멀러는 2년 반을 소비했다. 그리고 음모를 꾸민 증거는 없었다." 따라서 날조였다. 트럼프가 러시아와 한통속이라는 주장 자체가 날조된 거짓이다."[139]

멀러는 트럼프가 공모혐의에서 결백하다는 사실을 언제 알았을까?

이 모두가 한 가지 의문이 들게 한다. 멀러는 "공모"는 없었다는 사실을 언제 알았을까? 트럼프 대통령의 변호사 존 다우드가 내게 말하기를, 2017년 10월에서 11월 무렵 그는 범죄를 "공모"한 증거가 없다는 결론을 내리는 데 필요한 모든 정보를 특검이 갖고 있었다고 한다.[140] 백악관과 트럼프 선거운동본부가 자발적으로 제출한 비공개 문서는 100만 쪽이 넘는다. 아무것도 은폐하지 않았고 그 어떤 특권도 주장하지 않았다. 트럼프 대통령이 보여준 투명성은 전례가 없었다. 수많은 증인들이 줄줄이 순순히 소환에 응했고 기꺼이 증언했다.

다우드에 따르면 멀러는 특검에 임명되고 여섯 달이 조금더 지나 12월 첫 번째 주에 이미 "공모한 증거는 전혀 없다"는 사실을 알았다.[141] 그 주에 특검은 "공모"와 관련된 증인들 심문을 모두 끝냈다. 그 어떤 혐의로도 기소된 적이 없는 카터 페이지는 칼럼니스트 바이런 요크에게 특검은

2017년 말 무렵 자신에 대해 더 이상 관심을 보이지 않았다고 말했다.[142] 해외첩보감시법에 따라 그를 도청할 영장을 청구하는 방법은 포기했다. 멀러와 연방수사국은 네 번째로 영장 갱신을 하지 않았다. 페이지는 수사팀의 관심에서 벗어났다. 조지 파파도폴로스를 비롯해 다른 증인들은 같은 해에 멀러가 그들에 대한 조사를 중지했다고 했다. 뜻밖이랄 것도 없는 결정이었다. 멀러가 임명될 무렵 연방수사국 고위관리가 의회 비공개 청문회에서 러시아와 "공모"한 증거가 거의 없으며 "도시에"에 담긴 트럼프에 대한 주장들을 검증하지 못했다고 시인한 사실을 기억하는가.[143] 그런데도 여전히 멀러는 수사를 계속했다.

석 달 후인 2018년 3월 5일, 대통령의 변호인단과 멀러가 중요한 회의를 했고 이 자리에는 제임스 콸스 III James Quarles III, 마이클 드리븐 Michael Dreeben, 앤드루 골드스타인 Nadrew Goldstein을 비롯해 특검 검사들 몇 명이 배석했다. 예전과 마찬가지로 와이스먼의 참석은 허락되지 않았다. 존 다우드는 다음과 같은 대화가 오갔다고 말했다.

> 다우드: 밥 Bob(로버트의 애칭-옮긴이), 대통령이 범죄를 저질렀다는 게 드러났나?
> 멀러: 아니다.
> 다우드: 알겠다, 그럼 그는 현재 어떤 신분인가?
> 멀러: 그는 증인-조사대상 witness-subject이다.[144]

"조사대상"이라는 용어는 법무부에서 쓰는 전문용어다. 그 사람의 행위는 조사대상이지만 그가 선을 넘어 범죄를 저질렀다는 의미는 없다. 반면 "표적 target"이라고 일컬으면 범죄를 저질렀다고 볼 이유가 있고 이를 뒷받침할 상당한 증거가 있다는 뜻이다. 다우드는 "우리는 그에게 낱낱이 드러내 보여주었다"라고 생생하게 기억했다. 대통령이 러시아인과 협력하거나 음모를 꾸민 그 어떤 증거도 없었다. 전혀. 멀러가 순순히 이를 인정했다고 다우드는 말했다. 그런데도 멀러는 대통령을 심문하겠다고 고집했다. 다우드는 이게 덫이라는 사실을 알았다. 멀러가 플린, 파파도풀로스를 비롯한 증인들을 대상으로 써먹은 수법이다. 증인이 정확히 기억하지 못하거나 기억에 의존해 한 증언이 자료에 나타난 내용과 조금이라도 어긋나면 특검은 그 사람이 위증했다면서 트럼프나 그의 선거운동본부의 관계자를 범죄자로 지목하는 발언을 하라고 엄청난 압력을 가했다. 설사 그게 거짓말이라고 해도 말이다. 멀러는 분명히 공무집행방해 덫을 놓고 대통령이 심문에 응하면 위증의 올가미에 걸려들기를 바랐다.

> **다우드:** 대통령이 몇 시간이고 "기억나지 않는다"라는 말을 끝없이 되풀이하는 상황에 처하게 하지는 않을 작정이다. 당신이 그에게 물어보고자 하는 주제 가운데 너무나도 사소해서 아무도 기억하지 못할 만한 것들이 있다. 무엇 때문에 대통령에게 모욕을 주려 하는가?
> **멀러:** 공무집행방해 건과 관련해 짚고 넘어갈 게 있다. 그(트럼프)가 불순한 의도가 있었는지 알고 싶다.[145]

다우드는 코미의 해고는 헌법에 보장된 대통령의 권한 행사로 그 정의상 공무집행방해에 해당하지 않는다고 설명했다. 설사 수사를 종결시킬 의도로 한 행위였다 해도(물론 그런 의도는 없었다) 대통령은 법적으로 헌법적으로 행정부 수반으로서 그렇게 할 권한이 있다. 그 행위가 공무집행방해를 구성하지 않는 이유는, 다우드가 멀러에게 보낸 장문의 서신에서 지적한 바와 같이, "방해 행위라면 대통령이 자기 자신이 하는 일을 스스로 방해하는 셈"이 되기 때문이다.[146] 그래도 특검은 물러서지 않았다.

멀러: 방해 혐의를 살펴봐야 한다.

다우드: 코미 해고에서 공무집행방해 행위가 있었는지 봐야 한다고? 누가 가장 먼저 증인으로 소환될지 내가 말해볼까? 법무장관, 법무차관, 백악관 법률고문. 그들 모두 대통령에게 코미를 해고하라고 촉구했다. 코미는 클린턴 이메일 사건 수사에서 상궤를 이탈했다.

멀러: 대배심을 소집해 대통령이 증언하도록 강제할 수도 있다.

다우드: (탁자를 주먹으로 내리치면서) 당신은 아무런 증거도 없어! 어디 해볼 테면 해보시지! 빨리 그렇게 하기를 학수고대하겠다. 당신은 아무 증거도 없어![147]

트럼프의 또 다른 법률대리인 제이 세큘로Jay Sekulow도 이 회의에 배석해 이런 내용의 대화가 오갔다는 사실을 확인해주었고, 이는 그가 기록으로도 남겼다. 그는 멀러와 특검팀과의 회의에서 "열띤 논쟁이 벌어졌다"라고 했다. 특히 세큘로가 다음과 같이 주장하면서 더더욱 논쟁이 뜨거워졌다. "당신들은 대통령을 심문할 권리가 없다. 당신은 현직 대통령을 심문하기 위해 충족시켜야 할 법적인 근거를 구축하는 근처에도 가지 못했다."[148] 다우드와 세큘로 둘 다 트럼프의 행동은 헌법적으로 보장된 권한이고 법률적으로 공무집행방해로 간주될 수 없다는 입장을 고수했다.

그러자 멀러는 대통령이 법무장관 제프 세션스나 특검인 본인을 공개적으로 비판한 행위같이 공무집행방해로 구색을 갖춘다고 간주할 만한 다른 행위들을 지적했다. 이제 거의 대화가 산으로 가는 황당한 수준에 도달했다. 대통령이 공개적으로 분노를 표하거나 못마땅해하는 행동이 공무집행방해에 해당하는 범죄행위라는 뜻이었다. 다우드는 멀러와 그의 부하들이 미국의 법률과 대법원 판결과 헌법과는 전혀 딴판인 법체계가 적용되는 안드로메다에 거주하는 외계인들처럼 느껴졌다. "그들은 누가 자기들을 감히 비판했다고 칭얼대는 애들 같았다. 그래서 직관적으로 이를 공무집행방해라고 낙인을 찍었다. 제정신이 아니었다"라고 다우드는 말했다.[149] 그는 대화를 잠시 멈추고 마음을 애써 가라앉히고 멀러와 다음과 같이 이성적인 대화를 시도했다.

> **다우드:** 대통령이 법무장관에게 노발대발한 이유는 그가 일을 엉망으로 했기 때문이다. 그래서 뭐 어쩌라고? 그건 공무집행방해가 아니다. 대통령은 법무장관에 대해 불만을 토로할 권리가 있고 누명을 쓴 피해자로서 자신의 결백을 주장할 권리가 있다. 당신이 그런 입장에 놓이면 안 그러겠나?[150]

멀러는 감정을 드러내지 않으려 했든가 아니면 헷갈려 하는 듯했다. 다우드와 세큘로는 대통령 심문을 정당화할 법적 근거가 없다고 주장했다. DC 순회법정 판결을 토대로 "에스피 기준 Espy standard"을 인용하면서 특검이 대통령으로부터 획득하려는 정보를 심문 대상인 수백 명의 증인과 검토 대상인 100만 쪽 이상의 문건에서 획득하기 불가능하다고 볼 증거가 없다고 주장했다.[151] 멀러는 대통령에게 물어볼 주제와 질문을 미리 제출했다. 대통령을 대리하는 이 두 변호사는 특검이 "이미 문서와 증언으로부터 답변을 받았다"고 설명했다. 더 이상 대통령에게 질문할 게 남아 있지 않았다.

트럼프의 변호인들은 확고한 입장을 견지했고 대통령이 멀러에게 심문당하도록 허락하지 않았다. 여덟 달 후 타협안에 도달했다. 대통령이 서면으로 답변을 제출하기로 했다. 대통령의 서면답변은 멀러 보고서에 비공개로 검게 가리지도 않고 그대로 23쪽에 걸쳐 수록되어 있고, 다우드의 논리가 탄탄했다는 사실이 드러난다.[152] 거기 수록된 정보는 다른 데서도 찾을 수 있고, 대통령은 문제의 사건들에 대해 알지 못하든가 기억이 나지 않는다고 했다.

다우드는 특검을 비판하면서 말을 아끼지 않았다. "멀러의 보고서 전체가 사기다. 분노가 치민다"라고 그는 말했다.[153] 대통령의 법률대리인 다우드는 자신이 마이클 플린의 변호사에게 남긴 음성메시지를 특검이 멋대로 짜깁기해서 마치 다우드가 부당한 행동을 한 것처럼 특검보고서에 기록했다는 데 특히 격노했다. "절차를 어겼다는 이유로 사람들을 기소하고 처벌해온 작자가 자기가 작성한 보고서에서 거짓말을 하다니 모순 아닌가"라고 그는 지적했다.[154]

다우드는 나와의 인터뷰에서 멀러가 수사를 진행하는 동안 보인 정신 상태에 대해 매우 심란해했다. "멀러의 주변 환경은 건강하지가 않았다. 마치 멀러를 신처럼 숭배하는 분위기였다. 그는 사람들이 자기에게 굽실거리는 데 익숙할지 몰라도 우리는 아니다. 그는 수사본부가 차려진 건물에서 종종 잠을 청했다.[155] 집단 회의를 하면 오로지 멀러만 발언을 했다. 특검팀의 다른 변호사들은 입을 꼭 다물고 멀러에게 완전히 복종했다. 멀러가 직접 보고서를 썼을까? 멀러가 쓰지 않았다. 위원회가 썼다." 줄리아니도 이에 동의한다면서 다음과 같이 말했다. "보고서는 두 집단이 작성했다. 제임스 퀄스 쪽은 합리적인 집단이었고 와이스먼 쪽은 통제 불능이었는데 후자 쪽이 아무 증거도 없이 공모를 주장했다."[156]

2017년 12월 무렵, 증거로 내세울 만한 게 동났다. 더 이상 남은 게 없었다. 그런데 멀러는 수사를 종결하지 않고 15개월 동안 수사를 계속 이어갔다. 물론 그 덕에 트럼프를 매도하는 이들은 계속 대통령이 러시아의 꼭두각시라는 허황된 주장을 이어갈 수 있었다. 그 덕에 민주당이 2018년 11월 중간선거에서 하원의 주도권을 장악하는 데 큰 도움이 되었을 가능성이 높다. "공모" 범죄가 없다는 사실이 명백해진 후에도 멀러가 오랫동안 수사를 고집스럽게 계속 이어간 이유가 그 때문이었을까? 질문에 답이 이미 나와 있다. 민주당이 하원을 장악하자 트럼프를 탄핵할 길이 열렸다.

다우드는 이 모든 정황이 역겨웠다. 멀러 보고서가 나오기 전부터 그는 이 수사 전체가 "철저한 시간낭비"이고 "이 나라가 지금까지 본 적이 없는 최악의 사기로 손꼽히는 사건"이라고 일축했다.[157] 그는 멀러가 자기 상사인 법무차관 로드 로젠스타인에게 "이건 말도 안 된다. 우리는 복수하려는 연방수사국 패거리에게 이용당하고 있다"라고 말할 줏대도 없다니 충격을 받았다고 말했다.[158] 최소한 특검은 한 해 일찍 중간 보고서를 내고 "공모" 증거는 발견되지 않았다고 발표할 수도 있었다. 그렇게 했어도 멀러가 공무집행방해라는 해괴한 수사를 계속하는데 아무런 지장이 없었을 것이다. 결국 공무집행방해에 대한 판단도 내리지 않기로 결정했다. 이 또한 어마어마한 시간낭비였다.

멀러의 공무집행방해 논리는 허점투성이

멀러는 불법적인 "공모"가 없었다는 판단을 내린 즉시 1년 일찍 수사를 끝냈어야 한다. 왜냐고? 공무집행방해를 구성하려면 그 사람이 법적 절차에 개입하려는 불순하거나 부적절한 의도가 있었다는 증거가 있어야 한다. 그러나 그 사람이 합법적으로 행동했다면 자기가 한 합법적인 행위에 대한 수사를 방해할 동기가 존재하지 않는다. 사람들은 범죄가 아닌 행위를 은폐하려고 하지는 않는다. 감출 게 없기 때문이다. 물론 기저에 깔린 범죄가 없어도 법적으로는 방해라고 기소하기가 가능할지는 모르지만, 법에서 요구하는 동기를 증명하기란 대단히 어렵다. 이러한 이유로 명백한 범죄가 존재하지 않는데도 수사방해로 처벌하는 경우는 극히 드물다.

그러나 특검이 대통령에 대해 공무집행방해 혐의를 적용하지 말았어야 하는 보다 설득력 있는 이유가 있다. 멀러의 법적 논리는 근본적인 그리고 어처구니없는 결함이 있다. 헌법 제2조를 제정할 때 헌법을 제정한 주체들은 대통령에게 일종의 "전권plenary"을 부여했다.[159] 그러한 권한은 절대적이고 무조건적이다. 그러한 권한은 또한 재량껏 행사할 수 있다. 즉, 대통령은 어떤 이유에서든 그러한 권한을 행사할 수 있다. 이유가 무엇이든 이의를 제기할 수 없고 4년마다 유권자들이 평가하는 방법 말고는 그 누구의 평가도 받을 필요가 없다. 그러한 권한에는 개인을 임명할 권한, 해임할 권한, 사면할 권한이 포함된다.

대통령은 또한 헌법의 "성실이행(take care, 혹은 faithful execution)" 조항에 따라 "법이 충실히 집행"되도록 하기 위해 연방 수사와 기소를 지휘할 권한이 있다.[160] 이는 본질적인 의무다. 대통령은 미국의 최고위법 집행 관료다. 대통령이 법무부와 연방수사국에서 내리는 결정에 참여하면 안 된다거나 심지어 지시해서도 안 된다고 주장한다면 대통령이 지닌 핵심적인 헌법적 권한들 가운데 하나를 박탈하는 셈이다. 전 하버드 법학대학원 교수 앨런 더쇼위츠는 다음과 같이 지적했다. "애덤스에서부터 제퍼슨, 링컨, 루즈벨트에서 케네디에 이르기까지 모든 대통령은 누구를 수사하고 기소할지 결정하는 데 적극적인 역할을 했다.[161]

게다가 헌법의 "수권 조항vesting clause"은 모든 집행 권한을 대통령에게 귀속시키고 있다.[162] 대통령은 법적 절차를 지휘하고 감독하고 영향을 미칠 수 있다는 뜻이다. 대통령은 수사와 기소를 할지 말지 여부를 결정할 권한이 있다. 설사 그 결과에 개인적인 이해가 걸려 있다고 해도 말이다. 이는 "기소 재량prosecutorial discretion"이라고 불리고 궁극적인 권한은 행정부 수반에게 있다.[163] 이 권한은 절대적이라고 여겨지고 연방법원도 오래전부터 그렇게 간주해왔다.[164] 대통령이 수사를 종결시키거나 기소를 중지시키는 게 현명한 처사는 아닐지 모른다. 그러나 그렇게 하면 정치적으로 이득이 되지 않을지 모른다는 뜻이지 법적으로 옳지 않다는 뜻은 아니다. 대통령이 이 권한을 행사한다고 해서 범죄는 아니다. 대통령의 이 권한은 제약할 수 없고 불순한 동기나 공무집행방해로 처벌 대상에 해당하지 않는다. 대통령이 합법적으로 행동한다고 추정된다. 대통령의 결정과 주관적인 정신 상태는 제3자가 검토할 수 없다. 트럼프가 이러한 헌법적 권한을 행사한 모든 경우에서 멀러는 대통령이 지닌 동기에 의문을 제기하거나 수사할 권리가 없다. 행정부에서 대통령보다 서열이 낮은 특검은 헌법이 대통령에게 부여한 권한을 무력화시킬 수 없다.

연방수사국 국장 제임스 코미의 해고를 예로 들어 살펴보자. 코미가 해고되자마자 즉각 트럼프가 연방수사국의 수사를 방해하려 했다는 비난이 일었고 이러한 비난은 끈질기게 계속되었다. 그리고 며칠 만에 특검이 임명되었다. 트럼프가 헌법 제2조 "임면 조항"에 따라 국장을 해고할 권한이 있다는 사실은 의문의 여지가 없다. 이는 합법적인 행위다. 대통령은 행정부의 연방관리들을 임명하고 해임할 권한이 있다. 그들은 대통령에게 보고하는 입장이며, 대통령은 마음대로 그들을 임명하고 해임할 수 있다. (이 원칙은 트럼프가 대통령이 되기 몇 년 전에 법무부가 다음과 같이 확인했다. "연방수사국 국장은 대통령 의지대로 해임 가능하다. 대통령이 국장을 해임할 권한을 제한하는 그 어떤 법률도 없다.")[165] 이 권한을 행사하는 행위 자체가 공무집행방해를 구성하지는 않는다.

코미도 이를 인정했다. 그는 해고되고 나서 자기 동료들에게 "대통령은 그 어떤 이유에서든 아니면 아무 이유 없이도 연방수사국 국장을 해고할 수 있다"고 했다.[166] 트럼프가 불순한 동기를 지녔다고 해도 공무집행방해가 성립되지는 않는다. 바 법무장관도 이를 확인했다. 그는 의회 청문회에서 특검이 "표면상 합법적인 행위의 주관적인 의도를 판단하려 한다"라고 주의를 주었다.[167] 법무장관이 옳았다. 대통령의 주관적인 의도는 중요하지 않다. 헌법이 부여한 권한에 따라 하는 법적인 행위는 그 정의상 공무집행을 방해하는 행위가 될 수 없다. 앨런 더쇼위츠도 "불순한 의도가 있다고 해서 합법적인 행위가 범죄로 둔갑하지는 않는다"라며 똑같은 주장을 했다.[168]

좋든 싫든 대통령은 헌법이 부여한 권한을 행사하는 데 결정을 내리고, 늘 순수하지만은 않은 여러 가지 이유로 사람을 임명하고 해임하거나 사면할 권한을 행사한다. 그런 결정은 때로는 사적인 이익이 동기일 경우도 있다. 더쇼위츠는 조지 H. W. 부시 대통령이 캐스퍼 와인버거 Caspar Weinberger 전 국방장관과 1992년 이란-콘트라 추문에 연루된 여러 관계자들을 사면한 사례와 비교한다. 이 결정으로 논란 많은 수사가 종결되는 효과를 낳았다. 당시 특검은 대통령이 수사를 "은폐"하려는 행위라고 주장했지만, 부시 대통령이 공무집행방해를 했다고 비난하지는 않았다. "사면 행위는 헌법이 부여한 권한"이기 때문이었다.[169] 행정부 관리를 해고하는 행위도 마찬가지로 헌법이 부여한 권한이다. 헌법적 의무를 실행할 때 동기는 중요하지 않다.

헌법이 대통령에게 부여한 이러한 제약받지 않는 권한은 제한하는 조항도 없고 이 권한을 행사하는 이유가 자기이익 추구를 위해서라거나 아니면 불순한 의도가 아니라는 증거가 있어야 한다는 단서조항도 없다. 역사적으로 이를 보여주는 사례들도 많이 있다. 제럴드 포드 Gerald Ford 대통령은 하야한 전임 대통령 리처드 닉슨 Richard Nixon을 사면하면서 형사재판으로 이어졌을 절차를 중지시키기 위해서라고 분명히 사면하는 이유를 밝혔다.[170] 포드 대통령은 명백히 사법 절차에 개입했지만 이는 공무집행방해가 아니었다. 헌법이 그에게 그럴 권한을 부여했기 때문이다. 빌 클린턴 대통령은 자기 친동생 로저 클린턴을 사면할 때 불순한 의도가 있었을까? 2001년에 해외도피 중이던 금융인 마크 리치Marc Rich를 사면한 경우는 어떤가?[171] 리치의 전 부인이 대통령과 친한 친구였고 클린턴 부부에게 정치자금을 후하게 기부했기 때문에 사면했을까? 이 두 질문에 대한 답은 "그럴 확률이 높다"이지만, 법에 따르면 사면은 공무집행방해가 아니다. 헌법적으로 보장된 합법적인 행위이기 때문이다. 대통령은 사면 권한과 해임 권한을 행사할 수 있다. 그 결과에 개인적인 이해가 걸려 있거나 그 자신의 행위에 대한 의문이 제기된다고 해도 말이다. 그렇지 않다면 대통령이 결정을 내릴 때마다 특검이 임명되고 그런 결정에서 숨은 의도와 주관적인 의도를 찾는 일이 끊임없이 이어질지 모른다. 그러면 행정부 수반은 아무 일도 못하게 된다.

이러한 헌법적 원칙에 따라 멀러는 공무집행방해 수사를 하지 말았어야 하지만, 그는 아랑곳하지 않았다. 이로 인해 그는 심각한 진퇴양난에 빠졌다. 특검보고서를 작성할 때 헌법이 부여한 권한에 따라 트럼프가 한 합법적인 행위를 불법적인 공무집행방해와 유사한 뭔가로 전환하려면 어떻게 해야 할까? 멀러의 논리는, 빈약하기는 하지만, 333쪽에 깊숙이 묻혀 있다. "헌법적 방어"라는 제목을 단 장황한 논리다. 여기서 특검은 "이 사안을 직접적으로 해결한" 대법원 판례는 없다고 주장했다.[172] 그러더니 그는 판례가 없는 상황에서 자기 나름의 법적인 해결책을 제시해도 된다고 주장했다. 아니, 그렇지 않다.

"직접적으로"라는 용어를 사용했다는 데 주목하라. 이는 아주 교묘한 속임수였다. 미국의 최상급 법원은 헌법 제2조에 따라 대통령이 해임하는 행위가 공무집행방해를 성립하지 않는다고 구체적으로 그리고 협소하게 판시한 적이 없다. 그러나 대법원은 대통령이 헌법이 부여한 재량권을 행사할 때는 대통령에게 '일반적인 형사 법규'가 적용되지 않는다고 포괄적으로 두 차례 판시했다. 법조문이 명시적으로 적용된다고 할 경우를 제외하면 말이다.[173] 방해는 일반적인 법이다. 방해 법률 어디에도 대통령이 제2조에 명시된 기능이나 특권을 행사할 때 대통령에게 방해법이 적용된다고 명시한 법조문은 없다. 대법원은 이를 "명시 규정clear statement rule"이라고 일컬었다.[174] 헌법이 대통령에게 부여한 권한은 의회가 통과시킨 공무집행방해를 정의하는 법률 등과 같이 대통령에게 적용된다고 구체적으로 명시하지 않은 일반 법률로 제약하거나 무효화할 수 없다는 뜻이다.

멀러와 그의 편파적인 특검팀이 어떤 짓을 했는지 살펴보자. 그들은 보고서에서 이와 같이 자기들 논리에 불리한 대법원 판결을 빙빙 에둘러 장광설을 늘어놓는데 수많은 쪽을 할애했다. 변호사는 창의적인 글을 쓰는 데 대단히 능하다. 변호사는 난관을 헤쳐나가는 데서 희열을 느낀다. 멀러와 특검 검사들은 트럼프가 공무집행방해를 했다는 자신들의 주장을 무너뜨릴, 그러한 대법원 판결을 우회할 방법을 생각해내고 보고서 내용을 이리저리 비틀고 왜곡하는 데 몇 주, 몇 달을 소비했을 게 틀림없다. 그런 기발한 법적 논리를 개발해야 하니 당연히 22개월이나 걸렸지 않겠는가. 그러나 그들은 대법원의 판결도 법무부의 법률자문실의 견해도 아랑곳하지 않았다. 후자는 다음과 같이 지적했다.

> 대법원과 법률자문실은 명시 규정을 준수해왔다. 대통령에게 적용된다고 명시하지 않은 법률은 대통령에게 적용되지 않는 것으로 해석해야 한다. 그런 법률을 대통령에게 적용하면 헌법이 대통령에게 부여한 특권과 관련해 심각한 의문이 제기되기 때문이다.[175]

이 법을 제대로 적용하면 대통령이 코미를 해고한 행위는 공무집행방해일 수가 없다. 그 행위의 의도가 무엇이든 상관없이 대통령은 헌법이 부여한 특권을 행사했기 때문이다.

그렇다고 해서 대통령은 절대로 공무집행방해를 할 수 없다는 뜻은 아니다. 대통령이 헌법이 부여한 권한을 '벗어나' "불순하게" 행동하면 분명히 공무집행방해에 해당될 수도 있다. 이에 대해 멀러와 대통령의 법률대리인들은 동의했다.[176] 예컨대, 대통령이 위증을 교사하거나, 증인을 협박하거나 증거를 조작 또는 은폐하거나, 제출명령을 받은 문서를 파기하거나, 연방수사국 또는 의회에 거짓말을 하거나, (닉슨이 그랬듯이) "형사 사건에서 증인들에게 입막음용 뇌물을 주는 경우" 명백한 공무집행방해에 해당한다.[177] 이 모든 행위들은 헌법 제2조하에서 대통령에게 부여된 헌법적 권한의 범위를 상당히 벗어난다. 그러나 멀러와 그의 특검팀이 수사하는 행동은 그런 행동이 아니었다.

멀러가 대통령을 공무집행방해로 기소하지 않은 이유는 법무부 법률자문실이 1973년에 처음 발행했고 후에 개정해 확정된 그러나 논란의 여지가 많은 또 다른 의견을 따르고 있었기 때문이라고 주장하는 이들이 있다. 이 의견에 따르면, "현직 대통령을 기소하거나 형사처벌하면 행정부가 헌법이 부여한 기능을 수행할 역량을 훼손하게 된다."[178] 멀러가 공무집행방해에 대한 판단을 내리지 않은 이유가 이 때문일까? 특검보고서는 법률자문실의 의견을 언급하고 있지만, 그 때문에 공무집행방해 기소를 하지 못했다고 분명히 밝히지는 않았다.[179] 그러더니 2019년 5월 29일 그는 9분짜리 기자회견에서 더욱더 혼선을 빚는 발언을 했다. 그는 기자회견에 모인 언론사들을 상대로 공무집행방해에 대한 판단을 내리지 않기로 한 결정은 법률자문실의 의견을 "참고"했다고 말했다.[180] "참고"라는 용어는 불분명하고 애매모호하고 이현령비현령인 표현이다. 아무 뜻이나 될 수 있다.

여기서 멀러가 법률자문실의 견해 때문에 판단을 내릴 수 없었다고 암시했는지 모르지만, 2019년 5월 5일 회의에서 법무장관을 비롯한 참석자들에게 한 말은 달랐다. 법무장관이 5월 1일 상원에 출석해 다음과 같이 증언했다.

> 특검이 공무집행방해에 대한 판단을 내리지 않겠다고 해서 솔직히 놀랐다. 그 이유가 뭐냐고 계속 물어보았다. 멀러는 회의에서 이에 대해 우리가 묻자 답변하는 과정에서 세 차례나 분명히 말했다. 법률자문실의 의견만 아니었다면 공무집행방해라는 결론을 내렸을 것이라는 뜻이 아니라고 말이다.[181]

바 법무장관은 그 회의에서 멀러가 한 그 말을 다른 사람들도 들었다고 했다. 법률자문실의 의견은 특검의 의사결정이나 공무집행방해에 대해 판단을 내리지 않기로 한 결정에 아무런 영향을 미치지 않았다는 주장 말이다. 법무장관은 특검보고서가 공개된 날 기자회견에서도 이러한 발언을 되풀이했다.

> 우리는 그에게 법률자문실의 의견에 대해, 그리고 멀러가 법률자문실의 의견이 없었다면 범죄가 성립된다는 입장을 취했을지 여부에 대해 분명히 물어보았다. 그리고 그는 여러 차례 그게 자신의 입장이 아니라고 분명히 밝혔다.[182]

그러나 멀러는 TV 카메라와 기자들 앞에 서자 전혀 딴소리를 했다. 그는 법률자문실의 의견 제약 때문에 대통령을 공무집행방해로 기소할 수 없었다고 주장하는 듯했다. 그렇다면, 멀러가 바 법무장관에게는 특검은 사실이 뒷받침된다면 법률자문실 의견을 포기할 수 있다고 말한 이유는 뭔가?[183] 애초에 법률자문실의 의견이 멀러의 판단을 제약하게 된 이유는 뭔가? 그 의견이 존재함에도 불구하고 "공모"에 대한 판단은 내리지 않았는가. 따라서 공무집행방해에 대한 판단을 내릴 때 법률자문실의 의견은 장애물이 되지 말았어야 한다는 결론이 나온다. 그의 논리는 앞뒤가 맞지 않았다. "대통령이 분명히 범죄를 저지르지 않았다고 확신했다면 그렇게 얘기했을 것이다"라는 그의 발언도 이에 못지않게 이해하기 어렵다.[184] 이는 다음과 같은 그의 발언과 정면으로 배치된다. "대통령이 범죄를 저질렀는지 여부에 대해 가타부타 판단을 내리지 않기로 했다."[185] 어느 쪽인가? 법학대학원 교수 조너선 털리는 멀러의 논리를 "모순되고 불가해하다"라고 했다.[186]

　무엇보다도 멀러는 기소하거나 처벌하겠다고 할 필요 없이 공무집행 방해에 대한 판단을 내릴 수 있었다. 케네스 스타Kenneth Starr 특검이 빌 클린턴 대통령을 수사할 때 바로 이렇게 했다. 스타 특검은 보고서에서 공무집행방해를 비롯해 클린턴이 저질렀다고 알려졌고 수집한 증거가 이를 뒷받침한 11가지 범죄를 적시했다.[187] 스타와 마찬가지로 분명히 멀러도 법률자문실의 의견은 공무집행방해 범죄를 뒷받침하는 충분한 증거가 존재하는지 여부에 대한 법적인 결론에 대해 전혀 언급하지 않고 있다는 사실을 알고 있었다. 스타 특검은 클린턴이 위증을 했고 공무집행 방해를 했다고 다음과 같이 적시했다.

　　특검은 클린턴 대통령이 공무집행을 방해했다는 상당하고도 신빙성 있는 정보를 제출한다. 대통령은 대배심에 출석해 증인선서를 한 상태에서 위증을 했고 공무집행을 방해했다.[188]

스타 특검의 법적인 결론은 전혀 부적절한 점이 없다. 그가 내린 결론은 그 어떤 식으로도 법률자문실의 의견과 모순되지 않는다. 스타는 소임을 제대로 다 했다. 그는 형사기소가 가능한 근거가 있다고 판단했고 그렇게 밝혔다. 멀러는 분명히 스타-클린턴 선례를 알았다. 당시에 그는 법무부에 근무하고 있었기 때문이다. 특검은 기자회견에서 "법률자문실의 의견에 따르면 헌법은 현직 대통령의 범죄를 공식적으로 기소하려면 형사 사법체계가 아닌 다른 절차가 요구된다"라고 주장했는데 이는 완전히 틀렸다.[189] 멀러는 분명히 탄핵을 암시하고 있었다. 그러나 털리 교수가 지적한 바와 같이 "법률자문실 의견은 그런 뜻이 아니다."[190] 법률자문실의 의견은 기소와 처벌만 다루고 있을 뿐 법적인 판단은 다루지 않고 있다. 멀러는 법무장관과 차관으로부터 그러한 사실을 전달받았다.[191] 그런데도 그는 이를 묵살했다. 그는 결론을 내리라는 지시를 받았는데도 이를 거부했다.

멀러가 기자회견을 하고 이틀 후 바 법무장관은 〈CBS 뉴스〉에 나와 이 점을 다음과 같이 강조했다. "멀러는 결론을 내릴 수도 있었다. 법률자문실의 의견에 따르면 대통령이 현직에 있을 때는 기소할 수 없지만, 범죄 행동이었는지 여부는 판단할 수 있었다."[192] 실제로 바 법무장관은 법률자문실의 의견과는 상관없이, 이를 근거로 하지 않고 나름대로 판단을 내렸다. 그는 대통령이 공무집행을 방해하지 않았다고 서면으로 발표했다.[193] 탄핵을 넌지시 암시한 멀러의 발언에 대해, 바 법무장관은 특검을 질책하듯이 다음과 같이 말했다. "법무부는 의회의 보조적인 역할로서 범죄를 수사하는 데 우리의 권한을 이용하지 않는다. 우리의 업무는 의회의 수사 권한의 연장이 아니다."[194] 탄핵이 멀러의 목표였던 듯한데, 정말로 그게 목표라면, 그는 자신의 지위를 남용하고 납세자인 국민의 재원을 낭비했다. 수천만 달러는 말할 필요도 없고 말이다.

멀러가 결론을 내리며 단어를 엄선해 쓴 표현을 다시 한번 살펴보자. 두 가지 별도의 결론을 묶어서 복문으로 만들었다. 그는 다음과 같이 말했다. "이 보고서는 대통령이 범죄를 저질렀다고 결론을 내리지 않지만 그렇다고 해서 그를 면죄하지도 않는다." 이 문장의 후반부는 독립절로서 전혀 필요하지 않다. 이 부분은 삭제해도 된다. 검사는 면죄할 권한이 없기 때문이다. "이 보고서는 대통령이 범죄를 저질렀다고 결론 내리지 않는다"라는 주절에 쓸데없이 붙어 있는 부절이다. 멀러가 트럼프의 범죄를 입증할 충분한 증거가 있다고 생각한다면 주저 없이 제약받지 않고 그렇게 말할 수 있었다. 법률자문실의 의견을 준수한다고 해도 그런 결론을 못 내릴 이유가 없었다. 멀러는 "이 보고서는 대통령에 대해 공무집행방해를 뒷받침할 충분한 증거가 있다고 결론 내린다"라고 말하면 되는 일이었다. 그렇게 결론 내린다고 해서 기소한다는 뜻도 처벌한다는 뜻도 처벌도 아니다. 증거를 바탕으로 법적인 결론을 내릴 뿐이다. 이는 법률자문실의 의견에도 부합한다. 기소할지 처벌할지 여부의 판단은 법무장관의 소관이다. 그러면 바 법무장관은 세 가지 선택지에 직면했을 것이다. 법률자문실 의견을 번복하고 대통령을 기소하든가, 트럼프가 퇴임할 때까지 법적인 행위를 유예하든가, 멀러의 결론에 이의를 제기하고 기소하지 않기로 하든가 선택하면 된다. 그러나 특검은 그렇게 하지 않았다.

멀러는 특검을 수락했을 당시 법률자문실의 의견을 잘 알고 있었다. 자기가 판단을 내리지 못한다고 생각한다면 애초에 왜 특검직을 수락했겠는가? 답은 분명하다. 그는 처음부터 공무집행방해가 있었다고 결론을 내리려고 했다. 그런데 이를 뒷받침할 증거를 찾지 못하자 특검으로서 내려야 할 결정을 내리지 않고 회피할 핑계를 생각해냈다. 그는 사실을 수집하고 증인들을 심문하면서 공무집행방해를 했다는 법적 증거가 희박하다는 사실을 깨달았다. 대통령이 헌법이 부여한 권한으로 법률에 따라 내리는 결정은 공무집행방해가 아니다. 그 외에는 트럼프가 한 행동에는 그럴만한 정당한 사유가 있었다.

멀러는 기자회견에서 기가 막힐 정도로 노골적으로 오만함을 드러냈다. 그는 언론매체로부터 그 어떤 질문도 받지 않았는데, 그에게 그럴 권리가 있기는 했다. 그러나 "보고서에 명시된 내용 외에" 의회로부터의 질문에도 답변하지 않겠다고 호기를 부렸다. 그는 그럴 권리도 없고 그럴 특권도 없다. 의회의 질문에 답변하지 않겠다니 놀라울 정도로 주제 넘은 태도였다. 의회는 그를 소환해 그가 수집한 증거와 그가 심문한 증인과 그가 보고서에서 내린 결론에 대해서 그 어떤 질문에도 답변하도록 명령할 수 있다. 특검에게 면책특권은 없다. 멀러는 자신이 비판과 추궁의 대상이 될 수 없는 존재라고 생각하는 걸까? 족히 2년 동안 그는 국민이 낸 세금 수천만 달러를 쓰면서 "공모"와 공무집행방해를 수사하고 한 가지 사안에 대해서는 판단을 내렸지만 다른 한 가지에 대해서는 판단을 내리지 않았다. 의회는 멀러에게 그가 행한 이해하기 힘든 숱한 행동에 대해 해명을 요구할 권리가 있다.

멀러는 결국 의회의 소환에 응해 출석했고 그는 법률자문관의 견해가 공무집행방해 사건에 대한 판단을 하지 않기로 한 결정에 영향을 얼마나 미쳤는지에 대해 중언부언했다. 오전 증언에서 그는 하원의원 테드 류Ted Lieu(민주당-캘리포니아 주)가 "법률자문실의 견해 때문에 대통령을 기소하지 않았다"라고 하자 이 발언에 동의하면서 불안하고 혼란스러워 보였다.[195] 오후 증언이 시작되고 모두 발언에서 그는 오전에 했던 증언을 정정하면서 "그건 올바른 표현이 아니다"라고 했다. 그는 다음과 같이 덧붙였다. "특검보고서에서 밝혔고 내가 모두 발언에서 언급했듯이, 우리는 대통령이 범죄를 저질렀는지 여부에 대한 판단을 내리지 않았다."[196]

그날 멀러의 혼란스러운 증언 때문에 심각한 문제가 제기되었다. 그는 혼란스러워했고 불편해 보였다. 그는 자기 이름으로 낸 보고서를 쓰지도 않았고 그 내용을 제대로 파악하지도 못한 듯했다. 그렇다면 멀러는 특검팀 소속의 편파적인 검사들이 내세운 꼭두각시에 불과했는지도 모른다.

멀러는 공무집행방해를 밝히지 못했다

멀러가 법과 규정을 바라보는 시간이 왜곡되고 잘못되었다는 사실을 확인했으니 이제 그가 옳다고 한번 가정해보자. 대통령이 헌법적 권한을 행사하는 과정에서 공무집행방해를 할 수 있다고 말이다. 특검보고서에 제시된 사실은 여전히 법률하에서 방해 범죄를 뒷받침하는 증거가 되지 않는다. 불순한 의도가 있었다는 증거는 처참할 정도로 불충분하다. 바 법무장관이 설명했듯이, "우리가 각 사례를 하나하나 세심하게 살펴보았는데, 사실을 보면 이러한 사례들에서 방해가 성립된다는 생각이 들지 않았다."[197]

공무집행방해는 형법에서 일련의 법률에 명시되어 있다.[198] 범죄가 성립하려면 "불순한 의도로" 진행 중인 절차나 법적 수사에 영향을 미치거나, 방해하거나, 개입했다는 증거가 필요하다.[199] 방해하려는 시도나 "노력" 또한 범죄다.[200] 그러나 방점은 "불순한 의도"에 있다. 이게 무슨 뜻인가? "불순한 목적을 지니고 스스로 행동하거나 다른 사람에게 영향을 미치는 행위"로 정의된다.[201] 이 정의를 충족시키려면 거짓말, 협박, 뇌물, 증거은폐 또는 문서 파기 등이 필요하다. 검사는 누군가가 방해하려는 의도가 있었을 뿐만 아니라 불순한 목적을 품었다는 사실을 증명해야 한다. 잘못인 줄 알면서 의식적으로 한 행동임을 입증해야 한다. 유명한 판례 〈아서 앤더슨 LLP 대 미국Arthur Andersen LLP v. United States〉에서 미국 대법원은 한발 더 나아가 "불순한"을 "잘못된, 부도덕한, 타락한, 사악한"의도를 품고 하는 행위로 정의했다.[202] 이는 검사가 충족시키기 매우 힘든 극도로 높은 기준이다.

코미의 해고는 특검이 트럼프의 공무집행방해 행위를 찾아내기 위해서 살펴본, 트럼프가 한 행동과 발언 10여 가지 가운데 하나다. 멀러는 사실을 제시할 때 다른 사람들이 정치적 이유로 사실을 곡해하는 방식으로 제시하긴 하지만, 그의 보고서가 증명하지 못한 게 오히려 더 두드러진다. 대통령의 행동 이면에 증명 가능한 불순한 의도나 부적절한 목적이 존재한다는 증거 말이다. 보고서는 각 사례마다 합리적이고 논리적이고 합법적인 설명을 제시한다. 특검은 방해 행위가 증거로 뒷받침되지 않는다고 언급했어야 한다. 그렇게 하지 않았다는 점은 바 법무장관이 말한 대로 부적절했다. 그는 장관 인사청문회에서 다음과 같이 말했다. "누군가를 기소하지 않기로 결정하면 그 사람에 대한 부정적인 정보를 배포하면 안 된다. 법무부는 그런 식으로 업무를 수행하지 않는다."[203] 그러나 멀러는 그런 식으로 업무를 수행했다. 그는 장장 183쪽에 걸쳐 트럼프가 한 행위를 비난했다. 공무집행방해가 성립하지도 않는 행위들인데 말이다. 모욕적인 비방이었다. 그러나 멀러 보고서를 세심하게 읽어보면 혐의를 벗겨주는 증거와 분석이 모두 드러난다.

트럼프와 코미가 나눈 대화

2017년 2월 13일 국가안보보좌관 마이클 플린이 사임한 다음날 코미는 백악관을 방문했다. 코미 국장의 주장에 따르면, 트럼프는 플린에 대해 호의적인 발언을 했고 "그는 러시아인들과 통화하면서 아무 잘못도 하지 않았지만, 부통령에게 거짓말을 했다"라고 강조했다.[204] 이는 사실이다. 그러더니 코미는 대통령이 다음과 같이 말했다고 주장했다. "이 문제에서 벗어날 분명한 길이 보이게 되기를, 플린을 놓아주게 되기를 희망한다. 그는 훌륭한 사람이다."[205] 트럼프는 자신은 "코미든 그 누구에든 그 어떤 수사를 종결하라고 요청한 적이 없다. 플린 장군에 대한 조사를 포함해서."[206] 대통령은 코미의 주장이 사실도 아니고 정확하지도 않다고 했다. 그러나 설사 정확하다고 해도 이게 공무집행방해일까? 그 해답은 멀러의 보고서에서 발견된다.

특검은 헌법하에서 "대통령은 범죄 수사를 지휘할 폭넓은 재량권을 지니고 있다"라고 설명했다.[207] 코미는 의회에 출석해 "대통령은 행정부 수반이고 이론상으로 그 어떤 사람에 대해서든 수사를 할지 여부를 지시할 수 있다. 대통령에게는 그럴 법적 권한이 있다"라고 인정했다.[208]

코미가 트럼프를 만나 나눴다고 주장하는 대화 내용의 정확성은 차치하고, 대통령이 플린에 대해 했다는 말은 불순하거나 부적절한 목적을 반영하는가? 코미는 상원 정보위원회에 출석해 증언할 때 이 질문에 답했다. "뭔가를 희망"한다는 이유로 공무집행방해로 기소된 사례에 대해 들어본 적이 있느냐는 질문을 받은 코미는 "지금 여기 앉아 있는 현재까지는 없다"라고 답변했다.[209] 어떤 결과를 희망하고 바란다는 것은 불순한 목적이 아니다. 생각의 표현이다. 코미는 대통령이 한 말이 공무집행방해 범죄 근처에도 가지 않는다는 사실을 알고 있었다. 해고되기 며칠 전 청문회에서 자기가 하는 그 어떤 수사에도 개입하려 한 사람은 아무도 없다고 답변했기 때문이다.[210] 그의 부하인 부국장 앤드루 매케이브도 그렇게 답변했다. 여기에는 플린 사례도 포함되었어야 한다. 코미는 해임당한 후 말을 바꿔 자신은 트럼프가 플린 문제에 개입하려 한다고 생각했다고 증언했다. 그러나 코미가 트럼프의 말을 어떻게 해석하든 이는 중요하지 않다. 그 말을 하는 사람의 의도가 방해를 입증하지, 듣는 사람이 그 말을 어떻게 해석하느냐가 입증하지 않는다. 정상적인 사고를 하는 사람이라면 대통령이 한 말이 수사를 방해한 행위라고 보지 않는다.

물론 실제로 대통령이 그런 말을 했다고 가정하면 말이다.

코미 국장이 진정으로 대통령이 플린의 수사를 방해하려 한다고 생각했다면 자기가 작성한 보고서에 그렇게 기록했을 것이다. 그런데 그러지 않았다. 게다가 정말 그렇게 생각했다면 트럼프에 대한 공무집행방해 수사에 착수했을 것이다. 2017년 3월 30일 코미 국장은 대통령에게 대통령 개인이 수사대상은 아니라고 안심시켰다. 연방수사국 국장 코미는 트럼프가 플린에 대해 했다고 자신이 주장하는 말이 공무집행방해라고 생각했다면 대통령에게 그런 말을 하지 않았을 것이다. 대통령이 플린을 수사에서 벗어나게 하고 싶었다면 코미에게 그 문제를 다시 거론하지 않았겠는가? 그런데 그러지 않았다. 백악관의 그 누구도 그 문제를 거론하지 않았고, 이는 공무집행방해 논리의 정당성을 더욱 훼손할 뿐이다.

특검이 공개한 문서들도 플린을 면담한 연방수사국 요원들이 "플린이 의도적으로 그들에게 거짓말을 했다고 생각하지 않았다"라는 사실을 보여준다.[211] 플린이 러시아 대사 세르게이 키슬리악과 나눈 대화 내용에 대해 헷갈렸거나 깜박했을지는 모르지만 사실대로 말했다. 연방수사국은 플린에게 사건을 "종결"했다는 통보까지 했다. 이는 백악관 법률고문 돈 맥건Don McGahn이 확인했고 기록으로도 남겼다.[212] 연방수사국 요원들은 플린이 거짓말을 하지 않았다고 결론 내렸기 때문에 대통령의 공무집행방해를 수사할 이유가 없었다. 연방수사국이 플린에 대한 수사를 종결한 것으로 보였을 당시에도 대통령은 플린에 대한 조사를 중단하지 않았다. 그는 "플린의 행동이 해임을 할 만한 사유가 되는지 확인하기 위해서 계속해서 사실을 수집하고 검토"했고, 그 후에 지시를 내렸다.[213] 대통령은 공무집행방해는커녕 해당 사안을 계속 조사해 플린을 해고했다.

과거에 연방법원은 한결같이 다음과 같은 판결을 내렸다. "대통령은 특정한 연방법을 위반한 사람들을 사면할 수 있듯이 특정한 연방법을 위반한 사람에 대한 처벌을 거부할 수도 있다."[214] 트럼프는 사적이든 공적이든 자신의 견해를 표명할 권리가 있고 플린 문제에 대해서도 공무집행방해로 기소될 염려 없이 의견을 표명할 수 있다. 최근의 역사적 선례도이를 증명해준다. 오바마 대통령은 힐러리 클린턴이 기밀문서를 소홀히다룬 사건에 대한 코미의 수사에 대해 공개적으로 여러 차례 의견을 표명했다. 오바마는 클린턴이 국가안보를 위험에 빠뜨리지 않았다는 견해를 밝혔고 법도 어기지 않았다고 주장했다. 코미를 비롯해 어느 누구도오바마가 이러한 발언을 함으로써 연방수사국의 수사를 방해하려 한다고 비난하지 않았다.

트럼프-코미 대화가 공개되고 1년도 더 지나 특검이 플린을 위증 혐의로 수사하기 시작했을 때 해고당한 국가안보보좌관 플린과 트럼프의변호인단 간에 몇 차례 대화가 오갔다. 대통령이 플린의 증언에 부당하게 영향을 미치려 한다고 주장한 이들이 일부 있었다. 그러나 멀러는 대통령이 "개인적으로 관여하거나 이에 대해 전혀 알고 있지 못했다"라고결론을 내렸다.[215]

인텔Intel 고위층과의 접촉

트럼프가 취임하고 첫 석 달 동안 대통령이 러시아와 "공모"했다는 언론 보도는 더욱 기승을 부렸다. 이는 2017년 3월 20일 코미가 의회에 출석해 증언을 하면서 절정에 달했다. 그는 증언에서 트럼프가 조사 대상인지에 대해 답변을 거부했다. 트럼프는 연방수사국 국장이 자신과 독대한 자리에서 한 얘기를 공개하지 않으려 하자 답답해했다. 3월 22일백악관에서 열린 한 회의에서 트럼프는 당시 국가정보실장 대니얼 코츠Daniel Coats와 중앙정보국 국장 마이클 폼페오Michael Pompeo에게 "그와 러시아 사이에 아무런 관계도 없다고 공개적으로 발언해줄 수 있는지" 물었다.[216] 국가안보국 국장 마이클 로저스Michael Rogers 장군에게도 비슷한 문의를 했다.[217] 대통령은 그들에게 진실을 말해달라고 요청하고 있었다. 언론매체에서 점점 더 많은 기사를 쏟아내고 이와 더불어 민주당도 비난의 수위를 높이면서 처리하기가 힘들었다. 국정을 수행하기가 점점 어려워졌다. 특히 러시아와의 외교관계를 다루기가 힘들어졌다. 코츠와 폼페오는 대통령의 요청을 거절했다. 그러나 트럼프의 요청이 수사를 방해하려는 범죄 행위라고 여겼기 때문이 아니다. 그들은 정보기관이 관여하는 게 부적절하다고 생각했기 때문이다. 멀러의 보고서도 다음과 같이 이를 확인했다. "대통령이 정보기관 수장들에게 연방수사국의 러시아 수사를 중지시키거나 개입하라고 요청하거나 지시했다는 증거가 성립되지 않는다."[218]

코미 해고

트럼프가 코미를 해고한 행위가 공무집행방해에 해당하지 않는 이유는 그가 플린에 대해 나누었다는 대화가 공무집행방해 수준에 이르지 않는 이유와 일맥상통한다. 헌법이 부여한 권한의 행사는 공무집행방해가 아니거니와, 불순하거나 부적절한 의도가 있었다는 증거도 없었다. 대통령은 코미를 해고할 이유가 충분했다. 코미의 직속상관인 법무차관 로드 로젠스타인은 코미가 클린턴 이메일 수사를 소홀히 처리하면서 해고를 정당화하고도 남을 만큼 심각한 직권 남용을 여러 차례 범했다고 적시했고, 법무차관은 대통령에게 국장의 해임을 권고했다.[219] 법무장관 제프 세션스도 그 결정을 승인했다.[220] 트럼프는 2017년 5월 9일자 코미에게 해고를 통지하는 서신에서 그러한 해고 사유와 권고안을 인용했다.[221]

멀러는 서신에서 언급된 코미 해고의 사유가 "빙자 사유pretextual reason"라고 판단했다.[222] 특검은 진짜 사유는 코미가 부정직하고 표리부동하게 행동하는 듯했기 때문이라고 추정했다. 코미 국장은 트럼프와 독대한 자리에서 여러 차례 트럼프 본인은 연방수사국의 수사대상이 아니라고 안심시켰다. 그러나 그는 대통령이 둘이 나눈 그런 대화를 미국인들에게 사실대로 말하라고 요청하자 이를 거절하고 입을 다물었다. 특검이 지적한 바와 같이 "트럼프가 수사대상이라는 잘못된 인식 때문에 국정을 운영하는 역량, 특히 러시아를 상대하는 역량이 훼손되었다."[223]

대통령은 코미를 해고하고 나서 NBC의 레스터 홀트Lester Holt와 마주 앉았다. 인터뷰 도중 트럼프는 러시아 수사와 연방수사국 국장 해고를 같은 문장 안에서 언급했다. 그 즉시 대통령 반대세력은 이 TV 인터뷰를 공무집행방해를 했다는 부인할 수 없는 증거라고 주장하기 시작했다. 아니다. 트럼프가 한 말을 세심하게 읽어보면 그의 의도는 러시아 수사에 개입하거나 수사를 종결하려는 게 아니라 중립적이고 유능한 사람에게 수사를 맡기고 싶다는 뜻이었다. 그는 홀트에게 "나로 말할 것 같으면, 나는 그 문제가 철저하게 제대로 해결되기를 바란다"라고 말했다.[224] 대통령은 코미가 "그 일을 맡기에는 부적격"이라고 생각했다. 트럼프는 코미가 아닌 "진정으로 유능하고 역량 있는 국장"으로 대체하고 싶었다. 설사 러시아 수사가 더 오래 걸린다고 해도 말이다.[225] 트럼프 선거운동본부의 관계자가 법을 어기고 러시아와 협력했다면 연방수사국이 발본색원하기를 바란다고 트럼프는 말했다.[226] 특검은 NBC 인터뷰에서 그러한 내용을 정확하게 인용했다. 언론매체는 이를 못 들은 척하고 대통령의 말을 왜곡해서 보도했지만 말이다.[227] 멀러는 "수사는 계속되어 왔고 코미가 해임되었다고 해서 수사가 종결되지는 않았다"라고 한 백악관 성명서를 거론하기까지 했다. 행정기관 수장을 해임한다고 해서 그 기관의 업무를 중단시키거나 방해하는 행위가 아니다.

코미를 해고한 후 거의 2년 내내 주류언론과 민주당은 사사건건 트럼프를 물고 늘어졌고 그 어떤 행동보다도 코미를 해고한 대통령의 행동은 공무집행방해의 결정적인 증거라고 떠들어댔다. 그들은 대통령을 기소하고 탄핵하고 수감하라고 요구했다. 그들은 멀러도 이에 동의하리라고 장담했다. 그런데 그렇지가 않았다. 멀러는 보고서에 다음과 같이 기록했다. "코미의 해임이 트럼프 선거운동본부와 러시아 간의 음모를 은폐하기 위해서 한 행동이라는 증거가 성립되지 않는다."[228] 음모를 꾸미지도, 사실을 은폐하지도, 공무집행을 방해하지도 않았다.

뉴욕 트럼프타워에서의 모임

앞서 지적한 바와 같이 러시아 변호사와 트럼프 선거운동본부의 만남은 "공모"에 해당하지 않았다. 그러나 언론계의 많은 이들을 비롯해 대통령을 비판하는 이들은 뉴욕 트럼프타워에서 약 1년 전에 일어난 일에 대해, 2017년 6월 말과 7월 초에 발표한 공식 성명서에 트럼프가 관여했다고 주장하면서 이 발표문은 거짓이고 진실을 호도하며 따라서 공무집행방해가 성립된다고 했다. 이게 얼토당토않은 주장인 까닭은 두 가지다. 첫째, 성명서 내용은 거짓이 아니다. 이 모임의 주제는 입양에 대한 러시아의 정책이었고, 이는 백악관 홍보팀도 그리 설명했다. 굳이 흠을 잡자면 성명서가 불완전했다. 둘째, 성명서가 새빨간 거짓말이라고 해도 언론매체나 일반적인 대중에게 거짓말을 한다고 해서 범죄는 아니다. 언론이나 대중에게 거짓말을 하는 게 범죄라면 워싱턴 정가에 있는 대부분의 정치인들은 철창에 갇혀야 한다. 멀러도 이를 시인했다. 그는 "대통령이 이러한 행동으로 의회의 조사나 특검으로부터 정보를 숨기고 속이려고 했을 경우에만 공무집행방해 행위에 해당한다"라고 했다.[229] 그리고 특검보고서는 트럼프가 트럼프타워 모임과 관련한 이메일이나 그 밖의 정보를 의회나 특검에 제출하지 않고 은폐한 적이 없었다고 적시하고 있다.

세션스 법무장관으로 하여금 사건 기피 결정을 번복하게 하려는 시도

제프 세션스는 법무장관에 취임한 지 겨우 3주 만인 2017년 3월 2일 기자회견을 열고 러시아와 2016년 대선 선거운동과 관련된 그 어떤 수사에서도 손을 떼겠다고 발표했다. 절대로 그렇게 하지 말았어야 한다. 《러시아 사기극》에서 설명한 바와 같이, 그의 기피 결정은 사실에 의해서도 법에 의해서도 뒷받침되지 않는다. 기피는 범죄 수사에 적용되지 대응·첩보 수사에는 적용되지 않는다. 세션스는 취임한 직후 몇 시간이 지나지 않아 이 조치가 가동하게 했고 취임 첫날 "사실상 기피"한 셈이다.[230] 트럼프는 당연히 격노했다. 그는 이를 철저한 배신으로 받아들였다. 분노한 트럼프는 백악관 로즈가든에서 기자회견을 열고, "그가 자발적으로 이 사건을 기피할 생각이었다면 법무장관에 취임하기 전에 내게 알렸어야 한다"라고 말했다.[231] 트럼프의 말이 맞다.

멀러 보고서는 2017-2018년에 트럼프와 세션스가 여러 차례 직접 만났던 내용을 정리했다. 보고서는 트럼프는 세션스에게 기피 결정을 재고하고, 번복하고, 수사를 지휘해야 한다고 설득하려 했다고 써 있다. 같은 시기의 기록물을 보면 대통령은 법무장관에게 "나는 그저 공정한 대우를 받고 싶을 뿐이다"라고 말했다.[232] 뒤이은 만남에서 트럼프는 이 말을 되풀이했다. 이는 수사를 중지시키거나 방해하려는 시도가 아니다. 대통령은 여러 가지 이해충돌 때문에 멀러는 특검에 부적격이라고 공개적으로 비난했고 특검이 편파적인 검사들로 팀을 꾸려 수사를 한다고 자주 불만을 토로했다. 트럼프는 수사가 공정하고 객관적이고 중립적으로 진행되기를 바랐다. 그는 편파적인 "마녀사냥"이 아니기를 바랐다. 공개적으로 발언을 하거나 트위터에서 종종 발언했듯이 말이다. 트럼프의 입장에서 보면 이는 더할 나위 없이 당연한 행동이었고, 그가 표명한 의견이 바로 법률에서 말하는 그의 의도를 보여주는 증거다. 멀러가 보고서에서 인용한 트럼프의 발언들은 트럼프가 지닌 목적이 부적절하지도 불순하지도 않다는 증거다. 오히려 상식적이고 적절하고 합법적인 발언이었다.

멀러 보고서는 몇 쪽에 걸쳐 대통령이 세션스에게 물러나라고 압력을 넣고 다른 조치들도 취하려 했다고 하면서 이는 "특검의 수사 범위를 제약"할 수도 있다고 했다.[233] 그러나 세션스가 기피했기 때문에 그를 해고한다고 해도 특검수사에는 아무런 영향이 없었을 것이다. 멀러의 수사는 어떤 식으로도 전혀 제약받지 않았다.

특검을 제거하려는 논의

트럼프는 고집불통인 세션스를 제쳐두고 멀러 특검을 교체하는 방안을 자기 참모들과 논의했다. 보고서는 트럼프의 의도가 법무장관에게 기피 결정을 번복하라고 한 의도와 동일하다고 규정했다. 즉, "대통령은 고위참모들에게 특검이 이해충돌이 있다고 말했다."[234] 2017년 6월 어느 시점에서는 트럼프가 백악관 법률고문 돈 맥건에게 전화를 걸었다고 특검보고서는 주장했다. 보고서에 따르면, "대통령은 맥건에게 전화를 걸어 이해충돌이 분명하므로 특검을 교체하라고 그에게 지시를 내렸다"라고 나와 있다.[235] 맥건은 대통령의 지시에 응하지 않았다. 그 논리에 동의하지 않았기 때문이다. 그리고 "대통령은 특검을 교체하라고 맥건에게 요청한 건이 어떻게 진행되고 있는지 다시는 문의하지 않았다."[236] 이와 거의 동시에 트럼프는 멀러를 해임하는 게 정치적으로 현명한 결정이 아니라는 조언도 받았다. 그리고 나서 그는 특검 교체를 포기했다.

트럼프가 한 말과 행동이 공무집행방해에 해당하지 않는 이유는 여러 가지다. 첫째, 멀러는 교체되지 않았다. 따라서 공무집행을 방해하려는 행위는 발생하지 않았다. 특검수사는 아무런 방해를 받지 않고 진행되었다. 둘째, 방해하려는 '시도'도 아니다. 법은 생각과 논의를 범죄로 규정하지 않는다. 셋째, 대통령의 의도는 법에서 규정한 부적절한 의도에 해당하지 않았다. 대화 내용을 보면 그는 멀러가 이해충돌이 있고 수사를 통해 공정한 결론에 도달하지 못하리라고 진심으로 생각했다. 트럼프는 정당한 우려를 표명했고 이는 불순한 의도를 구성하지 않는다. 넷째, 수사를 통해 트럼프가 딱히 멀러를 교체하려 했다고 하기보다는 "그저 맥건이 이해충돌 문제에 대해 법무부가 주목하도록 해주기를 바랐다."[237] 마지막으로 멀러가 해임된다고 해도 다른 사람이 임명된다. 특검보고서는 멀러가 해임되었다고 해도 특검의 업무가 중단되지는 않았을 것이라고 시인하고 있다.

트럼프-맥건 대화 내용이 언론에 유출되자 대통령은 기사가 사실과 다르다며 맥건에게 기사 내용을 부인해 달라고 요청했다. 트럼프와 맥건은 보도가 사실인지를 놓고 이견을 보였다. 대통령은 기사가 틀렸고 자신의 의도는 부적절하지 않다고 진정으로 생각했다. 그러나 공무집행방해가 성립되는지 여부와 이는 대체로 무관하다. 언론보도는 공식적인 수사도 아니고 법적 절차도 아니기 때문이다. 언론보도를 방해한다고 해서 범죄는 아니다. 워싱턴 정가가 집착하는 일이긴 하지만 말이다.

모스크바 트럼프타워 건설 프로젝트

앞서 지적한 바와 같이, 모스크바에 주상복합 고층건물을 건설하는 제안은 2016년 트럼프가 고려해보고 포기했다. 멀러는 "공모" 음모를 꾸몄다는 범죄의 증거를 전혀 찾지 못했다. 그러나 트럼프의 개인변호사 마이클 코언이 의회에 출석해 대통령이 자신에게 그런 거짓증언을 하라고 지시했다고 한 주장을 조사했다. 이게 사실이라면 공무집행을 방해할 음모가 성립된다.

코언은 건설 프로젝트를 추진한 인물이다. 코언은 이 거래가 성사되면 개인적으로 금전적인 이득을 보게 되어 있었다. 그러나 거래를 가로막는 장애물을 극복하기가 불가능하다고 판명되었다. 2016년 봄과 여름 사이에 이 프로젝트는 무산되었다. 선거운동기간 동안 트럼프는 러시아에서 "어떤 거래"도 투자도 하지 않았다. 이는 사실이다. 그 어떤 거래도 성사되지 않았다. "의도서한"과 관련한 논의는 무산되었다. 코언은 자기 마음대로 기자들을 상대로 "트럼프타워 모스크바 건설 계획은 타당성이 없어서 2016년 1월에 무산되었다"라고 말하기 시작했다. 이는 사실이 아니다. 몇 달 후인 5월이나 6월에 무산되었다. 그러나 코언은 이 거짓말을 퍼뜨렸다. 멀러 보고서에 따르면 "트럼프 후보가 러시아와 관련이 있었던 기간을 선거운동에서 더 이른 시점으로 앞당길 수 있다"고 생각했기 때문이다.[238] 그리고 나서 코언은 2017년 8월에 의회에 제출한 서면 답변에서 똑같은 거짓말을 했고 그 외에도 여러 가지 거짓말을 되풀이했다.

코언이 범죄도 아닌 사안에 대해 거짓말을 한 이유가 뭔지 알쏭달쏭하지만 의회에서 위증을 하고 여러 사기혐의에 대해 유죄를 인정한 변호사이니 거짓말은 그에게 제2의 천성이라는 점을 알면 이해가 간다. 검사들은 그를 천재적인 거짓말쟁이이자 편법을 쓰는 이라고 묘사했다. 그러나 특검은 대통령이 코언의 거짓말과 무관하다는 결론을 내렸다. 보고서는 "대통령이 코언에게 거짓 증언을 하라고 지시하거나 거짓 증언을 하도록 도왔다는" 증거가 성립되지 않는다는 결론을 내렸다.[239] 이 이야기의 구체적인 사항들은 나중에 자세히 살펴보기로 하겠다.

트럼프에게 유리한 증거

멀러는 특검보고서에서 트럼프에게 유리하고 특검이 공무집행방해 범죄를 찾아내는 데 불리하게 작용하는 몇 가지 요인들을 인정했다.

첫째, 대통령이 헌법적 권한을 행사하는 동안 행한 수많은 "행위는 표면상으로 합법적이었다."[240]

둘째, "대통령이 러시아의 선거개입과 관련된 기저 범죄에 연루되었다는 증거가 성립되지 않는다."[241] 가타부타 명확하게 판단을 내릴 수는 없지만, 범죄를 저지를 의도가 없었다는 설득력 있는 증거다. 범죄가 아닌 행위를 무엇 때문에 수사를 방해하거나 은폐하겠는가?

셋째, 대통령의 행동과 발언은 대부분 "공개 석상에서 이루어졌다."[242] 사람들은 노골적으로 뭔가를 방해하는 경우는 거의 없다. 보통 알아채지 못하게 은밀히 방해한다.

넷째, 연방수사국과 특검의 수사는 실제로 방해받지 않았다.[243] 그들은 결론을 내릴 때까지 수사를 계속했다. 트럼프는 행정부 수반으로서의 특권을 행사하지 않았다. 그는 자발적으로 140만 쪽에 달하는 자료를 제출했고 모든 증인들이 특검의 심문에 응하도록 했다. 그는 백악관 맥건 법률자문도 거의 30시간에 걸쳐 심문을 받도록 했다. 맥건과 트럼프가 나눈 대화는 모두 기밀로 보호를 받는데도 말이다. 이정도로 투명성을 유지하겠다는 의지를 보인 대통령은 전례가 없었다.

멀러 보고서를 관통하는 일관성 있는 증거가 보고서 저변에 깔려 있다. 대통령은 자신이 러시아와 "공모"하지 않았고 부당하게 편파적으로 불공정한 검사들의 공격 표적이 되었다고 확신하고 있다. 조사 자체가 그의 국정수행 역량을 잠식하고 있었다. 트럼프는 공개 석상에서 자신이 보기에 정치적 동기에서 비롯된 누명에 대해 자신을 방어하는 방법을 선택했다. 이는 헌법 수정안 제1조 표현의 자유하에서 그가 누릴 권리다. 사실 대통령에게는 그게 유일한 선택지였다. 그는 일방적이고 편파적인 수사에 직면하고 있었다.

"노련한 암살자" 멀러

멀러는 러시아와 음모를 꾸몄다는 증거를 찾아내려고 했지만 실패했다. 아무런 증거도 없었고, 특검은 이 명백한 사실을 인정할 수밖에 없었다. 그러나 공무집행방해와 관련해서는 입증의 책임을 뒤집어 수사대상에게 전가했고, 이 사안에 대한 판단을 내려서 대통령과 미국 국민에게 의무를 다해야 하는데 그러지 않았다. 유구한 역사를 자랑하는 이 기준을 뒤집어엎고 사실상 트럼프가 자신의 결백을 증명하도록 강제했는데 이는 법치가 제대로 작동하는 방식이 아니다. 수사하는 내내 멀러는 자기가 예전에 몸담았던 연방수사국이 저지른 심각한 직권 남용이라는 광폭한 행위를 눈감아주었다. 어쩌면 그 기관에 대한 의리를 지키느라, 그곳 고위관리들의 타락한 행동을 못 본 척했는지도 모른다. 그들의 이러한 비행이 특검수사의 토대였다. 그러나 이러한 문제들에 대해 그는 굳게 입을 다물었다. "공모"는 사실이 아니라는 점을 깨닫고 나서도 오랫동안 그는 근거가 빈약하기 짝이 없는 공무집행방해 수사를 이어갔다. 멀러는 자신의 오랜 친구이자 동료인 제임스 코미가 시작한 "마녀사냥"을 상징하는 인물이 되었다.

멀러는 정치적으로 편파적인 이들로 특검을 꾸리는 잘못을 저질렀다. 범죄도 아닌 행위를 범죄라고 넘겨짚고 공무집행방해에 대해 거의 200쪽에 달하는 보고서를 작성해 발표하는 실책을 범했다. 추측과 해석하기 나름인 애매모호한 주장을 입맛에 맞게 취사선택한다고 해서 실체적 증거가 되지는 않는다. 사실상 탄핵 회부에 해당하는 보고서를 작성해 의회에서 탄핵의 논쟁이 일어나도록 영향을 미치려 한 행위도 마찬가지로 매우 부적절하다. 이는 엄청난 월권행위이고 치욕스러운 직권 남용이다. 대통령을 제거하려는 선동이 잦아들기 시작하자 비로소 멀러는 기자회견을 열어 탄핵의 불에 기름을 부었다. 괘씸하기 이를 데 없는 행동이다.

국무차관을 지냈고 전직 해군정보장교이자 법률가인 로버트 찰스Robert Charles는 멀러에게 다음과 같은 중요한 의문을 제기했다.

당신은 공모 주장이 어디서 비롯되었는지 수사하라는 임무를 부여받았는데 어떻게 당신 보고서에서 그 조사는 빠져 있나? 그리고 당신이 최근에 한 행동은 어떻게 해명하려는가? 연방수사국에게는 면죄부를 주고 의도적으로 탄핵을 부채질하려는 것으로 보이는데?[244]

멀러는 이에 대해 거론하고 싶어 하지 않았다. 언론과 미국 국민을 대상으로 한 짤막한 기자회견에서 그 뜻이 명백히 드러났듯이 말이다.

특검이 공무집행을 방해했다는 신빙성 있는 결론을 내리지 못했다면 멀러는 그렇게 발표하고 입을 다물었어야 한다. 그런데 멀러는 헌법에 잘 구축된 원칙들을 무시하고, 공무집행방해법을 비틀고 적법절차를 훼손했다. 그는 정의를 훼손한 자기중심적 기념비로 우뚝 설 역작을 작성했다. 그는 편파적인 특검 검사들과 함께 트럼프를 유죄추정으로 낙인찍음으로써 2세기 넘게 유지되어온 미국 법체계를 다시 썼다. 그가 특검으로 일한 기간은 치욕으로 점철되었다.

연방수사국 국장 시절부터 멀러가 써먹어온 비열한 수법을 오래전부터 미심쩍게 생각해온 사람들은 그의 보고서를 보고 전혀 놀라지 않았다. "무고한 사람들을 불법적으로 겨냥해 수사하는 더러운 이력"을 소유한 멀러를 상당 기간 동안 지켜보고 의문을 품어온 루이 고머트Louie Gohmert 하원의원은 멀러의 비행을 한 데 모은 75쪽짜리 문서를 작성해 발표하고 이를 만성적인 직권 남용이라고 묘사했다.[245] 그는 특검 조사 결과가 나오기 족히 1년 전에 이미 다음과 같은 평결을 내렸다.

멀러의 이력으로 미루어 판단컨대, 누군가를 협박하든 괴롭히든 기소하든 파산시키든 개의치 않고 우리 현직 대통령에 대해 뭔가 아니 뭐든지 주장하게 만들기를 서슴지 않는다. 내가 조사한 바에 의하면, 멀러는 자기가 겨냥한 표적을 끌어내리기 위해서 윤리적이든 비윤리적이든 개의치 않고 수단과 방법을 가리지 않는다.[246]

뉴저지 주지사를 지낸 크리스 크리스티는 앞날을 예견한 듯 로버트 멀러를 "노련한 암살자"에 비유했다. 멀러의 보고서가 "암살 시도"로 읽힌다는 데 나도 동의한다.

WITCH
HUNT

허수아비: 난 뇌가 없어. 다 지푸라기뿐이야.

도로시: 뇌가 없는데 어떻게 말을 하니?

허수아비: 몰라. 하지만 뇌가 없는데도
말은 엄청 많은 사람들이 있잖아, 그렇지 않니?

도로시: 그래, 네 말이 맞는 것 같다.

_ 〈오즈의 마법사 The Wizard of Oz〉(1919)

아마 그 누구보다도 언론이 이 정치적 마녀사냥 사기극 때문에
상처를 크게 입은 듯하다. 민주당과 언론은 협력관계였다.
그들은 제정신이 아니었다. 그들은 정말로 선거를 갈취하려고 했다.
미국 정치 역사상 가장 끔찍한 사기 사건이었다.

_ 2019년 6월 25일, 백악관 대통령집무실에서 도널드 J. 트럼프 대통령과 저자의 인터뷰

"도시에" 성령의 은총을 받아 러시아 사기극으로 온 나라를 전염시켰으니 이 사람을 스틸 "전염병 동정녀 마리아Typhoid Mary"라고 해도 무방하리라. 바로 데이비드 J. 크레이머David J. Kramer 얘기다. 붉은 턱수염에 철테 안경을 쓰고 사뭇 진지해 보이는 이 중년남성은 러시아 음모 바이러스를 미국 주류언론의 혈류에 주입해 심각하게 감염시켜 환자가 거의 죽다 살아났다.

하버드 대학 출신으로 30년 동안 미국-러시아 지정학을 연구한 크레이머는 "딥 스테이트deep state"라고 일컫는 워싱턴의 중간관리자급 패거리의 압축판이다. 그는 학계, 싱크탱크, 미국국무부에 몸담았고 매케인 연구소McCain Institute에서도 일했다. 그는 권위 있는 할리팩스 국제안보 포럼Halifax International Security Forum 이사회의 이사를 지냈는데, 이 포럼이 해마다 개최하는 회의에는 전 세계에서 민간부문과 군사부문 최고 전문가들이 참석한다.

2016년 11월 중순 캐나다 노바스코샤 주 할리팩스에서 열린 회의는 흥분으로 술렁거렸다. 크레이머와 회의 참석자들은 막 대통령 선거에서 이긴 트럼프를 어디로 튈지 모르는 예측 불가능한 위험인물로 여겼다. 11월 19일 토요일 예정된 일정이 끝나고 잠시 휴식시간에 전 러시아주재 영국대사 앤드루 우드 경Sir Andrew Wood이 크레이머의 옷소매를 잡아끌었다. 두 사람은 생각이 같은 학자들과 함께 이메일로 러시아에 대한 정보와 논문을 공유하곤 했다.

"그는 내가 알고 있어야 하고 매케인 상원의원도 흥미를 보일지 모르는 정보를 알고 있다고 말했다"라고 크레이머는 훗날 진술했다.[1] 우드는 그 자료를 직접 보지는 못했지만 "대통령 당선인 트럼프가 러시아와 공모했을 가능성을 보여주는 정보가 수집되었다는 얘기를 들었다고 했다."

크레이머는 위험천만하고 공격적인 푸틴에 맞설 역량이 트럼프에게 있는지에 대해 깊은 의구심을 품고 있었다. 회의가 열리기 며칠 전 그는 〈폴리티코Politico〉에 공동기고문을 올렸는데 '트럼프의 승리가 러시아에게 또 한 번의 승리를 안겨줄 수 있다'라는 제목의 글이었다.[2] 그는 이 글에서 푸틴이 서구 민주주의국가들에게 "실존적인 위협"이 되고 있고 "러시아와의 관련성에 대한 논란의 그림자가 선거운동 기간 내내 트럼프에게 드리워졌다"라고 주장했다.

그는 그러한 위협에 대해 글을 쓰는 데 그치지 않고 행동도 취했다. 2016년 7월 그는 20여 명의 안보 전문가들과 함께 의회에 공개서한을 보내 러시아가 DNC를 해킹한 사건을 조사해달라고 요청했다.[3] 그는 또 다른 공개서한에서 트럼프는 대통령이 될 만한 "성품을 갖추지 못했다"라고 말했다.[4] 존경해 마지않는 앤드루 우드 경이 트럼프에 대한 약점을 갖고 접근하자 크레이머는 기꺼이 도와주겠다고 나섰다. "그는 내가 매케인 상원의원에게 의견을 전달할 통로로 제격이라고 생각했던 듯하다"라고 크레이머가 말했다.

2014년부터 매케인 연구소의 인권과 민주주의 국장으로 일해온 크레이머는 매케인 상원의원과 가까워졌다. 그는 2017년 중엽 매케인 연구소를 통해 러시아에 대한 책을 출간하기로 하고 집필 중이었다. 그런데 마침 매케인이 그해 연례 회의에 참석하고 있었다. 크레이머는 매케인 상원의원에게 직접 다가가 우드가 말한 솔깃한 정보를 전달했다. 매케인은 흥미를 보였다. 그날 오후 매케인 상원의원과 그의 최고참모 크리스천 브로즈Christian Brose는 크레이머, 우드와 함께 은밀히 만났다. 우드는 런던에 있는 "아주 믿을 만한" 정보원이 트럼프와 푸틴의 관계를 보여주는 증거를 수집했고 트럼프를 크렘린의 협박에 노출시킬 가능성이 있는 변태적 성행위를 담은 동영상이 존재한다고 설명했다. 오래전부터 트럼프와 불화를 겪어온 상원의원은 크레이머에게 런던에 가서 정보원을 만나달라고 요청했다. 크레이머가 이 요청을 승낙한 후 우드는 정보원이 전직 MI6 첩보원이라고 밝혔다.

11월 28일 일요일, 크레이머는 런던으로 날아갔다. 그는 자기 마일리지를 이용해 항공권을 예약하고 공항사용료도 자기 돈으로 지불할 정도로 상대방을 배려했다. 마치 첩보물의 한 장면 같았다. 월요일 아침 그는 히드로 공항에서 크리스토퍼 스틸을 만났다. 사전에 약속한 대로 푸른색 외투를 입고 〈파이낸셜 타임스〉를 들고 있었다. 케임브리지 대학교 출신의 전직 첩보원은 이름과 잘 어울리는 모습이었다. 격조 있고 반백 머리에 자신감 있는 태도를 보였다.

스틸은 크레이머를 서리Surrey에 있는 자택으로 데리고 갔다. 그는 자기 회사가 의뢰를 받아 러시아에서 트럼프가 하는 사업 거래 현황을 들여다보고 이 부동산 거부의 약점을 파헤치려 했다고 말했다. 그는 누가 자기를 고용했는지 밝히지 않았지만 고객의 입맛에 맞게 정보를 조작하거나 "사탕발림하거나 어떤 식으로든 변형"하지 않는다고 여러 차례 강조했다. 그저 사실만 전달한다고 했다. 그는 16개에서 17개의 보고서로 구성된 두툼한 자료를 크레이머에게 넘겨주었다. 크레이머는 한 시간에 걸쳐 수많은 고위급 러시아 정보원들이 스틸에게 제공한 트럼프의 타락과 변태성욕과 정실주의에 대해 머리털이 쭈뼛 설 정도로 선동적인 내용을 담은 보고서를 읽었다.

스틸은 그에게 보고서는 검증할 필요가 있지만 "정보원과 우리 회사가 과거에 보여준 성과로 미루어볼 때 우리가 이 정보를 제공할 최고의 정보원들을 확보했다는 생각이 들었다"라고 말했다. 다시 말해서 이 정보는 소문이나 뒷공론이 아니라 확실한 자료라는 뜻이었다. 그는 크레이머에게 "황금소나기golden shower" 소문을 담은 동영상 증거도 있다고 주장했다. 그러나 스틸은 제임스 본드 수준에 버금가는 전문성을 지녔다고 하면서도 그 동영상을 어떻게 확보해야 할지 전혀 몰랐다. 스틸은 유럽에 있는 "연방수사국 관계자"에게 접근해 자기가 입수한 정보를 공유했고 수사국이 이 정보를 조사해주기를 바랐다고 말했다. 매케인 상원의원이 힘을 써준다면 연방수사국에 "추가로 압박"을 가해 이 정보를 심각하게 받아들일 거라고 했다. 바로 이 때문에 스틸은 우드를 통해 크레이머에게 손을 내밀었다.

크레이머는 상당한 영향력이 있는 인사가 자신을 지목해 이 정보를 당시 상원 군사위원회 의장인 매케인에게 제공해달라고 요청하자, 이를 영광으로 생각했다. 그는 스틸이 몇 달 동안 연방수사국, 국무부, 그리고 언론을 꼬드겨 "도시에"를 공개하게 만들려고 애써왔다는 사실을 전혀 모르고 있었다. 그는 연방수사국이 "도시에"를 이용해 카터 페이지에 대한 해외첩보감시법 영장을 발부받았지만, 스틸이 언론과 수차례 접촉하고 이에 대해 거짓말을 한 이유로 연방수사국이 스틸과의 관계를 11월 1일에 정리했다는 사실을 모르고 있었다.[5] 게다가 스틸의 정보원과 수법도 문제투성이라는 분명한 징후가 있었다.

2016년 10월 11일 스틸은 캐슬린 캐벌렉Kathleen Kavalec 국무부 부차관보와 만난 자리에서 자기가 생각하는 마감일 전까지 이 정보를 대중에게 공개하겠다는 강력한 의지를 표명했다. 그 마감일은 선거일이었다. 캐벌렉은 연방수사국에 보낸 보고서에서 스틸이 "미국 선거를 겨냥해 모스크바에서 기술/인력 작전을 지휘하고 미국에 있는 이주자들을 채용해 '해킹과 인력모집'을 했다"라고 말했다. 스틸은 캐벌렉에게 그들은 마이애미에 있는 러시아 영사관을 통해 수고비를 받는다고 말했는데, 캐벌렉은 마이애미에는 러시아 영사관이 없다는 사실을 보고서에서 지적했다.[6] 이러한 지적으로 스틸이 신뢰할 만한 정보원이 아니며 그의 "도시에"는 거짓말일 가능성이 높다는 경고를 연방수사국에 한 셈이었다. 속임수를 파악하는 기법을 훈련받지 않은 국무부 관리가 단 한 번의 짧은 만남에서 스틸이 사기꾼임을 정확히 간파할 수 있었다면 연방수사국은 자기들이 고용해 수고비를 지불해온 정보원이 가짜 증거를 팔고 있다는 사실을 알았을 게 틀림없다. 그러나 열흘 후 연방수사국과 법무부는 스틸의 미심쩍은 문건을 근거로 트럼프 선거운동본부 관계자를 염탐할 영장을 청구했다.

스틸은 귀국길에 비행기에서 읽어보겠다며 "도시에" 보고서 사본 한 부를 달라는 크레이머의 요청을 거절했다. 너무 위험하다는 이유였다. 그러나 스틸은 크레이머가 귀국하면 자기를 고용한 글렌 심슨이 크레이머에게 사본을 준다고 약속했다. 심슨과 크레이머 두 사람은 일면식도 없었지만, 크레이머는 심슨이 〈월스트리트저널〉 기자로 일할 때 러시아에 대한 기사를 많이 썼던 인물로 알고 있었다. 런던에 착륙한 지 12시간이 채 지나지 않아 크레이머는 워싱턴행 비행기에 올랐다. 그 많은 비용을 들여 단시간 내에 정신없이 왔다 갔다 하면서 얻은 거라고는 트럼프에 대한 국가적으로 중대한 증거가 있으니 자기를 믿으라는 일급비밀요원 스틸의 언질뿐이었다.

11월 29일 화요일 오후 다섯 시, 크레이머와 만난 심슨은 "도시에" 사본 2부를 건네주었다. 한 부는 다른 한 부보다 보이지 않게 검은색으로 가린 내용이 훨씬 많았다. 크레이머는 여전히 자기가 덫에 걸렸다는 사실을 알아차리지 못했다. 심슨은 크레이머에게 자신이 〈뉴욕타임스〉에 얘기를 해두었다고 시인했다. 그러나 심슨은 자신과 스틸이 〈워싱턴포스트〉, 〈마더존스〉, CNN, ABC, 〈뉴요커〉와도 얘기를 했다는 사실은 밝히지 않았다. 심슨이 무던히 애를 썼지만 그때까지는 "도시에"가 크게 기사화되지 않고 있었다.

각고의 노력 끝에 마침내 심슨과 스틸은 이 날조된 정보를 확산시킬 열쇠를 찾아냈다. 언론인들이 소문을 보도하지는 않지만 정부가 뭔가를 수사한다고 하면 이를 충실히 보도한다는 사실을 깨달았다. 몇 년 동안 다른 모든 기사들을 밀어내고 1면을 차지한 수만 건의 러시아 관련 기사들은 거의 모두가 실제 증거가 아니라 증거를 찾고 있다는 내용이었다.

〈뉴스위크〉 기자를 지낸 마이클 이시코프는 2016년 9월 〈야후! 뉴스〉에 기사를 썼다. "미국 첩보요원들이 트럼프의 자문과 크렘린 간의 관계에 대해 수사하다"라는 제목으로서 익명의 소식통-스틸과 심슨이 틀림없다-을 인용해서 쓴 카터 페이지의 러시아 방문에 대한 기사였다.[7] 같은 날 줄리아 아이오페Julia Ioffe는 〈폴리티코〉에 '카터 페이지는 누구인가? 모스크바를 찾은, 트럼프와 관련 있는 신원을 알 수 없는 남성'이라는 제목의 기사를 실었다.[8] 10월 31일 데이비드 콘David Corn은 〈마더 존스〉에 스틸의 존재를 최초로 밝히는 기사를 실었다. '전직 첩보원이 러시아가 도널드 트럼프를 포섭하려는 작전을 실행했다는 정보를 연방수사국에 전달했다'라는 제목이었다.[9] 스틸의 이름은 밝히지 않았다.

콘은 "도시에" 사본을 오랜 친구인 연방수사국 법률자문 제임스 베이커에게 전달했고, 베이커는 훗날 의회에 출석해 연방수사국은 심슨이 이 문건을 정부와 언론계의 수많은 이들에게 퍼뜨려 "도시에"의 격을 높이려 했다는 사실을 알고 있었다고 증언했다. "데이비드는 이 문건이 연방수사국 손에 들어가게 하려고 안달이 나 있었음을 알고 있다"라고 베이커는 말했다.[10] 이 세 기사는 상원 소수당 지도자 해리 리드Harry Reid가 코미에게 스틸 "도시에"가 촉발한 트럼프-러시아 관계를 수사하라며 질책하는 내용을 담아 보낸 서신을 인용했다. 그런데도 이 이야기는 언론매체에 더 널리 확산되지 않았다. 콘은 편파적인 활동가로 알려져 있었고, 리드는 인기영합적인 성향이므로 그의 주장도 일축하기가 쉬웠으며, "도시에"의 내용을 검증하려고 애쓴 언론인들은 검증하는 데 실패했다.

심슨은 30분 동안 이어진 크레이머와의 첫 만남에서 자기 고객의 신원에 대해 아무 말도 하지 않았다. 크레이머는 굳이 물어보지 않았다. 그러나 크레이머는 미끼를 물었다. 크레이머는 단연 심슨의 가장 중요한 자산이 되었다. 퓨전 GPS가 날조한 역정보 선동이 드디어 시작되었기 때문이다.

그 다음날 오후 5시쯤 크레이머는 매케인 상원의원과 그의 보좌관 브로즈를 만나 보고서를 직접 전달해주었다. 매케인은 "도시에"를 읽고 나서 크레이머에게 어떻게 생각하느냐고 물었다. 크레이머는 "스틸 씨 본인이 신뢰가 가고 믿을 만한 듯하다. 하지만 그 문건에 담긴 내용을 혼자서 일일이 검증할 처지가 아니라고 그도 시인했다"라고 말했다. 어쩌면 너무나도 뻔한 이 대답이 크레이머에게 마음의 위안이 되었는지도 모른다. 그는 만나는 사람마다 넌더리가 날 정도로 이 말을 되풀이했다.

"나는 그에게 사본을 연방수사국 국장과 중앙정보국 국장에게 전달하라고 제안했다."

그 후 한 주 정도에 걸쳐 크레이머는 심슨과 스틸 두 사람과 종종 전화통화를 했는데, 이 두 사람은 트럼프가 러시아 비밀 요원이라는 이야기를 퍼뜨리기 위해 매케인이 모종의 조치를 취하고 있는지 알고 싶어 안달했다. 12월 9일 브로즈는 크레이머에게 매케인이 코미 국장과 은밀히 만나 그 문건을 전달했다고 알려주었다. 의기양양한 크레이머는 이 소식을 전달했다. 임무는 완수되었다.

스틸에서 심슨을 거쳐 크레이머 그리고 매케인으로 "도시에"가 전달되면서 "도시에"는 공화당이라는 외피가 입혀졌다. 증오하는 경쟁상대의 더러운 약점을 드러내고 싶어 하는 사람은 민주당 소속 의원인 리드뿐만이 아니었다. 트럼프와 같은 진영에 속한 애국자이자 전쟁영웅인 매케인도 나섰다. 크레이머는 "민주당 의원보다는 관록 있는 공화당 의원에게 이 문건을 전달하는 게 훨씬 낫다고 생각했던 듯싶다. 민주당 의원이면 정치적 공격이라고 치부해버렸을 테니까"라고 말했다. 영특한 속임수였다.

기자들은 크레이머에게 전화해 매케인이 "도시에"를 코미에게 전달했는지 물었다. 데이비드 콘, 〈워싱턴포스트〉의 톰 햄버거Tom Hamburger와 로절린드 헬더먼Rosalind Helderman, ABC의 브라이언 로스Brian Ross, 〈매클래치McClatchy〉의 피터 스톤Peter Stone과 그렉 고든Greg Gordon, 〈월스트리트저널〉의 앨런 컬리슨Alan Cullison, 국영라디오방송NPR의 로버트 리틀Robert Little 등을 비롯한 수많은 기자들이 그에게 전화를 했다. 크레이머는 스틸의 요청에 따라 워터게이트 사건으로 명성을 얻은 칼 번스타인Carl Bernstein과 〈버즈피드〉의 켄 벤싱어Ken Bensinger와 만났다.

벤싱어와의 만남은 결정적인 전환점이 되었다. 벤싱어는 12월 29일 매케인 연구소로 크레이머를 만나러 갔다. 크레이머에게 자기가 세계축구협회 수사를 통해 스틸을 알고 있다면서 "도시에" 사본을 달라고 했다. 크레이머는 그의 요청을 거절했지만 읽게는 해주겠다고 했다. 벤싱어는 휴대전화 카메라로 문건을 찍어도 될지 물었지만 크레이머는 거절했다. 그 문건이 뜻하지 않게 유포될까 우려했기 때문이다. 벤싱어는 알겠다고 했다. 절대로 사진 찍지 말라고 벤싱어에게 다짐을 받은 크레이머는 잠깐 방을 비웠다. 그 사이 벤싱어는 30분 동안 휴대전화기를 손에 들고 편안하게 그 문건을 읽었다.

2017년 1월 10일, 크레이머는 매케인 연구소 라운지에 있는 TV 가까이에 앉아 〈가디언〉의 줄리언 보저Julian Borger와 "도시에"에 대해 대화를 나누었다. 오후 5시쯤 CNN의 에반 페레스Evan Perez, 짐 슈토Jim Sciutto, 제이크 태퍼Jake Tapper, 칼 번스타인 기자가 이 기사를 퍼뜨렸다. 러시아가 선거에 개입했다는 보고서에 첨부된 두 쪽짜리 "도시에" 일부 내용인 "매춘부 소변"에 대해 오바마 대통령과 대통령 당선인 트럼프가 보고를 받았다는 내용이었다.[11] 전 국가정보실장 제임스 클래퍼가 보고받았다는 뉴스를 제이크 태퍼에게 흘렸다.

CNN 보도를 계기로 벤싱어는 마음껏 "도시에"에 대한 보도를 했다. 한 시간이 채 지나지 않아 〈버즈피드〉는 '이 보고서에 따르면 트럼프는 러시아와 깊은 관계다'라는 제목을 달아서[12] "도시에" 전문을 보도했다. 벤싱어는 문건 사진을 찍지 않겠다고 약속했지만 그 약속을 깼다. "검증이 불가능할 가능성도 있는"이라는 미꾸라지처럼 빠져나갈 표현을 써서 〈버즈피드〉는 35쪽 전문을 온라인에 게재하고는 "미국 정부 최고위급에서 회람된, 대통령 당선인에 대한 소문에 대해 미국 국민들이 스스로 판단을 내릴 수 있도록 했다"라고 주장했다.

CNN을 시청하고 있던 크레이머는 〈버즈피드〉 기사에 대한 보도가 나오자 "제기랄!" 하고 외쳤다. 충격을 받은 그는 벤싱어에게 전화를 걸어 인터넷에 올린 문건을 내리라고 요구했다. 그는 "당신 때문에 사람들 죽어나가게 생겼다"라고 벤싱어에게 항의했다.

"왜지?"라고 벤싱어가 물었다. "어떻게?"

"이 문건을 포스팅하면 여러 사람의 목숨이 위험해진다"라고 크레이머는 말했다. 스틸의 러시아 고위급 비밀정보원이 위험에 처한다는 뜻이었다. 벤싱어는 그 얼토당토않은 주장을 검증하는 문제에 대해서 시큰둥했고 전혀 우려하지도 않는 듯했다.

〈버즈피드〉 편집자 벤 스미스Ben Smith는 이 문건을 게재하기로 한 결정을 두둔하면서 "도시에"는 진위를 검증하지 않고도 보도할 가치가 있다고 주장했다. 그 내용을 미국 정부의 최고위급 관리들과 트럼프가 보고받았기 때문이라는 이유였다. "2017년 현재 우리 기자들은 보도할 때 투명성을 유지해야 한다"[13]라면서 말이다.

"가짜 뉴스-철저한 정치적 마녀사냥!"

그날 늦게 트럼프는 트윗을 날렸다.

크레이머는 〈월스트리트저널〉이 "도시에" 작성자로 스틸의 이름을 공개할 예정이라는 정보를 입수했다. 그는 그렇게 하지 말라고 설득했지만 실패했다. 스틸은 펄쩍펄쩍 뛰었다. "이런 식으로 밝혀져서는 안 된다." 크레이머는 스틸에게 "벤싱어가 문건을 손에 넣은 줄 전혀 몰랐다"고 말했다. 이는 거짓말이다. 크레이머는 스틸과 소통을 계속하기 위해서 거짓말을 했다.

스틸은 자기 이름이 드러나자 크레이머에게 "내가 큰 곤경에 처하게 생겼다"며 잠적했다. 그러나 스틸은 놀랄 이유가 없었다. 스틸과 심슨은 이 날조된 문건을 수개월 동안 퍼뜨리려고 애써왔다. 그들의 계략은 완벽하게 먹혀들었다. 크레이머는 10명도 넘는 언론인들에게 이 문건에 대해 떠벌이면서 스틸이 믿을 만한 사람이라고 안심시켰고 앤드루 우드 경과 매케인 상원의원도 관련되어 있다고 자랑했다. 이 두 사람은 크레이머의 전문성과 평판에 대해 알고 있었다.

〈버즈피드〉가 문건 전체를 인터넷에 도배한 후 격분한 제이크 태퍼는 스미스 편집자에게 이메일을 보내 〈버즈피드〉가 그 다음 날까지 참고 기다렸어야 한다고 불만을 표했다. (그의 이메일은 "도시에"에 언급된 러시아인이 스틸과 〈버즈피드〉를 상대로 소송을 제기한 후 공개되었다.)[14] 태퍼는 스미스에게 "아무도 그 문건을 검증하지 않았다"라고 말했다. 그는 CNN 보도에서 언급한 "도시에"의 핵심적인 주장 그러니까 트럼프의 개인변호사 마이클 코언이 2016년 8월 프라하로 날아가 크렘린 관계자들과 만났다는 주장은 거짓일 가능성이 높고, 정부 관리들은 그 마이클 코언이 아니라 이름이 같은 다른 마이클 코언이 프라하로 갔다고 생각한다고 지적했다.[15] 그러나 제이크 태퍼가 화가 난 이유는 터뜨린 시기 때문이다. "협력해야 할 사람인 당신이 내 거시기를 발로 밟았다"라고 태퍼는 말했다.[16] 태퍼는 날조된 보고서에서 소변 관련 부분에 대해 코미가 대통령에게 보고했다는 얘기를 자기가 보도할 때는 아랑곳하지 않았다.

며칠 안에 러시아 음모가 워싱턴과 뉴욕에 본부를 둔 언론기관들에서 폭발적으로 쏟아져 나왔다. "삽시간에 모두가 앞다퉈 그 이야기를 보도했고 핵심적인 주장을 검토하거나 검증하지도 않은 채 보도했다"라고 훗날 〈롤링스톤 Rolling Stone〉의 매트 테이비 Matt Taibbi가 말했다. 이는 "많은 기자들에게 부지불식간에 큰 영향을 미쳤다. 그들은 기사의 저변에 깔려 있는, 트럼프가 러시아 요원으로 활동해왔다는 주장을 믿거나 트럼프가 러시아인들에게 이용당한 쓸모 있는 바보라고 생각했는데, 그 시점에 그 어떤 주장도 실제 보도로 검증된 적이 없었다. 그러나 보도의 논조는 점점 광적이고 우려스러워졌다."[17]

때마침 연방수사국 관리 제임스 코미, 앤드루 매케이브, 피터 스트로크, 리사 페이지, 하원정보위원회에서 서열이 높은 민주당 소속 애덤 시프 하원의원, 그리고 직업 정보요원인 제임스 클래퍼와 TV방송에 고용된 분석가이자 퇴임했지만 높은 보안등급을 유지하면서 기밀자료에 접근할 수 있는 전 중앙정보국 국장 존 브레넌이 정보를 유출시켜 이 보도를 지원 사격했다.

이 사기극이 그토록 오랫동안 잘 먹혀든 중요한 이유는 수많은 고위관료들이 수년 동안 간직해온 비밀(증거가 없다는 사실)에 대해 거짓말을 하고 진실을 호도했기 때문이다. 유선방송 보도채널들은 날이면 날마다 곧 대단한 진실이 드러난다며, 자세히 보도하기에는 너무나도 끔찍한 추문이 밝혀질 단계에 왔다며 호들갑을 떨었다. 그러나 끊임없이 기꺼이 속아 넘어간 뛰어난 언론인들이 없었다면 이 사기극은 먹혀들지 않았을 게 틀림없다. 특종은 정보원에게 공을 들이고 그가 제공한 정보를 검증하고 기사 내용의 맥락을 제시함으로써 가능하다. 뛰어난 기자들이 그들에게 거짓말을 한 정보원이 주입한 의문을 끊임없이 되풀이했다. 언론은 국무부나 의회에서 유출된 편파적인 이야기들로 표제기사를 끊임없이 뽑아냈다. 보도관련 상을 받으려면 그 정도는 해야 한다. 그런데 언론계의 그 누구도 이 이야기의 다른 쪽 입장을 심층적으로 파고들어야 한다고 주장하지 않았다는 사실은 정말 충격적이다. 미심쩍은 만남이 이루어지고, 증인선서를 한 상태에서 거짓말을 하고, 러시아인들과 만나고, 트럼프에 맞서기 위한 당파적인 음모가 진행되고 있었다면? 우리가 철회한 기사들이 정직한 실수가 아니라 익명의 정보원들이 서로 짜고 꾸민 대형 사기극이라면? 우리가 보도한 최고의 기사들이 정치적인 피라미드 사기였다면, 누군가가 본래의 속임수보다 더 끔찍한 진실을 알아냈다고 확신하고 모두가 서로를 비난하게 된 피라미드 사기였다면?

세상에서 가장 믿을 만한 언론기관들이 참회를 모르는 거짓말쟁이 패거리들에게 이용당했지만, 정말로 끔찍한 점은 그들이 눈 깜짝하지 않고 이런 짓을 다시 하리라는 점이다.

〈뉴욕타임스〉와 〈워싱턴포스트〉 기자들은 "도시에"를 적극적으로 보도해 2018년 퓰리처상을 공동수상했는데, 수상 이유가 다음과 같았다. "공공의 이익과 관련된 사안을 불굴의 의지로 깊이 파고들어 2016년 대통령 선거에서의 러시아 개입과 트럼프 선거운동본부, 대통령 당선인의 인수위원회, 궁극적으로 트럼프 행정부와 러시아의 연관성에 대한 대중의 이해를 급격히 신장시켰다."[18] 〈워싱턴포스트〉는 자사의 수상 소식을 전하면서 "특검이 트럼프 행정부에 대한 수사에 착수할 판을 까는 데 기여했다"고 허풍을 떨었다.[19]

사실 그들은 트럼프의 적수 힐러리 클린턴이 자금을 댄 날조된 문건에 속아 넘어갔다. 〈폭스뉴스〉의 브리트 흄Brit Hume은 2년 동안 이어진 이 광란을 "50년 동안 언론계에 몸담아 온 내 생애 최악의 언론 참사다"라고 했다.[20] 기자들의 평판은 산산조각 났고 한때 존경받았던 보도기관들은 치욕을 당하고 언론매체에 대한 대중의 신뢰는 무너졌다.

이 놀라운 자기 몰락이 일어난 이유는 언론인들이 기본을 무시했기 때문이다. 그들은 공정성과 정확성을 포기했다. 그들은 스틸 "도시에"를 평가할 때 의도를 숨긴 정보원들을 맹목적으로 믿었고 언론학을 공부하는 학생이 터득해야 할 가장 기초적인 원칙을 지키는 데 실패했다. "돈의 흐름을 추적하라." 이는 원칙과도 같은 말이다. 그렇다면 그들이 보도한 "뒷조사" 자료의 작성에 누가 돈을 댔을까?

〈뉴욕타임스〉의 기자 알리 왓킨스Ali Watkins는 상원 정보위원회의 보안국장인 제임스 울프James Wolfe와 상당 기간 성관계를 이어갔다. 〈뉴욕타임스〉에 합류하기 전 그녀는 〈버즈피드〉와 〈폴리티코〉에 상원 정보위원회 관련 기사를 기고했다.[21] 울프가 유출해준 정보 덕분에 "특종"을 보도한 그녀는 〈뉴욕타임스〉에 채용되었다. 그녀보다 나이가 훨씬 많은 정부 情夫인 울프가 기밀문서를 그녀를 비롯한 여러 기자들에게 유출해 기소되었을 때 두 사람의 관계가 밝혀졌다. 그녀를 해고하라는 요구가 일자 데스크는 대수로운 일이 아니라며 거부했다.

유구한 역사를 자랑하는 인쇄매체, 지상파와 유선방송, 앵커, 평론가, 분석가들은 한목소리로 "공모, 공모, 공모"를 외쳤다. 단 〈폭스뉴스〉는 그러지 않았다. 여러 계열사 전체를 통틀어 균형을 유지하려고 애썼다. 그러나 트럼프를 끊임없이 매도하지 않는 전국방송이 하나만 있어도 그것조차 신경에 거슬렸다. 존경받는 NBC 앵커 톰 브로코Tom Brokaw는 MSNBC의 〈모닝 조Morning Joe〉에 출연해 〈폭스 & 프렌즈Fox & Friends〉 프로그램을 칭찬하는 트윗을 날린 트럼프를 다음과 같이 매도했다. "트럼프가 〈폭스 & 프렌즈〉를 시청하는 이유는 자기 생각과 같기 때문이다. 〈폭스뉴스〉는 지금 성전jihad을 수행하고 있다." 그는 〈폭스뉴스〉에 출연해 연방수사국을 부패한 조직이라고 비판한 뉴트 깅리치Newt Gingrich의 말을 인용하면서 "우리는 지금 전쟁 중"이라고 말했다.[22]

정당하게 선거에서 당선된 미국 대통령을 상대로 전쟁을 선포한 이들은 언론인 본인들이다. 언론매체는 시청률 때문에 전쟁을 선포했고 자기 동료들의 인정을 받기 위해서 전쟁을 선포했고 트럼프를 증오하기 때문에 전쟁을 선포했다.

놀라울 만큼 천편일률적인 언론의 논조

대부분의 미국인들은 트위터를 사용하지 않는다. 그러나 그날그날 가장 중요한 뉴스를 트위터가 결정한다. 평론가와 언론인들은 어느 특종이 "중요"하고 어느 기사를 무시해도 좋은지 재빨리 간파한다. 설사 초당적인 의제를 충실히 따르는 언론매체가 있다고 해도 언론인들이 트위터에서 자신을 따르는 수십만 명의 팔로어들을 좌익 논조를 강화하는 기사들로 유도한다.

인디애나 대학교 교수 두 명의 연구조사에 따르면, 지난 30년에 걸쳐 자신이 공화당 성향이라고 한 정규직 언론인은 1971년 25.7퍼센트에서 2013년 7.1퍼센트로 급격히 줄었다.[23] 한 분석 자료에 따르면 TV 고위간부, 프로듀서, 기자의 정치 기부금 88퍼센트가 민주당 후보에게 돌아갔으며, 이에 비해 공화당 후보들에 대한 정치기부금 액수는 미미했다.[24]

단지 정치의 문제만이 아니다. 최고 언론매체의 소속 언론인들은 일반 국민보다 신앙인의 비율이 상대적으로 낮고 정부의 부의 재분배, 대안적인 생활방식, 낙태할 권리 같은 이슈를 지지할 확률이 훨씬 높다.[25] 오만하게도 기자들은 미국인들이 왜 자신들이 소중이 생각하는 리버럴의 가치를 받아들이지 않는지 결코 이해하지 못한다. 언론계 종사자들은 대부분 자기들이 소중하게 생각하는 원칙 말고는 그 어떤 원칙도 이해하지 못할 정도로 폐쇄적이고 경직되어 있다. 그들은 자신들을 모든 걸 알고 궁극적인 지혜를 소유한 소수정예 특권층으로 여긴다.

편파적이라고 지적하면 끈질기게 그렇지 않다고 항변한다. 2010년 MSNBC의 진행자 크리스 매튜Chris Matthews는 자신이 진행하는 프로그램을 언급하면서 "〈하드볼Hardball〉은 철저히 불편부당하다"라고 했다.[26] 2013년 〈뉴욕타임스〉 중견 편집인인 질 에이브람슨Jill Abramson은 다음과 같이 말했다. "특정한 이슈를 집중적으로 보도하면 일부 사람들이 보기에는 리버럴 관점을 반영하는 듯이 보일 수도 있다. 그러나 실제로는 그렇지 않다고 생각한다."[27] 국영라디오방송의 브룩 글래드스턴Brooke Gladstone은 2011년 CNN과의 인터뷰에서 다음과 같이 말했다. "언론인들이 평균적인 미국인보다 훨씬 '리버럴' 성향인 게 사실이다. 그러나 언론인들이 이를 깊이 의식하기 때문에 가장 존경받는 주류언론 일부는 이를 과도하게 상쇄하느라 리버럴 시각보다 보수적인 목소리를 훨씬 더 많이 반영했다."[28]

심리학자들은 이 우스꽝스러운 발언을 현실부정 혹은 집단사고라고 일컬을지도 모른다. 워싱턴-뉴욕을 축으로 한 언론사들이 특히 심각하다. 서로서로 얽혀 있고 이해충돌이 만연한데 드러나는 경우는 드물다.

예컨대, 〈월스트리트저널〉의 기자였다가 CNN으로 옮긴 에반 페레스는 국가안보에 관해 글렌 심슨과 함께 기사 여러 편을 공동으로 작성했다. 그는 CNN에서 주로 익명의 소식통을 인용하면서 역시 〈월스트리트저널〉에서 일했던 심슨과 톰 커탄Tom Catan, 피터 프리치Peter Fritsch, 닐 킹Neil King과 자신이 가까운 관계라는 사실을 밝히지 않은 채 트럼프-러시아 보도를 끊임없이 기사화 했다.[29] 게다가 킹은 또 다른 〈월스트리트저널〉 기자이자 오바마 대통령의 홍보수석을 지낸 샤일라 머리Shailagh Murray와 부부관계다.[30]

이렇게 서로 얽히고설킨 관계로 인해 〈월스트리트저널〉은 2017년 10월 사설을 쓰기에 이르렀다. 하원 정보위원회 의장 데빈 누네스Devin Nunes가 퓨전 GPS 간부들에게 의회에 출석해 증언하라고 소환장을 발부한 데 대해 언론이 한목소리로 누네스 의원을 공격하자 〈월스트리트저널〉은 이러한 담합행위를 비난하면서 다음과 같이 말했다. "글렌 심슨의 언론계 친구들은 법무부가 사실을 은폐하도록 부추기지 말라."[31] 〈폴리티코〉의 제이슨 슈워츠Jason Schwartz는 트럼프-러시아 "공모"와 관련해 〈월스트리트저널〉이 다른 언론들의 논조를 따르지 않는다면서 공격을 가했다. 슈워츠는 〈월스트리트저널〉 편집자를 지낸 닐 킹의 말을 인용해 "나는 이 이야기가 어디로 향하는지 보면서 흥분하지 않은 〈월스트리트저널〉 출신 인사를 단 한 명도 못 봤다"라고 했다.[32] 슈워츠는 닐 킹이 퓨전 GPS에서 일했다는 사실은 언급하지 않았다.

언론계 종사자들은 행정부와 언론을 회전문처럼 들락날락한다. 그들은 정부 관리나 정치 전략가와 결혼한다. 그들은 같은 동네에 살고 부자들의 여름별장이 있는 햄튼Hampton에서 휴가를 보내면서 엘리트 계층 행세를 한다. 그들은 명망 있는 전문가의 조언에 귀를 기울이고 〈어프렌티스The Apprentice〉 같은 프라임타임 TV프로그램은 저속하다고 생각하고 거들떠도 안 본다. 그들은 미국 중산층 사이에 트럼프가 대단히 유명하다는 사실이나 트럼프가 중산층이 지닌 정치적인 우려에 귀를 기울여서 호응을 얻었다는 사실을 전혀 알지 못한다. 언론인들이 트럼프가 대통령에 당선되리라고 꿈에도 생각하지 못한 이유는 자만했기 때문이다. 그들은 자기들이 생각하기에 참을 수 없을 정도로 천박하고 대통령직에 어울리지 않는다고 생각한 사람이 미국의 최고위 공직에 선출되는 상황은 상상조차 할 수 없었다.

2016년 갤럽 조사에서 미국인의 언론인에 대한 신뢰, "충실하고 정확하고 공정하게 보도"한다고 생각하는 비율은 역사상 최저 수준으로 곤두박질쳤다.[33] 하버드 대학교의 '언론매체, 정치, 공공정책에 관한 쇼렌스타인 센터 Shorenstein Center on Media, Politics and Public Policy'의 연구조사에 따르면 트럼프 행정부가 들어서고 첫 100일 동안 CNN과 NBC가 대통령에 대해 한 보도는 93퍼센트가 부정적인 내용이었다. 반면 〈폭스뉴스〉는 부정적 보도 52퍼센트, 긍정적 보도 48퍼센트로 비교적 균형 잡힌 보도를 했다.[34] 보수적 성향의 언론 감시기구인 '미디어 리서치 센터 Media Research Center'의 조사에 따르면, 2017년 저녁 뉴스에서 기자와 당적이 없는 출연자들이 한 발언을 분석한 결과 90퍼센트가 대통령에게 부정적인 발언이었다.[35] 러시아와 "공모"했다고 주장하는 보도가 트럼프 관련 보도 가운데 거의 5분의 1을 차지했다.[36]

그러나 21세기 주류언론은 자신들이 이렇게 편파적인데도 "객관적인" 보도를 한다고 우긴다. 그들의 정치적 선호도와 개인적인 호불호가 그들이 어떤 기사를 보도할지, 그리고 어떤 식으로 보도할지에 영향을 미친다. 그들은 자신의 신념에 부합하게, 때로는 자신의 그릇된 생각에 부합하도록 기사 내용을 다듬는다. 편견은 기자가 작성하는 기사에 몰래 스며드는 게 아니다. 그들은 자신들이 지닌 편견으로 시청자와 독자의 머리를 내리친다.

2016년 선거운동 기간 동안 〈뉴욕타임스〉의 짐 루텐버그Jim Rutenberg는 트럼프를 취재하는 자기 동료 언론인들의 시각을 다음과 같이 일목요연하게 표현했다. "당신이 바로 현장에서 뛰는 언론인이다. 그리고 도널드 J. 트럼프가 미국의 가장 악질적인 인종차별주의자와 민족주의적 성향을 악용하는 대중선동가이며 그가 반미적인 독재자들과 알콩달콩하는 사이이고, 그에게 미국의 핵무기 비밀암호를 맡겨 놓으면 위험하다고 당신은 생각한다. 당신이라면 어떤 식으로 그를 취재하겠는가?"[37] "지난 반세기 동안 미국 언론학에서 사용해온 교과서를 내던지고 과거와는 비교할 수 없을 정도로 적대적인 태도에 근접하게 된다"라고 루텐버그는 말했다.

정확하고 공정하고 정보원을 명확히 확인하는 기존의 보도기준이 왜 적용되지 않는지에 대해서는 설명이 없다. 그저 트럼프 탓밖에 없다. 그가 후보가 됐다는 사실은 "이례적이고 전례를 깨부수는" 사건이고 "그렇지 않은 척한다면 독자들에게 솔직하지 않다"라고 〈뉴욕타임스〉 정치부 선임편집자 캐롤린 라이언Carolyn Ryan이 말했다.[38] 그러더니 루텐버그는 다음과 같이 설명했다. "정치에 대한 보도를 하면서 언론이 수행해야 할 가장 엄숙한 의무는 선출직 후보들이 세계에서 가장 막강한 공직을 맡게 되면 어떤 모습일지를 낱낱이 드러내 보여주는 일이다. 트럼프 씨와 그의 지지자들에게는 공정하게 느껴지지 않을지 모른다. 그러나 보도는 어느 한 선거운동 측에서 규정한 공정함을 척도로 삼아서는 안 된다. 독자와 시청자들에게 진실하게 사실을 보도해서 역사의 심판 앞에 떳떳할 수 있도록 해야 한다."[39]

언론은 트럼프에 대해 부정적인 면에 집중한 수많은 보도를 쏟아내면서 "선택성 편견selectivity bias"을 보였다. 즉, 의식적으로 자기들이 동조하는 이념에 순응하고 대통령이 지닌 정치적 성향과 대척점에 있는 사안들을 주로 보도했다. 그리고 기사 내용에서는 "제시 편견presentation bias"이 두드러지게 드러났다. 즉. 시청자나 독자를 편향적인 보도에 노출시켜서 비우호적인 시각을 갖게 만들었다. 표제는 부정적인 면을 강조했다. 기사에는 상반된 입장을 제시해 균형을 맞춰야 하는데 그러지 않았다. 제시해야 할 내용을 제시하지 않는 보도행태는 누락에 의한 거짓말이다. 보도의 원동력은 지식이 아니라 숨은 의도였다.

선거일에 언론매체로서는 이해할 수 없는 결과가 나오자 언론은 그들의 고결한 지위를 이용해 투표결과를 무효화시켜 트럼프의 승리에 맞서려고 했다. 점진적인 쿠데타로 대통령을 축출하려 했다. 찔끔찔끔 유출된 정보가 마침내 홍수를 이루었고, 연방수사국, 법무부 관리들, 그리고 자신이 트럼프에 맞서는 "레지스탕스"라고 간주하는 내부자들은 호의적인 기자들에게 정보를 제공했다.

날이면 날마다 TV와 트위터에서는 대통령을 조롱하고 비하하고 폄하하는 내용이 넘쳤다. 그들은 트럼프가 불법행위와 반역에 해당하는 배신행위를 저지름으로써 러시아와 음모를 꾸몄다고 주장했다. 그들은 트럼프의 정적들에게 끊임없이 발언대를 제공해주었고, 방송에서 마음껏 내뱉은 저주에 대해 책임을 지게 하려는 노력은 눈곱만큼도 하지 않았다.

2017년 트럼프의 연설이 끝난 후 전 국가정보실장 클래퍼는 트럼프가 "대통령직에 적합한지"에 대해 말을 쏟아냈다. 위증죄로 기소되었어야 할 사람이 겁도 없이 말이다.[40] 2013년 의회에서 증언하던 클래퍼는 "국가안보국이 수백만 혹은 수억 명의 미국인들에 대한 그 어떤 종류의 데이터건 수집하고 있는가?"라는 질문을 받자 "아니다, 알고서 그러지는 않는다"라고 답변했다.

국가안보국이 바로 그런 짓을 했다는 보도가 터지자 클래퍼는 질문을 잘못 알아들었다고 주장했다. 한 기자가 그에게 전화해 왜 거짓말을 했냐고 따지자 다음과 같이 답했다. "나는 '아니다'라고 함으로써 내가 생각하기에 가장 진실 된 방식으로 아니면 가장 덜 거짓된 방식으로 답변했다." 어처구니가 없다. 후에 그는 "분명히 틀린" 답변을 한 데 대해 사과했지만 그저 수억 명 미국인에 대해 메타데이터metadata를 은밀히 수집하는 대규모 정부 작전에 대해 잊었다고 해명했다. 마치 크리스마스를 깜빡 잊었다는 말이나 마찬가지다.

의회를 대상으로 거짓말을 하면 중범죄에 해당한다. 그러나 오바마 정권의 법무장관 에릭 홀더Eric Holder는 이 사건을 쓰레기통에 투척해버렸다. 클래퍼는 나중에 의회를 상대로 또다시 거짓말을 했다. 그는 스틸 "도시에"나 러시아가 해킹으로 선거에 개입한 것과 관련된 정보를 언론인들과 논의했다는 사실을 전면 부인했다. 그러나 CNN의 제이크 태퍼와 그가 나눈 대화에 대해 구체적으로 질문을 받자 클래퍼는 이를 시인했고 "동일한 주제에 대해 다른 언론인들과도 얘기를 했을지 모른다"라고 시인했다.[41] (클래퍼는 태퍼에게 정보를 유출하고 몇 달 후 CNN에 계약직 평론가로 고용되는 보상을 받았다.)

가장 엄청난 범죄를 저지른 이는 아마 오바마 정권의 중앙정보국 국장을 지낸 존 브레넌일 것이다. MSNBC의 〈모닝 조Morning Joe〉에 출연한 그는 트럼프가 푸틴을 두려워하는지 여부에 대해 질문을 받자 "러시아가 트럼프의 사생활에 대한 정보를 갖고 있을지 모른다. 그들은 오래전부터 트럼프 씨를 겪어왔고 폭로할 거리를 갖고 있을지 모른다"라는 견해를 밝혔다. 패널로 출연한 그 누구도 브레넌에게 그의 주장을 뒷받침할 증거가 있는지 아니면 그저 막연한 추측인지 묻지 않았다. 전 중앙정보국 국장이 설마 지어낸 말이겠어? 그러나 〈뉴욕타임스〉가 그의 황당한 주장에 대해 서면질의를 할 테니 답변을 해달라고 하자 브레넌은 다음과 같이 시인했다. "러시아가 도널드 트럼프를 협박하는 데 쓸 뭔가를 갖고 있는지 나는 모른다."[42]

그런데 〈뉴욕타임스〉는 브레넌이 거짓말쟁이라는 사실을 폭로하는 대신 다음과 같은 표제를 단 기사를 실었다. '전 중앙정보국 국장, 푸틴이 트럼프에 대한 약점을 쥐고 있을지 모른다고 주장하다.' 그래 놓고 브레넌이 이와 관련한 답변을 하면서 오락가락한 사실은 이 기사의 열한 번째 단락쯤에 깊숙이 묻어 눈에 띄지도 않게 했다. 이는 언론이 아니다. 트럼프에 대한 악담을 간절히 듣고 싶은 독자들이 기사를 클릭하게 만들려는 사람들이 지원하고 교사하는 정치적 중상비방이다.

많은 시청자들이 낌새를 알아차렸다. 2018년 4월 머마우스Monmouth 대학이 발표한 여론조사 결과를 보면 러시아에 대한 언론의 집착이 폭발했던 바로 1년 전에 비해 언론에 대한 공중의 신뢰가 급격히 추락했다. 그해 3월 조사에 응답한 803명의 미국인 가운데 77퍼센트가 주요 TV와 신문 보도가 "가짜 뉴스"라는 데 동의했는데 이는 1년 전 63퍼센트에서 상당히 증가한 수치다. 그런 대답을 한 응답자는 우익 성향에 국한되지 않았다. 민주당 지지자의 61퍼센트가 언론매체가 잘못된 정보를 확산시킨다고 생각했다.[43]

이러한 믿음은 "메아리 방echo chamber"이라는 용어에 새로운 의미를 부여한 해괴한 현상에 의해 강화되었다. 어떤 방송국에서는 똑같은 문구를 평론가, 기자, 초대 손님이 똑같이 반복하기도 했다. 마치 힐러리가 그날 새벽에 만든 문구를 전체 언론에 하달한 듯이 말이다. 예컨대, 2018년 12월 열흘이라는 기간 동안 CNN과 MSNBC는 트럼프 대통령 주위로 "올가미가 점점 옥죄어 온다"라는 표현을 50차례 되풀이했다.[44] 똑같은 문구를 되뇌는 행태가 반복되면 연극배우가 똑같은 대사를 되풀이하듯이 언론인들이 가짜 뉴스를 퍼뜨린다는 인식이 강화된다.

러시아 히스테리: 언론이 제정신을 잃다

"전염병 동정녀 마리아" 크레이머 같은 정치 에세이스트들은 트럼프가 대선 훨씬 전에 러시아 대통령에게 약점이 잡혔다는 듯이 묘사했다. 문제는 크레이머 한 사람뿐이 아니었다.

2016년 7월, 프랭클린 포어Franklin Foer는 당파성이 짙은 3류 소설 같은 글을 썼다. '푸틴의 꼭두각시: 러시아 대통령이 후보를 내세워 미국의 국익을 훼손하고 자신의 이익을 추구한다면 그 후보는 아마 도널드 트럼프와 상당히 닮았을 것이다'라는 제목의 이 기사는 다음과 같은 문장으로 시작된다. "블라디미르 푸틴은 서구진영을 파멸시킬 계획을 세웠다. 그리고 그 계획은 도널드 트럼프와 매우 닮았다."[45] 몇 주 후 〈애틀랜틱 The Atlantic〉의 편집장 제프리 골드버그Jeffrey Goldberg는 "도널드 J. 트럼프는 이번 주에 사실상 가면을 벗고 러시아 대통령 블라디미르 푸틴의 요원이라는 민낯을 드러냈다."[46] 이에 질세라 〈뉴요커〉 편집자 데이비드 렘닉David Remnick은 2016년 8월 '트럼프와 푸틴: 러브스토리'라는 칼럼을 썼다. 심지어 렘닉은 언론인으로서 미래를 내다보는 초능력을 발휘한다. "푸틴은 트럼프에게서 절호의 기회를 포착한다. 그는 트럼프의 약점과 무지와 혼란스러운 정신 상태를 간파하고 있다. 그는 트럼프를 이용할 희망에 가득 차 있다."[47]

이 세 명의 언론인이 휘갈겨 쓴 글을 읽는 독자들은 트럼프가 〈만추리언 캔디데이트〉라고 확신하게 된다(리메이크 영화 말고 오리지널 영화). 푸틴은 트럼프를 작동시키려면 하트 퀸Queen of Hearts 카드만 보여주면 된다. 어처구니없다고? 당연하다. 그럼에도 굴하지 않고 선거일 바로 며칠 전에 애비게일 트레이시Abigail Tracy는 〈배니티 페어Vanity Fair〉에 '도널드 트럼프는 만추리언 캔디데이트인가?'라는 호기심을 자극하는 제목의 저격용 칼럼을 썼다.[48] 그 증거로 그녀는 리드 상원의원의 주장을 인용했다. 그는 도널드 트럼프와 그의 고위보좌관들이 러시아 정부와 연관되어 있다는 '폭발성 있는 정보'를 봤다고 주장했다. 다시 말해서 스틸의 "도시에"를 봤다는 뜻이다.[49] 그러나 사회 지도층과 정치인들이 폭발성 있는 증거를 봤다고 하니 보통 시민들이야 그런가 보다 할 수도 있다.

〈허핑턴 포스트〉 같은 언론도 거의 똑같은 제목의 비슷한 기사를 실었다.[50] 〈뉴욕타임스〉는 로스 두댓Ross Douthat의 '만추리언 대통령?'이라는 제목의 칼럼을 실었다.[51] 제목 위에는 1962년 영화의 한 장면을 찍은 사진을 실었다. 공산주의자인 "잠복요원sleeper agent"이 미국 정부를 접수하라는 세뇌를 받는 내용의 영화다. 보수성향의 목소리를 낸다고 알려진 두댓은 "트럼프 주변의 최측근은 사실상 러시아 정보기관과 공모하고 있거나 트럼프 본인이 금전적인 혹은 개인적인 이유로 실제로 일종의 러시아 요원이라고 믿을 만하다"라고 썼다.[52]

공교롭게도 언론은 러시아와 수입이 대단히 쏠쏠한 관계를 맺고 있는 힐러리 클린턴에 대해서는 관심을 거의 보이지 않는다. 클린턴이 공직을 이용해 금전적 이득을 봤을지 모른다는 사실을 날카롭게 파헤친 보도는 신문 지면이나 TV 화면에 거의 등장하지 않는다.

버락 오바마 대통령이 한 행사에서 마이크가 꺼진 줄 알고 드미트리 메드베데프Dmitri Medvedev에게 한 미사일방어에 대한 귓속말은 공개되었지만 아무도 오바마가 "공모"한다고 신랄하게 비판하지 않았다. 오바마는 "이번이 내 마지막 선거다. 선거가 끝나면 훨씬 유연한 자세를 취할 수 있다"라고 말했고 메드베데프는 "이 정보를 블라디미르에게 전달하겠다"라고 답했다.[53] 언론은 이런 오바마가 러시아 요원이 아니라 크렘린 기관원들을 속이는 노련한 협상가라고 결론을 내렸다.

언론인들은 자신들이 만든 폐쇄적인 공간에 갇혀 산다. 그들이 하는 생각과 말은 그 공간의 벽에 부딪혀 자신들에게 되돌아온다. 그들은 폐쇄된 메아리 방의 벽에 반사되어 영원히 돌고 돌며 메아리치는 자신의 목소리만 듣고, 할리우드 유명인들과 '브루킹스 연구소Brookings Institution'의 선임연구원이자 로페어Lawfare 블로그 운영자이자 제임스 코미의 절친한 친구인 벤저민 위츠Benjamin Wittes 같은 "법률 분석가"의 트위터를 서로 리트윗하며 흥분한다. 《무산: 실패가 예정된 힐러리 클린턴의 선거운동 Shattered: Inside Hillary Clinton's Doomed Campaign》이라는 책에 따르면, 힐러리와 가장 가까운 우군은 선거가 끝나고 며칠 만에 즉시 그녀의 참패를 해명할 두 가지 핑계를 마련했다. 코미가 그녀의 이메일 수사를 허술하게 했다는 핑계와 러시아가 트럼프를 돕기 위해 해킹했다는 핑계였다. 클린턴 패거리는 이 책의 저자들에게 "이 두 가지 핑계거리가 각본대로 잘 진행되기를 바란다"고 털어놓았다.[54]

클린턴 선거운동본부 관계자 로비 무크Robby Mook는 퍼킨스 코이의 변호사들로부터 보고를 받으면서 "도시에" 소문을 자기와 친한 기자들에게 퍼뜨렸고 민주당 전당대회 직전에는 푸틴이 트럼프가 이기도록 도우려 한다고 공개적으로 발언했다.[55] 2016년 10월 31일, 선거 직전에 프랭클린 포어가 쓴 장문의 글도 퍼킨스 코이의 한 변호사가 뒤에서 도왔다. 러시아에 본부를 둔 알파 뱅크Alfa Bank와 트럼프를 엮는 이 글에는 '트럼프의 서버는 러시아와 소통하고 있었을까?'라는 제목이 달렸다.[56] 스틸은 9월에 알파 뱅크와 트럼프의 관계에 대한 보고서를 작성했는데 "Alpha(원래는 Alfa)"라고 맞춤법을 틀리게 썼다.

클린턴은 같은 날 다음과 같은 트윗을 날렸다. "컴퓨터 과학자들이 트럼프 기구와 러시아에 본부를 둔 은행을 연결하는 비밀 서버를 발견한 게 분명하다." 이 트윗에는 클린턴의 선임 정책 자문인 제이크 설리번 Jake Sullivan이 그녀에게 보낸 다음과 같은 내용이 첨부되어 있었다. "이는 도널드 트럼프와 러시아 간의 가장 직접적인 연결고리일지 모른다.

이 비밀 직통연락망은 트럼프와 러시아의 관계 비밀을 푸는 열쇠일지 모른다."[57] 이 이야기는 거짓으로 드러났다. 양측 사이에 오갔다고 알려진 통신은 스팸인 것으로 드러났다.[58] 클린턴을 위해 이 이야기가 확산되도록 밀어붙인 변호사는 클린턴 선거운동본부와 DNC를 대리하는 변호사 마이클 서스먼Michael Sussmann이었을 가능성이 높은 것으로 나타났다.[59]

뉴욕 제이콥 저비츠 컨벤션 센터에서 힐러리 지지자들이 선거개표를 지켜본 후 열기로 예정했던 승리 축하파티가 불발되고 현장을 장식했던 터진 풍선을 청소부들이 빗자루로 쓸고 있을 때부터 클린턴의 언론 동맹세력들은 다음과 같은 구절을 되뇌고 있었다. '이래서 선거일 막판까지 우리가 잘못 알고 있었군! 러시아가 모두를 속였어.' 〈애틀랜틱〉의 선임 편집자 데이비드 프럼David Frum은 "우리는 로젠버그 부부가 원자폭탄 설계도를 훔쳐 소련에 넘겨준 이후로 가장 성공적인 러시아 첩보 작전을 경험하고 있는지도 모른다"라고 말했다.[60] 그의 동료인 선임 편집자 애덤 서워Adam Serwer는 "블라디미르 푸틴, KKK 연방수사국에게 축하를 보낸다"라고 했다.[61] 노련한 언론매체분석가인 〈폭스뉴스〉의 하워드 커츠Howard Kurtz는 기자들이 신임대통령을 "정상적으로 선거에서 이겼다"고 절대로 인정하지 않음으로써 "트럼프는 합법적인 대통령이 아니므로 그런 대우를 받을 자격이 없다"라고 말한다고 했다.[62]

트럼프가 러시아와 "공모"했다는 비난에 불이 붙었다. 그는 분명히 유죄였다. 언론은 이를 증명하기만 하면 됐다. 그리고 언론이 증명하지 못한다고 해도 상관없었다. 공개적으로 폄훼하고 비방하는 것만으로 충분했다. 트럼프는 공인이므로 비방을 해도 언론은 미국 법원에서 명예훼손으로 소송당할 염려도 없었다. TV 인터뷰에서 앵커와 기자들은 러시아인과 트럼프 선거운동본부 관계자의 만남이나 대화를 인용하면서 초대 손님에게 "이게 공모의 증거 아닌가?"라고 유도질문을 한다. 마치 통화하거나 만나거나 악수만 했어도 끔찍한 범죄라는 듯이 말이다. 그러나 그게 어떤 법에 저촉되는 행위인지는 아무도 말하지 않는다.

이러한 사례가 2017년 10월 31일에 일어났다. 트럼프의 법률대리인 제이 세큘로는 ABC의 조지 스테파노풀로스George Stephanopoulos와 인터뷰를 했다. 인터뷰 도중 모스크바에 있는 누군가와 연락을 했다는 교수와 트럼프 선거운동본부에서 전혀 비중 있는 역할을 하지 않은 한 자문역이 나눈 대화에 대한 얘기가 나왔다. 이 자문역은 그 러시아인과 직접 대화를 나누지도 않았고 한 다리 건너 들은 내용인데도 진행자는 마치 이게 불법이라고 암시하는 듯했다.

"공모라는 범죄는 없다. 여기서 어떤 법을 어겼다는 건가?"라고 세큘로가 말하자, "공모는 협력이다"라고 스테파노풀로스가 답했다.[63]

시청자들은 누군가와 얘기를 나눈 단순한 행위가 "공모"를 구성하며 범죄행위에 해당한다는 인상을 받았다. 그러나 트럼프 자문역과 교수 사이에는 사기나 불법이나 기만적인 목적을 달성하자는 비밀 합의가 이루어지지 않았다. 음모가 있었나? 그렇다면 어떤 범죄를 저지르려는 음모인가? 이 질문에 대한 답은 거론되지 않은 채 시청자는 범죄로 보인다는 인식만 하게 된다.

트럼프와 그의 선거운동본부 혹은 둘 중 하나가 "공모"라는 범죄를 저지른 게 기정사실이라고 암시하거나 대놓고 단언하는 다음과 같은 이들도 있었다.

> **칼 번스타인(CNN):** 이는 워터게이트보다 더 위험한 상황일 가능성이 있다고 생각한다. 위험한 순간에 놓였다. 미국 대통령과 그 주변 사람들이 선거운동 기간 동안 적대적인 국가와 공모해 우리 민주주의의 근간인 자유로운 선거를 훼손했을 가능성이 보이기 때문이다.[64]

댄 래더 Dan Rather (MSNBC): 도널드 트럼프는 두려워하고 있다. 그는 권력과 힘을 과시하려고 한다. 그는 멀러와 검사들이 뭔가를 찾아낼까봐 두려워하고 있다. 그를 덮칠 정치적 허리케인이 몰려오고 있다. 러시아와 관련된 이 사건 전모를 허리케인 블라디미르라고 불러도 무방하겠다. 초강력 허리케인에 접근하고 있다.[65]

폴 크루그먼 Paul Krugman(《뉴욕타임스》): 트럼프-푸틴 공모는 의문의 여지가 없다. 그리고 트럼프는 사실 푸틴의 꼭두각시처럼 행동한다. 위로 어느 선까지 기소가 될지, 그리고 얼마나 이 나라가 피해를 입게 될지가 유일한 문제다. 그런데 심상치 않아 보인다.[66]

제이크 태퍼(CNN): 이는 공모를 범할 의지가 있다는 증거다. 명명백백하다.[67]

닉 에커먼 Nick Akerman(전 워터게이트 사건 담당 검사)(MSNBC): 명백한 반역이다. 그가 한 짓은 적을 돕고 안심시키는 행위라는 데 의심의 여지가 없다.[68]

로렌스 오도널 Lawrence O'Donnell(MSNBC): 도널드 트럼프는 이제 탄핵에 접어들었다.[69]

언론매체가 법적·정치적 예측을 마구 쏟아낼 당시에 트럼프는 대통령에 취임한 지 겨우 몇 달밖에 되지 않았다. 언론은 집요하게 "공모"를 물고 늘어지면서도 그게 뭔지 규정하지는 않았다. 그들은 방대한 법전 어딘가에 틀림없이 적혀 있는 범죄라고 장담하거나 암시했다. 법전에서 뽀얀 먼지만 털어내고 들춰보면 어딘가 꼭꼭 숨어 있는 범죄를 찾아낼 수 있다. 그리고 트럼프는 분명히 그 범죄를 저질렀다. 이게 그들의 논리였다. 인내심을 갖자. 혐의를 입증하는 증거가 결국은 등장하고 언론의 예지력을 증명하리라.

한번은 MSNBC의 조이 리드Joy Reid가 트럼프가 체포된다는 생각에 너무 들떠서 연방 보안관이 트럼프의 인신을 구속하기 위해서 백악관 출입문을 두드릴 때 트럼프가 백악관 안에서 바리게이드를 치고 저항하는 날을 상상한다며 방송에서 떠벌리기도 했다.[70] 리드가 사는 왜곡된 세상에서는 바라기만 하면 실현된다.

"공모"라 일컫는 범죄가 자행되었다는 믿을 만한 증거는 없었다. 그런데도 언론인들은 러시아 음모, 반역, 탄핵 등과 같은 문제를 함부로 거론하면서 증거도 대지 않고 기소도 되지 않았다. 그리고 "적법절차"라는 헌법의 보호를 받을 권리를 무시하며 트럼프를 기소하려 했다.[71] 그들의 이러한 호언장담은 "머리부터 자르고 재판은 나중에 하자"라는 격이었다.

이 광란은 트럼프가 취임하기 몇주 전에 〈워싱턴포스트〉가 러시아가 버몬트에 있는 공조회사를 통해 미국 전력망을 해킹했다고 주장하면서 이미 불이 붙었다. 사실이 아니었지만 몹쓸 러시아인들이 문 앞까지 왔고 트럼프가 저항하지 않고 순순히 빗장을 열어주려 한다는 생각을 독자들의 머리에 심어주었다.[72]

2017년 3월 힐러리의 2016년 대통령 선거운동본부 홍보국장 제니퍼 팔미에리Jennifer Palmieri는 〈워싱턴포스트〉에 기고한 칼럼에서 민주당 지지자들에게 신임 행정부에 맞서 "반격"을 가하라고 호소했다. 클린턴 선거운동본부는 러시아가 DNC를 해킹해 훔친 이메일로 트럼프를 돕고 힐러리를 불리하게 만들려고 했다고 경각심을 불러일으키려 했다. 그런데 아무도 귀 기울이지 않았다.

"러시아 이야기로 트럼프를 공격하면서 우리 선거운동본부 관계자들은 다른 민주당 지지자들(그리고 모든 미국인들)이 이러한 러시아의 개입을 더 이상 선거정치의 문제가 아니라 사실상 공화국에 대한 위협으로 간주할 방법을 찾아내는 데 도움이 될 수 있다는 사실을 터득했다"라고 그녀는 말했다. "러시아가 한 짓은 우리 공화국에 대한 공격에 해당한다는 점을 분명히 하면 미국 대중은 우리 편에 서게 된다."[73] 미국은 워터게이트보다 훨씬 심각한 사태에 직면했고 헌정의 위기를 맞았다고 그녀는 선언했다. "이를 저지하기 위해서 우리 모두가 할 역할이 있다. 얘기인즉슨 언론계의 민주당원 당신들, 북을 울려라!"

젠체하는 레이첼 매다우Rachel Maddow는 MSNBC에서 진행하는 자신의 프라임타임 프로그램에서 팔을 걷어붙였다. 도널드 트럼프 주니어의 이메일에 대한 〈뉴욕타임스〉 기사를 인용하면서 다음과 같이 선포했다. "이 행정부는 취임한 지 여섯 달이 채 안 됐는데 선거운동 기간 동안 러시아와 공모했다고 이미 자백하고 있다."[74]

같은 방송국의 미카 브레진스키Mika Brzezinski는 러시아인과 배짱 좋게 만나거나 대화를 나눈 트럼프 가족 여러 명의 구속이 임박했다고 예측하면서 다음과 같이 말했다. "올가미가 조여오자 종신형을 받게 될까봐 충격을 받은 듯하다."[75]

크리스 헤이즈Chris Hayes도 MSNBC 동료들에게 질세라 한술 더 떠, CBS의 스티븐 콜베어Stephen Colbert가 그에게 "당신들 전부 공모하냐?"고 묻자 무조건 유죄라며 다음과 같이 단언했다. "가장 간단한 설명은 모두가 동분서주하며 유죄인 듯 행동하고 있는데 그 이유는 정말 유죄이기 때문이다. 그들은 더할 나위 없이 유죄인 사람들처럼 행동하고 있다. 유죄이기 때문이다."[76] 찬사를 한 몸에 받을 만한 발언이었지만, 구체적으로 무슨 범죄를 저질러서 유죄라는 건가? "공모"라는 음험한 주제를 꺼내긴 했지만 이를 뒷받침할 궁금한 정보는 편리하게 누락시켰다.

매다우, 브레진스키, 헤이즈는 법학 학위가 없다는 사실을 주목해야 한다. 이 세 사람이 재판정에서 습득한 경험을 모두 합하면 전혀 없다고 할 수는 없을지 모르지만 있다고 해도 미미해 보인다. 그래도 그들은 아랑곳하지 않고 자신 있게 법적인 발언을 한다. 그들이 평론 위주의 프로그램 진행자인 것은 맞다. 그러나 범죄 문제에 대한 평론을 하려면 적어도 형법 법조문이나 판례라도 알고 해야 하지 않겠는가?

바로 여기에 심각한 문제가 있다. 법에 대해 문외한인 언론인이나 진행자가 법학 학위도 없고 지식도 없고 경험도 없는데 범죄행위에 대해 방송에서 결론을 내리면서 입조심을 할 필요를 느끼지 못한다. 그들처럼 최소한의 기초적인 지식도 없이 법적인 평론을 내리면 자신의 격을 떨어뜨리는 동시에 시청자들에게도 민폐를 끼친다. 형법 법조문을 찾아본 사람이 그들 중 단 한 사람이라도 있을까? 법조문은 변호사가 아니라도 이해할 수 있다. 이따금 난해하기는 하지만 보통사람도 대부분 이해할 수 있다. 따라서 언론인이 법조문을 참조한다면 자기가 하는 주장에 어느 정도 신빙성을 부여할 수도 있다. 조사를 했는데 소득이 없다면 자기 관점을 수정할 수도 있다. 그러나 개인적인 편견이 눈을 가려 법적인 문제에 대한 자신들의 근본적인 무지를 보지 못한다.

이러한 편견이 더할 나위 없이 잘 드러난 사례가 바로 언론이 코미를 취재한 방식이다. 코미가 이메일 수사에서 클린턴에게 불리한 조치를 취하면 클린턴이 선거에서 패배하게 만든 악마가 되었다. 그런데 트럼프가 코미를 해고한 후 2017년 6월 코미가 의회에 출석해 증언할 때는 악마였던 코미가 못된 트럼프에 맞서는 성인聖人 코미로 바뀌었다.

2017년 6월 9일자 〈댈러스 모닝 뉴스Dallas Moring News〉는 대문짝만 한 글씨로 '코미: 트럼프가 거짓말했다'라고 대서특필했다. 트럼프가 "연방수사국은 혼돈에 빠졌고 사람들은 코미의 지도력에 대한 신뢰를 상실했다"라고 트윗을 날린 데 대해 코미가 트럼프가 거짓말을 했다면서 불만을 표했다는 내용은 깊숙이 숨어 있어서 눈에 띄지도 않았다. 트럼프의 주장은 사실이었지만 왜곡된 표제만 본 사람들은 내용을 오해할 만하다.

궁극적으로 언론은 광란을 부리는 데 그치지 않고 트럼프에게 부정적인 논조를 뒷받침하기 위해 배임행위도 기꺼이 범하고 있다.

트럼프 시대에 언론이 범하는 배임행위

트럼프를 끌어내리려고 혈안이 된 기자들은 그들이 지닌 편견뿐만 아니라 허술함과 무능도 드러냈다. 2017년 2월 〈뉴욕타임스〉는 전화기록과 도청당한 전화 내용으로 미루어볼 때 트럼프는 "러시아 정보 당국과 끊임없이 접촉했다"라고 보도하면서 "네 명의 전 현직 미국 관리들"의 말을 인용했다.[77] 코미는 후에 그 기사가 사실이 아니라며 다음과 같이 증언했다. "기자들을 비판하는 건 아닌데, 기밀 정보에 대해 기사를 쓸 때 부딪히는 난관은 이렇다. 그런 정보를 제공하는 사람들은 실제로 무슨 일이 벌어지고 있는지 알지 못하는 이들이고, 실제로 무슨 일이 벌어지는지 아는 사람은 그런 정보에 대해 언급하지 않는다는 점이다. 언론에 전화를 걸어서 '이봐, 이런 민감한 문제에 대해 기사를 잘못 썼네'라고 하지는 않는다. 그냥 내버려두어야 한다."[78] 이 기사를 실은 신문은 정정 보도도 해명도 하지 않았고, 자기들에게 이 정보를 전해준 소식통이 왜 거짓말을 했는지에 대해 의문을 품지도 않았다.

2017년 7월 20일 〈블룸버그 뉴스Bloomberg News〉는 '멀러가 트럼프의 사업 거래까지 수사를 확대하고 있다'라는 제목의 기사를 실었다. 대통령의 법률대리인 존 다우드는 멀러의 특검팀에게 이 기사가 사실인지 문의했고 그들은 그 기사는 거짓말이라고 확인해주었다. 그러나 존 다우드는 "나는 언론이 이를 받아들이게 할 수가 없었다. 그들은 자기들 내키는 대로 나발을 불고 있었다"라고 말했다.[79]

2017년 12월 ABC 뉴스의 수석 탐사보도 기자 브라이언 로스Brian Ross는 마이클 플린 장군이 선거운동기간 동안 트럼프가 자신에게 러시아인들과 접촉하라고 지시했다고 증언할 예정이며, 지금까지 트럼프가 해온 모든 발언을 반박하게 됐다고 보도했다.[80] 미국 언론계 보도국 전체에서 샴페인 코르크 마개 터지는 소리가 거의 들릴 듯했다. 트럼프가 러시아와 공모했다는, 오래 기다려온 "결정적인 증거"임에 틀림없었다. 이 소식에 경악한 증권시장은 주가지수가 급락했다. 탄핵은 확실해 보였다. 선거운동 기간 동안 러시아인과 대화를 나누는 행위 자체는 불법이 아니라는 사실 같은 것은 잊어라.

오호통재라, 로스의 보도는 틀렸다. 트럼프는 대통령 인수위원회가 활동하는 기간 동안 플린에게 러시아인들과 만나라고 지시했다. 신임 행정부가 흔히 하는 관행이다. ABC 뉴스는 처음에는 그 기자의 보도에 대해 "해명했다." 비웃음이 쏟아지자 공식적으로 "정정"보도를 했다. 로스는 4주 동안 무급정직을 당했고 대통령 취재가 금지되었다. 그러나 이미 피해를 야기했다. 방송국 트윗에 이 기사를 올렸는데 삭제되기 전에 이미 25,000회 이상 공유되었다.[81] 애초에 이 기사를 트위터로 확산시킨 사람들이 정정보도까지 트윗했을 리는 만무하다.

일주일이 채 지나지 않아 CNN의 마누 라주Manu Raju는 숨을 헐떡거리며 흥분해서 12분 동안 트럼프와 트럼프의 장남, 그리고 선거운동본부 관계자들이 도난당한 DNC 이메일과 관련된 위키리크스 문서를 해독하는 장치에 특별히 접근하게 해준다는 이메일을 받았다는 "특종"을 보도했다.[82] CNN이 확인하지 않은 "마이클 J. 에릭슨Michael J. Erickson"으로부터 온 이메일은 9월 4일 날짜였고, 이것은 위키리크스가 도난당한 문서를 업로드한 2016년 9월 13일보다 일주일 앞선 날이었다.[83] 경쟁사의 특종을 추격하던 CBS 뉴스는 독자적인 정보원을 통해 CNN의 보도를 확인했다고 주장했다.[84] MSNBC도 이에 가세했다. 수많은 언론계 종사자들을 비롯해 트럼프를 비판하는 이들은 트럼프가 이메일 절도의 배후로 의심받고 있는 러시아와 "공모"했음을 입증하는 믿을 만한 증거라고 환호성을 질렀다.

몇 시간이고 CNN이 신나게 떠들어낸 라주의 놀라운 보도는 소셜 미디어의 소용돌이에 빨려들어가 트위터를 통해 널리널리 퍼져나가더니 〈워싱턴포스트〉가 이 기사가 사실이 아니라고 보도하자 김이 빠졌다. 트럼프를 좋아하는 평범한 시민이 보낸 이 이메일은 위키리크스가 도난당한 문건을 공개한 다음날인 9월 14일 날짜로 되어 있었다. 자신이 비행관리회사 사장이라고 밝힌 에릭슨은 그저 트럼프 가족에게 이미 공개된 포스팅을 살펴보라고 전했을 뿐이었다. 비밀스럽게 미리 접속할 코드 같은 게 아니었다. 아무런 음모도 없었다.

CNN은 자사에 틀린 날짜를 제공해준 "정보원이 여러 군데"라고 주장했지만, 라주는 그 이메일을 본 적도 없다고 시인했다. CNN은 다음과 같은 포복절도할 정정보도문을 올렸다. "새로 입수한 정보에 따르면 이 통신 내용은 CNN이 처음 보도했을 때만큼 비중 있는 정보는 아닌 것으로 보인다." CNN과 CBS는 〈워싱턴포스트〉가 거짓보도라고 판결을 내린 다음에야 비로소 정정 보도를 했다.[85] 이 특종을 트윗한 사람들은 대부분 거짓을 바로잡지 않고 더러운 오보의 얼룩을 그대로 남겨둔 채 또 다른 새로운 소식으로 눈길을 돌렸다.

바로 그 순간 미국 전역의 모든 언론사 보도국에서는 정부부서를 막론하고 온갖 관리들이 기꺼이 악의적인 거짓말을 하는 것으로 드러난 이상 익명으로 유출한 정보가 기사화하기에 충분한 근거가 되는지 의문을 품었어야 한다.

〈인터셉트The Intercept〉의 글렌 그린월드Glenn Greenwald가 지적한 바와 같이 "완전히 틀린 정보로 사람들을 기만하는 행위로 치자면 러시아의 페이스북 광고나 트위터 봇bot은 CNN의 이 기사 근처에도 가지 못한다."[86] 그는 기사의 투명성을 요구하면서 3개의 서로 다른 방송국에 동시에 이 이야기를 퍼뜨린 "여러 정보원들"은 하원 정보위원회 소속 민주당 의원들일 것이라고 추측했다. 이 위원회가 도널드 트럼프 주니어의 이메일을 확보했기 때문이다. CNN은 라주를 해고하거나 징계를 내리지 않았고, 라주 본인은 자기가 어떻게 속아 넘어갔는지에 대해서는 함구했다.

트럼프의 껍질을 벗겨 외양간 문짝에 걸고 못으로 박은 주인공이 되는 희열을 느끼려고 서로 앞다투다 결국 많은 언론계 종사자들은 오래전부터 전해 내려오는 언론의 규범을 위반했다. 라주가 망신을 당한 이 보도에 앞서 CNN은 익명의 정보원이 연루된 러시아 "공모"에 대해 보도했다. 트럼프의 홍보국장인 앤서니 스카라무치Anthony Scaramucci가 100억 달러 상당의 러시아 투자회사와 연관이 있다는 내용이었다. 이 보도는 나중에 철회했다.[87] 스카라무치에 대한 오보를 낸 CNN 기자 3명이 편집 절차를 따르지 않았다는 이유로 해고되었다. CNN은 이례적으로 사과 성명을 냈다.

대통령의 개인변호사 마이클 코언에 대한 보도에서도 수많은 오보가 나왔다. 두 가지만 여기에서 소개하겠다.

2018년 7월 CNN은 두 소식통을 인용해 대통령이 자신의 아들과 러시아 첩보요원이 트럼프타워에서 만나기로 되어 있다는 사실을 사전에 알고 있었다는 주장을 코언이 확인했다고 보도했다. 공모다! 이 거짓말을 최초로 유포한 당사자인 코언의 변호사 래니 데이비스Lanny Davis는 결국 방송국이 "헷갈렸다"고 주장하면서 사실이 아니라고 시인했지만, CNN은 계속 이 기사를 보도하면서 데이비스가 자기 의뢰인을 보호하려고 말을 바꿨다며 보도를 합리화했다.[88]

2019년 초 〈버즈피드〉는 트럼프가 당시 막 징역 판결을 받은 코언에게 의회를 상대로 모스크바에 트럼프타워를 건설하는 프로젝트와 관련한 협상이 결렬된 시기에 대해 거짓말을 하라고 지시했다는 증거를 멀러 특검이 갖고 있다고 보도했다. 코언과 데이비스가 이에 대해 언급하지 않겠다고 발언을 거부하면서 이 주장에 신빙성이 더해졌다. 제이슨 리오폴드Jason Leopold와 앤서니 코미어Anthony Comier가 "몇 달 동안 공을 들여온" 이 기사는 "두 명의 연방 사법기관 관리"가 제공한 정보를 바탕으로 쓰였다.[89] 코미어는 자신은 증거를 직접 보지 못했다고 시인했지만 "우리와 얘기를 나눈 두 관리는 특검의 수사에서 그 부분에 대해 100퍼센트 숙지하고 있었다"라고 말했다. 그는 두 소식통이 멀러가 특검에 임명되기 전에 이미 "트럼프타워를 모스크바에 건설하는 프로젝트 관련 부분"에 대해 조사를 하고 있었다고 주장했다.

코미어는 다음과 같이 말했다. "그러니까 그들은 수없이 다양한 문서들에 접근했다. 인터뷰 보고서인 302 보고서에도 접근했다. 참여자들이 누구와 협상을 하고 협상이 어떻게 진행되었고 트럼프 기구 안팎에서 온 사람들이 모두 타워를 짓는 프로젝트에 관여했는데 그들이 누군지 조사하면서 자료를 축적했다."[90] 우와. 연방수사국 302 보고서라, 방대한 자료 모음이다. 동료 기자인 제이슨 리오폴드는 대형사건 보도를 망친 미심쩍은 과거가 있는 인물인데도 코미어는 자신들의 소식통을 "전적으로 신뢰할 만하다"며 변호했다.

CNN의 진행자 돈 레몬Don Lemmon은 "이거 놀랍다"라고 탄성을 질렀다. 24시간 내내 광란이 폭발했다. 트럼프는 연방범죄인 위증을 저질렀다. ABC, CBS, NBC 3사는 프라임타임 저녁뉴스 시간에 〈버즈피드〉 보도에 대해 27분 이상을 할애했지만 비판적인 분석은 미약했다.[91] 의원들은 트럼프에게 사임하라고 요구했다. 전 법무장관 에릭 홀더는 "의회가 탄핵 절차에 착수해야 한다"라고 트윗을 날렸다. 하버드 법학대학원 교수 로렌스 트라이브Lawrence Tribe는 트럼프가 징역형을 받는다고 예측했다. 이 모두는 그 무의미한 한 구절 "만약에 사실이라면"에 근거하고 있었

다. 대통령의 법률대리인이 아무리 부인해도 그들은 이를 묵살하거나 코웃음 치면서 무시했다.[92]

〈버즈피드〉가 촉발한 광란 때문에 대체로 침묵을 지키던 멀러의 특검팀은 뭔가 특단의 조치를 취해야 했다. 특검 대변인 피터 카Peter Carr는 공식 성명을 발표했다. "〈버즈피드〉가 보도한, 마이클 코언의 의회 증언과 관련해 특검 측에 전달되었다는 발언은 정확하지 않다." 멀러가 TV 앵커, 진행자, 기자들의 부풀대로 부풀어 오른 자만심에서 김이 새나가기 전까지 24시간을 기다린 이유가 뭔지 여전히 의문이다. 그러는 사이 트럼프는 멍석말이를 당하고 있었다.

"이 보도를 통해 많은 사람들이 얻을 보다 중요한 교훈은 언론매체는 대통령을 끌어내리려고 혈안이 된 좌익 패거리들로서 그렇게만 할 수 있다면 거짓말도 서슴지 않는 작자들이라는 점이다"라고 CNN 법률분석가 제프리 투빈Jeffrey Toobin이 말했다.[93] 그가 한 말은 분명히 옳았다. 그런데 그는 다음과 같이 덧붙임으로써 초를 쳤다. "그런데 나는 그게 사실이라고 생각하지 않는다." 안타깝게도 그는 정부 관리들이 좌익 거짓말쟁이이고 언론매체는 자기들이 하는 거짓말이 찬사를 얻고 조회 수만 올릴 수 있다면 기꺼이 그 거짓말을 보도하리라는 점을 분명히 말하지 않았다.

CNN 앵커 크리스 쿼모Chris Cuomo는 〈버즈피드〉에 비난이 쏟아지고 그 연장선상에서 CNN에도 비난이 빗발치자 징징댔다. 그는 〈더 뷰The View〉라는 프로그램에 나와 "보도는 힘든 일이다. 익명의 소식통은 신빙성이 훨씬 약하다는 주장은 개소리다. 알았나?"라고 말했다.[94] 그 기사는 특검에서 이미 가짜라고 판명했는데도 말이다. 〈버즈피드〉는 거짓말하는 소식통을 익명으로 보호해주었다. 언론의 배임이 극에 달한 사례였다. 〈버즈피드〉는 잘못을 인정하지 않으려 했다. 편집자 벤 스미스는 "우리 보도가 사실로 드러나리라고 확신한다"라고 말했다. 독자들은 지금도 여전히 언제 사실로 드러날지 기다리고 있다.

소식통 문제는 언론 전체에 만연해 있다. 2017년 5월, 〈워싱턴포스트〉 표제는 다음과 같았다. "트럼프가 극비 정보를 러시아 외교부 장관과 러시아 대사에게 발설했다."[95] 구체적으로는 트럼프가 항공테러 위협이 감지된, ISIS 점령 지역에 있는 도시의 이름을 발설했다고 했다. 언론이 광란을 일으켰다. 그러나 국가안보보좌관 H. R. 맥매스터H. R. McMaster가 되풀이해서 말했듯이 "아주 적절한 대화"였고 테러와의 전쟁에서 공동의 이익을 추구하는 경우에 흔히 정보를 공유하는 업무의 일환이었다.

이 기사도 익명의 소식통을 근거로 했다. "더할 나위 없이 충격적이다"라고 "행정부 관리들과 가까운 전직 중견 관료"가 말했다. 그런데 언론이 툭하면 인용하는 "관리들"은 도대체 누구인가? 그들은 정치적으로 얼마나 편향되어 있나? 그들은 알기나 하고 저런 말을 하는 건가? 〈워싱턴포스트〉 기사는 사실보도의 탈을 쓴 사설이었다.

막후에서는 글렌 심슨과 크리스토퍼 스틸이 여전히 자신들의 꿍꿍이속을 밀어붙이면서 트럼프 "공모" 이야기가 시들해질 때마다 시동을 걸어 살려냈다. 2017년 11월 〈워싱턴 이그재미너Washington Examiner〉가 입수한 법정기록을 보면 퓨전 GPS는 2016년 6월부터 2017년 2월까지 언론인 세 명에게 돈을 지불했다.[96] 그 기자들의 이름은 밝히지 않았지만, 모두 러시아 관련 풍문들에 대해 보도를 한 사람들인 것으로 알려졌다. 퓨전 GPS 법률대리인은 기자들에게 기사에 대해 조사하라는 명목으로 돈을 주었지 이를 보도해 달라고 준 게 아니라고 주장했지만 심슨과 그의 팀이 써먹는 수법과 더러운 속임수를 감안한다면 그런 해명은 설득력이 없다.

언론은 매주 다음과 같이 새로운 폭탄을 터뜨렸지만 곧 사실이 아닌 것으로 드러났다.

- CNN은 익명의 소식통을 인용해 2017년 6월 의회 증언에서 코미가 자신이 연방수사국 국장일 때 여러 차례 트럼프 대통령에게 수사대상이 아니라고 말했다는 트럼프의 주장을 부인했다고 보도했다. CNN은 코미가 증언을 한 후 이 기사를 철회해야 했다. 트럼프의 주장이 사실로 드러났기 때문이다.[97]

- 〈블룸버그〉와 〈월스트리트저널〉에 따르면, 2017년 말 멀러 특검팀은 트럼프의 재무관련 기록을 확보하려고 도이치뱅크에 제출영장을 발부했다.[98] 〈블룸버그〉는 특검이 트럼프를 "옥죄고" 있다고 주장했다. 틀렸다.

- CNN은 제프 세션스 법무장관이 보안등급 승인을 신청할 당시 러시아 관리들과 만난 사실을 밝히지 않았다고 보도했다. 한 연방수사국 직원이 세션스에게 그가 상원의원일 때 외국 대사들과 수십 차례 회동한 사실은 신청서에 적어 넣지 않아도 된다고 말했다는 사실이 드러난 후 CNN은 이 기사를 철회했다.[99]

- 2018년 4월, 〈매클래치〉는 익명의 소식통 두 명을 인용해 2016년 대통령 선거가 한창일 때 마이클 코언 변호사가 비밀리에 프라하로 날아가 러시아인들과 만나 공모했다는 스틸의 주장과 특검이 이를 입증할 증거를 확보했다는 주장을 되살렸다.[100] 이 기사는 거짓이었고 〈매클래치〉가 2018년 12월에 익명의 소식통 네 명을 인용해 코언의 휴대전화가 프라하에 있는 송신탑에서 감지되었다고 주장하며 이 기사를 다시 *끄집어냈*지만 이 또한 거짓이었다.[101]

- CNN은 태국에 기자들을 보내 현지에 수감된 아나스타샤 바슈케비치 Anastasia Vashukevich를 인터뷰했다. 모델이자 "섹스 코치"인 그녀는 누군가가 그녀를 태국의 교도소에서 꺼내준다면 트럼프와 러시아 억만장자 올

레그 데리파스카Oleg Deripaska에 관한 "극비" 정보를 넘겨주겠다고 했기 때문이다.[102] 짜릿하지 않은가. 하지만 완전히 허위였다.

- 〈가디언〉에 따르면, 폴 매너포트가 런던에 있는 에콰도르 대사관에 몰래 잠입해 위키리크스의 창립자인 줄리언 어산지Jilian Assange를 세 차례 만났다. 사실이라면 놀랄 일이지만 매너포트는 이를 부인했고 멀러는 위키리크스와의 만남이나 러시아와의 공모와 관련된 범죄로 그를 기소하지 않았다.[103]

익명의 소식통을 인용하거나 증거를 본 적은 없으나 "들은" 내용을 바탕으로 기자들은 트럼프-러시아 "공모"의 증거를 찾아 전 세계를 헤맸다. 〈폭스뉴스〉에서 정치평론을 하는 조 콘차Joe Concha는 이를 "복음의 대우를 받은 뒷공론"이라며 "해변에서 사람이 모이를 주는 대로 덥석 받아먹는 갈매기처럼 정보를 주는 대로 덥석 받아 무는 기자들에게 소식통들은 정보를 제공했다"고 언급했다.[104]

그 와중에 기자들은 개인 트위터 계정으로 충동을 참지 못하고 짜증 섞인 트윗을 쏟아내었다. 그리고 그들이 저지른 실수는 삽시간에 지구를 한 바퀴 돌았다. 2017년 12월 플로리다 선거유세장이 "만원사례"라는 트럼프의 트윗을 조롱하려고 〈워싱턴포스트〉의 기자 데이브 웨이겔Dave Weigel은 반쯤 휑하니 빈 유세장을 찍은 사진을 포스팅했다. 이는 유세가 시작되기 한참 전에 찍은 사진이었다. 트럼프가 거짓말이라고 지적하자 웨이겔은 이를 삭제하고 사과했다.[105] MSNBC의 조이 리드는 암트랙 기차가 탈선해 세 사람이 죽은 이유는 공화당이 사회간접자본에 대한 투자보다 부자 감세를 우선시했기 때문이라는 트윗을 날렸다. 그러나 이 사고는 암트랙이 아니라 새로 설치한 고속철로에서 발생했다.[106] 기자들은 잘못된 정보를 삽시간에 퍼뜨린다. 이에 대해 반박하면 그들은 트윗을 삭제하고 자기 잘못을 정정하거나 사과도 하지 않는 경우가 허다하다.

언론인들은 트럼프를 "공모"로 비난할 수 없으니 공무집행방해로 단 죄하려고 했다. CNN의 수석 법률분석가 제프리 투빈은 코미의 해고를 "미국대통령의 끔찍한 권력남용이다. 이는 비민주국가에서나 있을 법한 일이다"라고 했다.[107] 물론 코미 본인은 대통령이 헌법적으로 자신을 해 고할 권한이 있다고 시인했다.

그러나 투빈은 개의치 않았다. 며칠 후 트럼프가 해고당한 국가안보 좌관 마이클 플린이 "훌륭한 사람"이고 "이 문제를 손에서 놓게 되기를 희망한다"라고 코미에게 말했다는 주장이 보도되자 투빈은 목청껏 외쳤 다. "세 단어로 요약된다. 공무집행방해."[108]

투빈은 자기 나름의 법률적 견해를 밝힐 권리가 있다. 그러나 감히 그 의 의견에 토를 달려고 하면 큰일 난다. 전 하버드 법학대학원 교수 앨런 더쇼위츠가 방송에 출연해 코미의 해고와 관련해 "현재 법률하에서는 불법이 아니다"라고 말했다.[109] 두 사람이 함께 출연한 자리에서 한때 더 쇼위츠의 제자였던 투빈은 자신의 옛 스승을 다음과 같이 비난했다. "앨 런, 당신한테 그동안 무슨 일이 있었는지 모르겠는데, 지난 해 내내 일이 터질 때마다 족족 도널드 트럼프를 두둔했는데 왜 그러는 건가?"[110]

투빈은 분명히 화가 난 듯했다.

투빈: 당신 예전에는 이렇지 않았는데, 분명히 이해충돌이 존재하는 상황 에서 계속해서 이러고 있다. 어떻게 된 건가?

더쇼위츠: 나는 두둔하는 게 아니다. 내가 50년 전에 했던 말을 그대로 하 고 있을 뿐이다. 그리고 제프리, 당신도 알다시피 당신은 내 제자였다. 똑 같은 법이 빌 클린턴이 아니라 트럼프에게 적용되기 때문에 당신 같은 사 람들이 나를 공격하고 있다.[111]

374

힐러리를 열렬히 지지하는 더쇼위츠는 자신은 정치가 아니라 법치와 헌법에 충실할 뿐이라고 주장했다. 투빈은 더쇼위츠를 폄하하면서 온몸으로 경멸을 표했다. 더쇼위츠는 이념적 반역을 저질렀다. 리버럴 성향의 교수가 어떻게 리버럴 교리를 준수하지 않을 수 있지?

CNN은 전문가로서의 정직성을 운운하며 더쇼위츠의 출연을 금지시켰다.[112] "트럼프를 지지하든 반대하든 양자택일을 해야 할 시기에 CNN 시청자들을 혼란스럽게 만든다." 더쇼위츠는 다음과 같이 말했다. "오늘날 우리 모두는 트럼프 쪽이든 반 트럼프 쪽이든 한쪽 편을 들어야 한다. 헌법과 시민권을 옹호하는 것만으로는 족하지 않다." CNN의 시청자들은 헌법학자가 아니라 윤리적으로 문제투성이인 변호사 마이클 애버나티Michael Avenatti가 100여 차례 이상 출연해 떠들어대는 말을 들어야 했다. 그는 "장담컨대 트럼프는 임기를 채우지 못한다"라고 주절거렸다.[113]

더쇼위츠는 자신을 CNN에서 퇴출시키라는 명령이 상부에서 내려왔다는 사실을 알게 되었다. 그는 "CNN 고위층은 법이나 사실로 인해 시청자들이 생각의 혼란을 겪기를 바라지 않았다"라고 말하면서 다음과 같이 덧붙였다. "트럼프는 유죄다. 시청자들이 그것만 알면 된다."[114] 왜일까? CNN 회장 제프 저커Jeff Zucker는 CNN이 수익을 내지 못하자 트럼프-러시아 망상을 퍼뜨리면 시청률이 폭발하리라고 기대했다.

2014년 에드워드 스노든Edward Snowden과 국가안보국에 대한 보도로 퓰리처상을 수상한 존경받는 리버럴 성향의 기자 글렌 그린월드도 CNN 출연을 금지당했다. 대신 저커는 워터게이트 사건 시절의 번스타인과 닉슨 행정부의 전직 관리이자 중범죄자인 존 딘John Dean 같은 한물 간 인사들을 출연시켜 대통령을 정신질환자로 몰았다. 이러한 퇴물들은 방송에 출연하려면 계속해서 거짓말을 해야 했다.

그러나 CNN은 내심 진실을 알고 있었다. 〈프로젝트 베리타스Project Veritas〉

라는 시민 단체가 제작한 다큐멘터리 〈아메리칸 프라우다American Pravda〉에서 CNN의 스타진행자 밴 존스Van Jones가 "러시아 건은 속빈강정이다"라고 말한 모습이 몰래카메라에 포착되었다. 존스는 나중에 "악마의 편집"이라고 주장했다.[115] 그러나 또 다른 잠입 취재에서 CNN 프로듀서 존 보너필드John Bonnifield가 CNN의 러시아 보도는 "거의 개소리"이지만 시청률을 올리는 데 도움이 되기 때문에 저커의 지시로 밀어붙이고 있다고 말했다.

포르노 배우인 스토미 대니얼스Stormy Daniels와 줄리 스웨트닉Julie Swetnick의 변호사로 대법원 대법관 지명자 브렛 캐버너Brett Kavanaugh가 집단 강간에 연루됐다는 망상에 사로잡힌 애버나티가 떠드는 말에 CNN이 그토록 매달린 이유를 달리 어떻게 설명하겠는가? 1년이라는 기간에 걸쳐 애버나티는 CNN에 121차례 출연했는데, 〈폭스뉴스〉의 앵커 터커 칼슨Tucker Carlson은 그를 "섬뜩한 포르노 변호사"라고 불러 유행어가 되었다.[116]

CNN은 애버나티가 2020년에 대통령후보가 될 가능성이 있다고 설레발쳤다. 애버나티는 CNN의 돈 레몬, 에이프릴 라이언과 함께 파티를 하는 모습이 찍혔지만, 2019년 3월 여러 가지 혐의로 연방수사당국이 기소하면서 갑자기 얻은 그의 명성은 추락했다. 그가 저지른 범죄는 나이키로부터 2,000만 달러 갈취, 의뢰인들로부터 절도, 금융과 통신사기, 탈세를 비롯해 다양했다.[117] 애버나티가 그에게 세계적인 명성을 안겨준 언론을 대상으로 사기를 친 공범인 스토미 대니얼스로부터 금전을 갈취한 혐의로 두 달 후 기소되자 그제야 부정적인 보도가 쏟아졌다. 대니얼스의 이름을 위조해 그녀의 저서 《폭로Full Disclosure》의 인세를 두 차례 갈취한 혐의로 기소된 그는 혐의를 부인했다.[118] CNN은 이에 대해 시청자들에게 잘못을 시인하고 사죄한 적이 없다.

주류언론 종사자들, 기자에서부터 평론기고가, 편집인에 이르기까지 모두 괴물에게 먹이를 주었다. 〈뉴욕타임스〉는 공정성과 객관성을 고의적으로 포기하고 러시아 이야기를 열심히 밀어붙였다. 익명의 소식통을 인용한 보도가 난무했고 주관적 견해가 객관적 보도에 스며들었으며 기사의 논조는 늘 트럼프에 적대적인 방향으로 향했다. 그러자 다른 언론들도 너도나도 이를 좇았다. 〈뉴욕포스트New York Post〉의 마이클 굿윈 Michael Goodwin이 말했듯이, 〈뉴욕타임스〉는 "소의 목에 달린 방울이다. 대형 오보를 내 방울을 울리면서 다른 언론매체들을 벼랑으로 이끌었다."

트럼프를 때릴수록 언론의 수익은 올라간다

2019년 3월 7일, 전설적인 TV 앵커 테드 커플Ted Koppel은 동료 마빈 캡 Marvin Kalb과 TV 토론에서 〈뉴욕타임스〉와 〈워싱턴포스트〉가 언론으로서 지켜야 할 원칙을 훼손했다고 비판해 동료 언론인들을 놀라게 했다. ABC에서 한때 이름을 날렸던 커플은 다음과 같이 말했다. "50년 전의 〈워싱턴포스트〉를 말하는 게 아니다. 도널드 J. 트럼프는 미국에 해를 끼친다고 판단한 조직들에 대해 하는 말이다."[119]

몇 달 앞서 테드 커플은 공개포럼에서 CNN의 시청률은 트럼프가 아니었으면 "똥간"에 처박혔을 거라고 지적했다. 그는 언론이 자신을 끌어내리려 한다는 트럼프의 주장이 "오해"가 아니라고 말했다. "한때 우리 언론은 객관성의 보루였는데 이제는 옛말이 되었다."

질 에이브람슨Jill Abramson조차 이에 동의했다. 《진실의 상인: 보도업무와 사실을 위한 투쟁Merchants of Truth: The Business of News and the Fight for Facts》이라는 자신의 저서에서 〈뉴욕타임스〉 전직 임원급 편집자인 에이브람슨은 자신의 후임인 딘 바켓Dean Baquet을 다음과 같이 비판했다. "바켓은 〈뉴욕타임스〉는 야당이 할 역할을 하기를 바라지 않는다고 공개적으로 말했지만, 그가 총괄하는 신문의 면면은 노골적으로 반 트럼프 성향을 드러낸다. 노골적으로 견해를 드러낸 표제도 있다. 뉴스분석이라고 분류한 기사 중에도 노골적인 편견에 불과한 기사가 있다."[120]

〈뉴욕타임스〉가 전설적인 신문발행인 아돌프 옥스Adolph Ochs가 제시한 보도기준을 저버리고 트럼프에 대한 반감을 지니고 있다는 인식을 강화할수록 편파성으로 불신을 받게 된다. 옥스가 두려움 없이 또 호의를 베풀지 않고 보도하겠다고 한 맹세는 이처럼 양극화된 환경에서는 지키기 불가능한 약속처럼 들렸다. '사실'과 '진실'이 무엇인지에 대한 정의 자체가 끊임없이 공격을 받는 이런 환경에서는 말이다."[121]

〈뉴욕타임스〉에서 인쇄 매체 기자들과 디지털 매체 기자들 간의 분열로 세대 간의 갈등이 야기되었고 상대적으로 젊은 직원들이 대통령을 공격하기 좋아하는 환경이 조성되었다. 옥스는 다음과 같이 말했다. "훨씬 '깨시민'이라고 자부하는 젊은 기자들은 절박한 시기에는 특단의 조치가 필요하다고 생각했다. 대통령이 트럼프인 위험한 상황에서 기존의 보도기준은 그들로부터 외면당했다."[122]

그리고 대통령 때리기로 수입도 쏠쏠해졌다. 트럼프가 대통령에 취임하고 첫 여섯 달 만에 〈뉴욕타임스〉 구독자가 60만 명이나 급증해 200만 명 이상으로 늘었다.[123]

"〈뉴욕타임스〉 독자들이 대부분 리버럴 성향이므로 트럼프에 대한 기사를 많이 실으면 금적적인 보상이 뒤따랐다. 그리고 그런 기사는 거의 전부 부정적인 기사였다"라고 에이브람슨은 말하면서 다음과 같이 덧붙였다. "트럼프에 대해 부정적인 기사들은 클릭 수가 폭증했고, 선거 직후 잠시 구독을 취소하는 사례가 반짝 늘었지만 그 이후로 아무도 예상치 못했던 수준으로 구독신청이 폭증했다."[124]

기사가 가짜로 드러나 개망신을 당해도 언론은 특검인 로버트 멀러가 트럼프 관련 인사들을 쥐어짜 트럼프-러시아 "공모"에 대한 진실을 확

보하고 트럼프를 대통령직에서 끌어내릴 토대를 마련하리라는 믿음에
절박하게 매달렸다. 워터게이트 사건을 취재했던 언론인 엘리자베스 드
루Elizabeth Drew는 〈뉴욕타임스〉 사설에서 "트럼프에 대한 탄핵절차는 이제
필연적인 듯하다"라고 했다.[125] 〈애틀랜틱〉은 2019년 3월 다음과 같은 표
제기사를 뽑았다. '탄핵: 이제 의회는 대통령이 직책을 수행하기에 적합
한지 판단해야 할 때다.'[126]

반 트럼프 논조는 "초당적"이라고 주장하는 좌익 성향의 비영리단체
들로부터 수백만 달러를 지원받았다.

'민주주의 고결성 수호 프로젝트The Democracy Integrity Project, TDIP(이하 TDIP로
표기)'는 2016년 선거 이후 민주당 사회운동가 대니얼 J. 존스Daniel J. Jones
가 창립한 비영리단체로서 워싱턴에 본부를 두고 있다. 언론인 폴 스페
리Paul Sperry의 조사에 따르면, 그는 퓨전 GPS와 스틸을 고용해 은밀하게
선동을 계속했다.[127] TDIP는 소셜 미디어를 조작하는 임무를 맡은 몇 개
의 산하조직들과 연결되어 있다. "초당적"이라고 주장하는 TDIP는 조지
소로스George Soros, 할리우드 사회운동가 롭 라이너Rob Reiner, 억만장자 톰
스타이어Tom Steyer와 관련된 비영리단체, 그리고 뉴욕과 캘리포니아에 주
로 거주하는 여러 기부자들로부터 5,000만 달러의 기금을 조성해 트럼
프를 공격한 것으로 기밀이 해제된 의회 보고서를 통해 드러났다.[128]

존스는 연방수사국 분석가와 민주당 소속 상원의원 다이앤 파인스타
인Dianne Feinstein의 수석 보좌관을 지냈는데, 파인스타인은 자신의 보좌관
이 퓨전 GPS와 관련이 있다는 사실을 밝히지 않고 글렌 심슨의 비공개
인터뷰 속기록을 일방적으로 공개했다.[129] TDIP에서 존스는 트럼프에게
불리한 뒷공론, 소문, 빈정거리는 내용을 담은 뉴스레터를 이메일로 배
포할 대상의 명단을 작성해 기자들과 의회의 민주당 소속 보좌관들에게
일주일에 닷새씩 살포했다. 주요 신문의 경륜 있는 한 기자는 스페리에

게 "중요한 점은 그들이 완전히 편향되어 있다는 사실이다"라고 말했다. 국가안보 관련 기관 출입기자로서 익명을 요구한 그는 다음과 같이 말했다. "러시아와의 공모라는 낭설의 불에 기름을 붓는 또 다른 방법에 불과하다."

스페리에 따르면, 2017년 3월자의 문자메시지가 유출되었는데, 여기서 존스는 마크 워너Mark Warner(민주당-버지니아 주) 상원의원과 일하는 변호사에게 자기가 반 트럼프적인 내용의 기사를 로이터 통신과 〈매클래치〉 측에 심어놓았다고 으스댔다. 공화당 소속 한 의원보좌관은 스페리에게 "존스는 나름 자기 몫의 쓰레기 기사를 쏟아내는 소임을 다 하고 있었다"라고 말했다.[130]

〈미디어 매터스Media Matters〉도 비슷한 기사들을 유포했다. 〈60 미니츠〉의 특파원을 지낸 라라 로건Lara Logan은 2019년 4월 2일 〈폭스 & 프렌즈〉에 출연해 데이비드 브록David Brock이 창립한 리버럴 성향의 이 단체를 미국에서 "가장 막강한 선전선동 기구"라고 일컬었다. "그리고 그들은 스스로도 선전선동 기구라고 일컫고, 그게 그들이 하는 일이다"라고 말하면서 다음과 같이 덧붙였다. "그들은 자신들이 원하는 의제를 밀어붙인다. 그리고 그들이 추구하는 전략의 주요 골자 중의 하나는 트럼프를 역사상 가장 인기 없는 대통령으로 보이게 만드는 일이다."[131]

〈미디어 매터스〉는 보수 성향의 언론매체들도 표적으로 삼았다. 2011년 브록은 〈폭스뉴스〉 채널을 겨냥해 "게릴라전과 시청방해" 운동을 선포했다.[132] 브록의 90명 직원들은 "기부받은 탄탄한 자금을 바탕으로 정치적 의제를 밀어붙이기 위해 비방하고 조작하고 거짓 주장을 날조했다"라고 〈뉴욕 포스트〉에 기고한 사설에서 로건은 말했다. "봇bot 군단과 그들의 논점을 앵무새처럼 되뇌는 언론인들로 무장한 그들은 다른 의견을 제시하는 이들의 입을 틀어막고 위협했다. 우리가 그들이 불공정하고 편파적이라고 비판하면 이를 이용해 우리를 보수주의자라고 거짓으로 낙인을 찍었다."[133]

트럼프-러시아 "공모"에 관해 날조된 이야기들 때문에 로건은 "나로서는 직업적인 자살"에 해당하는 팟캐스트 인터뷰를 받아들였다고 말했다.[134] 그녀는 익명의 정부 소식통을 인용하는 기자들의 보도를 "그건 보도가 아니다. 개소리다"라고 말해 묵사발로 만들었다.

소수정예 평론가들의 어처구니없는 주장

진정한 언론인이라는 이들이 쓰는 기사도 황당한 수준에 달했다. 잡지 〈뉴욕〉의 조너선 채잇Jonathan Chait은 2018년 7월 트럼프와 푸틴의 다가오는 정상회담에 대한 표제기사를 실었는데 '트럼프가 1987년 이후로 계속 러시아 요원이었다면?'이라는 솔깃한 부제를 달았다.[135] 채잇은 다음과 같이 주장했다. "정상회담이 두 국가수반 간의 협상이라기보다 러시아 첩보요원과 그를 관리하는 자의 접선일 가능성을 고려하지 않으면 위험하다." 증거는 전무하고 그저 황당한 억측일 뿐이다.

중앙정보국 국장을 지내고 평론가로 변신한 존 브레넌은 MSNBC에 출연해 자신의 전직 직위를 이용해 평범한 언론인은 볼 수 없는 공모 입증 자료를 봤다고 주장했다. 트럼프가 그의 보안등급 승인을 취소하라는 명령을 내린 후 그는 〈뉴욕타임스〉에 기고한 기고문에서 "공모는 없었다는 트럼프의 주장은 한 마디로 허풍이다"라고 말했다.[136] 정상회담이 끝난 후 브레넌은 트윗으로 정상회담에 대해 다음과 같은 평가를 내렸다. "헬싱키에서 도널드 트럼프가 기자회견에서 보인 연기는 '중범죄와 경범죄'의 수준을 능가했다. '반역'에 상응한다. 트럼프의 발언은 '바보천치' 같았을 뿐만 아니라 완전히 푸틴의 손바닥 위에서 놀아났다."[137]

대통령 역사학자 더글러스 브링클리Douglas Brinkley는 CNN에서 브레넌이 한 주장을 좇아 다음과 같이 말했다. "트럼프가 한 행동은 그 취지가 분명히 반역적이다. 미국을 배신했다. 그는 미국 첩보 기관들을 날려버렸고 푸틴의 꼭두각시로서의 모습을 드러냈다."[138] 역사학자라면 첩보기관이 잘못을 하거나 국민과 대통령에게 거짓말한 사례들에 대해 말을 삼갈지 모르지만, 이 역사학자는 그렇지 않았다.

헌법 제3조와 미국연방법(18 U.S.C. § 2381)에 따르면, 반역은 법적으로 얼토당토않다.[139] 트럼프가 반역 조항에 해당하지 않는 정책발언이나 행동을 해도 그를 비판하는 이들은 반역이라는 단어를 전가의 보도처럼 휘둘러 트럼프를 후려쳤다.

언론매체는 의회에서 광란을 부리는 가장 뻔뻔한 사기꾼, 애덤 시프를 단골로 초대했다. 하원의원인 그는 민주당 내에서 서열이 높고 하원정보위원회 의장을 맡고 있다. 그는 2017년 3월 〈미트 더 프레스Meet the Press〉라는 프로그램에 출연해 "자세한 내용은 밝힐 수 없지만 이제 정황증거 이상의 증거가 있다"라고 말했다.[140] 그는 자기가 빼도 박도 못할 공모의 "증거"를 봤다고 끊임없이 나발을 불어댔지만 번번이 그 어떤 증거도 제시하지 못했다. 2018년 5월 시프는 ABC에 출연해 트럼프와 러시아 간의 사악한 관계는 "그 규모와 범위에서 워터게이트를 능가한다"라고 말했다.[141] 기자가 추가로 구체적인 사항을 말해달라고 압력을 가하면 그는 자기가 봤다고 주장하는 그 증거는 "기밀"이라며 증거의 속성 뒤에 몸을 숨겼다.

상원 정보위원회 소속 의원들은 시프처럼 온 언론에서 나대지 않았지만 그에 못지않게 극악했다. 마크 워너Mark Warner 상원의원은 공모를 입증하는 "방대한 양의 증거"가 존재한다면서 "트럼프 기구와 러시아인들 사이에 협력이나 소통이 있었음을 입증하는 증거가 많지 않다고 말할 수 있는 사람은 아무도 없다"라고 했다.[142] 하원과 상원 정보위원회에서 유출된 정보는 수많은 가짜 기사에 기름을 부었다. 전직 연방검사 폴 버틀러Paul Butler는 도널드 트럼프 주니어가 "상원 정보위원회에 출석해 진실을 말하겠다고 증인선서를 한 상태에서 주야장천 거짓말만 늘어놓았다"라고 말하고 멀러가 트럼프의 장남을 위증으로 기소해 아버지를 공격할 지렛대로 활용하리라고 예측했다.[143] 그러나 도널드 트럼프 주니어가 거짓말을 했다는 증거는 전무하고 그는 기소되지도 않았다.

상원에서 열린 윌리엄 바의 법무장관 인사청문회는 언론이 광란을 부릴 또 다른 절호의 기회였다. 〈폭스뉴스〉의 평론가 조너선 털리는 상원에 출석해 자신의 오랜 친구 윌리엄 바 법무장관 지명자는 뛰어난 자질을 갖추고 있으므로 다시 한번 법무장관이 될 자격이 있다고 증언했다. 바 지명자는 조지 H. W. 부시 대통령 때에도 법무장관을 역임했다. 그러나 언론매체는 코미의 해고가 공무집행방해라면서 트럼프를 수사한 멀러 특검과 대통령의 권한에 대해 법무부를 대신해 윌리엄 바가 쓴 20쪽짜리 논리정연한 보고서를 두고 바 후보자를 공격했다.[144] 이 보고서가 트럼프에게 유리하다는 이유로 그들은 그의 견해가 "전적으로 날조된 사실을 기반"으로 한 "해괴망측"하고 "이상한" 내용이라고 했다.

"이러한 비판은 잘못됐다. 이런 비판을 한 바로 그 사람들 대부분이 바의 보고서가 나오기 전과 후에 공무집행방해에 적용될 가능성이 있는 법을 살펴보았다"라고 털리는 말했다. 그러나 바가 법무장관으로 인준을 받을 가능성이 높아지고 그가 공화당 진영 내에서 "트럼프 절대불가 성향의 인사Never Trumper"가 아닐지 모른다는 생각이 들자 그들은 그를 공격해야 했다.[145]

클린턴과 트럼프 둘 다 수사한 요원이 해고된 후 2018년 8월에 트위터에서는 메아리 방처럼 똑같은 주장이 울려 퍼졌다. 트럼프는 다음과 같은 트윗을 날렸다. "해고당한 연방수사국 요원 피터 스트로크는 사기꾼이다. 그가 시작한 조작된 수사도 마찬가지이다. 러시아와의 공모나 공무집행방해는 없었다. 그리고 민주당 의원들을 비롯해 모두가 이 사실을 알고 있다. 공모를 하고 공무집행을 방해한 자들은 바로 사기꾼 힐러리와 민주당 의원들과 DNC뿐이다."[146]

NBC의 〈미트 더 프레스〉를 진행하는 척 토드Chuck Todd는 거의 광란을 부리며 트럼프를 매도하는 다음과 같은 트윗을 날렸다. "대통령과 그의 메아리 방이 (해고당한 요원에 대해) 무자비하게 인신공격을 하는 모습을 보고 대통령이 자신에게 맞서는 자는 누구든 본때를 보여주려 하는구나 라고 생각하고 공직자들이 직무를 수행할 때 몸을 사린다면 어떻게 될까?"[147] 토드는 어쩌면 피터 스트로크와 그의 정부 리사 페이지가 트럼프에 대한 혐오로 가득 찬 문자메시지를 주고받으며 트럼프를 끌어내릴 궁리를 한 지난 1년 동안 잠들어 있다가 깨어나서 그런 사실을 전혀 모르는 모양이다. 언론매체를 상대로 거짓말을 할 음모를 꾸민 자들과 그런 자들의 동료들 말고는 대통령에게 공격당할 걱정을 할 필요가 없을 텐데 말이다.

연방수사국 최고위 관리인 부국장 데이비드 바우디치David Bowdich는 스트로크를 해고했고 이는 정당한 결정이었다. 법률분석가이자 전직 연방수사국 관리인 척 로젠버그Chuck Rosenberg는 MSNBC의 앤드레아 미첼Andrea Mitchell에게 다음과 같이 말했다. "피터 스트로크를 아끼지만 그는 놀라울 정도로 오판했다. 그를 해고한 결정은 잘못된 판단은 아니다. 사실 나는 바우디치가 왜 그런 결정을 내렸는지 이해한다."[148]

그러나 토드는 자기가 보고 싶은 것만 봤다. 그는 몇 달 전에 법무부 감찰관 마이클 호로위츠가 공개한 보고서에 포함된, 스트로크가 주고받은 문자메시지를 찬찬히 읽어보았어야 한다. 2016년 8월 8일 리사 페이지는 스트로크에게 "트럼프가 대통령이 되는 일은 없겠지, 그치? 그치?"

라는 문자메시지를 보냈다. 더할 나위 없이 강직한 공직자인 스트로크는 "아니, 절대 그럴 일 없어. 우리가 막을 거니까"라고 답장을 보냈다.[149]

트럼프를 저격하는 기사로 종종 "사실이라면!"이라는 단서조항이 붙는 기사를 끊임없이 쏟아내는 언론의 행태는 2019년 초 절정에 달했다. 2017년 1월 20일부터 2019년 3월 21일까지 ABC, NBC, CBS 저녁 뉴스는 "공모"에 관해 도합 2,284분 동안 보도했는데, 791일 동안 하루 저녁에 대략 3분을 보도한 셈이다.[150] 게다가 보도의 90퍼센트는 한결같이 부정적인 내용이었다.

이런 행태에 제동을 걸려고 한 사람이 몇 명 있었다. 2019년 2월, NBC 뉴스 기자 켄 딜레이니언Ken Dilanian은 상원 정보위원회가 2년 동안 200명 이상의 증인을 소환해 조사한 결과 트럼프와 러시아 간의 공모를 입증할 "아무런 직접적인 증거"를 발견하지 못했다고 보도했다.[151] MSNBC 패널로 출연한 초대 손님들은 의구심을 표했지만, 트럼프는 자신이 무고하다고 주장할 수 있게 되었고 "트럼프가 부분적으로는 옳다"라고 딜레이니언은 경고했다.

ABC TV의 선임 기자 테리 모랜Terry Moran은 멀러가 언론의 보도를 정당화해주는 결론을 내릴 것이라 믿으며 언론으로서의 신뢰를 멀러에게 건 이들은 "응분의 대가"를 치르게 된다고 예측했다. "멀러가 2016년 대선 결과를 사실상 무효화하리라고 기대한 진보진영과 민주당, 그리고 언론은 응분의 대가를 치르게 된다. 나라 전체가 응분의 대가를 치르게 된다. 그 난리법석을 떨고도 공모한 증거가 없다면 말이다."[152]

멀러가 아무런 소득도 없이 특검 활동을 마무리할 게 분명해지자 민주당 의원들은 익명으로 〈폴리티코〉에 특검의 보고서는 "불발탄"이 될 것이라고 예측했다.[153] 그러나 2년 동안 공모라는 논조에 너무나도 많은 시간과 노력을 투자해온 언론매체의 공모 광신도들은 줄어들지 않았다.

날이면 날마다 폭탄 같은 기사가 터졌다. "올가미가 트럼프의 목을 더욱 옥죄고 있다. 수사망이 점점 좁혀오고 있다. 종말의 시작이다. 분기점이다. 트럼프는 사임하게 된다. 닉슨의 마지막 같다. 그는 국정을 제대로 수행할 수 없다. 트럼프는 끌려 내려온다. 나는 트럼프가 임기를 제대로 마칠 것이라고 생각하지 않는다. 끝났다. 또 다른 폭탄이 투하됐다!"

언론의 논조를 박살낸 멀러 보고서

러시아 "공모" 미끼를 그 누구보다도 단단히 꽉 문 이는 연봉 700만 달러를 받는 MSNBC의 스타 앵커 레이첼 매다우Rachel Maddow였다. 그녀는 쉬지 않고 공모설을 주장했고, 황당한 시각자료까지 만들어 서로 관련 없는 사실을 억지로 연결시켜 해괴망측한 "공모" 이야기를 엮어냈다. 마치 영화 〈컨스피러시Conspiracy Theory〉에서 멜 깁슨Mel Gibson이 연기한 제리 플레처와 같았다.

그녀가 진행하는 프로그램 시청자는 400만 명으로 폭증했고, 시청자는 그녀의 프로그램을 시청하면서 자신이 트럼프에 대해 품은 증오를 한층 불태웠다. 매다우의 도움으로 MSNBC는 2017년 동안 시청률이 62퍼센트 폭증했다.[154]

2019년 2월 무렵 매다우가 진행하는 프로그램 시청률은 (TV에 광고하는 광고주들이 가장 선호하는) 구매력이 높은 성인 25세부터 54세까지의 연령대에서 석 달 연속 1위를 차지했다. 멀러 보고서가 공개되기 전 몇 주 동안 매다우는 희열에 들떠서 마침내 용맹한 특검이 트럼프의 정체를 드러내고 백악관에서 쫓아낸다고 예측했다.

멀러 보고서가 공개되는 날, 테네시 주에서 송어 낚시를 하던 매다우는 서둘러 그 지역 방송스튜디오로 달려가 이 대단한 폭로 현장을 생중계하려고 대기했다.[155]

그녀가 우러러보던 영웅 멀러가 공모의 증거를 찾지 못했고 더 이상 아무도 기소하지 않기로 했다는 내용을 보도하는 그녀의 눈에는 눈물이 고이고 입이 뒤틀리면서 얼굴이 일그러졌다.

"이건 끝이 아니라 시작이다. 뭔가가 틀림없이 있다"라고 그녀는 우겼다. 마치 미끼를 덥석 물고 낚여 부두 바닥에 내동댕이쳐진 물고기처럼 숨을 몰아쉬면서 말이다.

그러나 그녀가 2년 넘게 주야장천 떠들어온 이야기는 정교하게 날조된 사기극이었다는 사실은 피할 길이 없었다. 그녀는 반전이 일어날 때마다 이를 만끽했고, 자신의 신뢰도와 경력을 특검의 결과에 올인했다. 그런데 이제 그 노력이 수포로 돌아갔다. 그 다음 주에 그녀가 진행하는 프로그램 시청자는 50만 명이 줄었다.

매다우는 언론인이 아니라 TV에서 언론인 연기를 한다. 그녀는 사실과 논리를 무시하고 정교한 이야기를 짜내는 평론가이자 연예인이다.

그러나 퓰리처상을 수상하고 더할 나위 없이 객관적인 〈뉴욕타임스〉와 〈워싱턴포스트〉 소속의 뽕 맞은 기자들은 미국 역사상 가장 대단한 정치 사기극 전모를 보도할 기회를 놓쳤다. 그들은 퓨전 GPS, 연방수사국, 정보기관 전직관리들의 도움을 받아 힐러리의 새빨간 거짓말을 씹지도 않고 꿀꺽 삼켰다. 〈뉴욕 포스트〉의 마이클 굿윈Michael Goodwin은 '〈뉴욕타임스〉는 미국인들에게 석고대죄하고 사과해야 한다'라는 제목의 칼럼을 썼다.[156]

바 법무장관이 멀러가 "공모" 증거를 찾지 못했다고 발표하자 "공모 가능성을 강조하며 수개월 동안 떠들어온 주류언론과 대부분 리버럴 성향의 평론가들에게는 청천벽력처럼 들렸다"라고 〈워싱턴포스트〉의 매체 비평가 폴 파리Paul Farhi는 말했다.[157] 〈뉴욕타임스〉의 보수주의자 칼럼니스트 데이비드 브룩스David Brooks도 그동안 다른 언론인들과 덩달아 러시아 사기극에 대해 떠벌려왔지만 그래도 '우리 모두 바보처럼 속았다. 또 다시'라는 제목의 칼럼에서 트럼프에게 사과해야 한다고 주장하는 일말의 양심은 있었다.[158]

"수많은 민주당 지지자들은 아무런 증거도 없이 대통령을 단죄했다. 누군가를 반역자라고 비난했는데 이를 뒷받침할 증거가 없는 것으로 드러나면, 최소한 사과를 할 예의는 갖춰야 한다"라고 브룩스는 말했지만, 그가 사과를 해야 한다고 지목한 이들은 〈뉴욕타임스〉나 브룩스 본인이 아니라 브레넌과 시프 같은 사람들이었다.

〈워싱턴 타임스〉의 찰스 허트Charles Hurt는 마이클 이시코프와 데이비드 콘을 콕 집어 그들이 응당 받아도 싼 조롱을 해주었다. 처음에 이 사기극을 떠벌렸던 이 두 사람은 책까지 썼다. 《러시안 룰렛: 미국에 대해 전쟁을 선포한 푸틴과 도널드 트럼프의 당선 내막Russian Roulette: The Inside Story of Putin's War on America and the Election of Donald Trump》이라는 이 책은 스틸 "도시에"를 재탕하는 내용이다.[159] "이 두 어릿광대는 트럼프 대통령이 크렘린과 공모했다며 온갖 낭설과 근거 없는 음모론과 새빨간 거짓말을 퍼뜨리는 데 그 누구보다도 지대한 공을 세웠다"라고 허트는 말했다.[160] 그는 "이 재앙을 통틀어 그들만큼 철저히 머리통이 박살난 자들이 없다는 사실을 생각해보면 '러시안 룰렛'은 더할 나위 없이 안성맞춤인 책 제목이다"라고 했다.

한때 존경받던 이시코프는 사과하지는 않았지만 막판에 그래도 줏대는 보였다. MSNBC에 콘과 크리스 헤이즈와 더불어 패널로 출연한 그는 멀러의 특검 결과로 자신이 2년 이상 열렬히 증거라고 주장해온 "도시에"의 신빙성은 사라졌다고 시인했다. "이 방송국에서 여러 차례 이 문건은 증거라고 인정했고, 사람들이 사실일 가능성이 점점 높아진다고 말했지만, 그렇지 않았다"라고 그는 말했다.[161] 그러나 콘은 여전히 러시아 "공모"라는 성배聖杯를 포기하지 않으려 했다. 그는 아마 앞으로도 절대로 포기하지 않을지 모른다. 며칠 후 그는 다음과 같은 제목이 달린 기사를 썼다. '트럼프는 러시아의 공격을 지원하고 부추겼다. 이는 반역이다. 단정한다.'[162]

자신들이 틀렸음을 인정하지 않는 좌익 언론인들

사이비교주는 세계에 대한 자신의 예언이 실현되지 않을 때 어떻게 할까? 새로운 날짜를 골라 또 예언을 한다. TV 프로듀서들은 작은 화면이라는 성에서 골대의 위치를 이동시키는 가장 뻔뻔스러운 시도를 하는 데 기꺼이 동참할 사람들을 찾아냈다.

워터게이트 추문을 보도했던 존 딘은 멀러 보고서는 대통령이 러시아 요원인지 여부를 분명히 결론짓지 않았다고 주장했다.[163] 조너선 채잇도 병이 도져서 트럼프는 아직 유죄일 가능성이 남아 있다고 주장했다. "자신의 결백을 증명하려는 사람들은 수사관에게 협조적이다"라면서 그는 다음과 같이 덧붙였다. "트럼프가 호들갑을 떨며 협력하지 않겠다고 거부했다는 사실로 미루어볼 때 그는 그 어떤 혐의도 완전히 벗어나지 못했다."[164] 그러나 트럼프와 그의 법률대리인들은 산더미 같은 자료에 대한 특검의 접근을 허용한 전례 없는 조치를 취했다. 직원들과 변호사들은 멀러 특검팀에게 몇 시간이고 심문을 받았다. 트럼프 대통령의 법률대리인 다우드는 바이런 요크와의 인터뷰에서 자신이 특검과 주고받은 놀라운 대화를 공개했다.

트럼프가 트위터 상에서 멀러를 비판하고 수사를 "마녀사냥"이라고 부르짖었지만, 막후에서 트럼프의 주변사람들은 특검의 요구에 협조하고 있었다. "밥 멀러는 정치적인 면에서는 통 큰 모습을 보여주었다"라고 다우드는 요크에게 말했다. "그는 대통령이 이 사건의 정치적인 측면에 대응해야 한다는 점을 이해했다. 대통령은 마냥 입 다물고 있을 수가 없었다. 사람들이 날마다 날조된 주장으로 그를 내리치고 있었다. 사적으로도 공적으로도."[165] 언론이 멀러 팀에서 비롯된 정보라고 주장하는 기사 내용이 가짜일 때 특검 측은 "암호"를 이용해 대통령의 법률대리인인 다우드에게 이를 알려주기까지 했다.[166]

콘, 딘, 채잇 같은 쓸모 있는 도구들의 도움에 힘입어 언론은 미국 역사상 가장 대대적인 역정보 유포 작전을 수행하는 데 없어서는 안 될 역할을 했다. 언론매체는 "황당하기 그지없는 음모론에 완전히 말려들어 2년 동안 나라 전체를 볼모로 잡았다"라고 〈페더럴리스트〉의 선임 편집자 몰리 헤밍웨이Mollie Hemingway가 말했다. "러시아 공모라는 이 황당한 주장을 얼마나 많은 사람들이 믿었는지 생각해보면 정말 충격적이지만, 광란 속에서 이에 맞서 목소리를 낼 용기가 있는 사람은 거의 없었다."[167]

〈뉴욕타임스〉, 〈워싱턴포스트〉, CNN, MSNBC 웹사이트들은 멀러 수사를 언급한 기사를 8,507건 보도했다고 공화당전국위원회가 밝혔다.[168] 공화당전국위원회는 친 트럼프 성향의 정보원이긴 하지만 러시아 공모 사기극을 퍼뜨리는 데 투입된 재원이 얼마나 어마어마한지에 대해 이론을 제기하는 사람은 없었다.

미국의 유대인 온라인 잡지인 〈태블릿Tablet〉에 기고한 글에서 리 스미스Lee Smith는 이 대대적인 언론의 실책을 언론매체가 "멸종할 수준의 사건"이라고 불렀다. "2년 동안 공공담론이라고 여겨진 이 3류 코미디의 불길에 언론매체와 평론가 집단이 합심해서 계속 기름을 부으면서 점점 커지는 법과 논리의 허점은 가려졌다"라고 스미스는 말하고 다음과 같이 덧붙였다. "그런데도 그들은 모두 신빙성 있어 보였다. 그들을 뒷받침해주는 기관들이 신빙성 있었기 때문이다."[169]

사과와 더불어 깊은 참회와 반성은커녕 아전인수식 변명이 시작됐다. 〈뉴욕타임스〉의 편집장 딘 바켓은 다음과 같이 말했다.

"나는 우리 보도에 대해 만족한다. 불법성 여부의 판단이 아니라 권력자의 행동을 폭로하는 게 우리가 할 일이다. 그리고 우리와 다른 언론들이 한 일이 바로 그 일이고 앞으로도 그 일을 계속 할 예정이다."[170]

한 줄 한 줄 살펴보면 〈뉴욕타임스〉가 보도한 내용은 대부분 사실이었다. 그러나 최대 특종을 놓치고도 어떻게 만족할 수 있는가? 중앙정보국전 국장이 현직 대통령을 끌어내리려 한 특종 말이다. 〈미트 더 프레스〉에서 존 브레넌은 대담하게 다음과 같이 도전장을 내밀었다. "나는 트럼프가 반역적인 행동을 했다고 생각한다. 반역이란 신뢰를 저버리고 적을 돕고 지원하는 행위이고 나는 그런 내 주장을 고수한다."[171] 음모론을 퍼뜨리는 데 큰 역할을 한 거짓말쟁이로 드러난 브레넌은 트럼프를 매도한 자신의 행위를 "허접한 정보" 탓으로 돌렸다. 마치 몇 가지 세부 사항만 틀렸다는 듯이 말이다.[172]

"우리 선거를 둘러싸고 러시아 정부와 음모를 꾸민 범죄행위가 없었다는 결론이 내려져서 마음이 놓인다"라고 그는 MSNBC에서 말하면서 다음과 같이 덧붙였다. "이 나라를 위해서는 희소식이다. 공개적으로 취해진 조치, 혹은 러시아인과 대화를 하려고 한 점 등이 부적절했다는 점은 여전히 지적하고 싶지만 음모를 꾸미는 범죄라는 엄격한 기준은 충족시키지 않았다는 데 전혀 놀라지 않았다." 첩보계 전문용어로 말하면 비판을 모면하기 위해 발뺌하는 행위를 뜻하는 "치부 가리기Cover Your Ass, CYA"다. 이 야비한 인간이 한때 중앙정보국 국장이었다니 이 자는 버락 오바마 행정부의 치부다.

NBC의 레스터 홀트Lester Holt는 심하게 부패한 공모라는 낭설의 시체를 뜯어먹으며 향연을 벌인 또 다른 발뺌의 달인과 맞붙었다. 제임스 코미는 자신을 과대 포장한 내용을 담은 책을 홍보하는 출판기념회에서 러시아가 트럼프에 대한 약점을 쥐고 있는지에 대해 끊임없이 질문을 받았다. 그럴 때마다 그는 기사화될 줄 알고 항상 똑같은 선동적인 대답을 내놓았다. "가능하다고 생각한다."[173]

코미는 특검 임명을 촉발한 기밀 보고서를 조금씩 조금씩 단서처럼 뿌리면서 "공모"의 길로 언론매체를 유도했다. 이제 멀러 수사의 결과가 나오면서 자신과 자신이 이끈 연방수사국이 이 참사에서 한 역할에 대해 비난이 빗발치게 되자, 코미는 뻔뻔스럽게 다음과 같이 둘러댔다. "아니, 나는 사실 이를 달리 본다. 바라건대, 모든 사람들에게, 정치 스펙트럼상 어디에 위치하든지 관계없이 연방수사국은 부패하지 않았고, 구렁이들과 첩보원들이 득실거리는 온상이 아니라 사실을 알아내려는 정직한 사람들이 모인 집단이라는 점을 확인하게 된 계기였다. 여기서는 바로 이점을 봐야 한다."

아니다. 여기서 우리에게 보이는 것은 미 육군에서 심문을 전문으로 하고 퇴역한 "제이슨 빌 Jason Beale"이라는 가명을 쓰는 인물의 말마따나, "2,500만 달러를 낭비하고 2년 동안 인질극을 벌인" 무모하고 무원칙적인 정보 유출자이다. 그 2년 동안 미국 대통령이 추진하는 정치적 외교적 정책 의제는 대통령이 끊임없이 불필요하고 부당하다고 주장한 수사에 발목 잡혀 있었다.[174]

CNN의 제이크 태퍼는 백악관 비서실장 믹 멀베이니 Mick Mulvaney를 인터뷰하면서 자기가 몸담은 방송국을 다음과 같이 옹호했다. "언론이 뭘 잘못했다는 건지 모르겠다. 언론은 수사가 진행 중이라고 보도했다. 좌익쪽 언론에 종사하는 사람들 말고, 이 방송국에는 그런 사람들이 물론 없고, 오보를 낸 사람을 못 봤다. 우리는 음모가 있었다고 하지 않았다. 멀러가 음모를 수사하고 있다고 말했다."[175]

별로 반성한다는 기미가 보이지 않는다.

태퍼는 오래전부터 CNN이 실책을 범하고 특종을 날조해온 화려한 전과를 자랑한다는 사실을 잊어버렸다. 시청자들은 잊지 않는다. CNN은 프라임타임 시청자의 3분의 1, 광고주들이 선호하는 비교적 젊은 연령층 시청자의 절반 이상을 잃었다.[176]

앵커 크리스 쿼모는 왜곡보도로 인해 언론에 대한 대중의 신뢰가 붕괴된 데에 대해 CNN의 그 어떤 책임도 받아들이지 않았다. "우리 역사상 처음으로 대통령이 모든 국민에게 언론이 그들의 적이고 우리 민주주의 기관들을 신뢰할 수 없다고 말하고 있다"라고 그는 하원의원 션 더피Sean Duffy(공화당-위스콘신 주)와 열띤 논쟁이 오간 인터뷰에서 말했다.[177] "그러나 언론이 할 일을 제대로 했다면 자신들이 입수한 내용 중 일부 구체적인 사항에 대해서는 훨씬 강한 의구심을 품었어야 한다"라고 더피는 쏘아붙였다. 당선 후 트럼프가 누누이 해온 말이 바로 그 말이다. 그리고 그가 옳았다.

CNN 회장 제프 저커는 사과하지 않았다. 그는 가슴을 당당히 펴고 다음과 같이 말했다. "우리는 수사관이 아니다. 우리는 언론인이고 우리가 할 역할은 우리가 알게 된 사실을 보도하는 일이고 그게 바로 우리가 한 일이다. 현직 대통령의 법무부가 그의 선거운동본부를 조사했다. 적국과 공모한 혐의에 대해서 말이다. 언론이 엄청난 사건이라고 해서 엄청난 게 아니라 전례가 없기 때문에 엄청나다는 말이다."[178] 다시 말하면 우리(언론)는 농간을 부리는 타락한 경찰과 당파적인 사기꾼들이 정당하게 선출된 대통령을 끌어내리려고 날조한 가짜 정보를 보도하면서 그게 가짜인 줄 전혀 눈치 채지 못했는데 그 이유는 우리가 조사하지 않았기 때문이라는 뜻이다. CNN은 한순간도 낭비하지 않고 새로운 논조를 만들어냈다. "트럼프가 멀러 특검 결과를 무기화하려 한다."[179]

MSNBC에서는 앵커 캐티 터Katy Tur가 멀러 특검의 수사 결과를 두고 야단법석이 일자 이를 일축하면서 폴 매너포트를 비롯해 수십 명이 범죄로 기소됐다고 강조했다. "멀러 수사에서 이미 유죄로 판명되었거나 이미 기소된 사람을 모조리 화면에 띄워보자"라고 터는 말하면서 다음과 같이 덧붙였다. "수많은 이들이 수많은 범죄를 인정했고 수없이 기소되었다." 물론 아무도 멀러가 특검으로서 위임받은 수사대상인 범죄를 저지른 이는 없었다. 그래도 캐티 터는 전혀 개의치 않았다.[180]

〈뉴욕타임스〉는 뻔뻔스럽게도 '트럼프의 후안무치는 멀러의 수사 관할권 밖이었다'라는 제목의 기고문을 게재했다. "뉴욕대학교 법학대학원 방문교수이자 뛰어난 학자"라는 밥 바우어Bob Bauer가 기고한 글이었다.[181] 그러나 〈뉴욕타임스〉는 바우어가 2018년 5월까지 퍼킨스 코이 법률회사의 "정치 법률" 부문 파트너였고 여전히 그 회사 의뢰인들의 법률대리인을 하고 있다는 사실을 지적하지 않았다.[182] 그 기고문이 이 사기극을 탄생시키는 데 연루된 법률회사에 몸담은 변호사가 썼다는 사실을 감췄다니 매우 부정직하다.

그러나 그동안 쭉 의구심을 버리지 않았던 정직한 기자들은 그들을 그냥 용서할 생각이 없었다. "MSNBC 출연자, CNN의 '법률전문가', 리버럴-중도 성향의 매체들 그리고 트럼프에 맞서는 저항세력이라는 사기꾼들을 일일이 감시하고 이 엄청난 오류를 범한 데 대해 시인하거나 일말의 자기반성이나 겸허한 태도를 보이는지 확인하라"라고 그린월드는 트윗을 날리면서 다음과 같이 덧붙였다.[183] "주류 리버럴 매체들은 중앙정보국과 연방수사국이 전해주는 대로 고분고분 받아서 보도했지만, 누구보다도 똑똑하다는 리버럴들이 원시적이고 선동적이라고 툭하면 조롱하는 우익 성향의 매체 소속 기자들은 집요하게 진실을 파고들어 보도했다."

그는 매다우를 콕 집어서 다음과 같이 비판했다. "2년 동안 방송에 나와 수백만 명의 시청자들에게 쓰레기 음모론을 주입시키고 엄청난 금전적 이득을 챙겼다."[184] 그린월드는 이야기의 양쪽 입장을 균형 있게 시청자들에게 들려준 인물로 〈폭스뉴스〉의 터커 칼슨을 특히 극찬했다. 그린월드는 칼슨의 프로그램에 출연해 "MSNBC는 정반대로 했다"라면서 그 방송국은 "프라임타임 프로그램 진행자들을 카메라 앞에 세워 3년 연속 시청자들에게 거짓말을 하고 공포감을 조성해 큰 이득을 챙겨서 죄송하다고 고개 숙이고 사과하게 만들어서 창피를 줘야 한다. 당시 이들은 일자리를 잃을 지경이었다. 그 방송국 전체가 무너지기 직전이었다. 그런데 이 사기극이 그들을 살렸다. 게다가 그들은 3년 연속 사람들에게 새빨간 거짓말을 주입했을 뿐만 아니라 고의로 그런 짓을 했다."[185]

보수 성향의 '미디어 리서치 센터'의 매체분석 국장인 팀 그레이엄Tim Graham은 주류언론에 대해 다음과 같이 신랄하게 비판했다.

"이제 뉴스채널들이 그저 희망사항을 보도해왔다는 게 명백히 드러났다. 그들은 내심 그들이 원하는 결론이 나면서 대단원의 막이 내리기를 바랐지만 그런 일은 일어나지 않았다. 그들은 '공모는 없다'라고 말하는 트럼프를 조롱했지만 그가 한 말이 진실로 드러났다. 유권자들은 속았다, 사기당했다는 기분이 들어야 마땅하다."[186]

"아무도 이런 말이 듣고 싶지 않겠지만, 로버트 멀러 특검이 새로이 기소장을 발부하지 않고 짐 싸서 집으로 가게 되었다는 소식은 미국 보도매체들의 평판에 내려진 사형선고와도 같다"라고 매트 테이비는 말하면서 다음과 같이 덧붙였다. "지금부터 언론이 트럼프에 대해 어떤 주장을 하더라도 상당한 비율의 미국 국민들은 그 주장을 믿지 않게 되었다."[187]

CBS 탐사보도 기자를 지낸 셰릴 앳키슨Sharyl Attkisson은 반 트럼프 논조에 편승하지 않았고, 자신의 동료기자들을 대신해 '트럼프 대통령에게 드리는 사과문'이라는 글을 〈더 힐〉에 기고했다. 상당 부분 인용할 만한 글이어서 여기 인용한다.[188]

트럼프에게 어떤 결함이 있든, 트럼프가 대통령에 취임하기 전부터 시작된, 그의 대통령 당선을 에워싼 억측과 비난은 결국 근거 없는 것으로 드러났다. 처음부터 트럼프가 말해온 그대로였다. 그러나 트럼프가 그렇게 말할 때마다 언론매체 종사자인 우리 가운데 일부는 그를 조롱했다.

우리는 그가 자신을 방어하기 위해 한 말은 무슨 말이든 자동적으로 불신했다. 그가 한 말이라는 이유만으로. "거짓말"이라고 주장한 이들도 있었다. 그런 주장을 뒷받침할 증거도 없으면서 말이다. 언론매체 종사자인 우리는 증명되지도 않은 죄와 거짓 혐의로 2년 넘게 보도 지형을 뒤덮었다. 매우 편파적인 방식으로 증거도 태부족인데 말이다. 우리는 가짜 정보가 어디서 유출됐는지 추적하는 일을 게을리 했다. 우리는 익명의 소식통과 트럼프가 "반역"을 저질렀다는 비밀 증거를 갖고 있다고 주장하는 이들이 지닌 동기를 파악하는 일을 게을리 했다.

그리하여 우리는 엄청난 양의 가짜 정보를 살포했고 그 내용은 늘 트럼프에게 해로운 내용이었다. 그리고 우리는 오보를 정정할 때도 사과를 하고 나서 그 이상으로 한 술 더 떴다. 우리는 아주 사소한 점에 대해 기술적인 오류를 범하면 시인한다. 그러나 그 연장선상에서 트럼프는 러시아 대통령 블라디미르 푸틴의 꼭두각시인 게 너무나도 명명백백하므로 사소한 세부사항은 중요하지 않다고 우겼다. 따라서 사과를 하는 게 적절하다.

도널드 J. 트럼프 대통령 선거운동본부는 멀러가 공모의 증거를 찾지 못했다는 보도가 나온 후 "특정 초대 손님들의 신뢰성"과 관련해 "TV 프로듀서들"에게 보내는 성명문을 발표했다.[189] 이 성명서는 트럼프-러시아 "공모"에 대해 거짓 정보를 가장 극성스럽게 유포시킨 사람들 가운데 하원의원 애덤 시프, 상원의원 리처드 블루멘설, 하원의원 제롤드 내들러, 하원의원 에릭 스월웰, DNC 의장 톰 페레스 그리고 존 브레넌을 거명했다. 이 성명서는 프로듀서들에게 초대 손님을 선정할 때 다음과 같은 기본적인 질문을 하라고 제안했다. "이 초대 손님을 앞으로도 우리가 제작하는 프로그램에 출연시켜야 할까?" 그들이 다시 출연한다면 "예전에 그들이 했던 발언을 다시 보여주고 애초에 그런 황당한 주장을 하게 된 증거를 제시해보라고 요구해야 한다." 물론 TV 프로듀서들은 이 성명서를 접하고 몹시 심기가 상했다. 그리고 그들은 똑같은 초대 손님을 계속 출연시켰다. 특히 시프는 이미 거짓으로 판명된 똑같은 어처구니없는 주장을 하면서 "공모" 이야기를 퍼뜨렸다.

"그러나 언론이 스스로에게 물어야 할 질문은 언론계 관계자들이 수년 동안 자신들을 오도해온 정보원들의 출연을 거부하겠다는 결정을 내리지 못하는 이유가 무엇인가 하는 점이다." 〈월스트리트저널〉의 제임스 프리먼James Freeman은 이렇게 말하면서 다음과 같이 덧붙였다.[190] 정상적인 사고를 하는 사람이라면, 언론인이든 아니든 관계없이, 2년 내내 아무 근거 없이 선정적인 주장을 해온 사람에게 발언할 기회를 주지 않으리라고 생각할지 모르겠다. 그처럼 발언기회를 빼앗겨야 할 사람 중의 한 명이 《민주주의를 파괴하려는 음모: 푸틴과 그의 첩보원들이 어떻게 미국을 훼손시키고 서구를 무장해제시키는가》[191]의 저자이자 전직 정보국 관리인 맬컴 낸스Malcolm Nance이다. 그는 윌리엄 바가 성명서를 발표한 다음날 MSNBC에 출연해 광란을 일으키며 다음과 같이 폭언을 쏟아냈다. "모두 내 말을 따라해라. 미국 역사상 가장 심각한 추문은 미국 대통령이 미국의 적을 위해 활동하는 요원이었다는 사실이다. 자. 사실상 미국독립전쟁 때 미국을 버리고 영국을 위해 싸운 베네딕트 아놀드Benedict Aronold를 무색하게 할 사건이다. 그래도 그는 돈 때문에 그 짓을 했다."[192] 낸스는 아무리 정신 나간 발언을 해도 트럼프에 대해 적대적인 발언을 계속한다면 MSNBC에서 계속 환영받게 된다.

매다우의 평판은 곤두박질쳤다. 그녀는 〈뉴욕포스트〉가 트럼프와 관련해 가장 헛소리를 많이 한 언론인을 선정하는 "멀러 광란"이라는 게임에서 연속해서 헛발질을 한 브레넌과 애버나티 같은 자들보다 두 배 이상을 득표하면서 "최악"으로 1등을 차지했다.[193] 한 독자는 다음과 같이 말했다. "나는 리버럴로서 몇 년 전까지만 해도 그녀의 프로그램 애청자였다. 그런데 회의적인 태도를 견지하면서 사실을 토대로 한 보도를 하던 사람이 광란을 부리며 변질되는 모습에 충격을 받았다." 며칠 만에 매다우는 다시 등장해 새로운 음모론을 만들어냈다. 트럼프를 증오하는 그녀의 팬들은 그녀를 용서하리라.

"매다우의 시청자들은 멀러가 트럼프와 러시아가 공모한 증거를 찾아내리라고 기대했다." 인터넷매체 〈미디에이트Mediaite〉의 케일럽 하우Caleb Howe는 이와 같이 말하면서 덧붙였다. "이제 시청자들은 그녀가 자신들을 오도했다고 생각하지 않는다. 그들은 현실이 자신들의 기대를 충족시키지 않았으므로 현실이 조작된 게 틀림없다고 생각한다. 음모론은 그렇게 작동하는 법이다. 서로 무관한 것들을 연결시켜 억측을 부리고 결국 음모론을 설명하기 위해서 더 많은 논리를 만들어낸다."[194]

대부분의 언론인들과 마찬가지로 매다우도 자신이 정의롭고 옳다고 믿는다. 하우는 다음과 같이 말했다. "그들은 가장 숭고하고 자기희생적인 직종에 종사하면서 권력에 맞서 진실을 말하는 최후의 보루라고 자신을 홍보한다. 권력에 대한 견제는 언론이라는 직종이 추구해야 할 숭고한 가치다. 자신이 고결하고 정의롭다는 믿음과 이를 과시하고 그렇게 보이고 싶은 해소되지 않는 갈증이 무엇보다도 가장 큰 문제다."[195]

언론매체의 미래

ABC, CBS, NBC 프라임타임 저녁뉴스는 멀러 보고서가 공모의 증거를 찾지 못했다고 발표한 후 "탄핵"의 목소리를 한층 높이는 해괴한 짓을 했다고 '미디어 리서치 센터'가 밝혔다. "멀러 보고서에는 트럼프에게 불리한 결정적 증거가 없었는데도 이 세 방송국들은 러시아 이야기에 더욱더 매진했다." '미디어 리서치 센터'의 선임 편집자 리치 노이즈Rich Noyes가 다음과 같이 덧붙였다. "멀러가 공무집행방해에 대해서는 판단을 내리지 않겠다고 하고 러시아와 트럼프 선거운동본부가 음모를 꾸몄다는 증거가 없다는 결론을 내리기 전과 비교해볼 때 세 배는 더 자주 TV 뉴스 시청자들은 '탄핵'이라는 말을 들었다."[196]

〈배니티 페어〉지에 따르면, 〈뉴욕타임스〉 편집장 딘 바켓은 잘못했다고 시인하지는 않았지만 자사의 기자들이 〈레이첼 매다우 쇼〉와 〈CNN 투나잇 위드 돈 레몬〉 같은 편파적인 프로그램에 출연하지 못하게 금지함으로써 평판이 더 이상 훼손되는 사태를 막으려고 애썼다.[197]

언론계의 거물 중 잘못을 수습할 필요가 있다고 생각하고 옳은 방향으로 작은 조치나마 취하는 시늉이라도 한 이는 지금까지 딘 바켓이 유일하다.

그들은 더 이상 수익이 나지 않자 비로소 하던 짓을 멈췄다. 2019년 5월 말 무렵 매다우의 주간 시청률은 광란이 절정이 달했던 2019년 1사분기에 기록한 평균 310만 명에서 평균 260만 명으로 떨어져 트럼프 취임 후 최저로 폭락했다.[198]

매체비평가 존 놀티John Nolte는 다음과 같이 말했다. "2년 동안 이 사기꾼은 오늘이야말로 트럼프에게 치명타를 입힐 보도가 기다리고 있다"라고 약속하면서 시청자들을 우롱했다. 그러나 전부 개소리였고 전부 거짓말이었고 전부 편집증적인 망상이었다. 여기저기서 짜깁기한 기사들의 냄새에 취해버린 사기꾼이자 음모론자가 꾸며낸 망상이었다. 그녀는 이제 정체가 드러났고 바보처럼 보인다. 그리고 이는 극복하거나 벗어나기가 거의 불가능하다. 그녀의 지적인 허세는 이제 공허해 보이고 그저 앙칼진 외침에 불과하다. 그녀는 경륜 있고 진실하고 자신감 있는 예전의 레이첼 매다우가 더 이상 아니며 앞으로도 결코 아닐 것이다. 신뢰와 정직을 헌신짝처럼 내던진 후에 예전으로 돌아갈 수 있는 사람은 아무도 없다."[199]

〈애큐러시 인 미디어Accuracy in Media〉의 편집자 캐리 셰필드Carrie Sheffield는 매다우에 대해 다음과 같이 말했다. 그녀는 오래전부터 "언론인으로서 기본적으로 실천해야 할 사실 확인 관행과 우리나라 법체계에서 무죄 추정의 원칙을 무시하고 끊임없이 러시아 공모에 대한 근거 없는 음모론을 밀어붙였고 언론인으로서의 균형을 상실하면서" 언론매체에 대한 미국인의 신뢰를 추락시키는 데 지대한 공헌을 했다.[200]

"오래전부터 예견된 일이고 MSNBC가 앞으로 훨씬 균형 잡힌 보도를 하기를 바란다"라면서 셰필드는 다음과 같이 덧붙였다. "매다우의 프로그램에서도 사실 확인에 신경을 쓰고 균형 잡힌 토론과 대화를 추구해 좌우를 한층 더 분열시키는 메아리 방의 독백이 되지 않도록 하기 바란다. 미국인들은 그보다 훨씬 나은 언론을 누릴 자격이 있다."

희망이야 누군들 품지 못하겠는가. 그러나 보수성향의 블로그를 운영하는 코넬 법학대학원 교수 윌리엄 A. 제이콥슨William A. Jacobson은 이에 대해 회의적이다. MSNBC는 매다우를 두둔할 것이고 "그 이유는 트럼프를 끌어내리는 데 감정적으로 투자를 너무 많이 한 시청자 집단이 여전히 그녀의 프로그램을 시청하고 있기 때문이다. 그녀의 프로그램에 출연하지 않기로 한 기자들이 일부 있다는 사실은 중요하지만 그렇다고 해서 그녀의 행동이 바뀔 가능성은 희박하다. 매다우는 이미 오래전에 망상에 빠진 가짜 지식인이라는 틈새시장을 확보했고 그 시장에 갇혔다."[201]

매다우와 트럼프를 증오하는 다른 언론매체들이 멀러 대참사를 극복하고 살아날 수 있을까? 그들이 자신의 보도 행태를 재평가하고 오류를 시인하지 않는다면 시청자로부터 점점 외면받게 된다.

〈월스트리트저널〉의 홀먼 W. 젠킨스Holman W. Jenkins는 다음과 같이 말했다. "부인할 수 없는 한 가지 사실이 있다. 악명 높은 홍보업자가 전직 영국 첩보원이라는 자에게 돈을 주고 문건을 날조해 대통령 선거운동이 한창 진행 중인 가운데 그를 끌고 워싱턴을 휘젓고 다니면서 스스로 진실이라고 말하기도 꺼리고 정보원을 밝히기도 주저하면서 소문을 유포했다. 보기 드물게 멍청한 언론인이 아니라면 그런 선정적인 이야기를 퍼뜨리고 다니는 사람이 있으면 당연히 다음과 같은 질문을 머리에 떠올려야 한다. 이 자가 내게 하는 얘기가 꾸며낸 얘기인가? 아니면 사실인가?"[202]

그는 매너포트와 로저 스톤Roger Stone에 대한 "어처구니없는 과잉처벌"을 지적했다. 언론이 2년 동안 쓸데없는 일을 했다는 사실을 입증해줄 실망스러운 특검보고서를 준비하던 멀러가 얼마나 절박한 심정이었는지를 보여주는 비열한 수법들이다. 위의 두 사람과 그들의 전 상사였던 트럼프는 도대체 얼마나 잘못했기에 연방수사국 요원 십여 명이 새벽에 자택에 들이닥쳤을까. 그런 생각을 한 사람은 거의 없었다. 멀러의 수법에 의문을 제기한 사람은 거의 없었다. 자기 생각과 맞아떨어졌기 때문이다.

매트 테이비는 다음과 같이 말했다. "지금 방송국 기획실에 감도는 공포 분위기가 상상이 가는가?[203] 이는 언론 역사상 최고의 기삿거리다. 그리고 이를 보도에서 분리해서 생각할 수는 없다. 계속 이 이야기를 물고 늘어져서 수익을 창출하려는 금전적 동기가 어마어마하기 때문이다.

"역사상 최대의 리얼리티 쇼였다. 모든 요소를 다 갖췄다. 섹스도 있고, 추리극처럼 호기심을 자극하기도 하고, 음지에서 활동하는 영국 첩보원(크리스토퍼 스틸)도 등장하고, 외딴 섬에서 알 수 없는 접선이 이루어졌다.

게다가 시청자에게 그 전모를 전달할 수 있는 이점도 있었다. '눈을 뗄 수가 없다. 언제든 폭발할 수 있기 때문이다. 그 폭발은 언제라도 일어날 수 있으니 계속 지켜보고 있어야 한다.'"

테이비 말마따나, "이제 그들은 뭘 팔아먹어야 할까?"[204]

더 중요한 문제는 그들이 파는 상품을 누가 살까? 언론은 사사건건 트럼프 대통령이 각종 범죄를 저질렀다면서 그를 악마로 만들었다. 그 과정에서 언론인들은 자신들이 지닌 유일한 자산을 낭비했다. 바로 그들의 신뢰도다.

그리고 그들은 〈오즈의 마법사〉에서 허수하비가 한 말이 옳았음을 입증했다.

WITCH
HUNT

7장

CROOKED COHEN COPS A PLEA | 사기꾼 코언이
유죄 답변 거래를 하다

WITCH HUNT

과거에 나는 거짓말을 했지만 지금은 아니다.

과거에 나는 나쁜 짓을 했지만 지금은 나쁜 사람이 아니다.

_2019년 2월 27일 의회 증언에서 마이클 코언

거짓말쟁이들은 진실이 무의미하다고 여긴다는 게 문제다. 그들은 하도 많은 거짓말을 해서 무슨 거짓말을 했는지 일일이 기억하지 못한다. 그들은 자기가 한 거짓말에 대해 자기 자신에게 거짓말을 한다. 시간이 흐르면서 그들은 망상과 현실을 구분하지 못하게 된다. 사람들은 그들의 말에 더 이상 귀 기울이지 않는다. 신뢰를 잃는다. 바로 이때 본격적인 거짓말이 시작된다.

2019년 2월 하원 정부감시혁신위원회에 출석해 증언하던 자리에서 코언이 바로 그런 짓을 했다. 한때 트럼프 대통령의 개인 변호사를 지낸 그는 자신이 이전에 의회에서 거짓말을 한 적이 있다고 시인했다.[1] 그러나 이제는 진실을 말하고 있다고 우겼다. 그는 하원위원회 의원들에게 자신이 거짓말을 했지만 결코 거짓말쟁이는 아니라는 점을 믿어달라고 호소했다. 이런 화법을 정신의학 전문가들은 "해리解離"라고 한다.[2] 그러더니 그는 곧바로 트럼프 때문에 거짓말을 했다고 핑계를 댔다. 거짓말쟁이는 절대로 잘못이 없다.

신뢰를 완전히 잃은 코언은 이야기를 계속 꾸며내야 할 이유가 다분했다. 상당히 긴 기간 동안 징역에 처해질 가능성에 직면한 그는 독방에 갇히고 철문이 철커덩 닫히기 전에 미국대통령을 매도하면 어쩌면 검사들과 선고를 내릴 판사가 정상을 참작해주리라고 생각했을지도 모른다. 아니면 복수하려는 동기가 있었는지도 모른다. 그는 트럼프가 선거 후 일자리를 주지 않았으므로 버림받고 모욕당했다고 느꼈다. 앙갚음을 할 차례였다.

코언이 무슨 동기를 지녔든 그가 새로 지어낸 얘기에 대해 사람들은 의구심을 표했다. 그럴만한 이유가 있었다. 코언을 여러 가지 중범죄로 기소했던 수석검사조차도 그를 "상당 기간에 걸쳐 거짓말을 퍼뜨린 부정직하고 뛰어난 사기꾼"이라고 묘사했다.[3] 코언이 재판에서 누구의 주장을 반박하든 믿을 만한 증인으로 소환되어서는 안 되는데도 불구하고 의회 민주당의원들은 개의치 않고 트럼프를 파멸시키려는 일념으로 전문적인 거짓말쟁이의 기술을 십분 활용했다. 돌이켜보면 이 모두가 한 해 전부터 로버트 멀러 특검이 치밀하게 짠 각본이었다.

멀러가 트럼프의 개인변호사를 기소하려고 쓰레기통에 뛰어드는 장관壯觀이 연출되던 2018년 4월 9일 전 세계의 이목이 집중되었다. 이른 아침 연방수사국이 들이닥쳐 코언의 자택, 사무실, 금고, 그리고 아파트 개조 공사 기간 동안 가족들과 함께 묵고 있던 호텔방까지 샅샅이 수색한다는 보도가 터졌다.

연방요원들은 뉴욕남부지법 검찰청의 지시에 따라 400만 건의 전자파일과 문서파일, 십여 개의 휴대용 단말기와 아이패드, 20개의 외장드라이브, 플래시드라이브, 노트북컴퓨터 등을 압수했다. 나중에 공개된 정부 문서에 따르면 이는 멀러 특검 팀이 집행한 특수영장에 따른 수색이었는데, 특검은 코언이 연루된 이 사건을 맨해튼 검찰에게 회부했다.[4]

압수된 문건에는 변호사와 의뢰인 간의 기밀로서 법적으로 보호받는 문서들도 포함되어 있었는데, 트럼프와 성관계를 했다고 주장하는 두 여성에게 입막음용 "대가"를 얼마를 지불할지 코언이 협상한 내용을 담은 문서도 있었다. 이 두 여성은 스토미 대니얼스Stormy Daniels라고 알려진 성인영화배우 스테파니 클리포드Stephanie Clifford와 전 〈플레이보이Playboy〉의 모델 캐런 맥두걸 Karen McDougal이었다.

변호사-의뢰인의 기밀은 성역으로서 법체계의 중요한 토대로 손꼽힌다. 이러한 압수수색이 벌어지자 트럼프는 다음과 같은 트윗을 날렸다. "변호사-의뢰인 기밀 유지 원칙은 죽었다!" 코언을 대리하는 변호사도 이러한 압수수색 행위를 "철저히 부적절하고 불필요하다"라고 했다.[5] 이러한 조치는 힐러리 클린턴의 변호사 셰릴 밀즈가 받은 대우와는 극명히 대조되었다. 연방수사국은 아무 조건도 내걸지 않고 그녀에게 부분적으로 소추면제 조치를 내렸고 심지어 그녀의 의뢰인이 심문을 받는 자리에 배석하도록 허락까지 받았다.[6]

법무부 규정에 따르면 검사는 변호사로부터 기록을 얻어내기 전에 불시에 들이닥쳐 압수수색하는 조치보다 훨씬 사생활 침해가 덜한 방법을 우선적으로 고려해야 한다. 코언은 이미 수천 건의 문서를 제출했고 증인 선서를 한 상태로 진술을 했다. 뉴욕남부지법 검사들은 이러한 이례적인 윤리위반 조치를 정당화했다. 암호화된 앱으로 코언의 트럼프 기구 이메일 계정이나 전화에 접근할 수 없었기 때문에 사생활을 극도로 침해하는 특단의 조치가 필요했다고 말이다.[7]

멀러는 코언이 트럼프 제국의 중심적인 인물이므로 그에게 압박을 가하면 자신의 전 상사를 배반하리라고 믿었기 때문에 윤리를 위반했다고 해석된다. 그는 뉴욕남부지법에게 궂은일을 맡김으로써 법무부 규정을 우회했다. 맨해튼 검사들이 러시아 공모 수사와 관련된 정보를 발견하면 특검에 넘겨줄 수 있었으니까 말이다.[8]

트럼프가 뉴욕남부지법에 임명한 연방검사 제프리 버먼Geoffrey Berman은 이해충돌로 이 사건을 기피했다. 그의 부하인 공화당 성향의 로버트 쿠자미Robert Khuzami는 압수수색을 승인했고 뉴욕남부지법 검찰을 감독했는데, 이 팀에는 특검팀에 소속된 매우 편파적인 세 명의 변호사가 포함되었다. 클린턴 재단과 오바마 자문인 벤 로즈Ben Rhodes의 개인 변호사를 지낸 지니 리Jeannie Rhee, 2008년과 2012년에 오바마에게 3,300달러를 기부했고 뉴욕남부지법 공직자 부패국장을 지낸 앤드루 골드스타인Andrew Goldstein, 그리고 앤드루 와이스먼 밑에서 법무부 검사를 지낸 러시 앳킨슨Rush Atkinson이다.[9]

코언의 소유물에 대한 압수수색이 실시되자 10년 넘게 트럼프의 문제 해결사이자 트럼프의 비밀을 알고 있다고 자임해온 그를 미심쩍은 눈으로 지켜봐온 뉴욕 언론들이 떠들썩했다. 그의 두툼한 파일에서 탈세, 부동산 거래, 도널드 J. 트럼프 재단, 파산과 관련해 트럼프의 부정부패를 낱낱이 기록한 방대한 자료가 드러나리라고 기대했다. 그러면 트럼프는 대통령에서 물러날 수밖에 없고 곧 기소되어 재판정에 서게 되리라고 기대했다. 연방수사관이 압수한 방대한 양의 문서들 가운데 뭐가 있을지 상상만 해도 깨소금 맛이었다.

검찰은 쓰레기통까지 샅샅이 뒤졌지만 결국 아무 소득도 없었다. 코언은 선거자금법, 탈세, 금융사기 등에 대해 유죄를 인정한 후 의회에 여러 차례 출석해 증언했다. 그는 거짓말을 하나도 하지 않고 20분을 채 넘기지 못하는, 한 입으로 두말하는 거짓말쟁이임을 입증했다. 그는 여러 가지 범죄를 저질렀고 검찰이 형량을 줄여주는 대가로 트럼프에 대한 이야기를 꾸며내 검사들이 듣고 싶어 하는 말을 해주었다. 공교롭게도 코언이 트럼프에게 불리한 증언을 할 때조차 그는 트럼프가 대통령 선거에서 이기기 위해 러시아 정부와 공모했다는 멀러 특검의 거창한 구상을 박살냈다.

코언과 스틸 "도시에"

마이클 코언의 이름은 스틸 "도시에" 여기저기 등장한다. 이 문건에는 코언이 2016년 8월 프라하로 날아가 크렘린 관리들에게 트럼프 선거운 동본부 대신 해커를 고용할 비용을 지불했는데 이 돈은 추적이 불가능하 다고 주장했다. 코언이 공모에 연루되었다고 주장하면 선거 공모와 관련된 다른 모든 황당한 주장들을 뒷받침하는 증거가 될 수 있었다. 2016년 10월 19일자 스틸의 보고서는 다음과 같이 기록하고 있다.

> 트럼프의 개인변호사 코언은 2016년 8월과 9월 세 명의 동료와 함께 프라하로 날아가 크렘린 대리인들과 관련자들, 해커들과 비밀 회담을 했다. 첩보원들에게 나중에 발각되면 부인할 수 있는 방법으로 현금지급을 할 절차를 협의하는 문제도 의제에 포함되었다. 우발적인 사태에 대비해 작전을 은폐하기 위한 작전계획, 클린턴이 선거에서 이길 경우 취할 행동 등도 포함되었다. 관련된 러시아 대리인과 첩보원에 대한 추가 세부사항도 일부 있었다. 루마니아 해커가 고용되었고 '잠적'해 몸을 숨길 도피처로 불가리아를 이용하기로 했다. 클린턴에 적대적인 해커들을 비롯한 첩자들에게는 트럼프 팀과 크렘린이 대가를 지불하지만 그들은 궁극적으로 PA의 우두머리 이바노프Ivanov와 그의 후임에게 충성한다.[10]

'나타샤'라는 여인이 입술을 뾰로통하게 내밀고 '보리스'라는 남자가 자기 콧수염을 배배 꼬는 광경이 눈앞에 펼쳐지는 기분이다. 스틸이 이 보고서를 쓴 바로 그날 〈뉴욕타임스〉가 체코공화국에 있는 한 호텔에서 러시아인 해커를 체포했다고 보도했다. 예술적인 영감이 좀 필요하지 않은가?

스틸이 한 주장들을 코언은 부인했다. 그는 문건에서 언급한 기간인 8

월 23일부터 29일까지 자신은 유럽이 아니라 로스앤젤레스에서 딸과 함께 있었다고 말했다. 사실 코언은 프라하에 한 번도 가본 적이 없었다. 체코 첩보당국은 그가 프라하에 있었다는 증거가 없다고 했다. 체코 첩보당국은 코언과 러시아 첩보요원들과의 그 어떤 만남도 포착하지 못했다고 말했다.[11] 그러나 이 이야기는 잦아들지 않았다. 언론인 폴 스페리는 거짓으로 판명된 코언의 프라하 체류 이야기를 퍼뜨린 장본인이 글렌 심슨이라고 밝혔다. 심슨이 귀가 얇은 언론인들을 꼬드겨 이야기를 계속 살려두었다.[12] 마이클 코언이 프라하에 없었다면 스틸의 신뢰도는 박살이 나기 때문이었다.

멀러가 끈질기게 추적한 또 한 갈래의 수사는 러시아에서 태어나 뉴욕에서 부동산 개발 사업을 하는 펠릭스 세이터Felix Sater라는 인물과 관련 있었다. 세이터는 2015년 말 모스크바에서 트럼프타워를 건설하자고 코언을 설득했다. 세이터는 "우리 편인 자가 미국 대통령이 될 수 있고 우리가 이를 성사시킬 수 있다"라며 다음과 같이 구체적으로 설명했다.

> 내가 푸틴 팀 전체를 설득해 이에 합류하도록 하겠다. 내가 이 절차를 관리하겠다. 마이클, 모스크바에서 트럼프타워가 개장하는 날 푸틴이 트럼프와 무대에 올라가 리본 커팅을 하면 도널드는 공화당 후보 지명을 얻는다. 그리고 힐러리를 물리치면 우리 편인 자가 백악관에 들어간다. 우리가 그 누구보다도 이 과정을 잘 관리한다. 당신과 나는 빠른 시일 내에 도널드와 블라디미르를 함께 무대 위에 올리자. 이것이야말로 발상의 대대적인 전환이다.[13]

코언은 세이터가 한 말을 그저 허풍이라고 생각했다고 수사관들에게 말했다. 세이터는 거래를 성사시키려고 적극적으로 밀어붙이고 트럼프와 푸틴을 연결하려 했지만 성사되지 않았다. 트럼프타워 건설 프로젝트는 결실을 맺는 근처에도 가지 못했다.[14] 트럼프는 트럼프타워를 모스크바에 건설한다는 아이디어에 흥미를 보였고 가능성을 타진해보라고 허락도 했지만 트럼프 본인이 낸 아이디어는 아니었다. 세이터가 추진했다. 그리고 그는 코언을 이 계획에 끌어들이려고 무던히 애썼다.

세이터는 기소되지 않았다. 멀러 보고서는 의도치 않게 세이터가 러시아를 위해 일하는 사람일지도 모른다는 인상을 강하게 남겼다. 이를 입증할 증거는 없지만, 멀러는 세이터가 "미국의 정보기관들을 위해 상당히 많은 일을 했고"[15] 미국의 "협력자이자, 비밀정보원이자 정보제공자"였다는 중요한 사실을 누락했다.[16] 세이터는 러시아 요원과는 거리가 멀고 미국의 요원이었다. 한 연방판사에 따르면, 사실 그는 1998년 이후로 연방수사국과 미국 정보기관을 위해 일해왔다. 세이터는 9·11사태가 일어나기 전에 미국 정부에 오사마 빈 라덴의 전화번호를 주었다.[17] (멀러 특검보고서 448쪽 어디에서도 이 내용은 찾을 수 없다.)

"세이터가 마피아 관련 4,000만 달러 주식사기에서 연방 범죄에 해당하는 갈취에 대해 유죄를 인정한 후" 수사에 협조하겠다는 합의서를 승인하고 결재한 사람은 다름 아니라 후에 멀러 특검팀의 수석검사가 된 앤드루 와이스먼이었다고[18] 〈로스앤젤레스타임스〉가 보도했다.[19] 와이스먼, 아니면 연방수사국의 누군가가 트럼프의 출마 선언 후 세이터에게 코언과 만나라고 지시를 내렸을까? 세이터는 스테판 할퍼처럼 날조한 러시아 "공모" 이야기에 트럼프 관계자들을 엮으려고 한 또 다른 정보원/첩보원이었을까? 트럼프-러시아 공모 사기극은 일찍이 2015년에 시작되었고 세이터의 모스크바 투자 추진이 단초가 되었다는 강력한 증거가 있다.

와이스먼은 러시아에서 트럼프타워를 건설하는 프로젝트를 연방수사국 정보원인 세이터가 추진했다는 사실을 처음부터 분명히 알고 있었다. 그리고 이것이 트럼프-러시아 공모 증거의 주장이라는 소문이 확산되어 트럼프에게 타격을 입히도록 방관했다. 멀러 특검팀은 압수한 자료들을 산더미처럼 쌓아놓고 수익이 짭짤한 코언의 해외 로비 업무에 수사의 초점을 맞추고 특검이 추구하는 목적에 부합하는 자료를 찾아냈다.

코언과 "상사"

코언은 부유층이 사는 롱아일랜드Long Island에서 자랐다. 그는 재규어를 몰고 법학대학원을 다녔지만 바닥세상물정에 밝은 사람이라는 인상을 만들어냈다. 그는 로라 셔스터먼Laura Shusterman과 결혼했는데, 그녀의 아버지 피마Fima는 우크라이나에서 미국으로 이민 온 후 부를 축적했다. 택시운전수로 출발한 피마 셔스터먼은 택시 면허증 판매 사업에 투자했다.[20] 코언은 친구 결혼식에서 자기 처가가 러시아 조폭이라고 떠벌였다. 그의 친구는 허풍으로 생각했다. 유복한 가정에서 고생하지 않고 자란 코언은 '나 건드리면 큰일 난다'는 거친 유형의 사람으로 보이고 싶었던 듯하다.[21]

재판 기록은 코언이 변호사로서 뛰어난 커리어도 없는데 어떻게 트럼프의 변호사가 됐는지를 다음과 같이 설명한다.

> 코언은 변호사 자격증이 있고 1992년부터 변호사로 일해왔다. 2007년까지 코언은 여러 법률회사에서 변호사로 일하면서 과실과 배임 사건을 담당했다. 이러한 업무를 하면서 코언은 한 해에 대략 75,000달러를 벌었다. 2007년 코언은 기회를 잡았다. 코언이 거주하고 있던 콘도 건물 이사회가 이 건물에서 맨해튼에 본부를 둔 부동산회사 소유자(트럼프)의 이름을 없애려고 했다. 코언이 개입해 건물 입주자들의 지지를 확보해 이사회

전체를 해체시킴으로써 트럼프의 골치 아픈 문제를 해결해주었다. 얼마 지나지 않아 코언은 트럼프 부동산 회사에 "부사장"과 "특별 법률자문"으로 채용되었다. 그 직책으로 그는 한 해에 약 50만 달러를 벌었다.[22]

코언은 콘도 분쟁을 깔끔하게 처리함으로써 트럼프에게 좋은 인상을 주었다. 트럼프가 코언에 대해 다음과 같이 말했다고 코언의 삼촌인 모튼 르바인 Morton Levine 박사는 회상했다. "이 친구 누구지? 나한테 수십만 달러를 받는 내 변호사들도 못한 일을 해냈네. 한번 만나보고 싶은데."[23]

코언의 소득은 거의 하룻밤 사이에 네 배 이상으로 뛰었고 덩달아 그의 사회적 지위도 급상승했다. 코언은 트럼프의 "레이 도너번 Ray Donovan 이 되었다. 도너번은 거부인 자기 상사를 위해 해결사 역할을 하는 TV 드라마 등장인물이다.[24] 그는 트럼프를 비방하는 기자들에게 소송을 걸겠다고 위협하고 호되게 꾸짖었다. 그럼에도 그는 트럼프의 세계에서 "늘 주변 언저리에 머물렀다."[25]

코언은 트럼프의 대통령 선거운동본부 명의의 이메일 계정은 있었지만 공식적인 역할을 하지 않았다. 그는 트럼프가 선거에서 승리할 거라 전혀 생각지 않았다. 그러나 선거가 끝난 후 CNN의 크리스 쿼모에게 자신이 트럼프 행정부에 합류해달라는 요청을 받게 될 것이라 "확신"하며 요청을 받는다면 워싱턴 D.C.로 "100퍼센트" 이주할 생각이라고 말했다.[26] 코언은 트럼프에 대한 자신의 충성심이 너무도 깊고 변함없기 때문에 트럼프를 위해서라면 "총알도 대신 맞을 것"이라고 맹세했다. "내 유일한 목적은 그 누구도 그 어떤 것도 트럼프와 그의 가족을 해치지 못하도록 보호하는 일이다."[27]

트럼프가 그에게 아무런 직책도 제안하지 않자 코언은 마치 연인에게 배신을 당한 듯이 마음이 몹시 상했다. 코언은 트럼프를 비판하고 자기 견해를 거리낌 없이 표하는 억만장자 마크 큐번Mark Cuban과 조찬을 한 후에 대통령에게 전화를 걸어 "상사님, 너무 보고 싶습니다"라고 말했다. 파파라치가 이 만남을 사진 찍었다. "나도 당신하고 거기 있었으면 좋겠어요." 재미를 느낀 큐번은 "트럼프가 자기를 무시할 때 트럼프를 열 받게 하려고 그러는 것 같다"라고 말했다.[28] 그러나 트럼프는 코언을 워싱턴으로 불러오는 것은 위험하다고 결론을 내렸다. 트럼프는 사석에서 코언을 "도자기 가게의 황소"라고 표현했다.[29] 코언은 점점 화가 났다. 자신이 백악관 비서실장을 맡을 자격이 있다고 생각했다.

대통령 취임식이 열리기 이틀 전 코언은 트럼프 기구에서 물러나고 트럼프의 개인 변호사로 일하게 되었다고 발표했다. 코언은 행정부에 합류한 다른 사람들과의 관계를 구축하기 위해 노력했음에도 불구하고 사실상 주변으로 밀려났다.[30]

취임식이 끝난 후 코언은 법률과 로비 업무를 하는 스콰이어 페튼 보그스Squire Patten Boggs가 위치한 록펠러 센터 23층에 변호사 사무실을 마련했다. 코언과 이 법률회사는 "전략적인 동맹"을 맺기로 합의했고 회사는 코언에게 한 해에 50만 달러를 주고 코언이 유치한 의뢰인 다섯 명으로부터 창출되는 보수의 일정 비율을 받기로 했다. 그러나 수색영장에 따르면, 그는 자기 사무실 열쇠를 혼자만 갖고 있었고 별도의 컴퓨터 서버로 업무를 보는 등 이 회사로부터 "철저히 독립을 유지했다."[31]

코언의 재정 상태는 택시 사업에서 심각한 손실을 보면서 위태로워졌다. 코언의 사치스러운 맨해튼 생활방식도 유지하기가 어려워졌다. 그는 미국의 주요 기업들에 접근해 "나는 행정부 바깥 인사들 가운데 대통령과 가장 가까운 관계이니, 나를 채용할 필요가 있다"라며 노골적으로 홍보했다. "코언의 이러한 접근방식을 잘 알고 있는" 한 인사가 〈월스트리트저널〉에 말했다.[32]

코언은 자기 지위를 "대통령의 변호사"라고 선전하고 의뢰인들에게 자기만이 트럼프가 어떤 식으로 일하는지 알고 도울 수 있다며 포드, AT&T, 그리고 제약회사 노바티스 AG을 낚아챘다. 우버Uber는 그의 제안을 거절했다. 그가 택시 면허증을 소유하고 있었으므로 명백한 이해충돌이 있었기 때문이다. 그는 큐번을 붙들고 장황하게 이야기를 늘어놓으면서 "성사시킬 거래를 찾고 있다는 사실을 당신이 알아줬으면 한다"라고 했다. 코언은 큐번에게 자신이 법률대리를 맡은 건강산업 관련 기업을 매입하라고 촉구했다. 큐번은 "마이클 코언은 사기꾼"이라면서 "그게 그 사람의 정체이고 그 사람이 하는 일이다"라고 덧붙였다.[33]

한동안 그의 공격적인 접근방식은 먹혀들었다. AT&T는 그에게 한 달에 5만 달러, 노바티스 AG는 한 달에 10만 달러를 지급했으며 두 기업 모두 1년 동안 그를 채용했다. 투자운용회사 콜럼버스 노바Columbus Nova와의 로비 계약으로 그는 2017년 1월부터 8월까지 일곱 달 동안 583,332달러를 벌었다. 그는 또한 한국의 항공기 제조사로부터 60만 달러를 벌었다. 이는 "트럼프 행정부의 현안과 관련해 국제 의뢰인들에게 자문을 해주는 일을 비롯해 정치 컨설팅 업무"를 하는 대가로 받았다.[34] 기업들로부터 받은 돈은 에센셜 컨설턴츠 LLCEssential Consultants LLC라는 유령회사를 통해 지급되었는데, 이 유령회사는 코언이 스토미 대니얼스에게 송금하려고 만들었다.[35]

코언과 트럼프의 접촉은 대통령 취임 후 시들해졌다. 그는 자기 상사가 "내게 전화도 안 걸고 도와주지도 않는다"라며 불만을 토로했다. 탄탄한 의뢰인 기반을 다지려던 그의 노력은 결실을 맺지 못하고 지지부진했다. 그의 실적에 불만을 품고 거래를 취소한 의뢰인들도 있었다. 스콰이어 페튼 보그스는 2018년 3월 코언과의 관계를 단절했다. 코언의 자택, 사무실, 호텔방에 대한 압수수색은 4월 9일에 실시되었다.[36]

그 다음 날 법학자 조너선 털리는 뉴욕남부지법 검사들의 개입은 "적대적인 만큼이나 교활한 수법이다. 압수수색의 시기와 방법은 상대방을 궁지에 몰아넣는 늑대 굴wolf pit 수법의 특징을 잘 보여주며 코언이 아니라 트럼프가 표적일지 모른다"라고 말하면서 코언과 트럼프에게 경계하라고 조언했다. 늑대 굴은 농부들이 구덩이를 파고 바닥에 뾰족한 긴 못을 박은 다음 구덩이를 나뭇가지로 덮고 그 위에 고깃덩이를 얹어놓아 늑대를 잡는 방법이다.[37] 코언은 미끼였다. 늑대는 고깃덩어리를 덮치다가 구덩이에 빠지고 발버둥을 칠수록 더 큰 상처를 입게 된다.

"늑대를 잡는 데 유용한 덫이라면 으레 그렇듯이 이 설정은 무엇보다도 사냥꾼을 보호하는 게 목적이다"라고 털리는 말하면서 다음과 같이 덧붙였다. "이 문제를 뉴욕남부지법에 회부함으로써 멀러와 로젠스타인은 수사를 확대한다는 비판으로부터 자신들을 보호했다."[38]

멀러는 트럼프를 공모로 엮을 설득력 있는 이유가 없었다. 아마 그는 오래전부터 대통령의 변호사로 일해온 코언을 끌어들여 대통령을 분노케 하고 대통령이 이 변호사를 구하려고 하면 공무집행방해라는 덫으로 유인하려고 했는지 모른다. 늑대 덫은 거의 제대로 먹혀들 뻔했다. 격분한 트럼프는 압수수색을 "치욕적인 상황"이고 "진정한 의미에서 우리나라에 대한 공격"이라며 비판했다. 그는 특검을 해고하겠다고 위협하면서 "공정함의 기준이 완전히 새로운 차원에 도달한 사건이다"라고 말했다.[39]

코언은 트럼프를 위해서 자신이 한 여러 가지 역할(친구, 해결사, 사업관계자, 변호사)을 즐겼지만 그가 지닌 "대리인이라는 해괴한 개념은 너무나도 방대하고 모순되어서 재판이 시작된 지 몇 달이 지났지만 여전히 코언 자신을 위해서 행동했는지, 아니면 자기 의뢰인을 위해서 행동했는지, 아니면 그의 유령회사를 위해서 행동했는지 분명하지가 않다"라고 털리는 말했다.[40] 멀러는 뉴욕남부지법을 대리자로 이용해 트럼프와 코언의 관계에 적용되는 변호사-의뢰인 기밀유지 보호막을 벗겨내고 대니얼스와 맥두걸에게 금전을 지급했을 가능성을 노출시켰다. 코언의 유일한 희망은 멀러와 유죄답변거래를 하거나 트럼프로부터 사면을 받는 방법밖에 없었다.

코언의 비밀테이프

코언에 대한 멀러의 수사는 실제로 압수수색보다 9개월 앞서 스틸의 "도시에"를 이용해 시작되었다. 2017년 7월 7일 연방요원들은 영장을 발부받았고 검사들이 이를 이용해 2016년부터 2017년 7월까지 코언이 지메일 gmail 계정으로 주고받은 이메일에 접근했다. 멀러는 뉴욕남부지법을 이 수사에 끌어들였고 그들은 동일한 이메일 계정에 2018년 2월 말까지 접근할 영장을 발부받았다. 게다가 그들은 "펜 등록기 pen register"를 이용해 그가 통화한 전화번호를 모두 저장하고 휴대폰 감시 장치 "트리거피시 triggerfish"를 이용해 그가 뉴욕에 있는 로이스 리젠시 호텔에 체류하는 동안 그의 위치를 추적했다.[41]

공모 수사는 이제 선거자금법 위반 수사와 코언의 복잡한 사업 이해관계 수사라는 두 갈래로 나뉘었다.

코언은 택시 운영 허가증 사업 관련 융자로 2,200만 달러의 빚을 지고 있었다. 그는 빚을 청산하고 택시 운영 허가증과 부동산 가치가 하락하면서 순자산이 2014년 7,590만 달러에서 2017년 무렵 마이너스 1,220만 달러로 폭락했다고 주장했다. 그러나 그가 자산을 숨기고 있다는 소문이 돌았다. 재판기록은 연방수사국 범죄수사 회계사들의 말을 인용해 코언이 2017년 9월 30일 현재 현금으로 대략 500만 달러를 보유하고 있다고 밝혔다.[42]

선거자금법 위반 혐의에 언론의 관심이 집중되었다. 성적인 요소가 있었기 때문이다. 포르노 배우 대니얼스는 2006년 트럼프와 딱 한 번 만났다고 주장했다. 〈플레이보이〉 모델 캐런 맥두걸은 트럼프와 10달 동안 관계를 했는데, 2007년 4월에 이 관계는 끝났다고 주장했다. 트럼프는 둘 중 어느 누구하고도 성관계를 하지 않았다고 부인했고 코언은 두 사람에게 돈을 주고 입을 막으려고 했다.[43]

대니얼스와 그녀의 추잡한 법률대리인 마이클 애버나티가 꾸며낸 천박한 3류 드라마가 2018년 3월 유선방송 TV를 강타했다. 대니얼스가 코언이 자신에게 13만 달러를 줄 테니 트럼프와의 관계를 발설하지 않는다는 합의서에 서명하라고 "협박하고 윽박질렀다"라고 주장하면서 선거를 겨우 몇 주 앞두고 트럼프를 상대로 소송을 제기했다. 그 직후 코언에 대한 압수수색이 실시되었고 멀러는 압수수색에서 확보한 대니얼스와 맥두걸 관련 문서들을 선거자금법 위반의 증거로 왜곡했다.[44]

코언은 놀랍게도 자신을 대리할 변호인단을 이끌 사람으로 래니 데이비스Lanny Davis를 선임하는 어처구니없는 결정을 내렸다. 데이비스는 오래전부터 클린턴에게 아부를 해온 자로서 여전히 2016년 대선에서 자기가 그토록 사모하는 힐러리가 참패했다는 사실을 납득하지 못했다. 코언은 데이비스가 무료변론을 해주고 있다고 언론에 말했다. 코언은 자신은 쓸모없으면 내팽겨질 처지라는 사실을 알아차렸어야 했다.

코언과 데이비스는 천생연분이었다. 약점 많고 더 이상 자기에게 이익이 되지 않을 때까지만 흠이 될 정도로 의리를 지키는 이들이다. 둘 다 상어 주변을 배회하면서 먹이사슬 최상위 포식자인 상어의 껍질이나 이빨에 달라붙어 찌꺼기나 청소해주면서 상어에게 잡아먹히지 않고 상어에게 봉사하는 물고기 같다. 수십 년 동안 데이비스는 클린턴 일가에게 아부했고 힐러리가 백악관으로 되돌아가면 대통령 보좌관이 되리라는 기대에 부풀어 있었다. 코언은 트럼프에게 바싹 달라붙었고, 트럼프는 여러 변호사를 고용하고 있었지만 코언에게는 율사로서가 아니라 뉴욕 해결사로서의 수완이 필요한 심부름을 시켰다. 대니얼스와 맥두걸이 야기한 성가신 문제들이 바로 그런 완벽한 사례였다.

언론매체는 섹스와 선거자금 이야기를 덥석 받아 물고 대니얼스와 애버나티 한 쌍이 벌이는 추잡한 광대극에 대해 24시간 보도하면서 그들을 유명인으로 만들었다. 집단 망상이 극에 달해 CNN 앵커들은 애버나티를 2020년 대통령 선거에서 트럼프에게 맞설 적수라고 칭송하기까지 했다.[45]

그러나 변호사-의뢰인의 비밀로서 법적인 보호를 받는 문서를 압수하는 멀러의 수법을 보면서 미국의 변호사라면 하나같이 등골이 오싹했어야 한다. 압수된 물품 가운데는 의뢰인과 기자들이 나눈 대화를 당사자들 몰래 녹음한 녹음테이프 수백 개도 있었다. 이 가운데 십여 개는 트럼프와의 대화를 녹음한 것으로 트럼프가 공개에 이의를 제기했다가 철회한 후 판사가 연방 수사관들에게 공개했다. 데이비스는 코언이 대화 내용을 기록하는 중에 몰래 녹음했고 이러한 테이프들을 "공개"할 의도나 "누굴 속이려는" 의도는 전혀 없었다고 주장했다. 트럼프는 당연히 속았다는 생각이 들었고 다음과 같은 트윗을 날렸다. "무슨 변호사가 자기 의뢰인이 하는 말을 녹음하지? 정말 나쁘다!" 대부분의 의뢰인들은 변호사와 하는 대화는 비밀이 유지된다고 생각한다. 녹음한 게 불법은 아니지만(뉴욕 주는 "일방one-party" 원칙을 고수하는데, 대화의 당사자 가운데 일방이 녹음되고 있다는 사실을 아는 한 녹음이 허용된다) 이는 신뢰를 저버리는 행위다. 코언은 근본적인 법적 윤리를 위반했다.[46]

녹음테이프를 통해 다음과 같은 내용이 드러났다. 2016년 9월 코언은 트럼프에게 맥두걸의 이야기에 대한 권리를 매입하자고 제안했다. 맥두걸의 이야기는 '아메리칸 미디어American Media, Inc.'(이하 AMI로 표기)가 소유한 〈내셔널 인콰이어러 National Enquirer〉라는 잡지가 15만 달러에 매입했다. AMI 회장 데이비드 페커David Pecker는 1990년대부터 트럼프와 친구였다. 그러나 녹음된 대화 내용에서 맥두걸이 자기 이야기를 AMI에 팔았다는 사실을 트럼프가 알고 있었다는 내용은 없었다. 이야기를 매입할 경우에 대비해 코언은 레졸루션 컨설턴츠 LLC Resolution Consultants LLC라는 유령회사를 델라웨어에 설립했다. 그러나 페커는 이야기를 팔지 않겠다고 했고 이 이야기는 공개되지 않았다.[47] 코언은 2016년 10월 17일 이 회사를 해체하고 두 번째 유령회사를 차렸다. 에센셜 컨설턴츠 LLC Essential Consultants LLC라는 이 회사는 코언이 주택담보신용에서 받은 대출금으로 대니얼스에게 돈을 지불할 때 이용했다.[48]

코언은 기자들과의 대화도 몰래 녹음했다. CNN의 크리스 쿼모와의 대화를 녹음한 분량은 거의 두 시간짜리였다. 쿼모는 2016년 10월 대니얼스에게 지불할 액수를 협상하는 문제에 대해 얘기했다. 코언은 쿼모에게 "나 혼자 결정해서 했다. 선거운동본부를 위해서가 아니라 트럼프를 위해서 했다"[49]라고 발언했다. 이 발언은 선거자금법 위반과 관련해 재판이 열린다면 트럼프의 혐의를 벗겨줄 증거가 되었을 것이다. 코언은 나중에 친구들에게 자기가 대니얼스에게 준 돈을 트럼프가 되갚지 않았다고 불평했다. 사실이 아니다. 그는 월급으로 전액 상환받았다. 상대방 모르게 대화를 몰래 녹음하는 비윤리적인 행동을 하고 트럼프를 비난하는 사람을 입막음할 돈을 마련하려고 스스로 빚까지 내는 행동이 코언이라는 사람이 지닌 성품의 양면성을 드러내준다. 그는 의리를 속임수로 깎아먹는다.

5월 18일 무렵 코언은 더 이상 트럼프의 개인변호사가 아니었다. 이때 등장한 변호사 래니 데이비스는 코언이 트럼프 주변에서 완전히 이탈했음을 보여주는 완벽한 징후였다. 데이비스는 예일 법학대학원 시절 힐러리 클린턴과 친구였으며, 1990년대에 빌 클린턴의 대변인과 특별 법률 자문으로 일했다. 변호사 비용만 두둑하게 받는다면 가리지 않고 누구든 대리한다고 소문난 데이비스는 정치 분석가라는 가면을 쓰고 온갖 논란에 뛰어들었고, 수십 년 동안 워싱턴 정가의 붙박이였다.[50] 〈뉴욕타임스〉는 적도기니와 아이보리코스트 독재자들의 법률대리인을 맡은 그를 "암흑 세력의 앞잡이"라고 일컫기도 했다. 2017년 데이비스는 우크라이나의 올리가르히 드미트리 피르타시Dmitri Firtash를 대신해 로비를 했는데, 피르타시는 러시아 조직범죄단과 연루되어 갈취와 돈세탁을 한 혐의로 시카고로 송환되지 않으려고 애쓰고 있었다.[51]

언론인 글렌 그린월드는 다음과 같이 말했다. "래니 데이비스는 우리 정치 문화의 핵심에 위치한 타락과 추태를 대표하는 얼굴일 뿐이다. 수많은 언론매체들은 그를 중요한 뉴스가 터질 때마다 자기 견해를 제시하는 독자적인 분석가로 소개하지만 그는 오로지 자기에게 금전적으로 보상하는 사람들의 이익을 추구할 뿐이고, 그런 관계를 밝히지 않는 경우가 허다하다."[52]

데이비스가 대리한 가장 유명한 의뢰인이 클린턴 부부다. 국무성이 공개한 이메일 가운데 2010년 데이비스가 "나의 친애하는 친구" 힐러리에게 보낸 이메일은 그들이 얼마나 가까운 관계인지를 보여준다. 데이비스는 클린턴에게 자기 대신 기자와 얘기해달라고 요청하면서 "캐롤린과 우리 애들 넷, 그리고 직계가족을 빼면 나는 당신을 가장 친한 친구이자 내 긴 생애 동안 만난 사람들 중에 최고라고 생각한다"라고 마무리 지었다.[53] 민간단체 '사법감시단Judicial Watch'이 찾아낸 또 다른 이메일 내용도 손발이 오그라들게 만들 정도로 아첨 일색이었다. "힐러리, 당신이 당신이어서 감사하고 당신이 하는 모든 일에도 감사한다"라고 데이비스는 적었고 뒤이은 또 다른 이메일에서는 "추신. 맹세코 당신은 볼 때마다 젊어지고 예뻐진다. 잘 자요, 친애하는 힐러리. 래니가"라고 적었다.[54]

어쩌면 데이비스는 코언의 법률대리인을 하면서 트럼프를 모욕하고 힐러리의 패배를 설욕할 기회를 포착했는지도 모른다. 그는 새 의뢰인 코언이 "인생의 고비를 넘겼고 이제 진실을 털어놓는 데 매진하기로 했다"라고 발표했다. 몇 주 후 데이비스는 CNN에 출연해 코언과 트럼프의 대화 내용을 녹음한 테이프를 제공했다. 그가 자기 의뢰인의 이익이 아니라 언론의 이익에 봉사한다는 징후였다.[55] 음질이 나빠서 무슨 말인지 잘 들리지 않는 이 대화는 2분이 채 안 되었는데 트럼프가 어떤 종류의 금전을 지급하든 수표로 지불해서 문서를 남겨야 한다고 말하고 있다. 범죄를 저지르려고 공모하는 사람이라면 이런 말은 하지 않는다.

2018년 8월 21일 코언은 여덟 가지 혐의로 기소되었다. 2012년부터 2016년까지 탈세 다섯 건, 대출과 관련해 은행에 거짓말을 한 혐의 한 건, 그리고 맥두걸과 대니얼스에게 도합 28만 달러의 입막음용 돈을 지불해 연방 선거자금법을 위반한 혐의 두 건이었다. 이 두 여성에게 직접 돈을 지불함으로써 코언은 후보 1인당 기부 한도액인 2,700달러를 초과했다고 정부 측은 밝혔다.[56] 그 다음날 코언은 여덟 가지 혐의 모두에 대해 유죄를 인정했다.

그런데 "공모" 관련 기소는 없었다는 게 중요하다. 정부 측에서 내놓은 정보를 보면 금전지급에 대한 세부사항들이 새로 드러난다.

맥두걸은 자기 이야기를 2016년 6월에 〈내셔널 인콰이어러〉에 팔려고 했다. 편집자와 페커는 코언에게 이 사실을 알렸다. 코언은 나중에 갚겠다면서 이 잡지 측에 이야기를 매입하라고 촉구했고 8월 초 잡지사 측은 15만 달러를 주고 맥두걸로부터 이 이야기에 대한 권리를 매입했다. 이야기에 대한 권리는 12만 5천 달러에 코언에게 넘겨주기로 했다.[57]

차액은 AMI가 맥두걸과 두 종류 잡지의 표지모델을 하기로 하고 건강과 운동 관련 칼럼을 쓰기로 하면서 확보한 추가 권리와 관련되어 있었다. 맥두걸은 이를 통해 모델로서 재기하기를 바랐다. 맥두걸이 트럼프와 관계를 했다는 주장을 입증할 아무런 증거도 AMI 측에 제공하지 않았는데도 AMI 편집자 딜런 하워드Dylan Howard가 관여한 이 거래는 성사되었다.[58]

그러나 페커는 코언을 접촉해 거래가 무산되었다며 합의서를 파기하라고 요청했다. 따라서 코언은 맥두걸에게도 페커에게도 돈을 지불하지 않았다. 나중에 코언의 사무실을 압수수색하는 과정에서 이 문서가 발견되었다.[59]

2016년 10월 8일 대니얼스를 대리하는 에이전트와 변호사(애버나티는 아니다)가 코언에게 접근했다. 이 변호사는 대니얼스가 2006년 레이크 타호에서 열린 유명인 골프대회에서 트럼프와 성관계를 했다고 주장했다. 대니얼스의 에이전트는 〈내셔널 인콰이어러〉 편집자에게도 접근해 20만 달러를 요구했다. 이 편집자는 대니얼스가 2011년 한 TV 프로그램에 나와 그 보도를 "개소리"라고 했다는 사실을 지적하면서 이 제안을 거절했다.[60] 그녀의 매니저가 언론에 제공한 두 번째 발표문에서 그녀는 "관계한 적이 없다. 그런 일은 결코 없었다"라고 말했다.[61]

그러나 〈액세스 할리우드Access Hollywood〉의 프로그램 진행자와 트럼프가 주고받은 선정적인 내용의 대화를 몰래 녹음한 테이프가 공개되고 트럼프 선거운동본부는 위기에 빠졌다. 그러자 대니얼스가 다시 등장했다. 코언은 그녀가 발설하지 않겠다는 합의서에 서명하는 대가로 그녀에게 13만 달러를 주기로 했다. 트럼프 선거운동본부가 혼란에 빠진 와중에 코언은 10월 26일까지도 그녀에게 돈을 지불하지 않았다. 대니얼스의 대리인들은 그녀의 이야기를 다른 곳에 팔아넘기겠다고 협박했다. 코언은 주택담보신용대출을 받아 13만 달러를 대니얼스의 변호사에게 송금했다. 그러면서 코언이 "2016년 대통령 선거에 영향을 미치려는 의도였다"라고 말한 것으로 재판 기록에 나와 있다. 그는 13만 달러와 송금 수수료 35달러, 그리고 선거운동 기간 동안 자신이 수행한 "기술적 서비스"에 대한 5만 달러를 트럼프에게 청구했다. 그는 트럼프 기구에서 12개월에 걸쳐 법률 업무를 한 대가로 한 달에 3만 5천 달러씩 총 42만 달러를 약속받았다.[62]

코언에 대한 압수수색이 진행되던 바로 그때 페커와 트럼프 기구는 금전 지급과 관련된 기록을 제출하라는 영장을 받았다. 페커는 증언을 하는 대가로 소추면제를 받았다. 그는 선거자금법 위반으로 기소되지 않았다.[63]

코언은 징역 65년에 처해질 위기에 직면했고 유죄를 인정하면서 형량을 3년에서 5년으로 줄였다. 데이비스는 코언이 유죄답변거래에 돌입하면서 "안도"감과 "해방"감을 느꼈다고 묘사했다. 코언의 "마음이 돌아서게 된 결정적 계기"는 트럼프가 7월에 푸틴과 한 정상회담이 참사로 끝났다고 생각했기 때문이었다고 데이비스는 주장했다. 기자회견이 끝난 후 "코언이 감정이 복받쳤다"라고 데이비스는 주장했는데, 클린턴 패거리가 마감 시간에 맞춰 뉴스거리를 만들려고 지어낸 황당한 말이었다.[64]

데이비스는 코언이 재판정 자리에서 일어나 검사들이 쓴 성명서를 읽었다고 했다. "코언은 증인선서를 한 상태에서 도널드 트럼프가 그에게 범죄를 저지르라고 지시했다고 말했다. 도널드 트럼프는 내 의뢰인 코언 씨 못지않게 중범죄를 저지른 범죄자다"라고 데이비스는 주장했다.[65] 어쩌면 정부 측은 탈세와 은행사기만으로도 코언을 꼼짝 못하게 만들 수 있었다. 대니얼스와 맥두걸에게 돈을 지불한 행위는 불법은 아니었다. 코언은 범죄가 아닌 이 두 사안에 대해 유죄를 인정했고, 이는 데이비스가 자신의 의뢰인이 아니라 멀러 특검의 이익에 부합하게 행동했다는 뜻이다.

이 두 여성에게 금전을 지급한 게 왜 범죄가 아니냐고? 코언이 처음에 자기 돈으로 지불했지만 트럼프가 코언에게 그 돈을 되갚았다. 선거운동에서 후보 개인의 돈은 무한정 쓰도록 법적으로 허용된다. 게다가 누군가에게 발설하지 않기로 합의하는 대가로 돈을 지불하는 행위는 2차적인 이유나 부차적인 이유가 있는 한 선거 기부금으로 간주되지 않는다. 트럼프가 지불을 한 이유는 자신의 사업을 보호하고 부인과 가족들이 모욕을 당하지 않도록 하기 위해서였다.

연방선거위원회 의장을 지낸 브래들리 스미스Bradley Smith가 설명한 바와 같이, "후보에게 이득이 될 가능성이 있다고 해서 뭐든지 선거 비용으로 간주되지는 않는다."[66] 그러한 금전적 지급은 지급하는 사람이 법을 "알고도 일부러 위반했을 경우"에만 범죄가 성립될 수 있다. 선거법은 대단히 복잡하다. 알고도 어길 만큼 선거법을 잘 아는 후보는 거의 없다. 사실 이 복잡한 선거자금법을 제대로 이해하는 변호사도 그리 많지 않다.

선거법 위반 사례들은 압도적 다수가 민사소송이고 벌금형으로 마무리된다는 사실을 기억해야 한다. 예컨대 오바마의 2008년 선거운동본부는 불법기부금 200만 달러를 받고 37만 5천 달러의 벌금을 냈다.[67] 검찰은 트럼프가 선거법을 알고 있었고 의도적으로 이를 어겼다고 구체적으로 입증해야 한다. 이는 증명하기가 불가능하지는 않지만 대단히 어렵다.

연방선거위원회 의장을 지낸 스미스는 트럼프 지지자는 아니지만 검찰의 행동에 대해 우려했다. "이 모든 상황이 심히 염려스럽다. 트럼프는 나쁜 인간이라는 사실을 많은 사람들이 알고 있으니까 무슨 법을 적용해서라도 트럼프를 잡아넣겠다. 그는 법을 틀림없이 어겼을 것이다. 어기지 않았어도 상관없다. 그를 구속시켜야 한다고 단단히 마음먹은 듯하다."[68]

트럼프가 위와 같은 사례에서 돈을 지급한 게 범죄라면 의회에는 범죄를 저지른 사람이 허다하다. 의사당에서 성희롱과 차별을 받았다는 주장을 담당하는 부서인 법규준수실Office of Compliance은 1990년대에 설립된 이래 피해를 당했다고 주장하는 268명에게 1,700만 달러 이상을 지불했다.[69] 그 비용은 납세자들이 부담했다. 대부분의 경우 정보는 공개되지 않는다. 268건의 지불 사례 가운데 선거기부금으로 보도된 사례는 없는 것으로 보인다. 이러한 벌금 지급이 의원들의 재선 선거운동에 직접적으로든 간접적으로든 이득이 되었을까? 물론이다. 그러나 이러한 벌금은 의원 본인과 의원의 가족이 사적으로 창피를 당하지 않도록 보호하는 이중적인 목적을 수행한다. 따라서 이러한 벌금은 법적으로 선거 기부금으로 간주되지 않는다. 이를 힐러리 클린턴의 사례와 비교해보자. 그녀는 선거운동기간 동안 러시아 정보원으로부터 받은 정보인 "도시에"를 받는 대가로 외국인에게 금전적 보상을 했지만 법적 처벌을 받지 않았다. 앞장에서 지적한 바와 같이 그녀가 한 금전적 보상은 "가치 있는 사물"에 해당하고, 이는 선거자금법하에서 불법일 소지가 농후하다.

대니얼스에 대한 금전적 보상과 관련해 루디 줄리아니는 "그 돈은 선거관련 자금이 아니다"라고 말하면서 다음과 같이 덧붙였다. "선거자금법 위반은 없었다. 그 보상금은 법률회사를 통해서 지급되었고 대통령은 이를 되갚았다."[70]

대니얼스는 이 보상금은 선거운동과 아무 관련이 없다는 증거를 제시했다. 연방선거위원회 의장을 지낸 스미스는 다음과 같이 말했다. "대니얼스 본인이 말했다. 트럼프가 대통령이 되기 몇 년 전에 트럼프와의 관계를 발설하지 말라는 협박을 받았다. 그녀가 진실을 말하고 있다면 트럼프가 후보가 되기 훨씬 전에 누군가가 그녀의 입을 막으려 했다는 뜻이다".[71] 멀러는 사건 성립의 법적 근거가 미약하다는 사실을 알고 있었다. 2008년 대선에 출마한 존 에드워즈John Edwards(민주당-노스캐롤라이나 주) 전 상원의원도 자신의 내연녀에게 선거운동 기간 동안 입을 다무는 대가로 돈을 지불해 선거자금법 위반 혐의로 기소되었지만 연방검찰은 재판에서 유죄 판결을 얻어내지 못했다.[72]

트럼프 선거운동본부와 일한 데이비드 워링턴David Warrington 변호사는 다음과 같이 말했다. "래니 데이비스는 범죄도 아닌 행위에 대해 자기 고객이 유죄를 인정하게 만들었다. 래니 데이비스는 누굴 위해 일하는 건가? 마이클 코언인가 아니면 클린턴 부부인가?"[73]

그러나 코언은 검찰 입맛에 맞는 말을 해서 선고받을 때 형량을 줄이고 싶어 했다. 따라서 자기가 겪는 모든 문제를 트럼프 탓으로 돌리며 반격을 가했다. 트럼프라는 상어 주변을 맴돌며 살던 물고기는 상어가 자기를 버렸다며 깊은 앙심을 품었다.

데이비스는 마이클 코언의 "진실 기금"을 모은다며 TV와 라디오 방송에 출연해 크라우드펀딩을 떠벌였다. 〈메긴 켈리 투데이Megyn Kelly Today〉 프로그램에 나와서 코언을 위해 모금을 한다는 데이비스의 주장에 아연실색한 시청자들은 그를 향해 헛웃음을 터뜨렸고 야유를 보내기까지 했다.[74]

무료변론은 그저 번드르르한 겉치레일 뿐이었다는 게 드러났다. 데이비스는 나중에 의회에 출석해 증언하는 자리에서 두 공화당 의원에게 자신은 금전적 보상을 받았는데 코언한테서 받지는 않았다고 답변했다.[75]

래니 데이비스의 거짓 방직기紡織機

코언이 유죄답변거래 합의서에 찍은 도장 인주가 마르기도 전, 2018년 7월 27일 CNN이 트럼프에 대해 두 가지 "폭발적인" 주장을 터뜨렸다. 그 익명의 소식통이 바로 래니 데이비스라는 사실이 드러났다.[76]

칼 번스타인, 짐 슈토, 그리고 마셜 코언은 익명의 소식통을 인용해 도널드 트럼프 주니어가 힐러리 클린턴에 대한 "약점"을 알고 있는 러시아 변호사와 트럼프타워에서 만나기로 했다는 사실을 자기 아버지에게 미리 알려주는 광경을 목격했다고 코언이 멀러에게 얘기했다고 보도했다. 트럼프는 이를 공개적으로 부인했다. 게다가 코언은 러시아 해킹이 공개되기 전에 트럼프가 러시아 해킹을 알고 있었고 이를 부추겼다고 멀러에게 확인해줄 수 있다고 했다. 이 보도는 데이비스가 언급을 거부했다며 그가 이를 전달한 소식통은 아니라는 뜻을 풍겼다. 이게 첫 번째 거짓말이다.[77]

CNN 진행자들은 이러한 소문을 두고 며칠을 토론하면서 이 보도는 트럼프-러시아 "공모"를 입증하는 가장 강력한 증거라고 호들갑을 떨었다. 거의 한 달 후, 코언이 유죄를 시인하자 데이비스는 그 만남에 대한 보도에 폭탄을 투하했다. 그는 CNN 앵커 앤더슨 쿠퍼Anderson Cooper에게 다음과 같이 말했다. "그 보도는 범죄 수사 과정에서 혼선이 빚어져 나온 듯하다. 우리는 그 이야기를 제공한 소식통이 아니다."[78] 두 번째 거짓말이다.

그러나 〈뉴욕포스트〉 편집부에 따르면 그날 밤 데이비스는 다시 그 이야기를 익명으로 사실이라며 자사의 기자와 〈워싱턴포스트〉에게 확인해주었다.[79]

그러더니 그는 다시 변심해서 자체적으로 확인해줄 수 없다고 말했다.[80] 결국 그는 자기가 CNN의 익명의 소식통이었다고 시인해야 했고, 〈버즈피드〉에게 자기가 "실수를 했고" 트럼프타워 모임에 대해 "의도치 않게 잘못 말했다"고 했다. 실제로 그는 세 차례나 거짓말을 했다.[81]

데이비스는 다음과 같이 말했다. "그 이야기를 확인할 수 없다고 좀 더 분명히 말했어야 한다. 유감스럽게도 내가 실수를 했다."[82] 그는 러시아가 해킹을 했다는 사실이 공개되기 전에 미리 트럼프가 알고 해킹을 부추겼다고 코언이 멀러에게 확인해줄 수 있다고 한 자신의 주장에 대해서도 얼버무렸다. 그는 "확실하지 않다. 그럴 가능성은 있다. 하지만 자신할 수는 없다"라고 말했다. 그는 〈워싱턴포스트〉에는 해킹에 대해서 다음과 같이 말했다. "그가 특검에게 뭔가 흥미로운 얘기를 할 가능성이 있다는 직감이 들었다는 뜻이다." 다시 말해서 데이비스가 꾸며낸 얘기다.[83]

데이비스가 연달아 이런 거짓말을 하면서 그의 의뢰인 코언이 상원 정보 특별위원회에서 비공개로 한 증언을 훼손했다. 데이비스는 트럼프에 대한 분노의 열기를 한층 달아오르게 하려고 의도적으로 거짓말을 했다. 따라서 코언을 위증 혐의에 노출시켰다. CNN 보도가 터진 후 이 위원회 지도부는 데이비스를 접촉해 코언이 증언을 수정하기 바라는지 물었다. 보도된 사건의 전모가 코언이 증인선서를 한 상태에서 한 이전의 발언과 어긋났기 때문이다. 코언은 증언 수정을 거부했다.

CNN은 안면몰수하고 사과도 하지 않은 채 보도를 철회하거나 수정하기를 거부했다. 〈뉴욕포스트〉편집부에 따르면 데이비스가 말을 바꾼 이유는 "오로지 코언이 위증죄에 직면할 가능성이 있어서였다. CNN은 데이비스가 익명으로 해킹 보도에 대해 언급했는데 그런 일이 없다고 보도해 시청자들을 속인 데 대해서는 그 어떤 해명도 내놓지 않았다."[84]

데이비스가 이처럼 오락가락 말을 바꾸며 거짓말을 여러 차례 한 이유가 무엇이든 그는 정부 측이 진행 중인 수사에 협조하던 자기 의뢰인의 신뢰성과 협조의 가치를 훼손했다. 연방검사를 지낸 미첼 앱너 Mitchell Epner 는 다음과 같이 말했다. "래니 데이비스가 그런 발언을 하리라고(또는 했다는 사실을) 마이클 코언이 어느 정도나 알았는지에 따라서 재판 반대심문에서 코언의 신뢰도가 문제 될 수 있다. 멀러 특검은 이 정보를 마이클 코언에게 딸려오는 거추장스럽고 골치 아픈 문제로 간주할 가능성이 있다."[85]

또 다른 전직 연방검사 롤런드 리오펠Roland Riopelle도 이에 동의했다. "내 생각에 데이비스 씨는 자기 사건에 대해 언론에 발설하고 나서 이를 번복하고 코언 씨가 뭘 알고 무슨 일을 할 수 있는지에 대해 거창한 주장을 함으로써 자기 의뢰인에게 피해를 입혔다. 이런 발언은 클린턴 부부에게 득이 될 가능성이 높다. 그러나 코언 씨에게는 득이 되지 않는다."[86]

피해를 수습하기 위해서 데이비스는 〈블룸버그 뉴스〉에 스틸 "도시에"에 코언이 13차례 언급되었다는 주장은 가짜이고 "코언은 평생 프라하에 가본 적이 없다"라고 말했다.[87] 트럼프-러시아 "공모" 이야기는 파탄 났고 언론의 팔랑 귀 몇 명이 겨우 산소호흡기 역할을 하면서 생명을 불어넣고 있었다. 데이비스는 앞으로 사태가 어떻게 전개될지 가늠해보고 코언을 이용해 정치 영역에서 대통령을 공격할 계획을 짜고 있었다. 탄핵이 "보험"의 목적이라는 의심이 처음부터 들었다. 이제 트럼프와 친밀한 누군가에게 트럼프의 머리 위에 매달 데모클레스Damocles의 칼을 쥐어주고 트럼프에 맞서게 할 수 있었다.

코언은 첫 번째 유죄답변거래를 한 후 2018년 11월 두 번째 유죄답변거래에 들어갔고 2017년 상원 정보 특별위원회에 출석해 모스크바에 트럼프타워를 건설하는 프로젝트와 관련한 협상이 2016년 1월에 결렬됐다고 주장한 게 위증이라고 시인했다. 실제로 협상은 2016년 6월에 결렬됐다. 그는 또한 그 프로젝트와 관련해 트럼프와 자기가 나눈 대화는 제한적이었다고 증언했지만 실제로 자기가 발언한 정도보다 훨씬 포괄적이었다고 말을 바꿨다.[88]

코언의 이 유죄답변거래로 멀러는 러시아의 선거개입과 "공모" 주장 수사의 일환으로서는 처음으로 코언을 트럼프와 관련된 인물들 가운데 최초로 기소했다.

〈폭스뉴스〉 정치부 기자 브룩 싱먼Brook Singman이 말한 바와 같이, "코언은 모스크바 프로젝트와 개인 1(트럼프) 간의 관계를 최소화하고 모스크바 프로젝트가 '첫 번째 예비선거인 아이오와 코커스' 전에 결렬됐다는 잘못된 인상을 주기 위해 위증했다. 진행 중이던 러시아 수사를 제한하려고 말이다."[89] 코언이 유죄답변거래를 한 이상 일부러 의회를 오도했는지 날짜를 착각했는지는 중요치 않다. 적어도 그는 트럼프와 어느 정도나 대화를 나누었는지에 대해서는 좀 더 솔직히 말했어야 한다. 그러나 그의 유죄답변거래를 통해 분명해진 사실은 그가 특검에 협조적이었고 그 결과 "특검은 그를 추가로 형사기소하지 않기로" 했다.[90]

코언은 거짓말쟁이임을 시인했고 탈세도 했으므로 두 번째 유죄답변거래에서 그가 얼마나 정직하게 증언했는지는 의문이다. 트럼프 대통령은 기자들에게 다음과 같이 말했다. "마이클 코언은 거짓말하고 있고 나와 아무 관련 없는 혐의들과 관련해 형량을 줄이려고 애쓰고 있다. 모스크바 프로젝트는 우리가 하지 않았다. 내가 하지 않았다. 설사 추진했다고 해도 아무 잘못도 없다."[91]

옛말에도 있듯이, 유죄답변거래는 지폐와 같다. 가치가 저마다 다르다. 그러나 코언의 두 번째 유죄답변거래를 통해 2016년 대통령 선거에서 이기려고 트럼프가 러시아와 공모했다는 형체 없는 범죄를 증명하려 했다면 멀러는 구깃구깃해진 1달러짜리 지폐를 손에 쥔 셈이었다. 민주당 지지자들과 법에 대해서는 아무것도 모르는 트럼프를 증오하는 언론에 짖을 대상을 던져줬을 뿐이다. 그 외에는 대통령과 그의 선거운동본부가 러시아와 음모를 꾸미고 협력하고 "공모"했다는 주장을 입증하는 데는 아무런 가치가 없다. 그리고 그 음모가 바로 멀러가 수사해야 할 대상이었다.[92]

코언의 유죄답변거래를 두고 광란이 몰아치는 가운데 많은 언론인들은 한 가지 중요하고 부인할 수 없는 사실을 간과했다. 결코 성사된 적이 없는 모스크바 부동산개발 프로젝트에 대해 코언이 한 어떤 발언도 선거 음모를 성립시키지는 못했다는 사실이다. 러시아에서 부동산을 개발하는 게 범죄도 아니고, 그렇기 때문에 코언이 왜 이에 대해 거짓말을 했는지 더욱더 궁금해진다. 성사되지도 않은 거래를 통해서 러시아가 어떻게 트럼프가 자국에 호의를 베풀게 만들거나 이를 협박용 지렛대로 이용하겠는가? 스틸 "도시에"에 담긴 그럴듯한 주장들 가운데 트럼프가 "러시아에서 다양한 고수익 부동산 거래" 제안을 거절했다는 내용도 있었다는 사실을 기억하라.[93]

일주일 후 뉴욕남부지법 검사들은 코언이 사업과 사생활에서 여러 차례 거짓말을 했다는 내용을 담은 구형 보고서를 제출했는데, 여기에는 그가 트럼프와의 관계를 이용해 기업들이 자신을 자문으로 고용하게 하고 이 기업들로부터 400만 달러 이상을 벌어들였다는 내용이 담겨 있다. 그러한 계약을 맺고 이렇다 할 업무도 하지 않았는데 말이다. 탐욕에 눈이 먼 코언은 5년 동안 탈세를 했고 두 자릿수 이자율로 사채를 끌어다 썼으며, 대출금을 통해 창출한 소득은 신고도 하지 않았다. 그는 자기 회계사에게도 거짓말을 했고 신고하지 않은 소득으로 화려한 생활방식을 이어 갔다. 뉴욕남부지법 검찰은 코언에 대해 징역 4년을 구형했다.[94]

멀러는 코언이 모스크바에 트럼프타워를 건설하는 프로젝트와 관련해 한 거짓말에 대해서도 보고서를 제출했다. 그러나 코언은 러시아와의 공모와 관련해서는 기소되지 않았다. 그는 러시아에 간 적도 없고 크렘린이나 푸틴과 접촉한 적도 없다. 대신 그는 "러시아 대통령의 홍보수석 비서와 이 프로젝트에 대해 전화통화를 했다는 혐의를 받았다. 이는 트럼프 선거운동본부가 러시아 정부와의 비밀 '접촉 통로'가 있다는 주장을 여지없이 깨버렸다."[95]

그러나 언론은 코언의 유죄답변거래를 멀러가 트럼프를 점점 옥죄고 있다는 신호로 받아들이며 환호했다. CNN의 울프 블리처Wolf Blitzer는 다음과 같이 말했다. "2016년 선거운동이 한창일 때 대통령의 측근 한 사람이 이 프로젝트와 관련해 크렘린과 접촉했고, 알다시피 이제 마이클 코언이 대통령을 보호하기 위해 이에 대해 거짓말을 했다고 말하고 있다. 코언은 크렘린과 직접 소통하고 있었다." 법률분석가 제프리 투빈은 유죄답변거래는 "어마어마한" 사건이며 트럼프는 "임기를 마치지 못할지 모른다"라고 선언했다.[96] 그러한 발언은 좋게 말하면 망상에 지나지 않으며, 나쁘게 말하면 헛소리다. 유죄답변거래는 면책으로 읽힌다. 코언이 "공모"에 대해 어떤 정보라도 갖고 있었다면 이를 협상할 때 제시했을 것이다. 그런데 그런 일은 없었다.

모스크바에 트럼프타워를 건설하는 프로젝트를 생각해낸 러시아 이민자 필릭스 세이터와 코언의 협상은 결렬되었다. 세이터가 이 협상을 성사시킬 만한 영향력이 없었기 때문이다. 언론인 폴 스페리가 정확하게 설명했듯이 연방수사국 정보원인 세이터가 코언에게 제시한 것이라고는 "푸틴의 친구와 부동산 개발 동업자를 잘 알고 있는 사람을 소개시켜주겠다는 제안뿐이었다."[97]

검찰은 코언이 대니얼스와 맥두걸에게 지불한 돈이 불법적인 선거기부금이라고 주장했지만, 코언과의 유죄답변거래로 이 문제는 재판정에서 절대로 다투지 못하리라는 사실을 알고 있었다. 연방선거위원회법은 "후보의 선거운동과 무관하게 어떤 사람이 기존의 약속이나 의무를 이행하거나 비용을 지불하는 데 사용한 그 어떤 지출도 선거운동관련 비용에는 포함되지 않는다"고 구체적으로 적시하고 있다.[98] 수많은 다른 억만장자들과 마찬가지로 트럼프도 자기 브랜드의 평판을 보호하고 가족이 모욕을 당하지 않도록 하기 위해서 이 돈을 지불했고 이는 철저히 합법적이었다.

선거자금법 위반에 대해 유죄를 시인했다고 해도 코언의 형량은 거의 추가되지 않았다. 연방검사를 지낸 앤드루 매카시는 다음과 같이 말했다. "코언의 변호인단은 뉴욕남부지법이 트럼프 대통령을 기소하려고 애쓰고 있다는 사실을 인식하고 있었고, 따라서 추가로 두 가지 중범죄에 대해 유죄를 인정하면 오히려 정상참작으로 형량이 가벼워질 가능성이 높아졌다. 나는 코언이 선거자금 혐의에 대해 유죄를 인정했기 때문에 뉴욕남부지법이 훨씬 더 정상참작에 유연한 태도를 보였다고 생각했다."[99]

이는 사실로 드러났다. 2018년 12월 12일 가증스러운 애버나티를 비롯한 참관인들과 기자들로 맨해튼 남부 재판정이 북새통을 이루는 가운데 코언에 대한 선고공판이 열렸다. 코언은 본인의 대가족이 지지를 보내는 가운데 잘못을 후회한다며 트럼프에 대한 전쟁을 선포했다.

그는 준비한 성명서를 읽었다. "오늘이 내가 자유를 되찾는 날이다. 나는 내가 매우 선망했던 사업 감각이 뛰어난 부동산 거부로부터 일해 달라는 제안을 받아들인 날부터 사적으로 그리고 정신적으로 감금 상태에서 살아왔다." 그런데 그는 도대체 트럼프가 언제 코언에게 탈세와 은행 사기를 저지르라고 부추겼는지는 설명하지 않았다. 판사는 코언에게 징역 3년과 자산 50만 달러 몰수 그리고 국세청에 139만 3천 달러를 납세, 의회에 위증한 벌로 5만 달러 벌금을 내라고 선고했다.[100]

코언의 변호사 한 명은 코언이 "우리나라에서 가장 막강한 사람에 대해 증거를 제시하겠다고" 결심했다는 이유로 그와 그의 가족이 협박을 받고 있다고 변론했다.[101] 데이비스는 멀러 특검팀의 수사가 끝난 후 그의 의뢰인이 "트럼프 씨에 대해 자기가 아는 모든 것"을 밝히고 "사실과 거짓말의 차이를 구분하고 진실을 추구하는 데 관심 있는" 의회위원회에 출석해 증언할 예정이라고 장담했다. 복수도 분명히 목표에 들어 있었다.[102]

바로 수감 날짜가 연기되었다는 게 하나의 단서였다. 코언은 2019년 3월 6일까지 수감되지 않는다는 통고를 받았다. 하원 정부감시와 개혁 위원회 의장인 일라이자 커밍스Elijah Cummings(민주당-메릴랜드 주) 하원의원은 CNN에 출연해 코언이 증언하기를 바란다고 말했다. 그는 "분기점에 도달했다"라고 자신 있게 말하면서 코언을 워터게이트 사건 때 증언해 미국이 향하는 방향을 바꾼 존 딘에 비유했다. 물론 딘의 증언은 리처드 닉슨 대통령의 사임으로 이어졌다.[103]

〈매클래치〉도 이 호들갑에 말을 보탰다. 2018년 12월 익명의 소식통을 인용하면서 코언의 것으로 추적된 휴대전화에서 "전송된 신호가 2016년 늦여름 프라하 근방에 있는 송신탑에서 잡혔고" "동유럽의 한 첩보기관이 전자감청을 하다가 러시아인들의 대화를 포착했는데 그 가운데 한 명이 코언이 프라하에 있다고 언급했다"고 보도했다.[104]

세 다리 건너 전해들은 전언을 토대로 한 이 보도도 거짓으로 판명되었다. 코언과 데이비스는 또다시 이 보도 내용을 부인했다. 멀러 보고서가 밝힌 바와 같이, "코언은 프라하에 간 적이 없고 그러한 소문에 대해 우려하지 않았다. 아마 거짓임을 입증할 수 있다고 믿었기 때문이다."[105]

그러나 언론은 앞으로 예정된 코언의 의회출석과 선거자금법 위반으로 공모가 다시 입에 오르내리게 되리라고 기대했다. 그리고 데이비스는 언론을 측면 지원할 태세를 갖추고 코언의 변호인단을 두 번째로 재정비하고 "워싱턴과 의회"에 집중할 변호사들을 영입했다.[106] "공모"가 무산되어도 트럼프를 공무집행방해로 억지로 엮어서 탄핵하면 되므로 문제가 없었다.

의회 곡마단

코언이 의원총회에 출석하기에 앞서 서로 다른 세 위원회에 출석해 증언하기로 하자 트럼프의 적들은 환호했다. 그러나 코언과 데이비스는 정면 승부를 걸 수가 없었다. 코언의 증언은 짜임새 있게 잘 계획해야 했다. 코언이 트럼프를 쓰러뜨리는 장관에 모두의 시선이 집중될 게 틀림없었다.

따라서 2년 전 날조된 스틸 "도시에"를 공개해 "공모"론을 본격적으로 가동시킨 〈버즈피드〉에 누군가가 정보를 유출했다. 2019년 1월 27일, 〈버즈피드〉는 트럼프가 코언에게 "모스크바 프로젝트"에 대한 의회 증언에서 거짓말을 하라고 지시했다고 보도하면서 트럼프가 중범죄를 저질렀다고 비난했다. 〈버즈피드〉의 기자 제이슨 리오폴드Jason Leopold와 앤서니 코미어Anthony Cormier는 다음과 같이 보도했다. "특검은 트럼프가 코언에게 거짓말을 하라고 지시했다는 사실을 트럼프 기구의 여러 증인들에 대한 심문과 회사 내부 이메일과 문자메시지, 그 밖의 다른 문서들을 통해 알아냈다. 그러자 코언은 특검의 심문에서 그런 지시를 받았다고 시인했다."[107]

코언과 데이비스는 이에 대해 공식적인 발언을 하지 않았다. "이 사건 수사에 관여하는 두 명의 사법기관 관리들"의 말을 인용해 보도한 이 기사는 어처구니가 없었다. 그러나 피에 굶주려 광기를 부리는 언론과 희열에 들뜬 민주당은 대통령이 사임하게 됐다며 김칫국을 들이켰다. 많은 이들이 위증과 공무집행방해로 트럼프의 탄핵이 임박했다고 예측했다.

그런데 특검이 이례적으로 공식 성명을 발표했다. "〈버즈피드〉가 마이클 코언의 의회 증언과 관련해서 특검에 대해 한 구체적인 설명과 특검이 확보한 문서와 증언의 성격에 대한 설명은 정확하지 않다"라고 멀러 특검의 대변인 피터 카Peter Carr가 말했다.[108] 그러자 광란은 시들해졌다.

2019년 2월 5일, 〈버즈피드〉는 또다시 밑밥을 깔았다. 지난번의 두 기자가 트럼프 기구 내부문건을 대량 공개했다. 코언과 세이터가 모스크바 프로젝트를 추진하려고 애쓴 내용이 담긴 문건이었다. 그러나 본질은 변하지 않았다. 프로젝트는 성사되지 않았다. 거래가 수지에 맞지 않았고 트럼프가 대통령에 당선되었기 때문이다. 기대하시라 개봉박두![109]

코언은 2019년 2월 7일 예정돼 있던 상원 정보위원회에 출석하지 않겠다고 발표했다. 새로운 문서들이 쏟아져 나오면서 증인석에서 할 이야기(거짓말)를 다듬을 필요가 생겼기 때문이다. 데이비스는 진행 중인 수사와 관련해 코언이 계속 특검에 협조해야 하고 "트럼프 대통령과 루디 줄리아니 씨 측이 코언의 가족을 협박하는 등" 여러 가지 이유로 증언을 연기한다고 발표했다.[110]

공무집행방해를 둘러싼 광란이 이어졌다. 법률 전문 웹사이트 〈법과 범죄Law & Crime〉의 법률분석가 론 블리처Ron Blitzer는 다음과 같이 말했다. "협박을 언급함으로써 코언은 특정인을 지목해 실제로 위증교사했다고 주장하지 않고도 사람들이 위증교사에 대해 온갖 억측을 쏟아내게 만들 수 있다." 트위터가 뒤따랐다. 블리처는 "코언이나 멀러에게 일어날 가능성이 있는 최악의 상황은 코언이 덫에 걸려서 거짓말하는 실수를 범하게 되는 상황이다. 그러면 코언은 추가로 기소될 상황에 놓이게 되고 핵심 증인의 신뢰도에 상당한 의문이 제기되면서 멀러의 수사가 훼손될 수 있다."

그러자 코언은 하원정보위원회 출석을 연기했다. 애덤 시프 의장은 이를 눈감아주고 증언이 연기된 이유를 "수사에 보탬이 되기 위해서"라고 했다.[111] 그러더니 코언은 상원 정보특별위원회 출석을 연기하면서 "수술 후 안정할 필요"가 있기 때문이라고 주장했다. 그러나 코언이 다섯 사람과 시내에서 저녁을 먹는 모습을 찍은 사진이 소셜 미디어에 등장했고 이에 격노한 리처드 버Richard Burr(공화당-노스캐롤라이나 주) 상원의원은 "장담컨대 마이클 코언에 대해 이 위원회가 품었을지 모르는 일말의 선의는

이제 말끔히 사라졌다"라고 말했다.[112]

　대격돌은 2월 마지막 주로 잡혔다. 2월 26일 코언은 상원 정보특별위원회에 출석해 비공개로 진행된 증언에서 2017년에 의원들에게 거짓말한 데 대해 사과했다. 상원의원들은 그가 이전에 한 거짓말에 대해 혹독하게 추궁했다. 18개월 앞서 열렸던 청문회에서 코언은 트럼프를 변호했다. 청문회 관계자들은 이제 코언이 증언을 기회삼아 과거에 자신의 의뢰인이었던 사람을 난도질했다고 보고했다. 18시간이 넘게 심문을 받은 후 코언은 언론을 대상으로 다음과 같이 말했다. "내 목소리로 직접 미국 국민들에게 내 사연을 들려주게 될 내일이 기다려진다. 누가 진실을 말하는지 미국 국민들의 판단에 맡기겠다."[113]

　코언은 시간을 벌고 있었다. 2019년 2월 20일 연방판사는 코언의 3년 징역 형집행을 5월 6일까지 연기해달라는 요청을 승인했다. 물리치료를 받아야 하고 트럼프의 사업관행, 선거운동, 자선사업 재단, 선거에 "영향을 미치기 위해" 지불한 돈 등과 관련해 증언을 준비해야 한다는 이유에서였다. 멀러 특검에 대한 질문은 청문회 질의대상이 아니었다.[114]

　데이비스와 코언이 의도한대로 코언의 증언날짜로 잡힌 사흘과 한반도에서 전쟁발발을 막기 위해 북한 최고지도자 김정은과 트럼프가 베트남에서 갖기로 한 역사적인 제2차 회담의 일정이 겹쳤다. 이는 〈뉴욕타임스〉의 전략과 맞아떨어졌다. 이 신문은 코언의 증언과 관련해 3건의 사설을 포함해 15건의 기사를 올렸다. 1면에서는 트럼프와 북한 지도자의 정상회담에 대해 전혀 언급하지도 않았다. 이 주제와 관련된 기사 3건은 8면과 9면 구석에 묻혔다.

　2019년 2월 27일 코언은 하원 정부감시와 개혁위원회에 출석해 진실을 말하겠다고 선서했다. 그는 증언을 시작하기에 앞서 다음과 같이 주옥같은 말을 담은 성명서를 낭독했다. "트럼프 씨는 의회에 거짓말하라고 내게 직접 지시하지는 않았다. 그는 그런 식으로 일을 하지 않는다. 선거운동 기간 동안 우리가 나눈 대화에서, 내가 러시아에서 그를 위해 적극적으로 협상을 하고 있을 때, 그는 내 눈을 똑바로 쳐다보고 러시아에서 벌일 사업은 없다고 말했고 미국 국민들에게도 똑같은 거짓말을 한다. 그 나름의 방식으로 그는 내게 거짓말을 하라고 지시하고 있었다."[115] 이게 무슨 말이지? 코언은 코미디언 쟈니 카슨Johnny Carson이 연기한 심령술사 "위대한 카르낙Carnac the Magnificent"을 빙의해 영계靈界의 질문에 대해 아무도 모르는 답을 꾸며내고 있었다.

이제 변호사자격증마저 박탈당한 타락한 변호사는 트럼프가 선거운동 기간 동안 수많은 범죄를 저질렀다고 증언했다. 그러나 코언은 약속대로 대통령에게 일격을 가할 한 방을 터뜨리지는 못했고 공모의 증거도 제시하지 못했다. 그는 "트럼프 씨나 그의 선거운동본부가 러시아와 공모했다는 직접적인 증거는 없다. 내 나름으로 의심하는 바는 있다"라고 말했다. 그는 끈질기게 생명을 이어가는 스틸 "도시에"의 핵심적인 요소를 완전히 섬멸해버렸다. 그는 한 질문에 대해 답변을 하면서 "나는 프라하에 가본 적이 없다. 나는 체코공화국에 가본 적이 없다"라고 말했다.[116]

다섯 시간 넘게 증언을 하는 동안 코언 변호사는 자신의 처지를 전 의뢰인의 탓으로 돌리면서 트럼프를 "인종차별주의자," "사기꾼," "협잡꾼"이라고 매도했다.[117] 짐 조던Jim Jordan(공화당-오하이오 주) 하원의원은 코언이 앙심을 품고 트럼프를 매도한다고 다그쳤다. "그게 목적이지, 그렇지 않나? 당신은 백악관에서 근무하기를 바랐는데 뽑히지 않았다." 코언은 이를 부인하면서 다음과 같이 답했다. "나는 미국 대통령의 개인 변호사라는 사실에 대해 대단한 자부심을 느꼈다. 나는 백악관에서 근무하기를 원하지 않았다." 이는 전혀 사실이 아니다. 그는 비서실장 자리를 절실히 원했다.[118]

코언은 "힐러리의 약점"을 알고 있다는 러시아 변호사와 트럼프 장남이 트럼프타워에서 만나기로 한 사실을 대통령이 미리 알았다고 자기는 믿는다고 증언했다. "트럼프 씨와 같은 방에 있었던 기억이 난다. 아마 2016년 6월 초였을 것이다. 뭔가 이상한 일이 있었다. 도널드 트럼프 주니어가 방에 들어오더니 자기 아버지 책상 뒤로 걸어갔다. 그 자체가 매우 이례적이었다. 사람들은 트럼프 씨 책상 뒤로 걸어가서 그에게 말을 하지 않는다. 도널드 주니어가 자기 아버지 쪽으로 몸을 기울이더니 나지막한 목소리로 말을 했는데, 이렇게 말하는 소리가 내게 분명히 들렸다. '만날 준비가 다 됐다.' 트럼프 씨가 이렇게 말한 기억이 난다. '좋아. 잘 됐어. 어떻게 돼 가는지 알려줘.'"[119] 무슨 만남을 말하는 걸까? 이 주장은 증거로서 그 어떤 가치도 없었다.

코언은 호기심을 증폭시킬 선정적인 주장도 했다. 트럼프가 모스크바에 체류할 때 엘리베이터 안에서 부인 멜라니아를 후려치는 광경을 찍은 동영상 테이프를 매입해 파기하려고 했다는 주장 말이다. 그러나 그는 그런 테이프가 존재하지 않는다는 결론을 내렸다. 그런 일이 일어났다고 믿지도 않는다고 했다. 그는 트럼프에게 "혼외 자식"이 있다는 소문도 추적했지만 이 주장도 거짓이라고 확신하게 되었다. "황금소나기 소변 테이프"도 또 다른 날조된 소문이었다. "그 테이프가 존재한다고 믿을 이유가 없다"라고 코언은 증언했다.[120]

코언이 내놓은 가장 자극적인 주장은 2016년 7월 트럼프가 로저 스톤Roger Stone의 전화를 받고 스피커폰으로 연결해 자기도 대화 내용을 들었다는 주장이다. 코언은 다음과 같이 말했다. "로저 스톤이 줄리언 어산지와 막 통화를 했는데 어산지 씨가 스톤 씨에게 하루 이틀 내로 힐러리 클린턴 선거운동본부에 타격을 줄 대량의 이메일을 살포하겠다고 말했다." 이메일은 7월 22일에 공개되었다. 코언도 증언했다시피 위키리크스는 트위터 계정으로 이에 대해 다음과 같이 답했다. "위키리크스 발행인 줄리언 어산지는 로저 스톤과 통화한 적이 없다. 위키리크스는 힐러리 클린턴에 대한 문서 공개가 임박했다고 말해 일부러 독자들의 애를 태웠고 2016년 3월 16일 3만 건 이상의 이메일을 공개했다."[121]

코언은 트럼프의 모스크바 프로젝트 협상이 2016년 1월에 무산됐다는 자신의 가짜 서면 성명서는 제이 세큘로와 애비 로웰Abbe Lowell을 비롯한 트럼프의 법률대리인들이 검토하고 수정했다고 주장했다. (이는 트럼프의 법률대리인들이 "새빨간 거짓말"이라고 반박했다. 코언이 작성한 원본 초안에 언급된 날짜는 2016년 1월로 되어 있음을 보여주는 문서들이다.)[122]

청문회에서 그는 이런 거짓 발언도 했다. "나는 트럼프 씨에게 사면을 요청한 적도 없고 해준다고 해도 받아들이지 않을 것이다."[123] 그러나 2018년 봄 압수수색을 당한 후 코언은 당시 자신의 변호인단인 스티븐 라이언Stephen Ryan을 시켜 대통령 변호인단에게 사면이 가능한지 물어보라고 했다. (줄리아니에 따르면, 그의 요청은 거절당했다.)[124]

온 세상이 이 거짓말쟁이가 자기가 한때 우상처럼 여기던 "상사"에게 분풀이하는 모습을 지켜보았다. 코언은 절대 사면을 받을 가능성이 없다고 보고 트럼프를 증오하는 이들의 입맛에 맞게 영합하기로 했다. 〈워싱턴포스트〉의 칼럼니스트 마크 티센Marc Thiessen은 코언의 증언을 일컬어 "폭발하지 않은 폭탄"이라고 했다. 트럼프가 자신이 선거에서 이기리라고 생각하지 않았다는 코언의 증언은 트럼프가 스토미 대니얼스의 입을 막으려고 돈을 주고 당선 가능성을 높이려 했다는 주장의 신빙성을 훼손한다."[125]

불붙은 쓰레기장 같은 코언의 증언은 7시간 동안 활활 타올랐고 이를 지켜보던 시청자들은 이 변호사가 사기치고 거짓말하고 트럼프와의 관계를 이용해 수백만 달러를 긁어모았다고 확신하게 되었다. 그러나 코언이 러시아 공모를 입증하리라고 멀러가 바랐다면 이는 처참한 실패였다. 코언은 자신이 프라하에 갔었고 러시아인들과 협상을 했다고 거짓말을 할 충분한 동기가 있었다. 그런데 그러지 않았다. 그는 오히려 멀러 수사 전체가 사기임을 스스로 입증한 셈이다.

마무리 발언에서 코언은 트럼프에 맞서는 저항세력과 손을 잡았다. "트럼프 씨와 함께 일했던 내 경험으로 봐서 2020년 선거에서 그가 질 경우 평화로운 정권 이양은 절대로 이루어지지 않으리라는 두려움이 생긴다." 미래에 대한 걱정 때문에 "오늘 나는 이 자리에 서기로 했다."[126] 그가 할 만한 말 중에 가장 멍청하고 가장 당파적인 발언이었다. 아마 2016년 대선에서 패배했다는 사실을 도저히 받아들일 수 없는 힐러리를 겪어본 래니 데이비스가 대신 써줬는지도 모른다.

코언의 증언을 들은 하원의원 짐 조던과 마크 메도우즈Mark Meadows는 막 취임한 법무장관 윌리엄 바에게 서신을 보내 코언이 위증했다고 주장했다. 그들은 코언이 "어떤 은행을 상대로도 사기 친 적이 없다"라고 한 발언과 백악관에 자리를 얻으려고 하지 않았다고 한 발언을 인용했다. 사면을 요청하지 않았다는 발언도 거짓말이었다. 코언의 증언은 "수많은 진실이 존재하는데도 이를 알면서도 의도적으로 이에 반하는 거짓과 허구를 증언이랍시고 한 뻔뻔하고 놀라운 수작"이라고 두 의원은 서신에서 밝히면서 다음과 같이 덧붙였다. "코언 씨가 의회를 상대로 거짓말을 해 기소당한 전력이 있다는 사실로 미루어볼 때 이번에 또다시 의회에 출석해 거짓 증언을 했다는 의구심이 한층 강하게 든다."[127]

코언은 여기서 멈추지 않았다. 그 다음날 그는 하원 정보위원회 비공개 증언에 출석했고, 애덤 시프 하원의원의 말에 따르면, 위원회가 특정 사안들을 좀 더 자세히 "파고들" 수 있었다. 공개 청문회가 열리기 전 코언은 공화당의원들에게 알리지도 않고 시프와 여러 차례 만난 것으로 드러나면서 코언이 어떻게 증언할지 "지도를 받았을" 가능성이 제기되었다.[128] 아니면 시프 팀이 트럼프를 공격한 코언의 발언들 가운데 일부를 써줬을지도 모른다.

시프와 그의 패거리는 트럼프 탄핵에서 쓸 무기를 얻으려 했지만 코언은 변호사들, 국세청, 자신의 회계사, 은행관리, 의회를 상대로 거짓말을 했기 때문에 대통령에게 불리한 발언을 할 증인으로는 무용지물이 되었다.

코언은 2019년 3월 초 하원 정보위원회 비공개 청문회에서 마지막으로 증언했다. 데빈 누네스Devin Nunes 하원의원은 이 무의미한 청문회를 민주당이 "논리를 만들려는" 수작의 일환이라고 했다. 코언은 위원회에 제공할 그 어떤 비밀 정보도 없었다. "민주당 의원들이 청문회를 비공개로 하려는 이유는 무슨 얘기가 오갔는지 발설할 수 없다고 핑계를 대려는 수작일 뿐이다. 그 작자는 아무런 비밀 정보도 없다. 어처구니가 없다." 그는 코언의 공개증언은 "공화당의원들에게 호재였고 도널드 트럼프에게도 호재였다. 이제 도시에가 새빨간 거짓말이라는 사실을 알게 되었으니 말이다"라고 말했다.[129] 5월 6일, 코언은 뉴욕 주 오티스빌에 있는 연방교도소에 수감되어 형기를 치르기 시작했다.[130] 트럼프의 측근에서 출발한 그의 몰락은 완성되었다. 트럼프 기구의 부회장이자 규정준수를 담당하는 최고책임자 조지 소리얼George Sorial은 〈월스트리트저널〉에 코언이 여러 가지 결함에도 불구하고 트럼프 기구에서 10년을 버틴 이유는 "의리가 있었기 때문이다. 트럼프를 공격하려는 흑심을 품은 아주 사악한 사람들이 그를 잘못 인도했다"라고 말했다.

그런 사악한 이들 가운데는 래니 데이비스, 멀러 특검팀, 그리고 뉴욕 남부지법 검사들도 포함된다. 그들은 범죄가 아닌 행위를 교묘하게 범죄로 둔갑시켜 코언이 지시대로 따르게 만들었다. 코언은 오래전에 클린턴

병균에 오염된 변호사이자 자문인 래니 데이비스 때문에 특히 피해를 입었다. 데이비스가 코언을 조종했든가, 아니면 두 사람이 합심해서 트럼프를 공격했든가 둘 중 하나다. 코언이 왜 데이비스를 신뢰했는지는 여전히 알 길이 없다.

어쩌면 자신이 한때 "총알도 대신 맞겠다"고 맹세한 대상인 "상사"에게 버림받았다는 쓸쓸한 심정 때문이었는지도 모른다. 그러나 결국 코언의 거짓말이 그의 발목을 잡아 끌어내렸다.

WITCH
HUNT

8장

COLLATERAL DAMAGE | 부수적 피해

WITCH
HUNT

면담을 하는 내내 플린은 아주 "확신"에 찬 태도를 보였고 속인다는
그 어떤 징후도 보이지 않았다. 스트로크와 (비공개 처리된 연방수사국 요원 이름)
둘 다 당시에 플린이 거짓말을 하지 않는다는 인상을 받았거나
그가 거짓말을 한다고 생각하지 않았다.

_ 2017년 7월 19일 마이클 플린 장군과의 면담에 대한 연방수사국 보고서

2017년 1월 트럼프가 대통령에 취임하고 나흘 후 연방수사국 국장 제임스 코미는 알면서도 월권행위를 자행했다. 그는 연방수사국 서열 2위인 앤드루 매케이브에게 연방수사국 요원 두 명을 백악관에 파견해 트럼프의 신임 국가안보보좌관인 전역 육군중장 마이클 플린을 면담하게 하고 그가 신임행정부 인수위원회 기간 동안 러시아 대사 세르게이 키슬리악Sergei Kislyak과 나눈 통화 내용에 대해 알아보라고 했다.

"내가 요원들을 보냈다"라고 코미는 MSNBC의 니콜 월리스Nicolle Wallace에게 시인했다. 그런 행동을 함으로써 그는 오랜 경험으로 스스로도 알고 있는 통상적인 관행을 우회했다.

"조지 W. 부시 행정부나 오바마 행정부에서 연방수사국이 요원들을 백악관에 파견해 고위관리를 면담하고 싶다면 백악관 법률고문을 통해서 신청해야 하고 서로 논의를 거쳐 승인여부가 결정되면 누가 면담을 할지 논의했을 것이다."[1]

마이클 플린 연루 음모

코미는 공식 경로를 통하지 않고 우회할 방법을 찾았다. 그는 "보다 잘 조직된 행정부였다면 아마 하지 않았거나 했어도 적발됐을" 조치였다고 말했다. 여기서 핵심적인 문구는 "적발됐을"이다.[2]

그와 매케이브는 속셈이 있었다. 전역한 장군에게 덫을 놓기로 했다. 마이클 플린 장군은 2014년 버락 오바마 정권 당시 오바마 행정부의 이란에 대한 입장과 그 밖의 여러 국가안보 문제와 관련해 정부와 어긋나는 입장을 표명한 이유로 국방정보국Defense Intelligence Agency 국장에서 물러나야 했다. 그들은 트럼프 신임 행정부 내에서 분란을 일으키고 오바마에게 눈엣가시 같았던 인사에 대해 보복을 하고 싶었고 트럼프-러시아 공모 수사에 동력을 제공하고 싶었다.

트럼프가 취임하기 전인 2017년 1월 5일 코미는 법무차관 샐리 예이츠, 국가안보보좌관 수전 라이스, 부통령 조 바이든, 그리고 오바마와 백악관에서 만났다. 라이스가 대통령 취임식 전날 직접 이메일에 다음과 같이 기록으로 남긴 바로 그 모임이다. "대통령은 법집행의 관점에서 볼 때 그 어떤 것도 요청하거나 주도하거나 지시하지 않는다는 점을 강조했다. 그는 우리 사법팀이 통상적으로 규정에 따라 진행할 필요가 있다고 재차 강조했다. 그러나 국가 안보의 관점에서 볼 때 오바마 대통령은 우리가 신임 트럼프 팀을 상대해야 하는 만큼, 러시아와 관련해서 우리가 모든 정보를 공유하지 못할 그 어떤 이유라도 있는지 확실히 짚어야 한다는 사실을 유념하기 바란다고 했다."[3]

DC 지방검찰을 역임한 조지프 디제노바는 이 이례적인 모임은 플린을 겨냥한 회의라고 주장했다.[4] 그들은 트럼프를 경멸하고 두려워했듯이 플린을 경멸하고 두려워했다. 그들은 인수위원회 기간 동안 플린이 러시아 대사와 나눈 철저히 합법적이고 적절한 소통을 뭔가 사악한 행위로 왜곡하려 했다.

33년 동안 육군에 복무하는 동안 수없이 많은 훈장을 수여받은 플린은 이라크와 아프가니스탄에도 여러 차례 파병되었고 "첩보와 군사작전에 관해 솔직하고 정설을 벗어난 감각으로 알려진" 독자적인 사고를 하

는 인물로 평판을 쌓았다.[5]

그는 2012년부터 2014년까지 국방정보국을 이끌면서 군대가 첩보를 다루는 방식을 전면적으로 개편하려고 했다.[6] 그리고 그는 군사행동과 관련된 오바마의 외교정책에 끊임없이 이의를 제기했다.[7]

국방정보국장으로서 마지막으로 한 인터뷰에서 플린은 알카에다가 거의 패배에 가까워졌다는 오바마의 공식 성명에 의문을 제기했다는 이유로 강제 전역 당했다고 말했다.[8] 플린이 이끌던 국방정보국은 "시리아 대통령 바샤르 아사드Bashar Assad를 축출하면 심각한 결과가 초래된다"라고 기밀 보고서를 제출해 수차례 경고했지만 묵살당했다.

국방정보국 전직 관리인 W. 페트릭W. Patrick은 이를 다음과 같이 요약했다. "플린은 시리아에 대해 계속 진실을 말하다가 백악관의 분노를 샀고 그들은 그를 내쳤다. 그래도 그는 입을 다물지 않았다."[9]

플린은 자신의 아들 마이클 G. 플린Michael G. Flynn과 함께 민간 컨설팅 회사 플린 인텔 그룹Flynn Intel Group을 설립했다.[10] 러시아 인사들과의 접촉을 토대로 그는 과거에 크렘린이 재정지원한다고 널리 알려졌던 언론 매체 〈러시아 투데이Russia Today〉의 후신인 〈RT〉 방송에 단골로 출연했다. 2015년 12월 그는 자기 아들과 함께 모스크바로 날아가 이 방송국이 주최하는 연회에 참석해 블라디미르 푸틴 대통령 옆에 앉았다. 미국 국방부의 승인을 받은 여행이었다. 행사의 특성에 따라 적합한 연설자를 물색해주는 한 업체를 통해서 연설료를 받은 플린은 이 방송국의 최고 진행자로 손꼽히는 인사와 인터뷰를 했다.[11]

플린은 푸틴을 "독재자"이고 "깡패"라고 일컬으면서도, 러시아와의 화해를 주장하면서 두 나라가 이슬람 테러리즘에 맞서 싸우는 데 집중해야 한다고 했다.[12]

오바마, 라이스, 브레넌, 클래퍼는 플린이라는 인물 자체가 질색이었다.[13] 플린은 클래퍼와 브레넌이 이끄는 첩보 기관들 내부가 부패했다는 사실을 알고 있었다. 그러니 그가 어떤 급격한 변화를 일으킬지 누가 알 겠는가? 그가 그들의 염탐 활동에 대해 어떤 사실을 적발해낼지 누가 알 겠는가?

2016년 7월 말, 플린의 저서 《투쟁의 장: 급진 이슬람과 적들에 맞서 세계 전쟁에서 승리하는 법The Field of Fight: How We Can Win the Global War Against Radical Islam and Its Enemies》이 출간되고 얼마 지나지 않아 존 브레넌은 "십자포화 허리케인 작전"이라 일컫는, 연방수사국 주도의 대응첩보 수사의 단초를 마련한 코미에게 전자통신문Electronic Communication, EC을 발행했다. 이 전자 통신문은 트럼프 선거운동본부 관계자 네 명을 표적으로 거명했다. 조지 파파도풀로스, 카터 페이지, 폴 매너포트, 그리고 마이클 플린이었다. 연 방수사국 대응첩보 요원 피터 스트로크는 조사 대상을 적확하게 명시한 이 문서에 7월 31일에 서명했다. 조사는 미국, 영국, 오스트레일리아, 이 탈리아의 첩보 요원들의 지원을 받아 진행하기로 했다.[14]

코미와 법무부의 한 관리에 따르면, 플린에 대한 수사는 "러시아 정부 와 그의 관계를 근거"로 했다.[15] 러시아 정부와 무슨 관계가 있다는 건가? 모스크바에서 만찬에 참석했다고? 연설을 했다고? 러시아대사와 통화를 해서? 플린 수사는 아무런 근거 없는 부실한 수사였다.

하원 상설 특별정보위원회 보고서에 따르면, "'민감한 사안임을 고려 해' 연방수사국은 의회를 상대로 연방수사국의 대응첩보 정기 보고를 하 는 동안 이 수사에 대해서는 의회 지도부에 알리지 않았다."[16] 코미는 연 방수사국을 감시하는 의회 위원회에 연방수사국이 정치 선거운동 관계 자를 겨냥하고 있다는 사실을 알리고 싶지 않았다.

"이는 플린 장군에게 누명을 씌워 도널드 트럼프를 공격할 방법을 찾 아내려고 꾸며낸 음모였다"라고 디제노바는 말했다.[17]

수사는 7월 말에 착수했지만 12월 무렵이 되어서도 플린에 적용할 만한 그 어떤 단서도 찾아내지 못했다. 이 수사에 탄력을 줄 동력이 필요했다. 2016년 12월 29일 오바마의 첩보기관들은 합동분석보고서Joint Analysis Report(이하 JAR로 표기)를 발행하고 러시아가 해킹을 통해 그리고 언론매체 〈RT〉를 통해 선전선동 정보를 유포하고 2016년 대선에 개입했다고 주장했다.

JAR에서 오바마 행정부는 러시아의 사이버활동을 "회색 곰 대초원Grizzly Steppe"이라 일컬었는데, 러시아 첩보기관의 고위 관리들을 선거에 영향을 미치려는 음모와 연관시킬 아무런 증거도 제시하지 않았다.[18] 그런데도 오바마 행정부는 러시아 첩보원으로 의심되는 35명을 추방하고 여러 개의 공관을 폐쇄하고 러시아의 두 개 첩보기관에 대해 제재 조치를 취했다.[19]

하필 오바마 정권 막바지에 제재 조치를 취한 이유는 트럼프 행정부의 운신 폭을 최소화하고 푸틴이 제재에 대해 반격을 하도록 자극한 다음 이를 비틀어 트럼프가 푸틴에 대해 미온적이라고 주장하려는 수작이었던 것으로 보인다. 같은 날 플린은 키슬리악과 통화했다. 이는 이례적인 일이 아니었다. 플린은 러시아 대사 한 명이 암살당한 후 12월 19일 키슬리악에게 전화를 걸어 조의를 표했다. 시리아로 향하던 러시아 비행기가 격추당한 후 12월 28일에도 플린은 키슬리악에게 전화를 걸어 조의를 표했다. 두 사람은 트럼프가 대통령에 취임한 후 트럼프-푸틴 두 정상이 통화할 방안을 논의했다. 트럼프 행정부 관리가 1월 말 회의 참석차 카자흐스탄을 방문할 가능성도 타진했다.[20]

그 다음 날 푸틴은 제재에 대해 아무런 대응을 하지 않겠다고 발표해 첩보계를 놀라게 했다. 트럼프는 트위터로 푸틴의 발언을 극찬했다.[21]

연방수사국은 키슬리악과 플린이 나눈 전화통화 내용을 갖고 있었다.

그러나 극비로 분류된 이 대화에서 그 어떤 범죄도 드러나지 않았다. 범죄가 드러났다면 왜 플린을 체포하지 않았겠나? 연방수사국은 언론이 이 논란을 키우게 만들고 연방수사국이 국가안보보좌관의 전화통화를 도청한 핑곗거리를 마련하도록 해야 했다. 따라서 누군가가 정보를 유출했다.

2017년 1월 12일, 〈워싱턴포스트〉의 데이비드 이그네이셔스David Ignatius가 러시아 해킹에 대한 다음과 같은 칼럼을 썼다. "미국 정부의 한 고위관리에 따르면, 플린이 12월 29일 러시아대사 세르게이 키슬리악에게 여러 차례 전화를 걸었다. 오바마 행정부가 해킹에 대한 보복 조치로서 러시아 관리 35명을 추방하겠다고 발표한 날이다. 플린은 러시아 대사에게 무슨 이야기를 했나? 그가 한 말은 미국이 내린 제재 조치의 효과를 약화시켰을까?"[22]

극비 정보를 유출시키는 행위는 미국연방법(18 U.S.C. § 798)에 따르면 심각한 범죄다.[23] 후에 법무부 감찰관이 매케이브를 수사한 결과 그가 이 정보를 유출한 장본인일 확률이 매우 높다는 징후가 나타났다.[24] 거짓말이나 허위를 폭로해 공공의 이익을 증진하려는 동기가 깔려 있었는지 여부는 이 법조항하에서 아무런 법적인 고려대상이 되지 않는다.

이 극비 유출은 사적인 양심에서 비롯된 행위일지도 모른다. 2014년 연방수사국의 대테러 여성요원이 연방수사국 고위 간부가 성차별을 했다고 주장하자 플린 장군이 이 여성요원을 대신해 이 문제에 개입했고 매케이브와 충돌했다. 플린은 국방부 공식 서식에 로빈 그리츠Robyn Gritz 특수요원을 지지하는 서신을 작성했고 재판에서 그녀를 위해 증언하겠다고 했다.

"플린이 증언하겠다고 하면서 매케이브에 맞서는 사건에서 적대적인 증인의 입장에 놓이게 되는데, 매케이브는 연방수사국 지도부에서 승진의 가도를 달리고 있었다"라고 〈서카Circa〉의 존 솔로몬과 새라 카터Sara Carter가 보도하면서 다음과 같이 덧붙였다. "연방수사국은 플린이 그 요원을 지원하지 못하게 막을 방법을 모색했고 2014년 5월 연방행정법 판사에게 그녀가 제기한 동등고용기회위원회Equal Employment Opportunity Commission, EEOC 사건에서 플린을 비롯한 여러 증인들이 나서지 못하게 해 달라고 요청했다."[25]

당시 진행 중인 재판은 "매우 심각해서 매케이브가 수사관들에게 증인 선서를 한 상태에서 한 답변을 제출해야 했다"는 사실로 미루어볼 때 이는 "플린에 대한 보복이라는 강력한 증거가 된다."[26]

연방수사국 요원 몇 명은 매케이브가 너무 노골적으로 플린에 대한 사적인 반감을 드러내서 "불편했고" 그가 국가안보보좌관 플린에 대한 수사를 너무 밀어붙인다고 생각했다. "연방수사국 요원 세 명이 〈서카〉에 말하기를 그들은 전역한 육군 장성 플린이 러시아 사건에서 관련자로 부상하기 전과 부상한 시기에 매케이브가 플린에 대해 비방하는 발언을 하는 모습을 직접 목격했다고 했다."[27]

키슬리악과 플린의 전화통화를 도청한 내용이 공개되자 연방수사국 요원들의 우려는 더욱 증폭되었다. 한 연방수사국 관리는 다음과 같이 말했다. "플린 통화 내용 유출은 더할 나위 없이 정치적인 의도에서 비롯되었다. 플린을 겨냥한 유출로서 그를 끌어내리려고 한 것으로 보인다."[28]

그리츠도 정치적 의도에서 비롯된 유출로 보았다. "매케이브는 자기에게 맞서거나 자기의 '권력'을 위협하는 존재에게 사악하게 굴고 고래고래 소리를 지른다"라고 그리츠는 말하면서 다음과 같이 덧붙였다. "매케이브는 수많은 문서에서 나에 대해 거짓과 악담을 써댔다. 내 직무수행 능력이 형편없다는 일말의 증거도 없으면서 말이다."[29]

이 문제가 불거지자 찰스 그래슬리 상원의원은 즉시 매케이브에게 플린 사건에서 손을 떼라고 요구했다. 법무부 차관 로드 로젠스타인에게 보낸 서신에서 그래슬리는 다음과 같이 말했다. "이러한 증거로 미루어 볼 때 사건기피를 거부한 매케이브 씨가 플린 수사를 공정하고 객관적으로 진행할지에 대해, 혹은 그가 현재 진행 중인 재판에서 플린이 적대적인 증인이라는 점 때문에 플린에 대해 보복하려는 동기를 품었는지에 대해 의문이 제기된다."[30]

연방수사국은 틀림없이 키슬리악의 전화를 도청하고 있었다. 아마 플린의 이름을 의도적으로 "노출unmasked"시켰는지도 모른다. 아니면 그가 러시아 대사와 나눈 통화 내용을 전자통신문(EC)을 통해서 도청하고 있었을지도 모른다. 전화통화는 철저히 합법적이고 신임 국가안보보좌관으로서 플린의 역할에도 부합한다. 대화의 전문은 공개된 적이 없지만, 플린은 나중에 자신은 키슬리악에게 "과잉반응"하지 말라고 요청하고 몇 주만 기다렸다가 트럼프 행정부가 들어서서 상황을 점검하고 합리적인 접근 방식을 모색한 후에 보복을 해도 늦지 않다고 전했다고 말했다.

그 다음 날 〈월스트리트저널〉은 이 통화 내용을 보다 자세히 보도하면서 트럼프 행정부 대변인 션 스파이서Sean Spicer가 플린이 러시아 대사와 제재와 관련한 논의를 했다는 보도를 부인했다는 내용도 덧붙였다. 그는 두 사람이 두 나라 대통령 간의 전화통화를 비롯해 네 가지 다른 주제에 대해서도 논의했다고 말했다. 이 기사에서 두 사람 간의 전화통화가 왜 불법인지에 대해서는 분명히 제시되지 않았다.[31]

1월 15일 마이크 펜스 부통령은 CBS의 〈페이스 더 네이션Face the Nation〉에 출연해 앞으로 들어설 트럼프 행정부 인사들과 러시아 정부 간의 접촉에 대해 다음과 같은 질문을 받았다.[32]

"트럼프 선거운동본부 관계자나 자문 가운데 선거에 개입하려는 러시아인들과 그 어떤 접촉이라도 한 사람이 있나?"라고 존 디커슨John

Dickerson이 물었다.

"물론 아니다"라고 펜스는 답하고 다음과 같이 덧붙였다. "그렇다고 주장하면 후보 주변을 둘러싼 이런 해괴한 소문들 가운데 일부에 신빙성을 부여하게 된다고 생각한다."

디커슨은 질문에서 선거운동본부와 인수위원회를 뒤섞어버렸다. 펜스의 답변을 들은 코미와 그 패거리는 이용가치가 있는 문제를 포착했다. 이와 동시에 브레넌은 러시아와의 관계를 재정립할 방법을 모색하는 트럼프가 푸틴을 과소평가한다며 맹공격을 퍼부었고, 트럼프가 최근에 부과된 제재 조치를 철회할 방안도 고려하고 있다고 말했다. 플린을 사이에 두고 양측의 분쟁이 가열되었다.[33]

법무부 내부자들은 플린이 로건 법을 어겼을지 모른다는 추측성 주장들을 띄우기 시작했다. 1799년에 시행된, 잘 알려지지 않은 이 법은 민간인이 미국과 외국 정부 간의 국제 분쟁에 개입하는 행위를 중범죄로 규정하고 있다.

그러나 지금까지 사실상 아무도 로건 법에 따라 처벌받은 적이 없다. 그 주된 이유는 대부분의 변호사, 법학자, 판사들이 이 법이 위헌일 가능성이 높다는 데 동의하기 때문이고, 플린의 경우에는 로건 법에 해당되지도 않는다. 플린은 신임 국가안보보좌관이지 민간인이 아니었다. 그는 신임 행정부가 앞으로 맞게 될 외교정책의 난관을 어떻게 극복할지 준비하고 신임 대통령을 보좌할 핵심적인 접촉망을 구축해 효과적인 관계와 정책을 마련하는 일을 맡고 있었다. 다시 말해서 플린은 맡은 바 소임을 다하고 있었다.

트럼프 취임 전날 오바마 정부의 내부자들인 코미, 예이츠, 클래퍼, 브레넌은 신임 대통령이나 그의 보좌진에게 플린 문제에 대해 보고할지 여부를 논의했다. 코미는 연방수사국의 수사를 복잡하게 만들까 걱정된다

며 반대했다. 우선 플린을 덫에 걸리게 해야 한다는 뜻이었다. 그리고 코미가 이겼다.[34]

연방수사국은 신임 국가안보보좌관에 대해 우려하는 바를 트럼프에게 보고하지 않고 언론을 통해 정보를 흘렸다. 그리고 언론에 공개된 기사를 빌미로 연방수사국은 플린이 백악관에 마련된 새 집무실에서 보따리를 풀기도 전에 백악관에서 플린을 면담하겠다고 요청했다.

"마이클 플린은 트럼프 씨의 백악관 내에서 연방수사국, 중앙정보국, 국가안보국, 재무부가 진행하는 수사의 일환으로서 통신 내역을 바탕으로 철저한 조사를 받게 된 첫 번째 인사다"라고 1월 22일 〈월스트리트저널〉이 보도했다.

"이 대응첩보 수사는 플린 씨와 러시아 관리들이 한 접촉의 속성을 판단하려는 목적, 그런 접촉이 법을 위반했는지 여부를 판단하려는 목적이라고 이 문제를 잘 아는 인사들이 말했다."[35] 이 기사를 쓴 여러 명 가운데 데블린 배럿Devlin Barret이 있는데, 그는 매케이브가 유출한 정보를 제공받은 사람으로서 관심의 대상이 되었다. 이 기사를 통해 수사가 겨냥한 인사들이 드러났다. 폴 매너포트, 로저 스톤, 그리고 카터 페이지였다. 그러나 이제 총구는 플린을 정조준했다.

그 다음 날 스파이서는 이 기사 내용을 일축하면서 플린은 키슬리악과 미국의 제재 조치를 논의하지 않았다고 말했다.[36] 언론이 더 많은 정보에 목이 말라 헐떡거리게 되면서 이 사기극의 토대는 완성되었다.

코미는 1월 24일 매케이브에게 요원 한두 명을 백악관에 파견하라고 지시했고 이로써 33년 동안 조국을 위해 봉사한 영예로운 한 인물에 대한 사악하고 악의적인 공격의 판이 깔렸다. 이로 인해 플린은 어렵게 얻은 평판과 집을 잃고 변호 비용으로 500만 달러 이상을 날렸다.[37]

코미 연방수사국 국장은 플린을 면담할 두 요원을 파견한 이유는 플린이 펜스에게 한 발언이 플린과 키슬리악이 나눈 통화 내용과 모순되기 때문이라고 했다.[38] 다시 말해서 연방수사국이 언론에 유출한 정보를 토대로 한 언론 보도 내용이 면담을 촉발시켰다는 뜻이다.

코미는 나중에 하원 정부감시 및 법사 위원회 의원들이 비공개 회의에서 통상적인 의전을 무시하는 이례적인 결정을 내린 이유가 뭔지 추궁당했다. 트레이 가우디 하원의원은 다음과 같이 말했다. "내가 잘못 알고 있는 게 아니라면, 정치인이 서로에게 한 거짓말을 바로잡는 게 연방수사국이 할 일은 아니다. 그렇다면 당신은 수사국의 요원 두 명을 보내 마이클 플린을 면담하게 한 이유가 뭔가?"[39]

코미는 다음과 같이 답변했다. "외부의 적들이 미국정부에 영향을 미치고 협박하고 타락시키려는 시도를 파악하는 게 연방수사국이 할 일 가운데 하나이기 때문이다." 치졸한 핑계다. 연방수사국이 서로에게 모순되는 발언을 한 모든 정치인들에 대해 수사에 착수하면 아마 다른 일은 하나도 할 겨를이 없을 것이다.

그리하여 코미의 지시로 2017년 1월 24일 오후 12시 35분 대통령 취임 후 첫 화요일, 매케이브는 백악관 웨스트 윙에 있는 새 집무실에서 근무 중인 플린에게 전화를 걸었다.[40]

플린의 변호사들은 훗날 이 대화를 다음과 같이 설명했다. "플린 장군은 오래전부터 국가안보 문제와 관련해 연방수사국과 협력하는 데 도가 튼 인물이다. 그와 매케이브 씨는 백악관에서 최근 연방수사국이 실시한 안보 훈련에 대해 짤막하게 논의했다. 매케이브 본인의 말에 따르면 플린 장군이 러시아 대표단과 나눈 대화와 관련해 '우리 요원 두 명과 상의를 할 필요가 있다고 느꼈다'라고 말했다."[41]

매케이브에 따르면, "나는 가장 신속하게 이 일을 처리할 방법은 플린 장군과 두 요원이 단독으로 대화를 하는 방법이라고 생각한다고 설명했다. 나는 플린 중장이 원한다면 누구든 그 회의에 참석시켜도 좋다고도 말했다. 예컨대 백악관 법률고문 같은 사람 말이다. 그러면 우리 쪽에서는 법무부를 관여시켜야 한다고도 말했다. 플린 장군은 그럴 필요가 없다며 추가로 배석하는 사람들 없이 두 요원만 만나기로 합의했다."[42]

다시 말해서 매케이브는 플린을 조종해 변호사가 입회하지 않게 만들었다. 연방수사국이 힐러리 클린턴에게 한 대우와 이를 비교해보라. 그녀는 2016년 7월 초 피터 스트로크를 비롯해 연방수사국 요원들의 심문을 받을 때 변호인단이 배석하도록 허락을 받았다.

그로부터 두 시간이 채 지나지 않아 오후 2시 15분 두 요원이 플린의 집무실에 도착했다. 피터 스트로크와 조 피엔트카Joe Pientka였다. 플린 장군은 아무런 의심도 하지 않은 채 심지어 "농담"까지 주고받으면서 두 요원에게 자기 집무실 주변을 둘러보도록 안내하겠다고 했다.

"연방수사국이 플린 장군을 면담하기에 앞서 매케이브 씨와 다른 관리들은 '두 요원이 플린에게 연방수사국과 면담하는 동안 거짓말하면 범죄라는 주의를 주지 않기로 했다. 플린이 긴장을 푼 상태에서 면담하기를 바랐기 때문이다. 그리고 미리 주의를 주면 서로에 대한 우호적인 태도에 부정적인 영향을 줄까봐 우려했기 때문이다.'"[43]

여기서 "위증의 덫"이라는 경고의 네온사인이 휘황찬란하게 번쩍거린다.

두 요원은 12월 29일 플린과 키슬리악이 나눈 통화 내용 전문을 갖고 있으면서도 플린에게 이 사실을 알려주지 않았다. 알려주었다면 연방수사국이 우연히 감시망을 통해서 신임 국가안보보좌관을 염탐했다고 시인했어야 했다.

플린을 면담하러 가면서 두 요원은 "플린이 말했다고 우리가 알고 있는 뭔가에 대해 그가 기억나지 않는다고 하면, 정확히 그가 한 말을 이용해 기억을 되살리기로 했다. 플린이 여전히 자기가 한 말을 시인하지 않으면, 우리는 증거를 들이대거나 차근차근 설명해주지 않기로 했다."[44]

플린은 면담하는 동안 두 요원을 "경계하지 않았고" "연방수사국 요원들을 분명히 동지"로 여겼다.[45] 그러지 않을 이유가 뭐가 있겠는가? 그는 아무 잘못도 하지 않았다.

그러나 훗날 스트로크-페이지가 주고받은 그 악명 높은 문자메시지를 통해 플린을 면담한 연방수사국 요원들은 플린의 동지가 아니었다는 사실이 드러났다. 처음부터 누명을 씌우기 위한 계획된 일이었다. 스트로크는 플린을 면담하기 전날 자신의 정부 리사 페이지에게 다음과 같은 문자메시지를 보냈다. "심장이 두근두근거리는 게 느껴져. 계획했던 대로 안 되고 궤도를 완전히 이탈할 온갖 경우의 수에 대해 생각하니 너무 스트레스받는다."[46]

이에 대해 페이지는 다음과 같이 답했다. "알아. 방금 존(성은 밝혀지지 않았다)하고 얘기했는데, 우리 아침에 출근하자마자 모여서 앤디(매케이브)에게 제출할 보고서 마무리하자. 존한테 내가 빌(아마 프리스탭)하고 모두에게 취임식 후 30~60일 기다렸다가 이 문제를 진행하는 방법을 바꿔야 한다고 다짐해두었어. 그런데도 그가 앞서갔고 지금 돌아가는 꼴을 보면 모든 게 완전히 궤도에서 이탈하고 있어."[47]

플린과 면담을 마친 후 두 연방수사국 요원은 매케이브에게 보고했고, 매케이브는 코미에게 알렸다. 스트로크는 훗날 자신과 동료요원은 "둘 다 당시에 플린이 거짓말을 하지 않는다는 인상을 받았거나 그가 거짓말을 하고 있다고 생각하지 않았다"라는 입장을 고수했다. 플린은 "어떤 답변을 하든 어휘를 신중하게 따지고 엄선하거나 머뭇거리지 않았다."[48] 두 요원은 플린과 나눈 대화를 기록해 'FD 302'라는 문서로 남겼다. 그러나 스트로크-페이지가 주고받은 문자메시지에 따르면, 매케이브가 최종안 요약본에 손을 댔다. 2017년 2월 14일 스트로크는 "하나 더, 앤디가 F 302 맘에 든대?"라고 문자 페이지는 "f 302 결제승인"이라고 답한다. 다음 날 이 서류는 연방수사국의 공식 기록물로 등록되었다.[49]

두 요원이 플린을 면담한다는 보고를 받은 예이츠는 "마뜩치 않았다." 연방수사국 건물 7층에 위치한 관리들도 불만스러웠다. 연방수사국의 수많은 변호사들이 이 함정수사 공작의 합법성에 대해 경고했을 가능성이 있지만 코미와 매케이브는 아랑곳하지 않고 밀어붙였다.[50]

뒤이어 일어난 일은 끔찍했다. 예이츠는 플린 면담을 자세히 기록한 요약본을 받았다. 법무부 내에서 로건 법과 위증이 "심도 있게" 논의되었다. 오바마 행정부에서 트럼프 행정부로 정권이 바뀐 후에도 계속 법무부에 남아 있던 예이츠는 "이 정보를 가능한 한 빨리 백악관에 전달해야 한다"라고 생각했다.[51]

정보 유출이 급증했다. 훗날 〈워싱턴포스트〉가 보도한 바에 따르면, 예이츠는 플린이 감청당한 통화에서 한 말을 "매우 중요"하고 "예이츠의 생각을 잘 아는 한 관리에 따르면, 불법일 가능성이 있다"고 여겼다.[52]

그녀는 클래퍼와 브레넌의 전폭적인 지지를 얻었다. "다른 이들과 마찬가지로 익명을 요구한 한 관리에 따르면, 그들은 '플린이 약점을 잡혔고' 펜스는 자신이 속았다는 사실을 알 권리가 있다고 생각했다."[53] 〈워싱턴포스트〉도 "연방수사국, 예이츠, 클래퍼, 브레넌은 이 문제에 대한 언급을 거부했다"라고 보도했다.

1월 26일 예이츠와 법무부 관리 메리 매코드Mary McCord는 백악관 법률고문 돈 맥건과 만났다. 예이츠는 훗날 상원 법사 소위원회에 출석해 다음과 같이 증언했다. "우리는 우선 맥건 씨에게 플린 장군이 한 행동은 그 자체로서 문제가 있다고 설명했다".[54]

예이츠는 플린이 키슬리악과 나눈 대화에 대해 펜스에게 거짓말을 함으로써 부통령으로 하여금 기자들에게 "우리가 알기로는 진실이 아니다"라고 틀린 정보를 제공하게 유도했다고 말했다.[55]

러시아인들은 플린이 거짓말을 했다는 사실을 알고 있었으므로 약점이 잡힌 플린이 협박당할 위험에 놓였다고 예이츠는 주장했다. 어처구니가 없는 주장이다. 통화 내용이 공개된 마당에 러시아인들이 어떻게 거짓말을 폭로해서 플린을 협박한단 말인가?

맥건은 플린이 해고되어야 하는지 물었다. 예이츠는 "그건 우리가 결정할 문제가 아니다"라고 답했다. 그러나 "당신에게 이 얘기를 해줬는데도 당신이 아무 조치도 취하지 않기를 기대한다면 부적절하지 않겠는가"라고 그녀는 답했다.[56]

그 다음날 맥건은 예이츠를 자기 집무실로 다시 불렀다. 그는 "백악관 관리 한 사람이 또 다른 관리에게 거짓말을 했다는 게 법무부에게 그리 중요한 이유가 뭔가?"라고 물었다.[57]

예이츠는 다음과 같이 답했다. "그 이상으로 훨씬 중대한 사안이다. 우선 거짓말을 한 대상이 미국 부통령이라는 사실이다. 외부 채널을 통해 그 정보를 미국 국민에게 제공함으로써 국민이 잘못 알게 했고, 러시아인들은 이 전모를 알고 있으므로 마이크 플린은 이제 약점이 잡혔다."[58]

며칠 후 예이츠는 일자리를 잃었다. 그녀가 특정 국가들로부터 미국으로의 입국을 금지하는 행정 명령을 집행하기를 거부하자 1월 30일 트럼프가 해고했다.[59] 그녀는 저항세력의 영웅이 되었고 법무부 내에서 적어도 한 명의 동료인 앤드루 와이스먼에게 영웅이 되었으며, 와이스먼은 곧 플린과 또 다른 문제로 만나게 된다. 와이스먼은 자기 상사인 예이츠에게 이메일을 보내 대통령에게 맞선 그녀가 "자랑스럽고" "경외심"까지 느껴진다고 했다.[60]

그러나 플린 참사에서 예이츠가 한 역할은 경악스러웠다.

공익법률재단Public Interest Legal Foundation 이사장이자 전 법무부 변호사인 크리스천 애덤스Christian Adams는 다음과 같이 말했다. "예이츠는 (오바마 정권의 전 법무장관) 에릭 홀더가 남긴 가장 생명력이 질긴 유산을 상징한다. 법을 정치적으로 집행하는 비정상적인 관행을 정상화했다. 그녀는 새로 부임하는 행정부의 업무방해를 자신의 사명으로 보았다."[61]

한편 백악관은 플린에 대해 침묵을 지켰다. 그러자 코미와 매케이브는 한층 더 압박을 가했다.

〈월스트리트저널〉의 보도에 따르면, "이 문제를 잘 아는 인사들의 말에 따르면, 예이츠 씨가 우려를 전한 후 일부 첩보기관 관리들은 백악관 관리들이 새로운 성명서를 발표하기를 기다렸다. 플린 씨가 러시아 대사와 접촉한 문제에 대해 어떤 식으로든 공개적으로 입장을 바로잡아 주리라고 기대했다. 시간이 흐르면서 법무부 관리들은 백악관이 그렇게 할 계획이 없다는 생각이 들었다고 이 인사들은 말했다."[62]

플린은 대변인을 통해서 자신이 키슬리악과 제재 문제에 대해 논의하지 않았다고 부인했던 입장에서 물러나 "제재를 논의한 기억은 없지만 그 문제가 제기되지 않았다고 확신할 수 없다"라고 말했다.

트럼프 행정부 관리들은 "플린이 대통령 취임식 이후에 조치를 취하겠다고 분명하게 약속할 의도가 있었다는 증거를 찾지 못했다"고 말했다. 그러나 "통화가 이루어진 당시에 여러 기관에서 고위직을 맡고 있던 아홉 명의 전현직 관리들이 익명이라는 전제하에 첩보 문제를 논하면서" 플린이 선거와 관련해 제재를 뜻한 게 분명하다고 말했다.[63]

연방수사국과 법무부 고위층에 클래퍼와 브레넌까지 더하면 극비 정보를 유출한 혐의로 기소에 직면할 사람이 아홉 명이나 된다.

〈데일리 콜러 The Daily Caller〉와의 인터뷰에서 플린은 키슬리악과의 대화는 "재제에 관한 게 아니었다. 추방당한 35명에 대한 대화였다. 기본적으로 '이봐, 이런 일이 일어난 사실을 알고 있다. 우리가 총체적으로 검토해보겠다'라는 뜻이었다. '우리는 제재를 재검토할 예정이다'라든가 그런 종류의 얘기는 꺼내지도 않았다."[64]

그러나 이미 피해는 발생했다. 플린은 트럼프와 펜스의 신뢰를 잃었다. "플린이 부통령을 오도했는지 여부가 문제다. 이는 신뢰의 문제다"라고 스파이서는 말하면서 백악관 관리들이 플린은 법을 위반하지 않았다고 판단을 내렸다고 덧붙였다.[65]

트럼프의 요청으로 플린은 2월 13일 국가안보국 수장 자리를 맡은 지 24일 만에 물러났다. 플린은 사임서에서 사과하면서 여러 사건이 빠른 속도로 전개되는 바람에 펜스와 다른 인사들에게 "본의 아니게 불완전한 정보를 보고했다"라고 밝혔다.[66]

그는 〈폭스뉴스〉에서 "조금도 부끄러워할 이유가 없고 더할 나위 없이 떳떳하다"라고 말했다.[67]

그 다음날 〈뉴욕타임스〉는 다음과 같이 보도했다. "오바마 자문들은 어쩌면 신임 트럼프 팀과 모스크바 사이에 은밀한 거래가 있었다고 의심하게 되었고, 이는 2세기 전에 제정되어 거의 집행된 적이 없는 로건 법을 위반했을 소지가 있다."[68]

이 모두가 터무니없었다. 그러나 코미와 매케이브는 플린을 퇴출시키는 데 성공하면서 "공모" 수사에 활기를 불어넣었다. 이러한 사악한 불법적인 책략이 트럼프-러시아 광란의 핵심이다.

〈월스트리트저널〉은 플린이 그를 끌어내리려는 첩보기관 관리들의 공격 표적이 되었을지 모른다며 "심히 우려스러운" 문제를 제기했다. 그 외에 이 문제를 이해하거나 관심을 보이는 듯한 언론매체는 거의 없었다.[69]

플린은 사임함으로써 광란을 가라앉힐 수 있다고 기대했다면 큰 오산이다. 서열이 높은 민주당 의원들은 수사를 요구했다. 신임 행정부에서 플린이 맡은 직책에 부합하는 철저히 합법적인 전화통화를 두고 이 난리 법석을 떨었다.[70]

플린이 사임하자마자 CNN은 연방수사국이 그에 대해 어떤 기소도 하지 않을 예정이라고 보도했다. 플린을 면담한 연방수사국 요원들은 "플린이 협조적이었고 성실히 답변했다고 생각했다"라고 CNN의 에반 페레스는 보도하면서 다음과 같이 덧붙였다. "플린은 무슨 대화를 나누었는지 전부 기억하지는 못했지만, 두 요원은 그가 의도적으로 그들에게 거짓말을 했다고 생각하지는 않는다고 말한다."[71]

찌른 칼 비틀기

얼핏 보면 사임한 플린은 행정부 초기에 발생한 희생양처럼 보였다. 코미, 매케이브, 그리고 그들의 패거리는 그의 인생을 파멸시키기로 작정하고 어떤 잘못이든 찾아내려고 깊이 파고들었다.

모스크바에서 한 연설과 관련해 서류를 제대로 작성해 제출했나? 미국의 외교 정책과 첩보 사안에 대해 연설하기로 하고 33,750달러를 받은 연설 말이다. (빌 클린턴이 모스크바에서 연설을 하고 받은 액수에 비하면 새발의 피다.) 트럼프 행정부에 합류하기 전 터키 정부를 위해 로비 활동을 했는데 해외 에이전트로 등록했나? 그의 회사는 로비 대가로 53만 달러를 받았는데 말이다.[72] 이러한 사실을 보안등급 심사 신청서에 기재했나? 2014년 영국에서 열린 안보회의에서 러시아와 영국 이중국적을 지닌 대학원생과 21분 동안 공개적으로 나눈 대화의 내용을 밝혔나?[73] 2016년 12월 중순 트럼프타워에서 키슬리악과 쿠시너와 만났는데 왜 만났나?[74]

대학원생 스베틀라나 로코바Svetlana Lokhova와의 접촉은 전직 MI6 수장

리처드 디얼러브 경Sir Richard Dearlove이 주최한 만찬에서 플린에 대한 간단한 소개와 20분 동안 발표한 게 전부인데, 연방수사국 정보원 스테판 할퍼는 이를 음흉한 대화가 오고간 접촉이라고 언론에 알리면서 선동했다. 플린은 외국으로부터 받은 돈과 관련해 보안심사 서식을 기재한 부분에서 가장 취약했다. 그러나 그의 변호사 로버트 켈너Robert Kelner에 따르면, 플린은 국가안보국 수장에 임명되기에 앞서 터키를 위해 활동하는 해외 로비스트로 등록했었다.[75]

켈너는 다음과 같이 말했다. "플린 장군은 〈RT〉 방송의 행사에 연사로 참석차 한 여행 전후 상황과 관련해 국방부 산하 기관인 국방정보국에 상세하게 보고했고, 이 여행과 관련해 국방정보국이 한 그 어떤 질문에 대해서도 답변했다."[76]

플린을 면담한 이 두 연방수사국 요원은 플린이 속이려는 기색이 없었다고 했지만 로버트 멀러 특검은 그를 위증으로 기소하기로 했다. 2017년 12월 1일 DC 법정에서 플린은 미국연방법(18 U.S.C. § 1001)하에서 연방 요원에게 위증했다고 유죄를 인정했고 특검의 수사에 협조하기로 했다.[77] 법원에 제출한 "범죄정보"는 키슬리악과의 두 차례 대화에서 플린이 한 네 가지 거짓말을 적시했다.

선임 검사 브랜든 밴 그랙Brandon Van Grack은 플린이 자기는 러시아 대사에게 제재에 대해 격앙된 반응을 자제해줄 것을 요청하지 않았다고 연방수사국에 "거짓 증언했다"고 말했다.

사실 플린은 인수위원회 소속 선임 관리에게 "러시아 대사에게 어떤 말을 전해야 할지"에 대해 얘기했을 뿐이다.[78] 이런 대화를 나눈 직후 플린은 키슬리악에게 전화를 걸어 러시아는 오로지 "호혜적인 방식으로" 대응할 것을 요청했다. 12월 31일 키슬리악은 플린에게 전화를 걸어 러시아는 "플린의 요청에 대한 답변으로서 보복하지 않기로 결정했다"라

고 말했다.[79]

게다가 플린이 러시아 정부와 몇몇 다른 나라들과 전화통화를 하는 과정에서 분쟁지역의 이스라엘 정착민들을 비난하는 이집트가 제출한 UN 결의안에 대해 해당 정부의 입장이 뭔지 물어보았을 뿐이라고 "거짓 증언했다"고 했다. 실제로는 트럼프 행정부의 선임 관리인 재러드 쿠시너의 지시로 플린은 그들에게 투표를 연기하거나 결의안을 부결시켜 달라고 요청했다.[80]

이 모두를 종합해볼 때 플린에 대한 혐의는 심각해 보이지만 실제로는 그렇지 않다. 플린이 모스크바 관리들과 나눈 대화에서 사악한 음모 같은 것은 전혀 없다. 연방수사국 요원인 스트로크와 피엔트카가 플린의 집무실을 찾아오지 않았다면, 플린이 그들과의 면담을 거부했다면 "범죄"는 없었을 것이다. 그리고 플린이 거짓말을 했거나 세부사항을 잊어버렸다면?

그런 미미한 절차적 위반에 유죄를 인정했다는 사실이 이해하기가 힘들다. 플린이 재판까지 갔다면 승소했을 가능성이 높다. 플린의 거짓말을 직접 들었다는 유일한 두 증인인 연방수사국 요원은 자기들이 작성한 공식 보고서에 플린이 거짓말하는 것으로 보이지 않는다고 기록했다. 그러나 플린은 법정에 서서 자기가 거짓말을 했다고 말했다. 전사가 자기 칼에 맞아 쓰러진 게 분명하다.

플린은 서면 발언에서 다음과 같이 말했다. "나는 오늘 내가 재판정에서 인정한 행동을 시인하고, 신에 대한 나의 믿음을 통해 잘못을 바로잡으려고 노력하고 있다. 내가 유죄를 인정하고 특검의 수사에 협력하기로 합의한 행동은 내 가족과 우리나라의 이익에 최대한 부합하는 결정이다. 나는 내 행동에 대해 전적으로 책임 진다."[81]

플린은 트럼프 선거운동본부나 트럼프 행정부 관련자들 가운데 멀러가 공식적으로 기소한 네 번째 인사이자 가장 고위급 인사이다. 트럼프 선거운동본부장을 지낸 폴 매너포트와 그의 부하 직원이자 사업 관계자인 리처드 게이츠 III Richard Gates III는 우크라이나에서 그들이 업무로 벌어들인 소득과 관련된 금융문제로 기소되었고 이는 트럼프와는 전혀 관계없는 일이며 이들은 징역 선고를 받을 수 있다. 그리고 선거 자문역을 했던 조지 파파도풀로스는 러시아 첩보원이라고 알려진 자와 접촉한 사실에 대해 연방수사국에 거짓말을 했다는 데 대해 유죄를 인정했다.

그러나 플린은 전리품이었다.

DNC 의장 톰 페레스는 다음과 같이 말했다. "트럼프는 그의 기소로 이제 자신의 핵심 측근이 러시아와 접촉한 사실과 관련 없다고 주장할 수 없게 되었다. 그는 마이클 플린을 하급 보좌관 정도로 치부할 수 없다."[82]

〈뉴요커〉의 에이미 데이비슨 소킨Amy Davidson Sorkin은 "멀러가 플린이 자백하게 만들 가치가 있는 사람으로 여긴다면, 이는 이보다 더 큰 대어를 뒤쫓는다는 것을 암시한다"라고 했다.[83]

국영라디오방송의 마일스 팍스Miles Parks는 다음과 같이 말했다. "이 유죄답변거래로 멀러는 2016년 트럼프 선거운동본부와 인수위원회가 활동한 거의 전 기간 트럼프의 최측근으로 일한 사람을 증인으로 확보했다. 그는 핵심적인 러시아 인사들을 비롯해 외국인들과 수많은 대화를 하는 데 관여한 인물이다. 플린이 특검에 협력하기로 하면서 그가 멀러 특검팀에게 털어놓기 시작하면 골치 아픈 러시아 사건은 처음부터 다시 파헤치게 된다."[84]

이 사건을 담당한 에밋 G. 설리번Emmet G. Sullivan 판사는 아마 플린이 자발적으로 유죄답변거래를 했는지, 그리고 플린의 변호사들이 플린의 혐의를 벗겨줄 증거가 있다면 그 증거에 접근했는지 궁금했던 모양이다. 설리번 판사는 멀러의 특검팀에게 "피고에게 유리한 정보와 피고의 유죄나 처벌에 관련된 자료는 무엇이든 빠짐없이 전부" 제출하라고 명령했다.

설리번 판사는 2018년 또 다른 명령을 특검에 내렸다. "정부 측에서 피고에게 유리하지만 정부가 보기에 중요하지 않다고 생각하는 정보를 갖고 있다면 정부는 그러한 정보도 법원에 제출해 카메라로 검토하도록 해야 한다."[85] 따라서 검사가 아니라 재판부가 어떤 자료가 제출되어야 할지 판단하게 된다. 판사는 플린의 선고기일을 5월까지 연기했다.

이 명령은 법조계 관측자들에게 충격을 주었고 아마 멀러도 충격을 받았을지 모른다. 앤드루 매카시는 〈내셔널 리뷰〉에 다음과 같은 글을 기고했다. "설리번 판사의 명령은 유죄답변거래합의보다 우선하고 플린이 유죄를 시인한 그 범죄로부터 결백하다고 볼 근거가 되는 그 어떤 증거도 빠짐없이 제출하라고 특검에 의무를 부과하고 있다."[86]

〈워싱턴 이그재미너〉의 바이런 요크는 2017년 3월 2일 코미의 비공개 의회증언에 대해 잘 아는 두 소식통의 말을 인용해 다음과 같이 보도했다. "코미는 플린을 면담한 두 연방수사국 요원이 플린이 그들에게 거짓말했다고 생각하지 않았거나 플린의 답변에서 정확하지 않은 부분이 있었다고 해도 의도적으로 그랬다고 생각하지 않았다고 답변했다. 그 결과 그 청문회에 참석했던 의원들 일부는 플린이 1월 24일 면담과 관련해서 범죄 혐의로 기소되지 않으리라는 인상을 받았다."[87]

코미는 자신의 저서를 홍보하는 자리에서 비공개 증언에서 한 말을 완전히 뒤집었다. 그는 ABC의 진행자 조지 스테파노풀로스George Stephanopoulos에게 다음과 같이 말했다. "어디서 그런 주장이 나왔는지 모르겠다. 나는 사람들이 오해하고 있는 내용에 대해 얘기했을 뿐이다. 그런 말을 하려고 했는지조차 기억나지 않는다. 내가 기억하기로는 나는 그 누구에게도 그런 말을 한 적이 없다."[88]

2018년 5월 하원 정보위원회가 러시아의 선거개입과 관련해 보고서(대부분 공개된)를 공개했는데 코미가 잘못 기억한 것으로, 아니면 2017년 5월 의회에 출석해 거짓말을 한 것으로 드러났고 연방수사국은 이 정보를 숨기려고 애써왔다는 사실이 드러났다. 이 수사와 관련한 세부 사항들이 새로 드러났다.[89]

코미는 2016년에 플린에 대해 대응첩보 수사를 실시했지만, 그해 12월 말에 수사를 종결했다고 증언했다. 그러나 플린 수사 파일은 "플린 장군이 키슬리악과 나눈 대화와 관련해 공개된 자료와 어긋나는 부분이 있어서 계속 열어 두었다." 그런데 이 어긋난다는 사항은 1월 중순에 가서야 등장했다.[90]

미국 시민에 대한 대응첩보 수사는 수사대상인 미국 시민이 외국의 요원이라는 혐의를 토대로 진행한다. 법무부와 연방수사국은 플린을 크렘린의 요원이라고 보고 수사했다.[91] 그가 푸틴과 러시아에 대해 공개적으로 한 발언이 있음에도 말이다.

하원 보고서는 2017년 3월 2일 코미가 위원회에서 한 발언(비공개로 처리)을 다음과 같이 인용했다. "두 요원은 (플린이) 속인다는 물리적 징후를 전혀 식별하지 못했다. 그들은 (플린의) 자세, 어조, 억양, 시선에서 그어떤 변화도 보지 못했다. 그들은 플린이 자기들에게 거짓말하고 있다고 인식할 만한 그 어떤 징후도 감지하지 못했다."[92]

어쩌면 코미의 말 바꾸기를 뒷받침할 만한 증거는 이 보고서 말고 다른 곳에서 더 많이 찾을 수 있을지 모른다. 그러나 코미는 연방수사국 국장으로서 플린을 위증으로 기소하라고 권고하지 않았다.

여기에 2017년 12월 19일 매케이브가 의회에서 한 증언을 덧붙여보자. "플린을 면담한 두 사람은 그가 거짓말한다고 생각하지 않았고, 이는 위증 사건의 단초가 아니었다."[93]

모두 플린의 혐의를 벗겨줄 증거다. 플린의 변호사들이 이 증언에 접근할 수 있었나?

멀러 팀이 결정적인 문서들을 숨겨온 게 사실이고 플린이 이를 알았다면 그는 유죄답변거래를 철회했을 것이다. 그렇다고 해서 검찰이 기소를 포기하지는 않았을지 모른다. 다른 혐의로 기소하려고 했을 것이다. 아니면 플린이 아끼는 누군가를 겨냥하든가.

연방수사국, 플린의 가족을 압박하다

로드 로젠스타인이 멀러를 특검으로 임명해 수사를 위임한다고 승인한 명령서 원본은 2017년 5월 17일에 제출되었다. 그러나 2019년 4월 멀러 특검보고서가 공개되자 특정한 대상에 대한 수사를 승인한 수사 범주 보고서 두 건이 추가로 드러났다.[94]

첫 번째 보고서는 2017년 8월 2일 날짜로 되어 있다. 내용은 대부분 비공개로 처리되어 있지만 플린에 대한 네 가지 혐의를 포함하고 있다. 외국 정부와 음모를 꾀함, 연방수사국에 거짓말을 함, 로비스트로 등록하지 않은 채 로비활동을 함, 터키를 대리하면서 공문서에 거짓으로 기재하거나 기재해야 할 사항을 누락함 등이다.

'플린 인텔 그룹'은 터키 정부를 대리해서 한 업무에 대해 조사를 받았다. 펜실베이니아 주에 거주하는 터키 성직자 페툴라흐 귈렌에 대한 다큐멘터리 제작과 관련한 일이었다. 터키 대통령 레제프 타이이프 에르도안은 귈렌이 불발된 쿠데타 시도를 지휘했다고 비난했다. 귈렌은 에르도안의 주장을 부인했고 미국 정부는 귈렌을 송환해 달라는 터키의 요구를 거절했다.[95] 이 업무는 선거운동 기간 동안 진행되었지만 2016년 11월에 마무리되었다.[96]

2017년 10월 20일자로 되어 있는 두 번째 범주 보고서는 수사대상을 확대해 플린의 아들 마이클 G. 플린을 포함시켰고 "합동으로 실행한 활동"을 조사할 팀을 꾸렸다. 문서에서 플린 아들의 이름은 비공개로 가려져 있지만 맥락을 살펴보면 누구인지 쉽게 알 수 있다.[97]

아마 어느 시점까지만 해도 플린은 멀러의 협박에 맞서 싸웠을지 모른다. 그러나 특검이 "법으로 싸우는 전쟁"의 무기를 생후 4개월인 자녀를 둔 그의 아들을 겨냥하자, 플린은 부부 두 사람의 자택과 은퇴 자금만 겨냥하던 협박의 위험 수위가 직계 가족 전체를 겨냥하는 상황에 직면하게 되었다.

이 압박 수법으로 멀러는 마이클 G. 플린에게 문서, 전화, 노트북컴퓨터와 모든 협력사업 관련 자료들을 제출하라고 요구했다. 그는 공동정범으로 기소될 가능성에 직면했다.

두 번째 범주 보고서가 제출되고 한 달 후, 플린은 유죄답변거래 합의서에 서명했다. 그는 변호 비용을 마련하기 위해 자택을 89만 5천 달러에 시장에 내놓았다. 플린의 친구들이 기금을 마련하기로 하고 지지자들이 그의 법률비용을 기부할 수 있도록 했다.

"사탕발림하지 않겠다. 절말 혹독한 경험이었다"라고 플린의 동생 조 플린 Joe Flynn은 말하면서 다음과 같이 덧붙였다. "지금까지 혹독한 시련이었고 아직 끝나지 않았다."[98]

설리번 판사가 멀러 특검팀에게 연방수사국 문서 원본을 포함해서 숨겨둔 증거가 있으면 모조리 토해내라고 명령하자 멀러 특검은 추가 정보를 담은 다섯 쪽짜리 보고서를 제출했다. 여기에는 플린이 언론과 인수위원회와 펜스 부통령을 상대로 한 거짓말들이 적시되어 있었다. 그러나 이 가운데 범죄에 해당하는 내용은 전혀 없었다. 플린에게 면담을 신청하기 위한 핑곗거리였을 뿐이다. 멀러가 참조한 별도의 보고서에서 매케이브는 자기가 플린에게 변호사를 배석시키지 말라고 압박을 넣었다고 시인했다. 이 보고서는 플린을 면담한 두 요원이 플린을 면담할 법적 근거가 없었다는 사실을 확인했다.[99]

멀러는 2017년 7월 19일 날짜가 찍힌, 스트로크를 연방수사국이 면담한 내용의 요약본도 참조했다. 이 요약본은 특검의 수사 토대가 된 여러 측면들에 스트로크가 관여했다는 사실과 관련해 특정한 정보를 수집하기 위해 진행된 면담이라고 되어 있다. '스트로크 302'라는 제목의 이 문건은 2017년 8월 22일 연방수사국 문서로 등록되었다.

이 면담은 스트로크의 정부인 리사 페이지가 특검팀에서 물러난 후 나흘 만에, 스트로크가 특검에서 해고되기 며칠 전에 진행되었다. 스트로크는 자신과 코미가 "연방수사국의 러시아 대선 개입/공모 수사의 전모"에 대해 예이츠에게 "서로 다른 시기에 여러 차례에 걸쳐" 진행 상황을 보고했다고 말했다.[100]

플린은 스트로크에게 "러시아와 관계를 구축하려고 애써왔다"라고 말했다. 푸틴의 손아귀에서 놀아나는 사람의 말처럼 들리지 않는다. 스트로크는 플린이 "아주 자신감이 넘치는 태도를 보였고 속이고 있다는 어떤 징후도 보이지 않았다고 말했다. 그리고 플린은 스트로크에게 '명철하다는 인상을 주었지만, 깊이 있는 지성을 겸비했다는 인상을 주지는 않았다." 가장 중요한 관찰사항은 바로 다음 한 줄이었다. "스트로크와 (요원 이름 비공개) 둘 다 당시에 플린이 거짓말하지 않는다는 인상을 받았거나 그가 거짓말한다고 생각하지 않았다." 또 다른 흥미로운 구절은 다음과 같다. "그러더니 그(플린)는 내(스트로크)가 전화통화에서 무슨 말이 오갔는지 아마 알고 있을 거라고 말했다"[101] 그렇다면 플린이 왜 거짓말을 하겠는가?

멀러는 피엔트카 요원이 작성한 '플린 302' 원본을 제출하지 않았다. 왜일까? 상원 법사위원회 의장 찰스 그래슬리 상원의원은 피엔트카를 의회에 출석시켜 증언하게 하라고 법무부에 여러 차례 요구했지만 거절당했다. 플린이 유죄답변거래에 합의한 후 그래슬리는 키슬리악과의 통화 내용 기록본, 플린 302, 피엔트카와의 면담 문건 등을 요청했지만 거절당했다.[102]

피엔트카는 플린이 진실을 말했는지 여부에 대한 본인의 판단에 대해 그리고 그 문건이 수정되었거나 변조되었는지 여부에 대해 밝혀줄 수 있었다. 그들은 무엇을 숨기고 있었나? 마크 메도우즈 하원의원은 법무부가 피엔트카를 증인으로 출석시킬 수 없는 이유를 밝혔다. 그는 멀러의 특검팀에 소속되어 있기 때문이었다.[103]

2018년 12월 4일 멀러는 설리번 판사의 재판부에 구형 보고서를 제출하면서 전역한 장군 플린이 "몇 가지 진행 중인 수사"에 대해 수사관들에게 "상당한" 도움을 주었다는 이유를 들어 플린에게 징역형을 구형하지 않았다. 그러나 이 보고서는 트럼프가 러시아와 공모를 했거나 불법적인 행위를 했음을 보여주는 "결정적인 증거"가 아니었다. 그럴듯한 증거도 되지 않았다. 이 구형 보고서에서 특검은 플린에게 군과 공직에 봉사한 데 대해 감사하다면서 플린이 멀러 팀과 다른 법무부 변호사들로부터 19차례 심문을 받았다고 했다. 대부분 비공개 처리한 첨부 문건을 보면 트럼프가 선거에서 이기기 위해 러시아와 공모하거나 협력했다는 그어떤 유의미한 정보도 플린은 제공하지 않았다고 기록되어 있다.[104]

이 문서들은 지나가는 말로 사문화 된 무의미한 로건 법을 언급했다. 이 문서로 플린을 수사할 구실을 만든 오바마 행정부 관리들에게 보호막을 제공해주기는 하지만 말이다. 이 문건은 수사가 어떻게 시작되었는지를 다루지 않았다.

트럼프의 법률대리인 루디 줄리아니는 플린의 범죄를 "인도에 침을 뱉어서 다른 수많은 사람들에게 중대한 피해를 입혔다는 셈"이라고 비유했다. 그는 멀러 특검팀을 "호들갑 떠는 언론에서 영감을 받아 수사한 검사들"이라며 "그들은 제정신이 아니었다"라고 비난했다.[105]

2018년 12월 11일, 플린의 변호인단은 장문의 선고 적요서를 제출했다. 이 적요서는 매케이브가 플린에게 연방수사국 요원들과 면담하는 동안 변호사가 배석하지 않도록 압력을 넣었고 면담하는 요원들이 플린에게 그가 하는 그 어떤 거짓 발언도 범죄를 구성할 수 있다는 경고를 하지 않았다는 내용이 담겨 있다.[106] 이 문건은 연방수사국이 플린을 겨냥해 취한 공격적인 수법들을 묘사하면서, 자택에 설치한 서버를 이용해 공적인 이메일을 주고받은 클린턴의 불법행위에 대해 클린턴과 그 패거리를 수사하면서 호의적으로 대한 행태와 얼마나 극명한 대조를 이루는지 설명하고 있다. 이메일 수사에서는 수사관들이 클린턴을 비롯해 몇 명이 심문을 받으면서 진실하지 않은 답변을 했다고 생각했지만 아무도 위증으로 기소되지 않았다.

플린의 선고 적요서에 담긴 각주 23번은 플린의 302 날짜를 2017년 8월 22일로 언급하면서 심각한 우려를 표하고 있다. 플린이 면담을 하고 거의 일곱 달 후이고 스트로크가 트럼프를 매도하는 문자메시지 때문에 특검팀에서 해고당하고 일주일 후였다.[107]

설리번 판사는 플린 변호인단에게 이러한 주장을 뒷받침하는 문서를 제출하라고 명령했고, 멀러에게는 여기서 인용된 문건과 FD-302와 이 사안에 관련된 문서는 무엇이든 모조리 48시간 내로 제출하라고 명령했다.[108]

놀랍게도 멀러는 여전히 미국 국민들로부터 진실을 숨기려 애쓰고 있었다. 12월 14일 그는 몇몇 문건인 스트로크 302와 매케이브 보고서를 비공개 부분을 가린 채 제출하면서 판사에게 이 사건들을 둘러싼 "상황"을 "정상참작"할 사유로 보지 말아줄 것을 촉구했다.[109]

멀러는 다음과 같이 말했다. "피고는 연방수사국 면담보다 몇 주 앞서 러시아 대사와의 통화 내용에 대해 언론과 신임부통령에게, 그리고 대통령 인수위원회의 다른 관계자들에게 거짓말을 했다. 1월 24일 실시된 면담에 플린이 자발적으로 응했고 연방수사국 요원들은 예우를 갖춰 면담했으며 연방수사국이 질문할 때 피고는 똑같은 거짓말을 반복했다. 재판부는 연방수사국에 피고가 그러한 거짓말을 했다는 심각성을 최소화하려는 피고의 시도를 거부해야 한다."[110]

그런데 당시에 면담했던 요원들은 뭐라고 했나? 여전히 플린 302는 제출되지 않았다. 설리번 판사가 계속 압력을 넣자 멀러 팀은 마침내 12월 17일 비공개 부분을 가린 두 가지 버전을 제출했다.[111]

그럼 이리저리 돌아다니는 문서 플린 302를 따라가 보자.

모든 302 문서에는 날짜가 세 가지다. 면담 날짜, 초안 작성 날짜, 그리고 관리감독자가 승인한 날짜다. 스트로크 요원과 피엔트카 요원이 플린을 면담한 날짜는 2017년 1월 24일이다. 피엔트카는 같은 날 이 면담의 요약본을 작성했다.

그러나 매케이브는 2월 14일에 가서야 결재승인을 했다.[112]

이도 이상하지만 더 이상한 점은 멀러가 특검에 임명되고 몇 주 후인 2017년 5월 31일에 이 문건이 "다시 서명되고 다시 공인"되었다는 사실이다.[113]

이 문서를 제출하면서 플린의 기소를 이끌었던 선임 부 특검 밴 그렉은 두 문건의 내용은 동일하지만 원본 302는 "초안/심의 자료"라는 표제가 붙어 있다고 해명했다. 이 문건은 이 표제가 삭제된 상태로 멀러 특검 팀이 사용할 용도로 다시 제출되었다.[114]

표제만 빠진 단순한 실수인가? 이 두 문건은 정말로 동일한가? 왜 석 달이라는 시간차가 있는 것인가?

플린은 브레넌이 2016년 7월 중순 존재하지도 않는 "러시아 공모"에 관해 전자통신문을 발행한 이후로 수사를 받았거나 어쩌면 그보다 더 일찍부터 수사를 받았는지도 모른다. 플린이 키슬리악에게 건 전화내용을 감청한 자료에서 불법으로 그의 이름을 노출시켰든가, 아니면 플린 자체가 해외첩보감시법 영장에 따른 도청 대상으로 지목되어 요원들이 플린의 모든 통신 내용을 확보했든가 둘 중 하나다. 매케이브나 그에 상응하는 지위의 누군가가 극비 정보를 언론에 유출시켜 소동을 일으켰고 이로인해 플린이 감시의 대상이 되었다. 코미는 "한두 명의 직원들을 파견"해 플린을 면담으로 위장해 심문하고도 "처벌받지 않았다." 코미와 매케이브는 백악관 법률고문을 통하지 않고 플린과 직접 접촉함으로써 의전을 무시했다. 매케이브는 플린에게 압력을 넣어 변호사를 배석시키지 말라고 함으로써 이 내용을 나중에 "언론이 중요하게 다루고 보도"하기 쉽게 할 구실을 만들었다.

두 연방수사국 요원은 플린에게 그를 면담을 하게 된 이유가 범죄를 저질렀다고 의심하고 있기 때문이라고 알려주지 않았다. 그들은 그가 "긴장을 풀고" "경계를 풀기" 바랐다. 그들은 플린이 무슨 말을 했는지 알아내기 위해 면담할 필요가 없었다. 이미 그가 한 말을 기록해 갖고 있었기 때문이다. 그들은 대통령을 타격할 무기를 플린이 줄지 시험해보고 싶었다.

플린은 연방수사국 요원들을 동지로 여겼다. 그는 코미, 매케이브, 스트로크가 트럼프에 대해 광적인 증오를 품고 있는지 까맣게 몰랐다. 이 세 사람 모두 해고당하고 범죄 수사를 받고 있었다. 예이츠는 코미가 꾸민 작전에 대해 "마뜩치 않아" 했지만, 그녀도 이 작전에 가담했다. 백악관으로 당당히 걸어 들어가 플린을 해고당하게 만들 작전을 실행하는 일 말이다.

이 치밀하게 짠 속임수 작전으로 그들은 사소한 거짓말 네 가지를 잡아냈다. 물론 연방요원에게 거짓말을 해서는 안 된다. 그러나 플린의 사례에서 얻어야 할 교훈은 그 어떤 경우에도 변호사가 입회하지 않은 상태에서 연방수사국 요원과의 면담에 응해서는 안 된다는 점이다.

코미가 의회 증언에서 한 거짓말, 발뺌, 말 바꾸기, 그리고 그가 저지른 기소당할 만한 범죄가 태산이라면 플린이 한 발언은 야트막한 언덕에 불과하다. 이 치밀한 계획은 멀러와 그의 팀이 찌른 칼을 마지막으로 비틀면서 한 사람의 인생을 파멸시키고 마무리되었다. 플린은 절대로 기소되지 말았어야 한다.

플린이 유죄를 인정한 이유는 그가 거짓말을 해서가 아니라 멀러가 그를 재정적으로 파탄 냈고 그의 아들을 상대로 법적인 조치를 취하겠다고 협박했기 때문이다. 멀러의 기소로 플린은 구직도 불가능해졌다. 연방수사국과 멀러의 특검팀에 소속된, 트럼프를 증오하는 열성분자들의 행동은 어처구니가 없었다.

멀러 보고서가 공개되면서 플린을 겨냥해 치밀하게 설계된 구조물의 실체가 더 드러났다. 멀러 특검보고서 제2권은 공무집행방해 가능성을 거론하면서 2017년 11월 22일 트럼프의 개인 변호사 존 다우드가 플린의 변호사 로버트 켈너에게 남긴 음성메시지를 인용했다. 플린이 대통령과 법적 대응을 함께 하기로 한 합의를 철회하고 난 후였다.

다우드는 음성메시지에서 다음과 같이 말했다. "당신 입장은 이해하지만 우선 어떻게 해야 최대한 분명하게 내 의사를 전달할 수 있을지 보자. 당신이 정부 측과 거래를 한다고 해도 놀랄 일은 아니다. 대통령을 연루시킬 정보가 있다면 국가안보 문제가 생긴다. 그래서 말인데, 미리 좀 알려주었으면 좋겠다. 가능한 한 우리 모두의 이익을 보호하기 위해서 대통령과 플린에 대한 대통령의 소회에 대해 늘 하던 얘기를 염두에 두었으면 한다. 그건 여전히 변함없다."[115]

멀러에 따르면, 플린의 변호인단은 그 다음날 다우드에게 전화를 걸어 다음과 같이 말했다. "그들은 그 어떠한 비밀유지 조건하에서도 정보를 공유할 입장이 아니라고 했다. 플린의 변호인단에 따르면, 대통령의 개인 변호사는 분개하며 이의를 제기했다. 대통령의 개인 변호사는 그들이 그에게 한 말을 대통령에 대해 플린이 지닌 적대적인 태도를 반영한다고 해석하고 자신의 의뢰인인 대통령에게 그러한 자신의 해석을 전달하기로 했다."[116]

다우드가 한 발언은 플린에게 정부 측에 협조하지 말라고 촉구함으로써 공무집행을 방해하려 한 시도였다는 식으로 멀러와 언론은 해석했다. 그러나 설리번 판사는 정부 측에 음성메시지 전문을 공개하라고 명령했다. 멀러 팀이 메시지를 악마의 편집을 한 사실이 명백히 드러났다.

멀러는 다우드의 음성메시지에서 중요한 단어들을 삭제했다. "공감한다. 합동 변호인단에 합류할 수 없는 입장을 이해한다. 그건 그렇고, 만약 국가안보 문제가 생기면 이에 대처해야 한다. 대통령을 위해서만이 아니라 이 나라를 위해서. 당신 의뢰인과 관련한 어떤 비밀 정보도 공개하지 않고 말이다."[117]

맥락을 무시하고, 다우드가 플린의 특검 협조에 개입할 의사가 없다고 분명히 밝힌 부분을 누락시킨 채 멀러는 다우드가 한 말을 왜곡해 정반대 의미로 변질시켰다.

DC 법조계에서 정평이 나 있는 다우드는 당연히 격분했고 "변호사와 결백한 사람들의 평판을 더럽히고 무너뜨리려고" 혈안이 되어 있다며 멀러를 비판했다.[118] 다우드는 공무집행을 방해하려 한 게 아니라 대통령의 변호사로서 응당 할 일을 했을 뿐이다.

"내가 한 말을 마음대로 짜깁기해서 내가 로버트 켈너와 나눈 대화의 논조와 내용을 바꿨다"라고 다우드는 말하면서 다음과 같이 덧붙였다. "절차상의 범죄를 저질렀다는 이유로 사람들을 계속 기소하고 처벌하는 이 자가 자기가 작성한 보고서에서 위증을 범했다니 참 공교롭지 않은가?"[119]

재판부에 제출할 증거를 마음대로 편집하고 검찰 측의 주장에 배치되는 정보는 누락하는 속임수를 쓴 검사는 판사의 호된 질책을 받고 변호사협회의 징계에 회부된다. 멀러의 부정직함에는 변명의 여지가 없다. 다우드의 음성메시지를 짜깁기했다는 사실이 드러나면서 매케이브나 멀러의 특검팀이 플린의 302 문건도 변조했을지 모른다는 현실적인 우려에 힘이 실렸다.(아직까지도 멀러 특검팀은 플린/키슬리악 통화 녹음기록이나 필사본을 공개하지 않았다.)

2019년 6월 초, 멀러 보고서에서 플린에 대한 사건과 관련해 심각한 모순이 드러난 후, 플린은 자기 변호인단을 해고해 모두를 놀라게 했다. 방어 전략의 변화를 예고하듯 그는 전 연방검사 시드니 파월Sidney Powell을 선임했다. 그는 자신의 책 《거짓말 면허증: 법무부 내의 부정부패를 폭로하다Licensed to Lie: Exposing Corruption in the Department of Justice》에서 엔론Enron 수사에 관여한 부정직한 연방검사들이 써먹은 더러운 수법과 권력남용 행태를 자세히 기술하며, 특히 당시에 연방수사국 법률자문이자 부국장이었던 앤드루 와이스먼을 신랄하게 비판하고 있다.[120]

이 대형 사건에서 메릴 린치Merrill Lynch 직원의 법률대리인을 맡은 파월은 멀러 특검의 오른팔인 와이스먼을 "검찰 직권 남용의 우두머리"라고 일컬었다.[121] 2012년 파월은 엔론 수사가 진행되는 동안 뉴욕 주 통합재판부 변호인 불만고충처리 위원회에 와이스먼을 상대로 고소장을 제출했다.[122]

플린의 판단은 그를 지지하는 이들에게 대단한 희소식이었다. 그들은 증거를 은폐하고, 심문 내용을 짜깁기하고, 증인을 협박하는 등 와이스먼이 써먹은 수법을 잘 알고 있는 파월이 장군을 끌어내리려는 음모를 파헤쳐 이에 연루된 이들을 색출해내리라고 기대했다.

이 글을 쓰는 현재, 플린은 아직 선고를 받지 않았다. 그가 평생 쌓아온 경력이 무너지는 과정을 지켜본 우리는 그가 가장 거짓말을 적게 한 사람이라는 사실을 깨달았다.

WITCH
HUNT

당신은 매너포트 씨의 은행사기에 관심 있는 게 아니다.
매너포트 씨가 트럼프 씨를 엮어 넣거나 트럼프 씨의
기소 또는 탄핵으로 이어질 정보를 당신에게 줄지에 관심이 있다.

_ 2018년 5월 4일 특검을 질책하던 미국 지방법원 판사 T. S. 엘리스 Ⅲ T. S. Ellis Ⅲ

트럼프의 선거운동본부장을 지낸 폴 매너포트에 대한 멀러 팀의 무자비하고 물리적인 탄압은 2017년 7월 말에 시작되었다. 그가 러시아 "공모" 가능성을 조사하는 상원 정보위원회에 자발적으로 출석한 바로 그 주에 시작되었다.

68세인 매너포트와 그의 부인이 아직 잠자리에 누워 있던 아침 6시, 연방수사국 요원 10여 명이 일반에게 공개되지 않는 봉인된 수색영장을 집행하려고 사전 경고도 없이 버지니아 주 알렉산드리아에 있는 그의 콘도에 들이닥쳤다. 그들은 10시간 동안 머물면서 전자단말기들을 "복제"하고 문서를 압수했다. 그의 변호인단이 증언을 돕기 위해서 작성한 "변호인-의뢰인 간의 비밀로서 법적으로 보호받는 비밀 자료"들도 압수당했다.[1]

위협해서 공포심을 조장하려는 수법이었다. 트럼프의 변호인 존 다우드는 〈월스트리트저널〉에 보낸 이메일에서 이 수법을 맹렬히 비판하면서 수사관들이 "충격요법"으로써 "사법 절차를 대단히 남용"하고 있다고 비난을 퍼부었다. 다우드는 "이러한 수법은 통상적으로 미국이 아니라 러시아에서 써먹는 수법이다"라고 말했다.[2]

압수수색 전에 매너포트는 자발적으로 문서를 제출했고 멀러는 이번 압수수색에서 압수한 기록들을 제출하라고 매너포트에게 요청한 적도 없었다. 법무부 관리를 지낸 한 인사는 이러한 조치를 이례적이라고 하면서 다음과 같이 말했다. "매너포트 본인과 이 수사의 표적이 될지 모르는 다른 이들에게 멀러가 이 사건을 공격적으로 수사하겠다는 강력한 의지를 보여주려는 수법이라고 생각한다."[3]

멀러 특검팀 검사들은 매너포트가 자신의 변호사와 주고받은 비밀이자 법적보호를 받는 자료들을 압수한 이유로 징계를 받았어야 한다. 매너포트에 대한 압수수색은 특검수사가 곧 정상궤도를 이탈할 것임을 알려주는 분명한 징후였다. 그리고 특검의 규정과는 달리 멀러 특검에 "그어떤 다른 사안들"도 수사할 재량권을 부여한 로드 로젠스타인의 처참한 실패를 예고하는 분명한 징후였다.

매너포트 처단하기

정치 전략가이자 로비스트로 공화당 정치 선거판에서 40년을 일해온 폴 매너포트는 공화당전당대회가 열리기에 앞서 2016년 3월, 선거인단을 확보하는 그의 전문성을 활용하기 위해 트럼프가 영입했다. 두 달 후 그는 선거운동본부장이 되었다.

그는 2016년 8월에 사임했다. 〈뉴욕타임스〉가 2007년부터 2012년까지의 기간 동안 매너포트가 우크라이나 전 대통령 빅토르 야누코비치Viktor Yanukovych가 이끄는 친 러시아 성향의 정당으로부터 현금으로 1,270만 달러를 받았다고 보도한 후였다.[4]

매너포트는 연방수사국이 그의 사업 활동에 대한 수사를 하면서 수사대상이 되었던 적이 있지만 오바마 정권의 법무부가 기소불가능이라는 판단을 내린 후 2014년 수사는 종결되었다. 그러나 백지위임을 받은 멀러 특검팀은 케케묵은 파일에 쌓인 먼지를 털어내고 매너포트가 트럼프를 배신하도록 만들기 위해 협박의 수위를 점점 높였다.[5]

필리핀의 페르디난드 마르코스와 콩고민주공화국의 모부투 세세 세코 같은 역겨운 독재자들을 위해 로비활동을 한 매너포트는 자신에 대한 비판에 익숙했다. 그는 자신의 정치적인 활동을 "백악관 외교정책 목표를 뒷받침하는" 업무라고 변호했다.[6]

그러나 그는 특검의 목표물이 되기 1년 전에 이미 크리스토퍼 스틸과 우크라니아 계 미국인 변호사이자 사회운동가이며 DNC와 계약을 맺고 일하는 알렉산드라 찰루파Alexandra Chalupa의 표적이 되었다. 찰루파는 클린턴 행정부에서 백악관 공공 연락관으로 근무했다.[7]

스틸의 이른바 정보원 E Source E는 매너포트가 트럼프 선거운동본부와 크렘린 사이에 "치밀하게 설계된 음모"를 총괄해 해킹당한 이메일을 공개하고 2016년 선거에 개입했다고 주장했다.[8] 멀러도 알게 됐지만 이 주장은 완전히 날조된 거짓이었다.

2016년 5월 3일 찰루파는 DNC 고위 관리에게 이메일을 보내 "트럼프 관련 큰 건 하나"가 몇 주 후에 "터진다"라고 했다.[9] 그로부터 한 달이 채 지나지 않아 매너포트에게 지급한 거액의 현금 액수를 손으로 적은 "검은 회계장부"가 등장했다. 〈뉴욕타임스〉가 이 회계장부에 대해 보도하면서 매너포트는 트럼프 선거운동본부장 자리에서 물러났다.[10]

찰루파는 매너포트에 대한 정보를 공식 경로로 밀어넣는 데 중요한 역할을 했지만 그녀의 이름은 멀러 보고서에 등장하지 않는다. 게다가 연방수사국은 "검은 회계장부"가 가짜일지 모른다고 여러 차례 경고를 받은 사실이 드러났다.

2017년 2월에 플린이 사임한 직후, 매너포트는 "선거운동본부에 합류하기 전이든, 재직 중인 동안이든, 물러난 다음이든, 직접적이든 간접적이든, 푸틴이나 러시아 정부와 그 어떤 연관도 전혀 없었다"라는 성명을 발표했다.[11]

그러나 그는 멀러 수사의 주요 표적이 되었고, 수사는 다음과 같은 네 갈래로 진행되었다. 맨해튼에서 부동산과 관련한 다단계 사기 가능성, 2006년부터 2009년까지 러시아 올리가르히 올레그 데리파스카를 위해 한 업무, 우크라이나 대통령 야누코비치를 대신해 러시아에 대한 미국의 견해에 영향을 미치는 대가로 돈을 받은 행위, 그리고 외국 대리인 등록 법Foreign Agents Registration Act(이하 FARA로 표기) 위반 가능성 등이다.[12]

매너포트와 게이츠는 우크라이나에서 한 업무와 관련해 2017년 6월 소급해서 FARA 서류를 제출했지만, 멀러는 이를 압박을 한층 높이는 수단으로 이용했다.[13]

우크라이나의 최고 반부패 검사인 나자르 콜로드니츠키Nazar Kholodnytsky는 2016년 늦여름 미국 국무부 사법 연락관과 연방수사국의 여러 요원들에게 "그 회계장부를 발견한 우크라이나 당국은 그 장부가 가짜일 가능성이 높다고 생각한다"라고 주의를 주었다.[14]

매너포트와 함께 일한 우크라이나 기업가 콘스탄틴 킬림닉Konstantin Kilimnik은 2016년 8월 22일 미국의 한 고위 관리에게 이메일을 보내 그 문건이 가짜 같다는 우려를 표명했다. 그는 매너포트에 대한 지불은 현금이 아니라 항상 계좌 송금의 형식으로 이루어졌다고 지적했다.[15]

그래도 연방수사국은 아랑곳하지 않고 이 문서를 교묘한 방식으로 이용했다. 매너포트의 자택에 대한 수색영장을 청구하면서 회계 장부를 인용하지 않고 회계 장부에 대한 언론 보도를 인용했다. 크리스토퍼 스틸의 날조된 "도시에"를 인용한 이시코프의 기사를 이용해 카터 페이지에 대한 해외첩보감시 영장 청구를 보강했던 수법과 마찬가지다.

"2016년 8월 19일, 매너포트, 우크라이나, 러시아 간의 관계와 관련한 보도—우크라이나의 친 러시아 정당이 매너포트에게 회계 처리하지 않고 지급한 액수가 적힌 '검은 회계 장부'에 대한 기사도 있다—가 나간 후 매너포트는 트럼프 선거운동본부장 자리에서 물러났다"라고 연방수사국 요원의 진술서에 기록되어 있다. 이 진술서에는 AP 통신의 기사가 각주에 인용되어 있다.[16]

와이스먼과 그 일당은 "공모" 광란을 한층 부추겼지만 매너포트에 대한 기소는 탈세와 은행사기로 귀결되었다. 매너포트는 특검에 협조적인 증인이 될 생각은 없다는 뜻을 분명히 밝혔다. 그러자 연방수사국은 압박의 수위를 높여 매너포트의 사위 제프리 요하이Jeffrey Yohai를 겨냥했다. 매너포트와 동업자인 그를 통해 화이트칼라 범죄 수사에서 써먹는 "사다리 타기"라는 수법을 이용해 매너포트의 머릿속에 들어간다는 계획이었다.[17]

연방수사국의 강압적인 압수수색이 벌어지고 한 달이 채 안 돼 매너포트는 법률회사를 바꿔 국제 세제 문제를 전문으로 하는 변호사들을 선임했다. 멀러 팀이 매너포트의 개인 금융기록과 사업관련 금융기록을 제출하라고 세계 금융기관들에 소환장을 발부하기 시작했기 때문이다.[18]

"이로써 수사 범위가 러시아 공모를 넘어서는 전방위 수사로 변질되었다는 게 분명해졌다." 데이비드 리브킨David Rivkin 변호사는 말했다. 레이건과 조지 H. W. 부시 두 행정부에서 법무부에 근무한 그는 다음과 같이 덧붙였다. "그리고 이 모든 수사를 관통하는 유일한 원칙은 트럼프와 가깝거나 트럼프와 함께 일한 사람들이 수사대상에 포함된다는 점이다. 이는 별건수사를 통해 원하는 정보를 얻어낼 목적으로 하는 전형적인 낚기수사다.[19]

압수수색이 끝난 후 비밀 정보가 유출되면서 압박이 가중되었다. CNN은 매너포트가 2014년부터 연방수사국의 감시를 받아왔다고 보도했다. 해외첩보감시법 영장으로 승인을 받아 진행되었다고 보도한 이러한 감시에는 감청, 수색, 여러 다른 형태의 관찰 기법이 이용되었다. 우크라이나에 있는 야누코비치의 정당을 대리하는 워싱턴 컨설팅 회사들이 한 업무가 이러한 감시의 단초가 되었다.

"연방수사국이 수집한 첩보를 바탕으로 관리들은 매너포트가 러시아를 부추겨 선거에 개입하도록 했다는 우려를 하게 되었다"라고 〈포춘Fortune〉의 할리 데트릭Hallie Detrick이 보도했다. 2016년에 발부받은 두 번째 영장에 따라 연방수사국은 매너포트가 외국의 대리인으로 활동하고 있다는 의혹을 뒷받침할 증거를 확보해야 했다. 이 영장은 트럼프 선거운동본부와 러시아 정부를 대신해 활동한다고 의심되는 사람들 간의 관계에 대한 연방수사국의 수사와 직접 연관되어 있었다.[20]

정보를 언론에 유출한 이들은 "공모"를 의심하게 하는 떡고물을 여기저기 뿌려놓고 매너포트를 부정적으로 묘사했다.

그러나 사실이 아닌 기사가 대부분이었다. 예컨대, 〈뉴욕타임스〉는 네 명의 "전현직 미국 관리들의 말을 인용해" 전화 기록과 감청한 전화 내용은 선거 1년 전에 트럼프 측 관리들과 러시아 첩보요원들 사이에 여러 차례 접촉이 있었음을 보여준다고 보도했다. 이 기사에는 매너포트의 사진이 첨부되었다. "이 관리들은 전화 감청 대상자 중 한 명이 폴 매너포트였다고 말했다." 그러나 독립 연방수사기관이자 감찰기관인 특별고문실 Office of Special Council, OSC(연방정부에서 능력에 따른 고용-merit system 관행을 보장하는 것이 주 업무인 상설 독립 연방 수사 기구-옮긴이)은 훗날 매너포트의 변호인단에 그런 감청은 없었다고 말했다.[21]

2017년 3월 21일 AP 통신은 "선거운동본부장을 지낸 폴 매너포트는 도널드 트럼프 선거운동에 합류하기 전에 '푸틴 정부에 크게 이득이 되게 하려는' 계획을 세운 러시아 억만장자를 위해 은밀히 일했다"라고 보도했다.[22]

이 또한 사실이 아니었다.

또 한 차례 정보가 유출된 후 매너포트의 변호인단은 2017년 4월 특검이 임명되기 전 열린 회의를 주목하라는 경고를 받았다. 이 회의에는 세 명의 연방수사국 요원과 당시 법무부 사기사건 담당 부서장이었던 와이스먼과 네 명의 AP통신 기자들이 참여했다. 매너포트 변호인단은 법원에 제출한 문서에서 "이 회의는 대배심의 비밀유지 규정을 위반하는 행위가 발생했는지에 대해 심각한 문제를 제기한다"라고 했다. 한 연방수사국 요원의 기록을 통해 기자들이 수사관들에게 매너포트가 사용한 창고시설의 "비밀번호"를 제공하기까지 했다는 사실이 드러났다.[23]

그 다음날 AP 통신은 다음과 같은 제목의 기사를 단독보도했다. '매너포트 회사가 우크라이나로부터 받은 돈의 액수가 적힌 회계 장부.' 위의 회의에 참석했던 두 기자도 또 다른 제3의 기자와 이 표제기사를 공유했다.[24]

2017년 10월 30일, 매너포트와 게이츠는 연방수사국에 투항했다. 미국에 대한 음모, 돈세탁 음모, 등록하지 않고 우크라이나 정부 대리인으로 활동, 위증, 해외 은행과 금융계좌에 대한 보고서 미제출로 연방대배심에 의해 기소된 후였다.[25]

공소장은 매너포트의 "화려한 생활방식"을 십분 활용해 다음과 같은 혐의를 적시했다. 탈세, 1,800만 달러 이상의 돈세탁, 2006년부터 "적어도 2016년까지"의 기간 동안 "국내외 기업, 동업자, 은행계좌 수십 개를 통해" 송금함으로써 합법적인 정부 기능을 "방해하고, 훼손시키고, 무산시킴으로써" 미국을 편취할 음모를 꾸민 혐의 등이다.

본질적으로 이 두 사람은 탈세할 목적으로 우크라이나를 위해 로비활동을 하고 벌어들인 소득을 감추고 이에 대해 거짓말을 한 혐의로 기소되었다. 31쪽에 달하는 공소장에는 트럼프, 러시아, 혹은 "공모"는 언급되지도 않았다. 언론은 크리스마스 날 아침에 눈을 떠보니 트리 아래에 선물이 없다는 사실을 깨달은 어린아이처럼 망연자실했다. 공소장에 기재된 범죄혐의는 모두 매너포트와 게이츠가 트럼프 선거운동본부에 관여하기 전에 발생했다.[26]

매너포트와 게이츠 공소장은 파파도풀로스가 위증 혐의에 대해 유죄를 인정한 바로 그날 공개되었다. 이제 플린, 파파도풀로스, 매너포트, 게이츠는 트럼프를 배신하라는 압박을 받고 있었다. 아무도 트럼프를 배신하지 않았다. 그리고 이 때문에 특검은 매우 분노했다.

파파도풀로스는 영양가가 없는 게 분명했다. 특검은 플린에 대해서 위증, FARA 위반 가능성, 무용지물인 로건 법 위반 말고는 아무 성과가 없었다. 그러나 메너포트와 게이츠가 범한 부적절한 금융거래는 문서로 자취가 남았고 이는 상당기간 징역형에 처해질 가능성이 있었다.

기소는 정치적 동기에서 비롯되었다. 매너포트가 기소되던 바로 그날 민주당의 막강한 로비스트이자 클린턴의 자문인 존 포데스타의 형 토니 포데스타Tony Podesta는 포데스타 그룹Podesta Group에서 직함을 내려놓았다. 특검은 매너포트가 주관한 우크라이나 홍보 프로젝트에 관여했다는 이유로 토니 포데스타에 대한 수사에 착수했다. 그는 4월에 FARA 등록서류를 소급해 제출했고 기소당하지 않았다.[27]

워싱턴은 소련이 해체된 후 독립한 나라들을 대상으로 수많은 정치 컨설턴트들이 자신의 축적된 기술을 십분 발휘하려고 몰려드는 곳이다. 매너포트는 야누코비치가 이끄는 친 러시아 성향의 당을 위해 일했다. 오바마와 연줄이 있는 컨설턴트들은 그의 경쟁자인 율리아 티모셴코Yulia Tymoshenko를 위해 로비활동을 했다. 클린턴 패거리는 푸틴에 맞서는 빅토르 유셴코Viktor Yushchenko 편을 들었다. 매너포트와 마찬가지로 다른 사람들도 모두 부자가 됐다.[28]

그런 활동이 마뜩치 않을 수도 있다고 인정한다. 그러나 미국에게 정치적으로 유용한 활동이기도 하다. 예컨대, 연방검사를 지낸 앤드루 매카시가 지적한 바와 같이 야누코비치는 "깡패"일지는 모르지만 매너포트가 바닥부터 다져서 개과천선시켰다. "영어를 배우고 유럽에 호의를 품고, 유럽연합과의 통합을 받아들이고 경쟁을 토대로 한 민주주의를 인정하게 되었다."

그러나 여러 가지 사업이 어려워지면서 매너포트는 거부들에게, 특히 러시아 알루미늄 거부인 올레그 데리파스카에게 빚을 지게 되었다. 매너포트는 트럼프 선거운동본부에서 자신이 지닌 지위를 이용해 마치 트럼프 후보가 대통령에 당선될 가능성이 있다고 증명하려는 듯 여론조사 자료를 데리파스카와 공유한 혐의를 받았다.[29]

매너포트 회사의 관계자인 킬림닉은 2016년 8월 맨해튼에 있는 한 시가 클럽에서 우크라이나 올리가르히 두 명에게 여론조사 자료를 넘겨준 것으로 알려졌다. 연방수사국에 따르면, 킬림닉은 러시아 첩보기관과 관련이 있었다.[30] 한 연방판사는 이 혐의를 멀러 수사의 "논쟁의 여지가 없는 핵심"이라고 묘사했다.[31]

킬림닉과의 관계는 매너포트의 변호인단이 제출한 서류에서 각주 하나를 비공개로 처리하지 않음으로써 우발적으로 드러났다. 〈뉴욕타임스〉에 따르면, "이 문건은 지금까지 나온 증거 가운데 트럼프 선거운동본부가 2016년 대선 동안 러시아인들과 협력했을 가능성을 입증할 가장 명백한 증거다."[32]

"이는 지금까지 나온 증거 중 가장 설득력 있는 공모 증거다"라고 '외교정책연구소Foreign Policy Research Institute' 선임연구원 클린트 와츠Clint Watts가 말했다.[33]

여론조사 자료를 공유하는 행위는 "공모" 음모가 아니다. 그러나 종종 "미심쩍은" 인물로 묘사되는 킬림닉은 멀러가 트럼프를 푸틴과 연결하기 위해 절실히 필요한 러시아인이었다.

사실 킬림닉은 푸틴보다는 존 매케인 상원의원과 훨씬 끈끈한 관계였다.

러시아 명문 군사학교를 졸업하고 언어강사를 지낸 킬림닉은 1995년 미국 정부가 부분적으로 자금을 지원하는 민주주의를 표방하는 비영리 싱크탱크인 '국제공화연구소International Republican Institute'(이하 IRI로 표기) 모스크바 지부에서 통역관으로 일을 시작했다.[34] 25년 동안 IRI를 이끈 매케인은 2018년 8월 자리에서 물러났다.[35]

모스크바에서 근무했고 나중에 트럼프 선거운동본부에서도 일한 미국인이자 정치 컨설턴트 마이클 카푸토Michael Caputo에 따르면, 키가 5피트 3인치 단신인 킬림닉은 동료 연구원들 사이에서 "난쟁이"라는 별명으로 불렸고 그의 배경 때문에 첩보원이라는 놀림을 받았다. 킬림닉은 IRI의 모스크바 지부 부원장이 되었다. 2004년 그는 당시 매너포트의 동업자이자 억만장자 데리파스카에게 자문을 하느라 우크라이나에 있던 릭 데이비스Rick Davis의 통역을 부업으로 했다. 부업을 했다는 이유로 IRI로부터 해고당한 그는 매너포트를 위해 통역 업무를 시작했다. 두 사람 모두 우크라이나 정부 관리들과 정계 인사들 사이에 소중한 인맥을 구축했기 때문에 이를 기점으로 서로에게 이익이 되는 협력관계가 오래 이어졌다.[36]

모스크바에 거주하는 킬림닉은 이메일을 통해 〈월스트리트저널〉에 자신은 데이비스의 통역을 해주느라 데리파스카를 딱 한 번 만났다면서 "나는 러시아의 그 어떤 첩보 업무에도 관여한 적이 없다"라고 밝혔다. 따라서 그에 대한 혐의는 "허술한 토대를 바탕으로 지어낸 이야기에서 빠져 있는 고리를 만들어내려고 나를 의도적으로 그 이야기에 밀어 넣었다"라고 말했다.[37]

수백 건의 정부 문서에 따르면, 킬림닉은 미국 국무부의 "민감한" 첩보 제공자였다. 이 정보는 멀러 보고서에서 의도적으로 누락되었다.[38]

킬림닉과 국무부의 관계는 2013년으로 거슬러 올라간다. 그는 우크라이나 주재 미국 대사관 정치담당 최고책임자와 종종 만났고 우크라이나의 지도자들에게 메시지를 전달해주고 미국 관리들에게 서면 보고서를 제출했다. 그들은 그가 불편부당하다고 생각했고 모스크바와 특별한 연대 관계는 없다고 믿었다.[39]

세 명의 정부 관리들이 존 솔로몬 기자에게 킬림닉의 서면 보고서뿐만 아니라 연방수사국이 국무부 관리들과 한 모든 면담 내용을 멀러 특검이 갖고 있었다고 확인해주었다. 그것도 멀러 특검이 킬림닉을 모스크바 첩보기관과 연관된 러시아 협력자라고 설명하기 훨씬 전에 말이다.[40]

멀러 보고서는 2016년 8월 킬림닉이 트럼프 선거운동본부에 제출한 우크라이나-러시아 평화 제안서도 사악한 음모로 설명했다. 그러나 멀러는 킬림닉이 2016년 5월 이와 비슷한 평화협정 제안서를 오바마 행정부의 국무부에도 제출했었다는 사실을 빠뜨렸다.

"이는 첩보 기관의 많은 종사자들이 '누락에 의한 기만deception by ommission'이라고 부르는 수법이다"라고 솔로몬은 말했다.[41] 멀러가 이 정보를 누락한 행위는 비윤리적일 뿐만 아니라 멀러 보고서에서 또 어떤 중요한 정보가 누락됐을지 모른다는 의구심을 더욱 증폭시키기도 한다.

그러나 일단 별건수사로 낚기 수법이 시작되자 물고기가 걸려들었다. 매너포트와 게이츠 둘 다 수익이 짭짤한 컨설팅 업무로 소득을 올렸고 미국 정부에 응당 내야 할 몫의 세금을 내지 않고 거액을 해외에 숨겨두었다.

2018년 2월 게이츠는 두 가지 혐의에 대해 유죄를 인정했다. 소득을 신고하지 않아 미국 정부를 편취한 혐의와 위증 혐의였다. 그는 멀러 특검의 표적수사를 받고 범죄를 시인한 다섯 번째 인물이자 특검과 협조하겠다는 의지를 표명한 세 번째 트럼프 관계자가 되었다. 게이츠는 매너포트가 사임한 후 오랫동안 트럼프를 위해 계속 일했으므로 트럼프의 약점을 토해낼 가능성이 높아 보였다.[42]

2019년 3월 현재 게이츠는 선고를 받지 않았고 여전히 트럼프의 취임을 둘러싼 활동들과 관련해 "진행 중인 몇 가지 수사"에 도움을 주고 있었다.[43] 두 사람이 융자 주체들을 갈취해 2,000만 달러 이상을 대출받고, 재무제표를 조작해 있지도 않은 소득을 수백만 달러로 보이게 하는 복잡한 사기에 연루되었다고 주장했다.[44]

매너포트는 "사실무근인 이런 혐의"에 대해 계속 싸우겠다면서 "나는 내 동업자가 우리의 결백을 입증할 투쟁을 지속할 강단이 있기를 바라고 기대했다. 아직 그 이유가 드러나지는 않았지만 그는 그렇게 하지 않기로 했다"라고 말했다.[45]

매너포트는 DC와 버지니아동부지법 두 군데 사법 관할 지역에서 기소당했다. 새로 기소된 이유에는 매너포트가 2012년 우크라이나로부터 독립된 입장인 척하면서 자신의 우크라이나 고객의 입장을 지지할 유럽의 전직 고위 정치인들 집단을 "은밀히 확보했다"라는 주장이 포함되었다.[46]

미국 워싱턴 D.C. 지방법원 판사인 T.S. 엘리스 Ⅲ는 매너포트에 대한 혐의를 꿰뚫어보았다. 그는 멀러 팀이 매너포트로 하여금 트럼프에게 불리한 증언을 하라고 압력을 가하는 수단으로 이전의 수사를 이용하려 한다며 다음과 같이 질타했다.

"당신은 이제 저 자료를 매너포트 씨를 설득해 정보를 내놓게 할 수단으로 이용하고 있다." 엘리스 판사는 2018년 5월 열기가 뜨거웠던 심리審理에서 말했다.[47] "당신은 매너포트 씨의 은행사기에는 관심 없다. 당신의 진짜 관심사는 매너포트 씨가 트럼프 씨를 연루시키거나 트럼프 씨의 기소나 탄핵으로 이어질 정보를 당신에게 줄지 여부다. 검사들이 속된말로 이를 '분다'고 한다. 당신은 조심해야 한다. 혐의자들이 부는데 그치지 않고 지어낼지도 모르니까."[48]

심지어 클린턴의 변호사를 지낸 래니 데이비스조차도 매너포트의 변호인단이 특검의 수사 범위를 제한하려 하는 게 일리가 있다며 다음과 같이 말했다. "특검이 선을 넘었는지 여부는 모른다. 그러나 은행사기가 러시아 공모와 무슨 관련이 있는지에 대해 문제를 제기할 만하다고 분명히 생각한다. 그리고 이는 재판부가 다룰 필요가 있는 사안이다."[49]

멀러 팀은 실낱같은 관계를 찾아냈다. 2018년 6월 특검팀은 유럽의 고위급 정치 지도자들로 보이는 잠재적인 증인들을 전화, 문자메시지, 암호화된 앱을 통해 접촉하려고 시도함으로써 공무집행을 방해한 두 건으로 매너포트와 킬림닉을 기소했다.[50]

킬림닉은 이러한 혐의를 부인했다. 매너포트와 킬림닉의 통화 내역을 토대로 검찰은 판사에게 매너포트의 1,000만 달러 보석 신청을 철회해 달라고 요청했다.[51] 미국 연방 지방법원 판사 에이미 버먼 잭슨Amy Berman Jackson은 이를 받아들였고 매너포트는 2018년 6월 16일 버지니아 교도소에 재수감되었다.[52] 그는 "안전"을 위해 모든 것을 갖춘 1인실에 "VIP"로 수감되었지만, 매너포트는 사실상 하루에 23시간씩 독방에 갇혀 있었다. 골칫덩어리에게 벌을 주기 위해 고안된 수법이다. 이 시설은 워싱턴에서 남쪽으로 2시간 거리에 있으므로 매너포트가 두 가지 재판을 준비하기가 "사실상 불가능"하다고 그의 변호인단은 주장했다.[53]

검찰이 매너포트에 대한 "VIP" 대우가 너무 호화스럽다고 불만을 제기한 후 그는 7월 중순에 다른 교도소로 이감되었다.[54] 2018년 여름 엘리스 판사의 버지니아 법정에서 매너포트가 탈세와 은행사기 등 18개 혐의로 재판을 받을 무렵 그의 건강은 눈에 띄게 악화되었다.

멀러의 검사들은 매너포트를 낭비벽이 심한 사람으로 묘사하면서 집일곱 채, 15,000달러짜리 타조가죽 재킷, 자동차 여러 대와 그 밖의 사치품을 열거하며 그의 씀씀이를 자세히 묘사했다. 엘리스 판사는 검찰에게 씀씀이가 큰 게 범죄는 아니라며 다음으로 넘어가라고 했다.[55] 그는 또한 검찰에게 '올리가르히'라는 경멸조의 용어를 사용하지 말라고 지시했다. 매너포트가 "야비한 인간들"과 어울린다는 인상을 주기 때문이었다.[56]

배심원단은 탈세와 은행사기 등 8건에 대해 그에게 유죄를 선고했다.[57] 워싱턴 D.C.에서 열릴 두 번째 재판을 모면하기 위해서 매너포트는 2018년 9월 미국에 반하는 음모를 꾸미고 공무집행을 방해한 혐의에 대해 유죄를 시인하고 특검에 협력하기로 했다. 그는 연방수사국과 멀러 특검의 변호사들로부터 10여 차례 이상 심문을 받았고, 이 가운데 아홉 번은 유죄답변거래에 합의한 후였다.[58]

수사관들은 2016년 6월 9일 트럼프타워에서 있었던 모임을 반복해서 거론했다. 매너포트가 도널드 트럼프 주니어, 재러드 쿠시너와 함께 러시아 변호사 나탈리아 베셀니츠카야를 만났던 모임 말이다. 수사관들은 매너포트에게 대통령 후보가 사전에 그 모임에 대해 알고 있었는지 물었다.[59]

설사 대통령 후보가 미리 알았다고 해도 범죄는 아니다. 그러나 매너포트는 트럼프가 그 모임에 대해 사전에 알지 못했다고 반복해서 부인했다. 그는 법정에서 위증으로 기소당했다. 이러한 "절차적" 범죄들이 쌓이면서 멀러의 무기고에는 또 다른 무기가 확보되었다.

2018년 12월, 법원에 제출한 상당 부분이 비공개였던 문건에서 멀러의 특검팀은 매너포트의 거짓말을 다섯 가지 주제로 나열했다. 킬림닉과의 교류, 킬림닉이 증인의 증언에 영향을 미치려고 한 역할, 사업관련 지급금액, 트럼프 행정부 내의 연락처, 그리고 또 다른 수사에 대한 정보 등이었다. 매너포트는 고의로 거짓 정보를 제공하지 않았다고 부인했지

만 멀러 팀은 그가 합의를 어겼고 따라서 정상참작의 여지가 없다고 주장했다.[60]

2019년 2월 멀러 팀은 모두가 기대하던 800쪽짜리 구형 적요서를 제출했다. 언론매체의 정치평론가들은 매너포트, 게이츠, 킬림닉, 트럼프 또는 선거운동본부 관계자 그 어느 누구도 러시아와 음모를 획책한 증거가 없다는 사실을 깨닫고 망연자실했다.

앤드루 매카시의 말마따나 어쩌면 매너포트는 씀씀이가 큰 한량일지 모른다. 그러나 그렇다고 동이 트기도 전에 자택에 들이닥쳐 그와 그의 부인에게 총구를 들이대는 행태가 정당화될까? "수개월 동안 독방에 수감된 후 예전의 매너포트가 아니라 껍데기만 남은 매너포트의 처지가 정당화될까?"

매너포트는 러시아와 공모하지 않았다고 매카시가 지적했다. "그는 푸틴이 아니라 우크라이나를 위해 일했다. 사실 그는 우크라이나에 체류하는 동안 자신의 고객들을 푸틴의 이익에 맞서라고 밀어붙였다."[61]

그러나 더욱 분개할 일이 터졌다. 매너포트의 최종 선고가 내려지고 몇 분이 지나지 않아 맨해튼 지방검찰 사이러스 밴스 주니어Cyrus Vance Jr.가 매너포트를 주택담보대출 사기와 10여 가지 이상의 뉴욕 주 중범죄로 기소했다. 핵심적인 혐의는 매너포트가 맨해튼 콘도를 임대가 아니라 거주용으로 매입하고 이에 대해 거짓말을 했다는 주장이었다. 혐의 일부는 매너포트가 이미 유죄판결을 받은 혐의들과 중첩되어 일사부재리의 원칙에 위배되었다.

이러한 "노골적인 정치적 기소"는 트럼프 대통령이 그의 전직 선거운동본부장인 매너포트를 사면할 경우에 대비해 트럼프의 행정 권력이 미치지 못하도록 뉴욕 주 관할 혐의로 기소함으로써 매너포트를 처벌하려는 의도에서 비롯되었다고 법학자 조너선 털리는 말했다. 피에 굶주린

언론은 이를 기발한 "안전 장치"라고 칭송했다.[62]

매너포트를 구속시키려고 혈안이 된 뉴욕 주 검찰총장 레티샤 제임스Letitia James는 주 헌법을 바꿔 일사부재리 원칙의 보호 대상을 축소하겠다는 선거공약을 내걸었는데, 털리는 이를 "모든 시민들로부터 헌법적인 보호 장치를 제거하겠다는 뜻"이라면서 다음과 같이 덧붙였다. "분명한 사실은 뉴욕은 단 한 사람을 처벌하기 위해서 뉴욕 주 시민 모두에 대한 보호 수위를 낮추어서는 안 된다."[63]

주 헌법을 개정하려는 노력은 성공했지만 의회가 제정한 법률이 헌법에 위배되는지 여부를 검토하는 법률심사를 통과하지 못할 가능성이 크다. 매너포트에 대한 기소는 비윤리적이고 헌법적으로 결함이 있지만 밴스 검찰은 개의치 않고 밀어붙였다.

"주 검찰은 평소 같았으면 시간낭비라고 생각하고 기소하지 않았을 사건을 기소했다. 기소해야 해서가 아니라 사면을 못하게 막기 위해서였다"라고 매카시는 말하면서 다음과 같이 덧붙였다. "이처럼 공소권을 노골적으로 정치무기화하면 모든 사람을 공포에 빠뜨린다. 뉴욕 검찰은 매너포트가 주택담보대출 사기를 저질러서 기소한 게 아니다. 그가 트럼프 선거운동본부에서 일했고 트럼프의 대통령 임기 동안 사면될 수 있기 때문에 기소했다. 수치스러운 일이다."[64]

밴스의 기소가 정치적이라는 데 대해 일말의 의구심이라도 있었다면 맨해튼에서의 재판을 앞두고 매너포트가 펜실베이니아 주 로레토에 있는 교도소에서 라이커스 아일랜드로 이감되었다는 발표가 나오면서 그러한 의구심은 말끔히 사라졌다. 매너포트의 변호사는 로레토 교도소장에게 서신을 보내 이감에 대해 이의를 제기하고 뉴욕 검찰이 "재판이 진행되는 동안 매너포트 씨를 라이커스 아일랜드에 머물게 하고 독방에 수감해야 한다고 주장"하고 있다며 이감을 막아달라고 요청했다.[65]

강력범이 주로 수감되고 폭력사건이 빈번하게 일어나는 라이커스 아일랜드 교도소는 화이트칼라 범죄로 기소된 병약한 노인에게는 전혀 적합하지 않았다. 하버드 법학대학원 교수를 지낸 앨런 더쇼위츠는 다음과 같이 말했다. "폴 매너포트를 비교적 견딜 만한 연방교도소 독방에서 뉴욕 시 라이커스 아일랜드 교도소같이 위험한 지옥으로 이감하기로 한 결정은 인권유린이고 불법일 가능성도 있다. 나는 살인과 그 밖의 폭력 범죄로 기소된 수많은 피고인들을 접견하러 라이커스 아일랜드 교도소를 방문해 많은 시간을 보냈기 때문에 그곳이 어떤 곳인지 잘 안다. 라이커스 아일랜드에 수감된 이들 중에는 연쇄살인범도 있고 고문을 일삼은 범인도 있다."[66]

뉴욕 시 경찰청장을 지낸 버나드 케릭Bernard Kerik은 독방은 "기본적으로 죽음의 덫"이라고 했다. 심지어 알렉산드리아 오카시오 코르테Alexandria Ocasio-Cortez(민주당-뉴욕 주) 하원의원도 이에 동의하는 트윗을 날렸다. "교도소 복역은 정부가 고문하고 인권을 유린해도 되는 면허증이 아니다. 독방은 바로 그런 곳이다."[67]

플린의 사건을 넘겨받은 시드니 파월 변호사도 거들고 나섰다. "검찰에게 협조하기를 바라는 증인이나 검찰 요구대로 하지 않은 피고는 독방에 수감시킨다. 그러면 먹혀든다. 독방은 말 그대로 사람들을 무너뜨린다."[68]

그게 바로 밴스 검찰이 추구하는 목표였다. 매너포트를 무너뜨려 트럼프를 옭아매는 게 목표였다. 그러나 윌리엄 바 법무장관의 신임 차관 제프리 A. 로즌Jeffrey A. Rosen이 라이커스 교도소로의 이감을 (현재까지는) 막았다.[69]

킬림닉은 모스크바에 살고 있다. 그는 송환되어 재판을 받게 될 일은 없다. 그러나 멀러 팀은 그를 첩자라고 비방했고 존재하지도 않는 러시아 공모 음모의 중심인물이라고 매도했다.

로저 스톤 Roger Stone 파멸시키기

2019년 1월 25일 오전 6시를 막 넘긴 시각 17대의 SUV와 2대의 장갑차가 사이렌을 울리고 불빛을 번쩍이며 대부분의 집들이 운하를 배경으로 늘어서 있는 포트 로더데일Fort Lauderdale의 조용한 주택가로 들이닥쳤다. 머리 위로는 헬리콥터가 뜨고 경찰 보트 두 척이 엔진소리를 내며 집 뒷마당에 도달했다.

29명의 연방수사국 요원이 전술장비를 장착하고 M4 소총을 휘두르며 잔디밭을 훑었다. 4명의 요원이 출입문에 접근했고 그중 둘은 문을 부술 장비를 들고 있었다. 한 요원이 출입문을 주먹으로 두드리며 외쳤다. "연방수사국이오! 문 여시오!" 반바지와 티셔츠를 걸치고 자다가 깬 표정을 한 백발의 남성이 문을 열자 두 개의 총구가 그의 머리를 겨냥했다.[70]

그들은 66세인 로저 스톤을 체포했다. 연방수사국 요원들은 그의 자택을 샅샅이 수색해 문서, 컴퓨터, 전화를 압수했다. 마치 마약 제조나 총기 불법매매의 흔적을 찾아내거나 침대 밑에 테러리스트를 숨겨둔 듯이 말이다.

이 광경은 CNN에 생중계되었다. 마침 우연히 바로 스톤의 집 가까운 길 근처에 카메라 밴을 세워놓은 듯이 말이다. 생중계하던 진행자는 이 광경을 "수많은 경중 장비가 동원된" "이례적인 체포"라고 묘사했다.[71]

이런 강압적인 수색으로 체포한 사람은 무장한 위험한 범죄자가 아니라 작가이자 도널드 트럼프의 오랜 친구로 정치적 조언을 해주는 사람이었다. 그는 바로 전날 연방요원에게 한 거짓말 7건으로 기소되었다. 연방수사국은 스톤이 전과도 없고 무기도 소지하지 않고 여권의 유효기간도 만료되었으므로 도주의 염려가 없다는 사실을 알고 있었다.

로저 스톤에 대한 압수수색과 체포도 매너포트의 콘도에 들이닥칠 때 쓴 수법과 비슷했지만, 그보다 훨씬 더 강압적이었다. 훗날 스톤은 다음과 같이 말했다. "문을 열었더니 기관총이 나를 겨냥하고 있었다. 나는 수갑이 채워졌다. 17대의 차량이 전조등을 켜놓은 채 거리에 대기하고 있었다. 그들은 내 아내와 애완견들을 공포에 몰아넣었다."[72]

연방수사국 요원을 지낸 케네스 스트레인지Kenneth Strange는 CNN이 찍은 동영상을 보고 동트기 전에 들이닥쳐 체포 영장을 집행하는 이러한 방식은 통상적으로 마약 카르텔 조직원을 검거할 때 주로 쓰는 수법이라고 말했다.[73]

스트레인지는 다음과 같이 말했다. "스톤을 체포한 방식, 시간, 동원된 인력과 장비는 도저히 이해불가다. 그리고 멀러 특검과 그의 똘마니들은 그런 방식으로 체포영장을 집행할 권리가 있었을지 모르지만 리얼리티 쇼를 하듯 체포 광경을 생중계하도록 내버려두다니 경악스럽다."[74]

이례적으로 TV 카메라가 현장에 있었다는 사실은 멀러가 물리력을 과시함으로써 스톤과 트럼프에게 강력한 메시지를 전달하려는 게 명백했다. 연방검사를 지낸 폴 버틀러Paul Butler는 이를 "사적인 감정이 개입되었다"라고 말했다.[75]

또 다른 전직 연방수사국 요원이자 연방수사국 차석 부국장까지 오른 대니 콜슨Danny Coulson은 물리력을 과잉동원하고 멀러가 연방수사국을 이용해 공포심을 조장하고 협박한 방식에 경악했다. 그는 연방수사국에 재직하는 동안 1,000여 건 이상 체포영장을 집행해봤지만 화이트칼라 범죄 혐의자에게 그런 물리력을 사용한 적은 한 번도 없다고 말했다.[76] 멀러 특검이 "장악"하기 전의 연방수사국이었다면 스톤 같은 피고인-그는 자신이 기소되리라고 예상하고 특별고문실OSC에게 협조하지 않겠다고 공개적으로 밝혔다-에게 날짜와 시간을 정해주고 자진 출두하라고 통보했을 것이다. 더군다나 피고인에게 법률대리인이 있다는 사실을 알고 있었다.

이 해괴한 광경을 보면서 멀러뿐만 아니라 연방수사국 국장 크리스토퍼 레이Christopher Wray의 판단력에 대한 의문이 제기되었다. CNN 기자들이 압수수색이 실시되기 한 시간 전에 나타난 이유가 뭔가? 누군가 미리 그들에게 귀띔을 해주었나? CNN은 운 좋게 현장에 있었던 이유를 "기자의 육감"으로 돌렸다.[77]

엘리스 판사가 매너포트 사건에서 말한 바와 같이 멀러는 스톤이 "불거나 거짓말을 지어내게" 만들려고 했나? 특검은 트럼프가 특검을 해고 하도록 유인하려 했을까? 그러면 민주당은 트럼프를 공무집행방해로 탄핵할 수 있으니까? 아니면 그들은 스톤을 위협해 굴복시키려 했을지 모른다. 수사가 마무리 단계에 접어들면서 그들은 "공모"의 증거를 찾지 못했고 따라서 또 다른 사람을 기소해야 할 필요가 생겼다.

스톤에 대한 압수수색으로 연방수사국과 법무부가 혐의자에 따라 선별적으로 불평등하게 대우한다는 지적이 제기되었다. 힐러리 클린턴의 최측근 보좌관인 후마 아베딘과 셰릴 밀즈는 위증을 했고 그들의 이메일이 이를 입증해주었다. 그런데도 그들은 기소되지 않았다. 오히려 그들은 연방수사국에 아무 대가도 제공하지 않고 면책되었다. 힐러리의 친구면 무슨 짓을 해도 그냥 넘어간다. 트럼프의 친구면 새벽에 이마에 총구가 겨누어진다.

패션 블로그를 운영하는, 옷차림이 말끔한 신사이자 리처드 닉슨 전 대통령의 자문을 지냈으며 스스로를 더러운 책략가라고 일컫는 스톤은 독특한 개성을 지닌 인물로서 힐러리와 빌 클린턴에 대해 온갖 섬뜩한 추측을 해 민주당 진영에서 특히 혐오해왔다.[78]

《클린턴 부부의 여성을 상대로 한 전쟁The Clintons' War on Women》의 공동저자인 그는 클린턴 전 대통령을 연쇄 성범죄자로, 힐러리를 이를 눈감아주고 부추긴 사람으로, 그리고 둘 다 권력을 쟁취하기 위해서 사악한 짓을 서슴지 않은 자들로 묘사했다.[79] 그러나 그가 민주당 정치 거물만 난타

한 것은 아니다. 《젭! 그리고 부시 가족범죄단 Jeb! The Bush Crime Family》이라는 책을 공동으로 집필해 그는 공화당 쪽에서도 원한을 샀다.[80]

그러나 우쭐대고 언변이 화려하긴 하나 스톤은 미국의 문화와 정치를 음모론 시각으로 바라보는 좌우 진영의 수많은 정치꾼들, 평론가들, 작가들과 조금도 다르지 않다.

그 어떤 사건에서보다도 로저 스톤을 체포하는 과정에서 특별고문실이 권력을 남용한 행태를 보면 부패한 핵심 세력과 수사를 진행하는 자들의 사적인 적개심이 드러난다. 미국인들은 트럼프가 다음과 같은 트윗을 날리자 주목했다. "우리나라 역사상 최악의 마녀사냥이다! 공모는 없었다! 국경을 어슬렁거리는 코요테, 마약밀매상, 인신매매범도 이보다는 더 나은 대접을 받는다. 누가 귀띔을 했기에 CNN이 현장에 있었나?"[81] 오래전부터 트럼프와 친분을 유지해온 스톤은 자발적으로 물러났다고 말했지만 2015년 8월 당시 후보인 트럼프는 스톤을 선거운동본부에서 해고했다.[82]

스톤에 대한 24쪽짜리 공소장은 2019년 1월 24일 제출되었다. D.C. 지역의 검사 3명과 특검의 검사 3명이 작성했다. 특검 검사 3명 중에는 힐러리의 이메일 수사에서 힐러리의 법률대리인이었던 지니 리도 포함되었다.[83] 지니 리는 그 자리에 절대로 있어서는 안 되는 인물이었다.

허풍으로 가득 찬 이 공소장은 트럼프, 위키리크스, 줄리언 어산지에 대한 호기심을 자극하는 이야기들을 늘어놓으면서 2016년 여름 위키리크스가 공개한 클린턴 선거운동본부의 이메일 내용에 대해 스톤이 미리 알았거나 내부자 정보를 갖고 있다고 다음과 같이 암시하고 있다. "트럼프 선거운동본부의 고위관리는 스톤을 접촉해 클린턴 선거운동본부와 관련해 기구 1(위키리크스)이 또 어떤 불리한 정보를 갖고 있는지, 추가로 공개할 자료가 있는지에 대해 알아보라는 지시를 받았다."[84]

게다가 영화 〈대부 Ⅱ The Godfather Part Ⅱ〉까지 인용했다. 스톤은 "인물 2"가 자신을 밀고하지 못하도록 하려고 그에게 "프랭크 펜탄젤리 Frank Pentangeli" 처럼 하라고 했다는 주장이다. 펜탄젤리는 〈대부 Ⅱ〉에 등장하는 인물로 의회에 출석해 증언하는 자리에서 "자신이 중요한 정보를 알면서도 모른다고 주장했다."[85]

그러나 이 호들갑은 결국 절차적 범죄로 귀결되었다. 하원 정보위원회에 출석해 기록을 갖고 있는데도 이를 부인하고, 스스로 위증을 하고 증인에게 위증교사를 함으로써 공무집행을 방해했다는 혐의다. 이러한 혐의에 따라 부과되는 형량을 다 합하면 스톤은 징역 50년을 살 위험에 처하게 되었다.[86]

"절차적 범죄"의 엄중함을 축소하고 싶지는 않다. 그 누구도 합법적인 사법기관의 수사 과정에서 거짓말하거나 오도하거나 수사를 방해해서는 안 된다. 그러나 기소된 혐의들 가운데 그 어느 것도 트럼프-러시아 "공모"와 상관이 없었다. 스톤이 러시아와 공모해서 해킹을 하거나 문서를 훔쳤다는 주장은 공소장 어디에도 없었다.

그런데도 스톤은 위키리크스를 접촉하려고 했고 다른 이들에게도 시도해보라고 한 혐의를 받았다. 나를 비롯해 언론인 수백 명도 한 일이다. 범죄가 아니다. 스톤의 이메일을 살펴보면 그는 위키리크스가 이미 공개한 바로 그 정보 말고는 제시한 정보가 없다.

그는 클린턴 이메일이 클린턴에게 큰 타격을 주게 되리라고 추측했다. 그러나 이는 삼척동자도 알 만한 얘기다. 스톤은 이 사건에 자신을 끼워넣어 마치 실제보다 더 많이 알고 있는 듯한 인상을 주었다.

그는 트럼프 자문역인 스티브 배넌 Steve Bannon을 접촉해 위키리크스에 대한 자신의 예측을 전달하려 했다면서 〈브라이트바트 Breitbart〉의 한 편집자에게 다음과 같이 불평했다. "내가 배넌에게 알려주려고 전화했는데

답신을 안 한다." 이 편집자가 배넌에게 이에 대해 캐묻자 배넌은 "다른 걱정할 일이 태산이다"라고 답했다. 배넌은 결국 스톤에게 이메일을 보냈고, 스톤은 배넌에게 어산지가 이미 공개적으로 한 발언 말고는 아무 말도 하지 않았다. 그러더니 스톤은 배넌에게 선거운동본부 직원들을 시켜서 빌 클린턴에게 흑인 혼외자가 있다는 주장을 밀어붙여야 한다고 주장했다.[87] 수십 년 동안 치열한 선거운동의 한복판에 있다가 이제 주변부로 밀려나자 관심의 대상이 되려는 절박한 처지에 놓였던 듯했다.

멀러가 할 일은 그가 특검에 임명되기 전에 일어난 범죄를 찾아내는 일이었다. 그러나 그는 범죄를 만들어내 스톤이 범했다고 주장했다. 스톤에 대한 혐의 중 다섯 가지는 연방 당국에 거짓말을 했다는 것이었다. 재판을 하게 되면 검찰이 그의 유죄를 입증하기가 대단히 어렵다. 이러한 범죄를 다루는 법규(18 U.S.C. § 1001)에 따르면 그러한 발언이 범죄를 구성하려면 거짓인 줄 "알고도 일부러" 했다는 증거가 있어야 하기 때문이다.

이는 잘못 기억하고 있었다거나 기억력이 감퇴했다고만 하면 방어가 가능하다. 특정 사건들에 대한 스톤의 기억이 멀러가 그러한 사건들을 해석한 방식과 다르다고 해도 그건 범죄가 아니다. 게다가 스톤은 자기 증언의 일부를 정정해 수정하기도 했고, 이는 그를 법정에서 변호할 때 증거로 제출될 예정이다.

코미가 하원 법사위원회에서 아베딘과 밀즈에 대해 "기억과 사실이 불일치하는 경우가 다반사다"라며 별일 아닌 것으로 치부했듯이 말이다.[88]

사실을 왜곡하고 법을 곡해해 클린턴이 뻔뻔하게 위반한 중범죄로부터 그녀를 면책해준 바로 그자가 한 말이다. 코미의 친구 멀러는 이제 코미가 써먹은 똑같은 이중 잣대를 적용하고 있다.

스톤은 기소인부절차를 거친 후에도 위축돼서 입을 다물지 않고 오히려 언론에 대고 떠들었다. "미국 국민들이 이 얘기를 들어야 한다"라고 그는 〈뉴욕타임스〉에 말했다.[89]

압수수색을 받기 전에도 그는 자신은 위키리크스의 트위터 내용과 어산지를 팔로우하는 사람들이 귀띔해준 내용을 바탕으로 "허풍과 호들갑을 떨고 아는 척했을 뿐"이라고 주장했다. "내부자 정보[90] 같은 게 없어도 할 수 있는 일이다. 위키리크스와 직접 소통한 증거를 찾는 모양인데 그런 거 없다."

그리고 클래퍼가 스톤이 기소되면서 "연관, 협력, 조율 뭐라고 부르든 간에 아무튼 그런 일이" 일어났음이 드러났다고 했지만 사실은 그 정반대였다.[91] 트럼프 선거운동본부가 러시아와 음모를 꾸며 위키리크스를 통해서 DNC 이메일을 해킹하고 공개했다면 스톤을 시켜 어산지를 접촉할 필요가 있겠는가?

스톤이 체포된 후 트럼프는 위키리크스와 도난당한 DNC 이메일에 대해서 자기 친구 스톤과 얘기를 나눈 적도 없고 누굴 시켜 스톤과 얘기를 해보라고 한 적도 없다고 말했다.[92]

멀러는 2019년 2월 스톤이 위키리크스와 연락한 증거가 있다며 신청서를 제출했다. 이를 검찰에 알려준 정보원은 위증을 한 범죄자 마이클 코언이었다. 코언는 자기가 트럼프 집무실에 있는데 스톤이 집무실로 전화를 걸었다면서 다음과 같이 주장했다. "스톤 씨는 트럼프 씨에게 자기가 막 줄리언 어산지와 통화를 했고 어산지가 며칠 내에 대량의 이메일을 공개할 예정인데 그 이메일은 힐러리 클린턴 선거운동본부에 큰 타격을 입히게 된다고 어산지가 직접 말했다고 했다. 트럼프 씨는 '그렇게 된다면 얼마나 좋겠어'라는 취지의 말을 했다."[93]

스톤은 이를 부인했고 위키리크스는 트위터 계정을 통해 "위키리크스 발행인 줄리언 어산지는 로저 스톤과 통화를 한 적이 없다"라고 밝혔다.

코언이 이런 주장을 한 유일한 정보원이고 이 주장을 법정에서 입증하려면 천운이 따라야 할 것이다.[94]

위증교사 혐의는 줄리언 어산지를 인터뷰한 라디오진행자 랜디 크레디코Randy Credico와 스톤이 주고받은 통신 내용과 관련 있다. 스톤의 이메일을 보면 크레디코가 막후에서 스톤이 위키리크스와 소통하는 중간 경로 역할을 했다고 암시하지만 이는 나중에 과장인 것으로 드러났다.[95]

멀러는 스톤이 크레디코에게 발설하지 말라고 협박함으로써 공무집행을 방해했다고 주장했다. 스톤은 크레디코에게 보낸 한 메시지에서 다음과 같이 말했다. "당신, 증언하면 바보다. 장담컨대 증언을 할 정도로 멍청한 짓을 하면 위증으로 기소당할 사람은 당신이다."[96]

스톤은 우스갯소리로 주고받은 메시지였고 문제가 된 메시지 전과 후로 주고받은 메시지도 모두 농담이었다면서 크레디코가 위협을 느꼈을지 모른다는 주장을 일축했다. "그들은 이런 말을 하게 된 맥락을 무시하고 대단히 중대한 발언인 것처럼 왜곡하고 있다. 나는 크레디코 씨에게 위증하라고 한 적이 없다."

스톤은 자신이 하원에 출석해 크레디코와 나눈 그런 메시지들은 존재하지 않는다고 답변했는데, 그런 대화를 나눴다는 사실을 깜빡 잊어버려서 그렇게 답변했다고 말했다. "나도 인간이니 실수도 했다. 그러나 이 수사의 범위에 비추어볼 때 전혀 중요하지 않은 실수다."

한때 친구였던 두 사람은 공모에 대한 수사를 둘러싸고 사이가 틀어졌다. 크레디코는 2018년 5월 스톤에게 "당신이 상습적인 거짓말쟁이라는 건 삼척동자도 아는 사실이야"라고 문자메시지를 보냈고 스톤은 "당신도 딱히 조지 워싱턴이라고 할 수는 없지"라고 되받아쳤다.[97]

"끝까지 싸우겠다"라고 한 스톤은 소송비용으로 200만 달러를 예상하고 변호 비용의 기부를 호소했다. 그는 부인과 함께 더 작은 콘도로 이사했고 씀씀이를 줄이기 위해 의료보험을 해약했다.[98] 스톤은 혐의를 부인하고 재판부에 공소사실 기각을 요청했다.[99]

제롬 코시Jerome Corsi를 겨냥하다

스톤의 범죄를 성립시키려는 노력의 일환으로 멀러 팀은 〈월드넷데일리WorldNetDaily〉와 〈인포워즈Infowars〉의 기자이자 보수 성향 라디오의 진행자인 제롬 코시를 표적으로 정했다. 논란을 야기한 수많은 책을 집필한 코시는 오바마가 하와이가 아니라 케냐에서 태어났다고 주장해 유명해졌다. 이 주장은 그의 저서 《출생신고서는 어디 있나?: 버락 오바마가 대통령이 될 자격이 없는 이유Where is he Birth Certificate?: The Case That Barack Obama Is Not Eligible to Be President》에 자세히 설명되어 있다.[100]

오래전부터 트럼프를 알고 지낸 코시는 2016년 2월 22일 부시 일가에 대한 스톤의 책과 관련해서 처음으로 스톤에게 연락했다. 트럼프의 선거운동이 달아오르고 있었다. 스톤은 선거운동본부에 참여하지 않고 있었지만 여전히 "날마다" 트럼프와 통화하면서 정치적 조언과 전략을 제안했다.

두 사람은 만나서 저녁을 먹으면서 트럼프의 대통령 선거운동을 지원할 방법을 논의했고 나중에 이메일과 문자메시지도 주고받았다. 코시는 멀러 팀을 겪은 후 쓴 저서 《침묵은 이제 그만: 나는 어떻게 멀러의 "마녀사냥"에서 정치범이 되었나Silent No More: How I Became a Political Prisoner of Mueller's "Witch Hunt"》에서 다음과 같이 말했다. "나는 기자의 역할을 하다가 막후에서 활동하는 정치꾼으로 변신했고, 로저 스톤과 은밀히 협조해 2016년 대선에서 트럼프 선거운동본부에게 유리하도록 언론 보도 사이클에 영향을 줄 사건들을 기획하는 인물로 변했다."[101]

2018년 8월 28일, 연방수사요원 두 명이 뉴저지 주 북부에 있는 그의 자택 초인종을 눌렀다. 그는 동요했지만 놀라지는 않았다. 코시는 멀러 팀이 줄리언 어산지와 위키리크스와 스톤이 연락을 주고받았는지를 알아내려고 스톤과 접촉한 사람들을 심문하고 있다는 사실을 알고 있었다. 두 연방요원은 열흘 후에 대배심에 출석하라는 소환장을 내밀었다.[102]

코시는 변호사와 상의한 다음 연락하겠다고 말했다. 그의 변호사 데이비드 그레이 David Gray는 코시가 자발적으로 수사에 협조하면 코시의 위증 의도를 연방수사국이 입증하기가 훨씬 어려워진다고 설명했고, 코시도 이에 동의했다. 그러나 염려가 되었다. 그는 저서에서 다음과 같이 말했다. "데이비드 그레이의 조언에도 불구하고 나는 내가 위증의 덫에 걸리지 않을 자신이 없었다. 물론 진실을 말할 작정이었지만."[103]

그레이는 트럼프 대통령의 법률대리인 제이 세큘로에게 코시가 소환되었다고 알려주었다. 그들은 구두로 "상호 방어"에 합의했고, 이로써 양측은 비공개로 정보를 공유할 수 있게 되었다.

2018년 9월 6일 코시와 그레이는 워싱턴 D.C.로 가서 애런 젤린스키 Aron Zelinsky, 지니 리, 앤드루 골드스타인 Andrew Goldstein 등 세 검사와 연방수사국 요원들과 만났다. 코시는 자발적으로 휴대전화와 두 개의 노트북컴퓨터, 백업 하드드라이브가 달린 타임머신 Time Machine 앱을 제출하고 이메일 계정에 대한 접근도 허용했다. 그는 그들이 어차피 이러한 모든 통신 내역을 갖고 있으리라고 생각했다.

대화는 줄리언 어산지로 옮겨갔다. 코시는 스톤이 어산지와 접촉하기를 바랐지만 거절했고 필연적으로 이어질 첩보 수사에 연루되고 싶지 않다고 했다.[104]

이 회의는 검사들과 연방수사국 요원들이 자리를 박차고 나가면서 "파토가 났다."

코시는 한 시간 반 동안 홀로 남겨져 자기가 무슨 범죄를 저질렀는지

곰곰이 따져 보았다. 지니 리와 젤린스키가 "눈에 보일 정도로 격앙된 채" 돌아왔다.

"당신이 한 말이 거짓임을 입증할 증거가 있다"라고 젤린스키가 말했다.

지니 리는 코시가 대배심에 출석해 어산지에 대해 발언을 하지 않아서 다행이라며 다음과 같이 말했다. "그 증언을 기록에서 삭제하기는 대단히 어려울 테니 말이다." 코시가 거짓말을 하면 스톤에 적대적인 증인으로 설득력이 없었으리라는 뜻이다. 젤린스키는 그의 이메일을 검토하려면 일주일 정도 걸리니 그 후에 다시 얘기하자고 했다. 그들은 코시의 노트북컴퓨터 두 대와 외장 하드드라이브가 달린 타임머신을 돌려주었다.

코시는 심문을 받기 전에 자기 이메일을 다시 살펴보지 않았다. 집에 돌아온 그는 6만 건의 예전 이메일을 새로운 컴퓨터에 옮겨 담고 살펴보았다. 그러고 나서야 비로소 자기가 잊어버린 내용이 많다는 사실을 깨달았다.

2016년 3월 위키리크스가 1차로 클린턴 관련 이메일을 대량으로 공개한 후 앞으로도 더 공개하리라는 사실은 비밀이 아니었다. 어산지는 〈가디언〉에 위키리크스는 클린턴이 국무장관으로 재직할 때 주고받은 이메일을 공개할 계획이라고 말했다.[105]

코시는 7월 25일 스톤으로부터 받은 이메일을 발견했는데 제목에 '어산지를 접촉해'라고 되어 있었다. 본문은 다음과 같았다. "런던 주재 에콰도르 대사관에 있는 어산지를 접촉해서 위키리크스가 보관하고 있는 이메일을 확보해. 클린턴 재단과 관련된 이메일이라는 소문이 있어."[106]

위키리크스는 민주당전당대회 시작에 맞춰 며칠에 걸쳐 DNC 이메일을 대량으로 뿌려댔다. 민주당 대선후보로 출마한 힐러리 클린턴의 경쟁자 버니 샌더스Bernie Sanders를 DNC가 홀대한 내용이 공개되면서 분노가 일자 DNC 의장 데비 와서먼 슐츠Debbie Wasserman Schultz가 사임했다.

코시는 이 이메일을 런던에 있는 테드 멀록Ted Malloch에게 전송했다. 클린턴 재단에 대해 조사할 때 만난 멀록에게 보낸 이 이메일에 코시는 간단한 메시지를 덧붙였다. "테드. 로저스톤이 보낸 이메일. 제리가."[107]

옥스퍼드 대학교 사이드 경영대학원 선임연구원이자 교수인 멀록과 스톤은 코시가 마련한 저녁식사에서 만났다. 열렬한 트럼프 지지자로서 다보스 세계경제포럼World Economic Forum 이사회 이사를 지낸 멀록은 탐정은 아니었다. 코시가 예상했던 대로 멀록은 어산지를 접촉하지 않았다.

코시는 스톤과 다른 사람들로부터 온 다른 이메일도 발견했는데 잊고 있었다. 코시가 결혼기념일을 기념하기 위해 이탈리아에 체류하는 동안 〈월드넷데일리〉 편집자 조지프 파라Joseph Farah가 그에게 이메일을 보내 아무도 어산지를 접촉하지 않았다고 화를 냈다. 코시는 다음과 같이 답장을 보냈다. "우리가 어산지를 접촉하려고 시도할 수는 있지만 누군가 런던으로 가야 할지 모른다. 우리가 대사관으로 찾아간다고 해도 그가 우리를 만나줄지 모르겠다."[108]

그러나 파라는 이 취재를 코시에게 맡기지 않았다. 아무런 후속조치도 없었다. 설사 파라가 코시에게 그 취재를 맡겨서 언론인인 코시가 어산지를 만났다고 해도 범죄는 아니다.

코시는 2016년 8월 15일 스톤에 대한 기사를 썼다. 스톤이 위키리크스가 클린턴이 삭제한 이메일 3만 건을 확보했고 이를 공개할 예정이라고 발언한 후 자신의 컴퓨터와 개인 은행계좌가 해킹당했다고 주장했다는 내용이었다.

위키리크스에 대한 오픈소스 조사와 컴퓨터 기반에 대한 자신의 지식과 클린턴의 선거운동본부장인 존 포데스타에 대한 자체적인 조사를 종합한 결과 코시는 어산지가 클린턴의 이메일을 갖고 있지 않다는 결론을 내렸다. 어산지는 포데스타의 이메일을 갖고 있었고 10월에 이를 공개하기 시작했다. 효과를 극대화하기 위해서 한꺼번에 공개하지 않고 찔끔찔끔 흘렸다. 코시는 자기가 내린 결론을 스톤에게 설명했다. 2016년 8월 21일, 스톤은 다음과 같은 트윗을 날렸다. "장담컨대, 곧 포데스타가 욕볼 차례다."[109]

당시에는 많은 사람들이 이를 어산지가 아직 공개하지 않은 이메일이 포데스타의 이메일이라는 사실을 스톤이 "미리 알고 있었다"는 증거로 해석했다.

코시는 다음과 같이 말했다. "이게 바로 특검의 범죄수사의 초점이 된 핵심적인 이메일이다. 스톤은 줄리언 어산지와 도널드 트럼프를 엮을 연결고리로 반드시 필요했다. 트럼프 선거운동본부가 러시아와 공모했다고 엮으려면 말이다. 멀러는 코시를 이용해 스톤과 어산지의 관계를 입증하려고 했다."[110]

스톤이 포데스타를 언급한 트윗과 관련해 집중공격을 받은 후 코시는 스톤에게 포데스타의 배경을 조사한 장문의 보고서를 보내 이 보고서를 핑계 삼으라고 했다. 그러고 나서 코시는 〈인포워즈〉에 '어산지가 아니라 나를 탓해라!'라는 제목의 글을 썼다.[111]

코시는 이 가짜 기사를 부도덕하다거나 불법이라고 여기지 않았다. 그저 정치적 행위였을 뿐이다.[112]

코시는 멀러 팀으로부터 두 번째로 받은 심문에서 2016년에 스톤과 주고받은 이메일 3건을 찾아냈는데 그것을 받았는지 기억나지 않았다고 해명했다. 멀러의 동의를 받은 그는 앞서 했던 진술을 수정했다.[113]

"젤린스키와 특검의 검사들이 놀란 점은 2016년 10월 7일 어산지가 포데스타의 이메일을 공개하기 몇 달 전인 7월과 8월에 내가 어떻게 이런 정확한 정보를 입수했는가 하는 점이었다"라고 코시는 저서에서 밝혔다.

512

그들은 코시가 어산지와 직접적인 관계가 있을 뿐만 아니라 위키리크스가 10월을 이메일 공개 시점으로 잡는 데 모종의 역할을 했다고 생각했다. 스톤이 코시에게 트럼프의 음담패설이 담긴 〈액세스 할리우드〉 녹음테이프에 대해 귀띔을 해주면서 어산지에게 말을 전하라고 부탁한 후 포데스타의 이메일이 공개되었기 때문이다. 이 테이프도 곧 유출되었다. 그러나 특검은 코시가 주고받은 모든 통신과 이메일 내역을 확보하고도 둘의 연결고리를 찾지 못했다.

젤린스키는 상대방에게 과거를 회상하게 만드는 기법을 이용해 코시를 몰아붙였다. 그는 코시에게 이탈리아에서 휴가를 보내던 당시 편집자가 그에게 어산지에 대한 이메일을 보냈던 때를 상상해보라고 했다. 누구와 얘기를 했나? 코시는 협조하려고 했지만 어산지에 대한 비밀을 누가 자기에게 말했는지 기억이 떠오르지 않았다. "계속 이런 식으로 하면 다음 번[114]에는 내가 전생에 알렉산더 대왕이었다고 말하게 되겠다"라고 그는 저서에서 밝혔다.

코시는 2018년 9월 21일 대배심에 출석해 증언했다. 30분 정도 걸렸다. 검사들은 그와 악수를 하면서 축하한다고 했다. 그러나 끝난 게 아니었다. 대배심에 두 번째로 출석할 준비를 하면서 그는 10월 31일 멀러 팀과 다시 만났다.

젤린스키와 지니 리가 다시 그에게 질문을 퍼부었다. 그러나 그는 기억력이 형편없었다. 그들은 마침내 코시가 이탈리아에 체류하던 2016년 8월에 스톤에게 보낸 이메일을 보여주었다. 그들은 그에게 이메일 사본을 보여주지는 않았지만, 다음과 같은 말이 적혀 있었다. "소문에 따르면 어산지가 이메일을 두 번으로 나눠서 공개할 예정인데, 하나는 클린턴재단에 대한 이메일로 곧 공개될 예정이고, 두 번째는 포데스타에 대한 이메일인데 10월에 공개된다."[115] 코시는 그런 이메일을 보낸 기억이 없었지만 어쩌면 그저 흥분 잘하는 스톤을 달래려고 그런 이메일을 보냈을지도 모르겠다고 생각했다.

그러자 검사들로부터 또 한 차례 질문이 쏟아졌고 2016년에 코시가 보낸 이메일과 통화 내용을 두고 일일이 심문을 하느라 숱한 시간을 보냈다.

코시는 40시간 동안 심문을 받았다. 그러나 검사들은 그가 그저 기억력이 나쁠 뿐이라는 사실을 받아들이지 않았다.[116] 그들은 미국연방법(18 U.S.C. § 1001)에 의거해 세 차례 위증한 데 대해 유죄를 인정하라고 그에게 압력을 넣었다. 코시는 특별고문실(OSC)이 자신을 위증의 덫에 걸리게 만들었다고 비난했다.[117]

"내가 공무집행을 방해하려 한다면 외장 하드드라이브는 왜 갖고 있겠나? 전부 폐기처분했을 것이다"라고 코시는 말했다. 11월 21일 코시의 변호사는 특검에게 서신을 보내 다음과 같이 말했다. "코시 박사는 당시에 최선을 다해 기억을 살려 진술했다. 처음부터 코시 박사는 컴퓨터, 이메일, 휴대전화, 소셜미디어 계정 등을 모두 제출했고 최선을 다해 기억을 되살려 진실을 말하자는 게 그의 일관된 의도였으며, 이는 그도 당신들에게 시인했다. 몇 년 전에 벌어진 사건들이어서 기억이 잘 나지 않는다고 말이다."[118]

그러나 멀러 특검이 사는 뒤틀린 세계 속에서는 2년 전에 보낸 이메일 3건에 대해 기억하지 못해도 범죄로 기소될 수 있었다. 기억이 불완전한 인간이라는 이유로 거짓말을 한다고 기소되는 셈이었다. 그리고 나서 구속된다는 협박을 받으면 불완전한 기억이 아니라 의도적으로 속이려 했다고 자백하게 된다. 사실은 그렇지 않은데도 말이다. 다시 말해서 진실이 아니라 거짓말을 하라는 지시를 받는 셈이다.

바로 플린과 파파도풀로스도 압박에 굴복해 이런 일이 일어났다. 코시는 굴복하지 않고 버텼다. 몇 주 동안 지니 리와 그 패거리들로부터 압박과 위협과 기소 협박을 당한 후에도 그는 그들의 요구를 거부했다.

2018년 11월 25일, 그는 자신의 변호사에게 다음과 같은 메모를 적어 보냈다. "나는 거짓인 유죄답변거래 합의서에 서명하지 않겠다. 나는 '거짓인 줄 알면서 고의로' 연방수사국이나 특검에게 거짓 정보를 제공한 적이 없다."[119]

유죄를 인정했다면 코시는 자신의 활동분야인 금융과 보안 업무를 하는 데 필요한 보안자격증을 박탈당했을 것이다.[120] 코시는 지니 리가 자신에게 유죄답변거래 합의서는 비공개처리될 것이므로 연방정부 당국에 알리지 말라고 조언했다고 주장했다. "리는 우리에게 중범죄를 저지르라고 조언한 셈이다."[121] 코시는 유죄답변거래를 거부했다.

그러자 멀러 팀은 코시의 의붓아들 앤드루 스테트너Andrew Stettner를 겨냥했고 그에게 대배심에 출석해 증언하라는 소환장을 발부했다.[122] 천편일률적인 패턴이 보이지 않는가?

코시는 2018년 11월 자신이 언제든 기소될 것으로 본다고 공개적으로 밝혔다. 그는 특별고문실로부터 받은 압력에 대해서 "살아생전 겪어본 가장 끔찍한 경험이었다. 두 달 동안 괴롭힘을 당하고 나니 정신이 피폐해졌다"라고 말했다.[123]

그는 특검이 자신에게 그들이 짜낸 트럼프-러시아 "공모" 이야기를 뒷받침해달라고 했다고 주장했다. 코시는 자신은 트럼프를 지지한 죄밖에 없다며 "감히 딥 스테이트에 맞섰다는 이유로 여생을" 교도소에서 보내게 될까봐 두렵다고 말했다.[124]

이와 거의 같은 시기에 트럼프의 변호인단은 누군가가 익명으로 보낸 코시와 관련된 문서들을 받아 보고 특검이 코시에게 부당한 압박을 가한 사실을 알게 되었다. 그 문서에는 공소장과 유죄답변거래 합의서, 코시가 재판정에서 유죄를 시인하며 대통령이 공모관련 정보를 받았다고 거짓으로 증언할 때 낭독할 내용 등이 들어 있었다. 루디 줄리아니는 당일 밤늦게 즉시 조치를 취했다며 다음과 같이 말했다.

> 우리는 즉시 이를 연방수사국과 법무부에 보고하고 멀러 특검팀이 위증을 교사하는 중범죄를 저지르려고 하고 있다고 알려주었다. 그들은 코시에게 증인 선서한 상태에서 거짓 증언을 한다고 합의만 한다면 집행유예를 받게 되고 징역을 살 필요가 없다고 유인했다. 그들은 코시에게 거짓말을 하라고 협박하고 있었다.[125]

트럼프의 변호인단은 법무부에서 검사들과 만났다. 그러나 로드 로젠스타인이 감독하는 법무부였으므로 검찰의 중대한 직권 남용에 대한 항의에 대해 아무런 조치도 취하지 않은 것으로 보인다.

연방수사국이 스톤의 자택을 압수수색하면서 물리력을 과잉행사한 일이 일어난 후 코시는 방탄복을 입은 요원들이 어느 날 아침 자기 집에 들이닥쳐 침대에 누워 있는 자신의 머리에 총구를 들이대고 침대에서 끌어냈다면 어땠을까 생각해보았다. 그러나 멀러 특검팀은 스톤을 체포할 때 너무 호들갑을 떨어서 역풍이 불었다는 사실을 깨달았을지 모른다. 코시를 설득력 없는 혐의로 기소한다면 특검이 치졸하게 보복한다는 인상을 주었을지 모른다. 2019년 3월 멀러는 보고서를 공개하면서 더 이상 추가로 기소할 사람은 없다고 선언했다.

연방수사국의 초토화 전술

특검이 존재할 이유가 없음이 분명해지자 피소자의 수를 늘려 실적을 올리려고 혈안이 된 연방수사국과 검찰 팀에 다음과 같이 많은 사람들이

걸려들었다.[126]

- 런던에 본거지를 두고 있지만 미국에서 체포된 네덜란드 변호사 알렉스 밴 더 스반Alex van der Zwaan은 릭 게이츠와 이름을 알 수 없는 한 인물이 우크라이나에서 접촉한 사실에 대해 연방수사국에 거짓말을 했다는 데 대해 유죄를 인정했다. 그는 30일 동안 수감생활을 하고 추방되었다.

- 공화당 진영에서 "트럼프 절대불가Never Trumper"라는 입장이었고 로비스트인 샘 페튼Sam Patten은 외국 대리인으로 등록하지 않고 우크라이나 고객들을 위해 활동한 이유로 외국대리인등록법(FARA) 위반에 대해 유죄를 인정했다. 소송비용 14만 달러를 쓴 끝에 그는 3년의 집행유예와 5,000달러 벌금을 선고받았다. 그는 다음과 같이 말했다. "이는 FARA를 선택적으로 적용하고 집행한다는 증거다. 정부가 아무 혐의도 찾지 못했을 때만 비로소 FARA 위반을 적용한다."[127]

- 리처드 피네도Richard Pinedo는 인터넷 리서치 에이전시 러시아의 댓글공작 작전과 관련해 신분을 도용한 혐의에 대해 유죄를 인정했다. (아래 내용을 참조하라)

아직 계류 중인 사건들

- 우크라이나 출신의 매너포트 동료인 콘스탄틴 킬림닉은 공무집행방해로 기소되었다.

- 마이크 플린의 사업 관계자인 이란계 미국인 사업가 비잔 키안Bijan Kian과 터키 사업가 에킴 알프테킨Ekim Alptekin은 해외 로비 법 위반을 모의한 혐의로 기소되었다.

- 버락 오바마의 백악관 법률고문을 지낸 그레고리 크레이그Gregory Craig는 해외 로비와 관련해 연방 관계당국으로부터 정보를 은폐하고 거짓말

한 혐의로 기소되었다. 그는 멀러 특검의 수사와 관련해 지금까지 기소된 유일한 민주당 인사다. 그러나 로비스트 토니 포데스타와 빈 웨버Win Weber에 대해서는 수사권고에 그쳤다.

말 그대로 수백 명이 증인이나 잠재적인 혐의자로서 수사망에 걸려들었고 특히 보수 성향의 언론인들, 의회의 공화당 직원들, 보수성향의 싱크탱크 분석가들이 주를 이루었다.

언론인 폴 스페리는-대부분의 언론매체들이 관심을 보이지 않은-10여 명의 증인을 추적한 결과 특검이 이들을 상대로 쓴 수법이 놀라울 정도로 유사하다는 사실을 깨달았다. 연방수사국 요원들과 검찰은 그들에게 범죄를 인정하라고 압력을 넣고 그들의 부인과 여자 친구를 위협하면서 수감된다고 으름장을 놓았다. 수사관들은 아무런 증거가 없는데도 그들의 이메일, 문자메시지, 전화 기록, 여행 기록 등의 통신내역을 샅샅이 압수해 조사했다. 그들이 대배심에 제출한 정보가 유출된 것으로 보이는 경우도 있었는데, 이러한 유출행위는 연방 범죄이다.[128]

변호사를 선임할 수밖에 없는 상황에 처한 많은 이들이 정서적·정신적 스트레스에 시달렸다. 법적인 탄원서를 제출하거나 공식적으로 법무부에 항의한 이들도 있다. 그들은 멀러의 "초토화" 전술을 규탄했다.[129]

연방수사국 정보제공자들의 표적

1990년대에 러시아에 살았으며 트럼프 선거운동본부에서 일한 마이클 카푸토Michael Caputo에게 플로리다에 근거지를 둔 헨리 옥니안스키Henry Oknyansky라는 이름의 러시아인이 접근했다. 멀러 보고서에 따르면 헨리 그린버그Henry Greenberg라고도 알려진 옥시안스키가 카푸토에게 접근해 클린턴의 약점인 금융 정보를 사라고 제안했다. 카푸토와 스톤은 2016년

5월 그린버그와 만났다. 스톤은 "트럼프는 경쟁상대를 뒷조사한 자료를 돈을 주고 사지 않겠다"면서 이 제안을 거절했다고 말했다.[130]

카푸토는 멀러 특검의 심문을 받고 의회의 두 위원회에 출석해서 할 증언을 준비하느라 변호사 비용을 12만 5천 달러 이상 썼다. 그는 소송 비용을 마련하느라 자택을 담보로 두 번째 대출을 받아야 했다.

그는 상원의 한 위원회와의 면담이 끝난 후 발표한 성명서에서 다음과 같이 말했다. "내 가족이 받은 온갖 살해 협박은 차치하고, 당신들이 선거에서 졌다는 이유만으로 누가 우리에게 이런 막대한 금전적 손실을 초래했고, 누가 우리 아이들을 괴롭혔고, 누가 우리를 집에서 쫓겨나게 만들었는지 알고 싶다. 정말 알고 싶다. 당신들 천벌을 받을 것이다."[131]

그린버그에게는 또 다른 이름이 있는 것으로 드러났다. 게나디 보스트레초프Genady Vostretsov. 그는 미국과 러시아에서 여러 차례 체포된 전과가 있다. 2015년 그는 이민 담당 판사에게 자신은 미국, 이란, 북한을 포함해 세계 전역에서 17년 동안 연방수사국을 위해 일했다고 말했다.[132]

카푸토는 사설탐정을 고용해 그린버그의 뒷조사를 했고 민주당에 대해 눈이 휘둥그레질 정도로 놀라운 자세한 사항을 온라인에 포스팅했다. "그가 우리에게 클린턴에 대한 약점 정보를 판다고 했는데 그것은 연방수사국이 꾸민 작전이었다. 연방수사국은 불법체류하고 있는 폭력범 러시아인에게 지령을 내려 우리와 접촉하게 했다."[133]

그린버그의 전과 기록과 연방수사국 정보원으로서 활동한 이력은 멀러 보고서에는 언급되지 않았다. 카푸토는 멀러 팀이 검찰 직권 남용으로 수사를 받아야 한다고 주장하면서 "남의 인생을 파탄 내고 피를 보는 게 그들에게는 오락이었다"라고 말했다.[134]

두 명의 연방수사국 요원이 언론인 아트 무어Art Moore의 자택 문을 두드렸다. 〈월드넷데일리〉 편집자인 그에게 코시와 위키리크스에 대해서 할 얘기가 있다고 했다. 워싱턴 주에 사는 무어는 "그들은 분명히 낚시성 수사를 하고 있었다. 러시아 공모라는 꾸며낸 이야기에 매달려 무엇이든 찾아내려는 절박한 처지에 놓인 듯했다"라고 말했다. 그는 멀러 팀이 몰래 그의 이메일과 전화 기록과 문자메시지를 확보했다고 생각했다.[135]

〈월드넷데일리〉창립자이자 편집자인 조지프 파라도 똑같은 일을 겪었다. 수사요원들이 코시에 대해 파라를 추궁한 지 얼마 지나지 않아 파라는 심장발작을 일으켰다. 협약을 맺고 전국적으로 배포하던 그의 칼럼은 중단되었다.[136]

연방수사국 요원들은 위키리크스, 스톤, 코시를 어떻게든 엮으려고 위키리크스의 법률 업무를 한 제이슨 피시베인Jason Fishbein을 표적으로 삼았다. 이틀에 걸쳐 여섯 시간 동안 심문을 받은 그는 500쪽 이상의 서류를 제출했고, 대배심이 그에게 위키리크스와 주고받은 통신기록을 모조리 제출하라는 소환장을 발부했다. 통신기록은 변호사와 의뢰인 간의 기밀로 보호받어야 할 자료다. 이 거대한 음모에서 보잘것없는 부품에 불과한 그인데도 특검의 요구를 충족시키느라 법률비용으로 2만 달러를 소비했다.[137]

그는 다음과 같이 말했다. "이 사건에 골몰하느라 허비한 시간을 다 합하면 그 정도는 조족지혈이다." 그는 범죄로 기소되지는 않았지만 이 수사는 "정치적으로 날조된 범죄 수사이고 언론과 짜고 저지른 만행"일 뿐이라고 믿게 되었다.[138]

2018년 3월 코시가 어산지에게 연락을 해보라고 요청한 저자이자 정치 분석가인 테드 멀록은 로건 공항에서 억류되어 로저 스톤과 위키리크스에 대해 심문을 받았고 런던 주재 에콰도르 대사관을 방문했는지에 대해 추궁을 당했다.[139]

멀록은 수사요원들에게 자신은 대사관에 간 적도 없고 어산지와 연락한 일도 없다고 말했다. 대배심에 출석해 증언하라는 소환장을 받은 멀록은 소환에 응했지만 수사에 관련된 정보는 없다고 주장했다. "나는 첩자도 아니고 접촉할 러시아인도 없으며 방송이나 신문에서 종종 우리 대통령을 변호하거나 찬사를 보내는 일 외에 아무 잘못도 하지 않았다. 나를 이런 취급하는 게 무슨 뜻이겠나?" 그는 트럼프 선거운동본부를 둘러싼 비밀 첩보 활동은 러시아가 아니라 서구 진영이 행했다고 주장하는 책을 출간했다.[140]

2018년 4월 CNN 기자들이 조지프 슈미츠Joseph Schmitz의 자택 문 앞에 나타났다. 기자들은 그의 자택 앞마당에서 국방부 감찰관을 지냈고 트럼프 선거운동본부에서 외교정책 자문으로 일한 그를 붙들고 "(스틸) 도시에에 담긴 내용만큼이나 선정적인 질문 16개를 쏟아냈다." 슈미츠는 그들의 질문에 답변하지 않았다. CNN은 이를 "특종" 보도라면서 다크웹dark web(인터넷을 이용하지만 검색엔진에는 보이지 않고 토르Tor와 I2P같이 IP주소를 가리는 익명화 브라우저를 이용해야 접근이 가능한 수천 개 웹 사이트의 모음. 암시장 마약거래와 아동포르노에 이용되기도 하지만 익명으로 내부고발을 하거나 사용자를 감시와 검열로부터 보호해주는 역할도 한다.-옮긴이)에서 힐러리 클린턴의 삭제된 이메일을 찾아내 "클린턴에게 타격을 줄 정보를 폭로하려는" 그의 시도에 대해 멀러가 수사를 해왔다고 주장했다. 멀러 팀과 연방수사국은 이 기사에 대해 언급하기를 거부했지만, 슈미츠는 그들이 CNN과 조율해서 한 짓이라고 믿고 있고, 이러한 심증은 로저 스톤의 자택에 대한 압수수색이 있던 날 기적처럼 CNN 카메라가 새벽에 나타났다는 사실이 뒷받침해준다.[141]

오바마 행정부는 왜 러시아 댓글부대와 해커들을 겨냥하지 않았을까?

멀러 보고서는 도입부에서 "러시아 정부가 2016년 대통령 선거에 체계적·총체적으로 개입했다"라고 기정사실로 적시하면서 개입한 방법은 다음과 같다고 말했다. "도널드 J. 트럼프 대통령 후보에게는 호의적이고 힐러리 클린턴 대통령 후보는 깎아내리는 소셜 미디어 선거운동이 포함되었다. 러시아 군사첩보 기관은 클린턴 선거운동본부에서 일하는 관계자, 직원, 자원봉사자들이 사용하는 컴퓨터에 침투해 문서를 훔치고 이를 공개했다."[142]

윌리엄 바 법무장관은 오바마 행정부가 러시아의 이러한 시도를 상쇄할 조치를 왜 적극적으로 취하지 않았는지 의문을 제기했다. "러시아 공모 수사에 대한 검토의 일환으로서 그 사안도 내가 관심 있게 들여다볼 문제다"라고 그는 말했다. 오바마 행정부는 일찍이 2016년 4월 러시아가 그러한 시도를 한다는 경고를 받았고 바 법무장관은 "그들이 경고를 받았다면 정확히 이에 어떻게 대응했는지 궁금하다고 했다. 대응을 했다면 당연히 트럼프 선거운동본부의 하급 관계자에게 비밀 정보원이 접근해 유인하는 수법 이상의 조치를 취했어야 한다." 그리고 선거 훨씬 전부터 수사대상이었던 플린, 파파도풀로스, 카터 페이지와 관련해 연방수사국은 왜 트럼프 선거운동본부에 보고를 하지 않았나?[143]

오바마의 국가안보보좌관 수전 라이스는 2016년 백악관 사이버안보 담당자에게 러시아의 선거 개입과 관련해 "나서지 말라"라고 명령했다. 국가안보위원회 의장의 특별보좌관이자 사이버안보 담당자인 마이클 대니얼 Michael Daniel은 상원 특별 정보위원회에 출석해 자신과 직원들은 수전 라이스의 명령이 "믿기지 않는다는" 반응을 보였다고 증언했다.[144]

멀러는 실제로 러시아인들을 기소했지만 그들과 트럼프 간의 관계를 입증할 수 없었다.

2018년 2월 16일, 멀러는 러시아에 기반을 둔 세 회사와 13명의 러시아인을 기소했다. 그는 그들이 연방선거위원회, 법무부, 국무부의 "합법적인 기능을 훼손하고 방해하고 무산시킴으로써" 미국을 상대로 편취 음모를 꾸몄다고 주장했다. 추가로 신분도용가중죄뿐만 아니라 송금사기와 은행 사기 혐의도 포함되었다.[145]

인터넷 리서치 에이전시Internet Research Agency(이하 IRA로 표기)와 두 개의 관련 기업은 수백만 달러를 쏟아 부은 작전을 통해 사람들을 고용해 미국인으로 가장하고 정치적인 댓글이나 밈meme을 인터넷에 올리게 함으로써 2016년 선거에 개입한 혐의를 받았다. 다시 말해서 페이스북, 트위터, 인스타그램에서 네티즌을 자극해 반응을 유도할 낚시성 댓글을 올리게 했다.

로드 로젠스타인 법무차관은 기소 내용을 발표하면서 트럼프 선거운동본부 측은 아무런 잘못도 하지 않았고 선거의 결과에 영향을 미칠 아무런 활동도 하지 않았다는 점을 분명히 밝혔다.[146]

상트페테르부르크에 본부를 둔 IRA는 2014년에 작전을 시행하기 시작했다. 트럼프가 출마를 선언하기 훨씬 전이다. 러시아인들이 신분을 숨기고 미국에 잠입해 유령회사를 운영하기 시작했다. 수백만 달러의 예산을 주무르는 IRA는 "번역 프로젝트"에 관여하는 직원이 80명 이상으로 소셜 미디어를 조작하는 업무를 했다. 그들은 가짜 신분과 페이지를 만들어 "트럼프 선거운동본부에서 당시 후보인 트럼프를 지지하는 풀뿌리 시민단체들뿐만 아니라 지역사회 주민들과 접촉하는 일에 관여하는 관계자, 자원봉사자, 지지자들"과 소통했다.

첩보원들은 페이스북과 인스타그램에서 광고비를 내고 트럼프 선거유세를 홍보했고 한 플로리다 주민에게 죄수복을 입은 힐러리로 변장하게 했으며 또 다른 사람에게는 돈을 주고 철창을 만들게 했다.[147]

그들의 작전에는 "당시 후보인 트럼프 대통령 선거운동을 지원하고 힐러리 클린턴을 폄하하는 활동"도 포함되었다. 따라서 이게 러시아는 트럼프가 이기기를 바랐다는 증거라는 얘기였다!

"공소장을 읽어보면 미국 정치체제를 겨냥해 크렘린이 지원한 비밀 작전으로서 댓글부대가 동원되었다는 사실이 분명히 드러난다"라고 클린턴 행정부의 백악관 국가안보 보좌관을 지낸 앤드루 와이스Andrew Weiss가 말했다. 그는 카메라, 심SIM 카드, 1회용 전화기를 이용해 "첩보활동 기법"을 이용해 은밀하게 연락을 주고받는다면서 크렘린 유형의 정교한 작전일 가능성을 내비쳤다. 아니면 자기 아내를 두고 외도하는 자들이 써먹는 흔하디흔한 수법이든가.¹⁴⁸

존 브레넌은 다음과 같은 트윗을 날렸다. "법무부 성명서와 공소장을 보면 2016년 선거에 러시아가 어느 정도나 개입했고 동기가 무엇인지 드러난다. '사기'라는 주장은 여지없이 무너진다. 내 생각: 러시아의 행동이 적어도 일부 미국인들의 시각과 투표에 영향을 미치지 않았을 리가 없다."¹⁴⁹

"깨어난 흑인Woke Black" 같은 인스타그램 계정의 포스팅이 크게 효과가 있었을지 의심스럽다. "트럼프에 대한 호들갑과 증오는 사람들을 호도하고 흑인들로 하여금 하는 수 없이 킬러리Killery를 찍게 만든다. 우리는 둘 중 차악에 안주할 수 없다. 그렇다면 우리는 차라리 투표를 하지 않는 편이 더 낫다." 아니면 다음 댓글을 포스팅한 "흑인활동가" 계정도 마찬가지다. "평화를 선택하고 질 스타인Jill Stein에게 투표하라. 장담컨대 사표死票가 아니다." "미국 무슬림 연대"는 다음과 같이 포스팅했다. "미국 무슬림은 오늘 선거를 거부한다. 미국 무슬림 유권자들은 대부분 힐러리 클린턴에게 투표하기를 거부한다. 그녀는 중동에서 무슬림을 상대로 전쟁을 계속하기를 바라고 이라크 침공에 찬성했기 때문이다."¹⁵⁰

선거 기간 동안 소셜 미디어가 얼마나 혼돈스러운지 생각해본다면 러시아가 지원하는 그런 계정이 하는 활동은 실탄 총격전에서 아이들 장난감 권총으로 싸우는 정도에 지나지 않는다. 페이스북에 게재된 다음과 같은 광고도 큰 효과가 없었다. "힐러리 클린턴은 흑인의 표를 받을 자격이 없다!" "도널드는 테러리즘을 무찌르려 한다. 힐러리는 이를 지원하려 한다."

그리고 IRA라는 조직이 정말로 트럼프를 지지했을까? 선거 전에 이 조직은 트럼프 선거유세를 지지했다. 그가 선거에서 이기고 며칠 후에는 트럼프에 반대하는 시위를 지지했다. 뉴욕에서 열린 "트럼프는 내 대통령이 아니다"라는 시위와 노스캐롤라이나에서 열린 "트럼프에 반대하는 샬럿" 같은 시위 말이다.

IRA와 관련된 기업들은 사업가들에게 마케팅 캠페인을 매입하라고 부추기고 로그인 자료와 IP 주소 같은 사적인 정보를 넘기라고 했고 이는 흑인 사회운동 단체 몇 개와 관계하고 있다고 주장하는 "얀 빅 데이비스Yan Big Davis"라고 불리는 러시아인이 총괄했다.

IRA는 이런 사업들을 이용해서 "가짜 계정들이 합법적인 것처럼 가장했다"라고 〈월스트리트저널〉이 조사를 통해 밝혔다. "진짜 미국인들과 함께 일하면 러시아 댓글부대의 '가짜 신분'이 적발되어 노출될 위험이 없었다."[151]

러시아 첩자들은 로스앤젤레스에 기반을 둔 유어 디지털 페이스Your Digital Face라는 스타트업 회사를 운영했는데, 이 회사는 중소기업 소유주들에게 소셜미디어 프로그램을 제공했다. 이 기업은 미국, 러시아, 이란, 중국, 베트남, 아랍에미리트연합, 쿠바에서 활동했다. "이 단체는 소셜미디어 계정을 장악해 광고를 게재하고 팔로어를 추가하도록 설계된 소프트웨어를 깔았다." 몇몇 계정은 인스타그램에서 10만 명 이상의 팔로어를 확보했다. 트위터에서는 3,100개 정도의 계정이 "댓글부대"와 연관된 것으로 확인되었다.[152]

전직 첩보요원은 〈월스트리트저널〉에 그런 마케팅 수법이 기업 네트워크 도표를 작성하는 데 사용되어 왔다고 말했다. 다시 말해서 인터넷을 기반으로 한 수많은 기업들과 마찬가지로 사기라는 말이다.

그래도 상관없었다. 피고로 신원이 확인된 이들은 안전하게 러시아에 거주하고 있고, 러시아는 미국에 범죄자를 송환하지 않으므로, 그들에 대한 기소는 트럼프의 선거를 러시아인들이 지원했다는 증거로 성립된다. 캘리포니아 주 샌타폴라 출신인 리처드 피네도Richard Pinedo는 IRA를 도와서 페이팔 계정을 만들고 온라인 광고를 매입하도록 하는 신분도용 사기 행각에 합세한 데 대해 유죄를 인정했다. 그는 파파도풀로스와 플린에 이어 유죄답변거래에 합의한 세 번째 인사다.[153]

〈롤링스톤〉의 매트 테이비가 지적한 바와 같이, 러시아인들이 기소되어도 "IRA와 러시아 정부가 연관되어 있다고 아주 구체적으로 적시하지 못한다. 따라서 그 부분은 보도되지 않았다. 그리고 곧 '러시아인들이 우리를 공격했다'라는 주장으로 바뀌었다. '러시아인들'이 무슨 뜻인가? 러시아에 거주하는 사람이면 누구든 러시아인인가? 이게 꼭 러시아 정부의 작전이라고 할 수 있나?"[154]

CNN은 러시아 댓글부대가 광고한 행사인 줄 모르고 이를 지지한, 플로리다에 거주하는 트럼프를 지지하는 한 여성노인을 공격했다. CNN은 그녀의 이름을 공개해 소셜미디어에서 그녀에게 증오를 퍼붓는 포스팅이 쇄도하도록 부추겼다. 그러나 CNN은 IRA가 지원한 반 트럼프 시위를 극성스럽게 보도했다는 사실은 시인하지 않았다.[155]

그러더니 멀러에게 생각할 수도 없는 일이 생겼다. 피고로 지목된 세 러시아 기업들 가운데 하나인 콘코드 매니지먼트 앤드 컨설팅Concord Management and Consulting은 두 미국 변호사를 내세워 법정에서 자사가 IRA에 자금을 지원했다는 특검의 주장을 반박했다.

콘코드는 러시아 기업가 예브게니 프리고진Yevgeny Prigozhin이 운영하는 회사인데 그는 러시아 정부 고위관리들과 러시아 국방부에 인맥이 있다는 이유로 2017년 국무부의 제재를 받은, 푸틴의 가까운 동지다.[156] 공소장에 피고로 이름이 적시된 프리고진은 상트페테르부르크에서 최고급 식당 몇 군데를 경영하고 그가 소유하는 기업들은 러시아 군인들에게 급식을 제공하는 계약을 맺고 있다.[157]

2018년 4월 11일 에릭 두블리어Eric Dublier와 캐서린 시케일리Katherine Seikaly 두 변호사는 콘코드를 대리해 법정에 출두해 검찰 측이 확보한 증거를 모두 공개하라는 요청서를 제출했다. 그들은 자신들의 의뢰인은 죄가 없다면서 "70년 이상 미국이 실행한 외교정책에 대한 정보"를 요청했다. 미국이 다른 나라의 선거에 개입한 사례 하나하나까지 포함해서 말이다.[158]

제3의 회사 콘코드 케이터링Concord Catering도 대리하느냐는 질문을 받은 두블리어는 다음과 같이 말했다. "지금 우리가 다루는 사안은 미국 정부가 상상 속의 햄 샌드위치를 기소한 사건이다. 그런 회사는 정부 측(특검)이 언급한 기간 동안 회사로 존재하지도 않았다."[159]

멀러 팀은 한 발 물러나서 우선 콘코드에 자료를 제대로 제공하지 않았다는 이유를 들어 피고를 법정에 소환해 죄의 유무를 묻는 절차를 연기하기로 했다. 그러고 나서 멀러 특검은 특검이 제공한 정보를 프리고진을 포함해 해당 기업의 간부들이나 직원들과 공유하도록 허락해달라는 콘코드 측 변호사들의 제안에 반대하는 보호명령서를 제출했다.[160]

"채소보다 지능지수가 높은 사람이라면 누구든 피고 측에서 이처럼 근본적이고 철저히 타당한 수를 두리라고 예상했어야 한다. 그런데도 멀러 팀은 허를 찔린 듯했다"라고 검사를 지낸 조지 페리George Parry가 말했다.[161]

2018년 5월 청문회에서 두블리어는 멀러가 콘코드를 기소한 이유는 "러시아인, 다시 말해 아무 러시아인이나 기소해야 자신의 존재를 정당화할 수 있기 때문"이라고 비판했다. 그는 법무부는 이른바 표현의 자유를 행사하는 데 자금을 지원함으로써 대통령 선거에 '개입'하려고 외국 기업이 이른바 음모를 꾸몄다고 기소한 적이 한 번도 없다는 사실을 지적했다.

그는 "그 명백한 이유는 연방형법조항에서 그런 범죄는 존재하지 않기 때문이다"라고 말했다.[162] 특검 측이 승소한다면 법무부는 인터넷에서 가명으로 정치적 발언을 포스팅하는 사람이라면 누구든 범죄자로 만들 가능성이 있었다.

2018년 가을 청문회에서 판사는 두블리어의 주장에 일리가 있다고 인정했다. 판사는 "두블리어 씨에게 경의를 표한다. 전례가 없는 사건이다"라면서 정부를 대리하는 특검은 "재판에서 입증을 해야 할 무거운 책임"이 있다고 덧붙였다.[163]

멀러에게 유죄를 입증할 증거자료들을 넘겨달라는 두블리어의 요구는 신의 한 수였다. 2019년 3월 특별고문실(OSC) 검사들은 판사에게 국가안보와 법집행이 우려된다며 320만 건의 "민감한" 자료제출을 보류해달라고 요청했다. 해당 자료 가운데 기밀로 분류된 자료는 하나도 없었지만, 정부 측은 그 시점까지 겨우 500건의 자료만 제공했다. 법무부 변호사 조너선 크래비스 Jonathan Kravis는 피고가 자료 일부를 워싱턴에 있는 두블리어의 법률회사에서 열람할 수는 있지만 자료 전체를 보게 되면 정부 측이 그 자료들을 어떻게 습득했는지가 드러날 수 있다고 반박했다.[164] 미국에 입국하는 순간 체포되므로 그 제안은 "일고의 가치도 없다"라고 두블리어는 반박했다.

그 다음부터 방청객은 법정에서 퇴거하고 청문회는 비공개로 진행되었다. 이 사건이 재판까지 가게 될 가능성에 대해서는 회의적이지만 만약 재판이 열리게 된다면 흥미진진할 것으로 보인다. 두블리어가 제출한 서류들 가운데 다음과 같은 짓궂은 제목이 달린 적요서도 있다는 사실로 미루어볼 때. "특검이 나체 셀피selfie(셀카)를 입수한 방식이 알려지면 정말로 미국의 국가안보가 위협받을까?"[165]

연방검사를 지낸 앤드루 매카시는 다음과 같이 말했다. "멀러는 정확히 뿌린 대로 거두었다. 러시아 기업들 가운데 하나가 등장해 아무런 위험도 감수하지 않고 특검의 주장을 반박하고 사실상 멀러의 팔을 비틀었다. 멀러는 자기가 쥔 패를 크렘린과 연관된 피고에게 모두 보여주어야 하는 상황을 만들었다. 멀러는 크렘린과 연관된 피고를 기소하고 징역형에 처하게 만들 가능성이 전혀 없는데도 말이다."[166]

다시 말해서 IRA 기소는 멀러 특검의 깜짝 홍보쇼였다.

멀러 보고서에 따르면, 러시아인들이 선거에 영향을 미치려고 한 두 번째 사례는 러시아 "정부 관계자들"이 연루되었다. 2018년 7월 13일 특검은 DNC를 비롯해 몇 개의 민주당 기구의 컴퓨터를 해킹한 혐의로 10여 명의 러시아 첩보요원을 기소했다. 29쪽에 달하는 공소장은 2016년 대통령 선거 결과를 뒤집는데 이용되었다는 기술적인 수법들이 적시되어 있지만, 트럼프 선거운동본부가 러시아인들과 공모하거나 음모를 획책했다는 혐의와 관련한 기소는 없다. 이러한 선거개입으로 영향을 받은 표가 있다는 주장도 하지 않았다.[167]

그러나 기소하는 시점을 편리하게도 트럼프-푸틴 정상회담 직전으로 함으로써 트럼프를 비판하는 이들에게 트럼프를 공격할 빌미를 제공해주었다. 존 매케인 상원의원은 트럼프에게 "푸틴에게 책임을 물을 예정이 아니라면" 정상회담을 취소하라고 주장했다.[168]

멀러가 사건의 논조를 통제하고 만들어 나가고 있었다. 연방수사국과 법무부는 DNC 서버를 실제로 조사한 적이 없으므로 법정에서 기소 내용을 입증하기는 대단히 어려우리라는 사실도 개의치 않았다. 그리고 어산지가 러시아 첩보원들과 공모한 범죄로 기소당하지 않은 이유는 뭘가? 공소장은 어산지와 위키리크스가 러시아 해커들을 종용해 그들에게 "새로운 자료"를 보내라고 하면서 버니 샌더스 상원의원이 민주당 대선 후보지명자가 될 가능성을 높이려고 했다고 주장하는데 말이다. 현재 이 시점까지 어산지에 대해 미국 정부가 적용한 혐의는 어산지와 브래들리 매닝Bradley Manning(지금은 성전환해서 첼시Chelsea로 불린다. 이라크에서 군 정보 분석가로 복무하면서 미국의 군사 외교 기밀자료를 위키리크스에 넘겨주었다. 35년 형을 선고받은 그를 오바마가 퇴임 직전 7년으로 감형해주었고 2017년 형기를 마치고 석방되었다.-옮긴이)이 음모를 꾸며 사이버절도를 했다는 단 한 건뿐이다.[169]

앤드루 매카시는 다음과 같은 의문을 제기했다. "명명백백한 중범죄 혐의는 왜 공소장에서 누락시켰을까? 멀러는 어산지와 음모를 꾸몄다는 러시아 첩보원들을 10여 가지의 중범죄로 기소했다. 내가 냉소적인 사람이라면(내가 냉소적이라니 얼토당토않지!) 정부 측은 멀러 특검의 러시아 해킹 기소에 대해 법정에서 상대편이 반박하기를 바라지 않으리라는 생각이 든다."[170]

냉소적인 사람은 매카시뿐만이 아니다. 특검이 러시아 첩보요원들을 기소한 이유는 어떻게 미국인들로 하여금 러시아인들이 유죄라고 믿게 만들지 고민하다 궁여지책으로 짜낸 홍보 쇼였다. 어산지가 재판을 받는다면 이 문제에 대한 답을 얻게 될지도 모른다.

WITCH
HUNT

THE RECKONING　　　　　　　　|　　　**심판의 날**

WITCH
HUNT

이런 짓을 했으면 대부분은 엄지손가락을 입에 물고
방구석으로 기어가 찌그러져 있었을 것이다. 그치?
"엄마, 나 집에 데려가 줘" 하면서 말이다.
믿기지 않을 정도로 힘든 시련이었다.
내게 가장 충격을 준 것은 부패의 수위였다.
그들은 정말로 내가 이긴 선거결과를 뒤엎으려고 했다.
우리나라 첩보기관들과 연방수사국이 연루되어
이 나라에서 벌어진 일은 미국 역사상 전례가 없다.
또 다른 대통령에게 절대로 절대로 다시 일어나서는 안 될 일이다.

_ 2019 6월 25일 백악관 집무실에서 도널드 J. 트럼프 대통령과 저자의 인터뷰

문명사회에서는 다수에게 이득이 되도록 행동할 힘이 소수에게 있다. 우리는 이러한 권력이 격정이나 편견에 좌우되지 않고 공공선을 위해 이용된다는 믿음을 공중에게 심어준다. 그러한 믿음은 건전한 통치를 위해 반드시 필요한 조건이다. 사적인 이익이나 정치적인 책략을 앞세우느라 신뢰가 무너지면 민주주의는 실패한다. 바로 여기서 그런 일이 일어났다.

《트럼프 위치 헌트》는 정부 고위직으로서 누리는 권한을 남용한 야욕이 넘치고 사악한 사람들의 이야기다. 그들은 법치를 무너뜨리고 민주주의 절차를 훼손하려고 했다. 그들은 자신이 지닌 권력을 무기삼아 대통령 선거에 영향을 미치려 했고, 그들이 원하는 결과가 나오지 않자 그 결과를 무위로 돌리고 합법적으로 선출된 대통령을 축출하려고 했다. 미국의 첩보 기관과 연방수사국이 이러한 불법적이고 전례 없는 음모의 중심에 있었다.

그들이 휘두른 무기는 "공모"였다. 이는 교묘하게 날조한 거짓말에 불과하다. 트럼프와 푸틴이 크렘린 심장부에서 반역적 음모를 짜냈다는 증거는 어디에도 없었다. 이는 진실을 은폐하려고 날조된 철저한 사기극이었다. 그러나 사기극에 많은 사람들이 넘어갔다. 민주당과 언론매체가 이 허구의 이야기를 맹렬히 밀어붙였기 때문이다. 그들은 트럼프가 불법적인 방법으로 대통령이 되었다고 확신했다. 그들은 트럼프가 이 땅의 최고위직을 선출하는 선거에서 이겼다는 사실을 납득할 수가 없었다. 선거를 조작하려는 사악한 음모가 있지 않고서야 이런 결과가 나올 리가 없다고 생각했다. 미국 전역의 많은 이들이 이를 믿었다. 그들은 아무런 의문도 제기하지 않고 무조건 트럼프는 가짜 대통령 다시 말해 미국 대통령으로 가장한 러시아 요원이라는 주장을 받아들였다. 정교하게 날조한 사기극은 마녀사냥으로 전환되었고 트럼프의 명예를 더럽히고 그를 파멸시키는 게 목적인 일련의 수사가 이어졌다.

비열한 행동의 온상인 워싱턴 D.C. 늪지대에 서식하는 악당들은 많다. 클린턴의 동지 존 브레넌은 중앙정보국 국장을 맡고 있던 2016년 여름 해외 정보원으로부터 트럼프에 대한 정보를 수집해 이 사기극에 불을 붙이고 기름을 끼얹었지만 새빨간 거짓으로 드러났다. 그래도 굴하지 않고 그는 가짜 단서를 이용해 "첩보 기관 간 특별수사팀"을 구성해 사실상 염탐 작전을 수행했다. 미국 법은 중앙정보국이 국내에서 미국 국민을 표적삼아 염탐하는 행위를 금지하고 있는데도 말이다.[1] 바로 이 때문에 그들은 트럼프 선거운동본부의 관계자 몇 명을 해외로 유인해 현지에서 브레넌의 패거리들이 훨씬 자유롭게 그들을 염탐했고 스테판 할퍼 같은 비밀 정보원을 아무 제한 없이 이용했다. 연방수사국의 제임스 코미, 피터 스트로크, 앤드루 매케이브 외 다수는 이 특별수사팀에 가담해 이를 토대로 연방수사국의 트럼프-러시아 "공모" 수사에 착수하는 데 십분 활용했고, 이 수사를 "십자포화 허리케인 작전"이라고 명명했다. 영국, 오스트레일리아, 이탈리아로부터 첩보를 수집했고 때마침 국가정보국 국장이자 브레넌의 최고 협력자인 제임스 클래퍼도 힘을 보탰다. 그들은 모두 트럼프에 맞서 독기를 뿜었다. 그들은 클린턴의 열렬한 지지자였다.

물론 이 사기극의 중심에는 트럼프를 비방하는 "도시에"가 있었다. 이 문건은 영국의 전직 첩보원 크리스토퍼 스틸이 작성하고 클린턴 선거운 동본부와 민주당이 의뢰하고 자금을 댔다. 이들은 자금을 두 단계 거쳐 서 전달함으로써 방화벽을 구축해 마음 놓고 트럼프를 비방하고 선거에 영향을 미치려 했다. 러시아의 역정보 혹은 익명의 모스크바 정보원으로 부터 전해들은 날조된 소문(아니면 둘 다)을 토대로 한 이 쓰레기 같은 문 건은 스틸도 시인했다시피 "검증불가능"했다.[2] 그러나 그런 사소한 문제 로 연방수사국이 포기할 리가 없었다. 연방수사국은 이 문건을 십분 활 용해 트럼프를 러시아 비밀요원으로 여기고 트럼프에 대한 대응첩보 수 사에 착수했다. 연방수사국은 아무리 애써도 그 문건에 담긴 "공모" 주 장들 가운데 하나도 입증할 수가 없었다. 연방수사국이 "스프레드시트" 로 작성했다는 수사 결과 보고서는 증거가 하나도 없었다.[3] 연방수사국은 "도시에의 신뢰성에 문제가 있다"는 경고를 끊임없이 받았다.[4] 그런데도 코미는 해외첩보감시법에 따른 영장 청구서에 서명했고 이를 이용해 트 럼프의 선거운동 자문 카터 페이지를 감시하는 한편 해외첩보감시법원 으로부터 중요한 증거를 은폐하고 판사들을 속였다. 코미는 검증되지 않 은 정보인 줄 알면서도 "검증되었다"고 주장했다. 그는 정보원이 신뢰할 만한 사람이 아닌 줄 알면서도 "신뢰할 만하다"고 장담했다.[5] 이 날조된 문건으로 연방수사국은 페이지가 트럼프 선거운동본부와 주고받은 전자 통신 내역 전체를 소급해서 접근할 권한을 확보했다. 러시아와 음모를 꾸민 범죄 행각을 입증하는 증거는 전혀 발견되지 않았다.

이 모든 사악한 음모가 진행되는 동안 스틸과 그를 고용한 퓨전 GPS 창립자 글렌 심슨은 "도시에"를 미친 듯이 기자들에게 배포하고 있었다. 트럼프의 백악관 입성 시도를 막아보겠다는 일념으로 기사를 쓸 기자라 면 누구에게든 닥치는 대로 배포했다. 스틸이 트럼프에 적대적인 인물이 고 이 미심쩍은 문건을 돌리고 있다는 사실을 안 연방수사국은 "정보 세탁" 체계를 구축해 정보원의 신분을 은폐했다.[6] 심슨과 스틸은 "도시에"에 담을 새로운 보고서가 나올 때마다 몰래 법무부의 브루스 오에게 전달했다. 오는 그를 "담당한" 연방수사국 요원 조 피엔트카에게 자초지종을 전달하고, 피엔트카는 이 문건을 자기 동료 피터 스트로크에게 건네주면, 스트로크는 이를 코미 연방수사국 국장의 직속부하인 앤드루 매케이브 부국장에게 전달했다. 이 복잡한 연결 고리를 통해 문건을 전달함으로써 문건의 출처와 이 문건이 트럼프의 정적이 자금을 댄 정치적 선전선동이라는 사실을 은폐할 수 있었다. 돈세탁 방법과 비슷하게 스틸과 그의 더러운 가짜 정보는 충분히 세탁이 되었다. 이후 그가 날조한 상품은 신뢰할 만한 중립적인 해외 첩보원으로부터 비롯된 것으로 언급되었다. 실제로는 트럼프를 증오하는 스틸은 중립과는 거리가 멀었다. 그는 언론매체에 정보를 유출시켜 연방수사국으로부터 해고당했지만 연방수사국은 의심을 불러일으키지 않기 위해 그와의 관계를 끊은 척하면서 계속 그를 정보원으로 이용했다.[7] 트럼프가 대선에서 승리한 후에도 스틸은 신임 대통령이 푸틴과 한통속이라는 날조된 문건을 계속 작성하고 배포했다. 그와 연방수사국 및 법무부와의 은밀한 접촉은 트럼프 취임 첫 해에도 상당 기간 계속되었다.[8] 2019년 8월 초 공개된 연방수사국 문서들을 보면 연방수사국과 법무부는 스틸이 트럼프에 대해 적대적인 편견을 지닌 인물임을 잘 알고 있었지만 이 "도시에"를 근거로 해외첩보감시법원으로부터 영장을 발부받아 페이지를 도청한 사실이 드러난다.[9] 상원 법사위원회 의장인 린지 그레이엄Lindsey Graham(공화당-사우스캐롤라이나 주) 상원의원은 영장 청구서를 "사기"라고 일컬으면서 다음과 같이 덧붙였다. "지금 우리 앞에 놓인 사건은 이렇다. 트럼프 대통령에게 적대적이고 힐러리 클린턴에게 호의적인 법무부와 연방수사국 최고위층의 체계적인 부패다."[10]

코미, 브레넌, 클래퍼는 트럼프가 취임하기 전에 그를 궁지에 빠뜨리기로 결심했다. 그들은 "도시에" 내용 일부를 선별해 트럼프에게 보고하고 이를 핑계로 언론에 정보를 유출하는 음모를 꾸몄는데 이는 전형적인 기만이다.[11] 트럼프는 그와 그의 선거운동본부가 수사를 받고 있다는 사실도, 연방수사국이 영장을 확보해 선거운동본부에서 일했던 관계자를 감시한다는 사실도 보고받지 못했다.[12] 이러한 정보는 의회 지도부에도 전달되지 않았다. 국가안보보좌관 마이클 플린이 러시아 대사와 나눈 대화 기록을 플린의 이름을 노출시킨 채 유출한 행위는 천부당만부당한 중범죄였다.[13] 코미와 매케이브는 사문화 된 로건 법안의 미명하에 플린을 속여서 연방수사국 심문에 응하게 했다.[14] 플린은 해고당한 후 위증 혐의로 기소되었다. 그를 심문한 두 요원이 그가 거짓말하는 듯이 보이지 않았다고 결론을 내렸는데도 말이다.[15] 코미도 대통령과 독대해 나눈 대화를 열심히 보고서로 만들었고 기밀인 이 정부 소유 문서를 훔쳐 유출시킴으로써 자기 친구이자 정신적 스승인 로버트 멀러가 특검으로 임명될 길을 마련했다.[16] 코미 본인도 시인했다시피 자기를 해고한 대통령에 대한 수사에 영향을 미치려는 의도였다. 멀러가 당파적인 인물들로 "저격 팀"을 꾸리면서 마녀사냥은 처음부터 악취를 풍겼고, 로드 로젠스타인 차관은 헌법 수정안 제25조에 의거해 대통령을 끌어내릴 방법을 모의했다.[17]

이러한 타락한 행위들에 대해서 멀러는 조금도 개의치 않는 듯했다. 트럼프가 클린턴으로부터 선거를 빼앗으려고 러시아와 "공모"해 음모를 꾸몄다는 일어나지도 않은 사건의 증거를 찾으려고 혈안이 되었지만 22개월에 걸쳐 수사를 하는 동안 단 하나의 개연성 있는 증거도 나타나지 않았다.

특검은 누가 이런 사기극을 조작했는지 밝혀내고 대통령을 파멸시키려는 모의를 폭로하기는커녕 법으로도 뒷받침되지 않는 공무집행방해 혐의를 꾸며냈다. 멀러와 그의 패거리는 법적인 근거가 없다는 사실을 분명히 알고 있었다. 특검이 공무집행방해 혐의에 대해 판단을 내리지 않기로 결정한 이유가 무엇이냐는 질문에 대한 그의 해명은 "해독이 불가능했다."[18] 윌리엄 바 법무장관은 특검의 "해괴한 발언"이 납득이 가지 않는다고 시인하고 어쩔 수 없이 법무부 고위급 변호사들과 함께 멀러가 이리저리 비튼 법 해석을 바로잡아야 했다.[19] 공무집행방해를 뒷받침하는 증거는 없었다.[20]

특검의 불가해한 논리와 안면몰수하고 트럼프를 비하하는 논조 말고도 멀러 보고서에서 이례적인 점은 누락된 사항이었다. 장장 448쪽에 달하는 보고서 어디에도 클린턴 선거운동본부와 민주당이 러시아의 가짜 정보를 진짜로 속여 배포하고 트럼프에게 피해를 주고 2016년 선거의 결과에 영향을 미치려 한 가증스러운 행동에 대해 성실하게 수사한 흔적이 없었다.[21] 러시아와 "공모"한 자들은 트럼프가 아니라 트럼프의 정적이었다. 멀러는 명명백백히 이 사실을 묵살했다. 스틸에 대해 지나가는 말로 슬쩍 언급하거나 그의 악명 높은 "도시에"에 대해 간접적으로 언급했을 뿐이다. 어떻게 이런 일이 가능할까? 특검은 스틸을 두 차례 심문했다고 알려져 있다.[22] 멀러는 트럼프의 정적이 러시아 정보를 돈을 주고 입수해 선거에 영향을 미치는 데 한 역할을 묵살하고 오로지 트럼프에 대한 혐의를 입증할 증거만 찾고 있었을까? 이는 미국의 민주적 절차에 러시아가 개입한 그 어떤 증거도 찾아내고 판단을 내려야 하는 1차적 책임이 있는 사람으로서 놀라울 정도의 직무유기였다. 엄연히 수사해서 그 결과를 보고서에 포함했어야 할 내용이 누락되어 있다는 사실로 미루어 볼 때 특검의 수사는 트럼프에 대한 편견으로 오염되었다는 생각이 더욱 강해진다.

멀러는 트럼프의 자문을 지낸 카터 페이지의 모스크바 방문에 대해 장황하게 설명을 한 다음 "공모"는 음모를 구성하지 않는다는 결론을 내렸다.[23] 그러나 멀러 특검은 자기 친구 코미와 법무부가 스틸로부터 받은 검증되지 않은 정보와 그가 작성한 "도시에"를 이용해 해외첩보감시법원을 속여 도청영장을 발부받아 페이지를 염탐한 문제는 전혀 다루지 않았다. 보고서에서 멀러는 자신이 지닌 여러 가지 이해충돌 가운데 하나를 각주에서 짤막하게 문제될 것이 없다며 일축했지만 나머지 이해충돌에 대해서는 반박하지 않았다.[24] 로젠스타인도 본인이 핵심적인 증인인 수사를 감독하는 입장에 놓였으므로 사건을 스스로 기피했어야 하는 이해충돌이 있었지만 멀러는 이를 불식시키려는 시도조차 하지 않았다. 특검의 수석 검사 앤드루 와이스먼의 경우도 클린턴에 대해 편파적으로 우호적이라는 사실은 잘 알려져 있고 2016년 여름 "도시에" 자료를 받았다는 점에서 이해충돌이 존재하는데 멀러는 이를 반박할 생각도 하지 않았다.[25] 당시에 와이스먼은 "공모"는 편파적이고 결함 있는 정보를 근거로 한 주장이라는 사실을 알고 있었다.

멀러는 편파적인 이들로 특검팀을 구성하면서 자신이 한 수사의 신뢰성과 정직성을 잃었다. 그는 스트로크를 트럼프에게 적대적이고 욕설이 뒤섞인 매우 정치적인 문자메시지를 주고받았다는 사실이 드러나고 나서야 비로소 해고했다. 연방수사국 요원 스트로크의 휴대전화를 압수해 그 안에 들어 있는 증거를 보존하기는커녕 스트로크의 아이폰이 재활용되고 내용이 깨끗이 삭제되도록 내버려두었다. 멀러는 스트로크 요원에게 그의 편파성이 이미 수사를 오염시켰는지에 대해서도 추궁하지 않았다. 물론 오염시켰을 가능성이 높다. 그러나 스트로크가 하던 일을 이어받아 수사를 계속할 편파적인 검사들은 스트로크 말고도 특검팀에 많이 있었다. 그들이 증인과 피고에게 압력을 넣어 거짓말을 하게 하려고 써먹은 수법들은 역겨웠다. 사람들은 트럼프가 사악한 "공모" 행위를 했다고 거짓으로 주장하는 진술서에 서명하지 않으면 기소하겠다는 협박을 특검으로부터 받았다.[26] 원칙을 무시한 이러한 검사들의 행위는 위증교사, 갈취, 뇌물증여 범죄에 상응했다. 당신이나 내가 똑같은 짓을 했다면 우리는 아마 교도소에 있을지 모른다. 특검 검사들은 수사를 받아야 한다. 하지만 그들이 정말 수사를 받을지에 대해서는 회의적이다.

결국 멀러의 패거리는 "트럼프 선거운동본부의 관계자들이 러시아 정부와 음모를 꾸미거나 협력해 선거에 개입하는 활동을 했음을 입증하지 못했다."[27] 이 수사를 계속 예의주시해온 사람이라면 누구든 놀라지 않을 결과다. 처음부터 마녀는 존재하지 않았다.

멀러의 수사는 2019년 7월 24에 창피한 광경을 연출하면서 대단원의 막을 내렸다. 그는 두 개의 별도 의회위원회 청문회에 출석해 TV로 중계되는 가운데 증언했다. 그의 보고서에 담긴 난해한 논리와 분석이 백일하에 낱낱이 드러났다. 중간에 말이 막히고 말을 더듬으면서 몇 시간 동안 증언하는 멀러의 표정은 어리둥절해 보였다. 그는 기본적인 질문도 이해하는 데 애를 먹었다. 그의 답변은 느리고 가다 멈추고를 반복하고 자신감도 없어 보였다. 멀러는 자기 이름을 내건 보고서를 본인이 작성하지 않은 게 틀림없었다. 법무장관실에서 특검보고서의 결론을 요약한 내용에 대해 불만을 제기하기 위해 윌리엄 바 법무장관에게 보낸 서신도 멀러가 직접 작성하지 않았다.[28] 멀러가 2019년 5월 29일 9분짜리 기자회견에서 어리둥절한 표정으로 어렵사리 낭독한 보도 자료도 멀러가 직접 작성하지 않았다.[29] 멀러는 의회 증언에서 증인 심문에 직접 참관한 횟수가 "아주 적다고" 시인했다.[30] 그는 보고서에 담긴 기본적인 사실도 제대로 파악하지 못하고 있었고 그 안에 인용된 증거를 뒷받침한다고 주장하는 법도 전혀 모르는 듯했다.

존 래트클리프 하원위원(공화당-텍사스 주)은 멀러에게 검사가 수사대상을 면죄하지는 않는다고 결론을 내리는 전례 없는 법적 기준을 어떻게 생각해냈는지 해명하라고 다음과 같이 요청했다.

> **래트클리프:** 도널드 트럼프 말고 다른 사례를 들어볼 수 있나? 법무부가 수사한 사람을 면죄하지는 않는다고 판단한 사례를 말이다.
>
> **멀러:** 어-어.
>
> **래트클리프:** 결백한지 분명히 판단할 수 없다는 이유로 말이다.
>
> **멀러:** 다른 사례를 들 수는 없다. 그러나 이 경우는 아주 독특한 경우다.
>
> **래트클리프:** 좋다. 사례를 들 수 없다 이거지. 시간이 촉박하다. 내게 5분이 남았다. 그 문제는 그 정도로 하자. 당신이 사례를 찾을 수 없는 이유를 내가 말해주지. 그런 사례가 존재하지 않기 때문이다.[31]

무소불위의 권력으로 무장한 멀러와 특검팀은 법치의 반석인 무죄추정의 원칙을 트럼프에게서 박탈하는 참신한 법적 기준을 창작해냈다. 트럼프를 "면죄하지는 않는다"라는 해괴한 문구는 검찰이 져야 할 입증의 책임을 무죄라고 추정받을 권리가 있는 수사대상자의 어깨에 지우는 터무니없는 술책이었다. 그러나 멀러가 사는 왜곡된 우주에는 대통령은 "독특하므로" 오로지 유죄추정의 원칙을 적용받아야 한다. 왜일까? 멀러는 이에 대해 해명하지 않았다. 어떻게 해명을 하겠는가? 해명하기가 불가능한데. 래트클리프가 지적한 바와 같이 특검은 대통령이 마치 "법 밑에" 존재하는 듯이 취급했다.[32] 트럼프는 자신이 결백하다고 주장하고 감히 특검을 비판하거나 이해충돌이 있다는 정당한 이유를 들어 멀러의 해고를 고려했다는 이유로 공무집행방해 혐의를 받았다. 루이 고머트 하원의원(공화당-텍사스 주)은 대통령은 공무집행을 방해한 게 아니라 불의에 강력히 항의했다고 주장했다.[33] 트럼프에게는 당연히 그럴 권리가 있었다. 대통령의 일거수일투족이 모두 공무집행방해를 구성한다면 특검은 분명히 그렇게 적시했어야 한다. 그들은 법이 그런 주장을 뒷받침하지 않는다는 사실을 알고 있었다. 따라서 트럼프를 비방하는 방법을 택했다.

멀러는 러시아 "공모" 혐의의 출처와 트럼프와 그의 선거운동본부에 대한 연방수사국의 대응-첩보 작전에 대해 수사했는지 여부에 대해 끊임없이 질문을 받았다. 그는 "도시에" 내용이나 스틸이 주장하는 러시아 정보원을 조사했나? 이 모두가 음모 사건의 핵심적인 단서들인데? 당연히 하지 않았다. 이 문건에 자금을 지원하고 선거에 영향을 미치려 한 클린턴 선거운동본부와 민주당이 한 역할을 멀러는 수사했나? 손도 대지 않았다. 청문회에서 질의응답을 하는 과정에서 멀러는 퓨전 GPS가 뭔지도 모르거나 그 회사와 창립자 글렌 심슨이 어떻게 가짜 정보를 유포해 사기극을 밀어붙였는지도 모르는 듯이 보였다.[34] 핵심적인 질문이 나오는 족족 멀러는 그건 "내 소관을 벗어난 사안이다"라거나 자신이 특검에 임명되기 "전에 일어난 일"이라고 답변했다.[35] 그가 답변하는 모습을 별 생각 없이 지켜보는 사람도 머리가 쪼개질 지경이었다. 사실 멀러의 "공모" 수사는 그가 특검에 임명되기 전에 모두 시작되었다. 지어낸 공모 대신 진짜 발생한 "공모" 음모를 수사하지 않은 핑계로는 어처구니가 없었다.

다른 건 몰라도 증언하는 자리에서 어리둥절한 표정에 말까지 더듬는 대참사를 연출하면서 막강하고 위대한 멀러라는 인물의 민낯이 드러났다. 오즈의 마법사처럼 그는 스스로 자랑스러워하는 평판만큼 대단한 인물이 아니었다. 그의 쇠락한 정신력은 그가 그저 특검의 얼굴마담에 지나지 않으며 특검의 지휘통제권을 당파적인 검사들에게 넘겨주었다는 사실을 입증했다. 그의 두 최고 참모인 앤드루 와이스먼과 애런 제블리가 수사 권한을 휘두르고 보고서를 작성했을 가능성이 높다. 두 사람은 애초에 특검에 합류하지 말았어야 한다. 와이스먼은 클린턴에게 우호적인 편견을 지니고 있었고 선거 당일에 예정되어 있던 클린턴 당선축하 행사에까지 참석했다. 제블리는 지니 리와 더불어 클린턴과 관련된 소송에서 법률대리인을 맡았다.[36] 바로 이 점이 특검의 수사가 편파적이고 최종보고서가 트럼프에게 심각하게 적대적인 논조인 이유를 설명해준다. 멀러는 "마녀사냥이 아니다"라고 항변했지만 특검의 수사를 설득력 있게 해명하고 정당화하지 못한 그의 무능함을 보면서 많은 이들이 그의 주장과 달리 마녀사냥이 맞는다는 결론을 내리게 만든다.[37] 일부 민주당 의원들과 리버럴 성향의 언론매체 종사자들조차도 그가 횡설수설한 증언이 정치적 "참사"였고 멀러 개인에게도 재앙이었다고 마지못해 시인했다.[38] 그의 이런 언행 때문에 트럼프가 존재하지도 않는 "공모"를 했다는 누명을 쓰고 특검팀에 진을 친 당파적이고 일방적인 열성분자들에게 또다시 희생당했다는 사실만 더욱 극명하게 드러냈다. 특검이 취한 행동과 특검이 내린 결정은 공정하지도 불편부당하지도 않았다. 트럼프가 종종 주장한 대로 정확히 "마녀사냥"이었다. 빌 클린턴 대통령의 탄핵으로 이어진 수사에서 특검 역할을 한 켄 스타는 특검 구성원들이 공정하고 중립을 지키도록 하지 못한 멀러를 비판했다. 멀러가 증언을 마친 직후 스타는 다음과 같이 지적했다. "나는 인간으로서, 애국자로서 밥 멀러는 좋아한다. 그러나 수사를 이런 식으로 지휘함으로써 그는 이 나라에 큰 해를 끼쳤다고 생각한다."[39]

《러시아 사기극》에서 나는 트럼프 사건은 사실로도 법으로도 뒷받침되지 않는다고 주장했다. 《트럼프 위치 헌트》는 내가 본래 했던 주장을 입증하는 새로운 증거를 소개하고 있다. 트럼프가 러시아와 공모하는 요원이라는 거짓을 많은 사람들이 아무런 의심도 하지 않고 자세히 알아보지도 않고 맹목적으로 받아들였다. 뜻밖에 그가 선거에서 이겼다는 사실에 대해 일부 사람들이 보인 감정적인 반응이기도 했다. 그들은 의혹을 뿌리치고 이를 진실로 받아들였다. 그들이 트럼프라는 인물이나 그의 정책 혹은 두 가지 모두에 대해 품고 있는 비호감 때문에 그들의 판단력이 흐려졌다. 악의적인 목적을 품고 그 거짓말을 기꺼이 받아들인 이들도 있다. 리버럴 성향의 언론매체들은 민주당과 손잡고 거짓 혐의를 사실로 받아들였다. 거짓임을 입증하는 증거를 쉽게 얻을 수 있는데도 말이다. 그들은 객관적이고 공정해야 할 책임을 저버렸다. 그들은 반감과 편견으로 눈이 멀어 합리적인 판단을 내리지 못했다.

도널드 트럼프가 아닌 누군가를 둘러싸고 똑같은 사실이 존재하고 똑같은 여건이 형성되었다면 연방수사국이 수사에 착수하지도 않았을 테고 염탐을 허락하는 영장도 발부되지 않았을 테고 특검이 임명되어 마녀사냥이 계속되지도 않았을 것이다. 그러나 트럼프는 늘 논란의 중심에 서 왔다. 거리낌 없이 할 말을 하는 성격이라 비판과 찬사를 한 몸에 받는다. 그는 통상적인 정치인이 아니다. 그는 워싱턴을 뒤집어엎겠다고 공언했다. 유권자들은 그런 그의 발언에 환호했다. 철옹성을 쌓고 들어앉아 있는 기득권층은 그가 못마땅했다. 그들은 그를 두려워했다. 트럼프가 꿈꾸는 극적인 변화는 그들의 존재 자체와 그들이 쥐고 있는 권력을 위협했다. 그들은 그런 트럼프를 막아야 했다. "공모" 사기극은 목적을 달성하기 위한 수단이었다.

자신들이 추구하는 목적을 달성하기 위해서 규정을 왜곡하거나 법을 위반한 이들에게 책임을 묻는 날이 올지에 대해 질문을 자주 받는다. 이는 물론 윌리엄 바 법무장관에게 달려 있다. 나는 미래를 내다볼 능력이 없다. 그러나 윌리엄 바 법무장관은 현재까지 자신이 받은 해명은 알려진 사실과 모순된다는 사실을 잘 인식하고 있는 듯하다. 그는 공개적으로 다음과 같이 말했다. "트럼프 선거운동본부를 겨냥한 대응첩보 활동은 정상적인 과정을 거쳐 진행되지 않았고 통상적인 절차를 밟지도 않았다."[40] 정말 맞는 말이다. 바 법무장관은 정부의 권력남용은 외국의 내정 간섭 못지않게 위험하다고 경고했다. 그는 수사관들을 수사하겠다고 약속했다.

2019년 5월 바 법무장관은 코네티컷 주 연방검사인 존 듀럼John Durham 에게 연방수사국의 코미, 매케이브, 스트로크 외 다수가 주도한 러시아 공모 수사의 출처를 수사하는 임무를 맡겼다.[41] 그가 할 업무에는 브레넌 과 클래퍼 밑에서 첩보기관들이 한 행동에 대한 조사도 포함된다. 윌리 엄 바가 의회 증언에서도 지적한 바와 같이 "염탐 행위가 일어났다고 생 각한다. 문제는 정당한 이유가 있었는지 여부다. 이를 살펴볼 필요가 있 다."[42] 검사인 듀럼은 연방수사국의 부패와 중앙정보국의 직권 남용에 대 해 일가견이 있다.

법무부 감찰관 마이클 호로위츠가 별도로 진행하고 있는 수사도 있 다.[43] 그는 연방수사국과 법무부 관리들이 카터 페이지를 염탐할 영장을 연달아 네 번이나 청구해 발부받는 과정에서 해외첩보감시법원을 속이 거나 오도했는지 여부를 판단하게 된다. 호로위츠는 연방수사국이 트럼 프 선거운동본부에 비밀 정보원을 잠입시킨 건과 크리스토퍼 스틸과 그 의 "도시에"를 이용한 건도 수사하고 있다. 감찰관실 수사관들은 2019년 6월 초 영국에서 전직 첩보원인 스틸을 면담했다.[44] 호로위츠가 보고서를 완성하고 나서 잘못을 입증하는 증거가 뒷받침된다면 형사소추에 회부 할지는 법무부에 맡겨질 가능성도 있다.

윌리엄 바와 존 듀럼은 중대한 임무를 맡았다. 코미는 몰랐다고 하거 나 심각한 기억감퇴를 호소할 가능성이 높다. 2018년 말 의회에서 증언 할 때 245차례나 그랬듯이 말이다.[45] 다른 전직 연방수사국 관리들은 치 유 불가능한 후두염을 앓는다면서 묵비권을 행사해 자승자박할 발언을 할 가능성을 차단하려 할지도 모른다. 브레넌과 클래퍼 같은 이들이 툭하면 뒤에 숨어 보호막으로 이용하는 두터운 비밀의 장막을 꿰뚫기는 대단히 어려운 난관이다. 첩보 기관들과 연방수사국은 협조하겠다고 했다. 그러나 이는 교묘한 속임수다. 그들은 사사건건 저항하고 방해할 게 틀림없다. 그러나 윌리엄 바는 지금까지 비공개였던 방대한 양의 자료들을 공개할 전권을 부여받았고 이는 부패를 입증하는 증거의 보고寶庫로 판명될지도 모른다.[46] 그는 그 권한을 적극적으로 행사해야 한다.

《트럼프 위치 헌트》는 우리가 법의 수호를 믿고 맡긴 정부 고위관리들이 오히려 그 신뢰를 저버리고 법을 위반했다는 설득력 있는 증거를 제시한다. 그들이야말로 클린턴의 당선을 돕기 위해 선거에 개입한 장본인이다. 그리고 나서 그들은 트럼프를 백악관에서 축출하려고 음모를 꾸몄다. 트럼프에게 불리한 증거는 조작되거나 부풀려졌다. 그들은 법을 능멸하거나 무시했다. 트럼프는 "공모"했다는 누명을 썼지만 그런 음모는 애초에 존재하지도 않았다. 그들은 그게 사실이 아님을 알고 있었다.

거짓말을 만들어내기는 쉽다. 만들어낸 거짓말을 퍼뜨리기는 더 쉽다. 온전한 진실을 밝히기는 어렵다. 트럼프를 파멸시키고 그를 대통령직에서 끌어내리기 위해 시도된, 켜켜이 쌓인 행위들을 한 꺼풀씩 모두 벗겨내려면 시간이 걸린다. 그러나 거짓은 오로지 진실로써 치유된다. 법치의 파괴는 오로지 정의의 실현으로써 바로잡힌다.

심판의 날이 기다리고 있다.

연방수사국

- **제임스 베이커:** 클린턴 이메일 수사와 트럼프-러시아 "공모" 관련 의사결정에 관여한 연방수사국 최고 법률자문. 카터 페이지를 염탐하기 위해 해외첩보감시법원에 제출한 첫 번째 영장청구서를 작성하고 승인.
- **제임스 코미:** 2013년 9월 오바마 정권하에서 연방수사국 국장에 임명. 힐러리 클린턴을 심문하기도 전에 불법 이메일 서버와 관련해 그녀를 면책하는 발표문을 작성. 트럼프 선거운동본부에 대한 수사를 주도했고 카터 페이지를 염탐한 네 건의 영장청구서 가운데 세 건에 서명. 2017년 5월 트럼프에게 해고당한 후 대통령과 나눈 대화가 담긴 보고서를 유출해 특검수사의 단초를 제공했다.
- **마이클 가이타:** 로마에 주재하는 연방수사국 요원이자 법무관. 로마와 런던에서 스틸을 면담하고 스틸이 초기에 작성한 보고서를 국무부의 빅토리아 눌런드에게 전달.
- **앤드루 매케이브:** 연방수사국 부국장. 그의 부인이 힐러리 클린턴의 측근으로부터 70만 달러의 자금을 받은 후 버지니아 주 의회 상원에 출마. 제임스 코미가 해고된 후 매케이브는 대통령에 대한 비밀 수사에 착수. 내각 각료들을 동원해 헌법 수정안 제25조를 발동해 트럼프를 제거할 방법을 모의하고 2017년 6월 카터 페이지에 대한 해외첩보감시법원 영장 갱신 청구서에 서명. 크리스토퍼 스틸 "도시에"가 없었다면 해외첩보감시법원 영장을 청구하지 못했을 거라고 증언하고 거짓말을 해 연방수사국에서 해고당했다.
- **리사 페이지:** 연방수사국 변호사로서 정부 피터 스트로크와 주고받은 트럼프에 적대적인 문자메시지로 악명 높음. 앤드루 매케이브의 법률 자문을 지냈고 특검팀에도 합류. 기밀 정보를 유출한 혐의로 조사받음.
- **조 피엔트카:** 피터 스트로크와 함께 마이클 플린을 면담한 연방수사국 요원. 스틸이 해

고된 후 스틸을 대신해 법무부와의 소통 경로로서 법무부의 브루스 오를 면담.

- **E. W. "빌" 프리스탭**: 연방수사국 대응첩보부 차장. 연방수사국과 법무부가 해외첩보감시법원에 카터 페이지 염탐 영장청구서를 제출했을 당시에 크리스토퍼 스틸 "도시에"에 대한 검증은 시작 단계였다고 증언.
- **피터 스트로크**: 경륜 있는 연방수사국 대응첩보 요원. "중간고사"와 "십자포화 허리케인" 수사에 연루. 로버트 멀러가 차출해 특검수사를 지휘했다. 법무부 감찰관이 그가 리사 페이지와 주고받은 트럼프에게 적대적인 문자메시지 수천 건을 적발한 후 2017년 8월에 특검에서 해고된 이후 연방수사국에서도 해고.

법무부

- **윌리엄 바**: 트럼프 정부의 법무장관. 트럼프 선거운동본부에 대한 염탐 행위가 있었다고 증언.
- **데이너 보엔테**: 버지니아 동부지법 검사. 샐리 예이츠 해고 후 제프 세션스가 법무장관 인사청문회를 통과할 때까지 법무장관 대리. 로드 로젠스타인이 법무부 차관으로 확정될 때까지 차관 대리. 2017년 4월 해외첩보감시법원에 제출한 카터 페이지 영장청구서에 서명.
- **마이클 호로위츠**: 법무부 감찰관. 2017년 7월 피터 스트로크와 리사 페이지의 문자메시지를 찾아냄. 2018년 6월 연방수사국과 법무부가 선거 기간 동안 보인 행태에 대해 신랄하게 비판하는 보고서를 발표. 현재 해외첩보감시법 남용에 관한 보고서 작성 중.
- **로레타 린치**: 버락 오바마 대통령 정부하에서 법무장관을 지냄. 2016년 6월 27일, 힐러리 클린턴이 연방수사국의 심문을 받기 며칠 앞서 피닉스 공항의 활주로에서 은밀하게 빌 클린턴을 만남.
- **브루스 오**: 러시아 전문가 넬리 오의 남편인 법무부 고위관리. 정보세탁 음모에 연루돼 크리스토퍼 스틸의 "도시에" 보고서를 연방수사국에 전달하는 비밀 통로 역할을 함. 스틸이 제공한 정보를 검증할 필요가 있다고 연방수사국에 경고함.
- **로드 로젠스타인**: 2017년 4월부터 2019년 5월까지 법무차관을 지냄. 제임스 코미의 해고를 권고하는 보고서를 작성. 2017년 5월 17일 로버트 멀러를 특검에 임명. 녹음장치를 몸에 부착하고 트럼프가 한 말을 녹음한 뒤 내각 각료들을 동원해 헌법 수정안 제25조에 의거해 대통령을 면직하는 방안을 앤드루 매케이브와 논의. 본인이 특검수사의 증인임에도 불구하고 특검수사를 감독하는 역할을 기피하지 않음. 2017년 6월

해외첩보감시법에 따라 카터 페이지를 염탐하게 해달라는 마지막 영장청구서에 서명.

- **제프 세션스:** 2017년 2월부터 2018년 11월까지 법무장관을 지냄. 트럼프 선거운동본부 외교정책 자문단을 이끎. 러시아 수사에서 손을 뗌. 2018년 중간선거 후 물러남.

- **샐리 예이츠:** 2017년 1월 20일부터 1월 30일까지 법무장관 대리. 2016년 10월과 2017년 1월에 해외첩보감시법원에 청구한 카터 페이지 염탐 영장에 서명. 마이클 플린의 해고를 모의. 특정 국가로부터의 미국 입국을 금지하는 명령을 실행하기 거부하다가 트럼프에게 해고.

국무부

- **엘리자베스 디블:** 2013년부터 2016년 7월까지 런던 주재 미국대사관의 공관차석. 2016년 7월 말 조지 파파도풀로스와 알렉산더 다우너가 나눈 대화와 관련해 연방수사국이 접촉.

- **캐슬린 캐벌렉:** 국무부 고위관리. 2016년 10월 11일 크리스토퍼 스틸을 면담하고 연방수사국과 언론인들에게 그의 정치적 동기와 "도시에"에 담긴 오류에 대해 경고.

- **데이비드 J. 크레이머:** 전 국무부 관리. 크리스토퍼 스틸 "도시에" 사본을 존 매케인 상원의원에게 전달하고 이를 〈버즈피드〉에 유출.

- **빅토리아 눌런드:** 오바마 행정부의 국무부 고위관리. 연방수사국 요원 마이클 가이타가 2016년 7월 5일 크리스토퍼 스틸과 만나도록 승인했고, 이 만남에서 가이타가 처음으로 "도시에"를 입수.

- **조너선 와이너:** 국무부 고위관리. 크리스토퍼 스틸 "도시에"의 두 쪽짜리 요약본을 빅토리아 눌런드와 존 케리 국무장관에게 전달. 시드니 블루멘설로부터 코디 시러의 선동적인 보고서를 받아 이를 스틸에게 전달.

첩보계 인사들과 "요원들"

- **줄리언 어산지:** 위키리크스 창립자. 2016년 선거기간 동안 위키리크스가 공개한 DNC와 존 포데스타의 이메일을 해킹하고 그 내용을 폭로하는 데 러시아는 관여하지 않았다고 주장. 현재 미국으로 송환되지 않으려고 법정 투쟁 중.

- **존 브레넌:** 버락 오바마 정권하에서 중앙정보국 국장을 지냈고 현재 MSNBC 평론가로 활동. 공모 주장의 핵심 인물. "십자포화 허리케인"의 단초를 제공.

- **제임스 클래퍼:** 국가정보실 실장. 제임스 코미에게 선정적인 "황금 소나기 도시에"에 대해 트럼프에게 보고하도록 지시한 후 이 소식을 CNN에 유출. 크리스토퍼 스틸 "도시에"는 2016년 12월 무렵까지도 검증되지 않은 상태였다고 증언.
- **리처드 디얼러브 경:** MI6 전 수장. 스테판 할퍼와 크리스토퍼 스틸과 가까운 관계자. 스틸의 평판을 보장한 인물.
- **알렉산더 다우너:** 영국 주재 오스트레일리아 대사. 2006년 클린턴 재단에 대한 2,500만 달러 기부를 주선함. 2016년 5월 10일 조지 파파도풀로스와 만남. 파파도풀로스가 자신에게 러시아인들이 클린턴에 대한 불리한 정보를 갖고 있다고 말했다고 미국 대사관에 보고했고 이 주장이 "십자포화 허리케인" 수사의 토대가 되었다고 알려짐.
- **헨리 그린버그:** 러시아 사업가이자 연방수사국 정보제공자. 헨리 옥니안스키 혹은 게나디 보스트레토프라고 알려진 인물. 힐러리 클린턴에 대한 뒷조사 자료를 로저 스톤에게 팔아넘기려고 함.
- **스테판 할퍼:** 케임브리지 대학교 교수. 30년 이상 미국 첩보원으로 활약. 연방수사국의 지시에 따라 트럼프 선거운동본부의 카터 페이지, 조지 파파도풀로스 외 다수를 표적으로 삼아 접근.
- **로버트 해니건:** 미국의 국가안보국(NSA)에 해당하는 영국 기관 정부통신본부Government Communications Headquarters, GCHQ 본부장. 2016년 여름 미국으로 건너가 브레넌을 만남. 2017년 1월 갑자기 사임.
- **나기 칼리드 이드리스:** 조지 파파도풀로스를 고용한 국제법률연구소 런던지국장. 파파도풀로스가 자신과 함께 로마로 가서 조지프 미프수드를 만났다고 주장.
- **조지프 미프수드:** 몰타 출신의 교수로서 조지 파파도풀로스에게 러시아가 힐러리 클린턴의 이메일 수천 건을 갖고 있다고 말해줌. 서방 첩보계와 관련 있음.
- **세르게이 밀리안:** 벨라루스 출신의 미국시민으로 실명은 시아레이 쿠쿠츠Siarhei Kukuts. 트럼프 행정부에서도 일해야 한다는 조건으로 조지 파파도풀로스에게 컨설턴트로 일해 달라며 월 3만 달러를 제안. 크리스토퍼 스틸 "도시에"에 포함될 자료를 제공했다고 알려짐.
- **수전 라이스:** 버락 오바마 행정부의 국가안보좌관. 트럼프 선거운동본부 관계자들의 신분을 노출시키는 데 관여.
- **마이클 로저스:** 국가안보 국장. 2016년 11월 17일 자신의 상사인 제임스 클래퍼에게 알리지 않고 트럼프타워를 방문. 그 다음날 인수위원회는 뉴저지에 있는 트럼프 소유 거처로 옮김.

- **크리스토퍼 스틸:** 전직 MI6 요원. 퓨전 GPS에 고용되어 트럼프에 대한 조사를 하고 스틸 "도시에"를 구성한 17건의 보고서를 작성. 이 문건은 연방수사국과 법무부가 트럼프 관계자 카터 페이지, 폴 매너포트, 마이클 코언, 마이클 플린을 표적 수사하는데 이용함.
- **에리카 톰슨:** 오스트레일리아 외교관. 조지 파파도풀로스를 알렉산더 다우너에게 소개한 인물.
- **아즈라 터크:** 연방수사국이 런던에 파견해 조지 파파도풀로스를 만나게 한 정보제공자의 가명. 실제 신원은 알려지지 않음.
- **올가 비노그라도바:** "블라디미르 푸틴의 조카"라며 조지프 미프수드와 조지 파파도풀로스에게 트럼프 선거운동본부와 푸틴 정권 사이의 만남을 주선할 수 있다고 자신의 신분을 밝힘. 푸틴과 무관하며 실명은 올가 폴론스카야.
- **앤드루 우드 경:** 러시아 주재 영국대사. 데이비드 크레이머와 존 매케인 상원의원과 스틸 "도시에" 건으로 만남. 크리스토퍼 스틸이 믿을 만한 인물이라고 보장.

특별검사실

- **로버트 멀러 III:** 2017년 5월 17일 로드 로젠스타인 법무차관에 의해 특검에 임명됨. 2001년부터 2013년까지 연방수사국 국장을 지냄. 제임스 코미의 절친한 친구. 편파적인 민주당 지지 성향의 변호사들을 고용해 특검팀을 꾸리고 트럼프를 수사함. 448쪽짜리 특검 최종 보고서는 트럼프 선거운동본부의 공모 증거를 찾지 못했다고 결론 내림.
- **지니 리:** 갈취 민사소송에서 클린턴 재단의 법률대리인. 힐러리 이메일 사건에서 힐러리 클린턴의 법률대리인. 조지 파파도풀로스, 로저 스톤, 폴 매너포트 기소에 관여.
- **앤드루 와이스먼:** 법무부 형사사기 부서장이자 로버트 멀러 특검의 부특검. 멀러 연방수사국 국장하에서 법률자문 역임. 기소를 잘못해 최종 판결이 뒤집히고 징계를 받은 여러 사건에 관여함. DNC, 힐러리 클린턴, 버락 오바마에게 선거자금 기부. 선거 당일 밤에 예정되어 있던 클린턴 "승리 축하 파티"에 참석.
- **애런 제블리:** 연방수사국 전 요원. 로버트 멀러의 비서실장. 멀러의 법률회사에 근무할 당시 힐러리 클린턴의 사설 이메일 서버를 구축한 저스틴 쿠퍼의 법률대리인.

트럼프 선거운동본부와 행정부

- **마이클 카푸토**: 트럼프 선거운동본부 자문. 연방수사국의 러시아인 정보제공자인 헨리 그린버그의 표적.
- **마이클 코언**: 트럼프 기구의 전 부사장이자 트럼프의 개인변호사. 부동산개발업자이자 연방수사국 정보제공자인 필릭스 세이터가 그에게 접근해 모스크바에 트럼프타워 건설을 제안함. 9건의 혐의에 대해 유죄를 인정.
- **제롬 코시**: 위키리크스와 관련해 로저 스톤과 연락을 주고받은 이유로 로버트 멀러의 수사표적이 된 인물.
- **마이클 플린**: 2012년부터 2014년까지 국방첩보국 국장. 24일 동안 트럼프의 국가안보 보좌관을 지냄. "십자포화 허리케인 작전"의 표적. 러시아 대사와 나눈 대화에 대해 위증한 혐의에 대해 유죄를 인정. 아직 선고를 받지 않음.
- **리처드 게이츠 III**: 폴 매너포트의 동업자이자 트럼프의 선거운동본부 부본부장. 위증과 미국정부를 편취할 음모를 꾸민 혐의에 대해 유죄를 인정.
- **폴 매너포트 주니어**: 오랫동안 워싱턴에서 정치전략가로서 그리고 외국 정부의 로비스트로서 활동함. 전 우크라이나 대통령의 자문 역임. 2016년 3월부터 8월까지 트럼프 선거운동본부에서 일함. 탈세와 은행사기로 유죄선고를 받음.
- **돈 맥건**: 백악관 법률고문. 마이클 플린이 세르게이 키슬리악과 나눈 대화와 관련해 샐리 예이츠와 만남.
- **카터 페이지**: 연방수사국에 협조적인 증인으로 나서 러시아 첩보원을 기소하도록 도움. 트럼프 외교정책 자문팀에 합류. 크리스토퍼 스틸 "도시에"는 그가 러시아 요원이라고 주장함. 연방수사국은 2016년 10월 페이지에 대한 해외첩보감시법 영장을 청구. 이후 연방수사국은 2017년 1월, 2017년 4월, 2017년 6월에 영장청구를 갱신.
- **조지 파파도풀로스**: 트럼프 선거운동본부의 외교정책 자문. 미프수드가 그에게 러시아인들이 힐러리의 이메일 수천 건을 갖고 있다고 말함. 그가 오스트레일리아 외교관에게 한 발언이 "십자포화 허리케인 작전"의 단초가 되었다고 보도됨. 연방수사요원에게 거짓말을 한 건에 대해 유죄를 인정.
- **로저 스톤**: 정치전략가이자 도널드 트럼프의 자문. 오전 6시 포트 로더데일에 있는 그의 자택에 20여 명의 연방수사국 요원들이 들이닥쳤으며, 의회에서의 위증, 위증교사, 공무집행방해 등으로 기소되었으나, 무죄를 주장함.
- **도널드 트럼프 주니어**: 트럼프 대통령의 아들. 2016년 6월 러시아 변호사 나탈리아 베셀니츠카야와의 회동에 참석.

클린턴 선거운동본부와 민주당

- **시드니 블루멘설:** 빌과 힐러리 클린턴의 악명 높은 정치해결사. 코디 시러가 작성한 두 번째 "도시에"를 국무부에 전달.
- **알렉산드라 찰루파:** 변호사, 우크라이나 사회운동가, DNC의 하청계약업자이자 로비스트인 폴 매너포트에게 접근한 인물.
- **힐러리 클린턴:** 민주당 대선후보. 간첩행위금지법과 그 밖의 여러 형사 법규를 위반. 제임스 코미는 이를 면책함. '퍼킨스 코이'라는 법률회사를 통해서 크리스토퍼 스틸 "도시에"에 자금을 지원. 대선 패배를 제임스 코미와 러시아의 선거개입 탓으로 돌림.
- **래니 데이비스:** 변호사, 로비스트, 클린턴 부부에게 오래전부터 정치자문을 함. 로버트 멀러의 특검수사에서 마이클 코언의 법률대리인을 맡음.
- **마크 E. 엘리어스:** 퍼킨스 코이의 변호사, 힐러리 클린턴의 2016년 대통령 선거운동본부 법률고문, 클린턴 선거운동본부를 대신해 퓨전 GPS를 고용.
- **마크 저코비:** 글렌 심슨의 부인이자 퓨전 GPS의 공동창립자. "러시아게이트"의 설계자가 자기 남편이라고 자랑하는 페이스북 포스트를 올렸다가 삭제함.
- **테리 매컬리프:** 버지니아 전 주지사. 오래전부터 힐러리 클린턴의 측근. 앤드루 매케이브의 부인이 버지니아 주 상원에 출마하자 그녀의 선거운동에 70만 달러를 기부.
- **셰릴 밀즈:** 힐러리 클린턴의 법률대리인을 오랫동안 수행. 이메일 수사에서 제한된 면책권을 부여받았고 피터 스트로크가 클린턴을 심문할 당시 이 사건의 증인임에도 불구하고 배석을 허락받음. 클린턴의 이메일을 분류하고 삭제하는 데 관여.
- **로비 무크:** 힐러리 클린턴 선거운동본부의 고위관계자. 러시아는 트럼프가 이기기를 바란다고 최초로 공개적으로 발언한 인물.
- **버락 오바마:** 리사 페이지가 피터 스트로크에게 보낸 문자메시지에서 오바마가 그들이 하고 있는 "일을 낱낱이 알고" 싶어 한다고 함. 가명을 이용해 정부승인을 받지 않은 클린턴의 이메일 서버로 힐러리 클린턴과 이메일을 주고받음. 2016년 TV 인터뷰에서 클린턴이 "부주의"했을 뿐이라고 말함.
- **넬리 오:** 중앙정보국의 오픈소스센터에서 일한 러시아 전문가, 브루스 오의 부인으로 2015년 말 퓨전 GPS에 채용됨. 2016년 5월 23일 단파 라디오 면허증을 신청함. 증언에서 "배우자 특권"을 발동함.
- **존 포데스타:** 클린턴 선거운동본부장. 피싱phishing 링크를 클릭한 후 그의 이메일 수백 건이 털렸고 이 이메일을 위키리크스가 공개함.
- **사만다 파워:** 버락 오바마 정권에서 유엔주재 미국 대사를 지냄. 트럼프 선거운동본부

와 관련된 수백 명의 미국 시민들의 신분을 노출시킨 혐의를 받고 있음. 다른 사람들이 자신의 이름을 도용했다고 주장.

- **헤더 새뮤얼슨:** 힐러리 클린턴의 법률대리인. 클린턴 이메일을 검토하고 분류해 3만 건 이상을 서버에서 삭제함.
- **코디 시라:** 더러운 협잡꾼이자 클린턴 일가의 오랜 관계자. 두 번째 "도시에"를 시드니 블루멘설에게 건네주면서 러시아인들이 트럼프의 약점을 쥐고 있다고 말함.
- **글렌 심슨:** 퓨전 GPS의 공동창립자. 퍼킨스 코이가 고용해 트럼프에 대한 뒷조사를 함. 크리스토퍼 스틸과 넬리 오를 고용함. 트럼프-러시아 "공모" 이야기를 날조해 이를 연방수사국, 국무부, 언론매체에 유포함. 의회가 소환하자 묵비권을 행사함.
- **앤서니 위너:** 민주당 소속 뉴욕 주 전 의원으로 십대에게 성적 내용이 담긴 메시지를 보내 징역선고를 받음. 클린턴 보좌관 후마 아베딘의 남편. 연방수사국이 그의 자택에서 힐러리 클린턴과 후마 아베딘이 주고받은 이메일이 보관된 노트북컴퓨터를 압수. 이후 클린턴 이메일 수사가 서둘러 재개되었고 선거 며칠 전 제임스 코미가 수사를 종결시켰음.

해외첩보감시법원

- **로즈마리 콜리어:** 해외첩보감시법원 수석판사. 해외첩보감시법 절차를 무차별적으로 남용한 연방수사국과 법무부를 신랄하게 비판하는 보고서를 2017년 4월 26일 공개. 두 기관의 절차 남용에 대해 인지하기 전인 2016년 10월 21일 카터 페이지에 대한 첫 번째 해외첩보감시법 영장청구서를 승인.
- **루돌프 "루디" 콘트레라스:** 피터 스트로크와 리사 페이지가 주고받은 문자메시지에서 "루디"라고 언급됨. 2016년 5월 19일 해외첩보감시법원 판사에 임명됨. 법무부 감찰관이 두 사람의 문자메시지를 발견한 후 아무 해명 없이 2017년 12월 그동안 관장하던 플린 사건 재판에서 손을 뗌.

우크라이나인과 러시아인들

- **올레그 데리파스카:** 트럼프-러시아 "공모"를 확인하기 위해 2016년 9월 연방수사국이 접근한 러시아 억만장자. 데리파스카는 연방수사국에 공모는 없었다고 말함.
- **이고르 디비에킨:** 카터 페이지 감시 해외첩보감시법원 영창청구서에 따르면, 블라디미

르 푸틴의 관계자로서 페이지와 은밀히 만나 크림린에 힐러리 클린턴에 대한 약점을 알고 있다고 말함. 그런 만남은 일어난 적이 없음.

- **콘스탄틴 킬림닉:** 러시아/우크라이나 정치 컨설턴트이자 폴 매너포트 관계자. 로버트 멀러가 기소함.

- **세르게이 키슬리약:** 전 미국주재 러시아 대사.

- **에브게니 프리고진:** 콘코드 케이터링, 콘 코드 매니지먼트 앤드 컨설팅 등 러시아 기업의 소유주. 인터넷 리서치 에이전시에 재정적 지원을 한 혐의로 기소됨.

- **필릭스 세이터:** 러시아 출생 부동산개발업자로 마이클 코언과 함께 모스크바에 트럼프타워를 건설하는 프로젝트를 추진함. 오랫동안 연방수사국 정보제공자로 활동함.

- **이고르 세친:** 러시아 국영 석유회사 로스네프트 최고경영자. 크리스토퍼 스틸에 따르면, 미국의 경제제재를 해제하는 대가로 이 기업 지분 19퍼센트를 페이지에게 주겠다고 제안함.

- **나탈리아 베셀니츠카야:** 러시아 변호사로서 뉴욕 시에 있는 트럼프타워에서 도널드 트럼프 주니어와 만남. 퓨전 GPS와도 일함.

───────────────── 2016년 ─────────────────

4월 12일   클린턴 선거운동본부와 DNC의 법률대리인들이 퓨전 GPS에게 도널드 트
럼프에 대한 뒷조사를 의뢰한다.

4월 26일   조지프 미프수드가 런던 호텔에서 조지 파파도풀로스를 만나 러시아인들
이 힐러리 클린턴의 약점을 알고 있다며 "그들이 그녀의 이메일 수천 건을
갖고 있다"라고 말했다고 주장한다.

5월 2일   제임스 코미가 간첩행위금지법하에서 힐러리 클린턴이 "중과실"을 범했다
는 내용의 발표문 초안을 작성했지만 나중에 수사국 요원들에게 어찌됐든
클린턴을 면죄하려 한다고 말한다.

5월 10일   조지 파파도풀로스가 알렉산더 다우너와 만나 러시아인들이 클린턴에게
타격을 줄 자료를 갖고 있다는 소문을 전달했다고 알려진다.

6월 6일   피터 스트로크가 제임스 코미의 발표문에서 힐러리 클린턴이 "중과실"을
범했다는 문구를 "극도로 부주의했다"로 바꾼다.

6월
(날짜는 불확실함)   힐러리 선거운동본부와 DNC가 퓨전 GPS를 통해 크리스토퍼 스틸을 고용
한다.

6월 20일   스틸은 트럼프-러시아 "공모"를 주장하는, "도시에"에 포함될 첫 번째 보
고서를 퓨전 GPS에 제출한다.

6월 27일   힐러리 클린턴이 연방수사국의 심문을 받기 닷새 전 한 공항 활주로에서
로레타 린치 법무장관이 빌 클린턴과 만난다.

7월 1일   국무부 관리 빅토리아 눌런드가 연방수사국 요원 마이클 가이타에게 런던
에서 크리스토퍼 스틸을 만나라고 한다.

7월 2일   피터 스트로크 외 여러 명이 3시간 반 동안 힐러리 클린턴을 심문한다. 증

인 선서를 하지 않은 상태에서 그녀는 "기억나지 않는다"라는 답변을 39차례 한다.

7월 5일　제임스 코미가 힐러리 클린턴을 면책한다. 연방수사국 요원 마이크 가이타는 크리스토퍼 스틸을 만나 "도시에"를 보게 된다.

7월 7일　카터 페이지가 모스크바를 방문해 연설한다.

7월 11일　페이지는 케임브리지 심포지엄에 참석해 비밀정보원 스테판 할퍼를 만난다.

7월 22일　위키리크스가 도난당한 DNC 이메일을 공개한다.

7월 27일　도널드 트럼프가 다음과 같이 말한다. "러시아, 듣고 있는지 모르겠지만, 없어진 3만 건의 이메일을 찾기 바란다."

7월 30일　크리스토퍼 스틸은 브루스 오/넬리 오 부부와 만나 "도시에" 정보를 전달한다. 브루스 오는 즉시 이 정보를 연방수사국 고위관리와 앤드루 와이스먼을 비롯한 법무부 검사들에게 전달한다.

7월 31일　연방수사국이 "십자포화 허리케인" 수사에 착수한다.

8월 6일　클린턴 선거운동본부가 트럼프-러시아 "공모"를 주장한다.

8월 8일　피터 스트로크가 트럼프의 대통령 당선 가능성에 대해 문자메시지를 보낸다. "우리가 막을 거야."

8월 15일　피터 스트로크-리사 페이지가 악명 높은 문자메시지 "보험 가입"을 주고받는다.

9월 2일　스테판 할퍼가 조지 파파도풀로스를 런던으로 초청한다.

9월 15일　파파도풀로스는 연방수사국 비밀정보원인 "아즈라 터크"를 만난다.

9월 23일　마이클 이시코프가 모스크바를 방문한 카터 페이지에 대한 기사를 게재한다.

10월 3일　크리스토퍼 스틸은 로마에서 연방수사국과 접선한다.

10월 7일　위키리크스는 존 포데스타의 이메일을 공개하기 시작한다.

10월 11일　크리스토퍼 스틸은 국무부에서 캐슬린 캐벌렉과 만난다. 그녀는 그의 "도시에"에서 오류를 지적한다.

10월 21일　연방수사국은 카터 페이지에 대한 해외첩보감시법 영장을 발부받는다.

10월 26일　마이클 로저스는 해외첩보감시법원에 국가정보국 데이터베이스가 오용됐다는 감찰 결과를 전달한다.

10월 31일　〈마더 존스〉는 크리스토퍼 스틸의 이름을 언급한 기사를 게재한다.

11월 1일　스틸은 연방수사국으로부터 해고당한다.

11월 9일　도널드 트럼프가 대선에서 승리한다.

11월 17일	마이클 로저스는 도널드 트럼프의 인수위원회와 만난다. 트럼프는 인수위원회 활동 본부를 뉴저지로 옮긴다.
11월 18일	트럼프는 마이크 플린을 국가안보보좌관에 임명한다.
11월 19일	앤드루 우드 경과 데이비드 크레이머가 존 매케인 상원의원에게 스틸 "도시에"에 대해 얘기한다.
11월 22일	연방수사국 요원 조 피엔트카가 크리스토퍼 스틸과 소통하는 비공식 경로로서 브루스 오를 면담하기 시작한다.
11월 28일	데이비드 크레이머가 런던으로 날아가 스틸을 만난다.
11월 29일	크레이머가 글렌 심슨으로부터 "도시에"를 받아 존 매케인에게 전달한다.
12월 9일	매케인이 "도시에"를 제임스 코미에게 전달한다.
12월 22일	마이클 플린이 러시아 대사 세르게이 키슬리악과 통화했고 그들의 대화가 녹음된다.
12월 29일	오바마 행정부는 러시아 외교관 35명을 추방하고 러시아에 대한 제재를 내린다.
12월 30일	블라디미르 푸틴이 제재에 대해 보복조치를 취하지 않겠다고 발표한다.

───────────┤ 2017년 ├───────────

1월 5일	버락 오바마가 조 바이든, 제임스 코미, 마이클 로저스, 제임스 클래퍼, 존 브레넌, 샐리 예이츠, 수전 라이스와 회의를 한다.
1월 6일	코미가 트럼프에게 스틸 "도시에" 중에서 "선정적이고 검증되지 않은" 부분에 대해 보고한다. 클래퍼는 이를 CNN에 유출한다.
1월 10일	CNN이 코미의 보고에 대해 보도한다. 〈버즈피드〉는 스틸 "도시에" 전문을 공개한다.
1월 12일	12월 29일 마이클 플린과 세리게이 키슬리악이 나눈 통화 내용이 유출된다.
1월 20일	도널드 트럼프 대통령 취임식.
1월 22일	마이클 플린이 국가안보보좌관으로 취임한다.
1월 24일	제임스 코미가 앤드루 매케이브에게 피터 스트로크와 조 피엔트카를 보내 플린을 면담하게 하라고 지시를 내린다.
1월 26일	법무장관 대리 샐리 예이츠가 백악관 법률고문 돈 맥건과 플린에 대해 의논한다.

1월 27일	연방수사국 요원들이 조지 파파도풀로스를 심문한다.
1월 30일	도널드 트럼프가 입국금지조치 시행을 거부한 예이츠를 해고한다.
2월 8일	제프 세션스 상원의원이 법무장관으로 인준받는다.
2월 13일	마이클 플린이 사임한다.
2월 14일	제임스 코미가 트럼프 대통령이 자신에게 "플린을 놓아줄" 수 있는지 물었다고 주장한다.
2월 16일	조지 파파도풀로스가 연방수사국 요원들에게 다시 심문을 받는다.
3월 2일	제프 세션스가 러시아 수사에서 손을 뗀다.
3월 4일	트럼프는 오바마가 자신을 "도청했다"고 트윗을 날린다.
4월 19일	법무부/연방수사국이 카터 페이지에 대한 해외첩보감시법원 영장을 두 번째로 갱신해 발부받는다.
4월 25일	크리스토퍼 스틸은 "도시에"가 "검증되지 않았다"고 시인한다.
4월 26일	로드 로젠스타인이 법무차관에 취임한다.
5월 9일	트럼프가 제임스 코미를 해고한다.
5월 15-16일	코미가 대통령과의 대화를 기록한 보고서를 친구에게 주고, 그 친구는 이를 언론에 유출해 특검 임명의 단초를 마련한다.
5월 16일	트럼프가 로버트 멀러와 면담한다. 앤드루 매케이브와 로드 로젠스타인은 헌법 수정안 제25를 발동해 트럼프를 면직하는 방안을 논의한다.
5월 17일	로젠스타인은 멀러를 특검에 임명한다.
7월 18일	카터 페이지에 대한 해외첩보감시법원 영장이 마지막으로 갱신된다.
7월 26일	연방수사국이 폴 매너포트 주니어의 자택을 압수수색한다.
7월 27일	조지 파파도풀로스가 체포된다. 피터 스트로크는 로버트 멀러 특검 팀을 떠난다.
8월 2일	로드 로젠스타인이 수정된 수사범위 보고서를 멀러에게 발행한다.
10월 5일	조지 파파도풀로스가 연방수사국에 위증한 혐의에 대해 유죄를 인정한다.
10월 20일	로드 로젠스타인은 두 번째 수사 범위 보고서를 발행한다.
10월 24일	〈워싱턴포스트〉는 클린턴 선거운동본부와 DNC가 퓨전 GPS와 스틸 "도시에"에 자금을 댔다고 보도한다.
10월 30일	로버트 멀러는 폴 매너포트와 리처드 게이츠 III를 기소한다. 파파도풀로스의 유죄답변거래 사실이 공개된다.
12월 1일	마이클 플린이 유죄를 인정한다. 루돌프 "루디" 콘트레라스 판사가 이 사건

을 기피한다.

12월 2일	〈워싱턴포스트〉는 피터 스트로크와 리사 페이지가 주고받은 반 트럼프 문자메시지를 공개한다.
12월 4일	로버트 멀러는 마이클 플린에 대해 징역형을 구형하지 않는다.
12월 12일	플린 사건을 맡은 에밋 G. 설리번 판사는 멀러에게 피의자의 혐의를 벗겨줄 증거를 제출하라고 명령한다.
12월 30일	〈뉴욕타임스〉는 연방수사국 수사가 조지 파파도풀로스가 알렉산더 다우너에게 한 말에서 비롯되었다는 기사를 싣는다.

│ 2018년 │

2월 2일   데빈 누네스의 보고서가 기밀해제된다. 앤드루 매케이브는 "스틸 도시에
            정보가 없었다면 해외첩보감시법원에 감시 영장을 청구하지 않았을 것이
            다"라고 증언한다.

3월 12일   하원은 "공모, 협력, 혹은 음모를 꾸민 증거를 발견하지 못했다"라는 보고
            서를 공개한다.

3월 16일   앤드루 매케이브는 연방수사국에서 해고된다.

4월 9일   연방수사국 요원들이 마이클 코언의 자택과 사무실을 압수수색한다.

5월 19일   스테판 할퍼가 연방수사국이 트럼프 선거운동본부에 잠입시킨 "내부 정보
            제공자"로 드러난다.

6월 14일   마이클 호로위츠 법무부 감찰관이 힐러리 클린턴 이메일 수사에 대한 보고
            서를 공개하면서 연방수사국의 편파성, 언론 대상 정보유출, 제임스 코미의
            월권행위 등이 드러난다.

7월 13일   로버트 멀러는 DNC 이메일을 해킹한 혐의로 러시아 첩보요원들을 기소
            한다.

8월 10일   피터 스트로크가 해고된다.

8월 22일   마이클 코언이 8건의 혐의에 대해 유죄를 인정한다.

8월 28일   브루스 오는 자신이 연방수사국에게 크리스토퍼 스틸은 신뢰할 수 없는 인
            물이라고 경고했다고 증언한다.

11월 7일   제프 세션스 법무장관이 사임한다.

12월 8일   트럼프는 윌리엄 바를 법무장관으로 지명한다.

1월 25일	연방수사국 요원들이 새벽에 로저 스톤의 자택을 압수수색하는 쇼를 연출한다.
2월 14일	윌리엄 바가 법무장관으로 인준받는다.
2월 17일	앤드루 매케이브는 자신과 로드 로젠스타인이 헌법 수정안 제25조를 발동해 트럼프를 제거하는 방안을 논의했다고 시인한다.
3월 12일	징역 7년을 선고받은 폴 매너포트가 맨해튼 검찰에 의해 비슷한 혐의로 기소된다.
3월 22일	로버트 멀러가 러시아 개입에 대한 보고서를 제출한다. "공모"와 관련한 기소, 체포, 혹은 유죄선고는 없다.
3월 24일	윌리엄 바는 공무집행방해는 없었다고 발표한다.
4월 18일	윌리엄 바는 비공개 부분을 최소화한 멀러 보고서 전문을 공개한다.
5월 6일	마이클 코언이 연방 교도소에 수감된다.
5월 29일	로버트 멀러는 대통령을 공무집행방해 혐의에서 "면죄해줄 수 없다"고 말한다.

감사의 말

책 쓰기는 심신이 소진되는 끔찍한 사투다. 길게 한 차례 고통스러운 질병을 앓아내는 느낌이다. 자신이 뿌리치지도 파악하지도 못할 악마에 사로잡히지 않는 한 절대로 손대면 안 되는 일이다. _조지 오웰George Orwell, 〈내가 글을 쓰는 이유 Why I write〉(1946)

조지 오웰은 소설과 비소설을 넘나들며 날카로운 혜안을 보여주는 수많은 책을 저술한 저자다. 그의 역작 〈1984〉에서 그는 "빅브라더가 당신을 지켜보고 있다"라고 경고했다. 1949년에 출간된 이 책에서 그는 정부의 감시가 만연하고 권력이 남용되는 사회를 미리 내다보았다. 오웰의 예지는 피하고 싶은 악몽에 생명을 불어넣었다. 그 악몽은 오늘날 우리에게도 출현한다. 우리가 알고 있는 이상으로. 그 증거가《트럼프 위치헌트》에 담겨 있다.

오웰은 논란의 대상이었다. 그러나 책을 쓰는 과정에 대해서는 아주 적절하게 묘사했다. 책을 쓰는 과정은 일부 사람들이 생각하는 것처럼 뿌듯하지도 않고 미칠 듯이 즐겁지도 않다. 오웰과 마찬가지로 나도 책쓰기는 추호도 즐겁지 않은, 진저리나고 기진맥진하고 호된 일이라 생각한다. 차라리 마취제 없이 충치 치료하는 편이 낫다.

오웰은 자신이 글을 쓰는 이유는 "폭로하고 싶은 거짓이 있기 때문"이라고 말하곤 했다. 내가 《트럼프 위치 헌트》과 앞서 《러시아 사기극》을 쓴 이유도 바로 그 때문이다. 거짓을 폭로하고 진실을 드러내고 싶은 충동이 나를 채찍질했다. 나는 거짓을 바로잡고 싶은 욕구를 느꼈다. 어찌 보면 퇴치해야할 악마가 생긴 셈이다.

내 에이전트인 데이비드 빌리아노는 내가 겪는 고통을 그의 탓이라며 그를 원망한 장문의 넋두리에 점점 지쳤을 것이다. 그는 나를 설득해 이 두 번째 책을 쓰게 만들었다. 나는 완강히 거부했는데 말이다. 돌이켜보면 나는 그가 그렇게 해줘서 정말 고맙다. 그는 나를 잘 참아내고 버텨줬다. 데이비드는 현명한 조언도 끊임없이 해주었다. 그는 내가 기분이 저조할 때마다 우스갯소리로 내 기분을 달래주었다. 이런 일은 상당히 자주 일어났고, 그래서 면목이 없다. 데이비드에게 가장 크게 감사한다.

끝이 보이지 않는 편집 과정에서 까칠한 저자를 만족시킬 수 있는 편집자는 드물다. 하퍼콜린스의 총괄편집자 에릭 넬슨은 바로 그런 편집자다. 내가 제출한 원고의 분량은 그가 원한 분량의 두 배였지만 그는 전기톱이 필요했을 일을 외과수술용 메스로 노련하게 도려내었다. 에릭은 이 책의 내용을 구성하는 데 큰 역할을 했다. 그는 의미 있는 제안으로써 이 책의 틀을 잡는 데 도움을 주었다. 에릭과 그의 일을 도운 해나 롱에게도 깊은 감사를 드린다. 하퍼콜린스의 테레사 둘리는 이 책을 홍보하는 데 열성을 다했다.

《러시아 사기극》과 달리 《트럼프 위치 헌트》를 쓸 때는 도움을 청했다. 내가 도움을 청한 글레나 휘틀리는 텍사스 주 댈러스에서 활동하는 탐사보도기자이자 뛰어난 저자이다. 그녀는 내가 조사한 자료와 칼럼에 그녀가 독자적으로 한 조사를 상당히 보탰고 이 책의 마지막 세 장을 구성하는 데 큰 역할을 했다. 그녀는 언론매체 분석을 다룬 원본을 최신 자료로 수정보완하기도 했다. 그녀는 이 책의 부록으로 첨부된 주요 등장

인물과 사건 연표도 만들었다. 그녀가 한 작업은 수수께끼를 푸는 소중한 단서였다. 이 책은 글레나의 도움 없이는 제때에 완성되지 못했을지 모른다. 그녀에게 큰 빚을 졌다.

〈폭스뉴스〉에서, 특히 이 방송국의 웹사이트를 관리하는 친구와 동료들에게 감사드린다. 린 조딜 마틴, 그레그 윌슨, 모건 드벨 두플런은 내가 쓴 칼럼을 눈에 잘 띄는 데 배치해주었다. 편집자이자 변호사인 그레그는 이 책의 초안 원고를 읽고 명확하게 해야 할 부분을 지적해주어 도움이 되었다. 킴벌리 시알리아노는 내 컴퓨터가 말썽을 부릴 때마다 해결사로 나섰다. 〈폭스〉를 벗어나면 연방수사국 전직 관리들과 연방검사들이 기꺼이 시간을 내 수많은 질문에 답변을 해주었다. 법무부 형사부에서 부차관보를 지낸 빅토리아 톤싱이 특히 크게 도움이 되었다.

나를 끊임없이 지원해주는 친구 션 해너티에게 진심으로 감사한다. 포터 베리, 트파니 파지오, 로버트 새뮤얼, 알리사 케리, 크리스턴 블룸, 앤드로 루턴, 스테파니 월로신, 헤일리 카로니아, 린다 매클래플린에게도 감사하다. 러시 림보와 데이비드 림보에게서 받은 따뜻한 격려와 찬사도 감사하다. 이 책을 검토해준 워터게이트 사건에 관여한 전직 검사 존 셰일, 특검을 지낸 디제노바에게도 감사드린다.

마지막으로 가장 소중한 내 아내 케이트, 우리 두 딸 그레이스와 리브에게 감사하다. 내 삶과 내가 하는 일에서 없어서는 안 될 존재다. 그들의 사랑과 헌신은 날마다 내게 힘이 된다.

들어가는 말 _ 악의적인 세력

1   Adam Entous, Devlin Barrett, and Rosalind S. Helderman, "Clinton's Campaign, DNC Paid for Research That Led to Russia Dossier," Washington Post, October 24, 2017.

2   Kimberley A. Strassel, "Brennan and the 2016 Spy Scandal," Wall Street Journal, July 19, 2018.

3   Ken Bensinger, Miriam Elder, and Mark Schoofs, "These Reports Allege Trump Has Deep Ties to Russia," BuzzFeed, January 10, 2017; "Dossier" document published by BuzzFeed, https://www.documentcloud.org/documents/3259984-Trump-Intelligence-Allegations. html.

4   Mike Memoli and Alex Moe, "Republican Congressman Releases Full Transcript of Bruce Ohr Hearing," NBC News, March 8, 2019; "Interview of: Bruce Ohr," Executive Session, Committee on the Judiciary, Joint with the Committee on Government Reform and Oversight, August 28, 2018, https://dougcollins.house.gov /sites /dougcollins.house.gov / files /Ohr%20Interview%20Transcript%208.28.18.pdf.

5   John Solomon, "State Department's Red Flag on Steele Went to a Senior FBI Man Well Before FISA Warrant," The Hill, May 14, 2019; Gregg Re and Catherine Herridge, "State Department Official Cited Steele in Emails with Ohr After Flagging Credibility Issues to FBI, Docs Reveal," Fox News, May 15, 2019.

6   Federal Bureau of Investigation, "FBI Domestic Investigations and Operations Guide (DIOG)," https://vault.fbi.gov /FBI%20Domestic%20Investigations%20and%20 Operations%20Guide%20%28DIOG%29; Department of Justice, "the Attorney General's Guidelines for Domestic FBI Operations"; also found at United States Code, 28 U.S.C. §§ 509, 510, 533, 534; Executive Order 12333, https://www.justice.gov /archive /opa /docs / guidelines.pdf; Andrew McCarthy, "FBI Russia Investigation Was Always About Trump," Fox News, January 13, 2019.

7   Michael Isikoff and David Corn, Russian Roulette: The Inside Story of Putin's War on America and the Election of Donald Trump (New York: Twelve, 2018), 153.

8   Brooke Singman, "IG Confirms He Is Reviewing Whether Strzok's Anti-Trump Bias Impacted Launch of Russia Probe," Fox News, June 19, 2018.

9   Author's interview with President Donald J. Trump, June 25, 2019, Oval Office.

10   Virginia Heffernan, "A Close Reading of Glenn Simpson's Trump-Russia Testimony," Los Angeles Times, January 14, 2018.

11 Chuck Ross, "Here's How the Steele Dossier Spread Through the Media and Government," Daily Caller, March 18, 2019.

12 John Solomon, "Comey's Confession: Dossier Not Verified Before, or After, FISA Warrant," The Hill, December 8, 2018.

13 Abigail Tracy, "Is Donald Trump a Manchurian Candidate?," Vanity Fair, November 1, 2016; Aiko Stevenson, "President Trump: The Manchurian Candidate?," Huffington Post, January 18, 2017; Ross Douthat, "The 'Manchurian' President?," New York Times, May 31, 2017; Franklin Foer, "Putin's Puppet: If the Russian President Could Design a Candidate to Undermine American Interests—and Advance His Own—He'd Look a Lot like Donald Trump," Slate, July 4, 2016; Jeffrey Goldberg, "It's Official: Hillary Clinton Is Running Against Vladimir Putin," The Atlantic, July 21, 2016; David Remnick, "Trump and Putin: A Love Story," The New Yorker, August 3, 2016.

14 Bret Baier and Catherine Herridge, "Samantha Power Sought to Unmask Americans on Almost Daily Basis, Sources Say," Fox News, September 21, 2017; John Solomon, " 'Unmasker in Chief' Samantha Power Spewed Anti-Trump Bias in Government Emails," The Hill, June 26, 2019.

15 Tim Hains, "Sessions: Illegal Leak Against General Mike Flynn Is Being Investigated 'Aggressively,' " RealClearPolitics, February 18, 2018.

16 Josh Gerstein and Kyle Cheney, "FBI Releases Part of Russia Dossier Summary Used to Brief Trump, Obama," Politico, December 14, 2018; Alex Swoyer, Washington Times, "James Comey: Trump Briefed on Dossier Salacious Parts Only," Washington Times, December 18, 2018.

17 Scott Pelley, "Andrew McCabe: The Full 60 Minutes Interview," CBS News, February 17, 2019, https://www.cbsnews.com /news /andrew-mccabe-interview-former-acting-fbi-director-president-trump-investigation-james-comey -during-russia -investigation-60-minutes /.

18 Devlin Barrett, Sari Horwitz, and Matt Zapotosky, "Deputy Attorney General Appoints Special Counsel to Oversee Probe of Russian Interference in Election," Washington Post, May 18, 2017.

19 Jonathan Turley, "The Special Counsel Investigation Needs Attorneys Without Conflicts," The Hill, December 8, 2017; Eric Felten, "Does Robert Mueller Have a Conflict of Interest?," Weekly Standard, July 5, 2018; Carrie Johnson, "Special Counsel Robert Mueller Had Been on White House Shortlist to Run FBI," NPR, June 9, 2017; Dan Merica, "Trump Interviewed Mueller for FBI Job Day Before He Was Tapped for Special Counsel," CNN, June 13, 2017.

20 Author's interview with John Dowd, lawyer for President Donald Trump, June 13, 2019.

21 Gregg Re, "Comey Reveals He Concealed Trump Meeting Memo from DOJ Leaders," Fox News, December 9, 2018.

22 Ibid.

23 Michael B. Mukasey, "The Memo and the Mueller Probe," Wall Street Journal, February 4, 2018; Andrew C. McCarthy, "Rosenstein Fails to Defend His Failure to Limit Mueller's Investigation," National Review, August 7, 2017.

24 Adam Goldman and Michael S. Schmidt, "Rod Rosenstein Suggested Secretly Recording Trump and Discussed 25th Amendment," New York Times, September 21, 2018.

25 Author's interview with President Donald J. Trump, Oval Office, White House, June 25, 2019.

26 Samuel Chamberlain, "McCabe Says Rosenstein Was 'Absolutely Serious' About Secretly

Recording Trump," Fox News, February 17, 2019.

27 Author's interview with John Dowd, June 13, 2019; Byron York, "When Did Mueller Know There Was No Collusion?," Washington Examiner, April 26, 2019; Andrew McCarthy, "How Long Has Mueller Known There Was No Trump-Russia Collusion?," Fox News, March 26, 2019.

28 Robert S. Mueller, The Mueller Report: The Final Report of the Special Counsel into Donald Trump, Russia, and Collusion as Issued by the Department of Justice (New York: Skyhorse Publishing, 2019), 39.

29 Ibid., 194.

30 Ibid., 195.

31 Tim Hains, "Full Replay: AG William Barr Senate Judiciary Committee Testimony on Mueller Report," Real Clear Politics, May 1, 2019.

32 William P. Barr, Attorney General, letter to the Chairmen and Ranking Members of the House and Senate Judiciary Committees, March 24, 2019, https:// assets.documentcloud.org /documents /5779688 /AG-March-24-2019-Letter-to-House -and-Senate.pdf.

33 Jan Crawford, "William Barr Interview: Read the Full Transcript," CBS News, May 31, 2019.

34 Ibid., 2.

35 Tim Hains, "Full Replay."

36 Jan Crawford, "William Barr Interview," 9.

1장_ 두 사건 이야기

1 주류언론과 타락한 사법기관 관리들의 동맹은 리버럴 이념의 천생연분이었다. 양측 모두 공화당 후보지명자가 표방하는 정통 보수주의를 혐오했다. 양측 모두 그가 표방한 외교정책을 무모하다고 조롱하고 그가 푸틴에게 내민 화해의 손길을 위험한 조치라고 폄하했다. 트럼프가 선거운동 기간 동안 표방한 러시아와의 화해 제안은 그 전임자인 버락 오바마 대통령이 내세운 공약이나 관행과 본질적으로 다르지 않았다. 사실상 형식과 내용 면에서 동일했다. 미국 내에서 강한 반대가 일었음 에도 불구하고 러시아의 요구에 부응해 유럽에서 미사일방어체제를 포기한 장본인은 오바마였다. 그러더니 오바마는 러시아가 세계무역기구 회원으로 가입하도록 승인했다. 트럼프 행정부는 나중 에 이를 실책이라고 했다. 그러나 당시에 국무장관이었던 클린턴은 논란을 야기한 이 결정에 찬사 를 보냈다. 클린턴 국무장관은 러시아 외교장관 세르게이 라브로프 Sergey Lavrov에게 미국과 러시 아의 우호적인 관계를 재설정한다면서 "리셋 버튼"을 선물했다는 사실을 누가 잊을 수 있겠나. 언 론매체는 이에 대해 환호했다. 클린턴이 새로운 실리콘밸리를 건설하는 데 있어서 러시아와 "협 력"하는 계획을 제안했을 때 거의 비판이 제기되지 않았다. 미국의 적인 러시아의 사이버역량과 군 사역량을 강화시켜줄 뿐이라며 이에 대해 심각한 경고를 하는 이들이 많았음에도 불구하고 모스크 바에 첨단기술 단지를 건설한다는 계획이었다. 이러한 계획은 공모인가? 오바마나 클린턴이 추진 하면 공모가 아니다. 연방수사국은 클린턴에 대한 조사에 착수하지도 않았고 그녀를 러시아 요원이 라고 단죄하지도 않았다. 러시아 첩보원이 국무장관에게 접근하려고 시도했다는 사실을 예의주시 하고 있었고 크렘린과 관련된 은행이 빌 클린턴에게 50만 달러에 달하는 수표를 발행했는데도 말 이다. 주류언론과 연방검사들은 미국의 우라늄 매장지 권리를 러시아에게 팔아넘길 때 클린턴이 매우 미심쩍은 역할을 했고 이와 동시에 클린턴 재단에 이 거래와 관련된 러시아인들로부터 1억 4천 5백만 달러의 기부금이 쏟아져 들어왔다는 사실도 묵살했다. 이런 행위는 공모일까? 민주당원 이거나 성이 클린턴이라면 공모가 아니다. 오바마 대통령이 마이크가 켜진 상태인 줄 모르고 러시 아 대통령 드미트리 메드베데프의 귀에 대고 "대선 후에는 유럽의 미사일방어체제 협상에서 보다 융통성을 발휘할 수 있다"라고 한 말이 포착되었을 때 아무도 오바마가 블라디미르 푸틴과 한통속

이라고 비난하지 않았다. 메드베데프는 이에 대해 다음과 같이 충실히 답변했다. "이 정보를 블라디미르에게 전달하겠다." 트럼프가 그런 대화를 나누었다면 어땠을지 상상해보라. 아마 즉시 사실상 크렘린의 요원이라고 매도당하고 뒤이어 반역 행위를 했다며 탄핵을 주장하는 목소리가 이어졌을 게 틀림없다. 노골적인 이중 잣대다. 오바마가 러시아인들과 긴밀하게 협력하면 이는 현명한 외교라는 칭송을 받는다. 트럼프가 똑같은 시도를 하면 반역이자 반동 행위라며 일제히 비난을 한다.

2 David Drucker, "Romney Was Right About Russia," CNN, July 31, 2017.

3 Anne Gearan, Paul Sonne, and Carol Morello, "U.S. to Withdraw from Nuclear Arms Control Treaty with Russia, Raising Fears of a New Arms Race," Washington Post, February 1, 2019.

4 Eli Lake, "Reckoning Time: Security Officials Played Politics on Russiagate," New York Post, March 27, 2019.

5 United States Code, 18 U.S.C. "793, "Gathering, Transmitting or Losing Defense Information."

6 Meghan Keneally, Liz Kreutz, and Shushannah Walshe, "Hillary Clinton Email Mystery Man: What We Know About Eric Hoteham," ABC News, March 5, 2015; Josh Gerstein, "The Mystery Man Behind Hillary's Email Controversy," Politico, March 4, 2015.

7 연방수사국이 클린턴의 IT 기술지원 직원과 면담한 내용에 따르면, 클린턴은 민감한 정보를 별도로 보관하는 시설(Sensitive Compartmented Information Facility, SCIF)을 워싱턴 D.C.의 자택과 뉴욕 차파쿠아에 있는 자택에 설치해두었다. 그러나 연방수사국은 이러한 시설이 보안이 제대로 되어 있지 않다는 얘기를 들었다. Gregg Re, "Attempt to Hack Email Server Stunned Clinton Aide, FBI Files Show," Fox News, May 7, 2019.

8 클린턴은 국무장관에 임명된 2009년 1월 22일이나 그즈음 기밀정보를 다루는 방법에 대한 지침을 제공받았다. 그러나 그녀는 2년 후인 2011년 "재교육" 과정을 받지 않은 것으로 알려졌다. 그녀는 연방수사국에 이 주제에 대해 훈련교육을 전혀 받지 않았다고 말했다. Richard Pollock, "Exclusive: Clinton Received Training on Classified Docs Just Once in Three Years at State," Daily Caller, March 24, 2016; Catherine Herridge and Pamela Browne, "Clinton Skipped Special Cyber Briefing in 2011, Documents Show," Fox News, March 25, 2016; Kevin Johnson and David Jackson, "Clinton Told FBI She Had No Training on How to Handle Classified Documents," USA Today, September 2, 2016.

9 United States Code, 18 U.S.C. "793 (d) and (e), "Gathering, Transmitting or Losing Defense Information": Whoever, lawfully [or unlawfully] having possession of, access to, control over, or being entrusted with any document ⋯ relating to the national defense ⋯ has reason to believe could be used to the injury of the United States or to the advantage of any foreign nation, willfully communicates, delivers, transmits or causes to be communicated ⋯ to any person not entitled to receive it ⋯ or willfully retains the same and fails to deliver it on demand to the officer or employee of the United States entitled to receive it ⋯ shall be fined under this title or imprisoned not more than ten years, or both. [Author's italics.]

10 United States Code, 18 U.S.C. § 1924(a), "Unauthorized Retention of Removal of Classified Documents or Material."

11 "Statement by FBI Director James B. Comey on the Investigation of Secretary Hillary Clinton's Use of a Personal E-Mail System," FBI National Press Office, July 5, 2016, 3, available at https://www.fbi.gov /news /pressrel /press-releases/statement-by-fbi-director-james-b-comey-on-the-investigation-of-secretary-hillary -clinton2019s-use-of-a-personal-e-mail-system.

12 Ibid.

13 United States Code, 18 U.S.C. § 371, "Conspiracy to Commit Offense or to Defraud United

States"; United States Code, 18 U.S.C. "§ 286, "Conspiracy to Defraud the Government with Respect to Claims."

14   Andrew McCarthy, "Restoring the Rule of Law to the Protection of Classified Information," National Review, January 6, 2018.

15   United States Code, 18 U.S.C. § 793(f), "Gathering, Transmitting or Losing Defense Information."

16   "Statement by FBI Director James B. Comey on the Investigation of Secretary Hillary Clinton's Use of a Personal E-Mail System."

17   Office of the Inspector General, U.S. Department of Justice, "A Review of Various Actions by the Federal Bureau of Investigation and Department of Justice in Advance of the 2016 Election," https://www.justice.gov /file /1071991 /download, iv.

18   "FBI Records: The Vault," Federal Bureau of Investigation, https://vault.fbi.gov /hillary-r.-clinton /hillary-r.-clinton-part-33-of-33 /view. See also Daniel Chaitin and Jerry Dunleavy, "FBI Docs: Study Found Clinton Email Server Hacked, Info Found on Dark Web," Washington Examiner, June 7, 2019; Chris Enloe, "FBI Releases Damning New Hillary Clinton Email Docs That Discuss 'Smoking Gun Document,' " The Blaze, June 7, 2019.

19   Ibid.

20   Ibid.

21   "Statement by FBI Director James B. Comey on the Investigation of Secretary Hillary Clinton's Use of a Personal E-Mail System."

22   Gregg Jarrett, The Russia Hoax: The Illicit Scheme to Clear Hillary Clinton and Frame Donald Trump (New York: Broadside Books, 2018), 24-27.

23   "Statement by FBI Director James B. Comey on the Investigation of Secretary Hillary Clinton's Use of a Personal E-Mail System."

24   Office of the Inspector General, U.S. Department of Justice, "A Review of Various Actions by the Federal Bureau of Investigation and Department of Justice in Advance of the 2016 Election," v, vi.

25   Memorandum for the Attorney General, "Restoring Public Confidence in the FBI," Rod Rosenstein, deputy attorney general, May 9, 2017, available at https://www.documentcloud.org /documents /3711188-Rosenstein-letter-on-Comey -firing.html.

26   Ibid., 497.

27   Chris Wallace, interview with President Barack Obama, Fox News Sunday, Fox News, April 10, 2016.

28   Office of the Inspector General, U.S. Department of Justice, "A Review of Various Actions by the Federal Bureau of Investigation and Department of Justice in Advance of the 2016 Election," 186.

29   Politico Staff, "Full Text: James Comey Testimony Transcript on Trump and Russia," Politico, June 8, 2017; Michael S. Schmidt, "Comey Memo Says Trump Asked Him to End Flynn Investigation," New York Times, May 16, 2017.

30   Author's interview with President Donald J. Trump, Oval Office, White House, June 25, 2019.

31   Office of the Inspector General, U.S. Department of Justice, "A Review of Various Actions by the Federal Bureau of Investigation and Department of Justice in Advance of the 2016 Election," Exhibit C.

32   Ibid., 188, 193.

33   Ibid., 189.

34   Ibid., 191, 192.

35 Ibid., Exhibit C.

36 Pamela K. Browne and Catherine Herridge, "Hillary Clinton Signed Non-Disclosure Agreement to Protect Classified Information While Secretary of State," Fox News, November 7, 2015; Brendon Bordelon, "Clinton Acknowledged Penalties for 'Negligent Handling' of Classified Information in State Department Contract," National Review, November 6, 2016; Chuck Ross, "Document Completely Undermines Hillary's Classified Email Defense," Daily Caller, November 6, 2016; Jeryl Bier, "Hillary Signed She Received Briefing onClassified Information, but Told FBI She Hadn't," Weekly Standard, September 2, 2016.

37 Office of the Inspector General, U.S. Department of Justice, "A Review of Various Actions by the Federal Bureau of Investigation and Department of Justice in Advance of the 2016 Election," Exhibit C.

38 Ibid., 190.

39 Ibid., 193.

40 일부 변호사들과 법률평론가들은 검찰이 간첩행위금지법 수정안 (f)항의 "중과실"하에서 여전히 "의도"를 입증해야 한다고 주장했다. 이에 대해 잠시 생각해보자. 대단히 잘못된 방식으로 의도적으로 행동을 할 수 있을까? 그런 행위를 할 의도가 있었던가 아니면 대단히 잘못된 방식으로 행동을 했던가 둘 중 하나다. 이 두 가지 행위를 동시에 할 수 있을까? 불가능하다. 전자의 경우는 특정한 정신상태를 반영하지만 후자의 경우는 그러한 상태의 부재를 뜻한다. "의도"를 "중과실"과 뒤섞는 이들은 1941년 대법원 판례에 의거하는 실수를 범하고 있다. 고린 대 미국(Gorin v. United States) 판례에서 대법원이 "의도"가 입증되어야 한다는 판결을 내릴 당시에는 1917년의 본래 간첩행위금지법의 조문의 해석을 따르고 있다. 그러나 고린 판결이 내려지고 7년 후 이 법안은 "중과실"을 언급한 (f)항을 포함해 미국연방법(18 U.S.C. §793)의 여러 조항들이 수정보완되었다. 따라서 고린 판례는 (f)항의 적용이나 타당성과 무관하다. 이 조항은 대법원이 고린 사건에서 판결을 내릴 당시에 존재하지 않았기 때문이다. 고린 판결이 내려지고 수십 년이 지나 법원은 "의도"가 이 법의 다른 조항들에서는 필요하지만 "중과실"의 기준을 훨씬 낮게 설정한 (f)항에서는 필요하지 않다고 설명했다. 예컨대, 미국 대 맥기네스(United States v. McGuinness) 사건에서 법원은 다음과 같이 판결했다. "의회가 중과실을 통해서 '전형적인 염탐행위'에서부터 단순히 기밀문서를 유실하는 행위에 이르기까지 국가안보를 해하는 범죄들을 서열을 매기려고 한 게 분명하다." 유명한 "펜타곤 문서(Pentagon Papers)" 사건에서 바이런 화이트(Byron White) 판사는 하급심이 고린 판례에 의거하는 실수를 범해 정부가 "오로지 의도적이고 알면서도 한 행위"임을 입증할 필요가 있다는 잘못된 판결을 내렸다고 판시했다. 화이트 판사는 고린 판결은 수정되기 이전 원안의 다른 부분에서 비롯되었다면서 이를 계승해 수정된 법규에서는 되풀이 되지 않는, 의도와 관련해 다른 기준을 적용했다고 했다.

41 "Committee on the Judiciary and Committee on Oversight and Government Reform Joint Hearing on 'Oversight of FBI and DOJ Actions Surrounding the 2016 Election: Testimony by FBI Deputy Assistant Director Peter Strzok,' " July 12, 2018, https://judiciary.house.gov /legislation /hearings /committee-judi ciary -and -committee-oversight-and-government-reform-joint-0.

42 John Solomon, "FBI Gave Clinton Email Investigation 'Special' Status, Deputy Director Email Shows," The Hill, November 15, 2017; "Rep. Gaetz: Time for Mueller to Show Collusion Evidence or End Investigation," Fox News, December 20, 2017; Mary Kay Linge, "Trump Slams FBI's McCabe over Planned Retirement," New York Post, December 23, 2017.

43 Testimony of FBI Director James Comey, Senate Judiciary Committee, May 3, 2017, available at https://www.washingtonpost.com /news /post-politics /wp/2017 /05 /03 / read-the-full-testimony-of-fbi-director-james-comey-in-which-he-discusses-clinton-email-

investigation /?utm_term=.313b13f20553; Peter Baker, "Comey Raises Concerns About Loretta Lynch's Independence," New York Times, June 8, 2017; Tal Kopan, "Comey: Lynch Asked for Clinton Investigation to Be Called a Matter," CNN, June 8, 2017; Ed O'Keefe, "Comey Repeats That Lynch Asked Him to Describe Clinton Investigations as a 'Matter,' " Washington Post, June 8, 2017; Kelly Cohen, "James Comey: Loretta Lynch Told Me Not to Call Clinton Email Probe an 'Investigation,' " Washington Examiner, June 8, 2017.

44 "Ex-Mueller Aides' Texts Revealed: Read Them Here," Fox News, December 13, 2017.

45 Brooke Singman, "New Texts Show 'Fix Was In' for Clinton Email Probe, GOP Lawmakers Say," Fox News, January 26, 2018.

46 "Ex-Mueller Aides' Texts Revealed: Read Them Here"; Samuel Chamberlain, "Newly Released Texts Between Ex-Mueller Team Members Suggest They Knew Outcome of Clinton Email Probe in Advance," Fox News, January 21, 2018.

47 Committee on the Judiciary, U.S. House of Representatives, "Interview of: Peter Strzok," June 27, 2018, https://dougcollins.house.gov /sites /dougcollins .house.gov /files /06.27.18%20Interview%20Of%20Peter%20Strzok .pd f?utm_source=Collins+Judiciary+Press+List&utm_campaign =96979c2884-EMAIL_CAMPAIGN_2019_03_14_11_47&utm_medium=email&utm_term =0_ff92df788e-96979c2884-169043429, 122.

48 Office of the Inspector General, U.S. Department of Justice, "A Review of Various Actions by the Federal Bureau of Investigation and Department of Justice in Advance of the 2016 Election," pages xi, 147, 329, and 420.

49 Committee on the Judiciary, U.S. House of Representatives, "Interview of: Peter Strzok," 193.

50 Committee on the Judiciary, U.S. House of Representatives, "Interview of: Lisa Page," July 13, 2018, https://dougcollins.house.gov /sites /dougcollins.house.gov /files /Lisa%20Page%20interview%20Day%201.pdf.

51 Brooke Singman, Alex Pappas, and Jake Gibson, "More than 50,000 Texts Exchanged Between FBI Officials Strzok and Page, Sessions Says," Fox News, January 22, 2018.

52 "Statement by FBI Director James B. Comey on the Investigation of Secretary Hillary Clinton's Use of a Personal Email System. " 53. Committee on the Judiciary, U.S. House of Representatives, "Interview of: Lisa Page," 20.

53 Committee on the Judiciary, U.S. House of Representatives, "Interview of: Lisa Page," 20.

54 Stephen Loiaconi, " 'I'm with Her': Timeline of Texts the OIG Said 'Cast a Cloud' over Clinton Case," WJLA-TV, June 15, 2018.

55 Christopher Sign, "U.S. Attorney General Loretta Lynch, Bill Clinton Meeting Privately in Phoenix Before Benghazi Report," KNXV-TV, ABC15, June 29, 2016 (updated July 4, 2016).

56 Matt Zapotosky, "Attorney General Declines to Provide Any Details on Clinton Email Investigation," Washington Post, July 12, 2017.

57 연방규정집(28 § C.F.R. 45.2)의 "개인적·정치적 관계에서 비롯되는 부적격" 조항. 이 규정에 따르면, "수사나 기소 대상인 행동에 상당히 연루된 사람이나 기관과 개인적 혹은 정치적 관계가 있는 사람은 범죄 수사나 기소에 참여해서는 안 된다." 린치는 빌 클린턴과 힐러리 클린턴 두 사람과 개인적인 관계와 직업상의 관계를 모두 지니고 있었다. 활주로에서 은밀히 만난 행위는 이러한 친밀한 사적 관계를 입증하는 행위이고 빌 클린턴이 법무부 고위직에 린치를 임명했다는 사실은 그들의 직업적인 연관성을 보여주는 증거이다. 이 두 사람은 그들의 만남이 부적절하다는 사실을 알았을 게 틀림없다. 현장에 있던 연방수사국 요원이 모두에게 "사진촬영을 금지했고 휴대전화를 이용해 현장을 촬영하지 못하게" 지시했기 때문이다. (Douglas Ernst, "FBI Ordered 'No Cellphones' to Airport Witnesses of Lynch-Clinton Meeting, Reporter Says," Washington Times, July 1, 2016.) 정보자

유법하에서 한 단체의 자료 요청을 받은 연방수사국은 다음과 같이 답변했다. "요청을 충족시키기에 적당한 기록을 찾지 못했다." (Jordan Sekulow, "DOJ Documents Dump to ACLJ on Clinton Lynch Meeting: Comey, FBI Lied, Media Collusion, Spin and Illegality," American Center for Law and Justice, August 2017.) 1년 후 법무부는 400쪽이 넘는 이메일을 제출했지만 린치와 클린턴이 나눈 대화 내용은 거의 비공개 처리되어 있었다.

58 Zeke J. Miller, "Transcript: Everything Hillary Clinton Said on the Email Controversy," Time, March 10, 2015.

59 Eugene Scott, "Hillary Clinton on Emails: 'The Facts Are Pretty Clear,' " CNN, July 28, 2015.

60 Josh Feldman, "Hillary: Use of Personal Email 'Clearly Wasn't the Best Choice,' " Mediaite, August 26, 2015; Glenn Kessler, "Clinton's Claims About Receiving or Sending 'Classified Material' on Her Private Email System," Washington Post, August 27, 2015.

61 "Statement by James B. Comey, FBI Director, House Committee on Oversight and Government Reform," July 7, 2016.

62 Harper Neidig, "Clinton to FBI: Didn't Know Parenthetical 'C' Stood for Confidential," The Hill, September 2, 2016.

63 "CNN Exclusive: Hillary Clinton's First National Interview of 2016 Race," CNN, July 7, 2015, http://cnnpressroom.blogs.cnn.com /2015 /07 /07 /cnn-exclusive -hillary-clintons-first-national-interview-of-2016-race /.

64 Chuck Grassley, "Grassley on Investigation: Let's Be Transparent," April 8, 2019, https:// www.grassley.senate.gov /news /news-releases /grassley-investigation-transparency-lets-be-consistent.

65 Brooke Singman, "IG Confirms He Is Reviewing Whether Strzok's Anti-Trump Bias Impacted Launch of Russia Probe," Fox News, June 19, 2018.

66 Brooke Singman, "Lisa Page Transcripts Reveal Details of Anti-Trump 'Insurance Policy,' Concerns over Full-Blown Probe," Fox News, March 12, 2019.

67 Catherine Herridge and Cyd Upson, "Lisa Page Testimony: Collusion Still Unproven by Time of Mueller's Special Counsel Appointment," Fox News, September 16, 2018; Chuck Ross, "Lisa Page Testified the FBI Hadn't SeenEvidence of Collusion by the Time Mueller Was Appointed," Daily Caller, September 17, 2018; John Solomon, "Lisa Page Bombshell: FBI Couldn't Prove Trump-Russia Collusion Before Mueller Appointment," The Hill, September 16, 2018.

68 Gregg Re, "Comey Reveals He Concealed Trump Meeting Memo from DOJ Leaders," Fox News, December 9, 2018.

69 Inspector General Report, "A Review of Various Actions By the Federal Bureau of Investigation and Department of Justice in Advance of the 2016 Election."

70 Ibid.; Brooke Singman, "IG Confirms He Is Reviewing Whether Strzok's Anti-Trump Bias Impacted Launch of Russia Probe."

71 Inspector General Report, "A Review of Various Actions By the Federal Bureau of Investigation and Department of Justice in Advance of the 2016 Election."

72 John Bowden, "FBI Agents in Texts: 'We'll Stop' Trump from Becoming President," The Hill, June 14, 2018; Michael S. Schmidt, "Top Agent Said FBI Would Stop Trump from Becoming President," New York Times, June 14, 2018.

73 "Committee on the Judiciary and Committee on Oversight and Government Reform Joint Hearing on 'Oversight of FBI and DOJ Actions Surrounding the 2016 Election: Testimony by FBI Deputy Assistant Director Peter Strzok.' "

74 Ibid.

75 Byron York, "After Mysterious 'Insurance Policy' Test, Will Justice Department Reveal More on FBI Agent Bounced from Mueller Probe?," Washington Examiner, December 13, 2017.

76 Joseph Wulfsohn, "McCabe Says He Doesn't Recall Discussing Infamous 'Insurance Policy' with Strzok, Page in 2016," Fox News, February 19, 2019; Terence P. Jeffrey, "IG: McCabe 'Does Not Recall' Meeting in His Office Where Page Argued There's 'No Way' Trump's Elected," CNS News, June 18, 2018.

77 Committee on the Judiciary, U.S. House of Representatives, "Interview of: Lisa Page," 38. See also Brooke Singman, "Lisa Page Transcripts Reveal Details of Anti-Trump 'Insurance Policy,' Concerns over Full-Blown Probe."

78 Ibid.

79 Federal Bureau of Investigation, "FBI Domestic Investigations and Operations Guide (DIOG)," https://vault.fbi.gov /FBI%20Domestic%20Investiga tions%20 and%20 Operations%20Guide%20%28DIOG%29; "The Attorney General's Guidelines for Domestic FBI Operations," Department of Justice, https://www.justice.gov /archive /opa /docs / guidelines.pdf.

80 "Committee on the Judiciary and Committee on Oversight and Government Reform Joint Hearing on 'Oversight of FBI and DOJ Actions Surrounding the 2016 Election: Testimony by FBI Deputy Assistant Director Peter Strzok.' "

81 Philip Bump, "How The Two Rogue FBI Officials Explain Their Text Messages About Trump," The Washington Post, June 14, 2018; John Solomon, "Opinion: One FBI Text Message In Russia Probe That Should Alarm Every American," The Hill, July 19, 2018.

82 Jan Crawford, "William Barr Interview: Read the Full Transcript," CBS News, May 31, 2019.

83 "Ex-Mueller Aides' Texts Revealed: Read Them Here."

84 Ibid.

85 Andrew G. McCabe, The Threat: How the FBI Protects America in the Age of Terror and Trump (New York: St. Martin's Press, 2019), 192.

86 Inspector General Report, "A Review of Various Actions By the Federal Bureau of Investigation and Department of Justice in Advance of the 2016 Election."

87 Ibid.

88 Paul Sperry, "Despite Comey Assurances, Vast Bulk of Weiner Laptop Emails Were Never Examined," RealClearInvestigations, August 23, 2018.

89 James B. Comey, "Letter from FBI Related to Clinton Email Case," New York Times, November 6, 2016, https://www.nytimes.com /interactive /2016 /11 /06 /us/politics /fbi-letter-emails.html.

90 Sperry, "Despite Comey Assurances, Vast Bulk of Weiner Laptop Emails Were Never Examined."

91 Office of Inspector General, "A Review of Various Actions By the Federal Bureau of Investigation and Department of Justice in Advance of the 2016 Election," 497.

92 Matt Apuzzo, Adam Goldman, and Nicholas Fandos, "Code Name Crossfire Hurricane: The Secret Origins of the Trump Investigation," New York Times, May 16, 2018.

93 Malia Zimmerman and Adam Housley, "FBI, DOJ Roiled by Comey, Lynch Decision to Let Clinton Slide by on Emails, Says Insider," Fox News, October 13, 2016.

94 Jarrett, The Russia Hoax, 43-45.

95 Tal Kopan and Evan Perez, "FBI Releases Hillary Clinton Email Report," CNN, September 2, 2016; Aaron Blake, "Hillary Clinton Told the FBI She Couldn't Recall Something More

than Three Dozen Times," Washington Post, September 2, 2016.

96 Chuck Ross, "Top Clinton Aides Face No Charges After Making False Statements to FBI," Daily Caller, December 4, 2017.

97 Ibid.

98 "Judicial Watch Releases Testimony of Clinton Email Administrator—Clinton Lawyer Cheryl Mills Communicated with Him a Week Prior to Testimony," Judicial Watch, June 18, 2019.

99 "FBI Docs Show Notes About Meeting with Intelligence Community Inspector General About Clinton Emails Are 'Missing' and CD Containing Notes Is Likely 'Damaged' Irreparably," Judicial Watch, June 7, 2019.

100 Gregg Re, "Attempt to Hack Email Server Stunning Clinton Aide, FBI Files Show," Fox News, May 7, 2019.

101 Nolan Hicks and Bruce Golding, "Slow Team Hill Response to Server Hack," New York Post, May 8, 2019.

102 "Judicial Watch Releases Testimony of Clinton Email Administrator." See also "JW v State Benghazi Talking Points Transcript 01242," October 16, 2018, https://www.judicialwatch.org/document-archive/jw-v-state-benghazi-talking-points-transcript-01242-2/.

103 Mark Tapscott, "Abedin's Key Clinton Email Claim Contradicted by Former Aide," The Epoch Times, June 18, 2019.

104 Ross, "Top Clinton Aides Face No Charges After Making False Statements to FBI."

105 Grassley, "Grassley on Investigation: Let's Be Transparent."

106 Federal Bureau of Investigation, "FBI Domestic Investigations and Operations Guide" (DIOG); "The Attorney General's Guidelines for Domestic FBI Operations."

107 John Solomon, "FBI's Top Lawyer Believed Hillary Clinton Should Face Charges, but Was Talked Out of It," The Hill, February 20, 2019.

108 Ibid.

109 Ibid.

110 Ginni Thomas, "The Obama Administration's 'Brazen Plot to Exonerate Hillary Clinton' Starting to Leak Out, According to Former Fed Prosecutor," Daily Caller, January 20, 2018.

111 United States Code, 44 U.S.C. § 3101 et al., "Records Management by Agency Heads, General Duties"; Foreign Affairs Manual, 5 F.A.M. 441(h)(2), et al.

112 Patrick F. Kennedy, memorandum re "Senior Officials' Records Management Responsibilities," August 28, 2014, https://www.archives.gov/files/press/press-releases/2015/pdf/attachment1-memo-to-department-leadership.pdf. (Kennedy: "All records generated by Senior Officials belong to the Department of State.")

113 United States Code, 18 U.S.C. § 641, "Public Money, Property or Records."

114 "Clinton Email Investigation," Federal Bureau of Investigation, September 2, 2016, 19, available at https://vault.fbi.gov/hillary-r.-clinton.

115 Adam Goldman and Michael S. Schmidt, "6 Things We Learned in the FBI Clinton Email Investigation," New York Times, September 2, 2016.

116 United States Code, 18 U.S.C. § 2071(b), "Concealment, Removal or Mutilation Generally."

117 "Clinton Email Investigation," 18; Byron York, "From FBI Fragments, A Question: Did Team Clinton Destroy Evidence Under Subpoena?," Washington Examiner, September 3, 2016; DeRoy Murdock, "Obstruction of Justice Haunts Hillary's Future," National Review, September 8, 2016.

118 David E. Kendall, letter to Trey Gowdy, Chairman of the House Select Committee on Benghazi, March 27, 2015, available at http://wallstreetonparade.com/wp-content/

uploads /2016 /07 /David-Kendall-Letter-to-Trey-Gowdy-Chair-House-Select-Committee-on-Benghazi-March-27-2015.pdf.; Lauren French, "Gowdy: Clinton Wiped Her Server Clean," Politico, March 27, 2015.

119　United States Code, 18 U.S.C. § 1505, "Obstruction of Justice Proceedings Before Departments, Agencies and Committees"; United States Code, 18 U.S.C. § 1515(b), "Definitions for Certain Provisions, General Provision." See also United States Code, 18 U.S.C. §§ 1503, 1512.

120　McCabe, The Threat, 175-76.

121　"Statement by James B. Comey, Director of the FBI, before the House Committee on Oversight and Government Reform," July 8, 2016, available at https://www.politico.com / story /2017 /06 /08 /full -text -james -comey -trump -russia-testimony-239295.

122　Ibid.

123　Gregg Re and Catherine Herridge, "State Department Identifies 23 Violations, 'Multiple Security Incidents' Concerning Clinton Emails," Fox News, June 17, 2019; Chuck Ross, "State Department Identifies 30 Security Incidents Related to Hillary Clinton's Email Server," Daily Caller, June 17, 2019.

124　Mary Elizabeth Taylor, assistant secretary, Bureau of Legislative Affairs, letter to The Honorable Charles Grassley, chairman, Committee on Finance, June 5, 2019, https:// www.grassley.senate.gov /sites /default /files /2019-06 -05 %20 State%20to%20CEG%20 %28Security%20Investigation%20Follow -Up %29.pdf.

125　Re and Herridge, "State Department Identifies 23 Violations"; Re, "Attempt to Hack Email Server Stunned Clinton Aide, FBI Files Show."

126　Adam Shaw, "Chinese Company Reportedly Hacked Clinton's Server, Got Copy Of Every Email In Real-Time," Fox News, August 29, 2018; Gregg Re, "Attempt To Hack Email Server Stunned Clinton Aide, FBI Files Show," Fox News, May 7, 2019; Richard Pollock, "Sources: China Hacked Hillary Clinton's Private Email Server," Daily Caller, August 27, 2018.

127　Adam Shaw, "Chinese Company Reportedly Hacked Clinton's Server, Got Copy of Every Email in Real-Time," Fox News, August 29, 2018.

128　Maria Bartiromo, interview with Representative Doug Collins, Sunday Morning Futures, Fox News, March 17, 2019. See also transcript posted by Tim Hains, "Rep. Doug Collins on Page, McCabe and Strzok Testimony: 'Loretta Lynch Has Some Explaining to Do,' " Real Clear Politics, March 17, 2019.

129　Hains, "Rep. Doug Collins on Page, McCabe and Strzok Testimony."

130　John Solomon, "Forgetting Hanssen Scandal's Failures: FBI Saw Agent's Affair as Security Risk but Took Little Action," The Hill, March 3, 2019.

131　Jeff Mordock, "Former FBI Official Feared Strzok-Page Affair Could Compromise Them," Washington Times, April 2, 2019.

132　Solomon, "Forgetting Hanssen Scandal's Failures."

133　Committee on the Judiciary, U.S. House of Representatives, "Interview of: Peter Strzok." See also Jerry Dunleavy and Daniel Chaitin, "Peter Strzok Said Mueller Never Asked if Anti-Trump Bias Influenced Russia Investigation Decisions," Washington Examiner, March 14, 2019.

134　Committee on the Judiciary, U.S. House of Representatives, "Interview of: Peter Strzok."

135　Ibid.

136　Aaron Blake, "Nobody Did More Damage to Robert Mueller Than Peter Strzok," Washington Post, August 13, 2018.

137　"Report of Investigation: Recovery of Text Messages From Certain FBI Mobile Devices," Office of the Inspector General, U.S. Department of Justice, December 2018, available at https://oig.justice.gov /reports /2018 /i-2018-003523.pdf.

138　Byron York, "New Justice Department Report Asks: In Anti-Trump Text Probe, What Happened To Strzok, Page iPhones?," Washington Examiner, December 17, 2018.

139　Crawford, "William Barr Interview."

2장_ 클린턴의 공모

1　"Hillary Clinton Remarks on Counterterrorism," March 23, 2016, C-SPAN.

2　Katie Reilly, "Read Hillary Clinton's Speech on Donald Trump and National Security," Time, June 2, 2016.

3　Ibid.

4　Michael Doran, "The Real Collusion Story," National Review, March 13, 2018.

5　Ibid.

6　Gregory Krieg and Joshua Berlinger, "Hillary Clinton: Donald Trump Would Be Putin's 'Puppet,' " CNN, October 20, 2016.

7　Adam Entous, Devlin Barrett, and Rosalind S. Helderman, "Clinton Campaign, DNC Paid for Research That Led to Russia Dossier," Washington Post, October 24, 2017; Kenneth P. Vogel, "Clinton Campaign and Democratic Party Helped Pay for Russia Trump Dossier," New York Times, October 24, 2017.

8　Kenneth Vogel and Maggie Haberman, "Conservative Website First Funded Anti-Trump Research by Firm That Later Produced Dossier," New York Times, October 27, 2017.

9　Senate Judiciary Committee, U.S. Senate, "Interview of: Glenn Simpson," August 22, 2017, https://www.feinstein.senate.gov /public /_cache /files /3 /9/3974a291-ddbe-4525-9ed1-22bab43c05ae /934A3562824CACA7BB4D915E97709D2F.simpson-transcript-redacted.pdf, 77.

10　Devlin Barrett, Sari Horowitz, and Adam Entous, "Conservative Website First Paid Fusion GPS for Trump Research That Led to Dossier," Washington Post, October 27, 2017.

11　Ibid.

12　Brooke Seipel, "Fusion GPS Paid Ex-British Spy $168,000 for Working on Dossier," The Hill, November 1, 2017; Mark Hosenball, "Ex-British Spy Paid $168,000 for Trump Dossier, U.S. Firm Discloses," Reuters, November 1, 2017.

13　Brooke Singman, "FISA Memo: Steele Fired as an FBI Source for Breaking 'Cardinal Rule' —Leaking to the Media," Fox News, February 2, 2018.

14　Ken Bensinger, Miriam Elder, and Mark Schoofs, "These Reports Allege Trump Has Deep Ties to Russia," BuzzFeed, January 10, 2017; "Company Intelligence Report 2016 /080," December 13, 2016, https://www.documentcloud.org /documents /3259984-Trump-Intelligence-Allegations.html.

15　Ibid.

16　Paul Roderick Gregory, "The Trump Dossier Is Fake—and Here are the Reasons Why," Forbes, January 13, 2017.

17　Chuck Ross, "Christopher Steele Reportedly Worked for Sanctioned Russian Oligarch," Daily Caller, August 29, 2018; John Solomon, "Russian Oligarch, Justice Department Clear Case of Collusion," The Hill, August 28, 2018; Byron York, "Emails Show 2016 Links Among Steele, Ohr, Simpson—with Russian Oligarch in Background," Washington

Examiner, August 8, 2018.

18 Kenneth P. Vogel and Matthew Rosenberg, "Agents Tried to Flip Russian Oligarchs. The Fallout Spread to Trump," New York Times, September 1, 2018.

19 Virginia Heffernan, "A Close Reading of Glenn Simpson's Trump-Russia Testimony," Los Angeles Times, January 14, 2018.

20 Glenn R. Simpson and Mary Jacoby, "How Lobbyists Help Ex-Soviets Woo Washington," Wall Street Journal, April 17, 2007.

21 Lee Smith, "Did President Obama Read the 'Steele Dossier' in the White House Last August?," Tablet Magazine, December 20, 2017.

22 Senate Judiciary Committee, U.S. Senate, "Interview of: Glenn Simpson."

23 Virginia Heffernan, "A Close Reading of Glenn Simpson's Trump-Russia Testimony," Los Angeles Times, January 14, 2018.

24 Chuck Grassley, "Grassley Statement at Hearing on Enforcement of the Foreign Agents Registration Act," July 26, 2017, https://www.grassley.senate.gov /news/news-releases / grassley -statement -hearing -enforcement -foreign -agents -registra tion-act.

25 Senate Judiciary Committee, U.S. Senate, "Interview of: Glenn Simpson."

26 Ken Dilanian, "Trump Dossier Firm Also Supplied Info Used in Trump Tower Meeting with Russian Lawyer," NBC News, November 10, 2017.

27 Catherine Herridge, Pamela K. Browne, and Cyd Upson, "Russian Lawyer at Center of Trump Tower Meeting Dismisses Dossier Shared with FBI," Fox News, January 19, 2018.

28 "Russian Collusion: It Was Hillary Clinton All Along," Investor's Business Daily, August 13, 2018.

29 Michael Doran, "The Real Collusion Story," National Review, March 13, 2018.

30 In the High Court of Justice, Queen's Bench Division, Between (1) Aleksej Gubarev, (2) Webzilla B.V., (3) Webzilla Limited, (4) XBT Holding S.A. and (1) Orbis Business Intelligence Limited, (2) Christopher Steele, "Defendants' Response to Claimants' Request for Further Information Pursuant to CPR Part 18," https://assets.documentcloud.org /documents /3892131 /Trump -Dossier -Suit .pdf, 7.

31 Christopher Steele, disposition, Gubarev v. Orbis, June 18, 2018, https://www. scribd.com /document /401997457 /Steele-deposition-Exhibit-66#from_ embed?campaign=VigLink&ad_group=xxc1xx&source=hp_affiliate&medium=affiliate.

32 Ashe Schow, "Christopher Steele's Former MI6 Boss Slams Trump Dossier as 'Overrated,' " Information Clearing House, March 19, 2019, http://www.information clearinghouse. info /51291.htm.

33 Martin Robinson, "Former Spy Chris Steele's Friends Describe a 'Show-Off ' 007 Figure but MI6 Bosses Brand Him 'An Idiot' for an 'Appalling Lack of Judgement' over the Trump 'Dirty Dossier,' " The Daily Mail, January 13, 2017.

34 Catherine Herridge, Pamela K. Brown, and Cyd Upson, "Clinton Associates Fed Information to Trump Dossier Author Steele, Memo Says," Fox News, February 5, 2018.

35 Michael Isikoff and David Corn, Russian Roulette: The Inside Story of Putin's War on America and the Election of Donald Trump (New York: Twelve, 2018).

36 In the High Court of Justice, Queen's Bench Division, "Defendants' Response," 7.

37 Senate Judiciary Committee, U.S. Senate, "Interview of: Glenn Simpson."

38 Executive Session, Permanent Select Committee on Intelligence, U.S. House of Representatives, "Interview of: Glenn Simpson," November 14, 2017, https://docs.house. gov /meetings /IG /IG00 /20180118 /106796 /HMTG-115-IG00-20180118-SD002.pdf, 70.

39 Kimberley A. Strassel, "Who Paid for the 'Trump Dossier'?," Wall Street Journal, July 27,

2017; Kimberley A. Strassel, "The Fusion Collusion," Wall Street Journal, October 19, 2017.

40 Senate Judiciary Committee, U.S. Senate, "Interview of: Glenn Simpson."

41 Mike Levine, "Trump 'Dossier' Stuck in New York, Didn't Trigger Russia Investigation, Sources Say," ABC News, September 18, 2018; Luke Harding, "How Trump Walked into Putin's Web," Guardian, November 15, 2017.

42 Jeff Carlson, "Exclusive: McCabe's FBI Tried to Re-engage Christopher Steele After Comey Was Fired," The Epoch Times, January 14, 2019 (updated March 8, 2019); Jane Mayer, "Christopher Steele, the Man Behind the Trump Dossier," The New Yorker, March 12, 2018.

43 Rowan Scarborough, "Obama Aide Started Christopher Steele-FBI Alliance," Washington Times, March 13, 2018.

44 Jeff Carlson, "Clinton Campaign Relied on Former Spy's Web of Connections to Frame Trump," The Epoch Times, January 23, 2019 (updated March 8, 2019).

45 Ken Bensinger, Miriam Elder, and Mark Schoofs, "These Reports Allege Trump Has Deep Ties to Russia," BuzzFeed, January 10, 2017; "Company Intelligence Report 2016 /080."

46 Scott Shane, Mark Mazzetti, and Adam Goldman, "Trump Adviser's Visit to Moscow Got the FBI's Attention," New York Times, April 19, 2017.

47 Philip Bump, "A Timeline of the Roger Stone-WikiLeaks Question," Washington Post, November 27, 2018; Ellen Nakashima, "Russian Government Hackers Penetrated DNC, Stole Opposition Research on Trump," Washington Post, June 14, 2016; Mark Tran, "WikiLeaks to Publish More Hillary Clinton Emails—Julian Assange," The Guardian, June 12, 2016.

48 Gregg Jarrett, The Russia Hoax: The Illicit Scheme to Clear Hillary Clinton and Frame Donald Trump (New York: Broadside Books, 2018), 135-38.

49 Anna Giaritelli, "Carter Page Says He's Never Spoken with Trump in His Life," Washington Examiner, February 6, 2018; U.S. House of Representatives, Permanent Select Committee on Intelligence, "Testimony of Carter Page," November 2, 2017, http://www.documentcloud.org /documents /4366245-Carter-Page -Transcript-of-Interview-With-House.html, 157.

50 Ibid., 36.

51 Rosie Gray, "Michael Cohen: 'It Is Fake News Meant to Malign Mr. Trump,' " The Atlantic, January 10, 2017.

52 "Full Text of Michael Cohen's Testimony to Congress," The Guardian, February 27, 2019; also https://www.scribd.com /document /400649065 /Testimony-of-Michael-D-Cohen.

53 Andrew C. McCarthy, "The Strzok-Page Texts and the Origins of the Trump-Russia Investigation," National Review, May 14, 2018.

54 Katie Leach, " 'White House Is Running This' Mystery Has Top RepublicanSqueezing DOJ to Unredact Strzok-Page Texts," Washington Examiner, May 23, 2018.

55 Executive Session, Committee on the Judiciary, Joint with the Committee on Government Reform and Oversight, U.S. House of Representatives, "Interview of: Bruce Ohr," August 28, 2018, https://www.scribd.com /document/401389538 /Ohr-Interview-Transcript-8-28-18#from_embed.

56 Ibid.

57 House Permanent Select Committee on Intelligence, Minority, memorandum re "Correcting the Record—The Russia Investigations," Unclassified, January 29, 2018 (released to the public on February 24, 2018), https://fas.org /irp/congress /2018_cr /hpsci-dem-memo.pdf, 3.

58 Brooke Singman, "Nellie Ohr, Wife of DOJ Official, Did Extensive Oppo Research on

Trump Family, Aides: Transcript," Fox News, March 28, 2019.

59　Chuck Ross, "Nellie Ohr Researched Trump's Kids For Fusion GPS," The Daily Caller, January 30, 2019.

60　Executive Session, Committee on the Judiciary, Joint with the Committee on Government Reform and Oversight, "Interview of: Nellie Ohr," October 19, 2018, https://dougcollins. house.gov /sites /doug collins.house.gov /files /10.19 .18 %20Nellie%20Ohr%20 Interview.pdf?utm_source=Collins+Judiciary+ Press+List&utm_campaign=10bc31267f-EMAIL_CAMPAIGN_2019_03_28_01 14&utm_medium=email&utm_term=0_ff92df788e-10bc31267f-168882913; Chuck Ross, "Nellie Ohr: 'I Favored Hillary Clinton,'" Daily Caller, March 28, 2019.

61　Jeremy Herb, "Fusion GPS Contractor Nellie Ohr Doesn't Say Much at House Interview," CNN, October 19, 2018.

62　"Criminal Referral from Rep. Mark Meadows Asking Justice Department to Investigate Whether Nellie Orr Provided False Testimony," May 1, 2019, https://www.scribd.com / document /408347748 /Final-Criminal-Referral-Nellie -Ohr -5-1-19; Daniel Chaitin and Jerry Dunleavy, "Mark Meadows Sends Criminal Referral Targeting Nellie Ohr to DOJ," Washington Examiner, May 1, 2019.

63　John Solomon, "Nellie Ohr's 'Hi Honey' Emails to DOJ About Russia Collusion Should Alarm Us All," The Hill, May 1, 2019.

64　Executive Session, Committee on the Judiciary, Joint with the Committee on Government Reform and Oversight, U.S. House of Representatives, "Interview of: Bruce Ohr."

65　"FBI Records Show Dossier Author Deemed 'Not Suitable for Use' as Source, Show Several FBI Payments in 2016," Judicial Watch (documents obtained pursuant to a Freedom of Information Act lawsuit filed by Judicial Watch), August 3, 2018; Tom Winter, "FBI Releases Documents Showing Payments to Trump Dossier Author Steele," NBC News, August 3, 2018.

66　Matt Apuzzo, Adam Goldman, and Nicholas Fandos, "Code Name Crossfire Hurricane: The Secret Origins of the Trump Investigation," New York Times, May 16, 2018.

67　Laura Jarrett and Evan Perez, "FBI Agent Dismissed from Mueller ProbeChanged Comey's Description of Clinton to 'Extremely Careless,' " CNN, December 4, 2017.

68　Executive Session, Committee on the Judiciary, Joint with the Committee on Government Reform and Oversight, U.S. House of Representatives, "Interview of: Bruce Ohr," 39, available at https://dougcollins.house.gov /sites /dougcollins.house.gov /files /Ohr%20 Interview%20Transcript%208.28.18.pdf.

69　Ibid., 93.

70　Ibid., 30-31.

71　Ibid., 125.

72　House Permanent Select Committee on Intelligence Majority Members, memorandum re "Foreign Intelligence Surveillance Act Abuses at the Department of Justice and the Federal Bureau of Investigation," January 18, 2018 (declassified by order of the president, February 2, 2018), https://perry.house.gov /uploadedfiles /memo_and_white_house_letter.pdf, 3.

73　Executive Session, Committee on the Judiciary, Joint with the Committee on Government Reform and Oversight, U.S. House of Representatives, "Interview of: Bruce Ohr," p. 22.

74　House Permanent Select Committee on Intelligence, Minority, memorandum re "Correcting the Record—The Russia Investigations," 7.

75　Executive Session, Committee on the Judiciary, Joint with the Committee on Government Reform and Oversight, U.S. House of Representatives, "Interview of: Bruce Ohr," 79.

76 Ibid.

77 Ibid, p. 125. See also Gregg Jarrett, "Mueller's Team Knew 'Dossier' Kicking Off Trump Investigation Was Biased and Defective," Fox News, January 17, 2019.

78 Luke Rosiak, "DOJ Official Bruce Ohr Hid Wife's Fusion GPS Payments from Ethics Officials," Daily Caller, February 14, 2018.

79 United States Code, 18 U.S.C. § 1001, "Statements or Entries Generally."

80 United States Code, 18 U.S.C. § 201 (b); 18 U.S.C. § 201 (c); 18 U.S.C. § 1346.

81 Alex Pappas, "DOJ Official Bruce Ohr Awarded $28G Bonus Amid Russia Probe, Records Indicate," Fox News, June 7, 2019.

82 Executive Session, Committee on the Judiciary, Joint with the Committee on Government Reform and Oversight, U.S. House of Representatives, "Interview of: Bruce Ohr."

83 "FBI Records Show Dossier Author Deemed 'Not Suitable for Use' as Source, Show Several FBI Payments in 2016."

84 Ibid.; Rowan Scarborough, "Christopher Steele Broke FBI Media Rules After Being 'Admonished,' Documents Show," Washington Times, August 4, 2018.

85 Executive Session, Permanent Select Committee on Intelligence, U.S. House of Representatives, "Interview of: Glenn Simpson," November 14, 2017, https:// docs.house. gov /meetings /IG /IG00 /20180118 /106796 /HMTG-115-IG00-20180118-SD002.pdf, 78.

86 Kelly Cohen, "GPS Founder Glenn Simpson Pleads the Fifth Before House Committees," Washington Examiner, October 16, 2018.

87 Senator Charles Grassley, letter to Senator Richard Blumenthal, December 3, 2018, https://www.judiciary.senate.gov /imo /media /doc /2018-12-03%20 CEG%20to%20 Blumenthal%20-%20Trump%20Jr%20and%20Cohen.pdf; Rowan Scarborough, "Why Key Architect of the Anti-Trump Dossier Is Now Accused of Lying to Congress," Washington Times, Mary 31, 2018; Lee Smith, "Did Glenn Simpson Lie to Congress?," Tablet, January 12, 2018.

88 Charles E. Grassley and Lindsey O. Graham, memorandum to Rod J. Rosenstein, U.S. Department of Justice, and Christopher A. Wray, Federal Bureau of Investigation, re "Referral of Christopher Steele for Potential Violation of 18 U.S.C. § 1001," January 4, 2018, https://www.judiciary.senate.gov /imo/media /doc /2018-02-02%20CEG%20LG%20to%20 DOJ%20FBI%20(Unclassified%20Steele%20Referral).pdf. See also Chuck Grassley, "Senators Grassley, Graham Refer Christopher Steele for Criminal Investigation," January 5, 2018, https://www.grassley.senate.gov /news /news-releases/senators-grassley-graham-refer-christopher-steele-criminal-investigation.

89 Email exchange between Bruce Ohr and Christopher Steele, September 21, 2016; Executive Session, Committee on the Judiciary, Joint with the Committee on Government Reform and Oversight, U.S. House of Representatives, "Interview of: Bruce Ohr."

90 Matt Apuzzo, Michael S. Schmidt, Adam Goldmand, and Eric Lichtblau, "Comey Tried to Shield the FBI from Politics. Then He Shaped the Election," New York Times, April 22, 2017; Nick Giampia, "FBI Offered Christopher Steele $50K to Confirm Trump Dossier: Judge Napolitano," Fox Business, December 18, 2017.

91 Jonathan Winer, "Devin Nunes Is Investigating Me. Here's the Truth," Washington Post, February 8, 2018.

92 Caitlin Yilek, "Ex-Obama Official Confirms Trump Dossier Was Given to State Department," Washington Examiner, February 9, 2018.

93 Winer, "Devin Nunes Is Investigating Me,"; Eric Felton, "The Weird Tales of Jonathan Winer," The Weekly Standard, February 10, 2018.

94 Chuck Ross, "Here's How the Steele Dossier Spread Through the Media and Government," Daily Caller, March 18, 2019.

95 Mark Hemingway, "The Other Secret Dossier," The Weekly Standard, February 6, 2018. 헤밍웨이는 이 기사에서 클린턴의 측근인 시드니 블루멘설이 시러와 더불어 정보를 클린턴에게 제공해주는 "비밀 첩보망"을 운영하고 있었다고 말했다. 이와 동시에 그들은 자신들과 클린턴과의 관계를 이용해 "리비아에서 수익성 높은 계약을 따내려고 했다"라고 헤밍웨이는 말했다. (다음 자료도 참조하라. Slate article on Shearer: A.O. Scott, "Cody Shearer: If He Didn't Exist, The Vast Right-Wing Conspiracy Would Have Invented Him," Slate, May 22, 1999, available at https://slate.com /news-and-politics/1999 /05 /cody-shearer.html). 헤밍웨이에 따르면 시러는 "1996년 기금조성 추문"과 빌 클린턴에게 성추행당했다고 주장한 캐슬린 윌리(Kathleen Willey) 사건의 중심인물이기도 했다. 클린턴과 관련된 "추문들"은 다음 자료를 참조하라. Carrie Johnson, "Clinton Scandals: A Guide From Whitewater To The Clinton Foundation," NPR, June 21, 2016, and "A Brief Guide To ClintonScandals From Travelgate To Emailgate," Washington Examiner Staff, May 17, 2016.

96 Ibid.

97 Jeff Carlson, "Baker Testimony Reveals Perkins Coie Lawyer Provided FBI with Information on Alfa Bank Allegations," The Epoch Times, March 8, 2019.

98 Chuck Ross, "Here's How the Steele Dossier Spread Through the Media and Government," Daily Caller, March 18, 2019; Executive Session, Committee on the Judiciary, Joint with the Committee on Government Reform and Oversight, U.S. House of Representatives, "Interview of: James Baker," October 3, 2018, https://dougcollins.house. gov /sites /dougcollins.house.gov /files /BakerRedacted.pdf ?utm_source=Collins+Judicia ry+Press+List&utm_campaign=2c66dbe45c-EMAIL_CAMPAIGN_2019_04_08_07_36&utm_ medium=email&utm_term=0_ff92df788e-2c66dbe45c-169041485, 44-53.

99 Michael Isikoff, "U.S. Intel Officials Probe Ties Between Trump Adviser and Kremlin," Yahoo! News, September 23, 2016.

100 Ibid.

101 "Hillary for America Statement on Bombshell Report About Trump Aide's Chilling Ties to Kremlin," Milwaukee Courier, September 24, 2016.

102 David Corn, "A Veteran Spy Has Given the FBI Information Alleging a Russian Operation to Cultivate Donald Trump," Mother Jones, October 31, 2016.

103 Ibid.

104 Ibid.

105 Ibid.

106 Executive Session, Committee on the Judiciary, Joint with the Committee on Government Reform and Oversight, U.S. House of Representatives, "Interview of: James Baker," 37-42.

107 Ibid., 36, 43.

108 Michael Isikoff and David Corn, Russian Roulette: The Inside Story of Putin's War on America and the Election of Donald Trump (New York: Twelve, 2018).

109 Steven Lee Meyers, "Was the 2016 Election a Game of Russian Roulette?," New York Times, March 14, 2018.

110 William Cummings, "Reporter Who Broke Steele Dossier Story Says Ex-British Agent's Claims 'Likely False,' " USA Today, December 18, 2018.

111 Ibid.

112 William Barr, Attorney General, letter to the Chairmen and Ranking Members of the House and Senate Judiciary Committees, March 24, 2019, https://eshoo.house.gov /wp-content /

uploads /2019 /03 /Letter-From-AG-Barr-To-Congress .pdf.

113 Luke Harding, Stephanie Kirchgaessner, and Nick Hopkins, "British Spies Were First to Spot Trump Team's Links with Russia," The Guardian, April 13, 2017.

114 Ibid.

115 Jonathan Landay, "CIA Unveils New Rules for Collecting Information on Americans," Reuters, January 18, 2017.

116 "Testimony of CIA Director John Brennan Before the House Intelligence Committee," CNN, May 23, 2017.

117 Eric Lichtblau, "CIA Had Evidence of Russia Effort to Help Trump Earlier than Believed," New York Times, April 6, 2017.

118 Ibid.

119 Victor Davis Hanson, "John Brennan's Dishonesty: A Long Record," National Review, June 4, 2018.

120 "Spying on Trump: Was Obama Behind CIA, FBI Plan to Elect Hillary?," Investor's Business Daily, May 22, 2018.

121 Paul Sperry, "Exclusive: CIA Ex-Director Brennan's Perjury Peril," Real Clear-Investigations, February 11, 2018.

122 Senator Harry Reid, letter to FBI Director James Comey, August 27, 2016, https://www.documentcloud.org /documents /3035844-Reid-Letter-to-Comey.html.

123 David E. Sanger, "Harry Reid Cites Evidence of Russian Tampering in U.S. Vote, and Seeks FBI Inquiry," New York Times, August 29, 2016.

124 Josh Rogan, "Democrats Ask the FBI to Investigate Trump Advisers' Russia Ties," Washington Post, August 30, 2016.

125 Senator Harry Reid, letter to FBI Director James Comey, October 30, 2016, available at https://archive.org /details /20161030 Reid Letter To Comey explosive Information.

126 Aaron Blake, "Harry Reid's Incendiary Claim About 'Coordination' Between Donald Trump and Russia," Washington Post, October 31, 2016.

127 Rowan Scarborough, "Harry Reid Sent Sensitive Trump Collusion Letter over CIA Objections," Washington Times, May 12, 2018.

128 John Brandt, "Reid Repeats Rumor on Senate Floor That Romney Paid No Taxes, Campaign Denies," Fox News, August 2, 2012; Louis Jacobson, "Harry Reid Says Anonymous Source Told Him Mitt Romney Didn't Pay Taxes for 10 Years," PolitiFact, August 6, 2012; Glenn Kessler, "4 Pinocchios for Harry Reid's Claim About Mitt Romney's Taxes," Washington Post Fact Checker, August 7, 2012; Ashley Condianni, "Harry Reid Doesn't Regret Accusing Mitt Romney of Not Paying Taxes," CNN, March 31, 2015.

129 Hanson, "John Brennan's Dishonesty"; Becket Adams, "John Brennan, Famous for Lying and Spying on the Senate, Baselessly Accuses Trump of Treason," Washington Examiner, July 17, 2018; "Ex-CIA Chief Brennan's Security Clearance Should Have Been Revoked Long Ago," Investor's Business Daily, August 17, 2018.

130 Daniel Chaitin, "Trump Never Revoked John Brennan's Security Clearance," Washington Examiner, May 25, 2019.

131 Julian E. Zelizer, "Was McCain's Campaign the Worst Ever?," Newsweek, November 4, 2008.

132 Jonathan Martin and Alan Rappeport, "Donald Trump Says John McCain Is No War Hero, Setting Off Another Storm," New York Times, July 18, 2015.

133 Brent D. Griffiths, "McCain: Trump Never Apologized for Saying I Wasn't a War Hero," The Hill, September 24, 2017.

134 United States District Court, Southern District of Florida, deposition of David Kramer, Gubarev v. BuzzFeed, December 13, 2017, https://www .scribd.com / document /401932342 /Kramer-Depositioin#from_embed?campaign=VigLink&ad_ group=xxc1xx&source=hp_affiliate&medium=affiliate.

135 Jerry Dunleavy and Daniel Chaitin, "John McCain Associate Behind Dossier Leak Urged BuzzFeed to Retract Its Story: 'You Are Gonna Get People Killed!,' " Washington Examiner, March 14, 2019.

136 John Haltiwanger, "John McCain Described How He Received the Steele Dossier That Contains the Most Salacious Allegations About Trump and Russia," Business Insider, March 22, 2019.

137 Chuck Ross, "John McCain Associate Had Contact with a Dozen Reporters Regarding Steele Dossier," Daily Caller, March 14, 2019.

138 United States District Court, Southern District of Florida, deposition of David Kramer.

139 Ibid.

140 Joe Pompeo, " 'The Broad Outline of What Steele Was Writing Is Unquestionably True': BuzzFeed Wins Its Dossier Suit, and Ben Smith Takes a Victory Lap," Vanity Fair, December 20, 2018.

141 Andrew O'Hehir, "James Clapper on Donald Trump, Edward Snowden, Torture and 'The Knowability of Truth,' " Salon, May 26, 2018.

142 Ibid.

143 Ibid.; John Bowden, "Clapper: 'More and More' of Steele Dossier Proving to Be True," The Hill, May 26, 2018.

144 Paul Sperry, "Two Colleagues Contradict Brennan's Denial of Reliance on Dossier," RealClearInvestigations, May 15, 2018; Paul Sperry, "Exclusive: CIA Ex-Director Brennan's Perjury Peril," RealClearInvestigations, February 11, 2018; Natasha Bertrand, "Former CIA Director: I Was Concerned About 'Interactions' Between Russians and the Trump Campaign," Business Insider, May 23, 2017.

145 Sperry, "Exclusive: CIA Ex-Director Brennan's Perjury Peril."

146 Ibid.

147 Jack Shafer, "The Spies Who Came In to the TV Studio," Politico, February 6, 2018.

148 Bill Hoffman, "Ex-CIA Chief Brennan Headed to NBC /MSNBC," Newsmax, February 2, 2018.

149 Jonathan Easley, "D Report: Clapper Told CNN Host About Trump Dossier in 2017," The Hill, April 27, 2018.

150 Sean Davis, "Declassified Congressional Report: James Clapper Lied About Dossier Leaks to CNN," The Federalist, April 27, 2018. (참고: 〈워싱턴포스트〉에서 "사실 확인" 작업을 하는 글렌 케슬러(Glenn Kessler)는 2018년 5월 3일자 칼럼에서 자사 기자들이 클래퍼가 2017년 1월이 아니라 5월에 정보를 유출했다고 한 보도는 맞다고 주장했다. 클래퍼를 면죄해주려는 케슬러와 〈워싱턴포스트〉의 주장은 틀렸다. 클래퍼는 정보위원회에 출석해 "도시에" 정보를 CNN 진행자 제이크 태퍼에게 유출해준 시기는 "우리가 이 정보를 대통령에게 보고한 시기"와 아주 가깝다고 주장했다. 오바마 대통령은 2017년 1월 5일에 보고를 받았다. 대통령 당선인 트럼프는 그 다음날 보고를 받았다. 따라서 클래퍼가 CNN에 정보를 유출한 시기는 〈워싱턴포스트〉와 케슬러가 주장한 5월이 아니라 1월 초였다. 이에 대한 정확한 해명은 다음 자료를 참조하라. Sean Davis, "Washington Post 'Fact Check' on James Clapper's Leaks Ignores Basic Facts," The Federalist, May 3, 2018.)

151 Rowan Scarborough, "Obama DNI Clapper Leaked Dossier Story on Trump: House Intel Report," Washington Times, April 28, 2018.

152 Marshall Cohen and Jeremy Herb, "Revisiting the Trump-Russia Dossier: What's Right,

Wrong and Still Unclear?," CNN, January 7, 2019.

153 Office of the Director of National Intelligence, "Background to 'Assessing Russian Activities and Intentions in Recent U.S. Elections': The Analytic Process and Cyber Incident Attribution," January 6, 2017, https://www.dni.gov /files/documents / ICA_2017_01.pdf.

154 Scott Shane, "Russia Isn't the Only One Meddling in Elections. We Do It, Too," New York Times, February 17, 2018.

155 Michael S. Schmidt, Mark Mazzetti, and Matt Apuzzo, "Trump Campaign Aides Had Repeated Contacts with Russian Intelligence," New York Times, February 14, 2017.

156 Bob Woodward, Fear: Trump in the White House (New York: Simon & Schuster, 2018), 84.

157 Ibid. See also Senate Intelligence Committee, Testimony of James Comey, June 8, 2017, "Full Transcript and Video: James Comey's Testimony on Capitol Hill," the New York Times, June 8, 2017.

158 Olivia Beavers, "Kremlin Spokesman: Russian Ambassador Met with Advisers to Clinton Campaign Too," The Hill, March 12, 2017.

159 John Solomon, "Ukrainian Embassy Confirms DNC Contractor Solicited Trump Dirt In 2016," The Hill, May 2, 2019; Kenneth P. Vogel and David Stern, "Ukrainian Efforts To Sabotage Trump Backfire," Politico, January 11, 2017; Gregg Re, "Clinton-Ukraine Collusion Allegations 'Big' And 'Incredible,' Will Be Reviewed, Trump Says," Fox News, April 25, 2019; Ian Schwartz, "Giuliani: 'Massive Collusion' Between DNC, Obama Admin, Clinton People & Ukraine To Create False Info About Trump," Real Clear Politics, May 10, 2019.

160 Alan Cullison and Brett Forrest, "Trump Tower Moscow? It Was the End of a Long, Failed Push to Invest in Russia," Wall Street Journal, November 29, 2018.

161 Megan Twohey and Steve Eder, "For Trump, Three Decades of Chasing Deals in Russia," New York Times, January 16, 2017.

162 Gregg Jarrett, "Big Lebowski, Esq., Takes Up Gen. Flynn's Case," Fox News, April 29, 2017.

163 Robert Windrem, "Guess Who Came to Dinner with Flynn and Putin," NBC News, April 18, 2017.

164 Shannon Bream, interview with Daniel Hoffman, former CIA station chief, Fox News @ Night with Shannon Bream, Fox News, April 23, 2019.

165 Attorney General William Barr, letter to Lindsey Graham, Jerrold Nadler, Dianne Feinstein, and Doug Collins.

166 James Clapper, Facts and Fears: Hard Truths from a Life in Intelligence (New York: Viking, 2018).

167 Gregg Re, "Rand Paul: 'Source' Says John Brennan Pushed Discredited Steele Dossier," March 27, 2019.

168 Liam Quinn, "Ex-CIA Director John Brennan Admits He May Have Had 'Bad Information' Regarding President Trump and Russia," Fox News, March 26, 2019.

169 Woodward, Fear, 64.

170 Andrew C. McCarthy, "Steele's Shoddy Dossier," National Review, June 6, 2019.

171 Jan Crawford, "William Barr Interview: Read the Full Transcript," CBS News, May 31, 2019.

1   "William Barr's Testimony Before the Senate Appropriations Subcommittee on Commerce, Justice, Science, and Related Agencies," CNN, April 10, 2019.
2   Ibid.
3   Gary Abernathy, "Admit It: Fox News Has Been Right All Along," Washington Post, April 15, 2019.
4   Justin Wise, "CNN Legal Analyst Knocks Barr Spying Claim: He 'Talks like Sean Hannity,'" The Hill, April 11, 2019.
5   Joseph Wulfsohn, "Media Take Issue with AG Barr for Saying 'Spying Did Occur' on Trump Campaign," Fox News, April 10, 2019.
6   Timothy L. O'Brien, "Bill Barr Is Trying Hard to Be President Trump's Roy Cohen," Bloomberg, April 10, 2019.
7   Jennifer Rubin, "William Barr, Trump's Toady," Washington Post, April 10, 2019.
8   Whitney Tipton, "CNN Freaks Out over Barr 'Spying' Test," Daily Caller, April 11, 2019.
9   Definition of the word "spy," Lexico, https://en.oxforddictionaries.com /definition /spy.
10 Byron York, "Barr Is Right, Spying on Trump Campaign Did Occur," Washington Examiner, April 10, 2019.
11 Ibid.
12 Zack Budryk, "Clapper: Barr's Spying Claim 'Stunning and Scary,'" The Hill, April 10, 2019.
13 Hans von Spakovsky, "Dems Wrong to Attack Barr for Telling Truth About Fed Spying on Trump Campaign," Fox News, April 10, 2019.
14 "William Barr's Testimony Before the Senate Appropriations Subcommittee on Commerce, Justice, Science, and Related Agencies."
15 Kimberley A. Strassel, "Barr Brings Accountability," Wall Street Journal, April 11, 2019.
16 "Read James B. Comey's Opening Statement Ahead of His Testimony," June 7, 2017, NBC News.
17 Ibid.
18 Andrew C. McCarthy, "FBI Russia Investigation Was Always About Trump," Fox News, January 13, 2019.
19 Andrew C. McCarthy, "Behind The Obama Administration's Shady Plan To Spy On The Trump Campaign," New York Post, April 15, 2019.
20 Ibid., "Read James B. Comey's Opening Statement."
21 Senator Charles E. Grassley, Chairman, Committee on the Judiciary, letter sent to Michael E. Horowitz, Inspector General, U.S. Department of Justice, February 28, 2018, https://www.grassley.senate.gov /sites /default /files /judiciary/upload /2018-02-28%20CEG%20LG%20to%20DOJ%20OIG%20%28referral%29.pdf, 7.
22 Ibid., 4, 5.
23 Brooke Singman, "Comey Scoffs at Barr Testimony, Claims 'Surveillance' Is Not 'Spying,'" Fox News, April 12, 2019.
24 Ibid.
25 Author's interview with Carter Page, March 12, 2018.
26 R. J. Sharpe, Law of Habeas Corpus (Oxford: Clarendon Press, 1989); Paul Halliday, Habeas Corpus: From England to Empire (Cambridge: Belknap Press of Harvard University Press, 2010).
27 Constitution of the United States of America, Amendments V and VI (ratified effective December 15, 1791).

28   Faretta v. California, 422 U.S. 806 (1975), opinion by Justice Potter Stewart.

29   Foreign Intelligence Surveillance Act, 1978, 50 U.S.C., chapter 36, https://fas.org /irp / agency /doj /fisa /.

30   Conor Clarke, "Is the Foreign Intelligence Surveillance Court Really a Rubber Stamp?," Stanford Law Review, February 2014.

31   Larry Abramson, "FISA Court: We Approve 99% of Wiretap Applications," National Public Radio, October 15, 2013.

32   Evan Perez, "Secret Court's Oversight Gets Scrutiny," Wall Street Journal, June 9, 2013.

33   Erika Eichelberger, "FISA Court Has Rejected .03 Percent of All Government Surveillance Requests," Mother Jones, June 10, 2013.

34   Daniel Chaitin, "Lack of FISA Court Hearings on Carter Page Warrants Sparks Fierce Debate," Washington Examiner, September 2, 2018; Dave Boyer, "FISA Court Didn't Hold Hearings Before Granting Warrants on Carter Page, Trump Notes in Tweet," Washington Times, September 1, 2018.

35   David Kris, "How the FISA Court Really Works," Lawfare, September 2, 2018.

36   Asha Rangappa, "It Ain't Easy Getting a FISA Warrant: I Was an FBI Agent and Should Know," Just Security, March 6, 2017.

37   "Foreign Intelligence Surveillance Act Court Orders 1979 to 2017," Electronic Privacy Information Center, https://epic.org/privacy/surveillance/fisa/stats/.

38   Rick Moran, "Judicial Watch: No Hearings Held on Carter Page FISA Warrants," American Thinker, September 1, 2018.

39   United States House of Representatives, Permanent Select Committee on Intelligence, "Testimony of Carter Page," November 2, 2017, https://www .documentcloud.org / documents/4176234-Carter-Page-Hpsci-Hearing-Transcript-Nov-2-2017, 11,15.html; Anna Giaritelli, "Carter Page Says He's Never Spoken with Trump in His Life," Washington Examiner, February 6, 2018.

40   United States House of Representatives, Permanent Select Committee on Intelligence, "Testimony of Carter Page," 157.

41   "Text: Obama Speech at the New Economic School," New York Times, July 7, 2009.

42   Ibid.

43   Scott Shane, Mark Mazzetti, and Adam Goldman, "Trump Adviser's Visit to Moscow Got the FBI's Attention," New York Times, April 19, 2017.

44   United States House of Representatives, Permanent Select Committee on Intelligence, "Testimony of Carter Page," 19.

45   Tim Hains, "Carter Page: I Experienced the Trump-Russia Witch Hunt First Hand, Now We're Getting the Real Truth," RealClearPolitics, March 31, 2019.

46   "The Lecture of Trump's Advisor Carter Page in Moscow," YouTube, July 7, 2016.

47   United States House of Representatives, Permanent Select Committee on Intelligence, "Testimony of Carter Page," 40.

48   Eric Felten, "Carter Page Is Mr. Clean," National Review, April 19, 2019.

49   "Company Intelligence Report 2016 /080," December 13, 2016, https://www. documentcloud.org /documents /3259984-Trump-Intelligence-Allegations.html, 9.

50   Julie Kelly, "Vindication for Carter Page," American Greatness, July 25, 2018.

51   Michael Isikoff, "U.S. Intel Officials Probe Ties Between Trump Adviser and Kremlin," Yahoo! News, September 23, 2016.

52   Ibid.

53   Dylan Stableford, "Yahoo News' Michael Isikoff Describes Crucial Meeting Cited in

Nunes Memo," Yahoo! News, February 2, 2018.

54 Chuck Ross, "The Problem with the News Article at Center of Carter Page Spy Warrant," Daily Caller, February 5, 2018.

55 Isikoff, "U.S. Intel Officials Probe Ties Between Trump Adviser and Kremlin."

56 Joe Pompeo, "'He Was Actually the Paul Revere': As the Steele Dossier's Moment of Truth Arrives, Journalists Argue Its Impact," Vanity Fair, April 25, 2019.

57 United States House of Representatives, Permanent Select Committee on Intelligence, "Testimony of Carter Page," attached exhibit, 13, letter from Page to James B. Comey, September 25, 2016.

58 Daniel Chaitin, "Carter Page Says He Consulted State Department, FBI, and CIA for Years," Washington Examiner, June 9, 2019.

59 United States House of Representatives, Permanent Select Committee on Intelligence, "Testimony of Carter Page."

60 Ibid., 38.

61 Ibid., 36.

62 United States Code, 18 U.S.C. § 1621, 1623, "Perjury"; 19 U.S.C. § 1001, "False and Misleading Statements"; 18 U.S.C. § 1503, et al. "Obstruction of Justice"; 18 U.S.C. § 1031 "Major Fraud Against the U.S."; 18 U.S.C. § 371 "Conspiracy to Defraud the U.S."; 18 U.S.C. § 242 "Deprivation of Rights Under Color of Law," 50 U.S.C. § 1809 "Electronic Surveillance Under Color of Law."

63 Gregg Jarrett, The Russia Hoax: The Illicit Scheme to Clear Hillary Clinton and Frame Donald Trump (New York: Broadside Books, 2018), 139-170.

64 United States Foreign Intelligence Surveillance Court, Washington, D.C., warrant applications and corresponding orders dated October 2016, January 2017, April 2017, and June 2017, https://vault.fbi.gov /d1-release /d1-release /view.

65 Ibid., see "Verification" document (54) and "Certification" document (63, 65).

66 Sharyl Attkisson, "Nunes Memo Raises Question: Did FBI Violate Woods Procedures?," The Hill, February 4, 2018.

67 John Solomon, "Mueller Hauled Before Secret FISA Court to Address FBI Abuses in 2002, Congress Told," The Hill, February 6, 2019.

68 Devin Nunes, Chairman, U.S. House of Representatives, Permanent Select Committee on Intelligence, to Jeff Sessions, Attorney General, March 1, 2018, https://www.scribd.com / document /372746970 /Nunes-to-Sessions-FBI-may -have-violated-criminal-statutes-in-Carter-Page-FISA-application #from_embed.

69 Ibid.

70 Andrew C. McCarthy, "The Steele Dossier And The 'Verified Application' That Wasn't," National Review, May 18, 2019.

71 Brooke Singman, "FISA Memo: Steele Fired As An FBI Source For Breaking 'Cardinal Rule'—Leaking To The Media," Fox News, February 2, 2018.

72 Andrew C. McCarthy, "FISA Applications Confirm: The FBI Relied On The Unverified Steele Dossier," National Review, July 23, 2018.

73 Catherine Herridge and Pamela Brown, "DOJ Releases FISA Docs That Formed Basis for Surveillance of Ex-Trump Adviser Carter Page," Fox News, July 22, 2018.

74 "Full Transcript and Video of James Comey's Testimony on Capitol Hill," New York Times, June 8, 2017.

75 John Solomon, "Comey's Confession: Dossier Not Verified Before, or After, FISA Warrant," The Hill, December 8, 2018.

76 Andrew C. McCarthy, "FISA Applications Confirm: The FBI Relied on the Unverified Steele Dossier," National Review, July 23, 2018.

77 House Permanent Select Committee on Intelligence Majority Members, memorandum re "Foreign Intelligence Surveillance Act Abuses at the Department of Justice and the Federal Bureau of Investigation," January 18, 2018 (declassified by order of the president, February 2, 2018), https://www.documentcloud.org/documents/4365338-Nunes-memo.html.

78 Byron York, "FISA Warrant Application Supports Nunes Memo," Washington Examiner, July 22, 2018.

79 Ian Schwartz, "Baier to Comey: If Dossier Was 'Salacious,' Why Did You Use It to Get FISA Warrant?," Real Clear Politics, April 26, 2018.

80 "Foreign Intelligence Surveillance Act Court Orders 1979 to 2017"; Gregg Re, "FBI Told FISA Court Steele Wasn't Source of Report Used to Justify Surveilling Trump Team, Docs Show," Fox News, July 22, 2018.

81 "Foreign Intelligence Surveillance Act Court Orders 1979 to 2017," 15.

82 Ibid., 100.

83 Mollie Ziegler Hemingway, "Confirmed: DOJ Use Materially False Information to Secure Wiretaps on Trump Associate," The Federalist, July 23, 2018.

84 카터 페이지가 연방수사국에 준 도움에 대한 자세한 내용은 다음 자료를 참조하라. Gregg Jarrett, The Russia Hoax: The Illicit Scheme to Clear Hillary Clinton and Frame Donald Trump (New York: Broadside Books, 2018), 148.

85 United States Code 50 U.S.C. § 1804, "Applications for Court Orders"; Andrew C. McCarthy, "The Schiff Memo Harms Democrats More Than It Helps Them," National Review, February 25, 2018.

86 "Foreign Intelligence Surveillance Act Court Orders 1979 to 2017." See also House Permanent Select Committee on Intelligence Majority Members, memorandum re "Foreign Intelligence Surveillance Act Abuses at the Department of Justice and the Federal Bureau of Investigation."

87 "Foreign Intelligence Surveillance Act Court Orders 1979 to 2017," footnote 8: Source #1 was approached by an identified U.S. Person, who indicated to Source#1 that a U.S.-based law firm had hired the identified U.S. Person to conduct research regarding Candidate #1's ties to Russia. (The identified U.S. Person and Source #1 have a long-standing business relationship.) The identified U.S. person hired Source #1 to conduct this research. The identified U.S. Person never advised Source #1 as to the motivation behind the research into Candidate #1's ties to Russia. The FBI speculates that the identified U.S. Person was likely looking for information that could be used to discredit Candidate #1's campaign.

88 Senator Charles E. Grassley, Senator Lindsey O. Graham, Senator John Cornyn, and Senator Thom Tillis, letter and memorandum re "Referral of Christopher Steele for Potential Violation of 18 U.S.C. 1001," January 4, 2018, available at https://www.grassley.senate.gov/news/news-releases/senators-grassley-graham-refer-christopher-steele-criminal-investigation.

89 Rowan Scarborough, "Trump Legal Team Makes Case to Prosecute Comey, Others for Lying After Cohen Guilty Plea," Washington Times, December 2, 2018; Gregg Jarrett, "James Comey May Be the Only One Who Believes the Stories He's Selling," Fox News, December 18, 2018; Catherine Herridge and Judson Berger, "Trump Team Renews Claims Comey Misled Congress in Wake of Cohen Plea," Fox News, November 30, 2018; John Dowd, lawyer for Trump, letter to Rod Rosenstein, Deputy Attorney General, September 1, 2017, https://www.scribd.com/document/394562504/Trump-legal-team-s-letters-to-

Mueller-Rosenstein-on-Comey#from_embed.

90 Matt Apuzzo, Michael Schmidt, Adam Goldman, and Eric Lichtblau, "Comey Tried to Shield FBI from Politics. Then He Helped Shape an Election," New York Times, April 22, 2017.

91 Michael Doran, "The Real Collusion Story," National Review, March 13, 2018.

92 Gregg Re, Catherine Herridge, and Cyd Upson, "FBI Clashed with DOJ over Potential 'Bias' of Source for Surveillance Warrant: McCabe-Page Texts," Fox News, March 22, 2019.

93 Ibid.

94 Ibid.

95 Foreign Intelligence Surveillance Act Court Orders 1979 to 2017," 2, 68, 164.

96 Tim Hains, "Deputy AG Rod Rosenstein: 'The Department of Justice Is Not Going to Be Extorted,'" Real Clear Politics, May 1, 2018.

97 "Foreign Intelligence Surveillance Act Court Orders 1979 to 2017," 1, 84, 182, 292.

98 Craig Bannister, "Rosenstein Testifies He Doesn't Need to Read FISA Applications He Signs," CNS News, June 29, 2018.

99 Sonam Sheth, "House Investigators Grill Christopher Wray and Rod Rosenstein in Contentious Hearing About the Trump and Clinton Probes," Business Insider, June 28, 2018;

100 Executive Session, Committee on the Judiciary, Joint with the Committee on Government Reform and Oversight, U.S. House of Representatives, "Interview of: James Comey," December 7, 2018, https://www.lawfareblog.com/document-transcript-james-comeys-dec-7-interview-house-committees.

101 Ibid., 124-26.

102 Gregg Jarrett, "Testimony in Russia Probe Shows FBI and Justice Department Misconduct in Effort to Hurt Trump," Fox News, January 24, 2019.

103 Ibid.

104 John Solomon, "Steele's Stunning Pre-FISA Confession: Informant Needed Trump Dirt Before Election," The Hill, May 7, 2019.

105 John Solomon, "FBI's Steele Story Falls Apart: False Intel and Media Contacts Were Flagged Before FISA," The Hill, May 9, 2019.

106 Catherine Herridge and Adam Shaw, "Lawmakers Say FBI May Have Been Warned of Steele's 'Political Motivations' Before Trump Aide Surveillance," Fox News, May 10, 2019; Senators Ron Johnson and Charles E. Grassley, letter to Michael R. Pompeo, Secretary of State, May 9, 2019, https://www.scribd.com/document /409477564 /Lawmakers -letter -to-Secretary -of -State -Pompeo #from_embed.

107 Solomon, "FBI's Steele Story Falls Apart."

108 Ibid.

109 John Solomon, "State Department's Red Flag on Steele Went to a Senior FBI Man Well Before FISA Warrant," The Hill, May 14, 2019.

110 Solomon, "FBI's Steele Story Falls Apart."

111 Solomon, "Steele's Stunning Pre-FISA Confession."

112 Ibid.

113 "Spying on Trump: Was Obama Behind CIA, FBI Plan to Elect Hillary?," Investor's Business Daily, May 22, 2018.

114 Jane Mayer, "Christopher Steele, the Man Behind the Trump Dossier," The New Yorker, March 12, 2018; Jasper Fakkert, "The Origins of 'Spygate': 10 Questions," The Epoch Times, May 16, 2019.

115 Letter from Sen. Charles E. Grassley, Chairman of Committee on Finance, to Mark Esper, Acting Secretary of the Department of Defense, July 12, 2019, available at https://www. grassley.senate.gov /sites /default /files /constituents/2019-07-12%20CEG%20to%20 DoD%20(Halper%20Contracts)_0.pdf; Sara Carter, "Grassley Pressures DOD For More Information On FBI Spy Stefan Halper," saraacarter.com, July 22, 2019.

116 Gregg Re, "Carter Page Says FBI Informant 'Intensified' Communications Just Prior to FISA Warrant," Fox News, June 9, 2019.

117 Ibid.

118 George Papadopoulos, Deep State Target: How I Got Caught in the Crosshairs of the Plot to Bring Down President Trump (New York: Diversion Books, 2019).

119 Ibid., 101.

120 Adam Goldman, Michael S. Schmidt, and Mark Mazzetti, "FBI Sent Investigator Posing as Assistant to Meet with Trump Aide in 2016," New York Times, May 2, 2019.

121 Gregg Re and Brooke Singman, "U.S. Informant Reportedly Tried to Probe Papadopoulos on Trump-Russia Ties, 'Seduce Him' During Campaign," Fox News, May 3, 2019.

122 Papadopoulos, Deep State Target, 106.

123 Ibid., 107.

124 Jan Crawford, "William Barr Interview: Read the Full Transcript," CBS News, May 31, 2019.

125 Papadopoulos, Deep State Target, 67-69.

126 Ibid., 105.

127 Ibid., 176.

128 Ibid., 213.

129 Ibid., 60.

130 Ibid., 61.

131 Ibid., 75.

132 Ibid., 76.

133 Ibid., 77.

134 Sharon LaFraniere, Mark Mazzetti, and Matt Apuzzo, "How the Russia Inquiry Began: a Campaign Aide, Drinks and Talk of Political Dirt," New York Times, December 30, 2017.

135 George Papadopoulos, Deep State Target, 78.

136 John Solomon, "Australian Diplomat Whose Tip Prompted FBI's Russia-Probe Has Tie to Clintons," The Hill, March 5, 2018.

137 "FBI Domestic Investigations and Operations Guide (DIOG), Part 03 of 03," 2011, https:// vault.fbi.gov /FBI%20Domestic%20Investigations%20an d%20 Operations%20Guide%20 %28DIOG%29 /fbi-domestic-investigations -and -operations -guide-diog-2011-version / fbi-domestic-investigations -and-operations -guide -diog -october-15-2011-part-03-of-03 / view.

138 Robert S. Mueller, The Mueller Report: The Final Report of the Special Counsel into Donald Trump, Russia, and Collusion as Issued by the Department of Justice (New York: Skyhorse Publishing, 2019), vol. I, 179.

139 Ibid., 180.

140 Robert Mendick, Alex Luhn, and Ben Riley-Smith, "Revealed: London Professor at Centre of Trump-Russia Collusion Inquiry Says: 'I Have Clear Conscience,'" The Telegraph, October 31, 2017.

141 Robert S. Mueller, The Mueller Report, 180-181.

142 Jonathan Turley, "The Mysterious Mister Mifsud And Why No One Wants To Discuss

Him," The Hill, July 27, 2019.

143 Andrew C. McCarthy, "Fighting the Politicized, Evidence-Free 'Collusion with Russia' Narrative," National Review, May 24, 2017.

144 Michael Isikoff and David Corn, Russian Roulette: The Inside Story of Putin's War on America and the Election of Donald Trump (New York: Twelve, 2018), 153.

145 John Solomon, "A Convenient Omission? Trump Campaign Adviser Denied 'Collusion' to FBI Source Early On," The Hill, October 23, 2018.

146 John Solomon, "FBI's Spreadsheet Puts A Stake Through The Heart Of Steele's Dossier," The Hill, July 16, 2019.

147 Ibid.

148 "FBI Domestic Investigations and Operations Guide (DIOG), Part 03 of 03," 13.

149 Papadopoulos, Deep State Target, 2. Papadopoulos gave a different version of this conversation when interviewed by Congress, stating that the arresting FBI agents told him, "This is what happens when you don't tell us everything about your Russia contacts."

150 Ibid., 179.

151 Glenn Greenwald, "The FBI Informant Who Monitored the Trump Campaign, Stefan Halper, Oversaw a CIA Spying Operation in the 1980 Presidential Election," The Intercept, May 19, 2018.

152 Ibid.

153 Crawford, "William Barr Interview: Read the Full Transcript."

154 Adam Goldman, Charlie Savage, and Michael S. Schmidt, "Barr Assigns U.S. Attorney in Connecticut to Review Origins of Russia Inquiry," New York Times, May 13, 2019.

155 Stephen E. Boyd, Assistant Attorney General, letter to Representative Jerrold Nadler, Chairman, Committee on the Judiciary, June 10, 2019, https://www.scribd.com /document /412966458 /2019 -6-10 -DOJ -Review -of -Intelligence-Activities -Nadler#from_embed.

156 Crawford, "William Barr Interview: Read the Full Transcript."

4장_ 불발 쿠데타

1 Laurence J. Peter and Raymond Hull, The Peter Principle: Why Things Always Go Wrong (New York: William Morrow, 1969).

2 Anderson Cooper, "Interview with Former Acting FBI Director Andrew McCabe," CNN, February 19, 2019.

3 Andrew G. McCabe, The Threat: How the FBI Protects America in the Age of Terror and Trump (New York: St. Martin's Press, 2019), 136; Casey Quackenbush, "Read the Full Transcript of Former FBI Deputy Director Andrew McCabe's 60 Minutes Interview," Time, February 18, 2019.

4 Sarah Left, "Iraq War 'Waged on False Intelligence,' " The Guardian, July 9, 2014; Associated Press, "Official: Iraq War Was Both Intel, Policy Failure," NBC News, December 9, 2008.

5 Jenna Lifhits, "Obama Ignored Iranian Transgressions to Preserve Nuclear Deal, Haden Says," The Weekly Standard, December 14, 2016.

6 McCabe, The Threat, 207.

7 Ibid.

8 Constitution of the United States of America, Article II, Section 3, Clause 4.

9 McCabe, The Threat, 239.

10 Joseph Hinks, "Read Former FBI Director James Comey's Farewell Letter to Colleagues," Time, May 11, 2017.

11 McCabe, The Threat, 239.

12 "Full Transcript: Acting FBI Director McCabe and Others Testify Before Senate Intelligence Committee," Washington Post, May 11, 2017.

13 "Read Full Testimony of FBI Director James Comey in Which He Discusses Clinton Email Investigation," Washington Post, May 3, 2017.

14 "Rod Rosenstein Full Remarks to Congress on Comey Memo," Axios, May 19, 2017; Jessica Taylor, "Rosenstein On Comey Memo: 'I Wrote It. I Believe It. I Stand By It'," NPR, May 19, 2017.

15 Gregg Re, "Comey Reveals He Concealed Trump Meeting Memo from DOJ Leaders," Fox News, December 9, 2018.

16 Office of the Inspector General, U.S. Department of Justice, "A Review of Various Actions by the Federal Bureau of Investigation and Department of Justice in Advance of the 2016 Election," p. 405.

17 McCabe, The Threat, 219.

18 Ibid., 221.

19 Ibid., 218.

20 Ibid., 217.

21 Ibid., 216-17.

22 Devlin Barrett, "Clinton Ally Aided Campaign of FBI Official's Wife," Wall Street Journal, October 24, 2016.

23 McCabe, The Threat, 193.

24 Ibid., 218.

25 Andrew C. McCarthy, "McCabe and 60 Minutes Avoid Discussing Why Russia Factored in Comey's Firing," National Review, February 18, 2019.

26 McCabe, The Threat, 239.

27 Ibid., 225.

28 Catherine Herridge, "Strzok-Page Texts Calling to 'Open' Case in 'Chargeable Way' Under Fresh Scrutiny," Fox News, September 17, 2018.

29 Ibid.

30 "The Attorney General's Guidelines for Domestic FBI Operations," Department of Justice, https://www.justice.gov /archive /opa /docs /guidelines.pdf, 22.

31 Ibid.

32 McCabe, The Threat, 225.

33 Quackenbush, "Read the Full Transcript of Former FBI Deputy Director Andrew McCabe's 60 Minutes Interview." See also Representative Doug Collins, Ranking Member, House Judiciary Committee, letter to Representative Jerrold Nadler, Chairman, February 14, 2019, available at https://gallery.mail chimp .com /0275399506e2bdd8fe2012b77 / f iles /568cf2d2-eb9b-40a2-92a5-ada5a0bd5db6 /02_14_19_Letter_to_Nadler_Re._ McCabe.pdf?utm source=Collins+Judiciary+Press+List&utm_campaign=3d4d3 af9dd-EMAIL_CAMPAIGN_2019_02_14_08_33&utm_medium=email&utm_term=0_ff92df788e-3d4d3af9dd-168924225.

34 McCabe, The Threat, 234.

35 "Rod Rosenstein Full Remarks to Congress on Comey Memo," Axios, May 19, 2017.

36 Grace Segers, "What Andrew McCabe Told '60 Minutes' About Trump and the 25th Amendment," CBS News, February 17, 2019.

37   Ibid.

38   Kevin R. Brock, "The Embarrassing Return of Andrew McCabe," The Hill, February 15, 2019.

39   Jake Gibson, "Source in Room Says Rosenstein's 'Wire' Comment Was Case of Sarcasm," Fox News, September 21, 2018.

40   Gregg Jarrett, "Rod Rosenstein Should Immediately Stop Overseeing the Mueller 'Collusion' Investigation," Fox News, October 10, 2018; Catherine Herridge, "Rosenstein Threatened to 'Subpoena' GOP-Led Committee in 'Chilling' Clash over Records, Emails Show," Fox News, June 12, 2018.

41   Adam Goldman and Michael S. Schmidt, "Rod Rosenstein Suggested Secretly Recording Trump And Discussed 25th Amendment," The New York Times, September 21, 2018.

42   Brooke Singman, "McCabe Details Central Role In Russia Probes, DOJ Meetings On Whether To Oust President," Fox News, February 14, 2019.

43   Catherine Herridge, "Talks on Rosenstein Possibly Recording Trump Unfolded over 'Couple of Days,' Abandoned as 'Too Risky': Former Top FBI Lawyer," Fox News, February 18, 2019.

44   Kevin Breuniger, "Criminal Charges Recommended for Fired FBI Official Andrew McCabe," CNBC, April 19, 2018.

45   Catherine Herridge, "Former Top FBI Lawyer: 2 Trump Cabinet Officials Were 'Ready to Support' 25th Amendment Effort," Fox News, February 17, 2019.

46   Ibid.

47   Adam Goldman and Michael S. Schmidt, "Rod Rosenstein Suggested Secretly Recording Trump and Discussed 25th Amendment," New York Times, September 21, 2018.

48   Ibid.

49   Willis L. Krumholz, "Andrew McCabe Can't Keep His Story Straight," The Federalist, February 20, 2019.

50   Constitution of the United States, Amendment XXV, ratified February 10, 1967.

51   Thomas H. Neal, "Presidential Disability Under the Twenty-fifth Amendment: Constitutional Provision and Perspective for Congress," Congressional Research Service, updated November 5, 2018, https://fas.org/sgp/crs/misc/R45394.pdf.

52   Ibid., 7.

53   Ibid.

54   Ibid.

55   Willis L. Krumholtz, "Andrew McCabe Can't Keep His Story Straight," The Federalist, February 20, 2019.

56   Margot Cleveland, "5 Big Takeaways from the '60 Minutes' Interview with Andrew McCabe," The Federalist, February 19, 2019.

57   "Statement by Attorney General on Firing of FBI's McCabe," Reuters, March 17, 2018.

58   Office of the Inspector General, U.S. Department of Justice, "A Report of Investigation of Certain Allegations Relating to Former FBI Deputy Director Andrew McCabe," February 2018, https://www.scribd.com/document/376298359/DOJ-IG-releases-explosive-report-that-led-to-firing-of-ex-FBI-Deputy-Director-Andrew-McCabe#from_embed, 2.

59   Pamela Brown and Laura Jarrett, "Justice Dept. Watchdog Sends McCabe Findings to Federal Prosecutors for Possible Charges," CNN, April 19, 2018.

60   Martina Stewart and Carrie Johnson, "Source: Fired Deputy FBI Director Took Memos, Notes About Interactions with Trump," NPR, March 17, 2018.

61   Byron Tau, "Rod Rosenstein Won't Meet Lawmakers This Week," Wall Street Journal,

October 10, 2018.

62 Caitlin Yilek and Kelly Cohen, "GOP Lawmakers File Resolution to Impeach Deputy AG Rod Rosenstein," Washington Examiner, July 25, 2018.

63 Michael D. Shear, Katie Brenner, Maggie Haberman, and Michael S. Schmidt, "Rod Rosenstein's Job Is Safe, for Now: Inside His Dramatic Day," September 24, 2018.

64 Kyle Cheney, "Trump Makes Nice with Rosenstein, but Congress Isn't Letting Up," Politico, October 10, 2018; Associated Press, "Trump Invites Rosenstein on Air Force One, No Plans to Fire Him," NBC News, October 8, 2018; Jennifer Epstein and Justin Sink, "Trump Says He Had 'Great' Meeting with Rosenstein on Air Force One," Bloomberg, October 8, 2018.

65 Sadie Gurman, Michael C. Bender, and Aruna Viswanatha, "Deputy Attorney General Rod Rosenstein to Meet Donald Trump to Consider His Future at DOJ," Wall Street Journal, September 24, 2018.

66 Sadie Gurman, "Trump Says He Has No Plans to Fire Rosenstein," Wall Street Journal, October 8, 2018.

67 Gregg Jarrett, interview with President Donald J. Trump, Oval Office, White House, June 25, 2019.

68 나는 2017년 봄, 여름, 가을 트럼프 대통령을 직접 만나 인터뷰를 했고, 2018년 초 이에 대한 후속 인터뷰로 전화통화를 여러 차례 했다. 이 발언은 여러 차례 대화에서 나왔으며, 2017년 9월 17일 뉴저지 주 베드민스터에 있는 트럼프 내셔널골프클럽에서 만났을 때도 인용되었다.

69 Robert S. Mueller, The Mueller Report: The Final Report of the Special Counsel into Donald Trump, Russia, and Collusion as Issued by Department of Justice (New York: Skyhorse Publishing, 2019), 257-58.

70 Gregg Jarrett, interview with John Dowd, lawyer for President Donald Trump, June 13, 2019.

71 Jarrett, "Rod Rosenstein Should Immediately Stop Overseeing the Mueller 'Collusion' Investigation."

72 Herridge, "Rosenstein Threatened to 'Subpoena' GOP-Led Committee in 'Chilling' Clash over Records, Emails Show."

73 Catherine Herridge, "Rosenstein Launched 'Hostile' Attack in May Against Republicans over Russia Records: Congressional Email," Fox News, September 27, 2018.

74 Gregg Jarrett, The Russia Hoax: The Illicit Scheme to Clear Hillary Clinton and Frame Donald Trump (New York: Broadside Books, 2018), 210.

75 Code of Federal Regulations, 28 C.F.R § 45.2, "Disqualification Arising from Personal or Political Relationship."

76 Washington Post Staff, "Full Transcript: FBI Director James Comey Testifies on Russian Interference in 2016 Election," Washington Post, March 2017.

77 Politico Staff, "Transcript: Jeff Sessions' Testimony on Trump and Russia," Politico, June 13, 2017.

78 Code of Federal Regulations, 28 C.F.R. § 600.1, "Grounds for Appointing a Special Counsel."

79 Rod J. Rosenstein, Acting Attorney General, "Appointment of Special Counsel to Investigate Russian Interference with the 2016 Presidential Election and Related Matters," Order No. 3915-2017, May 17, 2017, https://www.document cloud.org /documents /3726408-Rosenstein-letter-appointing-Mueller-special.html.

80 Zachary Basu, "Mueller Referred 14 Criminal Cases for Outside Prosecution," Axios, April 18, 2019.

81 Code of Federal Regulations, 28 C.F.R. §600.1.

82 Jonathan Turley, "It's High Time Rod Rosenstein Recuse Himself," The Hill, August 7, 2017.

83 Andrew C. McCarthy, "Rosenstein Fails to Defend His Failure to Limit Mueller's Investigation," National Review, August 7, 2017.

84 Michael B. Mukasey, "The Memo and the Mueller Probe," Wall Street Journal, February 4, 2018.

85 The Mueller Report, 39.

86 "Justice Department Defends Russia Probe from GOP Claims of FBI Political Bias," PBS NewsHour, PBS, December 13, 2017.

87 Andrew C. McCarthy, "After Mueller's Exoneration of Trump, Full Disclosure," National Review, March 23, 2019.

88 Code of Federal Regulations, 28 C.F.R.§600.4, "Jurisdiction."

89 Ibid.

90 United States District Court for the District of Columbia, United States of America v. Paul J. Manafort, Jr., "Government's Response in Opposition to Motion to Dismiss," No. 17-cr-201-1 ABJ, April 2, 2018, https://www.justsecurity.org /wp-content /uploads /2018 /04 / USG-Govt-Opposition-to-Motion-to-Dismiss.pdf21.

91 Memorandum For The Attorney General From Rod J. Rosenstein,DeputyAttorney General, "Restoring Public Confidence In The FBI," May 9, 2017,available at http://apps. washingtonpost.com /g /documents /politics /fbi-director-james-b-comeys-termination-letters-from-the-white-house-attorney-general/2430 /.

92 Sari Horwitz, Karon Demirjian, and Elise Viebeck, "Rosenstein Defends His Controversial Memo Used to Justify Trump's Firing of Comey," Washington Post, May 19, 2017.

93 Jonathan Turley, "If Rod Rosenstein Feels Conflicted, He Should Simply Recuse Himself," The Hill, June 30, 2018.

94 Adam Goldman and Michael S. Schmidt, "Rod Rosenstein Suggested Secretly Recording Trump and Discussed 25th Amendment"; Michael S. Schmidt and Adam Goldman, "Shaken Rosenstein Felt Used by White House in Comey Firing," New York Times, June 29, 2018.

95 Andrew G. McCabe, The Threat: How FBI Protects America in the Age of Terror and Trump (New York: St. Martin's Press, 2019), 234, 242-43.

96 Michael S. Schmidt and Adam Goldman, "Shaken Rosenstein Felt Used by White House in Comey Firing."

97 Code of Federal Regulations, 28 C.F.R. §45.2, "Disqualification Arising from Personal or Political Relationship."

98 Rules of Professional Conduct, Rule 1.7:—Conflict of Interest, "General Rule," https://www.dcbar.org /bar-resources /legal-ethics /amended-rules /rule1-07.cfm.

99 Code of Federal Regulations, 28 C.F.R. §600.7, "Conduct and Accountability."

100 Aruna Viswanatha and Del Quentin Wilber, "Special Counsel's Office Interviewed Deputy Attorney General Rod Rosenstein," Wall Street Journal, September 19, 2017.

101 The Mueller Report, 449. See footnotes 439-463, which make reference to "302," the term used to identify a summary report following an interview.

102 The Mueller Report, 250. See also Erica Orden, "Mueller Report Highlights Rosenstein's Role as Witness in the Investigation He Oversaw," CNN, April 18, 2019.

103 트럼프-로젠스타인 대화는 멀러 보고서 각주에 암호처리로 언급되었다. "Ms. Gauhar "라고 일컬어진 인물이 실시간으로 이 대화를 기록했는지 대화가 녹음된 다음 필사되었는지는 분명치 않다.

멀러는 보고서 전체에서 로젠스타인이 특검의 심문을 받았는지는 교묘하게 언급을 회피하고 있다. 법무차관이 심문을 받았다면 왜 받았다고 적시하지 않았을까? 멀러는 심문을 했다는 사실을 숨김으로써 로젠스타인의 이해충돌 문제를 최소화하려 했을까? 이러한 정당한 의문들은 지금 이 글을 쓰는 현재도 풀리지 않고 있다.

104 Laura Jarrett, "Exclusive: Rosenstein Consulted with Ethics Adviser at DOJ on Russia Probe," CNN, April 13, 2018.

105 Sadie Gurman, Eric Tucker, and Jeff Horwitz, "Special Counsel's Trump Investigation Includes Manafort Case," Associated Press, June 2, 2017.

106 Jonathan Turley, "Rod Rosenstein Must Recuse Himself," The Hill, October 12, 2018.

107 Matt Zapotosky and Devlin Barrett, "Rosenstein-McCabe Feud Dates Back to Angry Standoff in Front of Mueller," Washington Post, October 10, 2018.

108 Ibid.

109 Eli Lake, "Rod Rosenstein Has Some Serious Explaining to Do," Bloomberg, February 19, 2019.

110 Matt Zapotsky and Devlin Barrett, "Rosenstein- McCabe Fued Dates Back to Angry Standoff in Front of Mueller."

111 Quinta Jurecic, "Document: Justice Department Releases Carter Page FISA Application," Lawfare, July 21, 2018.

112 Craig Bannister, "Rosenstein Testifies He Doesn't Need to Read FISA Applications He Signs," CNS News, June 29, 2018.

113 Ibid.

114 Turley, "It's High Time Rod Rosenstein Recuse Himself."

115 Joseph diGenova, "James 'Cardinal' Comey—the Man Who Destroyed the FBI," Fox News, April 12, 2019.

116 James Comey, A Higher Loyalty: Truth, Lies, and Leadership (New York: Flatiron Books, 2018).

117 Jurecic, "Document: Justice Department Releases Carter Page FISA Application."

118 Washington Post Staff, "Full Transcript: FBI Director James Comey Testifies on Russian Interference in 2016 Election," Washington Post, March 20, 2017.

119 "Vengeance is mine, and recompense, for the time when their foot shall slip; for the day of their calamity is at hand, and their doom comes swiftly," Book of Deuteronomy 32:35.

120 Politico Staff, "Full Text: James Comey Testimony Transcript on Trump and Russia," Politico, June 8, 2017. See also Comey, A Higher Loyalty, 270.

121 Gregg Jarrett, The Russia Hoax: The Illicit Scheme to Clear Hillary Clinton and Frame Donald Trump (New York: Broadside Books, 2018), ch. 10.

122 Federal Bureau of Investigation, Records Management Division, "FBI's Prepublication Review Policy Guide," 0792PG, June 4, 2015, 1; "FBI Employment Agreement," FD-291, available at https://www.fbi.gov /file-repository /fd-291.pdf /view; see also "Sensitive Compartmented Information Non Disclosure Agreement," Federal Bureau of Investigation (Records Related to the Dismissal of FBI Director Comey), available at https://vault.fbi.gov / records-related-to-the-dismissal-of-fbi-director-comey /Records%20Related%20to%20 the%20Dismissal%20of%20FBI%20Director%20Comey%20Part%2002%20of%2002 /view.

123 Alex Pappas, "Comey Denies Release of Memo Contents Was a 'Leak,' Addresses Dem-Funded Dossier in Fox News Interview," Fox News, April 26, 2018.

124 Comey, A Higher Loyalty, 269.

125 Ibid., 270.

126 Michael S. Schmidt, "Comey Memo Says Trump Asked Him to End Flynn Investigation," New York Times, May 16, 2017; David Lauter, "Trump Asked Comey to Shut Down

Investigation of Flynn, New York Times Reports," Los Angeles Times, May 16, 2017.

127 Ibid.

128 Brooke Singman, "Comey Memos Reportedly Had Classified Info; Trump Says 'That Is So Illegal,'" Fox News, July 10, 2017; Jeremy Stahl, "My Theory About the Number of Memos Comey Gave His Friend Was Wrong," Slate, April 20, 2018.

129 James B. Comey, Confidential Presidential Memorandum, FBI, January 28, 2017, available at https://www.documentcloud.org /documents /4442900-Ex -FBI-Director-James-Comey-s-memos.html; Peter Kasperowicz, "James Comey Promised Trump: 'I Don't Leak,'" Washington Examiner, April 19, 2018.

130 Byron Tau and Aruna Viswanatha, "Justice Department Watchdog Probes Comey Memos over Classified Information," Wall Street Journal, April 20, 2018.

131 Brooke Singman, Twitter, April 20, 2018, https://twitter.com /brookefoxnews/status /987378859510259712.

132 Comey, A Higher Loyalty, 270; Daniel Chaitin, "James Comey Denies Leaking Memos, Sees 'No Credible Claim' He Broke Law," Washington Examiner, April 25, 2108.

133 Lata Nott, "Leaks and the Media," Freedom Forum Institute.

134 United States Code, 18 U.S.C. § 641, "Public Money, Property or Records." See also United States v. DiGilio, 538 F.2d 972, 978 (3d Cir. 1976); Pfeiffer v. C.I.A., 60 F.3d 861, 864 (D.C. Cir. 1995).

135 FBI Employment Agreement, Including Provisions and Prohibited Disclosures, FD-291, https://www.fbi.gov /file-repository /fd-291.pdf /view. This agreement reads, in part, "I will not reveal, by any means, any information or material from or related to FBI files or any other information acquired by virtue of my official employment to any unauthorized recipient without prior official written authorization by the FBI."

136 United States Code, 18 U.S.C. § 793, "Gathering, Transmitting or Losing Defense Information"; United States Code, 18 U.S.C. § 1924, "Unauthorized Removal and Retention of Classified Documents or Material."

137 Politico Staff, "Full Text: James Comey Testimony Transcript on Trump and Russia."

138 James B. Comey, "Statement for the Record," Senate Select Committee on Intelligence, June 8, 2017, https://www.intelligence.senate.gov/sites/default/files/documents /os-jcomey-060817.pdf, 5.

139 Author's interview with President Donald J. Trump, Oval Office, White House, June 25, 2019.

140 The Mueller Report, 333.

141 United States Code, 18 U.S.C. § 953, "Private Correspondence with Foreign Governments" (the Logan Act).

142 로건 법에 따라 기소가 이루어진 적이 두 번 있었다. 1803년과 1852년이었다. 두 사건 모두 처벌 받지 않고 기각되었다. 이 법의 법적인 효용성에 대해서는 다음 자료를 참조하라. Jacob Frenkel, "Why Michael Flynn's Plea May Not Lead to a Logan Act Violation," Forbes, December 12, 2017; Dan McLaughlin, "Repeal the Logan Act," National Review, May 5, 2018; Michael V. Seitzinger, "Conducting Foreign Relations Without Authority: The Logan Act," Congressional Research Service, March 11, 2015; Waldron v. British Petroleum Co., 231 Fed. Supp. 72 (1964).

143 Alex Pappas, "Comey Admits Decision to Send FBI Agents to Interview Flynn Was Not Standard," Fox News, December 13, 2018.

144 Ibid.

145 Gregg Re, "Flynn Says FBI Pushed Him Not to Have Lawyer Present During Interview,"

Fox News, December 12, 2018.

146 Charles E. Grassley, Chairman, United States Senate Committee on the Judiciary, letter to Rod J. Rosenstein, Deputy Attorney General, and Christopher A. Wray, Director, Federal Bureau of Investigation, May 11, 2018, https://www .judiciary.senate.gov /imo /media / doc /2018-05-11%20CEG%20to%20DOJ%20FBI%20(Flynn%20Transcript).pdf.

147 Alex Pappas, "Mueller Releases Flynn Files Showing FBI Doubts over 'Lying,' Tensions over Interview," Fox News, December 14, 2018.

148 Washington Post Staff, "Full Transcript: Acting FBI Director McCabe and Others Testify Before the Senate Intelligence Committee," Washington Post, May 11, 2017.

149 Comey, "Statement for the Record," Senate Select Committee on Intelligence, 5; Politico Staff, "Full Text: James Comey Testimony on Trump and Russia," 66.

150 James B. Comey, "Statement for the Record," 5.

151 Politico Staff, "Full Text: James Comey Testimony on Trump and Russia," 20.

152 Ibid.

153 Dershowitz, "Introduction to the Mueller Report," The Mueller Report, 10.

154 John Solomon, "James Comey's Next Reckoning Imminent—This Time For Leaking," The Hill, July 31, 2019.

155 Ibid., see also Brooke Singman and Jake Gibson, "DOJ Will Not Prosecute Comey For Leaking Memos After IG Referral: Sources," Fox News, August 1, 2019.

156 Seamus Bruner, Compromised: How Money and Politics Drive FBI Corruption (New York: Bombardier Books, 2018), 18.

157 Ibid., 147.

158 Tessa Berenson, "James Comey Says He 'Never' Leaked Information on Trump or Clinton," Time, May 3, 2017.

159 Tim Hains, "Comey Pushes Back Against Trump's 'Leaker' Claim in Full 'Special Report' Interview: 'He's Just Wrong,' " RealClearPolitics, April 26, 2018.

160 Peter Elkind, "James Comey's Testimony on Huma Abedin Forwarding Emails Was Inaccurate," ProPublica, May 8, 2017.

161 Comey, "Statement for the Record," Senate Select Committee on Intelligence.

162 "Department of Justice Issues Statement on Testimony of former FBI Director James Comey," Department of Justice, Office of Public Affairs, June 8, 2017.

163 Quinta Jurecic, "Document: Transcript of James Comey's Dec. 7 Interviewwith House Committees," Lawfare, December 8, 2018. See also "Statement by James B. Comey, Director of the FBI, before the House Committee on Oversight and Government Reform," July 7, 2016, available at http://www.thompsontimeline.com /congressional-testimony-of-fbi-director-james-comey /.

164 Tom LoBianco, Pamela Brown, and Mary Kay Mallonee, "Comey Drafted Clinton Exoneration Before Finishing Investigation, GOP Senators Say," CNN, September 1, 2017.

165 Jeff Carlson, "Comey's Testimony: Truth or Lies?," The Epoch Times, December 11, 2018.

166 Tim Hains, "Comey Pushes Back Against Trump's 'Leaker' Claim in Full 'Special Report' Interview."

167 Senate Judiciary Committee, U.S. Senate, "Interview of: Glenn Simpson," August 22, 2017, https://www.feinstein.senate.gov/public/_cache/files/3 /9/3974a291-ddbe-4525-9ed1-22bab43c05ae/934A3562824CAC ∟A7BB4D915E97709D2F.simpson-transcript-redacted. pdf.

168 Steve Peoples and Zeke Miller, "Neo-conservative Website Washington Free Beacon Hired Fusion GPS," Real Clear Politics, October 28, 2017.

169 James Comey, "How Trump Co-Opts Leaders like Bill Barr," New York Times, May 1, 2019; James Comey, "No 'Treason,' No Coup, Just Lies—and Dumb Lies at That," Washington Post, May 28, 2019.

170 James Comey, Twitter, March 24, 2019.

171 James Comey, Twitter, March 23, 2019.

172 Kevin R. Brock, "James Comey Is in Trouble and Knows It," The Hill, May 7, 2019.

173 William McGurn, "The Tales of Parson Comey," Wall Street Journal, May 20, 2019.

174 David Alexander and Eric Beech, "Ex-FBI Chief Comey Says Trump Undermines Rule of Law with 'Lies,' " Reuters, December 17, 2018.

175 Catherine Herridge and Cyd Upson, "Lisa Page Testimony: Collusion Still Unproven by Time of Mueller's Special Counsel Appointment," Fox News, September 16, 2018.

5장_ 멀러의 역작, 엉터리 특검보고서

1 Code of Federal Regulations, 28 C.F.R. § 600.8, "Notification and Reports by the Special Counsel."

2 Robert S. Mueller, The Mueller Report: The Final Report of the Special Counsel into Donald Trump, Russia, and Collusion as Issued by the Department of Justice (New York: Skyhorse Publishing, 2019), 39.

3 Ibid., 195.

4 "Read Attorney General William Barr's Written Testimony Before Senate Judiciary Committee," ABC News, May 1, 2019; full testimony of William Barr available at https://www.judiciary.senate.gov/meetings /the-department-of-justices-investigation-of-russian-interference-with-the-2016-presidential-election.

5 Ibid; see also Margot Cleveland, "Robert Mueller's 10 Most Egregious Missteps During Anti-Trump Russia Probe," The Federalist, May 8, 2019.

6 Ibid.

7 The Mueller Report, 194-95.

8 "Rep. Schiff on MSNBC: Obstruction Evidence Laid Out by Mueller Is Damning Enough," YouTube, April 19, 2019.

9 Constitution of the United States, Article II, Section 4.

10 William P. Barr, Attorney General, letter to the Chairmen and Ranking Members of the House and Senate Judiciary Committees, March 24, 2019, https://assets.documentcloud.org /documents /5779688 /AG-March-24-2019-Letter-to-House-and-Senate.pdf.

11 "역작(magnum opus)"이라는 표현은 앤드루 C. 매카시와 내가 대화를 나눌 때 처음으로 그가 쓴 표현이다. 멀러의 특검보고서를 묘사하는 데 적확한 표현이다. 그는 자신의 다음과 같은 제목의 칼럼에서도 이 표현을 썼다. Andrew C. McCarthy, "The Mueller Report Vindicates Bill Barr," National Review, April 19, 2019.

12 Alan Dershowitz, "Introduction to the Mueller Report," The Mueller Report: The Final Report of the Special Counsel into Donald Trump, Russia, and Collusion as Issued by the Department of Justice (New York: Skyhorse Publishing, 2019), 2-3.

13 Barr, letter to the Chairmen and Ranking Members of the House and Senate Judiciary Committees, March 24, 2019.

14 Ibid.

15 Ibid.

16 Giles Snyder and Brian Naylor, "More 2020 Democrats Call for Impeachment Proceedings

Against President Trump," NPR, April 23, 2019.

17 Jason Sattler, "2020 Litmus Test: All Democratic Candidates Should Call for Trump Impeachment Proceedings," USA Today, May 1, 2019.

18 Nicholas Fandos, "Pelosi Urges Caution on Impeachment as Some Democrats Push to Begin," New York Times, April 22, 2019; Kyle Cheney, Heather Caygle, and Andrew Desiderio, "Pelosi Beats Back Calls for Trump Impeachment," Politico, April 22, 2019.

19 Emmet T. Flood, Special Counsel to the President, letter to William P. Barr, Attorney General, April 19, 2019, https://assets.documentcloud.org /documents/5986068 /WHSC-to-AG-4-19-19.pdf, 2.

20 The Mueller Report, 204.

21 Ibid., 195, 204, and 347.

22 Flood, letter to William P. Barr, April 19, 2019, 2.

23 "Full Transcript: Mueller Testimony Before House Judiciary, Intelligence Committees," NBC News, July 24, 2019, see questioning by Rep. John Ratcliffe, available at https://www.nbcnews.com/politics/congress/full-transcript -robert-mueller-house-committee-testimony-n1033216.

24 Testimony of Attorney General William Barr, Senate Judiciary Committee, May 1, 2019.

25 Ibid.

26 Flood, letter to William P. Barr, April 19, 2019, 2.

27 The Mueller Report, 195.

28 American Bar Association, Rule 3.8(f), "Special Responsibilities of a Prosecutor," https://www.americanbar.org /groups /professional_responsibility /publications/model rules_of_professional_conduct /rule_3_8_special_responsibilities_of_a prosecutor /.

29 Ibid.

30 Adam Mill, "5 Times the Mueller Probe Broke Prosecutorial Rules That Ensure Justice," The Federalist, April 25, 2019. (Adam Mill is a pen name for an attorney in Kansas City, Missouri.)

31 Rod J. Rosenstein, Acting Attorney General, "Appointment of Special Counsel to Investigate Russian Interference with the 2016 Presidential Election and Related Matters," Order No. 3915-2017, May 17, 2017, https://www.document cloud.org /documents /3726408-Rosenstein-letter-appointing-Mueller-special .html.

32 "Full Transcript: Mueller Testimony Before House Judiciary, Intelligence Committees," see questioning by Rep. Steve Chabot.

33 Ibid.

34 Chuck Grassley, "Prepared Floor Statement by U.S. Senator Chuck Grassley of Iowa, Senior Member and Former Chairman, U.S. Senate Judiciary Committee, on the Mueller Investigation," May 6, 2019, https://www.grassley.senate.gov /news /news-releases / grassley-mueller-investigation.

35 John Solomon, "Key Figure That Mueller Report Linked to Russia Was a State Department Intel Source," The Hill, June 6, 2019.

36 Andrew C. McCarthy, "Mueller's Preposterous Rationale for Tainting the President with 'Obstruction' Allegations," National Review, May 8, 2019.

37 Brie Stimson, "Devin Nunes Calls 'Fraud,' Citing Difference Between Mueller Report, Dowd Transcript," Fox News, June 1, 2019.

38 Code of Federal Regulations, 28 C.F.R. § 600.7, "Conduct and Accountability." See also Code of Federal Regulations, 28 C.F.R. § 45.2, "Disqualification Arising from Personal or Political Relationship."

39 28 C.F.R. § 45.2.

40 Peter Holley, "Brothers in Arms: The Long Friendship Between Mueller and Comey," Washington Post, May 17, 2017; Garrett M. Graff, "Forged Under Fire—Bob Mueller and James Comey's Unusual Friendship," Washingtonian, May 30, 2013.

41 United States Code, 28 U.S.C. § 528, "Disqualification of Officers and Employees of the Department of Justice." See also Ronald D. Rotunda, "Alleged Conflicts of Interest Because of 'Appearance of Impropriety,'" Chapman University, Fowler School of Law, 2005.

42 Politico Staff, "Full Text: James Comey Testimony Transcript on Trump and Russia."

43 28 C.F.R. § 45.2.

44 Eric Felten, "Does Robert Mueller Have a Conflict of Interest?," The Weekly Standard, July 5, 2018.

45 Josh Gerstein, "Justice Department Won't Disclose Details on Mueller Ethics Waiver," Politico, December 12, 2017.

46 Code of Federal Regulations, 28 C.F.R. § 600.1, "Grounds for Appointing a Special Counsel."

47 Carrie Johnson, "Special Counsel Robert Mueller Had Been on White House Shortlist to Run FBI," NPR, June 9, 2017; Dan Merica, "Trump Interviewed Mueller for FBI Job Day Before He Was Tapped for Special Counsel," CNN, June 13, 2017.

48 Jonathan Turley, "The Special Counsel Investigation Needs Attorneys Without Conflicts," The Hill, December 8, 2017.

49 American Bar Association, Rule 3.7, "Lawyer as Witness," https://www.american bar.org /groups /professional_responsibility/publications/model_rules_of_professional_conduct / rule_3_7_lawyer_as_witness/.

50 The Mueller Report, page 259.

51 Author's interview with President Donald J. Trump, Oval Office, White House, June 25, 2019.

52 Author's discussion with Madeleine Westerhout, director of Oval Office Operations at the White House (previously personal secretary to the president), Oval Office, White House, June 25, 2019.

53 "Full Transcript: Mueller Testimony Before House Judiciary, Intelligence Committees," see questioning by Rep. Louie Gohmert.

54 Ibid.

55 Author's interview with President Donald J. Trump, Bedminster, New Jersey, September 17, 2017; author's interview with President Donald J. Trump, Oval Office, White House, June 25, 2019.

56 Ibid.

57 Ibid.

58 The Mueller Report, page 452.

59 Author's interview with President Donald J. Trump, Oval Office, White House, June 25, 2019.

60 Brooke Singman, "Special Counsel Mueller's Team Has Only One Known Republican," Fox News, February 23, 2018; David Sivak, "Exclusive: Not a Single Lawyer Known to Work for Mueller Is a Republican," Daily Caller, February 21, 2018.

61 Singman, "Special Counsel Mueller's Team Has Only One Known Republican."

62 "Robert S. Mueller III (1990-1993)," United States Department of Justice, https://www. justice.gov /criminal /history /assistant-attorneys-general /robert-s-mueller; CNN Wire Staff, "Obama Requests 2 More Years for FBI Chief," CNN, May 13, 2011.

63   Brooke Singman, "More Clinton Ties on Mueller Team: One Deputy Attended Clinton Party, Another Rep'd Top Aide," Fox News, December 8, 2017.

64   Peter Nicholas, Aruna Viswanatha, and Erica Orden, "Trump's Allies Urge Harder Line as Mueller Probe Heats Up," Wall Street Journal, December 8, 2017; David Shortell, "Mueller Attorney Praised Yates as DOJ Official Emails Show," CNN, December 5, 2017.

65   Sidney Powell, "Meet the Very Shady Prosecutor Robert Mueller Has Hired for the Russia Investigation," Daily Caller, November 20, 2017; Sidney Powell, "Political Prosecution: Mueller's Hit Squad Covered for Clinton and Persecutes Trump Associates," Daily Caller, December 6, 2017; Sidney Powell, "In Andrew Weissmann, the DOJ Makes a Stunningly Bad Choice for Crucial Role," Observer, January 12, 2015.

66   Sidney Powell, "Judging by Mueller's Staffing Choices, He May Not Be Very Interested in Justice," The Hill, October 19, 2017.

67   Josh Gerstein, "Details Emerge on Justice Department Meeting with Reporters on Manafort," Politico, July 8, 2018; Chuck Ross, "Mueller's 'Pit Bull' Arranged Meeting with Reporters to Discuss Manafort Investigation," Daily Caller, July 8, 2018; Sara Carter, "New Texts Reveal FBI Leaked Information to the Press to Damage Trump," September 10, 2018, https://saraacarter.com /new-texts-reveal-fbi-leaked-information-to-the-press-to-damage-trump /.

68   Author's interview with John Dowd, lawyer for President Trump, June 13, 2019.

69   Press Room, "Judicial Watch Obtains DOJ Documents Showing Andrew Weissmann Leading Hiring Effort for Mueller Special Counsel," Judicial Watch, May 14, 2019.

70   Author's interview with Rudy Giuliani, lawyer for President Trump, July 10, 2019.

71   Singman, "More Clinton Ties on Mueller Team."

72   Brooke Singman, "Top Mueller Investigator's Democratic Ties Raise New Bias Questions," Fox News, December 7, 2017.

73   "Full Transcript: Mueller Testimony Before House Judiciary, Intelligence Committees," see questioning by Rep. Kelly Armstrong.

74   Singman, "More Clinton Ties on Mueller Team."

75   Adam Mill, "How Long Has Robert Mueller Been Like This?," The Federalist, July 25, 2019.

76   Josh Gerstein, "Another Prosecutor Joins Trump-Russia Probe," Politico, September 15, 2017.

77   Ibid.

78   Byron York, "Key Justice Department Officials, Including Mueller Deputy, Knew About Dossier," Washington Examiner, January 17, 2019.

79   Gregg Jarrett, "Mueller's Team Knew 'Dossier' Kicking Off Trump Investigation Was Biased and Defective," Fox News, January 17, 2019.

80   Brooke Singman, "McCabe Says He 'Made the Decision' to Remove Strzok from Mueller Team: Transcript," Fox News, May 21, 2019.

81   Bill House, "House Republicans Prepare Contempt Action Against FBI & DOJ," Bloomberg, December 3, 2017; Julia Reinstein, "Mueller Removed an FBI Agent from His Russia Probe Due to Alleged Anti-Trump Texts," BuzzFeed News, December 3, 2017.

82   Jerry Dunleavy and Daniel Chaitin, "Peter Strzok Said Mueller Never Asked if Anti-Trump Bias Influenced Russia Investigation Decisions," Washington Examiner, March 14, 2019.

83   Josh Delk, "GOP Senator: Mueller 'Needs to Clean House of Partisans,' " TheHill, December 16, 2017; Ken Dilanian, "Republicans Step Up Attacks on Special Counsel Robert Mueller," NBC News, December 13, 2017.

84   Deroy Murdock, "The Mueller Probe: A Year-Old Hyper-partisan Circus," National

Review, May 18, 2018.

85 Ned Ryun, "Mueller Has a Partisan Pack of Wolves and an Illegitimate Investigation," The Hill, December 17, 2017.

86 Olivia Victoria Gazis, "House Intel Dems Slam GOP Draft Report on Russia Probe," CBS News, March 13, 2018.

87 Camilo Montoya-Galvez, "Schiff Says Trump Faces 'Real Prospect of Jail Time' After Leaving Office," CBS News, December 9, 2018.

88 Norman Eisen, tweet, February 27, 2018, https://twitter.com /NormEisen/status /968473271304941568.

89 Representative Jerrold Nadler, CNN, November 30, 2018; Representative Eric Swalwell, CNN, March 16, 2018; Senator Richard Blumenthal, MSNBC, October 17, 2018; Senator Ron Wyden, CNN, December 14, 2017; Tom Perez, NBC, "Meet the Press," April 22, 2018; Representative Maxine Waters, Town Hall, Black Congressional Caucus Foundation, September 21, 2017; former GOP representative David Jolly, MSNBC, May 17, 2017. See also Tim Murtaugh, Director of Communications, Donald J. Trump for President, Inc., memorandum to Television Producers re "Credibility of Certain Guests," March 25, 2019, https://www.scribd.com/document/403100260 /March-25-2019-Tim-Murtaugh-Trump-Campaign-Memo-to-TV-Producers.

90 Aiden McLaughlin, "Former Acting Solicitor General Neal Katyal: Trump's Future Looks Like It's Behind Bars," Mediaite, December 10, 2018.

91 "Neal Katyal: Mueller's Report Is 'The Beginning of the End,'" The Late Show with Stephen Colbert, YouTube, April 19, 2019, https://www.youtube.com/watch ?v=49V9_JE4S7A.

92 Zack Beauchamp, "Legal Experts Say Donald Trump Jr. Has Just Confessed to a Federal Crime," Vox, July 11, 2017.

93 "Hardball with Chris Matthews: Trump Defends Son, Transcript 7/17/17 Draws Contrast with Clinton," MSNBC, July 17, 2017. See also Jonathan Turley, "Mueller's End: A Conclusion on Collusion, but Confusion on Obstruction," The Hill, March 24, 2019.

94 Rachel Maddow, MSNBC, January 17, 2017; Rachel Maddow, MSNBC, March 17, 2017; Nicolle Wallace, MSNBC and NBC, July 6, 2017; Mika Brzezinski, MSNBC, March 6, 2017; Mika Brzezinski, MSNBC, December 5, 2017; Lawrence O'Donnell, MSNBC, June 5, 2017; Donny Deutsch, MSNBC, May 12, 2017; Donny Deutsch, MSNBC, July 17, 2018; Carl Bernstein, CNN, July 17, 2018; Anderson Cooper, CNN, November 15, 2018; Joy Reid, MSNBC, April 8, 2018.

95 Gregg Jarrett, The Russia Hoax: The Illicit Scheme to Clear Hillary Clinton and Frame Donald Trump (New York: Broadside Books, 2018), xii, 104.

96 The Mueller Report, 167.

97 Asha Rangappa, "How Barr and Trump Use a Russian Disinformation Tactic," New York Times, April 19, 2019.

98 Jarrett, The Russia Hoax, 105-06, 173-79.

99 Kimberley A. Strassel, "Mueller's Report Speaks Volumes," Wall Street Journal, April 18, 2019.

100 The Mueller Report, 41; see also 79-80.

101 Noah Bierman, "Donald Trump Invites Russia to Hack Hillary Clinton's Emails," Los Angeles Times, July 27, 2016.

102 James B. Comey, "Statement by FBI Director James B. Comey on the Investigation of Secretary Hillary Clinton's Use of a Personal E-Mail System," FBI National Press Office,

July 5, 2016, https://www.fbi.gov /news /pressrel/press-releases /statement-by-fbi-director-james-b-comey-on-the-investigation-of-secretary-hillary-clinton2019s-use-of-a-personal-e-mail-system.

103   Fred Wertheimer and Norman Eisen, "Trump Illegally Asked Russia to Help Him Win in 2016. He Shouldn't Get Away with It," USA Today, January 2, 2019.

104   The Mueller Report, 42; see also 101-02.

105   Ibid., 105-06.

106   Ibid., 106.

107   Gregg Jarrett, interview with Rudy Giuliani, July 10, 2019.

108   Nolan D. McCaskill, Alex Isenstadt, and Shane Goldmacher, "Paul Manafort Resigns from Trump Campaign," Politico, August 19, 2016.

109   The Mueller Report, 132.

110   Sharon LaFraniere, Kenneth P. Vogel, and Maggie Haberman, "Manafort Accused of Sharing Trump Polling Data with Russian Associate," New York Times, January 8, 2019.

111   Matt Naham, "Fmr Fed Prosecutor: It Doesn't Get Much More 'Collusive' than Manafort Sharing Polling Data with Kilimnik," Law & Crime, January 9, 2019.

112   Alan Cullison and Dustin Volz, "Mueller Report Dismisses Many Steele Dossier Claims," Wall Street Journal, April 19, 2019.

113   "Company Intelligence Report 2016 /080," December 13, 2016, 9, 30, https://www.documentcloud.org /documents /3259984-Trump-Intelligence-Allegations.html.

114   The Mueller Report, 87-92.

115   Ibid., 87.

116   Joe Becker, Matt Apuzzo, and Adam Goldman, "Trump Team Met with Lawyer Linked to Kremlin During Campaign," New York Times, July 8, 2017.

117   Tom Porter, "Donald Trump Jr. 'Treason' Emails Prove Russian Collusion: Tim Kaine," Newsweek, July 11, 2017; Rachel Stockman, " 'This is Treason': Some Legal Experts Say Trump Jr.'s Clinton Dirt /Russia Meeting Was Illegal," Law & Crime, July 9, 2017.

118   United States Code, 18 U.S.C. § 371, "Conspiracy to Commit Offense or to Defraud United States."

119   Hass v. Henkel, 216 U.S. 462 (1910); Hammerschmidt v. United States, 265 U.S. 182 (1024); see also "923. 18 U.S.C. § 371—Conspiracy to Defraud the United States," United States Department of Justice, https://www.justice.gov /jm/criminal-resource-manual-923-18-usc-371-conspiracy-defraud-us.

120   The Mueller Report, 175.

121   Ibid., 168.

122   United States Code, 18 U.S.C. § 1349, et al., "Attempt and Conspiracy"; The Mueller Report, 168.

123   Karoun Demirjaian, "Pelosi Suggests Trump Surrogates Violated Law as Members Try to Force Votes on Matters Related to Russia Probe," Washington Post, July 14, 2017.

124   Federal Election Commission, "Volunteer Activity," https://transition.fec.gov/pages / brochures /volact.shtml.

125   United States Code, 52 U.S.C. § 30121, "Contributions and Donations by Foreign Nationals."

126   Code of Federal Regulations, 11 C.F.R. § 110.20, "Prohibition on Contributions, Donations, Expenditures, Independent Expenditures, and Disbursements by Foreign Nationals."

127   Code of Federal Regulations, 11 C.F.R. § 100.74, "Uncompensated Services by Volunteers." See also Federal Election Commission, "Volunteer Activity," available at https://www.fec.

gov/help-candidates-and-committees/candidate-taking-receipts/volunteer-activity/.

128 The Mueller Report, 175.

129 Ibid.

130 United States Code, 52 U.S.C. § 30109(d)(1)(A), "Federal Election Campaign Act: Enforcement"; Andy Grewal, "If Trump Jr. Didn't Know Campaign Finance Law, He Won't Be Prosecuted," Yale Journal on Regulation, July 16, 2017.

131 The Mueller Report, 175-76.

132 Byron York, "How Pundits Got Key Part of Trump-Russia Story All Wrong," Washington Examiner, March 18, 2017.

133 Byron York, "The Personal Cost of the Trump-Russia Investigation," Washington Examiner, April 23, 2019.

134 The Mueller Report, 128-30.

135 Kevin G. Hall, "Mueller Report States Cohen Was Not in Prague. It Is Silent on Whether a Cohen Device Pinged There," McClatchy, April 18, 2019.

136 The Mueller Report, 52-62.

137 Ibid., 127.

138 Ibid., 159-63, 181-82.

139 Jan Crawford, "William Barr Interview: Read the Full Transcript," CBS News, May 31, 2019.

140 저자와 존 다우드의 인터뷰, June 13, 2019.

141 Ibid.

142 Byron York, "When Did Mueller Know There Was No Collusion?," Washington Examiner, April 26, 2019.

143 Andrew McCarthy, "How Long Has Mueller Known There Was No Trump-Russia Collusion?," Fox News, March 26, 2019.

144 저자와 존 다우드의 인터뷰, June 13, 2019.

145 Ibid.

146 "The Trump Legal Team's Jan. 29, 2018, Confidential Memo to Mueller," at "The Trump Lawyers' Confidential Memo to Mueller, Explained," June 2, 2018.

147 저자와 존 다우드의 인터뷰, June 13, 2019.

148 저자와 대통령 법률대리인 제이 세큘로의 인터뷰, June 19, 2019.

149 저자와 존 다우드의 인터뷰, June 13, 2019.

150 Ibid.

151 In re: Sealed Case (Espy), 121 F.3d at 756 (United States Court of Appeals, District of Columbia Circuit), 1997.

152 The Mueller Report. See also Associated Press, "Full Text of Trump's Answers to Mueller's Questions," Chicago Tribune, April 18, 2019.

153 "Mueller Appears to Have Edited Voicemail Transcript Between John Dowd and Flynn Lawyer," Fox News, June 3, 2019.

154 Ibid.

155 저자와 존 다우드의 인터뷰, June 13, 2019.

156 저자와 루디 줄리아니의 인터뷰, July 10, 2019.

157 "Transcript: Former Trump Attorney John Dowd's Interview on ABC News' the Investigation Podcast," ABC News, February 12, 2019, 5.

158 Ibid.

159 Constitution of the United States of America, Article II, Section 2 (appointments and pardons); Article II, Section 3 ("take care" clause).

160 Constitution of the United States of America, Article II, Section 3, Clause 4.

161 Alan Dershowitz, "Trump Well Within Constitutional Authority on Comey, Flynn—Would This Even Be a Question if Hillary Were President?," Fox News, June 12, 2017.

162 Constitution of the United States of America, Article II, Section 1, Clause 1.

163 United States v. Nixon, 418 U.S. 683, 693 (1974); United States v. Fokker Servs., B.V., 818 F. 3d 733, 737 (D.C. Cir. 2016); Wayte v. United States, 470 U.S. 598, 607 (1985).

164 United States v. Armstrong, 517 U.S. 456, 464 (1996). See also Henry L. Chambers, Jr., "The President, Prosecutorial Discretion, Obstruction of Justice, and Congress," University of Richmond Law Review, Symposium Book, vol. 52, February 26, 2018.

165 "Constitutionality of Legislation Extending the Term of the FBI Director," United States Department of Justice, June 20, 2011, https://www.justice.gov/file/18356/download.

166 Joseph Hinks, "Read Former FBI Director James Comey's Farewell Letter to Colleagues," Time, May 11, 2017.

167 Testimony of Attorney General William Barr, Senate Judiciary Committee, May 1, 2019.

168 Alan Dershowitz, "Introduction to the Mueller Report," 10.

169 Ibid.

170 "This Day in History: Ford Explains His Pardon to Congress," History, November 16, 2009, updated July 7, 2019, https://www.history.com/this-day-in-history/ford-explains-his-pardon-of-nixon-to-congress.

171 Eric Lichtblau and Davan Maharaj, "Clinton Pardon of Rich a Saga of Power, Money," Los Angeles Times, February 18, 2001.

172 The Mueller Report, 333.

173 Franklin v. Massachusetts, 502 U.S. 799 (1992); Public Citizen v. Department of Justice, 491 U.S. 440 (1989).

174 Jack Goldsmith, "The Mueller Report's Weak Statutory Interpretation Analysis," Lawfare, May 11, 2019.

175 "The Constitutional Separation of Powers Between the President and Congress," Department of Justice, May 7, 1996, https://www.justice.gov/file/20061/download, 178.

176 The Mueller Report, 323.

177 Ibid., 335; Dershowitz, "Introduction to the Mueller Report," 11.

178 Office of Legal Counsel, "A Sitting President's Amenability to Indictment and Criminal Prosecution," Department of Justice, 1973 (updated on October 16, 2000, and December 10, 2018), https://www.justice.gov/sites/default/files/olc/opinions/2000/10/31/op-olc-v024-p0222_0.pdf.

179 The Mueller Report, 194.

180 Robert Mueller, "Full Transcript of Mueller's Statement on Russia Investigation," New York Times, May 29, 2019.

181 Testimony of Attorney General William Barr, Senate Judiciary Committee, May 1, 2019. See also Meg Wagner, Veronica Rocha, Brian Ries, and Amanda Wills, "William Barr Testifies on the Mueller Report," CNN, May 1, 2019; Alan Neuhauser, "Barr Surprised Mueller Didn't Decide on Obstruction," U.S. News & World Report, May 1, 2019.

182 Politico Staff, "Transcript: Attorney General William Barr's Press Conference Remarks Ahead of Mueller Report Release," Politico, April 18, 2019; Zachary Basu, "Transcript: Bill Barr Answers Questions About Mueller Report," Axios, April 18, 2019.

183 Testimony of Attorney General William Barr, Senate Judiciary Committee, May 1, 2019. According to Barr, "He [Mueller] said that in the future the facts of a case against a president might be such that a special counsel would recommend abandoning the OLC

opinion, but this is not such a case."

184 Mueller, "Full Transcript of Mueller's Statement on Russia Investigation."

185 Ibid.

186 Jonathan Turley, "Mueller Must Testify Publicly to Answer Three Critical Questions," The Hill, June 1, 2019.

187 "Full Text of the Starr Report," submitted by the Office of the Independent Counsel, reprinted by Washington Post, September 9, 1998.

188 Ibid.; see also Joseph diGenova, "Mueller Wants Americans to Believe Trump Is a Criminal and It's Up to Congress to Impeach Him," Fox News, May 29, 2019.

189 Mueller, "Full Transcript of Mueller's Statement on Russia Investigation."

190 Jonathan Turley, "Robert Mueller 'No Questions' Routine Is Absolute Nonsense," The Hill, May 30, 2019.

191 Ibid.

192 Crawford, "William Barr Interview: Read the Full Transcript."

193 William Barr, Attorney General, letter to Lindsey Graham, Chairman, Committee on the Judiciary, March 24, 2019. https://www.nytimes.com/interactive/2019/03/24/us/politics/barr-letter-mueller-report.html.

194 Ibid.

195 "Full Transcript: Mueller Testimony Before House Judiciary, Intelligence Committees," see questioning by Rep. Ted Lieu.

196 Ibid., see opening statement by Mueller, afternoon session.

197 Ibid.

198 United States Code, 18 U.S.C. § 1503, 1505, 1512, 1515. See also The Mueller Report, 204-08.

199 United States Code, 18 U.S.C. § 1505, 1512.

200 United States Code, 18 U.S.C. § 1512(b).

201 United States Code, § 1505, 1515; United States v. Richardson, 676 F. 3d 491, 508 (5th Cir. 2012); United States v. Gordon, 710 F. 3d 1124, 1151 (10th Cir. 2013).

202 Arthur Andersen LLP v. United States, 544 U.S. 696 and 705-706 (2005).

203 "Attorney General Confirmation Hearing, Day 1," C-SPAN, January 15, 2019. See also Matt Zapotosky, Carol D. Leonnig, Rosalind S. Helderman, and Devlin Barrett, "Mueller Report to Be Lightly Redacted," Washington Post, April 17, 2019.

204 Politico Staff, "Full Text: James Comey Testimony on Trump and Russia," Politico, June 8, 2017.

205 Ibid.

206 Michael S. Schmidt, "Comey Memo Says Trump Asked Him to End Flynn Investigation," New York Times, May 16, 2017; David Lauter, "Trump Asked Comey to Shut Down Investigation of Flynn, New York Times Reports," Los Angeles Times, May 16, 2017.

207 The Mueller Report, 333.

208 Politico Staff, "Full Text: James Comey Testimony on Trump and Russia," 66.

209 Ibid., 20.

210 Washington Post Staff, "Read Full Testimony of FBI Director James Comey in Which He Discusses Clinton Email Investigation," Washington Post, May 3, 2017.

211 Alex Pappas, "Mueller Releases Flynn Files Showing FBI Doubts over 'Lying,' Tensions over Interview," Fox News, December 14, 2018.

212 Confidential Memo to Mueller from Trump Legal Team, January 29, 2018, 13, available at https://www.nytimes.com /interactive /2018 /06 /02 /us /politics/trump-legal-documents.

html.

213 Ibid., 14.

214 In re Aiken County, 725 F.3d 255, 262-66, U.S. Court of Appeals, District of Columbia Circuit (August 13, 2013); see also United States. v. Nixon, 418 U.S. 683 (1974); United States v. Goodwin, 457 U.S. 368 (1982); Community for Creative Non-Violence v. Pierce, 786 F.2d 1199, 1201, D.C. Circuit Court (1986).

215 The Mueller Report, 299.

216 Ibid., 239.

217 Ibid., 239-40.

218 Ibid., 243.

219 Rod J. Rosenstein, memorandum for the Attorney General re "Restoring Public Confidence in the FBI," May 9, 2017, https://www.realclearpolitics.com/docs /Rosenstein_ Memo.pdf.

220 Jeff Sessions, Office of the Attorney General, Correspondence with President Donald Trump, May 9, 2017, available at http://apps.washingtonpost.com/g /documents /politics /fbi-director-james-b-comeys-termination-letters-from-the-white-house-attorney-general /2430 /.

221 William Cummings, "Full Text of Trump's Letter Telling Comey He's Fired," USA Today, May 9, 2017.

222 The Mueller Report, 256.

223 Ibid., 255.

224 Tim Haines, "President Trump's Full Interview with Lester Holt: Firing of James Comey," Real Clear Politics, May 11, 2017.

225 The Mueller Report, 4, 5.

226 Ibid., 243.

227 Ibid., 253-54.

228 Ibid., 256.

229 Ibid., 280.

230 Eliza Relman, "Jeff Sessions Explains Why He Recused Himself from Trump Campaign-Related Investigations," Business Insider, June 13, 2017.

231 Fox News Staff, "Transcript: What Is Trump's Endgame with Sessions?," Fox News, July 25, 2017.

232 The Mueller Report, 283.

233 Ibid., 272.

234 Ibid., 257.

235 Ibid.

236 Ibid.

237 Ibid., 264.

238 Ibid., 305.

239 Ibid., 316.

240 Ibid., 320.

241 Ibid., 321.

242 Ibid.

243 Ibid., 322.

244 Robert Charles, "Mueller's Been Showboating—Time for Senate Judiciary Committee to Ask Him These Questions," Fox News, May 31, 2019.

245 Louie Gohmert, "Robert Mueller: Unmasked," April 26, 2018, https://www .hannity.com /

wp-content /uploads /2018 /04 /Gohmert_Mueller_UNMASKED.pdf, 1.

246   Ibid.

6장_ 언론의 마녀사냥

1   David Kramer, deposition, Aleksej Gubarev et al. v. BuzzFeed, Inc, et al., United States District Court for the Southern District of Florida, 17-cv-60426-UU,December 13, 2017, 22, available at https://www.scribd.com /document /401 932342 /Kramer-Deposition#from_ embed. 스틸 도시에와 관련한 크레이머의 행동에 대한 설명은 이 진술에서 인용했다.

2   Eric Edelman and David J. Kramer, "How Trump's Victory Could Give Russia Another Win," Politico, November 16, 2016.

3   Allegra Kirkland, "GOP National Security Experts Ask Congress to Investigate DNC Hack," Talking Points Memo, July 28, 2016.

4   David E. Sanger and Maggie Haberman, "50 G.O.P. Officials Warn Donald Trump Would Put Nation's Security at Risk," New York Times, August 8, 2016.

5   Brooke Singman, "FISA Memo: Steele Fired as an FBI Source for Breaking 'Cardinal Rule' —Leaking to the Media," Fox News, February 2, 2018.

6   John Solomon, "FBI's Steele Story Falls Apart: False Intel and Media Contacts Were Flagged Before FISA," The Hill, May 9, 2019.

7   Michael Isikoff, "U.S. Intel Officials Probe Ties Between Trump Adviser and Kremlin," Yahoo! News, September 23, 2016.

8   Julia Ioffe, "Who Is Carter Page? The Mystery of Trump's Man in Moscow," Politico, September 23, 2016.

9   David Corn, "A Veteran Spy Has Given the FBI Information Alleging a Russian Operation to Cultivate Donald Trump," Mother Jones, October 31, 2016.

10   Chuck Ross, "Ex-FBI Official: Fusion GPS Founder Tried to 'Elevate' Dossier by Spreading It All Around Washington," Daily Caller, March 22, 2019.

11   Evan Perez, Jim Sciutto, Jake Tapper, and Carl Bernstein, "Intel Chiefs Presented Trump with Claims of Russian Efforts to Compromise Him," CNN, January 12, 2017.

12   Ken Bensinger, Miriam Elder, and Mark Schoofs, "These Reports Allege Trump Has Deep Ties to Russia," BuzzFeed, January 10, 2017.

13   Jim Rutenberg, "BuzzFeed News in Limbo Land," New York Times, January 20, 2019.

14   Chuck Ross, "Emails: Jake Tapper Tore Into 'Irresponsible' BuzzFeed Editor for Publishing the Steele Dossier," Daily Caller, February 8, 2019.

15   Chuck Ross and Peter Hasson, "CNN's Undisclosed Ties to Fusion GPS," Daily Caller, October 28, 2017.

16   Ross, "Emails."

17   Sean Illing, "Did the Media Botch the Russia Story? A Conversation with Matt Taibbi," Vox, April 1, 2019.

18   Sean Davis, "A Catastrophic Media Failure," Wall Street Journal, March 26, 2019.

19   Paul Farhi, "The Washington Post Wins 2 Pulitzer Prices for Reporting on Russian Interference and the Senate Race in Alabama," Washington Post, April 14, 2018.

20   Greg Norman, "Media's Trump-Russian Collusion Coverage Is the 'Worst Journalistic Debacle of My Lifetime': Brit Hume," Fox News, March 25, 2019.

21   Michael Goodwin, "New York Times Reporter Broke the Biggest Rule in Journalism," New York Post, June 9, 2018.

22 Lisa de Moraes, "Tom Brokaw Declares 'We're at War' After Donald Trump Tweets Another 'Fox & Friends' Love Letter," Deadline, December 21, 2017.

23 Hadas Gold, "Survey: 7 Percent of Reporters Identify as Republicans," Politico, May 6, 2014.

24 Examiner Staff Writer, "Obama, Democrats Got 88 Percent of 2008 Contributions by TV Network Execs, Writers, Reporters," Washington Examiner, August 28, 2010.

25 "Exhibit 1-1: The Media Elite," Media Research Center, https://www.mrc.org/media-bias-101/exhibit-1-1-media-elite.

26 "Journalists Denying Liberal Bias, Part One," Media Research Center, https://www.mrc.org/media-bias-101/journalists-denying-liberal-bias-part-one.

27 Ibid.

28 Ibid.

29 Chuck Ross and Peter Hasson, "CNN's Undisclosed Ties to Fusion GPS," Daily Caller, October 28, 2017.

30 Mollie Hemingway, "Politico Hides Fusion GPS Employment of Key Source," The Federalist, November 1, 2017.

31 Editorial Board, "The Rest of the Russia Story," Wall Street Journal, October 15, 2017.

32 Jason Schwartz, "Murdoch-Owned Outlets Bash Mueller, Seemingly in Unison," Politico, October 30, 2017.

33 Art Swift, "Americans' Trust in Mass Media Sinks to New Low," Gallup, September 14, 2016.

34 John Kass, "Media Has Been Largely Negative on Trump," Chicago Tribune, May 19, 2017.

35 Jennifer Harper, "Media Bias Continues: 90% of Trump Coverage in Last Three Months Has Been Negative, Study Says," Washington Times, December 12, 2017.

36 Rich Noyes, "Bias: 1,000 Minutes for Trump/Russia 'Collusion' vs. 20 Seconds for Hillary /Russia Scandal," Media Research Center, NewsBusters, October 25, 2017.

37 Jim Rutenberg, "Trump Is Testing the Norms of Objectivity in Journalism," New York Times, August 7, 2016.

38 Ibid.

39 Ibid.

40 Justin Baragona, "James Clapper Questions Trump's 'Fitness' for Office: 'I Just Find This Extremely Disturbing,'" Mediaite, August 23, 2017.

41 Madeline Osburn, "4 Different Lies James Clapper Told About Lying to Congress," The Federalist, March 6, 2019.

42 Jonathan S. Tobin, "When Unfounded Smears Are Treated as Facts," National Review, March 23, 2018.

43 "'Fake News' Threat to Media; Editorial Decisions, Outside Actors at Fault," Monmouth University Polling Institute, April 2, 2018.

44 Bill D'Agostino, "'The Walls Are Closing In': Cable Journalists Chant Dems' New Mantra Five Times a Day," NewsBusters, December 20, 2018.

45 Franklin Foer, "Putin's Puppet: If the Russian President Could Design a Candidate to Undermine American Interests—and Advance His Own—He'd Look a Lot like Donald Trump," Slate, July 4, 2016.

46 Jeffrey Goldberg, "It's Official: Hillary Clinton Is Running Against Vladimir Putin," The Atlantic, July 21, 2016.

47 David Remnick, "Trump and Putin: A Love Story," The New Yorker, August 3, 2016.

48 Abigail Tracy, "Is Donald Trump a Manchurian Candidate?," Vanity Fair, November 1, 2016.

49 Ibid.

50 Aiko Stevenson, "President Trump: The Manchurian Candidate?," Huffington Post, January 18, 2017.

51 Ross Douthat, "The 'Manchurian' President?," New York Times, May 31, 2017.

52 Ibid.

53 David Nakamura and Debbi Wilgoren, "Caught on Open Mike, Obama Tells Medvedev He Needs Space on Missile Defense," Washington Post, March 26, 2012.

54 Jonathan Allen and Amie Parnes, Shattered: Inside Hillary Clinton's Doomed Campaign (New York: Crown, 2017), 395.

55 Willis L. Krumholz, "35 Key People Involved in the Russia Hoax Who Need to Be Investigated," The Federalist, March 8, 2019.

56 Franklin Foer, "Was a Trump Server Communicating with Russia?," Slate, October 31, 2016.

57 Hillary Clinton, tweet, October 31, 2016, https://twitter.com /HillaryClinton/status /793250312119263233.

58 Rowan Scarborough, "Democrats Lose Interest in Server Conspiracy Claims Linking Trump to Russia's Alfa Bank," Washington Times, March 10, 2019.

59 Jeff Carlson, "Perkins Coie Lawyer Michael Sussmann's Coordinated Leaks to Media and FBI's James Baker, Likely Came from Steele, Fusion GPS," The Epoch Times, October 4, 2018.

60 Dan Gainor, "Trump Triumphs—Media's 'Primal Scream' Is Heard Round the World," Fox News, November 9, 2016.

61 Ibid.

62 Howard Kurtz, "Some in the Media Dig in Against 'Normalizing' Donald Trump," Fox News, November 21, 2016.

63 Colby Hall, "George Stephanopoulos Challenges Jay Sekulow: 'Cooperation Is Collusion!,' " Mediaite, October 31, 2017.

64 Rebecca Savransky, "Watergate Reporter Says Current White House 'Potentially More Dangerous Situation,' " The Hill, May 14, 2017.

65 Tim Haines, "Dan Rather: 'Hurricane Vladimir' Is 'Approaching Category Four' for Trump Presidency," RealClearPolitics, August 31, 2017.

66 Paul Krugman, "Days of Greed and Desperation," New York Times, November 11, 2017.

67 Aidan McLaughlin, "Jake Tapper Goes Cronkite on Don Jr. Emails: 'Evidence of Willingness to Commit Collusion,' " Mediaite, July 11, 2017.

68 "Former Watergate Prosecutor Nick Akerman on Trump Jr. Meeting," Hardball with Chris Matthews, MSNBC, July 11, 2017.

69 Dan Gainor, "Impeach Trump? Liberal Media Profiteering from Anti-Trump Clickbait," Fox News, May 30, 2017.

70 Aidan McLaughlin, "MSNBC's Joy Reid: What if Trump Locked Himself in White House and Refused Arrest?," Mediaite, April 9, 2018.

71 Constitution of the United States of America, Amendments V and XIV.

72 Juliet Eilperin and Adam Entous, "Russia Hackers Penetrated U.S. Electricity Grid Through Utility in Vermont," Washington Post, December 30, 2016. See also Warner Todd Huston, "Washington Post's Fake News of Russian Vermont Power Plant Hack," Breitbart, December 31, 2016.

73   Jennifer Palmieri, "The Clinton Campaign Warned You About Russia. But Nobody Listened to Us," Washington Post, March 24, 2017.

74   The Rachel Maddow Show, MSNBC, July 11, 2017.

75   Tim Haines, "Mika Brzezinski: 'Noose' Tightening on Trump Family; Might Go to Jail for the Rest of Their Lives," RealClearPolitics, December 5, 2017.

76   "Chris Hayes on Trump-Russia Allegations: Why Is Everyone Acting Guilty?," The Late Show with Stephen Colbert, YouTube, March 9, 2018.

77   Michael S. Schmidt, Mark Mazzetti, and Matt Apuzzo, "Trump Campaign Had Repeated Contacts with Russian Intelligence," New York Times, February 14, 2017.

78   Becket Adams, "Mainstream Media Errors in the Trump Era," Washington Examiner, February 9, 2017.

79   Byron York, "From Former Trump Lawyer, Candid Talk About Mueller, Manafort, Sessions, Rosenstein, Collusion, Tweets, Privilege and the Press," Washington Examiner, April 3, 2019.

80   Vivian Wang, "ABC Suspends Reporter Brian Ross over Erroneous Report About Trump," Washington Post, December 2, 2017.

81   Ibid.

82   Glenn Greenwald, "The U.S. Media Suffered Its Most Humiliating Debacle in Ages and Now Refuses All Transparency over What Happened," The Intercept, December 9, 2017.

83   Michael M. Grynbaum and Sydney Ember, "CNN Corrects a Trump Story, Fueling Claims of 'Fake News,'" New York Times, December 8, 2017.

84   Jeff Pegues, "House Intel Investigates Trump Jr. Email Involving Documents Hacked During Campaign," CBS News, December 8, 2017.

85   Allan Smith, "CNN Makes Major Correction on Trump-Russia bombshell After Washington Post Threw Timeline into Question," Business Insider, December 9, 2017.

86   Greenwald, "The U.S. Media Suffered Its Most Humiliating Debacle in Ages and Now Refuses All Transparency over What Happened."

87   Jason Schwartz, "CNN Error Extends Run of Journalistic Mishaps," Politico, December 8, 2017.

88   Amber Athey, "The Media's Russia 'Bombshells' Look Even Worse Now That Mueller Found No Collusion," Daily Caller, March 25, 2019.

89   Jim Rutenberg, "BuzzFeed News in Limbo Land," New York Times, January 20, 2019.

90   Colby Hall, "BuzzFeed News Bombshell Reporter: No We Have Not Seen the Evidence Supporting Our Report," Mediaite, January 18, 2019.

91   Dan Gainor, "This Week We Learned That Mainstream Media Won't Tattle on Each Other, No Matter How Badly They Do Journalism," Fox News, January 27, 2019.

92   Gregg Jarrett, "BuzzFeed Report with False Attack on Trump Is Media Malpractice," Fox News, January 19, 2019.

93   David Rutz, "CNN Analyst: Many Americans Will Dismiss Media as 'Leftist Liars' over Disputed BuzzFeed Story," Washington Free Beacon, January 18, 2019.

94   Gainor, "This Week We Learned That Mainstream Media Won't Tattle on Each Other, No Matter How Badly They Do Journalism."

95   Greg Miller and Greg Jaffe, "Trump Revealed Highly Classified Information to Russian Foreign Minister and Ambassador," Washington Post, May 15, 2017.

96   Todd Shepherd, "Fusion GPS Paid Journalists, Court Papers Confirm," Washington Examiner, November 2017.

97   Jerry Dunleavy, "No Collusion: 10 Anonymously Sourced Trump-Russia Bombshells That

Look Like Busts," Washington Examiner, March 24, 2019.

98 Grynbaum and Ember, "CNN Corrects a Trump Story, Fueling Claims of 'Fake News.'"

99 Brian Flood, "CNN Quietly Backtracks Another Report Tying Trump Campaign to Russia," Fox News, December 11, 2017.

100 Peter Stone and Greg Gordon, "Source: Mueller Has Evidence Cohen Was in Prague in 2016, Confirming Part of Dossier," McClatchy, April 13, 2018.

101 Peter Stone and Greg Gordon, "Cell Signal Puts Cohen Outside Prague Around Time of Purported Russian Meeting," McClatchy, December 27, 2018. 멀러 보고서가 공개된 후 다음 과 같은 편집자 주가 첨부되었다: "법무장관에게 제출된 로버트 멀러 보고서에 따르면 코언 씨는 프라하에 없었다. 〈매클래치〉가 보도한 바와 같이 코언 씨의 휴대전화가 프라하나 프라하 근처에 서 전파가 포착되었는지에 대해서 특검은 언급하지 않았다."

102 Ivan Watson and Kocha Olarn, "Jailed Russian 'Sex Coaches' Offer to Trade Election Info for US Asylum," CNN, March 6, 2018.

103 Dunleavy, "No Collusion."

104 Liam Quinn, "Trump Dossier, Michael Flynn Testimony, Michael Cohen in Prague: Stories That Fell Flat During Mueller Probe," Fox News, March 25, 2019.

105 Anna Sanders, "WaPo Reporter Apologizes After Trump Calls Out 'Wrong' Rally Photo," New York Post, December 9, 2017.

106 Becket Adams, "Mainstream Media Errors in the Trump Era," Washington Examiner, February 9, 2017.

107 Margaret Sullivan, "Jeffrey Toobin Went Ballistic About Trump and Comey. It Was Great TV," Washington Post, May 10, 2017.

108 Eli Watkins, "Toobin: 'Three Words: Obstruction of Justice,'" CNN, May 16, 2017.

109 Pete Kasperowicz, "Alan Dershowitz: Comey Firing Was Legal Even if Trump Was Trying to End the Russia Investigation," Washington Examiner, April 18, 2018.

110 Derek Hawkins, "Jeffrey Toobin to His Former Professor Alan Dershowitz: 'What's Happened to You?,'" Washington Post, March 22, 2018.

111 Ibid.

112 Alan M. Dershowitz, "How CNN Misled Its Viewers," The Hill, March 27, 2019.

113 Ibid.

114 Ibid.

115 Chuck Ross, "Van Jones Responds to O'Keefe Sting Video," The Daily Caller, June 29, 2017.

116 James Freeman, "CNN and Avenatti," Wall Street Journal, April 29, 2019.

117 Post Editorial Board, "Avenatti's Fall Is Only the Latest Sign of Media Anti-Trump Madness," New York Post, March 25, 2019. See also Amy Taxin, "Avenatti Pleads Not Guilty on Charges of Cheating, Lying," AP News, April 29, 2019.

118 Brendan Pierson, "Avenatti Pleads Not Guilty to Extorting Nike, Ripping Off Stormy Daniels," Reuters, May 28, 2019.

119 P. J. Gladnick, "Ted Koppel: Trump's 'Not Mistaken' That Liberal Media Are Blatantly 'Out to Get Him,'" NewsBusters, March 18, 2019.

120 Jill Abramson, Merchants of Truth: The Business of News and Fight for Facts (New York: Simon & Schuster, 2019), 390.

121 Ibid., 387.

122 Ibid., 391.

123 Ibid., 389.

124 Ibid., 387.

125 Elizabeth Drew, "The Inevitability of Impeachment," New York Times, December 27, 2018.

126 Yoni Applebaum, "Impeach: It's Time for Congress to Judge the President's Fitness to Serve," The Atlantic, March 2019.

127 Paul Sperry, "Trump-Russia 2.0: Dossier-Tied Firm Pitching Journalists Daily on 'Collusion,'" Real Clear Investigations, March 20, 2019.

128 Sean Davis, "Confirmed: Former Feinstein Staffer Raised $50 Million, Hired Fusion GPS and Christopher Steele After 2016 Election," The Federalist, April 27, 2018.

129 Ibid.

130 Sperry, "Trump-Russia 2.0: Dossier-Tied Firm Pitching Journalists Daily on Collusion."

131 Aidan McLaughlin, "Lara Logan on Fox News: Media Matters Is the 'Most Powerful Propaganda Organization in This Country,'" Mediaite, April 2, 2019.

132 Ben Smith, "Media Matters' War Against Fox," Politico, March 26, 2011.

133 Lara Logan, "Political Bias Is Destroying People's Faith in Journalism," New York Post, February 26, 2019.

134 Ken Meyer, "Ex-CBS Star Lara Logan Calls Media 'Mostly Liberal' in Scorched Earth Interview: I'm Committing Professional Suicide," Mediaite, February 18, 2019.

135 Jonathan Chait, "Has Trump Been an Agent for Russia since 1987?," New York, July 9, 2018.

136 John Brennan, "President Trump's Claims of No Collusion Are Hogwash," New York Times, August 16, 2018.

137 Guy Benson, "Brennan: Okay, I Didn't Necessarily Mean Trump Committed Treason but I 'Stand Very Much by' Saying So," Townhall, August 20, 2018.

138 Ian Schwartz, "Brinkley: Spirit of Trump-Putin Presser 'Clearly Treasonous,' Will be a 'Battle Cry' for 'Blue Wave,'" RealClearPolitics, July 18, 2018.

139 Constitution of the United States of America, Article III, Section 3; United States Code, 18 U.S.C. § 2381, "Treason." 반역 조항이 적용이 불가능한 이유에 대해 좀 더 자세히 알고 싶다면 다음 자료를 참조하라. Gregg Jarrett, The Russia Hoax: The Illicit Scheme to Clear Hillary Clinton and Frame Donald Trump (New York: Broadside Books, 2018), 173-76.

140 Marc Thiessen, "The Trump-Russia Collusion Hall of Shame," Washington Post, March 29, 2019.

141 "'This Week' Transcript 5-27-18: Sen. Marco Rubio, Rep. Adam Schiff and Former CIA Director Michael Hayden," ABC News, May 27, 2018.

142 Ibid.

143 Christina Zhao, "Donald Trump Jr. Will Be Indicted by Mueller, Former Prosecutor Says, and Will Help to Ensnare His Father," Newsweek, February 2, 2019.

144 Jonathan Turley, "Media Bias Seen in BuzzFeed and AG Nominee Barr News Coverage," Fox News, January 20, 2019.

145 Ibid.

146 Kyle Drennan, "Chuck Todd Freaks Out over Peter Strzok Firing: 'Extraordinary and Undemocratic,'" NewsBusters, August 14, 2018.

147 Ibid.

148 Ibid.

149 Byron York, "How Did Peter Strzok's Notorious Text Stay Hidden So Long?," Washington Examiner, June 20, 2018.

150 Rich Noyes, "FIZZLE: Nets Gave Whopping 2,284 Minutes to Russia Probe," NewsBusters, March 25, 2019.

151 Caleb Howe, "MSNBC Stunned by Intel Committee News: 'Trump Will Claim Vindication …and He'll Be Partially Right,' " Mediaite, February 12, 2019.

152 Thomas Lifson, "Senior National Correspondent Predicts 'Reckoning for Progressives, Democrats…and Media' if Mueller Finds No Russia Collusion," American Thinker, March 11, 2019.

153 Joshua Caplan, "Politico: Top Democrats 'Certain' Mueller Report 'Will Be a Dud,' " Breitbart, March 22, 2019.

154 Matt Taibbi, "Taibbi: As the Mueller Probe Ends, New Russiagate Myths Begin," Rolling Stone, March 25, 2019.

155 Keith Griffith, "How Pundits Reacted to Conclusion of Mueller Probe: Hannity Celebrates End of 'Witch Hunt' While Maddow Foresees Further Investigations," Daily Mail, March 23, 2019.

156 Michael Goodwin, "The New York Times Owes Americans a Big, Fat Apology," New York Post, March 25, 2019.

157 Paul Mirengoff, "Mueller Report 'Opens Media Outlets to Mockery,' " Power Line, March 25, 2019.

158 David Brooks, "We've All Just Made Fools of Ourselves—Again," New York Times, March 25, 2019.

159 Michael Isikoff and David Corn, Russian Roulette: The Inside Story of Putin's War on America and the Election of Donald Trump (New York: Twelve, 2018).

160 Charles Hurt, "List of Trusted Journalistic Sources Shrinks in Post-Mueller Report World," Washington Times, March 27, 2019.

161 Chuck Ross, "MSNBC Panel Admits Mueller Report 'Undercuts Almost Everything' in Steele Dossier," Daily Caller, March 26, 2019.

162 David Corn, "Trump Aided and Abetted Russia's Attack. That Was Treachery. Full Stop," Mother Jones, March 24, 2019.

163 Joshua Caplan, "John Dean: Mueller Probe Conclusion Doesn't Resolve Whether Trump Russian Agent," Breitbart, March 22, 2019.

164 Sean Davis, "A Catastrophic Media Failure," Wall Street Journal, March 26, 2019.

165 Ronn Blitzer, "4 Revelations from Ex-Trump Lawyer's Eye Opening Interview About Mueller Probe," Law & Crime, April 4, 2019.

166 Ibid.

167 Howard Kurtz, "How the Media's Distorted Judgment Kept Hyping the Mueller Probe," Fox News, March 26, 2019.

168 Ibid.

169 Lee Smith, "System Fail: The Mueller Report Is an Unmitigated Disaster for the American Press and the 'Expert' Class That It Promotes," Tablet, March 27, 2019.

170 Kurtz, "How the Media's Distorted Judgment Kept Hyping the Mueller Probe."

171 Scott Johnson, "John Brennan: From Spittle to Flop Sweat," Power Line, March 30, 2019.

172 Thomas Lifson, "John Brennan Denies Blame for Calling Trump a 'Traitor,' Says 'I Received Bad Information,' " American Thinker, March 26, 2019.

173 Jason Beale, "In Lester Holt Interview, James Comey Proves He Can't Handle the Russian Hoax's Collapse," The Federalist, March 28, 2019. 제이슨 빌은 "30년 동안 군에서 심문과 전략 보고 업무, 첩보 심문과 인적 정보 수집 작전을 수행하고 퇴역한 군인의 가명이다."

174 Ibid.

175 Tommy Christopher, "Jake Tapper Defends CNN's Mueller Probe Coverage toMike Mulvaney: 'I Don't Know Anybody Who Got Anything Wrong,' " Mediaite, March 31,

2019.

176 John Nolte, "Death Spiral Continues as CNN Loses One-Third of Primetime Audience," Breitbart, June 12, 2019; A. J. Katz, "Basic Cable Ranker: Week of June 3, 2019," TVNewser, June 11, 2019.

177 Janita Kan, " 'What Wrong Facts Did We Put Out?': Chris Cuomo Defends Liberal Media for Mueller Coverage," The Epoch Times, March 27, 2019.

178 Joshua Caplan, "Jeff Zucker: No Regrets on CNN's Russia Hoax Coverage, 'We Are Not Investigators,'" Breitbart, March 26, 2019.

179 Jeremy Diamond and Kevin Liptak, "Trump Moves to Weaponize Mueller Findings," CNN, March 27, 2019.

180 Pardes Seleh, "MSNBC's Katy Tur: It Doesn't Matter if There Was No Collusion, Mueller Already Has 'Quite a Bit' on Trump," Mediaite, March 21, 2019.

181 Bob Bauer, "Trump's Shamelessness Was Outside Mueller's Jurisdiction," New York Times, March 25, 2019.

182 Paul Mirengoff, "Less Than Full Disclosure from the New York Times," Power Line, March 26, 2019.

183 Mirengoff, "Mueller Report 'Opens Media Outlets to Mockery.'"

184 Ibid.

185 Josh Feldman, "Glenn Greenwald Rips MSNBC to Tucker Carlson: They Fed People 'Total Disinformation' and Exploited Fears on Russia," Mediaite, March 25, 2019.

186 Mirengoff, "Mueller Report 'Opens Media Outlets to Mockery.'"

187 Matt Taibbi, "It's Official: Russiagate Is This Generation's WMD," Real Clear Politics, March 23, 2019

188 Sharyl Attkisson, "Apologies to President Trump," The Hill, March 25, 2019.

189 Tim Murtaugh, Director of Communications, Donald J. Trump for President, Inc., memorandum to Television Producers re "Credibility of Certain Guests," March 25, 2019, https://www.scribd.com /document /403100260/March-25-2019-Tim-Murtaugh-Trump-Campaign-Memo-to-TV-Producers.

190 James Freeman, "Schiff and the Media," Wall Street Journal, March 27, 2019.

191 Malcolm Nance, The Plot to Destroy Democracy: How Putin and His Spies Are Undermining America and Disarming the West (New York: Hachette Books, 2018).

192 David Greene, "Media Outlets Became a Target After Mueller Probe Results Surfaced," NPR, March 24, 2019.

193 Sohrab Ahmari, "And the Winner of the Post's Mueller Madness Bracket Is⋯," New York Post, March 27, 2019.

194 Caleb Howe, "The Press Doesn't Learn Things, Unless Those Things Are About How Great They Are," Mediaite, March 27, 2019.

195 Ibid.

196 Brian Flood, "Evening Newscasts Increased 'Impeachment' Talk Following Mueller Report, Study Says," Fox News, June 4, 2019.

197 Brian Flood, "New York Times Needs to 'Look in the Mirror' if It Thinks MSNBC, CNN Are Too Partisan, Critics Say," Fox News, May 31, 2019.

198 Brian Flood, "Rachel Maddow's Credibility and Ratings at Low Ebb Following Mueller Findings, Critics Say," Fox News, June 3, 2019.

199 John Nolte, "Russia Hoax Queen Rachel Maddow's Ratings Crash to Trump-Era Low," Breitbart, June 4, 2019.

200 Flood, "Rachel Maddow's Credibility and Ratings at Low Ebb Following Mueller Findings,

Critics Say."

201 Ibid.

202 Holman W. Jenkins, Jr., "Can the Media Survive Mueller?," Wall Street Journal, April 17, 2019.

203 Sean Illing, "Did the Media Botch the Russia Story? A Conversation with Matt Taibbi," Vox, April 1, 2019.

204 Matt Taibbi, "As the Mueller Probe Ends, New Russiagate Myths Begin," Rolling Stone, March 26, 2019.

7장_ 사기꾼 코언이 유죄 답변 거래를 하다

1 Associated Press, "Michael Cohen Pleads Guilty to Lying to Congress," Politico, November 29, 2018; Justin Wise, "Cohen Pleads Guilty for Misstatements to Congress About Contacts with Russians," The Hill, November 29, 2018.

2 Jennifer Mercieca, "Michael Cohen's Verbal Somersault, 'I Lied, but I'm Not a Liar,' Translated by a Rhetoric Expert," The Conversation, February 27, 2019.

3 "Robert Khuzami Statement on Michael Cohen Case," C-SPAN, August 21, 2018.

4 Nicole Hong and Rebecca Davis O'Brien, "Special Counsel's Michael Cohen Probe Dates to 2017, New Documents Show," Wall Street Journal, March 19, 2019.

5 Ibid.

6 Geoff Earle, "How Did Cheryl Mills Get Immunity if She Was Also Acting as Clinton's Lawyer? GOP Lodges Formal Complaint with D.C. Bar," Daily Mail, October 3, 2016.

7 Hong and O'Brien, "Special Counsel's Michael Cohen Probe Dates to 2017, New Documents Show."

8 Jim Mustian and Larry Neumeister, "Records Show FBI Was Probing Michael Cohen Long Before Raid," Associated Press, as published in the Chicago Tribune, March 19, 2019.

9 "These Are the Lawyers on Robert Mueller's Special Counsel Team," CBS News, September 20, 2017. See also Matt Zapotosky, "Trump Said Mueller's Team Has '13 Hardened Democrats.' Here Are the Facts," Washington Post, March 18, 2018.

10 Ken Bensinger, Miriam Elder, and Mark Schoofs, "These Reports Allege Trump Has Deep Ties to Russia," BuzzFeed, January 10, 2017; "Company Intelligence Report 2016 /080," December 13, 2016, https://www.documentcloud.org /documents /3259984-Trump-Intelligence-Allegations.html, page 34. See also Adam Mill, "How the Cohen-Prague Story Helped Expose the Collusion Hoax," American Greatness, April 16, 2019. 애덤 밀(Adam Mill)은 필명이다. 그는 미주리 주 캔자스 시에서 고용과 행정법 전문 변호사로 일한다.

11 "Report: Czech Intelligence Says No Evidence Trump Lawyer Traveled to Prague," Radio Free Europe /Radio Liberty, January 11, 2017.

12 Mill, "How the Cohen-Prague Story Helped Expose the Collusion Hoax."

13 Matt Apuzzo, "F.B.I. Raids Office of Trump's Longtime Lawyer Michael Cohen; Trump Calls It 'Disgraceful,' " New York Times, April 9, 2019.

14 Robert S. Mueller, The Mueller Report: The Final Report of the Special Counsel into Donald Trump, Russia, and Collusion as Issued by the Department of Justice (New York: Skyhorse Publishing, 2019), 69.

15 Nicholas Fandos, "Felix Sater, Trump Associate, Skips House Hearing and Now Faces a Subpoena," New York Times, June 21, 2019.

16 Johnny Dwyer, "What the Mueller Report Didn't Say About Felix Sater and the Trump

Tower in Moscow," The Intercept, April 19, 2019.

17 Alberto Luperon, "Federal Judge: Felix Sater Gave the U.S. Government Osama bin Laden's Phone Number," Law & Crime, May 16, 2019.

18 United States v. Felix Sater, 98 cr 1101 (ILG). Sater Cooperation Agreement, signed December 10, 1998, https://assets.documentcloud.org /documents/5972612 /Felix-Sater-s-Cooperation-Agreement.pdf.

19 Joseph Tanfani and David S. Cloud, "Trump Associate Led Double Life as FBI Informant—and More, He Says," Los Angeles Times, March 2, 2017.

20 Jessica Kwong, "Who Is Michael Cohen's Wife? Laura Shusterman Never Charged Though Prosecutors Had Evidence Implicating Her, Report Says," Newsweek, December 3, 2018.

21 Michael Rothfield, Alexandra Berzon, and Joe Palazzolo, " 'Boss, I Miss You So Much': The Awkward Exile of Michael Cohen," Wall Street Journal, April 26, 2018.

22 US v. Michael Cohen, 1:18-cr-00602-WHP, Government's Sentencing Memorandum, filed December 7, 2018.

23 Jonathan Lemire and Jake Pearson, "How Michael Cohen, Trump's 'Image Protector,' Landed in the President's Inner Circle," Business Insider, April 22, 2018.

24 Ibid.

25 Rothfield, Berzon, and Palazzolo, " 'Boss, I Miss You So Much.' "

26 Julio Ross, "2016 Michael Cohen Interview Shows He 'Certainly Hoped' He'd Be Offered a White House Job," Mediaite, February 28, 2019.

27 Rothfield, Berzon, and Palazzolo, " 'Boss, I Miss You So Much.' "

28 Ibid.

29 Ibid.

30 Rebecca Ballhaus, Peter Nicholas, Michael Rothfield, and Joe Palazzolo, "Michael Cohen's D.C. Consulting Career: Scattershot, with Mixed Success," Wall Street Journal, May 13, 2018.

31 Rothfield, Berzon, and Palazzolo, " 'Boss, I Miss You So Much.' "

32 Ballhaus, Nicholas, Rothfield, and Palazzolo, "Michael Cohen's D.C. Consulting Career."

33 Ibid.

34 Tom Winter, Adiel Kaplan, and Rich Schapiro, "Michael Cohen Search Warrants Show Federal Probe Began a Year Earlier than Known," NBC News, March 19, 2019.

35 Brian Bennett and Haley Sweetland Edwards, "Michael Cohen's 'Essential Consultants' Business Is a Big Problem for Donald Trump," Time, May 10, 2018.

36 Ballhaus, Nicholas, Rothfield, and Palazzolo, "Michael Cohen's D.C. Consulting Career."

37 Jonathan Turley, "Trump Must Beware the Cohen Trap," The Hill, April 10, 2018.

38 Ibid.

39 Apuzzo, "F.B.I. Raids Office of Trump's Longtime Lawyer Michael Cohen."

40 Ibid.

41 Tom Winter, Adiel Kaplan, and Rich Schapiro, "Michael Cohen Search Warrants Show Federal Probe Began a Year Earlier than Known."

42 Ibid.

43 Ewan Palmer, "McDougal Alleged 10-Month Affair That Ended in April 2007," Newsweek, July 26, 2018.

44 Michael Rothfield and Joe Palazzolo, "Trump Lawyer Won Order to Silence Stormy Daniels," Wall Street Journal, March 7, 2018.

45 Madeline Osburn, "How CNN and MSNBC Made Michael Avenatti a Household Name,"

The Federalist, March 28, 2019.

46 Rebecca Ballhaus, Michael Rothfield, and Joe Palazzolo, "Trump's Former Lawyer Michael Cohen Recorded Conversation About Stormy Daniels Payment with News Anchor," Wall Street Journal, July 25, 2018.

47 Ibid.

48 Rothfield, Berzon, and Palazzolo, "'Boss, I Miss You So Much.'"

49 Ballhaus, Rothfield, and Palazzolo, "Trump's Former Lawyer Michael Cohen Recorded Conversation About Stormy Daniels Payment with News Anchor."

50 Glenn Greenwald, "The Lanny Davis Disease and America's Health Care Debate," Salon, August 18, 2009.

51 Seth Hettena, "Michael Cohen, Lanny Davis and the Russian Mafia," Rolling Stone, August 28, 2018.

52 Greenwald, "The Lanny Davis Disease and America's Health Care Debate."

53 "Search Hillary Clinton's Emails," Wall Street Journal, March 1, 2016.

54 Tom Fitton, "Cohen Testimony Against Trump Unethical—Dems Commit Abuse of Power," Fox News, February 28, 2019.

55 Ewan Palmer, "Who Is Lanny Davis? Michael Cohen's Lawyer Is a Washington Insider with a Long List of High-Profile Clients," Newsweek, July 26, 2018.

56 US v. Michael Cohen, 1:18-cr-00602-WHP, Information.

57 Ibid.

58 Joe Palazzolo, Nicole Hong, Michael Rothfield, Rebecca Davis O'Brien, and Rebecca Ballhaus, "Donald Trump Played Central Role in Hush Payoffs to Stormy Daniels and Karen McDougal," Wall Street Journal, November 9, 2018.

59 US v. Michael Cohen, 1:18-cr-00602-WHP, Information.

60 Ibid.

61 Michael Rothfield and Joe Palazzolo, "Stormy Daniels Sues Trump over Nondisclosure Agreement," Wall Street Journal, March 6, 2018.

62 US v. Michael Cohen, 1:18-cr-00602-WHP, Information.

63 Kevin Breuninger and Jacob Pramuk, "National Enquirer Boss and Longtime Trump Friend David Pecker Gets Federal Immunity in Michael Cohen Case," CNBC, August 23, 2018.

64 Allan Smith, "Michael Cohen's Attorney: The 'Final Straw' for Cohen Was Trump's Disastrous Summit with Putin, and He Now Feels 'Liberated' After Making a Deal with Prosecutors," Business Insider, August 22, 2019.

65 "Lanny Davis: Cohen Knows 'Almost Everything' About Trump After 'Many Years' as Lawyer," CNN, August 22, 2018.

66 Bradley Smith, "Stormy Weather for Campaign-Finance Laws," Wall Street Journal, April 10, 2018.

67 Maggie Haberman, "Obama 2008 Campaign Fined $375,000," Politico, January 1, 2013.

68 Steven Nelson, "Did Michael Cohen Actually Commit Campaign Finance Violations? Some Legal Experts Aren't Sure," Washington Examiner, August 22, 2018.

69 M. J. Lee, Sunlen Serfaty, and Juana Summers, "Congress Paid Out $17 Million in Settlements. Here's Why We Know So Little About That Money," CNN, November 16, 2017.

70 Jon Greenberg, "The $130,000 Stormy Daniels Payoff: Was It a Campaign Expenditure?," PolitiFact, May 3, 2018.

71 Ibid.

72 Ibid.

73 Nelson, "Did Michael Cohen Actually Commit Campaign Finance Violations?"

74 "Michael Cohen's Lawyer Crowdfunds 'Truth About Trump,' Whips Up $120k+," RT, August 23, 2018.

75 Chuck Ross, "Michael Cohen's Congressional Testimony Will Be 'Unsatisfying,' Lanny Davis Told Lawmakers," Daily Caller, January 22, 2019.

76 Post Editorial Board, "Why Is CNN Avoiding the Truth About Lanny Davis' Lies?," New York Post, August 29, 2018.

77 Jim Sciutto, Carl Bernstein, and Marshall Cohen, "Cohen Claims Trump Knew in Advance of 2016 Trump Tower Meeting," CNN, July 27, 2018.

78 Allan Smith, "Lanny Davis's Walk-back of His Bombshell Claim to CNN Is More Complicated than It Looks. And Experts Say It Causes Michael Cohen Some New Problems," Business Insider, August 28, 2018.

79 Post Editorial Board, "Why Is CNN Avoiding the Truth About Lanny Davis' Lies?"

80 Smith, "Lanny Davis's Walk-back of His Bombshell Claim to CNN Is More Complicated than It Looks."

81 Post Editorial Board, "Why Is CNN Avoiding the Truth About Lanny Davis' Lies?"

82 Thomas Lifson, "Lanny Davis and Michael Cohen Have Gotten Themselves into a Big Mess Trying to Damage Trump," American Thinker, August 28, 2018.

83 Ibid.

84 Post Editorial Board, "Why Is CNN Avoiding the Truth About Lanny Davis' Lies?"

85 Smith, "Lanny Davis's Walk-back of His Bombshell Claim to CNN Is More Complicated than It Looks."

86 Ibid.

87 Chuck Ross, "Lanny Davis: Michael Cohen Never Went to Prague as Steele Dossier Claims," Daily Caller, August 22, 2018.

88 Brooke Singman, "Ex-Trump Attorney Michael Cohen Pleads Guilty to Lying to Congress in Russia Probe," Fox News, November 29, 2018.

89 Ibid.

90 Ibid.

91 Ibid.

92 Ibid.

93 Ken Bensinger, Miriam Elder, and Mark Schoofs, "These Reports Allege Trump Has Deep Ties to Russia," BuzzFeed, January 10, 2017; "Company Intelligence Report 2016 /080," December 13, 2016.

94 US v. Michael Cohen, 1:18-cr-00602-WHP, Government's Sentencing Memorandum, filed December 7, 2018.

95 US v. Michael Cohen, 1:18-cr-00602-WHP, Mueller sentencing memorandum, signed by Jeannie Rhee, Andrew Goldstein, L. Rush Atkinson, Special Counsel's Office, December 7, 2018.

96 Paul Sperry, "For Trump, Cohen Plea Deal's Beginning to Look a Lot like Exoneration," Real Clear Investigations, December 3, 2018.

97 Ibid.

98 Hans von Spakovsky, "Trump's Ex-Laywer Didn't Violate Campaign Finance Law, and Neither Did the President," The Daily Signal, December 11, 2018.

99 Andrew C. McCarthy, "Payoffs to Mistresses as In-Kind Contributions? It's an Open Question," National Review, December 14, 2018.

100 Laura Mahmias and Darren Samuelsohn, "Michael Cohen Sentenced to 3 Years in Prison,"

Politico, December 12, 2018.

101 Ibid.

102 Ibid.

103 Tyler Stone, "Cummings: I Would Like Cohen to Testify Before Congress," Real Clear Politics, December 17, 2018.

104 Peter Stone and Greg Gordon, "Cell Signal Puts Cohen Outside Prague Around Time of Purported Russian Meeting," McClatchy, December 27, 2018.

105 Ashe Schow, "McClatchy Tries to Save Face After Mueller Report Thrashes Cohen-in-Prague Narrative," The Daily Wire, April 20, 2019.

106 Chuck Ross, "Michael Cohen Shakes Up Legal Team for the Second Time," Daily Caller, June 28, 2019.

107 Jason Leopold and Anthony Cormier, "President Trump Directed His Attorney to Lie to Congress About the Moscow Tower Project," BuzzFeed, January 17, 2019.

108 Devlin Barrett, Matt Zapotosky, and Karoun Demirjan, "In a Rare Move, Mueller's Office Denies BuzzFeed Report That Trump Told Cohen to Lie About Moscow Project," Washington Post, January 19, 2019.

109 Ken Meyer, "New Trove of Documents Suggests Trump Tower Moscow Negotiations Went Beyond Letter of Intent," Mediaite, February 5, 2019.

110 Ronn Blitzer, "Cohen Blames Postponement of Testimony on Trump 'Threats,' as if We Don't Know the Real Reason," Law & Crime, January 23, 2019.

111 Jeremy Herb, Gloria Borger, and Manu Raju, "Michael Cohen Apologizes to Senate Panel for Lying to Congress," CNN, February 26, 2019.

112 Samuel Chamberlain, "Senate Intel Panel Chair Rips Michael Cohen for Asking to Postpone Hearing," Fox News, February 12, 2019.

113 Maggie Haberman and Nicholas Fandos, "On Eve of Michael Cohen's Testimony, Republican Threatens to Reveal Compromising Information," New York Times, February 26, 2019.

114 Larry Neumeister and Michael R. Sisak, "After Surgery, Michael Cohen's Prison Date Postponed to May," Associated Press, February 20, 2019.

115 Aiden McLaughlin, "Michael Cohen's Leaked Testimony Appears to Dispute BuzzFeed's Trump Tower Report," Mediaite, February 27, 2019.

116 Madeline Osburn, "6 Things We Learned from Michael Cohen's Testimony Today," The Federalist, February 27, 2019.

117 Joseph Wulfsohn, "Cohen Testimony Was 'Bombshell That Didn't Explode': Marc Thiessen," Fox News, February 28, 2019.

118 Bruce Golding, "WH-Job Diss & Tell Denied," New York Post, February 28, 2019.

119 Colby Hall, "Michael Cohen: Trump Frequently Told Me 'Don Jr. Had the Worst Judgment of Anyone in the World,' " Mediaite, February 27, 2019.

120 John Podhoretz, "Firing Blanks," New York Post, February 28, 2019.

121 Rachel Frazin, "WikiLeaks Disputes Cohen, Says Assange Never Talked to Stone," The Hill, February 27, 2018.

122 CNN, "Cohen Gives Documents to House Panel on Trump Attorney Alleged Changes to 2017 Testimony," CNN, March 6, 2019.

123 Ryan Bort, "Did Michael Cohen Lie to Congress About Seeking a Pardon from Trump?," Rolling Stone, March 7, 2019.

124 Rebecca Ballhaus, "Cohen Told Lawyer to Seek Trump Pardon," Wall Street Journal, March 6, 2019.

125　Wulfsohn, "Cohen Testimony Was 'Bombshell That Didn't Explode': Marc Thiessen."

126　"Cohen: Fears No 'Peaceful Transition' if Trump Loses in 2020," Reuters, February 27, 2019.

127　Brooke Singman, "GOP Reps Refer Michael Cohen to DOJ for Alleged Perjury During Hearing," Fox News, February 28, 2019.

128　"Cohen Gives Documents to House Panel on Trump Attorney Alleged Changes to 2017 Testimony."

129　Maria Bartiromo, Sunday Morning Futures with Maria Bartiromo, March 3, 2019.

130　Rebecca Ballhaus, "Michael Cohen Begins Serving Three-Year Sentence," Wall Street Journal, May 6, 2019.

8장_ 부수적 피해

1　Alex Pappas, "Comey Admits Decision to Send FBI Agents to Interview Flynn Was Not Standard," Fox News, December 13, 2018.

2　Ibid.

3　Olivia Beavers, "GOP Senators Question 'Unusual' Message Susan Rice Sent Herself on Inauguration Day," The Hill, February 12, 2018.

4　George Rasley, "The Mike Flynn Travesty Comes to an End," Conservative HQ, December 6, 2018.

5　Paul Sonne and Michael C. Bender, "Donald Trump Offers Michael Flynn Role as National Security Adviser," Wall Street Journal, November 18, 2016.

6　Paul Sonne, "Lt. Gen. Michael Flynn Has Clashed with Intelligence Community, Pentagon," Wall Street Journal, November 18, 2016.

7　Frank Hawkins, "Understanding Why the Deep State Had to Take Down General Mike Flynn," American Thinker, January 16, 2019.

8　Ibid.

9　Ibid.

10　Michelle Hackman, "Michael Flynn's Son Has Left Trump Transition Team," Wall Street Journal, December 6, 2016.

11　Sonne and Bender, "Donald Trump Offers Michael Flynn Role as National Security Adviser."

12　Editorial Board, "Eavesdropping on Michael Flynn," Wall Street Journal, February 13, 2017.

13　Gordon Lubold and Shane Harris, "In Spy-Agency Revamp, Michael Flynn Shows His Influence," Wall Street Journal, January 6, 2017.

14　House Permanent Select Committee on Intelligence, "Report on Russian Active Measures," March 22, 2018, https://www.scribd.com /document /377590825/HPSCI-Final-Report-on-Russian-Active-Measures-Redacted-Release#. See also excerpt at https://esmemes.com /i /u-the-committees-investigation-also-reviewed -the -opening-in-summer-56920110520a489 9b7ad497bfd5a89f7.

15　Ibid., 26.

16　Ibid.

17　"DiGenova on Mueller Memo: 'This Was a Frame-up of Flynn to Get Donald Trump,' " Tucker Carlson Tonight, December 5, 2018. 디제노바는 연방검사 외에도 하원의 특별법률자문과 특검도 역임했다.

18   David Sanger, "Obama Strikes Back at Russia for Election Hacking," New York Times, December 29, 2016.

19   Devlin Barrett and Carol E. Lee, "Mike Flynn Was Probed by FBI over Calls with Russian Official," Wall Street Journal, February 15, 2017.

20   David Ignatius, "Why Did Obama Dawdle on Russia's Hacking?," Washington Post, January 12, 2017.

21   Adam Entous, Ellen Makashima, and Philip Rucker, "Justice Department Warned White House That Flynn Could Be Vulnerable to Russian Blackmail, Officials Say," Washington Post, February 13, 2017.

22   Ignatius, "Why Did Obama Dawdle on Russia's Hacking?"

23   18 U.S.C. 798 states, "Whoever knowingly and willfully communicates . . . to an unauthorized person, or publishes . . . any classified information obtained by the processes of communication intelligence from the communications of any foreign government, knowing the same to have been obtained by such processes shall be fined under this title or imprisoned not more than ten years, or both."

24   Brian Cates, "New Evidence Appears to Tie Former FBI Official McCabe to Illegal Leak About Flynn," The Epoch Times, October 15, 2018. See also "Deputy Director McCabe Office of Professional Responsibility Investigation Part 01 of 01," Federal Bureau of Investigation, https://vault.fbi.gov /deputy-director-mc cabe -office-of-professional-responsibility-investigation /Deputy%20Direc tor%20McCabe%20Office%20of%20 Professional%20Responsibility%20In vestigation%20Part%2001%20of%2006 /view.

25   James Barrett, "Report: FBI May Have Launched Russia Prove to 'Retaliate' Against Mike Flynn," The Daily Wire, June 27, 2017. This story references the story on Circa, which is now defunct.

26   Ibid.

27   Ibid.

28   Ibid.

29   Christopher Wallace, "Acting FBI Boss Andrew McCabe Faces Pressure, Probes, Uncertain Future," Fox News, April 25, 2018.

30   Jordain Carney, "Grassley: Why Hasn't Acting FBI Chief Recused Himself on Flynn?," The Hill, June 29, 2017.

31   Paul Sonne and Shane Harris, "Michael Flynn's Contact with Russian Ambassador Draws Scrutiny," Wall Street Journal, January 13, 2017.

32   "Face the Nation Transcript January 15, 2017: Pence, Manchin, Gingrich," CBS News, January 15, 2017.

33   Nick Timiraos, "Donald Trump Asks if CIA Director Was 'Leader of Fake News' About Him," Wall Street Journal, January 15, 2017.

34   Entous, Makashima, and Rucker, "Justice Department Warned White House That Flynn Could Be Vulnerable to Russian Blackmail, Officials Say," Washington Post, February 13, 2017.

35   Carol E. Lee, Devlin Barrett, and Shane Harris, "U.S. Eyes Michael Flynn's Links to Russia," Wall Street Journal, January 22, 2017.

36   Devlin Barrett and Carol E. Lee, "Mike Flynn Was Probed by FBI over Calls to Russia," Wall Street Journal, February 15, 2017.

37   James Gordon Meek and Ali Dukakis, "Former Trump Adviser Michael Flynn Faces $5 Million in Legal Fees amid Pardon Buzz: Source," ABC News, March 26, 2019.

38   Geoff Earle, "Comey Told Lawmakers Flynn Was Feeding Pence Information on Russia

That Was 'Starkly at Odds' with Classified Information and He Sent FBI Agents to Interview Him as Part of a 'Counterintelligence Mission,' " Daily Mail, December 18, 2018.

39 Ibid.

40 US v. Michael T. Flynn, 17 CR 232 (D.D.C.), Memorandum in Aid of Sentencing, filed December 11, 2018, by lawyers Stephen P. Anthony and Robert K. Kelner.

41 Ibid.

42 Ibid.

43 Ibid.

44 Ibid.

45 Ibid.

46 Thomas Lifson, "Senator Grassley Appears to Be Preparing to Bust the Frame-up of General Flynn," American Thinker, May 12, 2018. For background, see Office of the Inspector General, U.S. Department of Justice, "Report of Investigation: Recovery of Text Messages from Certain FBI Mobile Devices," December 2018, https://oig.justice.gov / reports /2018 /i-2018-003523.pdf.

47 Ibid.

48 Ibid.

49 Ibid.

50 Ibid.

51 Riley Beggin and Veronica Stracqualursi, "A Timeline of Sally Yates' Warnings to the White House About Mike Flynn," ABC News, May 8, 2017.

52 Entous, Nakashima, and Rucker, "Justice Department Warned White House That Flynn Could Be Vulnerable to Russian Blackmail, Officials Say."

53 Ibid.

54 Byron York, "Comey Told Congress FBI Agents Didn't Think Michael Flynn Lied," Washington Examiner, February 12, 2018.

55 Ibid.

56 Ibid.

57 Jason Beale, "How Obama Holdover Sally Yates Helped Sink Michael Flynn," The Federalist, April 8, 2019. Jason Beale is a pseudonym for a retired U.S. Army interrogator.

58 York, "Comey Told Congress FBI Agents Didn't Think Michael Flynn Lied."

59 Josh Blackman, "Why Trump Had to Fire Sally Yates," Politico, January 31, 2017.

60 Kimberly Strassel, "Mueller's Gift to Obama," Wall Street Journal, December 6, 2018.

61 Adam Shaw, "Shock Claim About FBI's Michael Flynn Interview Raises Questions," Fox News, February 14, 2018.

62 Barrett and Lee, "Mike Flynn Was Probed by FBI over Calls to Russia."

63 Greg Miller, Adam Entous, and Ellen Nakashima, "National Security Adviser Flynn Discussed Sanctions with Russian Ambassador, Despite Denials, Officials Say," Washington Post, February 9, 2017.

64 Richard Pollack, "Exclusive: In Final Interview, Flynn Insists He Crossed No Lines, Leakers Must Be Prosecuted," Daily Caller, February 14, 2017.

65 Barrett and Lee, "Mike Flynn Was Probed by FBI over Calls to Russia."

66 Ibid.

67 Kaitlyn Schallhorn, "Michael Flynn's Involvement in Russia Investigation: What to Know," Fox News, December 18, 2018.

68 York, "Comey Told Congress FBI Agents Didn't Think Michael Flynn Lied."

69 Ibid.

70　Byron Tau, "Senior Democrats Ask White House for More Details on Michael Flynn," Wall Street Journal, February 15, 2017.

71　Evan Perez, "Flynn Changed Story to FBI, No Charges Expected," CNN, February 17, 2017.

72　Shane Harris, Paul Sonne, and Carol E. Lee, "Mike Flynn Worked for Several Russian Companies, Was Paid More than $50,000, Documents Show," Wall Street Journal, March 16, 2017.

73　Carol E. Lee, Rob Barry, Shane Harris, and Christopher Stewart, "Mike Flynn Didn't Report 2014 Interaction with Russian-British National," Wall Street Journal, March 18, 2017.

74　Michael S. Schmidt, Matthew Rosenberg, and Matt Apuzzo, "Kushner and Flynn Met with Russian Envoy in December, White House Says," Washington Post, March 2, 2017.

75　Byron Tau and Natalie Andrews, "Panel Chiefs Say Mike Flynn May Have Violated Law over Payments," Wall Street Journal, April 25, 2017.

76　Ibid.

77　U.S. v. Michael T. Flynn, Crim. No. 17-232 (EGS), Statement of the Offense.

78　Aruna Viswanatha and Shane Harris, "Mike Flynn Pleads Guilty to Lying About Russian Contacts," Wall Street Journal, December 1, 2017.

79　Ibid.

80　Ibid.

81　Ibid.

82　Judson Berger, "Michael Flynn Pleads Guilty to False Statements Charge in Russia Probe," Fox News, December 1, 2017.

83　Anna Dubenko, "Right and Left React to Michael Flynn's Guilty Plea," New York Times, December 1, 2017.

84　Miles Parks, "The 10 Events You Need to Know to Understand the Michael Flynn Story," NPR, December 5, 2017.

85　Byron York, "An Unusual Turn in the Michael Flynn Case?," Washington Examiner, February 15, 2018.

86　Andrew C. McCarthy, "The Curious Michael Flynn Guilty Plea," National Review, February 13, 2018.

87　York, "Comey Told Congress FBI Agents Didn't Think Michael Flynn Lied."

88　Andrew C. McCarthy, "Outrageous Redactions to the Russia Report," National Review, May 7, 2018.

89　Ibid.

90　Ibid.

91　Ibid

92　Ibid.

93　Ibid.

94　U.S. Department of Justice, "Report on the Investigation into Russian Interference in the 2016 Presidential Election," March 2019, https://www.justice.gov/storage /report.pdf.

95　Dion Nissenbaum and Rebecca Ballhaus, "Mueller Probe Looks at Mike Flynn's Work on Documentary Targeting Exiled Turkish Cleric," Wall Street Journal, November 24, 2017.

96　Schallhorn, "Michael Flynn's Involvement in Russia Investigation: What to Know."

97　U.S. Department of Justice, "Report on the Investigation into Russian Interference in the 2016 Presidential Election."

98　Nicole Darrah, "Michael Flynn Selling Home to Pay for Legal Fees After Pleading Guilty in Trump Probe," Fox News, March 6, 2018.

99 U.S. Department of Justice, "Report on the Investigation into Russian Interference in the 2016 Presidential Election."

100 Margot Cleveland, "Here's What's Weird About Robert Mueller's Latest Michael Flynn Filing," The Federalist, December 17, 2018.

101 U.S. v. Michael T. Flynn, U.S. District Court for the District of Columbia, Crim. No. 17-232 (EGS), Government's Reply to Defendant's Memorandum in Aid of Sentencing, Attachment B, filed December 18, 2018, 4-5. https://assets.documentcloud.org / documents /5628473 /12-14-17-Mueller-Reply-Flynn-Sentencing.pdf.

102 Alex Pappas, "DOJ Refusing to Give Grassley Access to Agent Who Interviewed Flynn," Fox News, June 11, 2018.

103 The Byron York Show, with Guest Mark Meadows, April 11, 2019. Podcast https://ricochet. com /podcast /byron-york-show /who-was-spying-on-whom /.

104 Gregg Jarrett, "Mueller Strikes Out Trying to Nail Trump—Flynn Sentencing Memo Is a Big Nothing," Fox News, December 5, 2018. The sentencing memo is available at https:// www.lawfareblog.com /document -michael -flynn-files -sentencing-memo.

105 Ibid.

106 Gregg Re, "Flynn Says FBI Pushed Him Not to Have Lawyer Present During Interview," Fox News, December 12, 2018.

107 Margot Cleveland, "The Federal Judge Overseeing Michael Flynn's Sentencing Just Dropped a Major Bombshell," The Federalist, December 13, 2018.

108 Gregg Re, "Judge in Flynn Case Orders Mueller to Turn Over Interview Docs After Bombshell Claim of FBI Pressure," Fox News, December 13, 2018.

109 Joel B. Pollak, "Robert Mueller Gives Michael Flynn's '302' to Judge: Agents Thought He Did Not Lie," Breitbart, December 14, 2018.

110 U.S. v. Michael T. Flynn, Crim. No. 17-232 (EGS), Government's Reply to Defendant's Memorandum in Aid of Sentencing, December 14, 2018, https://assets.documentcloud.org /documents /5628473 /12-14-17-Mueller-Reply-Flynn-Sentencing.pdf.

111 Paul Mirengoff, "Mueller Makes the Flynn 302 Public," Power Line, December 17, 2018. The Flynn 302 is https://www.documentcloud.org /documents/5633260-12-17-18-Redacted-Flynn-Interview-302.html#document /p1.

112 Cleveland, "The Federalist Judge Overseeing the Flynn Sentencing Just Dropped a Major Bombshell."

113 Robert S. Mueller, III, Letter to Judge Emmet G. Sullivan, December 17, 2018, in United States v. Michael T. Flynn, Crim. No. 17-232 (EGS). The letter was drafted by Brandon L. Van Grack and Zainab N. Ahmad, the senior assistant special counsels prosecuting Flynn.

114 Ibid.

115 Alan Dershowitz, "Why Did Mueller Team Distort Trump Attorney's Voicemail?," The Hill, June 7, 2019. See also The Mueller Report, vol. 2, 121-22. The audio of Dowd's voice mail is available at https://lawandcrime.com /high-pro file/audio-of-voicemail-ex-trump-attorney-left-flynn-lawyer-released-listen /.

116 Ibid.

117 Ibid.

118 Ibid.

119 Ibid.

120 Sidney Powell, Licensed to Lie: Exposing Corruption in the Department of Justice (Dallas: Brown Books Publishing Group, May 1, 2014).

121 Sidney Powell, "Powell: Andrew Weissmann—the Kingpin of Prosecutorial Misconduct—

Leaves Mueller's Squad," Daily Caller, March 15, 2019.

122 Complaint filed against Andrew Weissmann by W. William Hodes and Sidney K. Powell with the New York State Unified Court System, First Judicial Attorney Grievance Committee, Department Disciplinary Committee for the First Department, New York & Bronx Counties, 2012, https://cdn.licensedtolie.com/wp-content/uploads/2012_NY_Complaint_Against_Weissmann_0731.pdf.

9장_ 표적을 겨냥한 협박

1 Catherine Herridge, "FBI's Manafort Raid Included a Dozen Agents, 'Designed to Intimidate,' Source Says," Fox News, August 24, 2017.

2 "Trump Lawyer Slams Special Counsel for 'Gross Abuse' in Manafort Raid, Challenges Warrant," Fox News, August 10, 2017.

3 Herridge, "FBI's Manafort Raid Included a Dozen Agents, 'Designed to Intimidate,' Source Says."

4 Kaitlyn Schallhorn, "How Paul Manafort Is Connected to the Trump, Russia Investigation," Fox News, August 10, 2017.

5 Victoria Toensing, "Mueller Shouldn't Have Taken the Job," Wall Street Journal, April 18, 2019.

6 Michael Rothfield and Craig Karmin, "Trump's Former Campaign Chairman Paul Manafort Thrust Back Into Focus," Wall Street Journal, February 20, 2017.

7 Kenneth Vogel and David Stern, "Ukrainian Efforts to Sabotage Trump Backfire," Politico, January 11, 2017.

8 Chuck Ross, "Trump Dossier Source Met with Kremlin Crony at Russian Expo," Daily Caller, March 17, 2018.

9 Ibid. See also WikiLeaks, https://wikileaks.org/dnc-emails/emailid/3962.

10 Ibid.

11 Rothfield and Karmin, "Trump's Former Campaign Chairman Paul Manafort Thrust Back into Focus."

12 Colin Kalmbacher, "Why Manafort Getting an FBI Visit Should Scare Team Trump," Law & Crime, August 9, 2017.

13 Schallhorn, "How Paul Manafort Is Connected to the Trump, Russia Investigation."

14 Ibid.

15 Ibid.

16 Ibid.

17 Josh Dawsey and Darren Samuelsohn, "Feds Sought Cooperation from Manafort's Son-in-Law," Politico, August 9, 2017.

18 Josh Dawsey, "Manafort Switching Legal Team as Feds Crank Up Heat on Him," Politico, August 10, 2017.

19 Gregg Jarrett, "Mueller's Targets Face Financial Strain," Fox News, August 11, 2017.

20 Hallie Detrick, "Former Trump Campaign Chair Paul Manafort Has Been Under FBI Surveillance for Years," Fortune, September 19, 2017.

21 Mollie Hemingway, "Manafort Lawyers Claim Leaky Mueller Probe Has Provided No Evidence Of Contacts With Russian Officials," The Federalist, May 3, 2018.

22 Ibid.

23 Catherine Herridge, "Manafort Filing Unmasks DOJ Meeting with AP Reporters, Questions

if 'Grand Jury Secrecy' Violated," Fox News, July 9, 2018.

24   Jack Gillum, Chad Day, and Jeff Horwitz, "AP Exclusive: Manafort Firm Received Ukraine Ledger Payout," Associated Press, April 12, 2017.

25   Reuters, "Who Are Paul Manafort and Rick Gates?," October 30, 2017.

26   Ibid.

27   Anna Palmer, "Tony Podesta Stepping Down from Lobbying Giant amid Mueller Probe," Politico, October 30, 2017.

28   Andrew C. McCarthy, "Paul Manafort Was an Agent of Ukraine, Not Russia," National Review, March 9, 2019.

29   Ibid.

30   Robert S. Mueller, The Mueller Report: The Final Report of the Special Counsel into Donald Trump, Russia, and Collusion as Issued by the Department of Justice (New York: Skyhorse Publishing, 2019), 6.

31   Alan Cullison and Brett Forrest, "Russian Linked to Manafort Is a Shadowy Presence," Wall Street Journal, March 6, 2019.

32   Sharon LaFraniere, Kenneth P. Vogel, and Maggie Haberman, "Manafort Accused of Sharing Trump Polling Data with Russian Associate," New York Times, January 8, 2019.

33   Ibid.

34   Cullison and Forrest, "Russian Linked to Manafort Is a Shadowy Presence."

35   "'A Great Honor': McCain's Historic Reign of International Republican Institute Ends," azcentral, August 4, 2018.

36   Cullison and Forrest, "Russian Linked to Manafort Is a Shadowy Presence."

37   Ibid.

38   John Solomon, "Key Figure That Mueller Report Links to Russia Was a State Department Intel Source," The Hill, June 6, 2019.

39   Ibid.

40   Ibid.

41   Ibid.

42   Del Quentin Wilber and Aruna Viswanatha, "Ex-Trump Adviser Richard Gates Pleads Guilty in Mueller Probe," Wall Street Journal, February 23, 2018.

43   Shelby Holliday and Byron Tau, "Roger Stone Trial, Russia Hacking Case Among Mueller Probe's Loose Ends," Wall Street Journal, March 25, 2019.

44   Wilber and Viswanatha, "Ex-Trump Adviser Richard Gates Pleads Guilty in Mueller Probe."

45   Ibid.

46   Ibid.

47   Judson Berger, "Cracks in Mueller Probe: Questions over Manafort Charges, Flynn Plea Embolden Trump Allies," Fox News, May 7, 2018.

48   Alan Dershowitz, "Stone Indictment Follows Concerning Mueller Pattern," The Hill, January 25, 2019.

49   Kevin Johnson, "Paul Manafort Trial: Judge T. S. Ellis III Known as Taskmaster, Unafraid to Speak His Mind," USA Today, July 31, 2018.

50   Kenneth P. Vogel and David Stern, "Authorities Look into Manafort Protege," Politico, March 8, 2017.

51   Sonam Sheth, "Mueller Just Hit Paul Manafort and a Russian Intelligence Operative with a New Indictment," Business Insider, June 8, 2018.

52   David K. Ki, "Manafort Listed as 'VIP' in Virginia Jail," New York Post, June 16, 2018.

53 Kelly Cohen, "Paul Manafort Spends 23 Hours a Day in Solitary Confinement," Washington Examiner, July 6, 2018.

54 Kevin Johnson, "Judge Orders Manafort Moved from 'VIP' Jail to Alexandria Lockup," USA Today, July 11, 2018.

55 Kevin Johnson, "Paul Manafort Trial: Prosecutors Accuse Ex-Trump Campaign Chief of Amassing Fortune on Foundation of Lies," USA Today, July 31, 2018.

56 Kevin Johnson, "Paul Manafort Trial: Prosecutors Detail Raid on Former Trump Campaign Manager's Luxury Condo, Lavish Spending," USA Today, August 1, 2018.

57 Aruna Viswanatha, "Manafort Lied About Contacts with Trump Administration, Mueller Filing Says," Wall Street Journal, December 7, 2018.

58 Ibid.

59 Toensing, "Mueller Shouldn't Have Taken the Job."

60 Scott Johnson, "Manafort's Noncooperation," Power Line, December 8, 2018.

61 McCarthy, "Paul Manafort Was an Agent of Ukraine, Not Russia."

62 Jonathan Turley, "Are New York Democrats Handing Paul Manafort a Case for Pardon?," The Hill, February 23, 2019.

63 Ibid.

64 Andrew C. McCarthy, "NY's Political Prosecution of Manafort Should Scare Us All," The Hill, March 14, 2019.

65 William K. Rashbaum and Katie Benner, "Paul Manafort Seemed Headed to Rikers. Then the Justice Department Intervened," New York Times, June 17, 2019.

66 Dennis Prager, "Leftism Makes People Meaner," American Greatness, June 10, 2019.

67 Ibid.

68 Ibid.

69 Rashbaum and Benner, "Paul Manafort Seemed Headed to Rikers."

70 Andrew Napolitano, "An American Nightmare," Fox News, January 31, 2019.

71 Representative Doug Collins, House Judiciary Committee, letter to Christopher Wray, FBI Director, January 30, 2019, https://gallery.mail chimp.com/0275399506e2bdd8fe2012b77 /files /82d2caa5-c991 -43a2 -8a83 -a2083c5ebcb3 /20190130160125191_copy_Merged_. pdf ?utm_source=Collins +Judiciary +Press+List&utm_campaign =421c743f48-EMAIL_ CAMPAIGN_2019_01_30_11_31&utm_medium=email &utm term =0_ff92df788e-421c743f48-169118149. Also available at https://republicans -judiciary .house.gov /press-release /collins-requests-explanation -for -fbis -excessive -use-of-force-in -roger -stone-arrest /.

72 Deana Paul, "The Tactics Behind That Early Morning Raid," Washington Post, January 25, 2019.

73 Kenneth Strange, "Roger Stone Raid Raises Questions About Wray Among FBI Rank and File," Daily Caller, January 27, 2019.

74 Ibid.

75 Ibid.

76 Author's interview with Danny Coulson, former deputy assistant FBI director, January 26, 2019.

77 Pete Kasperowicz, "CNN Says It Wasn't Tipped Off About Roger Stone Arrest: 'It's Reporter's Instinct,' " Washington Examiner, January 25, 2019.

78 Mark Mazzetti, Eileen Sullivan, and Maggie Haberman, "Indicting Roger Stone, Mueller Shows Link Between Trump Campaign and WikiLeaks," New York Times, January 25, 2019.

79 Roger Stone and Robert Morrow, The Clintons' War on Women (New York: Skyhorse Publishing, 2015).

80 Roger Stone and Saint John Hunt, Jeb! And the Bush Crime Family (New York: Skyhorse Publishing, 2016).

81 Brooke Singman, "FBI's Show of Force in Roger Stone Arrest Spurs Criticism of Mueller Tactics," Fox News, January 25, 2019.

82 Marc Caputo, "Sources: Roger Stone Quit, Wasn't Fired by Trump in Campaign Shakeup," Politico, August 8, 2015.

83 US v. Roger Jason Stone, Jr., U.S. District Court, District of Columbia, 1:19-cr-00018-ABJ, https://www.justice.gov /file /1124706 /download.

84 Ibid.

85 Ibid.

86 Andrew C. McCarthy, "Fever Dream: Mueller's Collusion-Free Collusion Indictment of Roger Stone," National Review, February 2, 2019.

87 Michael S. Schmidt, Mark Mazzetti, Maggie Haberman, and Sharon LaFraniere, "Read the Emails: The Trump Campaign and Roger Stone," New York Times, November 1, 2018.

88 Gregg Jarrett, "Stone Indictment Shows No Evidence of Trump-Russia Collusion," Fox News, January 25, 2019.

89 Maggie Haberman, "Roger Stone Says Text Exchanges Cited in Indictment Were Mischaracterized," New York Times, January 27, 2019.

90 Sharon LaFraniere, Michael S. Schmidt, Maggie Haberman, and Danny Hakim, "Roger Stone Sold Himself to Trump's Campaign as a WikiLeaks Pipeline. Was He?," New York Times, November 1, 2018.

91 Aidan McLaughlin, "Clapper: Roger Stone Indictment Shows 'Connection, Coordination, Synchronization' Between Trump Campaign and Russia," Mediaite, January 25, 2019.

92 Peter Baker and Maggie Haberman, "Trump, in Interview, Calls Wall Talks 'Waste of Time' and Dismisses Investigations," New York Times, January 31, 2019.

93 Rachel Frazin, "Wikileaks Disputes Cohen, Says Assange Never Talked to Stone," The Hill, February 17, 2019.

94 Ibid.

95 Chuck Ross, "Mueller Plea Documents Outline Emails Between Jerome Corsi and Roger Stone," Daily Caller, November 27, 2018.

96 Haberman, "Roger Stone Says Text Exchanges Cited in Indictment Were Mischaracterized."

97 LaFraniere, Schmidt, Haberman, and Hakim, "Roger Stone Sold Himself to Trump's Campaign as a WikiLeaks Pipeline. Was He?"

98 Roger Stone Legal Defense Fund, https://www.stonedefensefund.com.

99 Katelyn Polantz, "DOJ Attorneys Defend Mueller's Ability to Investigate Trump in Roger Stone Filing," CNN, May 5, 2019.

100 Jerome Corsi, Where's the Birth Certificate?: The Case That Barack Obama Is Not Eligible to Be President (Washington, DC: WND Books, 2011).

101 Jerome Corsi, Silent No More: How I Became a Political Prisoner of Mueller's "Witch Hunt" (New York: Post Hill Press, 2019).

102 Ibid., 17.

103 Ibid., 20.

104 Ibid., 56.

105 Mark Tran, "WikiLeaks to Publish More Hillary Clinton Emails—Julian Assange," The

Guardian, June 12, 2016.

106   Corsi, Silent No More, 72.

107   Ibid., 73.

108   Ibid, 72-75.

109   Ibid., 82.

110   Ibid., 83.

111   Ibid., 85.

112   Ibid., 102.

113   Shelby Holliday and Aruna Viswanatha, "Jerome Corsi, Target of Mueller Probe, Says Stepson Faces Subpoena," Wall Street Journal, January 15, 2019.

114   Corsi, Silent No More, 93.

115   Ibid., 150.

116   Jerome R. Corsi, memorandum to David Gray, November 25, 2018, provided to Gregg Jarrett by Corsi.

117   Ross, "Mueller Plea Documents Outline Emails Between Jerome Corsi and Roger Stone."

118   Corsi, Silent No More, 182

119   Jerome Corsi, memorandum to David Gray, November 25, 2018.

120   Sara Murray and Katelyn Polantz, "Stone's Efforts to Seek WikiLeaks Documents Detailed in Draft Mueller Document," CNN, November 28, 2018.

121   Jerome Corsi, memorandum to David Gray, November 25, 2018.

122   Holliday and Viswanatha, "Jerome Corsi, Target of Mueller Probe, Says Stepson Faces Subpoena."

123   Kaitlyn Schallhorn, "Who is Jerome Corsi? 3 Things to Know About the Controversial Author," Fox News, November 23, 2018.

124   Ibid.

125   Author's interview with Rudy Giuliani, lawyer for President Trump, July 10, 2019.

126   Ryan Teague Beckwith, "Here Are All the Indictments, Guilty Pleas and Convictions from Robert Mueller's Investigation," Time, March 24, 2019.

127   Paul Sperry, " 'Scorched Earth': Mueller's Targets Speak Out," Real Clear Investigations, June 6, 2019.

128   Ibid.

129   Ibid.

130   The Mueller Report, 61.

131   Manu Raju, "Michael Caputo Says 'It's Clear' Mueller Investigators Focused on Russian Collusion," CNN, May 3, 2018.

132   David Smiley and Glenn Garvin, "Mystery Miamian Tied to Trump Had Many Names, Foul Mouth, 2 DUI Busts," Miami Herald, June 9, 2018.

133   Ibid.

134   Sperry, " 'Scorched Earth.' "

135   Ibid.

136   Ibid.

137   Ibid.

138   Ibid.

139   Jacob Carozza, "Former Trump Adviser Says He Was Detained at Logan as Part of the Mueller Investigation," Boston Globe, March 31, 2018.

140   Theodore Roosevelt Malloch, The Plot to Destroy Trump: How the Deep State Fabricated the Russian Dossier to Subvert the President (New York: Skyhorse Publishing, 2018).

141 Sperry, " 'Scorched Earth.' " See also Jenna McLaughlin, Jim Sciutto, and Carl Bernstein, "Exclusive: Trump Adviser Played Key Role in Pursuit of Possible Clinton Emails from Dark Web Before Election," CNN, April 7, 2018.

142 The Mueller Report, 1.

143 Margot Cleveland, "Why Did the Obama Administration Ignore Reports of Russian Election Meddling?," The Federalist, June 4, 2019.

144 Justin Baragona, "Susan Rice Reportedly Told Staffers Planning Cyber Counterstrike on Putin in 2016 to 'Stand Down,' " Mediaite, March 9, 2018; According to the story, Rice didn't want to box the president in and force him to confront Putin, nor did she want to send a signal calling the integrity of the election into question. "Don't get ahead of us," she told the head of the division; see also Christian Datoc, "Obama's Cybersecurity Coordinator Confirms Susan Rice Ordered Him to 'Stand Down' on Russian Meddling," Washington Examiner, June 20, 2018.

145 US v. Internet Research Agency et al., 1:18-cr-00032-DLF, Indictment, filed February 16, 2018.

146 Dele Quentin Wilbur and Aruna Viswanatha, "Russians Charged with Interfering in U.S. Election," Wall Street Journal, February 16, 2018.

147 US v. Internet Research Agency et al., 1:18-cr-00032-DLF, Indictment.

148 Michael Crowley and Louis Nelson, "Mueller: Russians Entered U.S. to Plot Election Meddling," Politico, February 16, 2018.

149 Scott Johnson, "Notes on the Indictment," Power Line, February 17, 2018.

150 US v. Internet Research Agency et al., 1:18-cr-00032-DLF, 18.

151 Shelby Holliday and Rob Barry, "Russian Operation Targeted U.S. Business Owners," Wall Street Journal, December 20, 2018.

152 Crowley and Nelson, "Mueller: Russians Entered U.S. to Plot Election Meddling."

153 Ibid.

154 Sean Illing, "Did the Media Botch the Russia Story? A Conversation with Matt Taibbi," Vox, April 1, 2019.

155 Ryan Saavedra, "CNN Doxes Elderly Trump Supporter, Harrasses Her, Accuses Her of Working for Russian Trolls," The Daily Wire, February 2, 2018.

156 Ibid.

157 Aruna Viswanatha, "Lawyer for Russian Firm Hits Back at Mueller's Probe," Wall Street Journal, May 16, 2018.

158 Tim Ryan, "Mueller Asks Court to Push Back Arraignment of Russian Business," Courthouse News Service, May 4, 2018.

159 Scott Johnson, "Mueller Indicts a Ham Sandwich," Power Line, May 12, 2018.

160 Ibid.

161 Ibid.

162 Viswanatha, "Lawyer for Russian Firm Hits Back at Mueller's Probe."

163 Aruna Viswanatha, "Lawyer for Russian Firm Says Mueller Is Prosecuting a 'Made-Up Crime,' " Wall Street Journal, October 15, 2018.

164 Jake Gibson, "Mueller Team Wants to Withhold 3.2 Million 'Sensitive' Docs from Indicted Russian Company," Fox News, March 7, 2019.

165 US v. Concord Management and Consulting LLC, CR 1:18-cr-00032-2-DLF, Defendant Concord Management and Consulting LLC's Opposition to Government's Motion for Leave to File an Ex Parte, in Camera, Classified Addendum to Its Opposition to Defendant's Motion to Disclose Discovery Pursuant to Protective Order, filed December

7, 2018.

166 Andrew C. McCarthy, "Mueller's Tough Week in Court," National Review, May 7, 2018.

167 Aruna Viswanatha, Sadie Gurman, and Del Quentin Wilber, "Mueller Probe Indicts 12 Russians in Hacking of DNC and Clinton Campaign," Wall Street Journal, July 14, 2018.

168 Peter Nicholas and Vivian Salama, "Russian Agents' Indictment Raises Stakes Ahead of Trump-Putin Summit," Wall Street Journal, July 13, 2018.

169 Andrew C. McCarthy, "Why Isn't Julian Assange Charged with 'Collusion with Russia'?," Wall Street Journal, April 13, 2019.

170 Ibid.

맺음말_ 심판의 날

1 House Permanent Select Committee on Intelligence, "Report on Russian Active Measures," March 22, 2018, https://www.scribd.com /document /377590825/HPSCI-Final-Report-on-Russian-Active-Measures-Redacted-Release#. See also excerpt at https://esmemes.com / i /u-the-committees-investigation-also-reviewed -the -opening-in-summer-56920110520a4 899b7ad497bfd5a89f7. Seealso Paul Wood, "Trump 'Compromising' Claims: How and Why Did We Get Here?," BBC News, January 12, 2017; George Neumayr, "Crossfire Hurricane: Category Five Political Espionage," The American Spectator, May 18, 2018; George Neumayr, "John Brennan's Plot to Infiltrate the Trump Campaign," The American Spectator, May 22, 2018.

2 In the High Court of Justice Queen's Bench Division, Gubarev v. Orbis, "Defendants' Response to Claimants' Request for Further Information Pursuant to CPR Part 18," https:// assets.documentcloud.org /documents /3892131 /Trump-Dossier-Suit.pdf, 7.

3 John Solomon, "FBI's Spreadsheet Puts A Stake Through The Heart Of Steele's Dossier," The Hill, July 16, 2019.

4 John Solomon, "FISA Shocker: DOJ Official Warned Steele Dossier Was Connected to Clinton, Might Be Biased," The Hill, January 16, 2019; Gregg Re and Catherine Herridge, "State Department Official Cited Steele in Emails with Ohr After Flagging Credibility Issues to FBI, Docs Reveal," Fox News, May 15, 2019.

5 United States Foreign Intelligence Surveillance Court, "Verified Application," In re Carter W. Page, a U.S. Person, October 2016, https://assets.documentcloud.org /documents /4614708 /Carter-Page-FISA-Application.pdf, 15, footnote 8.

6 Jeff Carlson, "Exclusive: Transcripts of Former Top FBI Lawyer Detail Pervasive Abnormalities in Trump Probe," The Epoch Times, January 18, 2019 (updated March 8, 2019); Brian Cates, "Why FBI Special Agent Joseph Pientka Is the DOJ's Invisible Man," The Epoch Times, January 23, 2019 (updated February 6, 2019).

7 Brooke Singman, "FISA Memo: Steele Fired as an FBI Source for Breaking 'Cardinal Rule' —Leaking to the Media," Fox News, February 2, 2018; Cates, "Why FBI Special Agent Joseph Pietnka Is the DOJ's Invisible Man."

8 Gregg Jarrett, "The Scheme from Bruce Ohr and Comey's Confederates to Clear Clinton, Damage Trump," Fox News, August 28, 2018; Paul Sperry, "Days After Comey Firing, McCabe's Team Re-engaged Fired Dossier Author," Real Clear Politics, January 15, 2019.

9 Judicial Watch, "FBI 302 Interviews With Bruce Ohr On Spygate Released To Judicial Watch," August 8, 2019, available at https://www.judicialwatch.org/press-releases/ judicial-watch-fbi-302-interviews-with-bruce-ohr-on-spygate-released-to-judicial-watch/;

Gregg Re and Catherine Herridge, "FBI Kept Using Steele Dossier For FISA Applications Despite Documenting Ex-Spy's Bias, Documents Show," Fox News, August 9, 2019; See FBI documents entitled "Ohr 302s FOIA Release 080819," available at https://www.scribd.com/document/421250005/Ohr-302s-FOIA-Release-080819.

10   Charles Creitz, "Graham: New Bruce Ohr Docs Show FISA Warrant Against Ex-Trump Campaign Aide A 'Fraud,'" Fox News, August 8, 2019.

11   Mollie Hemingway, "Comey's Memos Indicate Dossier Briefing of Trump Was a Setup," The Federalist, April 20, 2018; Andrew C. McCarthy, "The Steele Dossier and the 'Verified Application' That Wasn't," National Review, May 18, 2019.

12   Andrew C. McCarthy, "Behind The Obama Administration's Shady Plan To Spy On The Trump Campaign," New York Post, April 15, 2019.

13   United States Code, 18 U.S.C. § 798, "Disclosure of Classified Information."

14   United States Code, 18 U.S.C. § 953, "Private Correspondence with Foreign Governments" (the Logan Act).

15   U.S. v. Michael T. Flynn, U.S. District Court for the District of Columbia, Crim. No. 17-232 (EGS), Government's Reply to Defendant's Memorandum in Aid of Sentencing, Attachment B, filed December 18, 2018, https://assets.documentcloud.org /documents /5628473 /12-14-17-Mueller-Reply-Flynn-Sentencing. pdf, 4-5.

16   Politico Staff, "Full Text: James Comey Testimony on Trump and Russia," Politico, June 8, 2017.

17   Adam Goldman and Michael S. Schmidt, "Rod Rosenstein Suggested Secretly Recording Trump and Discussed 25th Amendment," New York Times, September 21, 2018.

18   Jonathan Turley, "Mueller Must Testify Publicly to Answer Three Critical Questions," The Hill, June 1, 2019.

19   Testimony of Attorney General William Barr, Senate Judiciary Committee, May 1, 2019; Jan Crawford, "William Barr Interview: Read the Full Transcript," CBS News, May 31, 2019.

20   William P. Barr, Attorney General, letter to the Chairmen and Ranking Members of the House and Senate Judiciary Committees, March 24, 2019, https://assets.documentcloud.org /documents /5779688 /AG-March-24-2019-Letter-to-House-and-Senate.pdf.

21   Robert S. Mueller, The Mueller Report: The Final Report of the Special Counsel into Donald Trump, Russia, and Collusion as Issued by the Department of Justice (New York: Skyhorse Publishing, 2019).

22   Ben Riley-Smith, "Ex-British Spy Christopher Steele 'Interviewed by Russia Election Investigators for Two Days,' " The Telegraph, February 7, 2018; Jerry Dunleavy, "DOJ Inspector General Interviewed Ex-Spy Steele," Washington Examiner, July 9, 2019; Chuck Ross, "Report: Christopher Steele Will Not Cooperate with U.S. Attorney's Investigation," Daily Caller, May 28, 2019.

23   The Mueller Report, 107.

24   Caitlin Yilek, "Mueller Responds to Trump Allegation He Had Disputed Golf Club Fees," Washington Examiner, April 18, 2019.

25   Gregg Jarrett, "Mueller's Team Knew 'Dossier' Kicking Off Trump Investigation Was Biased and Defective," Fox News, January 17, 2019.

26   Author's interview with Rudy Giuliani, lawyer for President Trump, July 10, 2019; Gregg Jarrett, "Cohen Guilty Plea Does Absolutely Nothing to Show Wrongdoing by Trump," Fox News, November 29, 2019.

27   The Mueller Report, 39.

28   Letter from Special Counsel Robert S. Mueller, III to Attorney General William P. Barr,

March 27, 2019, available at https://apps.npr.org /documents /document.html?id=5984399-Mueller-Letter-to-Barr.

29   "Read Robert Mueller's Full Remarks On The Conclusion Of His Russia Investigation," CBS News, May 29, 2019, available at https://www.cbsnews.com/news /read-robert-muellers-full-remarks-on-the-conclusion-of-russia-investiga tion-today-2019-05-29 /.

30   "Full Transcript: Mueller Testimony Before House Judiciary, Intelligence Committees," NBC News, July 24, 2019, see questioning by Rep. Martha Roby, available at https://www. nbcnews.com /politics /congress /full -transcript -robert-mueller -house-committee-testimony-n1033216.

31   Ibid., questioning by Rep. John Ratcliffe.

32   Ibid.

33   Ibid., questioning by Rep. Louie Gohmert.

34   Ibid., questioning by Rep. Steve Chabot.

35   Editorial, "Beyond Mueller's 'Purview,' " The Wall Street Journal, July 26, 2019; Kimberley A. Strassel, "What Mueller Was Trying To Hide," The Wall Street Journal, July 26, 2019.

36   Adam Mill, "How Long Has Robert Mueller Been Like This?," The Federalist, July 25, 2019 (Adam Mill is a pen name for a Kansas City, Missouri lawyer).

37   "Read Mueller's Full Remarks," see questioning by Rep. Adam Schiff.

38   Sam Dorman, " 'Optics' Of Mueller Hearings Were A 'Disaster' For Democrats, NBC's Chuck Todd Admits," Fox News, July 24, 2019; Katie Pavlich, "Democrats And Media Admit: Mueller's Testimony Was A Total Disaster," Townhall, July 24, 2019.

39   Fox News Staff, "Ken Starr Says Mueller Did A 'Grave Disservice To Our Country,' Did Not Ensure Staff Was 'Fair And Balanced,' " Fox News, July 24, 2019.

40   Jan Crawford, "William Barr Interview: Read the Full Transcript."

41   Adam Goldman, Charlie Savage, and Michael S. Schmidt, "Barr Assigns U.S. Attorney in Connecticut to Review Origins of Russia Inquiry," New York Times, May 13, 2019; Brooke Singman and Jake Gibson, "U.S. Attorney John Durham Has Been Reviewing Origins of Russia Probe 'for Weeks': Source," Fox News, Mary 14, 2019.

42   "William Barr's Testimony Before the Senate Appropriations Subcommittee on Commerce, Justice, Science, and related Agencies," CNN, April 10, 2019.

43   Catherine Herridge and Cyd Upson, "Reluctant Witnesses in FISA Abuse Probe Agree to Talk to DOJ Inspector General," Fox News, July 5, 2019.

44   Mark Hosenball, "Trump 'Dossier' Author Grilled by Justice Department Watchdogs: Sources," Reuters, July 9, 2019.

45   Tim Hains, "Rep. Jim Jordan: Comey Said 245 Times 'Don't Remember, Don't Recall, Don't Know,' " Real Clear Politics, December 9, 2018; James Freeman, "The Unbelievable James Comey," Wall Street Journal, December 10, 2018.

46   Michael C. Bender and Rebecca Ballhaus, "Trump Gives Barr Authority to Declassify Information About Russia Probe's Origins," Wall Street Journal, May 23, 2019; Devlin Barrett, Carol D. Leonnig, and Colby Itkowitz, "Trump Gives Barr Power to Declassify Intelligence Related to Russia Probe," Washington Post, May 23, 2019.

WITCH
HUNT